U0524135

名为毕加索的异乡人

UN ÉTRANGER NOMMÉ
PICASSO

[法国]安妮·科恩-索拉尔 著
陆洵 译

译林出版社

图书在版编目(CIP)数据

名为毕加索的异乡人 /（法）安妮·科恩-索拉尔著；陆洵译. -- 南京：译林出版社，2025.4. -- ISBN 978-7-5753-0357-6

Ⅰ.K835.515.72

中国国家版本馆CIP数据核字第2024EY7599号

UN ÉTRANGER NOMMÉ PICASSO by Annie Cohen-Solal
Published by arrangement with Georges Borchardt, Inc.
through Bradon-Chinese Media Agency
Simplified Chinese translation copyright © 2025 by Yilin Press, Ltd
ALL RIGHTS RESERVED

著作权合同登记号　图字：10-2022-186号

名为毕加索的异乡人　　［法国］安妮·科恩-索拉尔／著　陆洵／译

责任编辑	陈秋实
装帧设计	韦　枫
校　对	王　敏　梅　娟
责任印制	董　虎

原文出版	Fayard, 2021
出版发行	译林出版社
地　址	南京市湖南路1号A楼
邮　箱	yilin@yilin.com
网　址	www.yilin.com
市场热线	025-86633278
排　版	南京展望文化发展有限公司
印　刷	南京爱德印刷有限公司
开　本	652毫米×960毫米　1/16
印　张	49.25
插　页	8
版　次	2025年4月第1版
印　次	2025年4月第1次印刷
书　号	ISBN 978-7-5753-0357-6
定　价	128.00元

版权所有·侵权必究

译林版图书若有印装错误可向出版社调换。质量热线：025-83658316

致敬那些为了开创自己的事业，
正在徒步穿越非洲，
或是划着一叶扁舟，
正在横渡地中海的艺术家们。

献给阿奇博尔德和马克，
你们日复一日的努力，
让每一页内容都变得丰富多彩。

在线欣赏艺术作品

在阅读过程中，登录下方网站，便能浏览本书中所提及的大部分作品的高清图片，均拍摄于所陈列的博物馆中。

anniecohensolal.com

中文版序言

今天，应译林出版社及陆洵先生之邀，我怀着无比欣喜的心情，向崇敬毕加索的中国朋友们献上这部著作。也许有人会说，关于毕加索的一切都被写过了。的确，没有哪位艺术家能像毕加索一样，引发如此之多的讨论、争议和激情。但是，这位青年才俊在1900年抵达巴黎时所面临的重重困境，又有多少人知道呢？1901年，他被警方登记为"受到监视的无政府主义者"，接着又因其外国人的身份而受到怀疑。后来，到了立体主义时期（1907—1914年），他又遭到法兰西艺术院的抨击，被艺术院污蔑为"威胁法国优雅品位"的前卫艺术家。

尽管外事警察和法兰西艺术院执着地保护着"民族纯洁性"和"优雅的法兰西品位"，毕加索还是以其敏锐的政治洞察力在仰仗这两大机构的国家中从容自处。四五十年后，他的作品已经享誉西方世界，而法国的公共收藏机构却只收藏了他的两件作品。1955年，毕加索决定离开巴黎，定居法国南部。在那里，他成了一名陶艺家。他与当地工匠合作，有意抛弃传统的"优雅品位"。简而言之，毕加索决定沉浸在地中海世界中，沉浸在其多重身份融合的本真中，在更广阔的天地里创造自己的神话。

毕加索是他那个世纪最伟大的艺术家，却因其外国人的身份而频遭警方的污蔑和跟踪，这与有些人的仇外心理如出一辙。然而，凭借他拥有的多重"归属领域"，他很早就融入的源远流长的世界体系（他时常提及神话和古代大师就凸显了这一点），以及他自我塑造的全新角色——一个前所未有的"地中海部落酋长"形象；作为21世纪种种典范的开拓者，毕加索酣畅淋漓地打破了民族国家的传统边界，借用人类学家阿尔君·阿帕杜莱的话来说，毕加索宣告了"当代世界的世界主义文化形式"。

今天恰逢2024年岁末。对全世界而言，2024年是动荡不安的一年。本书所刻画的毕加索形象，是一位在1937年创作《格尔尼卡》的伟大艺术家，当时也正值西班牙内战和法西斯主义在欧洲急剧扩张的紧急关头。这一形象与大家往日熟悉的毕加索**截然不同**，因为它来自法国警察总局和巴黎毕加索博物馆里的档案中。在随后的篇章中，毕加索的事业发展与我们当代社会面临的紧迫问题产生了共鸣（移民危机、气候危机、文化身份、国家边界等），毕加索也由此成为与我们携手同行的当代人。

安妮·科恩-索拉尔
2024年11月20日，米兰

目 录

楔　　子	邂逅"S"级档案	1

第一章　巴黎迷宫：1900—1906年

第 一 节	蒙马特高地上的加泰罗尼亚人	9
第 二 节	自动人行道和"法兰西精神"	16
第 三 节	"驾驶员贝克的车费尚未支付"	21
第 四 节	菲诺、富勒尔、博尼布斯和吉罗弗莱，警长鲁基耶的线人	28
第 五 节	无政府主义者的"神秘氛围"	36
第 六 节	《坐在桌旁的盲人》	45
第 七 节	徘徊在旅馆、洗涤船和陋室之间	53
第 八 节	"玛利亚的来信"，宝贝儿子的慈祥母亲	60
第 九 节	蒙马特的酒吧和美丽城的流氓	67
第 十 节	"任何随母姓的人，都是注定要失败的……"	72
第十一节	和街头艺人在一起，和"在世最伟大的诗人"在一起	76
第十二节	一则有关面纱和扇子的故事	88
第十三节	"海拔几百万米"……戈索尔村！	94
第十四节	"一位男高音，唱出的音高比乐谱上的还要高：我！"	102
第十五节	60名国家元首造访"洗涤船"工作室	109

第二章　引领前卫艺术！：1906—1923 年

战略家的横空出世：1906—1914 年

第 一 节	"真是极具雕塑感的作品！"……文森克·克拉玛日	117
第 二 节	维农街的神秘人物……丹尼尔-亨利·卡恩韦勒	129
第 三 节	回到"洗涤船"工作室	143
第 四 节	一对革命性的艺术大师……毕加索和布拉克，布拉克和毕加索	151
第 五 节	"就像植物学家观察未知国度的植物一样"……利奥·斯泰因	163
第 六 节	"就像巴赫的赋格一样完美"……阿尔弗雷德·斯蒂格利茨	172
第 七 节	促膝而谈，艺术互映……格特鲁德·斯泰因	182
第 八 节	"只有巴黎才是我们的故乡"……鲁夫、乌德、赫塞尔，甚至还有杜蒂耶尔	192
第 九 节	一对革命性的艺术大师……毕加索和布拉克，布拉克和毕加索	204
第 十 节	维农街 28 号：一处绝对颠覆性的空间	215
第 十 一 节	骗子还是天才？毕加索面面观	225
第 十 二 节	古腾堡 21-39：互换名片	233
第 十 三 节	"一个精彩的系列，有着前所未有的自由和快乐……"	241

遭受打击的国际毕加索：1914—1923 年

第 十 四 节	妇女、退休人员和外籍人士	257
第 十 五 节	迈向崭新的跨国逻辑	270

第 十 六 节	战时艺术品商人的大动作：在爱国主义、背信弃义和检举揭发之间	277
第 十 七 节	歇斯底里恐德症的间接受害者	284
第 十 八 节	"敲响时间"：巴黎圣母院、大钟埃马纽埃尔和国际毕加索	294

第三章 面对无所不能的警察，毕加索的方方面面：1919—1939 年

序 幕	如同破碎的马赛克	303
第 一 节	风格多变的布景设计师（从俄罗斯芭蕾舞团到法国贵族舞会）	310
第 二 节	艺术家魔术师（在超现实主义的国际领域里）	328
第 三 节	雕塑家、弥诺陶洛斯、知名艺术家（关于布瓦吉鲁庄园）	351
第 四 节	画家与政治诗人（与西班牙共和党人并肩作战）	372
尾 声	关于阿尔弗雷德·巴尔的图表	398

第四章 濒临绝境的五年：1939—1944 年

献 词		415
第 一 节	东躲西藏	420
第 二 节	幸存：1940 年 8 月 25 日至 1941 年 12 月	429
第 三 节	玩火：1942 年 1 月至 1944 年 7 月	438
第 四 节	创作	447
第 五 节	改变自我定位	454
附 言		460
第 六 节	清算时刻（1）：警察队长舍瓦利耶的肃清审判	461
第 七 节	清算时刻（2）：没收非法所得委员会	471

第五章　毕加索英雄形象的飞速构建：1944—1973年

美国无线电通讯股份有限公司电报　　　　　　　　483
"毕加索：四十年艺术生涯"巡展路线　　　　　　484
第 一 节　纽约的看法？阿道夫·希特勒的世敌　　488
第 二 节　莫斯科的看法？永远抨击佛朗哥的批评家　　497
第 三 节　圣艾蒂安、卡斯特尔、阿莱斯、欧贝维利耶的看法？工人阶级城市的救世主　　508
第 四 节　塞雷、格勒诺布尔、里昂和昂蒂布的看法？面向具有传教士精神的博物馆馆长们的先知艺术家　　516
第 五 节　巴黎的看法？（终于）得到国家认可的"天才"：1947—1955年　　524
第 六 节　在"伟大的斯大林"和"毕加索同志"之间？莫里斯·多列士的鼎力支持　　536

尾声　地中海王国：1955—1973年

第 一 节　警方接力赛：从鲁基耶警长到约翰·埃德加·胡佛　　551
第 二 节　陶艺小镇的陶器学徒　　556
第 三 节　创作力惊人的实验者　　559
第 四 节　从学徒工成为领导者，直至陶艺小镇的"灵魂人物"　　562
第 五 节　从"肤色障碍"到低等世界　　567
第 六 节　一位将1907—1908年的刺骨寒冬牢记在心的荣誉市民　　571
第 七 节　立足、影响、颠覆；戛纳、沃韦纳格、穆然　　574

| 第 八 节 | 往事依依 | 580 |
| 第 九 节 | 身为"侨民"的泰斗 | 587 |

注　释	593
人名索引	679
引用作品索引	703
参考书目选编	728
图片版权	756
致　谢	759
译后记	769

楔子
邂逅"S"级档案

巴黎警察总局的档案向所有人开放。你只需乘坐地铁5号线，在奥什站下车，然后穿过北郊小镇勒普雷圣热尔韦蜿蜒曲折而又凄凉异常的乡间小路，就能到达一座现代化建筑，"送货入口"和"访客入口"的标志让人联想到20世纪50年代的工厂。在接待处，警察像办理护照申请一样冷静地抽出读卡器，然后给你一把灰色储物柜的钥匙，你就可以把外套、包和私人文件放在里面。找到号码后，拿着几页白纸和一支铅笔，进入一间阴冷的玻璃房，在另外三名警察的注视下，一箱档案便呈现在你的面前。

我刚刚遇到一位调查对象。他是一名**外国人**，1900年10月第一次来到巴黎之后，他一生的档案都由巴黎警方保存：报告、审讯记录、居留证、护照照片、指纹、房租收据、居住证明、入籍申请、安全通行证、各种调查记录、亲朋好友的信息、道德证明、政治观点、历年住址以及各类往来信函，通信人员中既有警察局长，也有外交部长和议会议长这样的高级政客。在这些文件中，除了不是法国人这一点以外，我没有发现任何犯罪或违法行为。加盖在某些文本上的大写"西班牙人"印章，无疑表明了差异、排斥、怀疑和耻辱。

其中一些指控带有仇外心理或政治不信任的烙印："虽然他在

1914年已经有30岁了，但他在战争期间对我们的国家却毫无贡献……虽然他在法国以所谓'现代画家'的身份声名鹊起，赚取了百万身家（显然都放在国外），并在日索尔附近拥有一座城堡，但［他］在走向共产主义的同时仍保留着自己的极端主义思想。"有时出现的其他指控，则仅仅是出于流言蜚语："有报道称，就在不久前，即去年5月7日，他在圣日耳曼大道172号的咖啡馆里，遭到一名身着便装的波兰军官的厉声训斥，当时他正在公开批评我国，并对苏联大唱赞歌。"还有一些声明则是捕风捉影的胡乱揣测："我们的部门知道［他］在1905年被举报为无政府主义者，当时他和他的一个同胞住在克利希大道130号。他的这位同胞也是无政府主义者，受到警察局的监视。"有些措辞也描述了这位外国人，那盛气凌人的口吻在当下极为罕见："大楼的门卫从未听他表达过任何颠覆性观点。此外，他的法语说得很差，几乎没人听得懂。"最终，最后几页意见书得出了斩钉截铁的结论："这个外国人完全没有资格入籍。此外，依据上述情况，从国家角度来看，他必须被列为高度怀疑的对象。"在我眼前徐徐展开的不正是一个国家直面自身幽灵的完整历史吗？"根据1941年6月2日的法律，我以名誉担保，我不是犹太人。"两年之后的1942年11月30日，这位外国人在更新居留证时用红色墨水笔写道。

当我耗费数小时处理完上百张泛黄的纸张后，"成见"这个词一直萦绕在我的脑海中。在我研究档案的这些年里，我一直坚信档案自己就会"说话"。事实上，这些档案虽然脏得令人作呕，却让我对我感兴趣的个体有了前所未有的了解，这种了解远甚于皮埃尔·戴克斯和阿尔芒·伊斯拉[1]著作中的文档，虽然这两位的著作也是必读之作。在回程的地铁上，我麻木地看着从巴黎南部的意大利广场站驶出5号线的各站站名。地铁沿着另一个方向北上，过了奥什站之后，我看到了庞坦教堂站，然后是博比尼-庞坦-雷蒙·格诺站。最后一站是博比尼-巴勃罗·毕加索站，这正是我刚才查阅的调查对象的名字，他的外国人档案编号为 74.664，是一个多世纪以前在这里编制的。今天，我们可以说这是一份"S"级档案，即受到警方主动监控的外国人的档案，因为他曾经"因各种原因被怀疑企图危害国家安全"。

我从警察局档案中发现了被污名化的毕加索。几天之后，凯布朗利博物馆推出了"早期毕加索"展览。我立刻被那幅面向塞纳河、气势恢宏的黑白海报震撼：眼神里闪烁着胜利之光的 60 岁的毕加索和非洲面具并肩而立，气定神闲而又气势逼人（足足有 3 米高），两者都目光炯炯地注视着巴黎公众。这位艺术家有着黑色瞳孔，而面具则是眼部镂空。他们在盯着什么看呢？是拥向博物馆花园的游客，还是我们的朋友阿波利奈尔曾经赞美过的，在他们面前无情地流淌的塞纳河，抑或是其他东西？事实上，他们平静而简单地扫视着亚历山大三世桥，面对的方向正是世界博览会的举办地，大皇宫的西班牙展区。1900 年 10 月，毕加索第一次来到巴黎——当时他还不到 19 岁，一句法语也不会说——正迫不及待地想要赶去大皇宫瞧一瞧自己正在那里展出的一幅画，对他这个年龄的艺术家来说，这真是莫大的荣幸。

在 2017 年的这个春天，透过凯布朗利博物馆光彩夺目的毕加索海报，我看到了两种形象震撼人心的对峙：一种是被锁在巴黎警察局总部档案室的"S"级档案中的形象，另一种则是在千里之外，当今举世闻名的明星艺术家形象。那个在朋友卡萨吉玛斯的护送下来到巴黎的狂热的天才男孩现在怎么样了？巴勃罗·鲁伊斯·毕加索宛如一颗流星，在 19 岁生日前来到巴黎，他丝毫不怀疑自己征服这座城市的能力。1901 年 5 月，毕加索在第二次巴黎之行时画了一幅自画像

《我，毕加索》[2]。在这幅画中，他身穿白色衬衫，打着橙色领结，活力四射，趾高气昂，自命不凡，一副所向无敌的神态，坚信自己是个天才。不久以后，他在一张照片的背面写道："高耸的城墙在我的道路上轰然倒塌。"然而仅仅几个月以后，即同年12月，在《蓝色自画像》[3]中，他显得孤单落寞，身体向右倾斜，全身裹着一件深色大衣。除了宛如面具般的苍白面容，其他一切都是蓝色的，准确地说是青绿色，坚硬无比，难以穿透，这正是他所倚靠的世界。他的大衣通体都是海军蓝。他脸上的阴影也是蓝色的，非常细腻。他漠然不动，无欲无求。他既敏感脆弱，惆怅寥落，却又沉稳敦厚，坚忍不拔。画面中央闪耀着他光洁的脸庞：瞳孔、黑眼圈、嘴唇，它们在苦恼的外表里又暗藏着摄人心魄的坚定意志。我们还能隐约看出他略微迷散的眼神。在毕加索来到巴黎后的早年岁月里，这些自画像如晴雨表一般和他的各个方面相契合：在经历了最初的欣喜之后，他发现巴黎充满了敌意，令人不安，近乎凶险之地。

他要在巴塞罗那和巴黎之间往返多少趟，才能最终向巴黎的前卫派展示其傲慢的优越感呢？如果我让面向塞纳河的黑白海报给我指引呢？如果我遵从毕加索的悄声嘱咐，在他抵达法国近120年后，悄悄潜入他在法国的人生舞台的幕后呢？这位来到巴黎的艺术大师，他一直被埋在层层叠叠的各种评述之下。如何才能全面唤醒他的奥德赛之旅呢？时至今日，他仍像一只四处游荡的木偶，散落在城市的各个角落。档案盒必须重新打开，才能勾勒出他的轨迹，而这一轨迹要比表面看起来的复杂得多，艰辛得多。面对荣光万丈的毕加索，在聚精会神地注视他功成名就的眼神时，我们必须整理社会史、艺术史、行政史、移民史和警察史等历史之间的联系，相互参照资料来源，确定档案保存情况，查找参考编号，填写索引卡，对档案盒进行排序，逐一解开盒子上的白色丝带，小心翼翼地展开档案，避免老化的纸张出现

裂痕，探索材料的各个部分，发掘被掩埋的文件，重新打开信封，破 12
译笔迹，展开文本、信件和图画，努力探寻有关毕加索的蛛丝马迹，
在保存档案的巴黎地区进行一系列考察，马不停蹄地投入到一场寻觅
之旅中。 13

阅读本书时，你会发现有些引文的单词拼写和句法不符合规范，因为这些文字通常出自母语不是法语的外国人之手。我们决定不加任何修饰，保留这些引文的原貌。展示我们所发现的档案，可以帮助读者在毕加索及其家人的伴随下，一起在这个嫌隙丛生的国际化世界中自由探索。在这个世界上，语言的使用既是一种社会标记，亦是一种弥足珍贵的创造性工具。

第一章

巴黎迷宫：1900—1906 年

外国人绝对不把［别人向他们提出的］新模式视为庇护所，而将其视为迷宫，他们在其中完全失去了方向。[1]

——阿尔弗雷德·舒茨

第一节

蒙马特高地上的加泰罗尼亚人

> 诗人或艺术家与不良少年之间，几乎没有任何区别……还有无政府主义者，或多或少也是诗人或艺术家。其结果是，对于无政府主义者和不良少年来说，高地是一处奇妙的庇护所。[1]
>
> ——路易·谢瓦利埃

伴随着奥斯曼男爵[2]对巴黎的改造、1878年相继在歌剧院大道和林荫大道上首次试行电灯照明而营造出朦胧神秘的氛围，以及煤气喷嘴点亮的宁静街道，蒙马特独具魅力。借用弗朗西斯·卡科的优美文字，这便是"红磨坊的灯光在夜色中熠熠生辉"[3]。不光如此，罗兰·多热莱斯回忆道："退休人员在拉博讷街头剥豌豆，椅子出租者和教堂执事选择待在圣鲁斯提克街，而那些没有胡子的皮条客们则躲进了女修道院街的酒吧，整天在老虎机前赌命。只有艺术家们随处可见，他们与朝圣者们一起吃巧克力，与流氓们一起喝开胃酒，在小酒馆里与房屋粉刷匠们共进午餐。"[4]

1900年10月，在朋友卡洛斯·卡萨吉玛斯的陪同下，年轻的巴勃罗·鲁伊斯·毕加索第一次来到巴黎。他来自一座活力四射的城市——巴塞罗那。他从14岁起就一直生活在那里。他的父亲是巴塞罗那美术学院院长。而他本人虽然出生于安达卢西亚，但在那段关键的岁月里，加泰罗尼亚首府的文化和政治热潮驱使他频繁出入于思想和艺术领域的前卫圈子。在巴塞罗那，通过圣地亚哥·鲁西诺尔以书代刊出版的《煎饼磨坊①》，他梦见了蒙马特高地的那片景色，"巨大、苍白、朦胧的巴黎城在背景中铺展开来，仿佛消融在一汪银色的乳液中"，从那里"浮现出巨型圆顶和高大钟楼的苍白色彩"[5]。

卡萨吉玛斯和毕加索无忧无虑，他们在旅行中陶醉得飘然若仙。他们一到目的地，便给朋友雷文托斯兄弟寄去了一封体裁新颖的联名信。这是一封令人惊讶的双人联名信，两位作者在信中交替使用加泰罗尼亚语、卡斯蒂利亚语和插图。"佩约来了，在他抵达的当天，他给我们寄来了一张纸条，告诉我们午夜见面……我们待了一个小时，然后乌特里洛和里埃拉来了，聚会一直持续到凌晨时分。毕加索做了几只木偶，我则写了几句十一、十三和十四音节的诗句。我们把所有的东西都寄给了马尔基纳……明天，加泰罗尼亚将举行一次盛大的聚会，名门望族和普通百姓都会参加。无论有没有烛枝吊灯，他们都会在餐馆里共进晚餐……我们见过一个叫科尔塔达的加泰罗尼亚混蛋，他身家千万，却像妓女一样吝啬。我们经常和他一起吃晚饭……他摆出几分文化人的姿态，但其实是个骗子和马屁精。在这个不上档次的知识分子圈里，你会比在巴塞罗那听到更多的流言蜚语。他们开着小学生才会开的愚蠢玩笑，没人会喜欢他们。……总而言之，若要羞辱别人，就得提出有用的理由，但他们中没有一个人能够做到。"[6]

今天，欢迎卡萨吉玛斯和毕加索来到蒙马特高地的那些人，我们已经忘记了他们的名字。我们也忘记了佩约（庞培·格内·伊·巴博

---

① 煎饼磨坊是位于法国首都巴黎蒙马特地区的一座风车建筑，建造于 1622 年，现在仍被用于磨制面粉。19 世纪德布雷磨坊主家族曾在此地举办过公共舞会。——若无特别说明，本书脚注均为译注，下同

特)、米格尔·乌特里洛·莫略斯、亚历山大·莫斯·里埃拉、爱德华·马尔基纳和亚历山大·科尔塔达。城市社会学家阿兰·福尔和克莱尔·莱维-弗罗兰强调:"从某种程度而言,移民史就是个体使用自己所处关系网的历史。这些关系网在移民抵达时为他们提供照顾、指导和帮助……将他们引入新的环境。"[7]因此,这两位朋友对自己拥有一个关键性的优势感到非常自豪,那就是几十年来在蒙马特建立的强大的加泰罗尼亚关系网。"你认识诺内尔吗?"卡萨吉玛斯继续问道。"他是个非常好的人。他和皮乔特是这里仅有的两个正派人。今天我们见到了伊图里诺,我觉得他也是个好人……我觉得鲁西诺尔快要死了……佩里科有什么消息吗?他是不是很无聊?告诉他来巴黎,也这么告诉马诺洛。告诉他们,在这里的每个人都有自己的一席之地,每个工作的人都能挣到钱……如果不是因为诺内尔外出旅行(他会把信带走),我们也不会洋洋洒洒地给你写这么多。因为写得长的信寄起来比较贵。如果你见到奥皮索,请叫他过来……"[8]

除了伊西德尔·诺内尔、蒙图里奥尔、拉蒙·安东尼奥·皮乔特·伊·吉罗内斯、弗朗西斯科·尼古拉斯·伊图里诺·冈萨雷斯、圣地亚哥·鲁西诺尔·普拉茨、佩里科(佩雷·罗梅乌·博拉斯)、人称"马诺洛"的曼努埃尔·马丁内斯·胡盖以外,还有保罗·库库尼·伊·吉尤、里卡德·奥皮索·维尼亚斯。这些画家、插画师、收藏家、诗人、作家,抑或是酒店经理,他们构建起巴黎的加泰罗尼亚侨民圈。多年来,流亡海外的加泰罗尼亚艺术家们——无论是哪个年代的艺术家,也无论是哪个专业的艺术家——按照移民们所熟知的互助传统,一直相互交流着有用的建议和需要的地址,这便是理想化的欢迎体系,用于组织安排生活场所、工作场所以及其他。三年前,(比他们年长10岁的)伊西德尔·诺内尔已经向朋友卡塞拉斯描述了一番他对莫奈、德加,对迪朗-吕埃尔画廊以及对整个巴黎的热情。1900年10月,是诺内尔将自己在加布里埃尔街的工作室转租给了卡萨吉玛斯和毕加索,并为他们提供了模特(热尔梅娜和奥黛特,她们会讲西班牙语),甚至还给他们介绍了一位画商:巴塞罗那人佩德罗·马纳赫。诺内尔、热尔梅娜、奥黛特、马纳赫,他们确实是最早的一批向导,充当着激情澎湃的艺术家们与巴黎世界之间的第一批联络人。

卡萨吉玛斯和毕加索住在加布里埃尔街49号,位于沙佩街和拉维尼昂街之间。没过多久,他们的朋友帕拉莱斯也来到了他们中间。在一间工作室里,他们六人——三名男生和三名女生——住在一起。他们在一处乡村山丘上建起了自己的大本营。山丘上绿树成荫,花园、小广场、咖啡馆和酒吧星罗棋布。他们所在的街区依山而建,坡度陡峭,垂直落差大,一排排长长的楼梯连接着每条街道和每个小巷,上面装着坚固的铁栏杆,以防摔倒和滚落。身处此地,生活中肯定频频出现失去平衡和头晕目眩的感觉。这是一处远离都市、交通不便的偏僻地区。多热莱斯写道:"在距离布兰奇广场咫尺之遥的地方,步行者们会惊讶地看到百年老树、鸡鸣声此起彼伏的鸡舍、滚球游戏,还会看到农场门廊。"你身在农村,却俯瞰着城市,注视着城市,主宰着城市,宛如心灵深处一个魂牵梦萦的存在,它永远都在。

毕加索写得很少,他为何要写呢?在短短几秒钟的时间里,划上几道铅笔线,抹上三笔粉彩,他便捕捉了瞬间,勾勒了快照,扯下了生活的碎片,一切尽在不言中:一个梳着发髻的红发女人的长长身影,她翘着鼻子,面带微笑,穿着一件印有大花纹的橙色连衣裙,纤细的黑色肩带滑向两侧。身材丰满的女人身穿蓝色套装,一只白色的小狗在她身边小跑,她围着一条橙色围巾,圆顶礼帽向前倾斜,鼻子总是向上翘着,彰显出一种令人愉悦的成熟个性:这就是他眼中的巴黎女人。咖啡馆的场地很小，却人头攒动，充满活力，就像图卢兹-劳特累克①的作品一样——就像人类学家的笔记本，浑然天成，栩栩如生。随即，毕加索的笔端出现了蒙马特区的人们，他们就是"毕加索笔下的人们"。在随后的六年时光里，这些人会在他的作品中反复出现，有年轻的妓女，有年迈的女同性恋，还有吸毒者以及其他各色人等。

"我们已经开始工作了，"卡萨吉玛斯兴奋地喊道，"我们甚至已经有了一位模特。明天我们就会点燃炉火，疯狂工作，因为我们已经在考虑下一次沙龙展的画作了。不过我们也在为巴塞罗那和马德里的展览做准备。我们正在努力工作。只要一有光线（我指的是日光，因为人造光一直都有），我们就会待在工作室里画画。你会看到我们的成功！"⁹最早附有P.R.毕加索签名的一幅巴黎主题的油画作品完成于1900年11月11日，该画与他在世界博览会西班牙展区展出的学院派风格油画《最后的时光》截然不同，这幅画便是《煎饼磨坊》：在一间灯光摇曳的幽暗大厅里，散落着一对对优雅的情侣，他们在彼此的怀抱中翩翩起舞。资产阶级男士们头戴礼帽，身穿燕尾服。妓女们则戴着帽子，上身穿着短上衣，下身穿着淡色长裙。在画面前景左侧的桌子边，坐着一对调皮、妩媚的女同性恋，其中一位身穿红衣。她们在大庭广众之下接起吻来。我们可以说，毕加索迷恋公众场所的情色，自从他来到巴黎以后，这份迷恋便一直与他如影随形。年轻的毕加索虽然选择了前人（德加、图卢兹-劳特累克、马奈）早已确定的主题，但通过这幅革命性的处女作，他揭示了自己对法国首都享乐世界的感受，同时十分巧妙地运用了自己独创的崭新角度。

公开接吻、私下爱抚、在煤气灯下相拥的情侣：毕加索创作了许

---

① 图卢兹-劳特累克（1864—1901年），法国后印象派画家、近代海报设计与石版画艺术先驱，被人称作"蒙马特之魂"。其写实、深刻的绘画不但深具针砭现实的意涵，也影响日后毕加索等画家的人物画风格。

多以拥抱为主题的作品。蒙马特的咖啡馆是"上流社会和地下世界"交融之地，是奸夫淫妇和禁忌恋人的聚会之地，这无疑对这位年轻艺术家产生了强烈的情色影响。"我们觉得自己起得太晚了，吃饭的时间也不固定，一切都开始不对劲了。"在一番大男子气十足的激情言论中，卡萨吉玛斯如此说道。"此外……奥黛特养成了每天晚上喝酒的习惯，酒精让她变得反应迟钝。于是我们做出决定，无论是女人，还是我们，都必须在半夜 12 点之前睡觉，每天在下午 1 点前吃完午饭。午饭后我们专心画画，而女人们则干女人们的活，即缝缝补补、打扫卫生、亲亲我们，以及让自己被人'轻轻抚摸'。总而言之，我的朋友，这里是淫欲横飞的伊甸园或世外桃源。"[10]酒精、性、工作，这两位老朋友似乎即将征服巴黎的现实。在另一封信中，卡萨吉玛斯甚至将他的朋友热尔梅娜描绘成"他当前的思想女王"[11]。

马纳赫将《煎饼磨坊》卖给了画廊老板贝尔特·韦尔，后者以 250 法郎的价格转卖给图卢兹的一位报纸发行商阿蒂尔·于克。对于一位年轻的艺术家来说，这是一个创纪录的价格。后来，马纳赫将其 20% 的佣金转给了毕加索。此后，马纳赫又向贝尔特·韦尔出售了三幅从巴塞罗那带来的斗牛粉彩画，并每月向毕加索支付 150 法郎。尽管初出茅庐便取得了这些硕果，尽管伊甸园或世外桃源充满了淫欲氛围，但在之后的四年里，年轻的毕加索方才真正面临一连串的人生考验：卡萨吉玛斯的自杀、三年的艰难时光、两次巴塞罗那与巴黎之间的失败旅程、搞错的进站口与出站口，还有与画商的冲突。1900 年，他有了一个简单的计划，这将成为他唯一的生活准则，唯一的绝对优先事项：工作。卡萨吉玛斯写道："世界博览会即将闭幕，但我们只看了绘画部分。"对于毕加索和卡萨吉玛斯，他们曾经急急忙忙赶往卢浮宫、卢森堡博物馆和画廊，只为"瞧一瞧普桑的画"；他们也曾在蒙马特的小天地里不断积累着加泰罗尼亚圈子的交际经历。但他们却忽略了世界博览会，只去了一趟大皇宫而已。在一幅名为《离开世界博览会》的炭笔画中，毕加索将自己画在协和广场上（矮得离谱），旁边是拉蒙·皮乔特（高得离谱）、卡洛斯·卡萨吉玛斯、米格尔·乌特里洛、奥黛特、热尔梅娜（打扮夸张，戴着帽子，身穿毛领大衣）。在两位巴黎女士的簇拥下，四位比例失调的西班牙艺术家，边上还有两只正在嬉戏的狗，他们手牵着手，在亦真亦幻的法兰多拉舞步中紧紧相拥，与这个奢华、宏大而又夸张的世界博览会格格不入，与这个正在觉醒，准备迎接新世界的大都市也格格不入。

第二节

自动人行道和"法兰西精神"

我谨以共和国的名义,向我们分布在各行各业的同胞们表示特别的祝贺。

他们是法兰西精神的杰出代表![1]

——埃米尔·卢贝,法兰西共和国总统

1900年8月17日,即在卡萨吉玛斯和毕加索抵达巴黎的两个月之前,法兰西共和国总统埃米尔·卢贝在庆祝世界博览会时发表了一场令人难忘的演讲,令在场的所有记者都目瞪口呆。他们别有用心地指出"他颤抖而不自信的声音消弭在巨大无比的大厅中","大家什么都没听见"。总统接着说道:"各国的杰出代表看到了法国是如何忠实于自己的历史的。法国始终是一个在遵循正确方向的原则下敢于大胆创新的国家,一个能够审时度势、有条不紊地取得巨大进步的国家,总之,法国是一个崇尚和平的国家,一个崇尚工作的国家……无论是已经举办的大会,还是将来要举办的众多大会,它们都为来自世界各地的科学家、艺术家、工人、农民提供了机会,使他们能够相互了解,增进交流,分享彼此的实验成果,并以启蒙思想和专业知识相结合的特殊方式,探讨涉及个人与社会的物质的、道德的进步问题。"[2]

在蒙马特高地，毕加索和卡萨吉玛斯远离法国总统滔滔不绝的演讲，他们与拉蒙·皮乔特共进晚餐，与米格尔·乌特里洛、亚历山大·里埃拉，以及作家庞培·格内和爱德华·马尔基纳尽情狂欢。根据他们的说法，他们只去过一次妓院。不，在第一次巴黎之行中，与别人嘴里的夸夸其谈截然不同，毕加索和卡萨吉玛斯没有丝毫机会结识来自世界各地的艺术家，也几乎没有哪位艺术家去看过毕加索的画。他们鲜有时间去探索这座城市重要的新鲜景观：电灯，连接马约门和文森门的地铁线，或者刚刚连通香榭丽舍大街和荣军院的新亚历山大三世桥，甚至只能匆匆经过新落成的大皇宫和小皇宫。然而，毕加索和卡萨吉玛斯第一次从奥赛火车站乘坐神奇的有轨电车前往巴黎时，他们发现的却是这个综合大都市的支离破碎，这些微小天地并置在一起，它们彼此接触却并不相互渗透，异质的"巴黎地域"[3]裂成了碎片，风俗习惯迥异，语言多种多样。这些令人眼花缭乱的对比不仅得到了再现，甚至以一种特别生动的方式在这一盛事的范围内上演——世界博览会在 7 个月里吸引了 5 000 万名参观者，成为有史以来世界上规模最大的艺术品展览——"巴黎老城"充满历史韵味的展馆直面"自动人行道"或"电力宫"等未来展馆。

"我躲进了巴黎老城，"记者安德烈·哈莱斯写道，"这是一片忧郁之地，具有黑猫夜总会①风格的中世纪小巷，昏暗的歌舞厅，出售毛巾圈、扇子等乱七八糟玩意儿的低矮摊位……就在大集市街头艺人的棚屋之间，这不免让人联想到歌剧和历史剧中的场景。"[4]后来，在塞纳河南岸的自动人行道跟前——这是这一盛会期间最热门的景点之一——哈莱斯认清了狂妄自大与"法兰西精神"融汇时所产生的矛

---

① 黑猫夜总会是 19 世纪巴黎著名的卡巴莱夜总会，位于巴黎蒙马特区。它于 1881 年由艺术家鲁道夫·萨利斯开办，1897 年关闭。这让 1900 年巴黎博览会时赶来看它的毕加索等人大为失望。

盾，他继续写道："滚动的移动平台演奏出博览会交响乐的连续低音。伴随着这阵阵富有节奏，声响同样巨大的噪声，还有工人钉钉子的喧闹声、吉普赛人拉出的刺耳琴声、拖船拉响的汽笛声、东方管弦乐队的长笛声、电力机车的嘈杂声，还有埃菲尔铁塔电梯发出的'咔嗒'声。但这连续不断的轰鸣声向我们的耳朵表达了这座由钢铁结构和劣质建筑构成的伟大城市的生命力。它让我们目瞪口呆、迷惑不解，让我们进入了恰如其分的思维状态，从而在这些矛盾、疯狂和杂乱无章的非凡奇迹中永远闲逛下去。"[5]

画家兼评论家米格尔·乌特里洛也强调了巴黎旧城与自动人行道之间的差异，强调了这些夸夸其谈的、充斥着民族主义的官方言论与显而易见的地缘政治现实之间的差距。他是来自蒙马特区的加泰罗尼亚人，在巴黎接受过双重文化教育，喜欢四海为家。[6]他比卡萨吉玛斯和毕加索年长20岁，却和这两位年轻艺术家关系密切。乌特里洛不愿被卢贝总统蛊惑，他在为文艺期刊《头发与羽毛》撰写的专栏中直言不讳地指出："在为期7个月的世界博览会期间，如果巴黎在它的地盘上没有教给我们任何新东西的话，那么无论从长期看也好，从短期看也罢，它都会为其贪婪的后果付出代价，而且它对伟大的文明国家所发挥的影响力也会日渐式微。"[7]对于乌特里洛而言，他没有被蒙蔽双眼。他在自己的每篇文章里，都旗帜鲜明地支持新绘画①美学，反对学院派风格："我们在5月份就说过，而且我们还会不失时机地反复强调：在法国，伟大的艺术家与公众舆论之间分歧明显。当普通大众如痴如醉地欣赏着完美无瑕而又风格冷峻的梅索尼埃的作品、布

---

① 在1876年印象派画展期间，法国作家兼艺术评论家路易-埃德蒙·杜朗蒂撰写了一篇题为《新绘画》的文章。他在文章中阐述了以莫奈为首的一批新画家的创作方法，分析了他们对光线和色彩的革命性运用，认为他们打破保守艺术体制的开创性做法在西方艺术史上意义重大。从1874年起，印象派画家总共举办过八次联展，借此对抗当时政府举办的官方沙龙展。

格罗的绚丽色彩、德塔耶描画的蜡像以及博纳拥挤不堪的肖像画时，真正的艺术爱好者们，也就是那些在世界各地都充满热情的业余爱好者，他们徜徉在马奈、柯洛、莫奈、德加、惠斯勒、米勒等人的海洋中——尽管公众反应消极——认清了哪些人走上了真正的艺术之路。"[8]接着，乌特里洛还言之凿凿地描述了法国政府和法国体制是如何以置人于死地的方式扼杀那些激进新潮的新兴艺术家的。"因此，即使是最伟大的雕塑家罗丹，"他严正指出，"在官方展览中也只有两件作品。若想看到他的全部作品，就得参观他半官方举办的私人展览。"[9]

乌特里洛的言论与各国机构之间冠冕堂皇的发言大相径庭。事实上，在大陆酒店凉亭下为外国专员举行的欢送晚宴上，德意志帝国专员马克斯·里希特博士当着西班牙皇家专员塞斯托公爵的面，称赞"博览会是人类在所有知识领域的活动中最伟大的表现之一"，这样一场盛会"无论从其整体影响上看，还是从展品的价值和完美程度来看，都远远超过欧洲和其他地区所有举办过的同类活动"[10]。然而，某些部门多年来一直在表达他们的担忧。在1850年提交给政府的一份官方报告中，考古学家兼铭文与文学学院成员莱昂·德·拉博德伯爵对工业艺术的拓展表示警惕，强调"法国优势"正在面临"威胁"，有被英国甩在后面的危险。[11]几年以后，安托南·普鲁斯特在其艺术院预算报告中也认为，1878年世界博览会的结果表明，"其他民族"已成为"竞争对手而非模仿者"[12]。

年轻的毕加索生活在巴黎时，是否听说过世界博览会上的自动人行道？在蒙马特举办的众多加泰罗尼亚晚宴上，他是否同意米格尔·乌特里洛对一贯主张的"法兰西精神"持批评意见？不管怎样，在小皇宫举办的法国艺术回顾展上，他都能亲眼看到这一制度的另一个僵化之处：埃米尔·莫利尼耶、罗杰·马克思和弗朗茨·马尔库等展会工作人员在美术（绘画和雕塑）和"次要艺术"（青铜器、铁器、陶瓷、挂毯、织物和刺绣、皮革、金银器作品、珐琅、木制品和家具）之间建立了极端的等级制度，他们对"19世纪乏善可陈的历史"不屑一顾。在随后的70年间，艺术家毕加索打破了传统的学术分类，坚持自己的美学语言，突出自己的杰出概念。他颠覆了主要艺术与"次要艺术"[13]之间武断的等级制度，将1900年世界博览会上被列为次要艺术的所有艺术门类完全纳入"高尚艺术"之列，并增加了摄影、雕刻、丝网印刷等艺术门类！在这座法国历代国王都留下过各自印记的城市，在这座由奥斯曼男爵一手打造，并在过去几十年间被第二帝国的辉煌升华的首都，在这座成功举办1900年世界博览会的胜利之城，巴勃罗·鲁伊斯·毕加索从便门进入，而他与巴黎的对峙将在未来数年中让他品尝到爽约的苦涩滋味。

第三节

"驾驶员贝克的车费尚未支付"

> 卡萨吉玛斯随即向她开枪,但并没有打中。他以为已经把她杀了,于是朝自己的右太阳穴开了一枪(勒皮克街27号维莱特医生出具的证明)。(驾驶员贝克的车费尚未支付。[1])
>
> ——第18区警察局的记事簿,大卡里耶尔街区

法兰西光明正大地踏上了它的"自动人行道",这颇具讽刺意味。面对这样一个法国,刚刚登陆蒙马特的年轻艺术家们热血沸腾,但他们的人生之路依旧坎坷不断。他们通过加泰罗尼亚画商进入巴黎艺术界的机会时隐时现,但他们还有其他选择吗?卡萨吉玛斯和毕加索,真是一对奇葩组合!卡萨吉玛斯像一只受伤的小鸟,鼻子朝天,下巴后缩,十足一个病态的年轻人模样。他长得太高、太瘦、太柔弱,满头黑发,戴着一顶帽子。他的伙伴毕加索肌肉发达、身材魁梧、充满活力,比他矮三个头。两人于12月离开巴黎,返回巴塞罗那。几周后,也就是1901年2月,卡萨吉玛斯独自一人回到巴黎。几天后,他自杀身亡。毕加索(正如我们所见,他当时不在巴黎)醉心于描绘临终前的卡萨吉玛斯,他的许多画作都充斥着病态的主题。出于好奇,我决定进行调查。我猜想,警方可能记录了这一事件,于是我回

到了勒普雷圣热尔韦。按区分类的警方记录让我得以开始漫无止境的寻宝之旅：在第18区，你必须在圣玛格丽特、大卡里耶尔或克利尼昂库尔之间做出选择。

在这些散发着霉味的黑色活页夹中，当我展开冒险追踪一起自杀案时，警察们漂亮而规范的笔迹将我带入了一桩桩最不可思议的事件中。地下卖淫、流浪、自杀、抢劫、精神失常、遗弃儿童、背信弃义、堕胎、妓女、公然猥亵、火灾、违反1893年8月8日法律（涉及外国人）、死亡威胁（有条件）、乞讨、马匹死亡、上吊自杀、拉皮条、通奸、狗咬人：这就是20世纪初平民社区的日常生活，其精彩程度堪比欧仁·苏的小说。在1900年12月28日这一页，一则来自加布里埃尔街49号的新闻让我眼前一亮："马纳赫·佩德罗：殴打他人、损坏栅栏和藐视警察。"

"马纳赫·佩德罗"？此人就是佩雷·马纳赫，毕加索的第一位画商，是毕加索来到巴黎时通过加泰罗尼亚关系网认识的。"加布里埃尔街49号"？这是伊西德尔·诺内尔为初来乍到的两位年轻艺术家在法国首都租用的工作室的地址。"12月28日"？这是他们回到巴塞罗那的第二天。真有意思！我继续往下看，不想却看到了一出真正的大戏，每个人物都附有介绍："舒兹，大卫，58岁，加布里埃尔街49号门房；马纳赫·佩德罗，30岁，单身，画家，居住在企业家街27号，1870年3月28日出生于巴塞罗那［原文如此］，父亲是萨尔瓦多，母亲是玛利亚·约尔迪；蒙科尤，让，38岁，治安员；乔达尼，安托万·约瑟夫，25岁，学生，住杜索梅拉尔街；瓦扬·雅克·埃米尔，21岁，美术学院学生，住塞里塞特街7号。"总之，事情是这样的："根据加布里埃尔街49号门房的控告，此人下午3点在加布里埃尔街被捕，罪名是破坏栅栏。此人是由房客帕莱雷先生[2]介绍进屋的，帕莱雷是西班牙人，他本人并不在巴黎。马纳赫先生趁着夜色拿走了不少东西。门房禁止他进入，并在门上挂了一把锁。大约 3 点钟模样，他出现了，想不惜一切代价进入上述房间。他撬开挂锁，正准备拿走一幅画时被拦了下来。这时，他打坏了一把雨伞，砸碎了窗户，朝门房扑去并打了门房一下，然后又扑向闻讯跑过来的房客。据称是为了狠狠报复他一下。他一记重拳打在治安员蒙科尤的脸上，还骂警察是猪。"[3]

1900 年 12 月 28 日，马纳赫企图洗劫毕加索在巴黎的第一间工作室，这一点已经毋庸置疑。毕加索是否知道此次暴力事件？他是否知道自己的画商曾试图在他离开巴黎后立刻闯入他的工作室，偷走他留下的作品？根据所有传记作者的说法，毕加索很早就不信任马纳赫了。尽管如此，1901 年 5 月，毕加索第二次前往巴黎，出席沃拉尔画廊举办的画展，他还是不得不寄宿在马纳赫家里。这次画展是马纳赫本人为毕加索专门组织的。后来，毕加索画了一幅颇具讽刺意味的肖像画，将马纳赫画成穿着白色夹克、打着红色领带的模样，身板僵硬，神情傲慢。这幅画如今收藏在华盛顿美国国家美术馆里。那时，萨巴特斯给予了毕加索非常热情的支持，根据他的回忆我们还了解到，在 1901 年冬天，毕加索与画商分道扬镳："我们在杜里奥的工作室过了一夜，然后早早地来到街上。毕加索想在邮递员来之前赶到（马纳赫的）工作室……当毕加索打开门时……马纳赫正躺在床上，衣着整齐。他正在自言自语，好像神志不清……毕加索不屑地朝他瞥了一眼……毫无疑问，从今往后他再也不能在这里工作了。"[4]

至于卡萨吉玛斯的自杀，我在第 18 区的另一个街区，即名为克利尼昂库尔的 70 街区发现了蛛丝马迹，时间为 1900 年 10 月 1 日至 1901 年 6 月 4 日。1901 年 2 月 19 日，警方记录："卡萨耶玛斯［原文如此］：谋杀未遂并自杀。"涉及人员为："卡萨吉玛斯，夏尔，20 岁，出生于巴塞罗内［原文如此］，西班牙人，画家，住在克利希大道 130 号；弗洛朗坦，洛尔，20 岁，模特，住在夏普街 11 号；勒诺瓦·路易丝①，模特，住在夏普街 11 号；帕拉莱斯，曼努埃尔，28 岁，画家，住在罗什舒阿尔大道，西班牙人；于盖，曼努埃尔，26 岁，画家，住在克利希大道 130 号。"再往下看，就是他对事件的描述："2 月 17 日晚 9 点左右，在位于克利希大道 128 号的葡萄酒店里，卡萨吉玛斯先生用左轮手枪朝弗洛朗坦女士……开了一枪，但没有打中她。然后他将枪口转向自己，朝自己的右太阳穴开了一枪。他先是被送往克利希大道 81 号的多茹尔药店，然后被送往毕沙医院。当时他乘坐的是位于克里梅街 116 号的泰斯租车公司的 R62 型汽车，开车的是贝克·米歇尔②（车牌号为 5/915），随行的还有第 18 区的保安普拉特。卡萨吉玛斯于当天晚上 11 点 30 分在医院离世。他爱上了本名叫加尔加洛·洛尔的弗洛朗坦女士，20 岁，不过这位女士并不是他的情妇。他曾与帕拉莱斯、于盖以及两位女士在位于克利希大道 128 号的葡萄酒店里共进晚餐。晚餐结束时，他把一包信交给了弗洛朗坦女士，请她读一读，她吓得赶紧离开了。卡萨吉玛斯随即向她开枪，但并没有打中。他以为已经把她杀了，于是朝自己的右太阳穴开了一枪（勒皮克街 27 号维莱特医生出具的证明）。（驾驶员贝克的车费尚未支付。[5]）"

这份材料是一位警长手写的，冷峻、简洁、严谨，只对事实进行描述，不做任何评论。他甚至指出洛尔·加尔加洛（热尔梅娜）不是卡萨吉玛斯的情妇。因此，卡萨吉玛斯显然是出于个人原因，无法控制在背后折磨他的悲情因素，于是在克利希大道的一家咖啡馆里，当着被称为"热尔梅娜"的洛尔·加尔加洛的面，当着这位他在巴黎的第一位向导、他的模特、他口中的"（他的）思想女王"的面，他就

---

① 此处人名应为路易丝·勒诺瓦。
② 此处人名应为米歇尔·贝克。

在众目睽睽之下自杀了！后来我才知道，他患有常见的生理缺陷，无法进行肉体行为。[6]至于毕加索，在他的朋友自杀几个月后，他创作了大量画作，描绘他朋友的悲惨离世。他选择了直抒胸臆：《卡萨吉玛斯死了》《卡萨吉玛斯之死》《棺材中的卡萨吉玛斯》《招魂：卡萨吉玛斯的葬礼》。他也选择了令人震惊的身份认同和镜像游戏——《生命》《在狡兔酒吧》，在对生命、死亡乃至父爱的幻想中，他们互换了两张面孔和两种性格。

一位年轻的艺术家被他的画商诓骗了，一位性无能的恋人被他的美人唾弃，一位治安员（让·蒙科尤，38岁）被人辱骂为"猪"，一位驾驶员（米歇尔·贝克，车牌号为5/915）被人拖欠车费，一次失败的行凶，一次成功的自杀，所有这些都是毕加索首次旅居巴黎后，法国警方以悲喜剧的形式记录下来的一些平凡的痕迹。

"让我来告诉你为什么……莫雷诺·卡尔博内罗是这里最好的画家，"这位天才少年三年前在给他的朋友华金·巴斯的信中这样写道，"因为他去过巴黎。不过不要误解我的意思：在西班牙，我们并不像表面看上去那般愚蠢，不过我们接受的教育确实非常糟糕。因此，如果我有个儿子想成为画家，那我绝不会把他留在西班牙。"[7]在他的职业梦想中，年轻的毕加索完全没有意识到，他所进入的社会刚刚实施了治安管理。然而，法国政府于1888年10月2日颁布法令正式宣布："第1条：任何打算在法国定居的外国男性……必须在自抵达之日起15天内，向其计划定居的市镇的市政厅申报，说明其姓名、国籍、出生地和出生日期、最后居住地、职业和生活来源、妻子和未成年子女等信息。第2条：在巴黎应向警察局长申报，在里昂应向罗纳省长申报。"几年后，安全总局局长就"大量外国人未按1888年10月2日法令或1893年8月8日法律的要求申报"一事向各省省长发出警告。为了进一步加强监管，他将矛头指向了"逃避申报的个人"，即"那些因其背景而需要重点监管的人员"。他继续说道:"我特别想请你们注意这种不幸的状况……由于地方当局的疏忽,外国人继续逃避法律的实施,这是不可接受的。"[8]

根据 1894 年 2 月 2 日的省长令,莱皮纳局长成立了"调研总局,汇集了警察局所有的调查部门:'房屋租赁''社会道德''治安'及其相关档案"。他与他的"调研大队"一起,在法国建立了一支"真正的政治警察部队"。所有这些,毕加索怎么会听说过呢?然而,正是通过跟踪这一组织,我们才能够了解到警务措施的力量及其发展,而这些措施在几年后引发了十分荒谬的"毕加索档案"的实施。正如历史学家让-马克·贝里埃所指出的,德雷福斯事件①"对警察及其代表产生了深远的影响",因为警局的管理部门"引进并完善了一套日益有效的控制系统",其核心是中央档案库,其中包含 400 多万张记录卡片和 200 多万份档案,"是一座名副其实的行政和司法信息宝库","大多数外国警察部队都派代表前来研究"。然而,"行政完美主义""错位的职业自尊""因挑剔立法而引发的普通仇外情绪"[9]破坏了这一局面。在随后的数十年间,情况变得越来越糟,并于 1940 年法国维希政权时期达到顶峰。

毕加索自第一次来到巴黎,他的每次巴黎之行都得到了蒙马特高地上加泰罗尼亚人的帮助,这是他当时通往法国首都的唯一通道。他充分受益于这种"移民链"和"家庭、地域和职业上的团结互助,从而消除了移居国外所潜藏的许多风险"[10],这是移民专家们的共识。那

---

① 德雷福斯事件,又称德雷福斯丑闻、德雷福斯冤案,是 19 世纪末发生在法国的一宗政治事件与社会运动事件,事件起于 1894 年一名犹太裔法国军官阿尔弗雷德·德雷福斯被误判为叛国重罪,在当时反犹氛围浓重的法国社会,爆发了严重的冲突和争论。争论以 1898 年初著名作家左拉为了支持德雷福斯的清白,在《震旦报》发表致总统的公开信《我控诉》为开端,要求重审德雷福斯案件的社会运动广泛开展,从而激起了为期十多年、天翻地覆的社会大改造运动(1898—1914 年)。此后经过多次重审以及政治环境的变化,德雷福斯终于在 1906 年 7 月 12 日获得平反,正式成为国家英雄,而连带的社会改造运动也以 1905 年法国政教分离法的通过达到高峰。

么，他怎么会预料到，巴塞罗那的朋友们对他的帮助和款待，竟然会像害人的陷阱一样对他不利呢？我们还知道，1900年12月29日，一个"自称为巴黎西班牙侨民的团体"——其中包含毕加索、卡萨吉玛斯和帕拉莱斯——签署了一份"宣言，刊登在巴塞罗那日报《广告报》上，呼吁特赦古巴和菲律宾的逃兵"[11]。对于法国警方来说，最惹眼的"西班牙无政府主义者"仍然是在法国的加泰罗尼亚人（如商人佩雷·马纳赫），有时甚至是政治流亡者（如作家豪梅·布罗萨和庞培·格内），毕加索曾经见过他们，所以他一回到巴黎，就成了可疑分子。

第四节

菲诺、富勒尔、博尼布斯和吉罗弗莱，警长鲁基耶的线人

> 从上述情况来看，毕加索和他的同胞马纳赫有着相同的想法，马纳赫收留了他。因此，他应该被视为无政府主义者。[1]
>
> ——警长安德烈·鲁基耶

今天上午，随着在国家档案馆首次查阅"1899—1901年无政府主义者"档案，我进入了19世纪与20世纪之交以检举告发为乐的世界，里面充斥的文献有时达到近乎癫狂的程度。比如一个住在凡尔赛图尔内勒街14号，名叫杜邦的人给警察局寄来了一张照片，照片是在泰布特街24号一位名叫E.阿佩尔的摄影专家那里拍的。随照片还附有一张撕成两半的卡片，上面写着："凭借我自认为拥有的心理学家的特殊技能，我在这张照片上看到了一个热衷于无政府主义的人：有待研究。"[2]

不过其他一些笔记则试图进行更为详细的分析，例如这份笔记，它描述了蒙马特无政府主义者的环境："无政府主义者并没有因为德雷福斯事件的结束而受到过度削弱。该事件曾是一个强大的干扰因素，但并没有像人们想象的那样烟消云散或荡然无存……只要时机一

到，他们就会重返舞台。而此时此刻，他们就像演员一样，在排练着自己的角色……所谓'富尔派'① 没有发展的空间，因为他们生活在一个封闭的圈子里……在这些派别中，必须提一下'打倒圣像派'。这一派人每周三都会在勒皮克街 11 号的艺术家咖啡馆聚会，它是最大的无政府主义团体……加入'打倒圣像派'的有：罗歇·萨特坦、扬维翁（团体负责人）、莫罗（来自《同志报》）、勒凯莱克（无政府主义说唱歌手）、博尔迪（拉维尼昂街 16 号）、爱丽丝·卡诺瓦（出生于博尼法乔，还很年轻）……还有马尔蒂尼、莫雷利等意大利同志。无政府主义正在寻找自己的道路。当务之急是全面抵抗军国主义……另外，反军国主义的出版物也在传播……目前，无政府主义是反军国主义的。明天，它就成为'炸弹主义者'。"[3]

我的注意力很快就被线人菲诺、富勒尔、博尼布斯和吉罗弗莱的报告吸引住了。他们非常清楚自己的业务价值，几乎每天都为警局第三分局的鲁基耶警长提供零星的手写材料。对于蒙马特的无政府主义者来说，这些材料是名副其实的晴雨表。1901 年 5 月，毕加索第二次去巴黎时，就是被他们发现的。正是菲诺、富勒尔、博尼布斯和吉罗弗莱等人，正是这些当地警察局的线人，遵照局长的命令，极尽恶毒之能事，为警方提供了关于毕加索的首份资料。事实上，1901 年 5 月 5 日，毕加索在安东尼·乔曼德鲁·邦索姆斯的陪同下，第二次回到巴黎，准备参加他的画商佩雷·马纳赫为他在沃拉尔画廊举办的展览。之后，毕加索在位于克利希大道 130 号乙的马纳赫家里住了整整十个月。这是一次双人画展（展出毕加索的 64 幅作品和他的朋友伊图里诺的 25 幅作品）。一些评论家指出，这是一项壮举（主要因为这是毕加索在 7 周内完成的作品数量），并为这位"非常年轻的西班牙

35

---

① 此处指保罗·富尔的支持者。保罗·富尔（1878—1960 年），法国政治家。在两次世界大战之间曾和莱昂·布鲁姆共同领导工人国际法国支部。

画家"的才华所折服。

但毕加索是否按照1888年10月2日关于外国人的法令规定，在警察局的"外国人事务处进行了登记"呢？他是6月6日向当局登记的，因为和他在巴黎的第一段时光一样，他废寝忘食地画画，每天最多能画三幅画。几个月以后，他的朋友萨巴特斯从巴塞罗那过来找他。萨巴特斯写过一篇文采斐然的文章，对毕加索的工作精力做了一番惊人的描述："调色板摆在地上：大量白色聚焦在中央，构成了一种主要由蓝色组成的灰色颜料的基底。轮廓用其他颜色勾勒，显得明亮悦目。他的手里是否捧着调色板，我已经不记得了。不过他告诉我，他有时会拿着调色板，就像其他所有画家一样。这是有可能的。但我总是看到他弯着腰，在桌子上、椅子上或地板上调色。"[4] 在毕加索创作期间，线人富勒尔向巴黎警察局长发出警报："自最近的袭击事件以来，禁止无政府主义者聚会和对外国无政府主义者实施更加积极的监视，彻底改变了对无政府主义运动的观察范围。格兰迪迪耶周一说：'无政府主义者将在今年冬天垮台。'……然而，由于他们在德雷福斯运动期间习惯于利用极度自由的课程和小型社区会议，参加晚间聚会和公共集会，因此无政府主义者一直都在转移分散，但他们不会消失。"[5]

在蒙马特高地上，毕加索正埋头工作。不久之后，萨巴特斯继续他的现场报道："调色板搁在椅子上，他站着。1901年，我发现他通常坐在一张摇摇晃晃的椅子上，椅子可能还有点低。他并不为这种不适感所困扰，甚至这种不适感似乎正是他孜孜以求的，仿佛他在这种苦熬中找到了乐趣。他乐于把困难强加给自己的头脑，使其保持警觉状态。他把画布放在画架最低的凹槽上，这迫使他画画的时候几乎弯腰把自己折成两段。他把画面填满，只想着把自己从内心深处解放出来。他周围的一言一行，他听得到、看得到，也能猜到看不到的东西。除非他的注意力被特别吸引，否则没有任何事情能够分散他的注意力。"[6]至于线人菲诺，他则显得很不耐烦："还是没有消息。目前这并不奇怪，因为这些同伙几乎没有机会见面。这就是没有团体的弊端。没有团体，也就无法进行任何严密的监视。而在此期间，孤立的个人可能会构思并实施非常严重的计划，而我们只能在很晚的时候才意识到这些计划，而且对所有的准备细节都一无所知。也许最好不要等待团体自己形成，因为这可能需要很长时间，因为在这方面缺乏有主见的人……蒙马特有个小团体，其成员在同伙利勒家聚会……新团体的建立方便更有效地监视无政府主义者。"[7]

但在克利希大道，毕加索远离线人们的聒噪，一直在自己的工作室里废寝忘食地创作。萨巴特斯记录道："他是多么的聚精会神，深深地沉浸在一片寂静之中。任何人看到他，无论远近，都会理解，并会默不作声。从远处街道传到工作室的低沉的杂音，与这份寂静融为一体。伴随着创作的热情，他的身躯重重地压在椅子上，发出有节奏的嘎吱声，却也难以将这份寂静打断。"[8]在这64幅创纪录的纸板油画作品中——《喝苦艾酒的女人》《等待（马戈特）》《母亲》《侏儒舞者》《红磨坊》等——我们面对的是一位位具有颠覆性的人物，他们色彩猛烈，笔触大胆鲜红，就像裂开的伤口。他们都是巴黎人，游荡在城市的最底层，游荡在蒙马特的咖啡馆或窄小街巷里，游荡在毕加索所融入的位于蒙马特高地上好客的加泰罗尼亚人周围：着装鲜艳的侏儒、茫然失措的瘾君子、浓妆艳抹的时髦老妇，或是拖着孩子疲惫前行的母亲，都在这些凄苦不堪的画作中诉说着黯然神伤。

在距离毕加索工作室仅有数百米之遥的地方（不过距离毕加索的创作强度差了十万八千里），菲诺、富勒尔、博尼布斯和吉罗弗莱，他们每个人都坐在一家蒙马特咖啡馆里，面前摆着一大杯啤酒，他们在倾听，在观察，在质疑。四个脸色苍白、勤奋上进、办事认真的小人物，他们记录笔记、上报传言、抄写材料。历史学家玛丽安娜·恩克尔对此评论说："我们早就知道，遭到控告的人会撒谎或歪曲事实，告密者则会添油加醋。只要被举报到警方或法院两次，就会被后两者列为'特别危险的无政府主义者'，而这后两者显然不在历史学家之列。"[9]

关于毕加索的第一份警方报告由警长鲁基耶签署，日期为 1901 年 6 月 18 日。在这里，日期非常重要，随后警方档案中的所有日期也是如此。尽管我们和善的线人从 5 月初就开始跟踪毕加索，并在此之前就收集到了有关毕加索的各种信息，但 1901 年 6 月 17 日《日报》上发表的一篇新闻报道还是促成了最终文件的整合与出台：评论家古斯塔夫·科基奥在文章中宣布，一周后毕加索与伊图里诺的双人画展将在沃拉尔画廊开幕。[10]科基奥称赞毕加索是"现代生活的狂热爱好者"，并指出："明天，我们会祝贺巴勃罗·鲁伊斯·毕加索完成新作。"但是，警长鲁基耶却只从这篇文章里提取了一个元素，即画家所描绘的主题：这些"面容姣好或是饱受摧残的女孩"，如"荡妇、女强盗、女杀手"等，抑或是"被城市抛弃的乞丐"。之后，他根据在抽屉里沉睡了几个星期之久的线人报告，迅速编撰出一份摘要："毕加索最近画了一幅外国士兵殴打一个倒在地上的乞丐的画。他的房间里还有其他几幅画，画的是几位母亲模样的人在向一些资产阶级市民乞讨施舍，却遭到了拒绝。"当时，鲁基耶警长对自己的行为深信不疑，再加上当时法国社会弥漫着一种"外国人像寄生虫一样毒害我们"[11]的歇斯底里的情绪。在这一情绪的推波助澜下，警长决定把毕加索的画作变成对其不利的证据。

此外，警方还胡乱收集了大楼门房说过的一些闲言碎语，比如："毕加索让大楼门房注意，一有空房间就替他预订一间。他是个在家工作的画家。"还收集了一些尖锐的指控："他接待了多个不明身份人士的来访。他收到了几封西班牙寄来的信,以及三四份标题不详的报纸。他几乎从不去邮局自取信件。他出门和回家的时间很不固定。他每天晚上都和马纳赫一起外出,直到深更半夜才回来。"[12]这些尖锐的指控就是为了给诽谤毕加索的人以口实,并得出了如此令人瞠目结舌的结论:"从上述情况来看,毕加索和他的同胞马纳赫有着相同的想法,马纳赫收留了他。因此,他应该被视为无政府主义者。"[13]

菲诺、富勒尔、博尼布斯和吉罗弗莱,他们从未在任何无政府主义集会上见过这位画家,无论是在"富尔派"集会,还是"打倒圣像派"集会上。这都无关紧要!他只是在1900年12月与其他人一起签署了支持大赦西班牙逃兵的倡议书:毕加索不正是因为自己的反军国主义立场才被法国警方盯上的吗?因为在西班牙,他可以免服兵役,这要归功于他的叔叔萨尔瓦多捐赠的资金。事实上,他以自己的方式参加了20世纪(几乎)所有的战争,但从未拿起过武器。这一点很快在接下来的警方报告中受到了批评,并借此指责他缺乏爱国精神。1901年6月18日,鲁基耶警长被他的职业良知、热忱和法兰西第三共和国时期的歇斯底里冲昏了头脑,他把毕加索的档案交了出去。几天后,似乎是出于添油加醋的目的,他的上司、调研总局局长用红铅笔在"有理由认为他是一个无政府主义者"下面狠狠地画了一条线。透过这些手段,我们就不难理解当时警方高层的做法了。

1901年春天,为了在一家巴黎画廊举办的首次画展,这位19岁的艺术家创作了64幅画作。今天,这些作品都被视为当之无愧的杰作,而且价值连城。然而,在1901年,这些画作却被当作不利于这位年轻人的证据,而他唯一的过错就是经由加泰罗尼亚侨民的帮助来到了巴黎,想在此发展自己的事业。历史学家热拉尔·努瓦里尔分析说:"两个世纪以来,在法国的行政机构中,我们不断遇到这种对'外族中坚力量'的恐惧……这股力量冒着风险追求政治目的。"[14]这种恐惧促使法国当局几十年来实行难民分化政策，并对他们表示极端不信任。因此，加泰罗尼亚同胞们欢迎毕加索来到蒙马特高地时的祝福（这片巴黎地盘是"享乐世界与无政府主义世界的交界地"[15]），很快就成为他40多年来名副其实的诅咒。

面对这些荒诞不经的胡言乱语，一位积极主动的政治家、蒙马特的明星议员克洛维斯·于格多年来一直试图从另一个角度分析无政府主义运动，他在质问卡西米尔-佩里埃政府的内政部长戴维·雷纳尔[16]时就是这样说的："永远不要忘记，我们不朽的革命是为了个人自由而进行的！……正是因为我们的政府似乎忘记了这些豪言壮语，我今天才有幸来当面质问它……你们借口无政府主义政党内有些人看似对一切都比较无所谓，实则不择手段，于是不加区分把所有夸耀暴力和夸耀理论的人搁在一起，进行无差别的镇压。因为一个不幸的弃儿，一个既是家庭又是社会的私生子，在自己悲惨的一生中遭受了太多苦难，以至于忘记了他人生命的价值。你们搜查了2 000多名与瓦扬①袭击事件无关的市民的住所，你们逮捕了60多人，就好像你们手中握着一个可恶的全民阴谋的线索。好吧，我问你，阴谋在哪里，部长先生？"[17]

此时此刻，年轻的毕加索远离了菲诺、富勒尔、博尼布斯和吉罗弗莱的举报工作，徜徉在卢浮宫纵横交错的展厅里，他与沃拉尔画廊地窖里发现的19世纪大师们——图卢兹-劳特累克、梵高、皮维·德·夏凡纳、高更、塞尚、安格尔和德拉克罗瓦——不断对话，与普拉多发现的西班牙大师——戈雅、委拉斯开兹、苏巴朗、埃尔·格列柯——不断对话。年轻的毕加索宛若置身于另一个时空，一个与之匹

---

① 瓦扬，全名奥古斯特·瓦扬，无政府主义者，1861年12月27日出生于法国梅济耶市。1893年12月9日从阿根廷返回法国时，他向法国众议院投掷了一枚炸弹，造成数人受伤。1894年2月5日因袭击事件在巴黎被送上断头台。这次袭击后，法国众议院通过了一系列反无政府主义的法律。

配的时空，一个与"圣人相通"（communion des saints）的时空。正如萨特后来对作家的解释："当他远离生活时，艺术又变得神圣起来……数百年以来，他们与塞万提斯、拉伯雷和但丁携起手来，成为这个隐修社会的一部分。神职人员成为……一个俱乐部，除了一人以外，其他所有成员都已逝去。他在人间代表着所有人，他的身上集中体现了整个神职团体的风采……对于过往，（作家）与伟大的逝者签订了神秘的契约……他是空中楼阁，与他所处的世纪格格不入，仿佛受到了诅咒一般。"[18]

第五节

无政府主义者的"神秘氛围"

> 在无政府主义者中……我们注意到……神秘的氛围正在死灰复燃,这是一个严重的迹象,应当引起注意。[1]
>
> ——递交给巴黎警察局长的一份匿名举报

蒙马特警察线人这一发现不禁让我兴致大增,于是我决定深入挖掘,努力让法国骚乱的根源浮出水面。我要去位于皮埃尔菲特的法国国家档案馆一探究竟。过了圣拉扎尔站,拥挤不堪的地铁13号线在震耳欲聋的轰鸣声中飞驰而过。从拉福尔什站开始,车厢里突然挤满了人:有穿非洲长袍的,有头戴刺绣帽的,有身穿厚运动衫的,有绑着脏辫听着耳机的,乘客们鱼龙混杂,彼此挤在一起,却又充满欢声笑语。他们手里大都拎着大包小包。圣但尼大学站的售货亭用一句"你好"(这也是售货亭的名字)安慰着来往的乘客。出了地铁站,好也好坏也罢,便来到了三个世界共存的一片天地:郊区公交车总站,几位形单影只的乘客在一个水果摊前等待353路或255路公交车(巴黎北部的三位数公交车之一);标有"巴黎第八大学"的大学校园;然后,在右边的灰色隔离墙后面,有一处风格优雅的围墙,里面的景观设计独具匠心——特大花盆里长出了嫩竹,也许是为了纪念让-皮埃尔·雷诺，一个金属雕塑半浸没在一个长方形的水体中——一座现代风格的大型建筑，白色的菱形交叉结构。它的每一层楼都处在不稳定的平衡之中——宛如漫不经心叠放的杂乱书堆。它就是2013年搬到此处的法国国家档案馆。

在巴黎北郊闷热的夏季季风中，我翻阅着记录19世纪末无政府主义者活动的档案。在给法国各省省长下达的一份通知中，时任内政部长宣布"要对外国无政府主义者采取特别措施"："我认为，在当前形势下，应该驱逐所有公开主张或表现出无政府主义［原文如此］或革命观点的外国人……你们若有驱逐方面的建议，请赶快告知我。"我在《言论自由报》上读到："也许在蒙马特及其周围地区，在修道院街的一家酒吧里，发生的随意逮捕事件最多。"[2]之后发生了萨迪·卡诺总统遇刺案，引起了当年观察家们的广泛关注。1894年6月24日的里昂，刺客圣杰罗尼莫·卡塞里奥被抓时没有进行任何反抗，他高呼："无政府万岁！革命万岁！"两个月以后，在被送上断头台行刑之前，他拒绝了牧师的帮助。"朋友们，鼓起勇气！无政府万岁！"这就是他的遗言。他还拒绝被当成精神病患者，而这本可以让他免于死刑。[3]

"反对意大利人的示威游行，高喊着'卡诺万岁！''打倒意大利人！''法国万岁！''打倒意大利！'，许多咖啡馆被洗劫一空，发生了众多纵火案。"里昂警察局长在向他上司提交的报告中如此写道。他逮捕了上千人。法国各省省长也一个个紧随其后。在格勒诺布尔，伊泽尔省省长报告说："发生了严重的反意大利示威活动。许多手持铁锹和镐柄的法国工人，在法国和俄罗斯国旗的引领下，纷纷在城里揭竿而起。"至于《绝不妥协日报》，它用题为《保持镇定！》的社论明确谴责了针对意大利人的暴力行为："昨天，就在里昂，多处房屋被烧毁，因为里面住着意大利人。一名意大利人在土伦被杀。这太过分了。"不过该社论坚持认为："外国人正在入侵我们，与他们的竞争对本国劳工有害，我们……再次要求对本国工人采取保护措施。"[4]

在"外国无政府主义者监视记录"的档案袋里，我翻阅的文件已经被窜改过无数次，以至于我的手指只要稍微用点力就会把文件扯烂：关于刺杀萨迪·卡诺总统的凶手卡塞里奥的文件，竟然具有参考价值，很出人意料。这份单独的文件是在刺杀案发生前四个月制订的，当时并没有引起人们的怀疑。灰色的外层文件夹上写着如下文字，字迹大而工整："卡塞里奥·桑[原文如此]·杰罗尼莫——塞特[原文如此]面包师傅——无政府主义者。"至于埃罗省于1894年2月2日，即袭击发生前四个月拟定的个人详细资料，里面记录的个人体貌特征则相当普通："姓：卡塞里奥。名：桑·杰罗尼莫。住址：新桥街50号。常住地：塞特。职业：面包师。户籍信息：出生于……约19岁，出生地为意大利米兰省莫塔维斯孔蒂。父亲：安托万。母亲：布罗利亚，玛蒂娜。婚姻状况：已婚。体貌特征：身高：1.68米。额头规则，圆下巴，棕色头发，灰色眼睛，椭圆形脸，棕色眉毛，鹰钩鼻，皮肤苍白，刚长胡须，嘴型一般。可能有助于确定此人身份的细节：法语说得很困难。"[5]在这份平淡无奇的档案背后，谁能预料到具有如此体貌特征的一名刺客，会在几周后因刺杀共和国总统而被送上断头台呢？

卡塞里奥档案与不远处另一个箱子里的毕加索档案之间的对比引起了我的注意，因为它非常引人注目。在1901年6月18日的第一份毕加索报告中，鲁基耶警长指出，毕加索（西班牙人）住在巴黎，19岁，"与收留他的同胞马纳赫的想法相同"，"法语说得很差，几乎无法让人听懂"。4年后，警察局长给蒙马特警局寄来了一张纸条："请找到毕加索先生，并了解他目前的态度。"警长的回复如下："已经在寻找名叫鲁伊斯·巴勃罗·毕加索的人……但没有找到。""我们大队的侦讯人员都没有发现他在巴黎的踪迹。"然而，在 1894 年，卡塞里奥的报告只是说这位来自塞特的 19 岁面包师（意大利人）是一名无政府主义者，他"法语说得很困难"。一个案件十分大意，另一个案件则过度谨慎，如何解释这两种情况之间的差异？对毕加索的不信任又该如何解释？

从 1894 年到 1901 年，19 世纪末的法国——在人口老龄化和工业化之间挣扎求生——刚刚经历了长达 7 年的暴力冲突。对萨迪·卡诺的袭击是 10 年来政治和社会紧张局势的一部分，德雷福斯事件和无政府主义者的袭击只是其中最突出的表现。暴力、镇压、恐惧、审判、死刑，某些人的名字成为大家口口相传的对象，弗朗索瓦·克劳迪斯·柯尼希斯坦，人称"拉瓦乔尔"：他在巴黎发动袭击，以此来表达对警方暴行的控诉，后于 1892 年被送上断头台。埃米尔·亨利是一名巴黎公社成员的儿子，他向巴黎第一区的警察局投掷炸弹，炸死 5 人。他于 1894 年被送上断头台。1893 年，奥古斯特·瓦扬在国民议会放置了一枚钉子炸弹。次年，他被送上了断头台。一些反对死刑的政治家，如乔治·克列孟梭，对此感到非常愤慨："这种在没有定罪的情况下由正派公务员实施的行政性杀人行为，我对此感到难以言状的厌恶。"他如此写道："亨利的罪行固然是野蛮人的行径，但在我看来，社会的行为更是一种卑劣的报复。"[6]

反对凶残的无政府主义者，反对因"与本国劳动力竞争"[7]而"入侵"法国的外国人，一部分法国人开始对法国新出现的大规模移民问题做出反应。尤其是 1881 年的人口普查显示，当时有 100 多万外国人居住在法国。除了纯粹的民族主义之外，其他社会形式的仇外心理贯穿了整个 19 世纪：这些排外表现伴随着工业革命长达 10 年之久，最初表现为法国工人与外国工人之间频频发生事端，然后再通过政治话语传播开来。1898 年，莫里斯·巴雷斯在南锡选民面前声称："无论在社会顶层还是外省底层，无论在道德秩序还是物质秩序上，抑或是在工商业和农业领域，甚至在与法国工人竞争的建筑工地上，外国人就像寄生虫一样毒害着我们。法国新政策必须遵循一个基本原则，那就是保护所有国民免受这种侵袭。"[8]随着人口赤字的增加、工业化的迅速发展和劳动力的短缺，法国把目光转向外籍劳工，成为"第一个系统利用移民来克服劳动力市场'僵化'的国家"。而与此同时，欧洲正在变成一个移民大陆。

通过"大规模招募没有公民权利的劳动力"，雇主对工资待遇进行施压，从而确保外国人的普遍顺从，因为雇主可以"合法地强迫他们从事国民拒绝从事的工业工作"[9]。不仅如此，在交通工具革命的推动下，这股移民潮还表现为农村人口外流，农民把自己的"双手"伸到了工业领域。这些事件发生时，恰逢法国国家建设进程推进之际，共和国精神也正在深入人心。这一时期首次确定了"国民与移民的区别"[10]，从而使本国人与外国人的对立愈发尖锐——公民与非公民的区别加剧了这一差距，前者（仅指男性）赢得了后者所没有的新权利。毕加索于1870—1900年[11]这一时期之后来到巴黎，当时巴黎当局正在更改"外国人的定义"。他们明确界定了外国人的身份特征，非但不让外国人享有法国公民所享有的新权利，反而对外国人施加某些管制，并确定了新的警方管控目标[12]和优先"监管群体"[13]名单。当时出现了"国民和公民"与"非国民和非公民"[14]的区别，这种区别在随后的几十年中变得至关重要。

正是在"法国人"与"他者"、"本国公民"与"外国人"之间出现的这一全新的鸿沟中，警方档案里的每一份针对毕加索的材料才得以建立。令人痛心疾首的是，法国人会把外国人与杀人犯混为一谈，所以他们有时会攻击移民工人，比如1893年8月17日在卡马格盐矿中发生的艾格莫尔特大屠杀事件：有多少意大利工人在那里被野蛮残暴的私刑无端杀害？[15]最终的死亡人数仍无法确定，但至少有数十人被害或失踪。历史学家拉尔夫·肖尔写道："从1880年起，人们越来越意识到，外国人在法国的存在引发了微妙的社会和政治问题。……1888年10月2日的法令和1893年8月8日的法律可以更好地监管他们：来到一个城市就业的移民必须进行登记；每次更换居住地时都必须重复这一程序。"[16]1893年和1894年，针对无政府主义者的"惩恶法"就是在这样的背景下通过的，但随即遭到了饶勒斯和布鲁姆的严厉斥责。1894年7月31日，饶勒斯在《电讯报》上撰文："是否应该中止国家的一切自由？"因为"无政府主义是社会分崩离析的症状和自发产物"。这时，19岁的毕加索，被咖啡馆里逍遥自在的巴黎女人迷住了，他是否意识到当时的法国正在撕裂，麻烦不断？他知道阿尔弗雷德·德雷福斯这个名字吗？他是否意识到，哪怕是隐约意识到，他正在进入一个处于内战边缘的腐朽社会？他是否从巴塞罗那媒体那里得知，在外国舆论的持续压力下，世界博览会有被取消的风险？因为在雷恩审判之后——认定阿尔弗雷德·德雷福斯"叛国罪名成立，但情节较轻"，并判处其10年监禁[17]——其他欧洲国家公开批评了法国政府的决定，这让法国的国际形象岌岌可危。

1894年4月23日，一张手写的便条阐述了主要原则："警方……利用其雇用的所有特工监视无政府主义者的集会场所、秘密会议、接头地点、小酒馆等。不用说，警方在这些人中还安插了秘密支线人员。最近，它采用了一项新的举措，虽然简单，但似乎同样能产生效果。它编制了一份完整的名单，里面囊括了所有居住在巴黎各区和郊区乡镇的无政府主义者。每天早上，甚至一天两三次，特工们都会路过这些人的家，在他们吃饭和娱乐的地方逗留，看着他们离开车间，同时了解他们的情况。总之，这些特工们不遗余力地让大家明白，甚至正大光明地表明，警察在盯着他们，一天也不会放松对他们的监视。"[18]这就是鲁基耶警长抽屉里关于毕加索的恶意流言的起源：1894年4月，鲁基耶决定制定一项"简单"而有效的"新举措"，即编制一份嫌疑人名单，并建立一个由菲诺、富勒尔、博尼布斯和吉罗弗莱等人组成的线人网络，"他们一天也不会让嫌疑人离开他们的视线"。

1897年11月初，巴黎警察局长向内政部长递交了一份匿名举报人的报告，称"在无政府主义者中……我们注意到……神秘的氛围正在死灰复燃，这是一个严重的迹象，应当引起注意"。"安德烈先生，请了解一下'神秘氛围'这一情况"，警察局长用红笔在上面坚定地写道。欧仁·安德烈警长为了弄清楚何为"神秘氛围"做了大量工作，堪称一座丰碑。他解释说："神秘氛围的复兴……早已为我们所知。"在区分了"属于'自由主义'一族的无政府主义领袖……"和"半是皮条客，半是小偷，总是敲诈勒索、与自由主义者保持距离、不在公共集会上打架的个人无政府主义者……"之后，安德烈警长承认："警察总局现任特工的素质，甚至可以说他们的敬业精神，使我们能够一直监视无政府主义者的来往行踪，了解外国无政府主义者的动向、住所、社会关系以及他们使用的假名……无政府主义者看到自己所有的秘密会晤都被人举报，事先策划的会议都被人提前知晓，当他们以为自己可以自由行动时，却发现到处都有警察在采取措施，于是他们开始互相怀疑。他们彼此之间尽可能保持谨慎的关系，互相交流的内容只有鸡毛蒜皮的小事，同时让自己保持最大的神秘感……昨天还以朋友相称，今天就可以被当作告密者。如今，在无政府主义者的圈子里，一半人把另一半人看成受雇于警察局的秘密特工……神秘的氛围由此诞生。"[19]警方有了这样的思维模式，有了"神秘氛围"这样复杂讲究的这类人，保护法国的工作就尽在掌控之中了！

后来，到了1902年10月，在胡里奥·冈萨雷斯和何塞普·罗卡罗尔的陪同下，毕加索第三次来到巴黎，这是他最崎岖坎坷、最惶恐不安的一段时光——经历整整三个月的痛苦，他直面这座城市的紧张气氛。他经常出入旅店，并创作了一些描绘头戴帽子的妓女的画作，这些妓女冻得面色苍白，在一幅"泛潮的、恶劣的、如同深渊的潮湿底部一般湛蓝"[20]的画作中尽情诉说着颓废，他的朋友阿波利奈尔后来如此写道。通过查阅国家档案馆中的这些档案，我跌入了法国社会的深渊，那里的暴力和镇压空前猖獗，检举揭发和写匿名信大行其道，线人和特工比比皆是，这是一个受人管控的世界，由巴黎警长欧仁·安德烈专门负责监视无政府主义者。[21]

巴勃罗·毕加索写给马克斯·雅各布的信

1903年8月6日，局部图，墨水笔和铅笔纸本绘画，美国费城巴恩斯基金会

第六节

《坐在桌旁的盲人》

> 我在画一位坐在桌旁的盲人,他左手拿着一块面包,右手伸向一壶酒。[1]
>
> ——巴勃罗·毕加索致信马克斯·雅各布

从 1900 年起,毕加索经过深思熟虑,凭借非凡的智慧从容不迫地推进自己融入巴黎的进程。他必须深入法国首都,在那里立足、生存、发展,展出作品,找准定位,在各大博物馆之间来回穿梭,打响自己的知名度,把前卫艺术界整顿一新。但是,在一个你既不了解地形,也不了解语言和规则的地方,你该如何深入呢?当你盲目行走时,又如何在迷宫中找准方向呢?飞驰的汽车如何再承受得起各种麻烦——狡猾的马纳赫、沉重的警方管理、迟缓的语言交流?当你十万火急时,你怎么能依赖他人呢?很快,他放弃了父姓"鲁伊斯"。很快,他意识到只有一个选择:仰仗专家(作家、商人、收藏家)。最重要的是,一定要找到"当地"的贵人,他们比外籍西班牙人更明白如何才能摆脱困境。

第一位贵人是马克斯,他也是一位流亡者(来自坎佩尔),他的身上也交织着多重身份:法国人、布列塔尼人、诗人、同性恋者、犹太人,很快又将成为天主教徒。他也是不同世界的体验者,忐忑不安地对世界进行频繁探索。他生性敏感、善解人意、自信满满、忠诚可靠、无拘无束。1902年,两人初次见面后,马克斯在研究毕加索的手相时写道:"这仿佛就像烟花绽放时的第一粒火星。""这种生机勃勃的星象十分罕见,而且只出现在命中注定的人身上……对所有艺术都有天赋。"[2]马克斯·雅各布从一开始就崇拜毕加索的天赋[3],于是布列塔尼人成了后者的导师、房客、经纪人和代表。马克斯用维尼和魏尔伦的诗歌教毕加索法语,为他提供床铺、食物以及一间小房间,甚至到巴黎的画廊和杂志社推销他的绘画与插图。在后来的笔记中,马克斯记录了对他的第一印象,真实而原始,读起来颇有社会学文献的味道:

> 毕加索。
> 个子不高,皮肤黝黑,身材魁梧,生性好动,一双深邃的眼睛,动作幅度很大,小手小脚。
> 粗犷而色彩斑斓
> 屋里的圆桌随时欢迎大家
> 不是为巴黎而生……
> 为朋友们准备的床铺
> "你在工作吗?"
> 下层人的苦涩
> 布鞋、旧帽子、铅皮工人、连续洗涤。
> 圣皮埃尔广场价值2法郎的棉质衬衫
> 在画商那里吃饭时戴的旧软帽。
> 财富时代的优雅
> 狗和颜料的气味
> 他的父亲是美术学院的教授。[4]

1901年6月，马克斯的画展在沃拉尔画廊开幕，几天后，毕加索才见到了他，并与之建立了深厚的感情。在令人绝望的1902年，毕加索回到巴塞罗那，给他的法国朋友写了几封感人至深的信。他笔下的语言是一种令人钦佩的语言，一种他以自发性和创造性进行创作、揉捏和塑造的语言，就像他对待自己的每件艺术作品那样——油画、素描、雕塑、陶瓷、石版画、诗歌以及其他作品，现在如此，将来也是如此。例如，1902年7月，他感叹自己已经不在巴黎，于是描绘了巴黎的景象（他从圣拉扎尔医院带回了速写，这给了他之后创作的灵感）与巴塞罗那的景象（伪艺术家、写烂书的烂作家、围绕老旧过时的主题画出"白痴"画作的平庸画家）之间的对比。似乎这还不够。他还用一幅题为《毕加索在西班牙》的素描小图为他的书页配上插图。身着当地服饰的毕加索站在竞技场和教堂之间，他看上去是多么的呆滞，多么的局促！

"亲爱的马克斯，我已经很久没有给你写信了，不是因为我忘了你，而是因为我的工作很忙，所以我才没有给你写信。我已经把自己的作品给艺术家朋友们看过了，他们觉得作品里太有灵魂了，但不一定很有趣。你知道的，和这样的人说话……他们写的书很烂，画的画也很挫。这就是生活，确实如此。丰特博纳，他做得很多，但他什么都没做成。我想画一幅我寄给过你的画（《两姐妹》）。这是我正在创作的一幅画，画的是圣拉扎尔的一位妓女和一位母亲……再见了，我的朋友。记得给我写信，你的朋友毕加索。"[5]

毕加索以自己的方式向他的"老马克斯"、他的"朋友"、他的"兄弟"诉说着内心的痛苦。圣奥古斯丁当年如此写道："我不想待在我现在的地方，也不能待在我想待的地方：待在哪边都是痛苦！"[6]毕加索写道："如果我能在这里工作，我就会回到这里。但如果我发现自己什么都做不了，那我就会逃走，跑去巴黎。"[7]他的意识偏离了中心，只存在于自己的间隙中，不是在休息的间隙中，而是在疲惫不堪的来回奔波中。[8]现在，他身处巴塞罗那，脑海里对巴黎的思念却挥之不去，他感觉自己漂泊无依，又身陷囹圄。除了审美上的孤独之外，贫穷、苦难和动荡不安也一直困扰着毕加索。他一次又一次执着地使用"galette"（煎饼）一词，就像他会说"foutre le camp"（逃离）一样，或是用"s'amuser ou s'emmerder"（开心或麻烦）来讲述他的困境。所有这些词都是新近在巴黎习得的。例如，他在1903年8月29日写道："我工作十分辛苦，也许我很快就要发财①了，这样我就要去巴黎，但目前我还不确定。"[9]又如，他在1903年8月6日写道："我工作，是因为我无法拥有足够的钱去做我想做的事……但我还不知道我是否可以做到，是否之前就得有钱。"他在执着地寻找出路："亲爱的马克斯，我刚刚收到你寄来的明信片。我正在为展览做准备。但我想我没有时间了。我不知道你讲的是哪些画，我不知道是哪些画。"[10]对于一名青少年来说，工作仍然是唯一的选择，而且永远都是。有了这份选择，青少年绝不会陷入如此沮丧、如此失败又如此消沉的境地："我寄给你的这幅画是第一幅出钱购买的画，它是我画的一幅作品的草图。像这样的画我还另外画了一幅。你不和任何人来往是件好事，因为人很卑鄙、很愚蠢，我本人一点都不喜欢。"[11]

在难得的坦白时刻，毕加索不卑不亢地敞开了心扉。这个无所畏惧、无所不能的人，这个作为艺术家从14岁起就把父亲拉下神坛的人，发现自己与法语纠缠不清："虽然我不经常给你写信，但你不要觉得我把你忘了。要是我法语懂得更多，我就会更频繁地给你写信。但对我来说，用法语给你写信是很困难的。"[12]总之，这是毕加索生命中的一个独特现象，他向马克斯坦承了两人分离所带来的痛苦："你

---

① 此处毕加索说的法语原文为"avoir de la galette"，字面意思是"有大饼"，表示发财的意思。

会经常给我写信的,是吗?再见了,我的老朋友马克斯,抱抱你。你的兄弟毕加索。"[13] 又如:"你方便的时候就给我写信。读到你的信,我很高兴。再见,我的亲爱的。"[14] 再如:"再见了,我的老朋友,抱抱你,毕加索。你要给我写信,写得长一点,写得快一点。"[15] 毕加索顶着压力,表达了他的苦恼:"我已经很久没有给你写信了,这并不是因为我不想你,而是因为我要工作。要是我不工作的话,我们就会玩得很开心,或是很无聊。"[16] 由于担心收不到马克斯的消息,他甚至去找邻居路易·贝杰罗打听,以及他的雕塑家朋友胡里奥·冈萨雷斯。冈萨雷斯和他一样,也在巴塞罗那和巴黎之间来回穿梭。"朋友巴勃罗,"冈萨雷斯回答道,"朋友巴勃罗,几天前我见到了马克斯·雅各布,他跟我说起了你(就在他把你的画带给出版社的那天)。相信我,如果你的计划能像他告诉我的那样迅速实现,那你会让我非常高兴的。我想你会理解我的。"[17]

回到巴塞罗那后,毕加索就显得愁眉不展。他在巴黎的三段时光喜忧参半,他十分孤独,又极其沮丧。他被困住了,于是他试着寻找新的支持,能够在他多次征服法国首都的任务中施以援手,因为他一个人是完成不了这些任务的。1900 年,毕加索与卡萨吉玛斯一起参加了世界博览会,与马纳赫会面(签订了第一份合同,同时也是第一次对他抱有疑心),随后卡萨吉玛斯自杀。1901 年,在乔曼德鲁·邦索姆斯的指导下,他在沃拉尔画廊举办了画展,与马纳赫闹得不欢而散;画展举办得很成功,他也结识了马克斯·雅各布。1902 年,在胡里奥·冈萨雷斯和何塞普·罗卡罗尔的陪伴下,他经历了左岸酒店的恐怖和贝尔特·韦尔策划的几次失败的展览。社会学家奈尔斯·安德森问道:"男人为什么离家出走?游民是一种移徙工人,是为了寻找工作而到处奔波的人。"[18] 1902 年,在第三次旅居巴黎期间(也是最凄惨的一次),毕加索活脱脱地就像一位游民,生活在他所认为的充满暴力、野蛮和残酷的"丛林"中。"丛林"里自有一套"营地法则"和"礼仪规范"。他采取了多种"脱困"策略,"吐槽"家人,经常出入旅馆包间和妓院,暗地里广交朋友,他行踪不定,频繁更换高级酒店,以躲避监视他的人的骚扰。

"旅馆首先与单身人士有关,但也与人员特点有关,"法国社会学家克莱尔·莱维-弗罗兰写道,"一般来说,尽管面积就像一般房间大小,而且还有警察监视,并且社会上对旅馆住客的看法也十分负面……但旅馆与它所在的街道和街区颇为相似。这个领域对外开放,无论在繁荣还是危机阶段,它都遵循着人口流动的节奏。"[19]此时,马克斯·雅各布正在帮助毕加索草拟写给摩洛哥酒店老板的信(非常文艺),因为毕加索恳求再多给他几天时间支付房租:"先生,我现在无法支付欠你的房租,但我保证在四五天内付清。我请求你不要滥用这封信及其包含的内容。有些东西对我来说十分珍贵,我希望你能大发善心,把它们留在房间里。我想你应该对我讲的话有信心,先生。此致,敬礼,期待再见。画家巴勃罗·毕加索。地址:伏尔泰大街150号,马克斯·雅各布先生家。"[20]

有几个月时间,毕加索就像"路人"一样,成了一名不稳定的劳动者,后来躲到马克斯家里,然后回到了巴塞罗那。"我亲爱的马克斯,"他在给马克斯的信中写道,"我想念伏尔泰大街的房间,想念煎蛋、杏仁、奶酪和炸薯条,我也想念那些穷困的日子,想起来就很伤感。我还记得塞纳河边那些衣衫褴褛的西班牙工人。我在这里一直会待到冬天,我想做点事情。拥抱你,我的老朋友。毕加索。"[21]最后,朋友马克斯优雅地回应了自己方才发现的"真命天子":"**我的房间就是你的,我就在我的房间里等你**,这些我无须对你多言。我们已经两个人了,不过没关系,我们可以在地上铺个床垫。我迫不及待地想要见到你了。告诉我你什么时候到,在哪个车站。再见,亲爱的朋友。"[22]几天后，他又写道："我真心的朋友，你应该知道我有许多被褥……如果你接受我的款待，你就不会让我难堪。如果你不接受，那最好不要去旅馆，而是找间工作室住下，因为我给你的这些东西足够你睡觉了，你不需要其他任何家具。我等你，亲爱的朋友。马克斯。把我的箱子带来，它很适合用来存放我的文件。"[23]毕加索怎么能不紧紧抓住马克斯呢？"你有机会来巴黎体育酒店或法国巴黎大酒店度假吗？要是有的话，那你得来巴塞罗那看我，你无法想象这会让我多么高兴。"[24]这位大老爷，这位当时身无分文的诗人，有一天他对安德烈·勒韦尔这样解释道："在我的河流上，一处处堤岸就是我的一位位朋友，堤岸两旁的树木郁郁葱葱，宛如预言中的坎佩尔堤岸。"[25]

1904年，毕加索第四次离开巴塞罗那前往巴黎，一同前行的还有塞巴斯蒂·朱尼尔·伊·维达尔。"毕加索立刻回到了巴黎。在那里，他是人们评判和讨论的对象。"[26]1904年3月4日，卡尔斯·朱尼尔·伊·维达尔在《自由报》上刊文写道。西班牙侨民的团结互助再次让毕加索得以安顿下来。我们不妨来听听帕劳·伊·法布尔的讲述："毕加索抵达巴黎后不久，大概是1904年5月6日，就搬进了'洗涤船'①。他从加尔加洛手中买下了后者留在维钦托利街工作室的家具物品……一张小床、一张床垫、一把椅子、一张桌子和一个脸盆，总共花了8法郎。若要搬家，就几乎要穿过整个巴黎，从维钦托利街走到'洗涤船'，最后还要爬上蒙马特高地。马诺洛帮毕加索租了一辆手推车，在一个比他们还随波逐流的西班牙男孩的帮助下，他们成功将所有东西运到了拉维尼昂街。毕加索答应给男孩5法郎，因为他是3个人中推得最卖力的。马诺洛负责'指挥'，所以他没累着。到达'洗涤船'后，男孩累得倒下了。过了一会儿，毕加索告诉男孩，如果要

---

① 洗涤船是位于法国巴黎第十八区蒙马特高地的一个艺术家居所。自1904年以来成为众多画家、雕塑家、作家、艺术商等人的居住地、聚会场所和创作中心。

把承诺的 5 法郎给男孩的话，那他和马诺洛就没钱吃饭了。"[27]

几个月后，马克斯·雅各布最喜爱的一本小笔记本（价值 5 生丁的洗衣女工笔记本）一度成为毕加索的笔记本。但"从一只手换到另一只手上，它的功能始终如一：……一直是工作工具"[28]。它里面交替出现毕加索画下的素描习作和诗人写下的诗歌创作，象征着他们俩亲密无间的关系，颇似 1900 年 10 月卡萨吉玛斯和毕加索写给雷文托斯兄弟的联名信。就当时而言，毕加索和马克斯"这对寻找出路的焦虑者"[29]，在这次跨越比利牛斯山脉的通信之后正准备再次会面。不过我们只需记住，毕加索在 1903 年向马克斯寄出了也许是他最震撼人心的见证，因为他再次借助一幅小型素描来阐明他的言论，并首次将失明引入作品之中。后来，他在令人心碎的《一位女花童引导的失明弥诺陶洛斯》中再次提到了这一点："我在画一位坐在桌旁的盲人，他左手拿着一块面包，右手伸向一壶酒。"[30]

第七节

徘徊在旅馆、洗涤船和陋室之间

> 鲁伊斯已经在旅馆里被监视居住，由我负责，一旦知道他的住址，就要立刻报告。[1]
>
> ——警长安德烈·鲁基耶

"角落里有一张四脚床。一个锈迹斑斑的铸铁小炉子，上面放着一个用来洗漱的黄色陶盆。旁边的白色木桌上放着一条毛巾和一块肥皂。在另一个角落里摆着一只黑乎乎的小箱子，看上去可怜兮兮的，箱子上面可以坐人，但坐在上面肯定不舒服。一把草编的座垫椅、几个画架、大大小小的画布、散落在地上的颜料管、几只汽油桶、一只盛放蚀刻溶液的盆子，没有窗帘。桌子的抽屉里有一只宠物小白鼠，毕加索对它照顾有加，并把它拿给大家看。"[2]这便是费尔南德·奥利维耶①对毕加索工作室冷酷而细致的描述，她本人曾在那儿生活过3年。毕加索企图在巴黎定居的3次尝试均以失败告终。后来，他搬到了巴塞罗那朋友帕科·杜里奥的工作室。这间工作室位于蒙马特大卡里耶区拉维尼昂街13号、一栋被马克斯·雅各布戏称为"洗涤船"

---

① 费尔南德·奥利维耶（1881—1966年），法国艺术家、模特。1904年至1909年期间，她做过毕加索的伴侣兼模特，毕加索为奥利维耶画了60多幅肖像画。

的建筑里。

从 1904 年 4 月 1 日到 1909 年 9 月 1 日的五年间，这里是他唯一的家。他在这儿加入了一个社群，这群人所住的住宅楼是全巴黎最破败不堪的。几十年以后，这座住宅楼毁于一场火灾。"检查员先生，一场大火烧掉了我住的楼房，"一个名叫穆基耶利的人在事发几天后写道，"整栋楼房禁止进入，楼梯倒塌，横梁烧焦……恳请免除我本年度的房产税。"[3] 在巴黎档案馆的房产登记簿中，拉维尼昂街 13 号是一幢极其另类的建筑，它由"碎石、木材和灰泥"建造而成，左右两边各有一栋"翼楼……进深较浅，下面还建有地窖"。对面是一幢"位于庭院尽头的建筑，进深多一倍，一部分下面是地窖，另一部分下面则是可以住人的地下室。有一楼、四四方方的二楼，以及做过内墙粉刷的三楼"[4]。

这幢建筑散发着贫民窟的气息：它的正面是毗邻拉维尼昂街的外墙，坐落在山坡上，屋顶下只有两层狭小的楼面。你必须绕过山坡，来到加罗街 6 号，才能看到惨不忍睹的凄凉景象：在后面的斜坡上矗立着一幢破旧不堪的三层小屋，高 10 米，长 30 米，是用木板和玻璃匆忙搭建而成的，活脱脱一座寒酸、邋遢、悲惨的住所。据住在里面的居民们说，这里只有一个饮用水点，却要供大约 30 多个工作室使用。我们不妨来听听费尔南德·奥利维耶是怎么说的："一楼有几间工作室，走过一个布满灰尘、吱嘎作响的木楼梯，下面还有几间工作室。楼梯脚下是供 12 位房客使用的唯一一个水池。过了水池，右边是一条臭气熏天的走廊，通向楼里唯一一处厕所，黑咕隆咚的，缩在里面。由于没有门闩，厕所门关不上，稍有风吹草动，也就是每次打开通往街道的大木门时，厕所门就会被吹得不停地开开合合……这是一幢奇怪而肮脏的房子，从早到晚都充斥着各种各样的声音，交谈声、歌声、惊叹声、呼叫声、水桶倒水声，以及水桶重重落在地板上的响声。水池架上的水罐发出哗啦哗啦的响声,大门重重关上的响声,还有含糊不清的呻吟声,穿透了这些没有墙壁只有隔板的工作室大门。欢笑与泪水,一切都听得见,一切都响彻云霄。"[5]

20世纪60年代,楠泰尔是家喻户晓的棚户区,"洗涤船"是首都巴黎为移民和边缘群体提供的一处住所,不光让人住得卑微低贱、颜面尽失,而且还频频失火。"移民首先是被他人视为移民的人,"城市社会学家们特别指出,"他们的状况很大程度上源于接收他们的方式:围绕移民们的住房提出了一些重要问题,[例如]法国社会打算留给那些外来人员的地方,这种地方虽因时而异,却也万变不离其宗。"[6]警方如何对城市居民进行分类?一切都要从住房开始。根据城市规划者的专业表述,住房分为三个等级:"自有家具的普通住宅;带家具的公寓、旅馆和旅馆包间;最后是所谓特殊建筑:船只、木板屋、大篷车和旅行车、公共宿舍、独立机构。"[7]

"贫民窟""棚户区""简易房""收容所",有许多术语来描述我们社会中这种悲惨凄凉的现象。根据《拉鲁斯词典》的定义,"旅馆包间"指"可供租赁的带家具的旅馆"。严格来说,"洗涤船"连"旅馆包间"都算不上。它属于"独立机构",处于社会最底层。如今,我们从文化部的档案中得知,"洗涤船"已经成为巴黎市的历史古迹。这幢"来历不明的建筑在1867年归一位铁艺工匠所有,1889年被蒂布维尔先生买下,他请建筑师保罗·瓦瑟尔将其改造成艺术家工作室"。不过,档案资料中也承认,"木质结构的工作室破旧、脆弱"。在1970年经历了一场火灾以后,"1978年在原址上修建了一座新建筑"[8],有关这幢楼房的传说才得以保留。

正如我们所见,1901年5月,鲁基耶警长开始调查毕加索一案。这份警局档案始终由同一个信息体系提供——不充分、不稳定、不准确,就像"洗涤船"这幢建筑一样杂乱无章。但这份档案却是法国有关这位艺术家的唯一一份的有效行政文件，有效时间一直持续到 1945 年，甚至之后更久！让我们回溯到它问世的最初时刻。在巴黎警局的档案中，1905 年 5 月的两份文件揭示了不同描述范畴之间令人感觉怪异的混合——住房、行政地位、政治立场，以及人名问题。相比一个世纪后在多雷王大街火灾中不幸丧生的科特迪瓦移民工人，毕加索以及 20 世纪初涌入巴黎的外国画家们（他们是"自愿的劳务移民"）的处境显然不能同日而语。但在警察眼中，毕加索曾经处于社会最底层，并且持续了很长一段时间。因为当警方立案时，这些外国画家的社会地位通常不会因时因地而发生改变。

在巴黎警局的档案中，第 36942 号档案中有一份编号为 6420 的记录。警局第一分局局长要求他的研究室主任"向内阁提交他可能掌握或获得的有关 1882 年 10 月 15 日［原文如此］生于（西班牙）马拉加的鲁伊斯·巴勃罗·毕加索的任何新信息。此人已经成为第三大队 1901 年 6 月 18 日报告的对象。［当时］他住在他的同胞、受政府监督的无政府主义者马纳赫·皮埃尔位于克利希大道 130 号的家里"。在此，警察局长还补充了一句令人吃惊的话："请派人寻找名叫毕加索的人，并让他说出他目前的态度。"因此，这份文件将毕加索描绘成一名逃犯，受到一名危险的无政府主义者的保护，所有的迹象都亮起了红灯。然而，早在 1905 年 5 月的四年前，毕加索就与剥削他的经纪人马纳赫解除了合同。不过，这份记录是在毕加索搬到拉维尼昂街一年多后，以及两次从巴塞罗那返回巴黎后（1901 年和 1902 年）才完成的！但是，当毕加索于 1904 年 4 月初搬进"洗涤船"时，他确实将新家的地址通知了第十八区警察局。那么，为什么在 1905 年 5 月又对他产生了兴趣呢？在这里，日期同样至关重要：1905 年 5 月 17 日。事实上，评论家夏尔·莫里斯在塞鲁里耶画廊为他举办了一次画展，他的名字也因此见诸媒体的报道（3 月 15 日的《法兰西信使报》

和5月15日的《笔杆子报》）。所以，正如1901年6月18日（他在沃拉尔画廊举办画展）和1932年7月（他在乔治·佩蒂画廊举办回顾展时）的情况一样，警方之所以在1905年5月对毕加索有所警觉，是因为他的名字出现在了报刊上。

5月17日的记录做出一周以后，第十八区警察局局长兼第三大队队长给巴黎警察总局研究室主任回信，说巴勃罗·鲁伊斯·毕加索"于1901年6月6日失踪"，自那时起，"一直寻找未果"，说"我们不知道他现在到底怎么样了"，说"他行踪不定难以捉摸"，还说"鲁伊斯已经在旅馆里被监视居住"[9]。为什么所有这些笔记、这些文件、这些线人、这些警察和所有这些局长，都会因他兴奋不已？他们究竟患上了哪种偏执狂？倘若仔细观察，就会发现这些成堆的不实之词产生了恶性循环，它们靠着刻板印象和大约估摸，通过假定的居住地、假定的政治派别和假定的行政地位，便对外来人员进行分类。"毕加索在旅馆里的居住情况已经得到监视"，这句话本身就是一个绝佳的计划！当时，"旅馆科"是一个刑事调查部门，其中包括"社交大队"，即现在的"扫黄大队"。推而广之，"旅馆科"管辖范围涉及所有住在"旅馆房间"的人，比如刚刚抵达巴黎的人以及外国人。1970年，社会学家阿卜杜勒马利克·萨亚德指出："无论是身份……还是收入，都不允许［移民］在自己周围摆放家具，因为这些家具对他们毫无用处。"法国警方"很难想象一个移民家里竟然会有家具"[10]。

在拉维尼昂街居住的五年时间里，丝毫看不出毕加索对生活和工作条件的抱怨。令人高兴的是，他在那里创作出整个街头艺人系列作品，最后他于1905年完成了一幅巨型油画《卖艺人家》。[11]自1906年入秋以后，他将"洗涤船"工作室变成了立体主义的熔炉。他一有机会便告诉别人，他在那里度过了一生中最快乐的时光，他对那里有一种真正的怀念之情。[12]他的传奇代理商卡恩韦勒后来这样描述1907年夏首次拜访毕加索时的情境："没有人能体会到拉维尼昂工作室的贫穷与龌龊。木板墙上耷拉着破破烂烂的墙纸。画上落满了灰尘，画布卷放在破沙发上。在炉子边上，炉灰堆得像一座熔岩山。简直太可怕了……真是一片狼藉。"[13]

政府部门为外国人预留了不合格住房，"劣质住房中介商"将劳工安置在卫生堪忧的楼房里，这些问题都是困扰法国社会的顽疾。2005年4月至8月间，巴黎第三区、第十三区和第十四区发生了三起火灾，烧毁了移民居住的破旧楼房，造成52人死亡。尽管"拆除不符合标准的住房是一项庞大的工程"，其中包括毁于最近一场大火中的多雷王大街上的建筑，但时任巴黎市长贝特朗·德拉诺埃声称，"由于法律规定了期限，所以不允许提前采取行动"[14]。这幢被多个科特迪瓦家庭擅自占据的五层破楼，早在3年前就有一项法令提到它"年久失修，无法补救"。而管理该幢楼房的巴黎市联合经济不动产公司计划稍后再组织"主要工程"。法国总统向遇难者家属表达了"最深切的同情"。而科特迪瓦大使则对这第三次灾难表示"反感"，这场灾难凸显了巴黎移民的住房问题。至于克莱尔·莱维-弗罗兰，她说"如果没了带家具的酒店和旅馆，巴黎这座都城都不可能建成"。具有讽刺意味的是，被2005年8月29日大火烧毁并造成7人死亡的楼房位于多雷街8号，就在玛莱区托里尼街和蒂雷纳街的拐角处，距离宏伟的萨莱公馆仅有一分钟的步程。自1985年以来，萨莱公馆一直是巴黎毕加索国家博物馆的所在地。

玛利亚·毕加索-洛佩斯写给巴勃罗·毕加索的信

1904年9月14日，明信片，墨水，巴黎毕加索国家博物馆

第八节

"玛利亚的来信",宝贝儿子的慈祥母亲

> 请接受来自你妈妈的无尽拥吻,你的妈妈深爱着你,永远不会忘记你。
>
> 玛利亚[1]
>
> ——玛利亚·毕加索-洛佩斯写给巴勃罗·毕加索的信

在圣殿老妇街和佩尔街的拐角处,在高墙和气派的蓝色大门后面,坐落着一座18世纪的宅邸——罗翰宫,目前正在进行翻修。想要进去的话,我得用手机给一位工作人员打电话,让他来入口处接我。他带我坐电梯上了六楼,离开左侧威严堂皇的楼梯,穿过冰冷的走廊,来到了一间破旧不堪的阁楼——天花板漏水,正在进行翻修工程——然后才到了狭小的阅览室,里面有两扇百叶窗,其中有一扇是坏的。接待我的是一位名叫皮埃罗·欧仁的公务员[2],性格开朗,话却不多。不过,他还是特意向我介绍了让娜·苏杜尔,他有幸与她在毕加索博物馆共事了几十年。让娜博学、严谨、热情,准备将帕劳·伊·法布尔、泽沃斯以及其他许多人的事向我一吐为快,仿佛要与我分享她的秘密。2017年1月11日,皮埃罗接待了我。他把三大盒档案放在我面前。"这些都是玛利亚的信件!"他说道。语气里满是骄

傲，但又很自然，仿佛是在对家人讲话。我对这些档案的存在一无所知，但我主动要求查阅毕加索年轻时和他家人之间的通信，就像我查阅考尔德①20世纪20年代旅居巴黎期间的通信一样，也像我查阅19世纪末前往法国首都的美国画家的通信一样。我不由自主地选择了窗前的高脚桌，全神贯注地打开了第一个盒子、第一捆信件和第一个信封。我很快就学会了识别字迹，然后开始阅读起来。从毕加索搬进"洗涤船"工作室的那一刻起，他便开始了在巴黎的首次长期的旅居生活。

> 巴塞罗那，1904年8月11日，我亲爱的儿子巴勃罗，我们开心地收到了你的贺卡，和你每次给我们写信时一样开心。今年夏天的酷热并没有像去年那样让你心烦意乱，我感到十分高兴，心情也平静了许多。我很高兴你去卡纳尔斯家吃饭，因为比起下馆子，在家里吃饭显然更好，即使麻烦，也比在餐馆吃饭更好……请接受来自你妈妈的无尽拥吻，你的妈妈深爱着你，永远不会忘记你。玛利亚。³

> 巴塞罗那，1905年3月1日，我亲爱的儿子巴勃罗……如果我有钱，我就会去巴黎看你。如果有报纸报道展览，如果你想看看上面写了什么，我会寄给你的。爸爸肩膀疼。马纳赫说他收到了你的画，他问我们想不想看，想不想从中挑选一幅。爸爸说他喜欢其中的一幅，当天晚上马纳赫就寄给了我们，是你在工作室画的那幅，画的是咖啡馆。马纳赫也有一些版画，他本来应该过来的，但他没有来，我知道他很忙。爸爸对你的新画展很满意，

---

① 全名亚历山大·考尔德（1898—1976年），美国著名雕塑家、艺术家，动态雕塑的发明者。考尔德出生于美国宾夕法尼亚州的雕塑世家，祖父亚历山大·米尔恩·考尔德、父亲亚历山大·斯特林·考尔德皆为知名雕塑家。

给他寄一本展览图册，也给萨尔瓦多叔叔寄一本。深深爱着你的妈妈，玛利亚。[4]

巴塞罗那，1906年1月27日，我亲爱的儿子巴勃罗，谢谢你的来信。在顺境中，你必须考虑你的未来。你必须考虑当你不再拥有现在的力量时你该怎么办，就像爸爸考虑正儿八经的事情一样。例如，如果他因为视力衰退而不能再画画时，我们该怎么办？你问问叔叔家的人怎么说。你在信中说，你想和我们待上一段时间（既然你是这么说的，我就相信），你也知道我们多么希望你能和我们在一起。我要告诉你，只要我还活着，即使我的房子很小，也会一直为你留着一张床，因为一想到你不在家里，我还真习惯不了。当你回来的时候，你总会发现你的餐具摆在餐桌上，你的床已经铺好了，为了把我们所拥有的最好的东西给你……我本想把玛利亚的信寄给你[5]，好让你知道她也在谈起你，但我找不到了。事实上，她说你已经有一年多没给他们写信了，而你本应该对他们多加关注。我知道我的来信会让你不高兴，因为你接受不了我的建议。你也知道，如果你能尽快回信，我们会非常感激。请接受来自爸爸、罗拉和胡安的真情回忆，也接受来自妈妈的吻。玛利亚。[6]

巴塞罗那，1906年9月29日，亲爱的儿子巴勃罗，我只想让你告诉我……当我需要什么的时候，我是否可以依靠你，就像每个有儿子的母亲一样。请告诉我。如果我现在意识到我完全无法依靠你，那我的日子会很难过的。因为我明白你有多关心我……孩子是通过动作向（其母亲）表明是否关心她的喜怒哀乐的。你的妈妈永远爱你，永远不会忘记你。玛利亚。[7]

巴塞罗那，1907年3月18日，现在是上午9点。我刚刚还在（因愤怒而）哭泣，但现在我又喜极而泣，因为你的信就在我身边，我看到你没有忘记我们。相信我，巴勃罗，我彻夜未眠，因为你迟迟没有来信，我以为你……忘记了我对你的爱。自从你出生以来，我为你付出的比任何母亲都要多，在床上给你送饭……而现在，你什么都不为我做了。如果我有办法，我会去巴黎看你的。记得吗？巴勃罗，我告诉过你，所有爱你的人都很脆弱，我也同样如此。想象一下这么长时间见不到你的痛苦……我有你的画，（但是）当我在餐具柜上看不到你的画时（自你 6 岁以来，都是这样的情况），我感到十分难受。[8]

毕加索的母亲每周给儿子写两到四封信，有时隔天写，有时每天写，视时间而定，从 1904 年到 1938 年她去世的那一年，无一例外，而那时毕加索已经年近六旬。毕加索的母亲有时使用她丈夫所在学校的信笺，信头上印着"巴塞罗那工艺美术高等学院"；有时则寄一张没有信封的卡片，即明信片。每年写 60 到 100 封信，一直写了 38 年，如今摆在我面前的手写信件就有三四千页之巨。"玛利亚的信"有时保存得很差，它们都装在文化部提供的白色信封里，按地址和日期分类，用橡皮筋捆扎。所有信封看上去都是由收信人拆开的。在毕加索住在拉维尼昂街的那些年里，信封是徒手拆开的；但从 1911 年起，当他搬到克利希大道后，则是用裁纸刀拆开的。年代最久的信上沾染了咖啡渍、酒渍或颜料渍，似乎曾被折叠后装进过口袋。而其他信件则全部平摊，得到了更为妥善的保存。简简单单的信封竟能以这种方式证明一位艺术家的社会地位，实在令人惊叹。一连几天，我的耳畔一直回荡着这段突如其来的话语，回荡着玛利亚那挥之不去的唠叨风格，回荡着她的命令和她那令人窒息的爱意……"我亲爱的儿子巴勃罗……请让我知道……接受你母亲的亲吻，她是如此爱你，她是玛利亚……接受你母亲的亲吻，她从未忘记你。"

这些书信具有一种魔咒般的美感，就像《雅歌》一样流畅且富有音乐性，就像一位母亲对她心爱的儿子所唱的连绵不断的情歌。她将儿子塑造成孩子王，塑造成按照规划成长的天才。这样的通信往来记录了20世纪初巴塞罗那和马拉加之间一个传统西班牙家庭的种种琐事，是不同城市不同地区之间的沟通渠道，亦是一个资源网络。这些信是写给一个天赋异禀的儿子的，但也是写给一个茫然无措的儿子的。玛利亚认真记录着每个人的健康状况（父亲肩部疼痛，后来又患上心绞痛，然后接受了前列腺手术，并插上了导尿管）。她经常在信封里放上一封离开巴塞罗那的女儿罗拉和女婿胡安·维拉托新近寄来的信。玛利亚成了直系亲属（父亲、罗拉、胡安、萨尔瓦多叔叔）和朋友们（卡纳尔斯、萨巴特斯、马纳赫、帕拉莱斯、索托）之间的纽带。这些朋友前来取各种物品和礼物，并将其带到巴黎。她成了这个国内关系网与跨国关系网的关键人物。越是深入阅读玛利亚的书信，我就越能感受到这段迄今为止完全不为人知的家族史的复杂性和厚重感。正如我们接下来要看到的，毕加索很快便给自己设置了明确的规则，就是想方设法从这段家族史中解脱出来。

这段通信往来也堪称一部地方志。玛利亚·毕加索-洛佩斯为了让她的儿子了解当地新闻，在他来到巴黎的最初几年里，定期给他寄一份《环球新闻报》，同时为他描述各种展览信息和天气情况。她甚至每天都在担心自然灾害的影响，例如1910年2月塞纳河的洪水。尽管夹杂着挫折、焦虑、担忧和批评，但这种对话从未间断。更妙的是，这种书信往来（除了朋友圈之外）成了这位反复无常的艺术家在生活中平衡情感的真正源泉。

在这对母子之间平淡无奇的书信往来背后，隐藏着一则令人震惊的故事：面对恶劣的环境，这位当代最伟大的艺术家却能一飞冲天。它还讲述了一位完全不为人知的人物——玛利亚·毕加索-洛佩斯的故事。她是艺术家毕加索生命中为数不多的锚点之一。尽管毕加索经历了无数趟旅行、无数次邂逅和无数份爱情,经历了美学风格的辗转徘徊与脱胎换骨,还经历了一连串的人生际遇,但他的母亲一直向他保证,她对他的关爱始终如一,直到她去世的那一天。当家里的一位成员逃离家庭,即将独自外出闯荡时,他与家人之间的通信便是如此。因此就产生了两个时空的碰撞:一个是安达卢西亚传统家庭的时空,宗教仪式、节日庆典、周年纪念、出生、结婚、死亡,数世纪以来不断交替上演;另一个是艺术创作的时空,在这个时空里,只有自己的计划,时间也被完全投入了无所不能的工作之中。

因此,在毕加索创作体系的核心里,只有一个是恒定不变的,那便是他母亲的书信。尽管彼此相隔遥远,而且很长一段时间都杳无音信,但这种非常牢固的"书信契约"却维持了家庭的凝聚力。塞西尔·多芬和达尼埃尔·普布朗写道:"书信中的时空修辞倾向于将通信者联系在一起。"他们指出:"(这些)长期通信揭示了家庭的团结和睦是社会上升逻辑的一部分:家庭中的一个成员离开了家庭,然而,他通过自己的成功引发了所有兄弟姐妹的社会流动性,以保持或重建一种因破裂而受到威胁的凝聚力。"[9]玛利亚竭尽全力将她的儿子挽留在一种古老的秩序中,即挽留在传统历法中的节日、庆典和祭奠中,如东方教会庆祝的"会典"(圣人生平集)中所规定的那样,这会让他与十分久远的年代紧密相连。不过她的这番努力,正如我们马上要看到的,只是她的一厢情愿而已。

在马拉加的家中,看着气派的白色刺绣床单、胡安·鲁伊斯整洁笔挺的马甲,以及毕加索两岁时的照片——他一身黑装,像个儿童模特,正对着摄影师的镜头摆姿势——我们可以猜得到这位资产阶级母亲的所有日常行为。她身材娇小而又不失丰满,永远优雅可亲,永远一袭黑衣,戴着帽子,蒙着面纱。笔迹鉴定专家们一定会注意到玛利亚优雅而硕大的字迹，她的字写满了整页信纸和信封。玛利亚经常在信的结尾处反向写上自己的文字，如同"隐迹本"一样。这个"隐迹本"的隐喻（层层重叠、交叉与累积）有可能正是接下来故事的一大关键吗？

第九节

蒙马特的酒吧和美丽城的流氓

> 我无法停止对你的思念。你晚上出门时我就会担惊受怕,因为你可能会被那些该死的流氓袭击,上帝最终会揭露他们的真面目。[1]
>
> ——玛利亚·毕加索-洛佩斯写给儿子巴勃罗的信

> 当流氓、恶棍、无赖在巴黎感到受人监视时,他们就躲去郊区,那里的监视活动较少。[2]
>
> ——巴黎的激进派参议员阿塔纳斯·巴西内在一次演讲中如是说

1907年10月2日,亨利·富基耶在《早报》上写道:"我们的优势是在巴黎拥有一个流氓部落,而梅尼尔蒙唐高地就是他们的洛基山脉。"随后,他这样描述:"这群年轻人过着半流浪生活,他们没有家庭,没有工作,也没有固定的住所,组成了一支连警察局都称之为犯罪大军的队伍。"[3]加泰罗尼亚族裔互帮互助,虽然也不乏诈骗行为,但在那个年代,生活在蒙马特便意味着要面对城市的急剧扩张,以及在错综复杂的形势中,面对主要由哗众取宠的媒体所引发的危险。多米尼克·卡利法指出:"从1899年起,'匪患'或'郊区的不安全'

成了热门话题，所有城郊市镇都被贴上了'犯罪高发区'的标签。"[4] 但毕加索没有受此困扰，他不断探索，勇往直前。他沉着冷静，埋头工作，继续融入城市。"我亲爱的儿子巴勃罗，你为什么这么长时间都不写信呢？"他母亲后来回忆起自己的痛苦时这样问他，"我无法停止对你的思念。你晚上出门时我就会担惊受怕，因为你可能会被那些该死的流氓袭击，上帝最终会揭露他们的真面目。"[5] 来自巴塞罗那的焦虑和来自家庭的嘱咐对他毫无影响，他以坚定不移的信心和决心规划着自己的人生道路。法国警方对"外国人"和"无政府主义者"的污名化，他全然不知。这样的事只是部分阻碍了他那正全速前进的人生列车。在这一点上，法国警方针对"外国人"的管控政策是否可以被视为"家庭生物政策"的精准翻版？这项"家庭生物政策"体现为母亲不厌其烦地发号施令，意在控制迷失自我而又沉默寡言的儿子。[6]

与此同时，毕加索还积攒名片，在他的小通讯录上不停记录，记得那么精准无误，那么有条不紊，那么专心致志，仿佛记录的是一件致胜法宝。这本通讯录就是一个可以放在手掌上的小东西，上面写着他在巴黎和巴塞罗那两地联系人的姓名和地址，像芝麻粒一样密密麻麻地混在一起。"马克斯·雅各布，巴尔贝斯大道33号"，其中一页的第一行这样写道，就只有一行，字母写得小而紧凑。然后是"诺内尔，索莱尔，卡萨斯，萨巴特斯，拉斐尔·洛皮斯，蒙图里奥尔，朱利安医生，绍塞当坦路12号，费尔南多·洛林·布鲁塞尔，哈辛特·雷文托斯，萨尔蒙博士，韦尔女士，维克多·马塞街3号，古斯塔夫·科基奥，竞技场街，卡尔斯·朱尼尔"[7]。他的通讯录看起来就像一幅令人着迷的地图，上面记录了他的路线、行踪、优先事项和重要地点。在往返于巴黎和巴塞罗那的岁月里，尽管遇到诸多不愉快，但他却有意识地培养与马克斯·雅各布的友情，让这份友情充满情义，让其真正融入自己的生活，以便为日后重返巴黎打下基础。"马克斯，坎佩尔公园路8号"，通讯录有一页顶部如此写道，"科基奥，韦尔内伊路4号，普勒蒂耶路9号"，"萨尔蒙，费扬廷街33号"。

朋友、评论家、商人，毕加索系统而科学地维系着与这些人的关系，这都是为了自己的进步。他的整个职业生涯都指向工作、社会探索、融合以及与大师们的对话。根据朋友阿登戈·索菲奇的回忆，毕加索"从一个博物馆到另一个博物馆，在杰出的古代绘画与现代绘画之间流连忘返"。"我也如此，"这位意大利艺术家接着说道，"我们经常约在卢森堡博物馆的印象派展厅或卢浮宫见面。在卢浮宫里，他常去一楼的展厅，在埃及和腓尼基的文物之间，在狮身人面像、玄武岩神像、色彩鲜艳的莎草纸和石棺之间，他像猎狗一样来回踱步，伺机寻找猎物。"[8]

渐渐地，和谐友好的社交氛围开始出现，这种氛围与最早在蒙马特高地加泰罗尼亚圈子中的氛围略有不同。见鬼酒吧老板弗雷德搬到了柳树街与圣凡尚街的拐角处，开了一家狡兔酒吧，艺术家与作家经常光顾于此，毕加索也很快成了这里的常客。罗兰·多热莱斯在其小说《雾中城堡》中做了如此精彩的描述："'这是生命的盛宴！'弗雷德在喧闹声中大声喊道，'在狡兔酒吧，每个人都有一席之地。让我们为艺术和美丽的姑娘干杯！'没错，每个人都有一席之地，只要你穿得不要太衣冠楚楚。这里有画家、诗人、未来的记者、廉价的喜剧作家、几个刚开始攻读法律学位的公证人之子，还有一大群画匠，他们并不急于成为艺术家，而是想着别出心裁。他们打扮夸张，打着大花结领结，系着像枷锁一样的天鹅绒领带，穿着轻骑兵式的长裤和布列塔尼马甲，披着西班牙斗篷。如果不带上象征意味十足的画板，他们是绝对不会出门的，因为画板赋予了他们蔑视路人的权利。"[9]托斯卡纳画家吉诺·塞韦里尼回忆说："夏天，我们坐在水泥栏杆围成的露台上，继续交流在工作室里已经开始讨论的话题。冬天，我们躲进两个小房间，里面摆满了艺术家们捐赠的作品。第二个房间里面挂着一个巨大的耶稣受难像，虽然是石膏做的，但看起来仿佛是从格吕内瓦尔德的巨型画作中走出来似的，成为整个空间的中心。包括毕加索在内的每位艺术家都在墙上挂了一幅自己的作品。在资产阶级圈里，这家酒吧的名声很坏：它被称为'刺客酒吧'，与之有关的凶险故事也不胫而走。"1900 年 7 月，《早报》记者大声惊呼："流氓又来了！我们已经报道过一个被称为'流氓团'的犯罪团伙在美丽城和拉维莱特实施的大胆袭击。这群危险的匪徒正在继续他们的一系列罪恶行径，完全不给公众任何喘息的机会。"[10]

尽管有流氓，尽管有刺客，毕加索仍然埋头工作，继续描绘他周围的世界。在他的画作《在狡兔酒吧》中，他把自己描绘成陷入沉思、闷闷不乐的样子，就像一名悲伤的小丑。他对边上俏皮诱人的"高级奢侈女孩"不理不睬。这个女孩身穿皮草，戴着帽子，涂的口红极其鲜艳。这个女孩就是热尔梅娜，卡萨吉玛斯为之自杀的模特，毕加索也曾与她同床共枕过一段时间。在画的背景里，弗雷德头戴猎人帽，一边弹着吉他，一边注视着四周。这幅画是毕加索送给弗雷德的，以抵充酒钱。1914 年，该画卖给了德国画廊老板阿尔弗雷德·弗莱施泰姆，多年以后又被美国收藏家沃尔特·安纳伯格以 4 000 万美元的价格纳入囊中，并被他转赠给纽约大都会艺术博物馆。如今，人们可以在那里欣赏到这幅画。

但是，也许是《女人与乌鸦》（现收藏于美国托莱多艺术博物馆）这幅毕加索动物题材作品中独具一格而又令人不安的画作——纸上水粉和粉彩的小幅作品——最能捕捉到这家酒吧的奇特氛围。它坐落在城市的高处，似乎被艺术家们的创造力和酒吧的常客保护，被酒吧老板的幽默风趣和他饲养的动物（乌鸦、驴等）保护，得以远离一切邪恶。在蓝色的背景下，一名女子身穿橙色上衣，肩膀耸得很厉害，左手手指夸张地伸向乌鸦黑色的羽毛——与这只动物来了一次名副其实的拥抱——这位神秘、娇弱、病态的年轻女子亲吻着乌鸦头。这只乌鸦"形态威严，与过往的岁月相得益彰"，正如埃德加·坡在诗中所写的那样。这位女子就是玛戈，狡兔酒吧的女招待，也是酒吧老板的儿媳，她正抱着自己驯养的乌鸦。几年以后，酒吧里发生了一起流氓打架斗殴事件，弗雷德的儿子被人开枪击中头部。为了恢复城市秩序，一位警察局长划拨了必要经费，他欣慰地说道："我们发放了他们申请的经费，流氓立刻变得安分守己，吉普赛人也消失了。"……之后，他又谨慎地补充道："但可能只是暂时的！"[11]

第十节

"任何随母姓的人，都是注定要失败的……"

> 你知道爸爸那天说了什么吗？"任何随母姓的人，都是注定要失败的。"但他这么说只是在开玩笑。[1]
>
> ——玛利亚·毕加索-洛佩斯写给儿子巴勃罗的信

法国国家档案馆有整整一箱"鲁伊斯们"的档案。档案里有一百多名成员，他们是20世纪初在法国的西班牙移民劳工和无政府主义活动家。鲁伊斯-洛佩斯·胡安，1888年5月6日出生于西班牙桑特莱斯，1921年2月3日被依法驱逐出境；鲁伊斯·德·加巴雷塔·贝尼托·何塞，西班牙人，1886年3月21日出生于西班牙潘普洛纳，波尔多（吉伦特省）理发师，他的兄弟鲁伊斯·德·加巴雷塔·米格尔是无政府主义者；鲁伊斯·戈麦斯·弗朗西斯科，1905年1月1日生于西班牙梅里拉，被下塞纳省省长下令驱逐；鲁伊斯·伊巴鲁里·阿马亚；鲁伊斯·伊斯基耶多·巴托洛梅；鲁伊斯·希门尼斯·爱德华多；鲁伊斯·加西亚·曼努埃尔；鲁伊斯·费尔南德斯·里卡多；鲁伊斯·马丁内斯·伊诺桑；鲁伊斯·塞拉诺·卢西奥；鲁伊斯·戈麦斯·希拉里奥……他们都被锁在这儿，锁在这些档案盒里，他们都是艺术家"鲁伊斯·毕加索·巴勃罗，又名毕加索·巴勃罗"[2]〔原文如此〕的同名人。

1895年，当他还是拉科鲁尼亚的一名青少年时，他便在自己的画作上用"P. 鲁伊斯·毕加索"署名，署的是西班牙风格的全名，在父亲的名字"鲁伊斯"的后面加上了母亲的名字"毕加索"。在1900年巴黎举办的世界博览会上，他的画作《最后的时光》署的便是"P. R. 毕加索"。最终，在1901年6月沃拉尔画廊举办的展览上，他就将自己的名字署成了"毕加索"。自此以后，他的署名再也没有改过。这便是毕加索身份的早期构建。在一个急于将洛佩斯、戈麦斯或鲁伊斯等同于西班牙人、外国人和他者的国度，他刻意构建了自己的外国人身份。然而，面对这样一位冉冉升起的天才之星，所有寄到拉维尼昂街或克利希大道的信件，其信封上都写着"寄给巴勃罗·鲁伊斯·毕加索先生"。用自己的环形状大字去写儿子的正式全名，玛利亚显然对此乐此不疲，而且她还不断变换着写法。

她提出疑问："你为什么不写信？"她给出建议："我建议你不要忘记19日星期四是圣约翰日[3]。"她表示失望："很少有人像你这样从不写信，从不关心我们。"[4]她流露焦虑："我总是忍不住想你。你晚上出去的话，可能会遇到麻烦。"[5]她表达了自己的不同意见："（你寄给我们的）照片被传得沸沸扬扬，我们看了都不高兴。你看起来糟透了，因为如果你这样上街，不戴帽子，那你看上去真像个原始人。"[6]她毫不掩饰自己内心的失落："你总是自命不凡，但你必须为你妹妹的婚礼做点贡献。"[7]她命令道："你给我们带来了惊喜，我真的高兴坏了。但不要忘了，明天是你父亲的生日，星期五是圣多洛莱斯日，这一天应当庆祝一番。"[8]她会生气，甚至会喜怒无常："昨天，我的心情很绝望，所以就动笔给你写信，把我的所想告诉你。之后我就收到了你的明信片，然后就冷静了下来。我想告诉你，你是个坏儿子，但我嘴上不会这么说。我只会说你是个行为不良的儿子。你恐怕没有意识到，你这样的行为让你父亲非常反感。"[9]

过了很久，当地报纸上刊登了最早一批有关立体主义的文章。为此，她不无自豪地说："我亲爱的儿子巴勃罗，有一天我去看医生，碰巧在桌子上看到一份报纸，上面……说你是天才毕加索，署名是乌特里洛，但我不记得是哪家报纸了。如果你看到上面是如何描述立体主义的，你会很高兴。"[10]然而，当她看到"巴勃罗·毕加索"这个她儿子自1901年起就为自己选择的姓氏时，她看到的仿佛是一位公众人物。就这样，玛利亚·毕加索-洛佩斯生平第一次回应涉及人名的问题。她斩钉截铁地回答了，但语气中却充满了苦乐参半的味道。"我想你以前署的名是鲁伊斯·毕加索，当报纸上报道你的时候，大家就这么叫你。但现在我看到大家都叫你巴勃罗·毕加索。这对你爸爸来说并不重要，你很清楚。但前几天他告诉我，失去像鲁伊斯·阿尔莫格拉这样古老而高贵的姓氏是一种耻辱。我相信你还记得，你爸爸有家谱，但他把它寄给了你叔叔，现在在你叔叔的女儿们手里，但这本家谱其实是给你的。你知道爸爸那天说了什么吗？'任何随母姓的人，都是注定要失败的。'但他这么说只是在开玩笑。来自你爸爸妈妈的爱吻。玛利亚。"[11]

在父姓问题上，毕加索母亲的态度变化缓慢。1911年，当她儿子住在克利希大道时，她给他寄信时写的是"巴勃罗·R. 毕加索先生"，但到了1915年，当儿子住在维克多席尔歇街时，她给他寄信写的是"巴勃罗·毕加索先生"，后来又用"巴勃罗·毕加索"。终于有一天，她妥协了："关于你说的姓氏问题，你爸爸在收到你的明信片之前，也曾对我说过同样的话。事实上，他和你一样，经常引用委拉斯开兹的话，然后提到了许多决定只用第二个姓氏的人的名字。"[12]

毕加索和所有移民一样，游走于几个世界、几种共同体之间。有"先天形成"的共同体——家庭、家族、宗族甚至是部落，是他母亲40年来苦心经营的十分可靠的家庭共同体；有"后天组成"的共同体——每天与朋友、同事共同在新的"定居空间"[13]里相互依存。

毕加索在这一时期的通讯录中揭示了他的所有世界（马拉加、拉科鲁尼亚、巴塞罗那、马德里和巴黎的世界）重叠、交织、混合、渗透和共存的方式。正如他在同一时期（1900—1906年）的作品展现了他的美学研究范式和语言风格（巴黎、马德里、巴塞罗那），《侏儒舞者》让人联想到图卢兹-劳特累克。《两个街头卖艺人（小丑和他的女伴）》似乎与阿凡桥画派（埃米尔·贝尔纳、保罗·高更）一脉相承。在《蓝色自画像》里，毕加索化身为文森特·梵高的孪生兄弟。《煎饼磨坊》与德加或雷诺阿遥相呼应，而《理发》则与皮维·德·夏凡纳的作品产生了共鸣。在蓝色时期的悲惨场景中，他还从巴塞罗那几位前辈（卡萨斯、鲁西诺尔、诺内尔[14]）的作品中汲取了灵感。不过，这些19世纪折衷主义的表达方式还不止这些，因为毕加索也曾在《砍头人》中向戈雅致敬，在《招魂》或《情侣》中借鉴埃尔·格列柯，在《贝内德塔·卡纳尔斯画像》中与委拉斯开兹"眉目传情"。

外国人与接纳他们的社会的"聚合仪式"伴随着与原生群体的"分离仪式"，外国人就这样"漂浮在两个世界之间"[15]。人类学家非常清楚这一现象，毕加索也不例外。他一边拖着脚步前进，一边继续与在巴塞罗那的家人联系，并立刻表明自己的道德观，表明自己的工作（这是绝对的、毫不妥协的、神圣的首要任务），维系自己所有的"归属领域"[16]（多元、高效、具有风险），完全专注于自己身份的核心，并将这一核心强加给所有人（家人、朋友、公众）。那时，他用愤怒而自信的笔触签下了自己选定的一个词，这个词就像法令一样掷地有声："毕加索！"

第十一节

和街头艺人在一起，和"在世最伟大的诗人"在一起

> 我是克罗尼亚曼塔尔，最伟大的在世诗人。我经常与上帝面面相视。我忍受着神的光辉，但它在我凡人的眼中却变得黯淡无光。我经历过永恒。但现在时机已到，我来到了你的面前。[1]
>
> ——纪尧姆·阿波利奈尔

1867年6月12日，古斯塔夫·福楼拜给乔治·桑写了一封信。14年后，毕加索才在马拉加出生。33年后，毕加索才首次来到法国。差不多40年之后，毕加索才创作出街头艺人系列作品。福楼拜在这封信里写道："一周前，我在波希米亚人的宿营地惊喜若狂。令人钦佩的是，他们引起了资产阶级的憎恨，尽管他们像绵羊一样人畜无害……这种仇恨源于某种深刻而复杂的情愫。它存在于所有条理清晰之人的身上，是我们对贝都因人[①]、异教徒、哲学家、孤独者和诗人的仇恨，这份仇恨中又蕴含着恐惧。"[2] 1905年底，当毕加索绘制街头艺人系列的最后一幅油画作品《卖艺人家》时，我们可以肯定的是，

---

① 贝都因人是阿拉伯游牧民族，主要居住在中东和北非的沙漠地区。

他完全赞同福楼拜对"条理清晰之人"、"贝都因人"或"诗人"的分类,并用画作证明自 1867 年以来,一切都未曾改变。今天也依然如此,一切都没有改变。

1901 年,在朱利安医生的帮助下,毕加索认识了圣拉扎尔医院的妓女、叛逆女性和女囚犯,并对巴黎咖啡馆的常客(如吸食吗啡的妇女、喝苦艾酒的女酒客)或是对生活在现代大都市贫民窟的人们进行了无数次研究。在探索了这些人的世界之后,毕加索将目光转向了福楼拜早年发现的"波希米亚人"。他选择了马戏团的世界,经常光顾他家附近位于蒙马特罗什舒阿尔大道和殉道者街拐角处的梅德拉诺马戏团,或是光顾位于共和国广场附近卡尔维耶女修道院大道上的巴黎冬季马戏团(早在 1852 年就建成了永久性马戏团建筑),他档案中保存的 24 张或白或红的入场券见证了他的这段潜心观察的经历。从 1904 年 12 月[3] 到 1905 年 12 月,这项差事持续了整整一年,各种精湛技艺轮番登场——素描、速写、水彩、水粉、油画、版画、雕刻、雕塑,创作使用的介质也五花八门——纸张、纸板、画布、黏土、铅笔、墨。各个讨人喜爱的人物也轮番登场,老少皆有。他们有时在舞台上倾力表演,但更多时候是在后台练习或休息,忧心忡忡,疲惫不堪,多愁善感,甚至面色煞白。他们要么和家人、孩子在一起,要么就和自己的猴子、狗、马在一起——《演员》《向人致意的小丑》《站在球上的杂技演员》《杂技演员和年轻的小丑》《两名杂技演员和一只狗》《坐着的小丑(红色背景)》《杂技演员一家和猴子》[4]《女马术演员》《运动员》《六位骑士和马》《静物杂耍者》《手摇琴演员和年轻的小丑》——相关的刻画也表现得温情而融洽。

从这些数量众多的作品中,我们可以找出某些动人的个性,如《坐着的小丑(红色背景)》:一个陷入沉思,仿佛四肢脱臼的小木偶,身穿紧身衣,围着围脖,孤独地坐在那儿,双腿悬空,目光呆滞，明明身体像个孩子，却长着一张早衰的脸庞，头戴一顶并不合适的双角帽；抑或如《杂技演员一家和猴子》，这是新收藏家利奥·斯泰因从萨戈老爷的店里购得的第一件毕加索的作品——画里的小丑和女舞者亲昵地抱着几个月大的婴儿，他们的猴子则在一旁默默注视着。自1900年以来，扑朔迷离的巴黎一直在诱惑着他，困扰着他，吸引着他，威胁着他，刺激着他，恐吓着他。面对这样的扑朔迷离，画家选择的活动空间却是小丑和舞者的空间，这难道不是很奇怪吗？毕加索是在法国首个"外国人定义"法令出台后不久加入法国社会的——他本人也在这个社会中被一系列作为融合障碍的标记（居留证、不达标的住房、姓名、语言、规范）定义——毕加索以一种临床强迫症的方式开始了他的探索之旅。他并没有开辟新的天地，因为他采用了一种已经广泛见于他人（华托、修拉、马奈、德加、博纳尔、图卢兹-劳特累克、雷诺阿）作品中的题材。[5]然而，毕加索以自己的方式拓展了这一题材——在各种介质上创作了数百件作品。其创作方式也十分独特：在幕后观察内部各个环节，观察不为人知的幕后故事。不消说，他正努力让这一题材登入大雅之堂。阿波利奈尔是这项伟大事业的另一位缔造者，他的出现使这项事业得以完成。

"我亲爱的朋友，如果你还没做的话，那你别忘了马上去奥斯曼大道摆出你的画作。你昨天下午1点就该到了[6]……"1905年2月18日，忧心忡忡的评论家夏尔·莫里斯写道，"画作必须要赶快挂起来。"一周后，莫里斯在塞鲁里耶画廊[7]举办了他与阿尔贝·特拉谢尔、奥古斯特·热拉尔丹和巴勃罗·毕加索这三位艺术家的联展。毕加索本人在这次联展中展出了34幅绘画、素描和版画作品，其中许多作品属于他的新系列。这是一次重要的展览，因为它引发了一位新诗友为毕加索的作品写下了热情洋溢的众多文章，而这位新诗友后来也成了毕加索最狂热的崇拜者之一。实际上就在几天前，曼努埃尔·

马丁内斯·胡盖（又名马诺洛，加泰罗尼亚雕塑家，1900年在毕加索和卡萨吉玛斯的共同劝说下来到巴黎）在优雅的让·莫莱面前对毕加索的才华赞不绝口。莫莱是诗人纪尧姆·阿波利奈尔的"秘书、粉丝兼经纪人，这个人事无巨细，无所不能"[8]。这位诗人于两年前来到巴黎，来的时候穷困潦倒，身无分文。1905年2月的一个晚上，毕加索在圣拉扎尔区的一家咖啡馆里见到了阿波利奈尔，前者是马诺洛带来的，后者是莫莱带来的。

阿波利奈尔持有俄国护照，比毕加索年长一岁；他和毕加索一样，也是旅居法国的外国人。阿波利奈尔在很小的时候就开始整页整页地学习字典，以辨别奇怪的发音和深奥的术语。他掌握了文字的力量，却不像毕加索那样有渊源的家学可以继承。阿波利奈尔出生于罗马，原名叫威廉·阿波利纳里斯·德·科斯特洛维茨基，父亲不详，母亲是流亡的波兰贵族。阿波利奈尔是个私生子，也是名环球旅行家。他的足迹遍布欧洲，对于语言（意大利语、波兰语、法语、德语、意第绪语）和文字的运用游刃有余。罗马、摩纳哥、尼斯、慕尼黑、维也纳、布拉格、科隆、科布伦茨、伦敦等众多城市塑造了阿波利奈尔的地理空间，成为他"去中心化、原子化、模糊化"[9]的舞台，并继续成为他作品风格的标签，使他的创作轨迹带有明显的神话色彩。浪迹天涯的天性如此深深地镌刻在诗人的身份之中，怎能不引起毕加索啧啧称赞呢？因为毕加索虽曾在伊比利亚半岛（马拉加、拉科鲁尼亚、巴塞罗那）旅行过，但那只是对其父亲职业要求的回应。当毕加索和阿波利奈尔在巴黎相遇时，这两位背井离乡的艺术家都渴望描绘世界，并在这个世界留下自己的印记，如同孪生兄弟。他们立刻意识到这其实植根于"两者之间的中间地带"。

这两位创作者的道路本来就错综复杂，分分合合，但他们惺惺相惜，马上就成了形影不离的好朋友，并邀请艺术家同行们加入他们的朋友圈——一位邀请了马克斯·雅各布，另一位邀请了安德烈·萨尔蒙——形成了彼此包容的社交关系，颇有风生水起之势。"阿波利奈尔不停地带着我们来回穿梭，不分昼夜地游走于巴黎的各个街区，从一处人行道走到另一处人行道，"雅各布回忆道，"他转圈、徘徊、张望、大笑，把过去几百年的细节表露无遗。他的口袋里塞满了纸，臀部因此显得鼓鼓囊囊。他时而开怀大笑，时而又惊恐万分。"[10]

阿波利奈尔在巴黎城中的深度漫游与毕加索对巴黎马戏团的探索相得益彰。现在，阿波利奈尔将自己对罗马的回忆娓娓道来，他觉得这些回忆会丰富毕加索的想象力。"为了逗我们开心，我母亲想让我们去一个破房子里看一场演出，我们刚刚就在这个破房子前看过滑稽表演，"他回忆说，"但我没办法进去，小丑让我害怕。对我来说，小丑仍然带有神秘色彩。我把这种感觉播撒到毕加索的心灵深处，让它在那里生根发芽，长出奇妙的作品。"[11]阿波利奈尔对诗人神圣使命的尊崇、他对街头琐事的兴致、他对异国情调和大千世界的好奇心、他拼贴杂糅各种素材的天赋、他对旧货商店的痴迷、他满怀喜悦地对精英文化和大众文化之间传统规范的突破、他在不同语域之间游刃有余的文学才华，以及后来他用假名出版的色情刊物，都让这个（勉强算是[12]）来自马拉加的孩子喜出望外、眼花缭乱、赞叹不已。作为回报，毕加索接二连三地用漫画（或"讽刺画"[13]）来刻画他的朋友，宛若无限反射的镜像效应。

在无所不能的诗人的刺激下，天生的漫画家毕加索也大显身手，淋漓尽致地发挥自己的天赋，将"高尚与低俗、神圣与亵渎、严肃与非严肃"模糊到令人眼花缭乱的地步[14]：他将阿波利奈尔画成水手，画成斗牛士，画成决斗者，画成教皇，甚至画成咖啡壶。有一天，毕加索出于对一直没有阿波利奈尔消息的担心，便寄了一张纸条："我没有见到你。你死了吗？"画中的阿波利奈尔双手抱着一堆书籍和文

《纪尧姆·阿波利奈尔在巴黎证券交易所前》

巴勃罗·毕加索，1905 年 12 月 6 日，速写，柏林贝格鲁恩博物馆，国家画廊

件，站在巴黎证券交易所门前，前臂上挂着一把雨伞，牵着他母亲那只滑稽可笑的小狗。为了突出诗人略显笨拙的脸型，毕加索给他画了一个梨形的下巴，然后对他进行乔装打扮（头戴圆顶礼帽，叼着烟斗或香烟），对他戏弄了一番，把他塑造成自己心目中的形象，这些操控的技法里实则蕴含着温情脉脉与肃然起敬。

后来，阿波利奈尔写道："诗人将拥有一种前所未有的自由。"他试图用预言来定义他所选择生活的国家中正在发生作用的现代性，或者说"新精神"。"他们是规模空前的交响乐团的指挥，"他继续写道，"他们会拥有整个世界，世界的喧嚣和表象，人类的思想和语言、歌曲、舞蹈，所有艺术和所有技法。"[15]艺术家毕加索对阿波利奈尔所彰显的诗人神话情有独钟，这预示着自从与马克斯·雅各布的初次见面开始，毕加索一生都将与一大批诗人保持着特殊联系，这些诗人会为毕加索的艺术之路画上浓墨重彩的一笔。当然，这份情有独钟也因为回忆起在巴塞罗那时所受的法语的折磨而变得愈发浓烈。那时的他还羽翼未丰，只能在文字中苦苦挣扎。他要紧跟马克斯，才能找到返回巴黎的路。阿波利奈尔钦佩毕加索埋头工作时的能力、精力、效率和天赋，也钦佩他与生俱来的气质与魅力。"他的名声还没有超出蒙马特高地的范围，"阿波利奈尔写道，"他那套蓝色电工服，他时而尖刻的言辞以及奇特的艺术风格在整个蒙马特都享有盛名。他的画室是所有年轻艺术家和所有年轻诗人的聚集地，里面堆满了神秘的小丑画作，这些画作被人踩来踩去，每个人都可以随便拿走。"[16]他们互相挑战对方，他们因学识渊博而自我陶醉，因技艺精湛而恃才傲物，两位才华横溢的人很快就在巅峰相遇，围绕着"拉维尼昂街这座奇怪的木屋"展开了激烈的竞争。他们会面后不久，在两个月不到的时间里（1905年4月至5月），阿波利奈尔就为毕加索的艺术写下了有史以来最优美的文字。

"如果我们知道，所有的神灵都会醒来……尽管永远沉睡不醒，但仍有一双眼睛映照着人性，就像神圣而快乐的精灵。这双眼睛像花朵一样专注，总想凝视太阳……与所有诗人、雕塑家和其他画家相比，这位西班牙人更像一股短促的寒潮，带给我们累累伤痕。他的沉思在沉默中显现。他来自远方，来自 17 世纪西班牙人丰富的构图和粗犷的装饰。"[17]毕加索和阿波利奈尔这两位大师在这场冒险中殊途同归，在前所未有的空间中紧紧相依，开心地挣脱上个世纪的束缚，兴高采烈地开辟、标记或划出自己的领地，力求在法国社会的缝隙中超越传统语汇和学术语言——毕加索升华了街头艺人的境况，阿波利奈尔升华了毕加索的艺术，两者互为因果，共同建造了一座不停上升的雅各布天梯。是巴黎这座城市让毕加索这样胆略过人的人望而生畏了，还是加泰罗尼亚人向他敞开了蒙马特的大门？抑或是他的朋友马克斯为他提供了学习语言的机会？与阿波利奈尔的友情使得毕加索能够直面原本就是座迷宫的现代大都市，并砸开了挂在上面的又一把枷锁。

后来，阿波利奈尔独自一人继续以预言式的口吻颂扬他们的友谊。在《被谋杀的诗人》（历经 15 年的酝酿，于 1914 年出版）中，他结合传记和自传细节，通过诗人"克罗尼亚曼塔尔"和画家"贝宁之鸟"这两个神话人物之间灿烂的友情，来歌颂两者的邂逅：

1911 年的头几个月，一位衣衫褴褛的年轻人在胡东街上奔跑……巴黎的喧嚣与电闪雷鸣在远处和年轻人周围响起，他气喘吁吁地停下了脚步，就像一个被追捕已久，准备自首的窃贼。

年轻人走进一座平房。门前的牌子上写着"工作室入口"。

他沿着一条走廊走着，走廊里又黑又冷，他感觉自己快要死了，他用尽全身的力气，咬紧牙关，握紧拳头，想把这漫无边际的时间砸得粉碎……但就在他准备敲门的时候，他的心跳加快了，生怕里面没人。

他敲了敲门，大声喊道："是我，克罗尼亚曼塔尔！"

门后，一个疲惫男人发出的沉重的脚步声……缓缓传来。当门打开时，在突如其来的光线下，是两个生命的诞生和他们迅速的融合。

画室就像一个马厩，散落着一堆堆的画作，数也数不过来。这些都是沉睡的画作，照看它们的牧羊人笑眯眯地看着他的朋友……推开紧闭的门，风儿吹来了几个不知名的生物。它们以所有痛苦之名发出微弱的叫声。所有苦难的界限都在门后嚎叫，准备吞噬牧群、牧羊人和他的朋友，以便在原地建立新城。[18]

1905 年 11 月 1 日星期三，阿波利奈尔把一张钴蓝色卡片寄给了"画家和艺术家毕加索先生"，卡片上只写有画家的姓名、地址和当天日期，以及《演出》和《街头艺人》两首手写诗。作为回赠，毕加索送给他一幅用墨和彩铅绘制的《怀抱孩子的疯子》。[19]这两首诗的寄出是否引发了巨幅油画《卖艺人家》的创作[20]（如今这幅油画悬挂在位于美国华盛顿特区的国家美术馆中）？提出这个问题是可以理解的，因为玫瑰色的画布上似乎充满了诗歌的氛围——"平原上有静谧的花园/江湖艺人们将去往何方"，带着他们"或圆或方的重物"，带着他们的"鼓和金色钢箍"。因为画布上萦绕着对"苍白小丑"的表现——"摘下一颗星星/他伸长手臂抓住了它"，因为画布上浸润着"从波希米亚来的巫师/带着仙女和魔法师"[21]的魔力，因为画布似乎与诗歌完全同频共振。

首先，这幅作品尺寸巨大（高 2.25 米，宽 2.35 米），6 个人物有真人般大小，这明显打破了以往所有对街头艺人及其同类题材的表现。毕加索的这6个人物常常被拿来与马奈的《老音乐家》中的6个人物相比较，并由此引发了诸多评论和阐释。有人说画作最左边身穿道具服的魔术师，其实是毕加索，画得比真人还高。边上是阿波利奈尔，身穿红色小丑服，身材敦实，穿着紧身衣，围着皱领，戴着小丑帽。这样的观点我们怎能不同意呢？但其他人呢？另两位卖艺人会是萨尔蒙和雅各布吗？[22]那个小女孩呢？还有坐在右边，显得最孤独的"马略卡岛女子"呢？1903年，毕加索在巴塞罗那逗留期间，给马克斯·雅各布去信道："我可能会去马略卡岛，'黄金岛'，听说那里很美。"[23]但毕加索从未去过马略卡岛。因此，这位"马略卡岛女子"仍然是"黄金岛"女人的代表——典型的白色皮肤，姿态庄重，让人敬而远之。如果毕加索跟随塞巴斯蒂·朱尼尔·伊·维达尔、赫尔曼·安格拉达—卡马拉萨、伊西德尔·诺内尔等同事的脚步，去了马略卡岛，那他一定可以见到并画出这样的女人。

但是，小丑魔术师、红衣小丑、两个年轻的杂技演员、小女孩，以及来自马略卡岛的女子，在我们眼中他们依然笼罩着神秘的面纱。[24]他们扛着包裹，提着篮子，一动不动，但似乎是在旅行途中静止在原地，仿佛踏上了当下时空以外的旅程，去往不为人知的目的地。他们双腿肌肉结实，牢牢地立在地上，但他们的手指却未画完，仿佛消融在周围的空气中，而他们的眼睛则空洞无物，模糊不清。他们都待在那儿，彼此陌生，待在一个所有交流完全停滞的世界里。小丑魔术师和小女孩之间几乎没有一丝感情。他们究竟是谁？他们要去哪里？是什么将他们联系在一起？他们之间有什么故事？这些问题画家统统没有回答。绘画的准备工作，绘画的连续创作以及不断修改，所有这些都体现了某些决定和某些途径，其中最突然的无疑是完全抹去背景的做法，这让人不免联想到德加的赛马图。

2017年2月和2018年5月，在前往华盛顿执行研究任务期间，我在美国国家美术馆的《卖艺人家》前伫足良久。在美丽的圆形展厅里，这件作品与《拿扇子的女人》《佩德罗·马纳赫自画像》等其他佳作陈列在一起。多亏了我与哈里·库珀、安·霍尼格斯瓦尔德和金伯利·琼斯[25]等几位美术馆负责人的会面，多亏了档案馆工作人员的睿智，他们回答了我的问题，用文字重建了隐藏在作品背后的内容，描述了收藏家切斯特·戴尔（这幅画的最后一位主人）的个性和潜在意图，我才得以深化我最初的直觉。我问自己，为什么会被这幅画吸引，经常坐在画对面的长椅上，又为什么走开后又不断走回到画前。"我喜欢那些一开始对我来说还很神秘的作品"[26]，画廊老板伊莱安娜·索纳本德曾这样说过。渐渐地，我发现我与这件作品的关系也源于同样的现象。因为，除了之前一年创作的油画、素描和速写以外，这件作品不再表现街头艺人的世界，而是将我们引向另一片天地。在阿波利奈尔的想象力和游历的滋养下，这幅作品不正是诗人和画家在巴黎这座城市中共同地位的肯定吗？而1905年的巴黎正是一座努力融合不同群体的都城。

可以肯定的是，这些街头艺人得到了认可。凭借典范的抽象力量，他们成了跨越所有时代的流浪英雄，就像尤利西斯、奥菲斯或堂吉诃德一样，昭示着"贝都因人"对"秩序之人"和定居者的优越地位，况且还不仅如此。因为在画中"没有教堂的村庄"里，在这个平坦、荒芜、凄凉、寂静的世界里，他们的存在显得格外耀眼。1967年，米歇尔·福柯在巴黎做了一次有关空间的演讲，他解释道："因此，存在着没有地点的地方和没有年代的历史。城市、星球、大陆、宇宙，所有这些都不可能在任何地图或天空中找到踪迹，而这仅仅因为它们不属于任何空间。"他继续说道："毫无疑问，这些城市、这些大陆、这些星球，它们诞生……于人类的头脑中，或者，说句实话，它们诞生于人类话语的间隙中，诞生于人类叙述的厚度中。"[27]

毕加索在《卖艺人家》中提出的世界不正是福柯所说的"反空间"吗？在这位哲学家的笔下，反空间属于"这些相异的空间，这些其他地方，这些对我们的生活空间构成神话和现实的挑战"，也就是说，属于这些"异托邦"，这些"绝对的其他空间……为其行为相对于平均或所要求的规范有所偏差的个人保留的空间"，"社会将其搁置在边缘，搁置在它周围的空地上"，因为"可能没有一个不构成自身异托邦的社会"[28]。就好像画着小丑的毕加索，第一位表现街头艺人的艺术家，仿佛"摘下了一颗星星"的一位肩负神奇使命的魔术师，在让城市消失的同时，也首次以"永恒的方式"[29]表现了社会的这些夹缝、这一反空间、这一异托邦，而他们就在那里栖息。[30]

《卖艺人家》在完成后不到 10 年的时间里，在经历了一系列磨难之后，最终被赫塔·柯尼希买下，放在她慕尼黑家中的客厅里。柯尼希的朋友、诗人莱内·马利亚·里尔克被这幅作品深深吸引，于是问她能否暑假的时候住在她家，这样他就可以和这幅画待在同一屋檐下。不久之后，他给柯尼希寄去一首诗，即《杜伊诺哀歌第五首》，其中有几行诗句捕捉到了《卖艺人家》的力量：

告诉我，这些流浪的卖艺人究竟是谁，
他们比我们自己还要更加漂泊……[31]

第十二节

一则有关面纱和扇子的故事

> 现在,我刚在急急忙忙之中给你买了一个面纱;我想你会喜欢的,因为我觉得它很漂亮,很轻盈,甚至很现代……请赶快给我写信,告诉我你是否喜欢。[1]
>
> ——玛利亚·毕加索-洛佩斯写给儿子巴勃罗·毕加索的信

巴塞罗那,1905 年 11 月 1 日。我亲爱的儿子巴勃罗,卡纳尔斯来到家里,告诉我他要去巴黎了,他希望带上一些我想带给你的东西。那时我没法出门,因为我在等你爸爸回来。现在,我刚在急急忙忙之中给你买了一个面纱;我想你会喜欢的,因为我觉得它很漂亮,很轻盈,甚至很现代(实际上,面纱看起来几乎都一样)。……请赶快给我写信,告诉我你是否喜欢。谢谢你寄来的一封封信。我说什么你都充耳不闻。请接受爸爸和罗拉的吻,还有你的妈妈玛利亚对你的爱。

为什么这位在巴黎生活了 18 个月的画家会向母亲索要一种在法国首都找不到的饰物呢?大概是为了衬托贝内德塔·比安科·科莱塔(他的朋友里卡多·卡纳尔斯的意大利未婚妻)的美丽吧。毕加索正打算在他们结婚前为她画一幅肖像。他的母亲为何如此急切地给他寄来一个面纱？这种面纱是西班牙天主教的崇高象征，自16世纪以来，当地贵族妇女一直戴着它去教堂。毫无疑问，她深知自己的儿子受人爱戴、才华横溢，在他雄心勃勃的事业中，她只是其中的一个齿轮而已。而她这个儿子已经出国去成就他的事业了。就在这次通信几天之后，巴勃罗·毕加索便动手创作《贝内德塔·卡纳尔斯画像》，构思很快，但差点没画完。这部作品堪称大师之作。人物具有古典美，粉色背景衬托出黑色面纱的优雅，还有插在面纱中心的一朵花，这些让人立刻联想到委拉斯开兹最杰出、最神秘的一幅肖像画《拿扇子的女人》。

就在毕加索母亲写这封信的10天前，即1905年10月18日，第三届法国秋季沙龙展在小皇宫开幕，却不想在巴黎引发了一场闹剧：以保守著称的法兰西共和国总统埃米尔·卢贝拒绝出席开幕式。这是沙龙自三年前创办以来，首次向前卫艺术靠拢。评论家们谴责沙龙是"野兽派的牢笼""没有形状的花里胡哨""狂热的画笔""扔在公众面前的颜料罐""封蜡和鹦鹉羽毛的混合物"。至于观众们，他们则蜂拥进入7号展厅，看到了马蒂斯、弗拉芒克和德兰的画作。这些画家的作品色彩强烈，作品中各种元素的置放也出人意料。在这些引发闹剧的画作中，马蒂斯创作的肖像画《戴帽子的女人》令人惊叹不已，画中的马蒂斯夫人戴着奢华的头饰，尽显风流之韵。

当然，毕加索也曾饶有兴趣地参观过沙龙7号展厅，但他为什么要以如此传统的方式来回应他的前辈马蒂斯和弗拉芒克所取得的进步呢？为什么这位年轻的西班牙神童在他的《贝内德塔·卡纳尔斯画像》中展示了他高超的技术才华，但其风格却与巴黎前卫艺术格格不入？为什么他要躲在委拉斯开兹的盾牌后面，哪怕这意味着他要以被困在"大时代"的大师形象出现？毕加索当时24岁，而他的前辈马蒂斯和弗拉芒克分别是36岁和29岁。不久，毕加索就反守为攻：在戈索尔村旅居不到一年后，他就成了前卫艺术的领军人物。随后，在1906年秋至1907年秋这一段艰苦创作时期，他完成了《亚威农少女》。最后，他在1908年创作了《拿扇子的女人》，用扇子回应了委拉斯开兹和马蒂斯。扇子和面纱一样，都是西班牙物品，但他完全采用了一种新美学语言。这种语言介于绘画和雕塑之间，介于西欧和非洲之间，它以所向披靡之势向前发展，预示着立体主义的诞生。

1906年3月，迪朗-吕埃尔画廊举办"马奈-雷东"画展，毕加索接触到了马奈的天赋（"马奈是名巨人！"[2]）；他在沃拉尔画廊欣赏了塞尚最后创作的12幅画作；他在卢浮宫看到了伊比利亚雕塑（这要归功于奥苏纳和塞罗·德洛斯·桑托斯遗址展）；最后，他还赶到贝尔沙斯街，去古斯塔夫·法耶家欣赏他的收藏，其中包括25幅高更的杰作。[3]同样在1906年3月，毕加索明确意识到马蒂斯在"新绘画色彩运动"[4]中的地位。马蒂斯的作品在巴黎无处不在：欧仁·德鲁埃画廊收藏了马蒂斯的45幅新作（尤其是《生活的欢乐》），独立艺术家沙龙展出了马蒂斯的更多新作，收藏界新人斯泰因兄妹也在近期购入了马蒂斯的作品。毕加索痴迷于前卫艺术同人（马蒂斯、德兰、弗拉芒克、布拉克、梵·邓肯）的研究和进展，但他自己却并不属于前卫艺术。他完全不关心色彩，而是将轮廓作为光线和形状的生成器来探索。他听说德兰在大英博物馆看到了非洲展品。他的创作之路几乎止步不前了。

然而，在1905年秋季沙龙上，之前沉湎于委拉斯开兹作品的毕加索突然重新振作起来。他又遇到了一个专事收藏的美国家庭，这家人和毕加索一样，在世界博览会结束后不久就来到了法国首都。这次相遇深刻改变了他在巴黎的工作条件。"秋季沙龙已经结束了，"1905年10月，利奥·斯泰因在给一位朋友的信中写道，"不幸的是，我们最近购买的所有作品都来自你从未听说过的一些人，所以就没有必要向你描述这些作品了……但有两幅作品出自一位名叫毕加索的西班牙年轻人之手，我认为他是一位不可估量的天才，也是当今最好的画家之一。"⁵ 利奥·斯泰因在秋季沙龙和独立艺术家沙龙上购买了塞尚、马蒂斯、毕加索和高更的作品，还看中了他之前从未听说过的梵高和修拉的作品。他卖掉了自己的日本版画，以购买他中意的新作。利奥·斯泰因最早光顾的一家画廊，是安布鲁瓦兹·沃拉尔位于拉菲特街的一家稀奇古怪的旧货店。他后来回忆说："那时候我们相处得很好。"利奥·斯泰因选择的都是一些别出心裁的油画，这引起了公众的冷嘲热讽。比如有正襟危坐的《塞尚夫人画像》，有咄咄逼人的《戴帽子的女人》，还有毕加索不同寻常的《杂技演员一家和猴子》。"有一段时间，"他写道，"只有我买毕加索的画。据我所知，在早期的时候，我是唯一一个同时认可毕加索和马蒂斯的人。"⁶

因此，从1905年起，毕加索的第一批杰作终于有人买了。但更重要的是，毕加索这位年轻的艺术家马上与利奥·斯泰因、格特鲁德·斯泰因这对兄妹一见如故，大有相见恨晚之势。这对兄妹自然而然地就为这位贫困的艺术家扮演了近乎培养者的角色：哥哥是毕加索的天赐收藏家，妹妹则是毕加索的模特。如果缺几个钱，毕加索会以透明自然和直截了当的方式向他的新朋友讨要，比如在1906年8月11日："我亲爱的斯泰因，我们已经在这儿待了三个星期了，可惜没有钱，因为我们的小遗产已经在山上被愉快地花掉了。你能不能借我50到100法郎？等你回来后我再还给你，用我生意上的一点收入，或是动点脑筋。我对你妹妹和对你的最美好的回忆，你的毕加索。"⁷ 终于到了一个好日子，毕加索可以不假思索十分开心地宣布："沃拉尔今天上午来了，交易完成了（2 500 法郎）。"⁸ 金融交易、艺术交易，这些都是外国人用他们的基础法语进行交流的基本信息，但他们其实并没有真实掌握这样的基础法语。然而，利奥·斯泰因不正是和毕加索在对塞尚、高更、图卢兹-劳特累克和埃尔·格列柯[9]的"共同崇拜"中结下了5年的友谊吗？毕加索在一幅题为《非常美丽的野蛮舞蹈》的画作上写道："我们下周一会去你家，看一看高更的画，然后去吃午饭。向你和你的妹妹致以我深厚的友情。毕加索。"[10]

那么，从1905年冬到1906年春，为了准备创作著名的《格特鲁德·斯泰因画像》而让人摆了90次造型又是怎么回事呢？这一切都被神话了，相关事实至今都难以澄清。只有保存在巴黎毕加索博物馆和耶鲁大学拜内克古籍善本图书馆档案中的信件——我曾于1998年查阅过——才能揭示从1905年12月到1914年战争期间，格特鲁德和毕加索之间建立联系、发展友谊的各个阶段。格特鲁德和毕加索之间的关系，就像和马克斯的关系一样，仍然是一个有关创作的故事，就像与阿波利奈尔的关系一样，仍然是一个有关无所不能的故事。他们在白纸、画布和素描本之间疯狂地创作，文字、线条和色彩在这里得到了前所未有的运用，格特鲁德迫使法语和意大利语摆脱了各自的桎梏。1906年3月9日，她在一张绘有汉斯·霍尔拜因的肖像画《艺术家的妻子与孩子》的卡片上写道："明天，也就是星期五下午，我会去你那里，让你绘制格特鲁德·斯泰因肖像。"[11]但就在独立艺术家沙龙开幕后（3月20日，星期一），毕加索立刻停止了创作。格特鲁德·斯泰因回忆道："春天来了，摆姿工作也接近尾声。在一个晴朗的日子里，毕加索突然画下了整个头像，并十分气愤地说道：'当我注视着你的时候，我便再也看不见你了。'于是这幅画就这样留下了。"[12]这个问题我们稍后再谈。到了4月初，毕加索第一次见到了比他年长11岁的马蒂斯，他已经将马蒂斯视为自己的终极对手。马蒂斯在他女儿玛格丽特以及利奥·斯泰因的陪同下，来到了拉维尼昂街。[13]

皮埃尔·戴克斯言之有理："毕加索当时意识到，他所面对的是一位有着豪情壮志的画家和勇气十足的对手。"1906年3月，在他们位于弗勒吕斯街的公寓墙壁上，斯泰因的收藏引发了两幅重要肖像画之间的强烈对话，这让毕加索如坐针毡。一幅是普罗旺斯-艾克斯地区的大师塞尚 1881 年的作品，另一幅是马蒂斯 1905 年的作品。这两幅均是两位画家照着他们最喜爱的模特（他们各自的妻子）所创作的。在这幅画中，毕加索的（女？）模特就是格特鲁德·斯泰因。从他们相遇的那一刻起，毕加索就决定要给她画一幅肖像，仿佛给自己设下了一项挑战。让这幅画可以与《塞尚夫人画像》和《戴帽子的女人》相提并论，但要是无法完成这幅画，那如何才能避免产生真正碌碌无能的感觉呢？这种感觉挥之不去，而且还会进一步加剧他的挫败感。自从 1901 年在沃拉尔画廊、1902 年在韦尔画廊和 1905 年在塞鲁里耶画廊举办展览以来，毕加索还未在任何沙龙举办过展览，他也从未公开展出过自己的作品。因此，斯泰因兄妹的沙龙是他唯一真正的展出场所。尽管 1906 年 4 月在弗勒吕斯街的墙壁上，参观者可以欣赏到利奥于 1905 年购买的《杂技演员一家和猴子》《手捧花篮的小女孩》，但此时此刻，《格特鲁德·斯泰因画像》这幅未完成、不成功、无人满意的肖像画却并不在场。于是，毕加索离开了。

第十三节

"海拔几百万米"……戈索尔村！

> 山就是山，也就是说，山就是一座障碍。
>
> 同时，它也是一处容身之所，一片自由者的大地。
>
> 因为文明……所强加的束缚和奴役不再压在人类身上。[1]
>
> ——费尔南·布罗代尔

两个讨人喜欢的巨人（身高 4 米）随着双簧管和鼓声翩翩起舞，他们在狭窄、陡峭、逼仄的街道上欢快地跳跃前行——大广场，拉拉库纳街、阿古斯蒂·卡罗尔·伊·富瓦街、拉瓦尔·德拉瓜迪亚街、圣玛格丽达街——绕着山村转了一圈。他们身后跟着一大群人，身穿五颜六色的服装，肩上扛着孩子，在蓝天的映照下，在巍峨的佩德拉福卡山前，一边看着这两个乡村巨人构成的壮观场面，一边跟着队伍往前走。2018 年 8 月 15 日，戈索尔村的巨人游行正在进行。按照戈索尔人的说法，这是"世俗的游行"，也是当地年度庆典"大节日"的亮点之一。巨人们身穿传统服饰，让人觉得他们来自远古时代：女巨人头戴花束，身穿灰色长裙，头部和肩部披着白色围巾。男巨人背插加泰罗尼亚旗帜，身披黑色斗篷，系着腰带，头戴红色贝雷帽。那他们在庆祝什么胜利呢？他们是否因为战胜了神话山的挑战而心花怒放、手舞足蹈呢？有一些稀奇古怪、具有世俗形象的小矮人围着他们蹦蹦跳跳，这些小矮人戴着古怪、丑陋、龇牙咧嘴的面具（由儿童佩戴），其中包括一个长有犄角的红色恶魔。今年，游行队伍中还首次出现了一个身穿水手服的小矮人，他手持调色板和画笔，戴着毕加索的面具，眼神里怒气十足。面对这种热情洋溢、老少皆宜的群众狂欢，你会立刻明白，一进入戈索尔村，你就踏入了一个名副其实的"共同体"[2]。2018年8月，这座高山上的小镇还能上演一场来自时间深处的不可思议的世俗游行，那它又是如何影响在1906年年仅24岁的毕加索的呢？毕加索与戈索尔村之间的关系，戈索尔村与毕加索之间的关系，又该如何解读呢？

长期以来，虽然日期、当时状况等信息一直模糊不清，捉摸不透，但我们至少知道1906年夏天毕加索与费尔南德·奥利维耶一起在那里暂住过。有几份罕见的证据流传了下来，如维达尔·文托萨在他们离开前在巴塞罗那的古亚亚巴咖啡馆拍摄的精美照片，以及一些我们稍后还会提到的往来书信。直到最近，这一特殊时刻的准确日期才被确定下来：1906年5月27日至7月23日。今天，尽管注释专家们在某些正式的观点上还存在分歧——戈索尔时期究竟算玫瑰时期的延续还是断裂？不过在毕加索的创作生涯里，确实存在着前戈索尔时期和后戈索尔时期，这一点已经成为共识。他在这座比利牛斯村庄里整整生活了59天，"我们可以肯定地说，毕加索的第一批现代作品是在戈索尔创作的"[3]。哲学家杰西卡·雅克·皮明确指出：毕加索在戈索尔创作的作品与"他早先的作品风格大相径庭"。通过302件作品的创作（7幅大型油画、12幅中型油画、2件雕塑以及无数的草图和素描），艺术家毕加索"开创了自己的现代性"，他以自己的方式摒弃了自文艺复兴以来盛行的表现传统，拓展"自成一家的体系"。如果说在戈索尔的生活给他的创作带来了美学上的突破[4]，那首先是因为此地与巴黎世界存在社会差距。他从戈索尔回来后,转变了自己,受到了激励,恢复了以另一种方式挑战前卫艺术的全能性。无论从哪个角度来看,乡村立场在其中起了至关重要的作用。然而,1906年5月27日,当毕加索和费尔南德骑着骡子沿着这条长达28公里的中世纪小路出发时,他是否意识到了这一点?

《女人的手搭在"舞者"的肩上》[5]
《女人的手/搭在"舞者"的肩上》[6]
《女人的右手紧紧贴在舞者身上》[7]

"加泰罗尼亚笔记本"[8]是一个小物件,长12厘米,宽8厘米。毕加索在戈索尔村时把它当作"航海日志"使用:素写、绘画、诗歌、文本、邮政地址、词典、地图,统统混在一起,加泰罗尼亚语、卡斯蒂利亚语和法语也全都混在一起,这三种语言是他经常使用的。加泰罗尼亚笔记本是一份珍贵的文献,毕加索在其中显示出自己是一位田野人种志学者,把相关的一切内容全部记录了下来:民俗学、人类学、语言学、社会学、文学、地理学、色情,一切都相得益彰,既充满了欢快的活力,也表明了一项雄心勃勃的全面计划,以及一个"让世界只服从于(他)自己"[9]的愿望。在这种情况下,他试图占据的"世界"有一百多名山民,他们生活在塞尔达尼亚南部海拔1 500米、几乎人迹罕至的村庄里。

1906年5月28日,这是毕加索在当地度过的第一个夜晚。大广场上正在举办周日晚间舞会,他拿出自己的小笔记本,以令人惊叹的精湛技艺,迅速勾勒出两对舞者的素描。他们随着萨尔达那舞的节奏翩翩起舞,女舞者身穿传统服饰,宽大的裙子向右舞动,右脚悬在空中。然后,他一遍又一遍,细致入微地描画女舞者的手部特写:左手紧紧搭在男伴的肩膀上，右手则放在男伴的掌心，紧握住他的拇指。素描、速写、标题、概貌图、细节图：他埋头创作，反复勾勒，他喜形于色，一边画画一边评头论足。面对这个他刚刚开始探索的新世界，他最初的感知真的是聚焦男人与女人接触的手部吗？还是聚焦这两具身体合二为一的奇迹——聚焦这对紧跟音乐家节奏的舞者（似乎是为了解决运动方面的物理学问题）？他的贪婪、兴奋与狂热，如果不是开启了这种占据新世界的体验生活，那又能说明什么呢？他在给纪尧姆·阿波利奈尔的信中这样写道："我亲爱的纪尧姆，周日广场，舞会，当音乐结束的时候，姑娘们很害怕。我会给你写信的。毕加索，戈索尔村，1906 年 5 月 29 日。"第二天，他为诗人朋友草草写下这几个让人心潮澎湃的词语，心情却仍像他当初刚来巴黎时的头几个夜晚那般激动不已，那他究竟发现了什么？如果不是女性在公共场所的行为细节，不是男性对女性的暴力行为，不是青少年之间的社会交往，不是女孩面对男性的过激行为或虐待时的恐惧，那又是什么呢？

在戈索尔村的 59 天里，毕加索一直在细心观察村民的日常装扮和行为举止、工匠的编织、墙上铁艺制品的细节、房屋的切角、不对称的屋顶，他还观察到村庄与它所坐落的岩石有机融合，融为单一的物质。加泰罗尼亚语中"pinces"或"thym"一词的奇怪词源引起了他的兴趣，于是他自己将它们从加泰罗尼亚语翻译成卡斯蒂利亚语："els molls=las tenazas"[10]，"farigola=timó"[11]。他还会画一个非常纯粹、非常简单的女人侧面像，有着希腊人的鼻子，头戴帽子。为了费尔南德，他用特别蹩脚的法语翻译了琼·马拉加尔的一首加泰罗尼亚语诗。他甚至极其精确地画出了他们回程的路线："戈索尔村，瓦尔韦镇，普奇塞达镇，阿克斯市，巴黎。"[12]他同时在每一站的对面提到了相应的交通工具，"骡子，驿车，驿车，火车"，同时用加泰罗尼亚语和西班牙语标注。充满好奇心，做事细致，技艺高超，掌控力强：加泰罗尼亚语笔记本让我们看到了一个活力四射的毕加索。他感知周围的一切，不断寻找，不断摸索，奋发有为，努力把控。这是创作者与自己的对话，因为他在开拓新的领域。这本加泰罗尼亚语笔记本向我们揭示了毕加索这段有趣经历中隐藏的一些秘密，正是这些秘密在他职业生涯的关键时刻发挥了重要作用。

"当我注视着你的时候，我便再也看不见你了。"这是格特鲁德·斯泰因结束 90 次摆姿活动之际，毕加索亲口对她说的一句话，是在 3 月份说的。1906 年 5 月 15 日，多亏了安布鲁瓦兹·沃拉尔[13]给的 2 000 法郎，毕加索坐上了前往巴塞罗那的火车。沃拉尔刚刚买下了 27 幅油画和水粉画（毕加索工作室的藏品），但其中并没有毕加索想留在拉维尼昂街的巨幅油画《卖艺人家》。在巴塞罗那，他谈到了自己的困惑、不满和僵局。无论是他的雕塑家朋友（恩里克·卡萨诺瓦斯、曼努埃尔·马丁内斯·胡盖），还是他的医生朋友（哈辛特·雷文托斯），他们给出的建议都殊途同归：他们三人都将"戈索尔村"念成了"芝麻村"——恩里克在戈索尔村有栋房子，哈辛特把自己的病人送去那里。他们把这个山中村庄描述为一个可以让他静心创作的地方，这样或许可以打破他的僵局。

通常，毕加索很少提笔写信，他一般委托费尔南德·奥利维耶与外界联系。只有碰到特殊情况他才会亲自写信。"在这里，我按照上帝教我的方式工作，只有我自己知道该如何去做。"他用西班牙语向利奥·斯泰因如此坦承道。他还给纪尧姆·阿波利奈尔或卡萨诺瓦斯写过几句话，敦促卡萨诺瓦斯给他送些补给过来（纸张、雕刻刀及其他工具）。对于卡萨诺瓦斯头几次提供的帮助（寄送邮票），他几乎都来不及道谢："我万分感谢你的邮票，感谢你为我劳神费心。"[14]他甚至都来不及感叹村庄之美，感叹风消雨止。因为毕加索做事争分夺秒，他要求每个人都要尊重他的节奏。后来，他心急如焚地问卡萨诺瓦斯:"你能不能把 20 张安格尔画纸装在一个纸筒里,然后赶快寄给我?我从巴塞罗那带来的那几张纸已经用完了。向你提出这些要求,我感到很抱歉。但你是我唯一信任的人,**这份人情我会还的**。告诉我,你是想让我寄钱给你,还是等你过来时再还你钱?你但说无妨。到现在为止,我们一直很冷。但今天开始暖和了,出太阳了,不下雨了。"[15]

在这个世界上,费尔南德·奥利维耶很难找到自己的立足之地。对于这位与毕加索朝夕相处了近十年,并且教他语言和规范的法国女伴来说,这是多么大的磨难啊!后来,她谈到了从瓜尔迪奥拉·德贝尔加出发,骑着骡子沿着卡米·雷亚尔曲折难行的小道走了足足28公里,行程极为艰辛。她扛着自己的行李箱、别人刚送给他们的小狗以及毕加索的绘画用品(画布卷和画笔,为了节省空间,他把画笔杆子折断了)。她累得头晕目眩,不得不闭上眼睛,以免摔倒。她在给纪尧姆·阿波利奈尔的信中写道:"这里……冷得几乎让人无法忍受……而且这里的雨不是一般的大……只要一下雨,村庄就会被淹……有些人虽然比我勇敢,但也会被这些巍峨山脉中的电闪雷鸣及随之发生的一切吓倒。还有回声!哦,回声,简直让我烦透了。"费尔南德的语言极富表现力,她继续跟他说:"风景!……前面有山,后面有山,右边有山,左边有山,中间还有更多的山……但这片大地上什么都没有,没有糕点师,没有糖果师,没有面包师,没有服装师,什么都没有,什么都没有,烟草店既没有 10 生丁的邮票,也没有 25 生丁的邮票……大多数时候,邮局职员在田里,而邮局却大门紧闭。"[16]

毕加索却不是这样:危难险境、狂风暴雨、头晕目眩、佩德拉福卡山,所有这些都刺激着他。费尔南德·奥利维耶说他"性格开朗,乐于去打猎或到云雾缭绕的山中郊游"[17]。毕加索在卡尔·坦帕纳达旅馆（其外墙紧邻外面的大广场）一楼的房间兼工作室里工作，或与旅馆老板——令人印象深刻的 93 岁老人何塞普·丰德维拉——一同坐在大餐桌旁，然后在他的小笔记上，在大张的安格尔画纸上，在油画布上或是在树干上埋头工作。他与工匠们一起打牌。如果有牧羊人或养牛人在，也会和他们一起打。这些人知道如何训练牲畜，然后当作役畜卖到塞奥德乌赫尔市。或者和剪羊毛工一起打牌，他们走遍整个加泰罗尼亚，将整群羊的羊毛一次性剪下，然后送去纺纱，他们在这方面真的是无可争议的行家里手。在费尔南德闷闷不乐的时候，毕加索的成长却一日千里。24 岁时，他迂回曲折地穿越了伊比利亚半岛，经历了无数地理上的断裂！他处于几个世界（安达卢西亚、加利西亚、加泰罗尼亚、卡斯蒂利亚、法国）的中心，经历了完全不同的气候和文化。游走在这些世界之间，他必须不断地适应、适应，再适应。对他来说，戈索尔村也意味着需要适应，因为这是他首次体验高山和比利牛斯山脉。对此，费尔南·布罗代尔回忆说："严格来说，比利牛斯山脉暴力的历史和原始的残酷……就是比利牛斯文明。"[18]这无疑解释了这位艺术家非凡的夸张，比如在他给纪尧姆·阿波利奈尔的信中写道："我们身处海拔 5 000 米，四周白雪皑皑，但也有阳光。"[19]几天后，他继续着攀登之路，他用西班牙语向他"亲爱的朋友斯泰因"信誓旦旦地说道："在这里，我不知道海拔有几百万米。"[20]

若要接近 1906 年夏天的那份神秘，那就得到戈索尔村亲身体验一番。若要到达这个村镇，那就得走过蜿蜒小道，从西向东横穿卡迪·莫伊谢罗，这座惊人的"高山堡垒"海拔有 2 500 米。不过，无论你是经由西面的塞奥德乌赫尔市、何萨·德尔·卡迪村，还是经由东面的普奇塞达镇、萨尔德斯镇，都要在几个村庄之间行驶一百多公里。面对令人胆战心惊的险峻山势，你仍可以依稀瞧见因板块移动而形成的地质推力的痕迹。一旦到了那里，你就必须学会如何正确读出

"戈索尔"（Gósol）这个单词：第一个音节读重音，第一个 o 发开口音，第二个 o 发闭口音，清辅音 s 变成了浊辅音 z。事实上，费尔南德在给西班牙朋友的信中，写的就是"戈佐尔"（Gozol）。

需要注意的是，在小镇北侧，贵族住宅区被保护在高高的干砌石墙后面，而南侧则是平民区，房屋更朴素、更开放。若要辨明方位，都要根据教堂塔楼来确定。这座塔楼与高耸入云的佩德拉福卡山峰遥相呼应。山里人称其为"埃尔佩德拉山"，他们趾高气昂，对这座海拔 2 497 米的双头山峰根本不屑一顾。这座山巍峨挺拔，在群山之中显得格外醒目。清晨，阳光和蓝天有时会把它的轮廓映照得无比清晰。到了下午，山峰边上云雾缭绕，预示着夜晚即将来临的暴风雨。这座山与蒙特塞拉特山并称加泰罗尼亚比利牛斯山脉的两座神话山峰。不过，虽然埃尔佩德拉山是一座没有神灵色彩的山峰，但人们对它却怀有万物有灵的情感，每个加泰罗尼亚人一生中至少要面对它一次，宛如一次启蒙经历。埃尔佩德拉山奠定了基调，毕加索有时会在素描作品中描绘埃尔佩德拉山，把它画在费尔南德或背着木柴的村妇身后。你必须经历那些可怕的暴风雨之夜，经历那些让费尔南德·奥利维耶惊慌失措的时刻，把所有的门窗关了又关——陷入逃避自然元素的荒谬幻觉之中；清晨时分，发现自己筋疲力尽、昏昏沉沉、毫无睡意，然后与他人分享类似诺亚方舟幸存者的内心情感。

第十四节

"一位男高音，唱出的音高比乐谱上的还要高：我！"

> 一位男高音，唱出的音高比乐谱上的还要高：我！[1]
>
> ——巴勃罗·毕加索

2018年的夏天，戈索尔村人潮涌动，穿着步行鞋的人们从四面八方汇聚到中心广场，市政厅的阳台前挂着一条饰有黄丝带的横幅，横幅上写着：**民主**：捍卫我们的权利和自由，**释放政治犯**。隔壁是毕加索中心，一群孩子在地上玩扑克，正好堵住了入口。在一楼，参观者可以看到视频、照片以及当时的物品。还有毕加索当年夏天所创作作品的复制品以及一些出售的书籍。戈索尔村位于塞尔达尼亚以南不到十公里的地方。塞尔达尼亚是西班牙和法国交界的领土，1659年的《比利牛斯山条约》将其划分给两国。"法国通过'吞并''整合'，最终'同化'了它在1659年获得的山谷部分，"历史学家彼得·萨林斯写道，"西班牙也做了同样的事情，却是从一个截然不同的角度出发的，从而导致出现了截然不同的现状。"[2]因此，尽管从行政上讲，戈索尔村并不属于塞尔达尼亚，但作为边境地区中的边境地区，这些身份的波动一直是村庄生活的一部分。萨林斯接着说，塞尔达尼亚的村庄组织成"村庄社区","由于加泰罗尼亚比利牛斯山的领地制度相对薄弱,所以这些社区在管理自身事务方面享有很大的自主权"[3]。处在这样一个"完全被群山环绕"[4]的特殊地缘政治地位上,这个"狭小封闭而又相对繁荣的天地"会对这位刚刚走出巴黎大熔炉的年轻艺术家产生怎样的影响?

离开巴黎时,他清楚地意识到法国正在经历的思想狂潮。随着犯罪率的空前上升和流氓袭击事件的发生,第三共和国时期的巴黎社会不得不对那些所谓"吉普赛人""流浪汉""波希米亚人"另眼相看。离开巴黎时,他对边缘群体和贱民[5]完全感同身受。在此之前的几个月里,他创作了有关妓女、乞丐、梅毒患者、杂技演员、街头艺人和马戏团演员的画作,致敬这些边缘群体和遭到排斥的人,让人耳目一新。1906年3月,乔治·克列孟梭成为新任法国内政部长。这位部长对本国警力不足感到失望,于是准备对这个负责维护公共秩序的陈旧机构进行深入改革。不久后他便宣布:"民主国家唯一可以承认的警察力量,即司法警察力量,打击犯罪和违法行为的警察力量,全体公民的保护者……显然是不够的。"[6]其矛头直指那些在1901年错误地将毕加索定性为"受监视的无政府主义者"的人。

身处"连接山脉两侧数十条小路的骡夫、小贩、商人和走私者"之中,毕加索开始了与这些人的共同生活。从中世纪开始,他们凭借自身的流动性、信奉的实用主义和掌握的专门技能,开创了一套比利牛斯经济模式,这套模式既是跨境贸易,又是地下贸易:海关走私。在社会学家劳伦斯·方丹看来,小商小贩"主要是山里人的生意",他们开发这些"高级贸易路线"是为了"不交过路费和关税"[7]。自13世纪以来,"笨重的食品与饲料走海路,奢侈品走陆路"。因此,"满载丝绸、贵重染料、蓝草、金银线的骡子商队沿着山路前行,所有的山口都能瞧见货物运输的队伍。无论冬夏,贸易就像绵密的雨丝滋润着整个山区"。戈索尔村的情况也确实如此。自18世纪以来，"小贩们专门从事香水香精的运输，这是一种非常容易运输且利润丰厚的奢侈品，但由于玻璃瓶易碎，而且香水香精的气味容易被人嗅到，所以这种贸易的风险很大。在山路上用骡子驮运时，瓶子一旦破裂，很容易被警察发现，那走私者就会面临生命危险"[8]。西班牙一直没有对边境和港口进行财政监控，这种状况一直持续到1829年。"走私成为西班牙人普遍接受的习惯"[9]。这不免让人联想到结合了宗教、金融和社会的"非正规"经济（尤其在非洲）。对于这种经济形态，经济学的基本方法和基本概念统统失效，于是便"迫使我们从人类学的角度来研究它"[10]。

那两个夏天，毕加索就住在卡尔·坦帕纳达的何塞普·丰德维拉家里。何塞普是一名走私贩，也是村里有头有脸的人物之一。在这个旅店老板兼走私贩的家里，在这个即使在今天也鲜有警察进入的走私村里，毕加索却在茁壮成长。人们至今还津津乐道于他牌技超群的天赋。甚至有人说，老"佩普"丰德维拉被这位年轻的艺术家迷住了，曾考虑跟他一起去巴黎。那么，在巴黎和戈索尔村如此遥远的距离，这位艺术家兼人种志研究者究竟想要做什么呢？他是来寻找融入前卫艺术的工具的。但他找到的是一种经验，这种经验让他能够以别样的方式看待世界，然后开辟自己的道路——就像高更（在波利尼西亚或蓬塔旺）、马蒂斯（在科利乌尔或与非洲面具在一起）或德兰（在大英博物馆）一样。60年后，哲学家莫里斯·梅洛-庞蒂写道："我们的社会存在机制可以通过旅行来消除和重塑。我们通过人种学经验获得了一种侧向的普遍性，他人不断地检验我们自己，我们自己也不断地检验他人。"事实上，几周以后，毕加索在写给卡萨诺瓦斯的信上签上了"你的朋友毕加索·波[11]从戈索尔给你的拥抱"[12]的字样。他当时创作的唯一一幅自画像（《自画像》）也证实了这一假设：凭借炭笔勾勒的几何形状的组合，他将自己画成了一个倔强、固执、粗犷的男孩——突出光头特征，耳朵和嘴巴占据重要位置，眼睛和瞳孔缩小，有点斜视，目光呆滞。这与1901年《我，毕加索》中那个穿着鲜艳、活力四射的巴黎花花公子相比，简直是天壤之别！

让我们更进一步：1906年仲夏，毕加索似乎正在经历罗杰·凯洛瓦所描述的"复杂的进化国家"[13]与"喧嚣社会"[14]之间的"根本对立"。法国是法理世界的至高无上之地[15]，是一个官僚化、标准化的社会。在这样的社会中，国家"被奉为中央集权的典范"[16]，自17世纪以来一直奉行"民族崇拜"[17]。戈索尔村是"狂热的主宰，也是一位至高无上之神，充满灵感，令人畏惧，不可预知，却又让人动弹不得，心神荡漾。它是一位实力超群的魔术师，一位极具魅力、变幻无穷的大师，经常指导着、回应着一张张激情澎湃的面容"[18]。因此，巴黎之于戈索尔村，就是一个法治国家之于一个"共同体"，这个社群处于法律的真空地带，处于权力中心的边缘。布罗代尔评论说："在高山上，社会古风（如血亲复仇等）得以保留……原因其实很简单，因为山区就是山区……这里没有致密的城市网络，因此就没有行政机构，没有完全意义上的城镇，也没有警察。山区是自由、民主和农民'共和人士'的容身之所。"[19]在巴黎这片"山脚之地"，毕加索始终抗拒体制。在戈索尔村这处"自由自在的容身之地"，他成为真正的社会活动家。"他在这里真的如鱼得水。"克拉雷塔·卡斯特利亚纳斩钉截铁地说道，他在村里经营的店铺兼卖杂货、药品和报纸。

"到目前为止，我一直像在巴黎时那样继续画画，而且我已经开始创作两三件新作品了。"[20]毕加索的创作主题继续关注穆斯林女性（在他对安格尔的《土耳其浴女》感到震惊之后）或青少年（从1906年初的《牵马的男孩》开始），之后又开始涉猎新的题材。继巴黎时期的街头艺人、小丑、妓女和喝着苦艾酒的失意情侣之后，他在比利牛斯山的创作主要聚焦三位模特：费尔南德、丰德维拉以及当地一位名叫赫米妮娅的女性朋友。这位艺术家兼人种志学者埋头工作的时候比以往任何时候都要更加努力。从他写给斯泰因的信中可以看出，他意识到自己已经发生了美学上的演变。他与卡萨诺瓦斯的通信也同样如此。"这个村庄很美丽，昨天我已经开始做一些事情，"他在抵达一个月后对卡萨诺瓦斯说道，"我们将拭目以待……我还在继续工作，这周会有人给我一段树干，我还要着手做其他事情。"[21] 戈索尔村的经历就像一条纽带，汇集了之前所有的影响：安格尔、高更、埃尔·格列柯、委拉斯开兹、伊比利亚艺术，尤其是塞尚[22]，还有当地的罗马艺术。村中教堂里隐藏着罗马时期的木制圣母像，毕加索在徘徊其间的时候，找到了在形势背景下展现出来的解决方案，所以这一点也不足为奇。

就像塞尚痴迷于圣维克多山一样，毕加索也迷上了费尔南德（《戴头巾的费尔南德》）、赫米妮娅（《头顶面包的女人》）、"佩普"丰德维拉（《何塞普·丰德维拉的头像》）的肖像画。渐渐地，他放弃了各种细枝末节，放弃了叙述和表现，转而追求风格化、简化和范型。《四分之三视角的女子半身像》也许是他所追求的"无叙述人物"[23]的最佳范例之一。这个身份不明的女人是谁？我们无从知晓，也并不重要。在左侧，两个泥罐和一个桌角的轮廓与赭石色融为一体，而人物的话，我们只能看到四分之三的脸、耳朵、脖子、肩膀、乳房、裸露的躯干，还有提着裙子的左手和奔拉在臀部上的带子。这个女人是谁？一个原型。《后宫》《侧躺着的女人（费尔南德）》《两名少年》《农民》《裸体男孩》《女孩与山羊》《少年》《理发》《站着的裸女》《梳妆打扮》，在如此多的作品中，绘画似乎被淡化了，但这些作品仍然勾勒出其势不可挡的发展轨迹。

画中的丰德维拉神色凝重，外形粗犷，眼睛凹陷，下巴突出，线条却十分简洁。这幅肖像画堪称**标志性**作品。毕加索继续转向普遍性。他发现了"头像的解决之道",它"消弭了情绪、表现力、情感和各种日常细节,使人物隐藏真实身份,满足纯绘画艺术的要求"[24]。8月,毕加索在他的人种学小笔记本上写下了这么一句话——一个炽热的领悟,一句写给自己的话:"一位男高音,唱出的音高比乐谱上的还要高:我!"他深信自己从现在起有能力引领前卫艺术,深信无论如何他在佩德拉福卡村的启蒙经历已经唾手可得,他丝毫不怀疑自己的优越性,于是他匆忙给卡萨诺瓦斯寄了一纸书信,恳求他不要把自己的决定告诉任何人(尤其不要告诉他的母亲),然后他按照小本子上记录的路线返回法国首都:"戈索尔村,瓦尔韦镇,普奇塞达镇,阿克斯市,巴黎","骡子,驿车,驿车,火车"。返回时没有经过巴塞罗那。

因此,当毕加索在他的比利牛斯"容身之所"——这片"自由人的大地"——成为一个完全成熟的参与者时,他便找到了创造自己现代性的审美之道,这一点并不令人惊讶。不过,还是布罗代尔的话让我们豁然开朗:"从天主教君主到菲利普四世,没有任何一种文明像伊比利亚文明那样,在其辉煌时期被迫自我改造、自我分享、自我分裂。"他断言:"几个世纪以来,伊比利亚半岛一直是连接欧洲和非洲的桥梁……欧洲借由比利牛斯山脉、大西洋航线和内海航线到达半岛。"[25]对于毕加索来说,伊比利亚半岛尽管在多重隶属关系之间纠结分裂,但他是这个半岛的优秀子民。20世纪初,正是比利牛斯山之路和骡子山路再次让他回到欧洲,只不过这次走的是相反的路线,巧妙地将伊比利亚的所有元素融入了其中。

如今,毕加索仿佛从未离开过戈索尔村,他的足迹仍然萦绕在这里。除了毕加索中心以外,戈索尔人现在一说起毕加索之路,指的就是他当年返回巴黎时走的那条路;一说起毕加索街,指的就是卡尔·

坦帕纳达街对面的那条街。当戈索尔人和自己家人围坐在大广场的长椅上时，便是围着何塞普·里卡尔·加里加根据毕加索的画作《头顶面包的女人》创作的同名雕塑，这也是通过毕加索的眼睛审视自己历史的另一种方式。8月11日星期六，市体育馆，"洛佩尔布法"剧团将在此上演一出滑稽剧《调音器》，由三位年轻的加泰罗尼亚演员演出。男主角佩雷谈到了他的工作，谈到了艺术家的社会角色："正如大家所说，我是一名演员。吹牛者、生活挫败者、走私者、土匪、演员和音乐家，所有人都在同一条船上……"[26]对于这样的观点，毕加索肯定也会连连称赞。在2018年的这个夏天，我们可以说，小矮人的脸上呈现出艺术家的面容，在人群中间欢呼跳跃，仿佛是巨人队伍中的一只神奇精灵，这些都证明了毕加索最终回到了这个喧嚣社会。

2018年夏天，庆祝活动是从大广场上的一个西班牙油条摊位上开始的，随后在卡尔·坦帕纳达街一楼的阳台前安装了一个巨大的充气怪物，供孩子们嬉戏玩耍。这个阳台正是毕加索曾经居住过的房间兼工作室阳台。几个月以来，阳台一直被绿色防水布罩着，因为它有随时倒塌的危险。电音派对在凌晨1点半左右开始，而传统舞会则在晚上6点揭幕。舞会总是在大广场上举行，姑娘们裹着披肩，穿着帆布鞋，跳着萨尔达娜舞，她们穿着飘逸的长裙在广场上欢快地旋转。她们一直把左手搭在舞伴的肩上，右手则放在舞伴的掌心。经过四天密集的欢庆活动，戈索尔村的"大节日"终于在2018年8月15日星期三的晚上落下帷幕。这最后的夜晚星光璀璨，在村里每一条陡峭的小巷中，人们伴随着鼓声或是跳舞或是转圈，在神奇的狂欢中度过漫长的时光：大广场、拉拉库纳街、阿古斯蒂·卡罗尔·伊·富瓦街、拉瓦尔·德拉瓜迪亚街、圣玛格丽达街。五彩缤纷的烟火不断发出噼里啪啦的响声，它们向宁静的夜空喷射出无数的火花。

第十五节

60 名国家元首造访"洗涤船"工作室

2018 年 11 月 11 日，正值 1918 年"一战"停战百年庆典之际，我得以重新审视法国在 20 世纪初给予"外国"青年艺术家的悲惨待遇，而与今天法国利用毕加索凭借自身努力获得的璀璨光环相比，两者之间的差距又是何等惊人。法国奥赛博物馆，2018 年 11 月 10 日，星期六。右手抬起，掌心朝着别人，仿佛在说"停在那儿别动"，左手向下低垂，这便是从美国远道而来的《拿扇子的女人》。人物的轮廓，严肃的表情，孤独地立于展厅入口。今天，她凭借这些要发出怎样神秘的信号？法国政府正式邀请了 60 位国家元首，在一个重要的历史性纪念活动（"一战"停战纪念日）前夕，为他们安排了一场音乐会。这难道是日期上的巧合？难道是最后一刻的机会？参观"毕加索：蓝色时期与玫瑰时期"展览显然比计划中的音乐会更受青睐。而《拿扇子的女人》，由年轻时候的毕加索创作的最神秘的作品之一，成了所有庆祝活动中亦真亦幻的女主人。画中女人的身份和姿态，我们不得而知。是否受到安格尔的影响，我们也只能略知一二。

因此，正是她，正是这个不可思议、神秘莫测而又沉默不言的女人，在巴黎展览中保护 300 幅杰作长达 3 个月之久，而且很可能是这些作品最后一次汇聚一堂：这堪称一个奇迹、一项壮举、一场盛会。

穿过一个又一个展厅，展现在观众面前的是一个又一个毕加索作品中的人物。这些人物是毕加索1900年到1906年在社会底层遇到的——孤独绝望、举起双臂饱受折磨的妇女，疲惫不堪、弯腰驼背的熨烫工，痛苦万分的站街女郎[1]，酩酊大醉的苦艾酒酒鬼，冻僵麻木、脸色煞白的妓女。紧随其后的是一群优雅的、童话般的、杂技般的和玫瑰色的旅行者——他们几乎都在：他的滑稽演员、他的流浪艺人、他的丑角、他的街头艺人、在球上晃晃悠悠努力保持平衡的孩子，就像驯服的猴子或乌鸦。

在缅怀数百万逝者之际，在对和平、爱国主义以及面对战争、撤军和民族主义时采取多边主义或混合治理的必要性展开思考之际，我们该如何衡量此次观展的影响呢？谁能读懂奥赛博物馆第12号展厅展出的文件、照片和信件呢？在博物馆中央走廊，谁能理解覆盖整面墙的巨幅黑白作品的分量？在这栋破旧不堪的建筑中，谁能认出所有这些作品的创作地——"洗涤船"工作室呢？谁会知道这些在蒙马特的一处山坡上匆忙拼凑起来的"碎石、木头和石膏"，里面聚集着30多家工作室，却只能共用唯一一处饮水点呢？谁会与几天前马赛的火灾联系起来呢？这场火灾烧毁了"劣质住房中介商"的一幢破楼——又一处条件堪忧的住宅楼——并夺走了十几条人命。最后，谁又会觉察到这次观展的讽刺意味呢？

因为这些在今天看来绝对堪称杰作的油画作品，在1901年的法国却被鲁基耶警长当作指控青年毕加索的罪证。面对无政府主义袭击所带来的社会与政治紧张局势仍然存在的法国社会，在当晚的奥赛博物馆的参观者中，有谁会听到毕加索曾经面临的挑战在当代产生的共鸣呢？这位本世纪最伟大的艺术家**因其外国人身份**而被污名化并存档的丑闻，难道不是与我们普遍的仇外心理再次抬头相呼应吗？面对可怕的移民危机，这难道不是在强调敌意的表现形式（民族主义起伏、排斥他人、崇尚"小我"、边界意识加剧）吗？参观奥赛博物馆的 60 位国家元首是否会将"外国人毕加索"所构成的所谓威胁与当今的移民潮所构成的威胁联系起来？来自华盛顿国家美术馆的《拿扇子的女人》是否能以警告者的姿态成功让某些人惴惴不安？邂逅毕加索笔下的人物，以及这位艺术家拍摄的陋室照，是否动摇了华盛顿人的混乱和罪恶感？伟大杰作《卖艺人家》缺席了此次展览，传达出的信息又是什么呢？自 1963 年以来，根据把该作品捐赠给博物馆的收藏家所提出的规定，《卖艺人家》一直被限制在白宫正对面的华盛顿国家美术馆内，这显得颇为奇怪。在东翼一楼的这个展厅里，画作旁边墙上的标签上写道："街头艺人曾经被视作贫穷但独立的边缘人。因此，他们明显象征着毕加索等前卫艺术家的异化。"此外，标签上还恰如其分地提到了画中 6 位人物在"法国社会的夹缝"中"毫无立足之地"。

调查进行到这一阶段时，我觉得对于"一位面对扑朔迷离的巴黎的外国人"，为了让这前 6 年的相关研究富有成效，调研档案文件（尤其是与法国警察历史有关的档案文件）使我们能够发现其中蕴含的周期、结构和复现规律。所以，一切都以不同的方式组织起来。身为"外国人"的艺术家毕加索，他的处境似乎比我们想象的要不舒服得多，其中交织着异常、差异，有时甚至是丑闻。我们在他的事业中发现了一处崭新的解读要点，它正一点一点变得清晰可见。1932 年，这位艺术家宣称："我们所从事的事业遵循着一种写日记的方式。"这些新档案所揭示的问题让我们能够以一种全新的方式解读毕加索在法国的"日记"，同时让我们与当今社会某些迫在眉睫的问题产生共鸣。事实上，毕加索通过五个阶段的人生历程，逐渐在扑朔迷离的巴黎确立了自己的身份。而为他打开人生大门的通常是其他饱受世人冷眼的群体或个人：蒙马特的加泰罗尼亚人社群（他们的慷慨成了一种诅咒）、马克斯·雅各布（他让毕加索学习了法语和基本规则）、纪尧姆·阿波利奈尔（他让毕加索接触到了诗歌的万能和创作者的勇敢无畏）、斯泰因兄妹（他们提供了经济支援和审美选择的自由），还有戈索尔村（这里让毕加索得到了融入群体的身份）。

毕加索在漫漫人生中如何利用自己的多重关系——与西班牙、法国、安达卢西亚、加泰罗尼亚、卡斯蒂利亚、无政府主义者、共产主义者的众多关系？他的人生境况最初岌岌可危，之后又变得错综复杂，那他的作品对此又是如何反映的呢？法国社会视他为外国人，把他挤进社会的夹缝，那他又是如何在夹缝中求生存的呢？面对20世纪跌宕起伏的政治风云，经历了两次世界大战、一次内战和一次冷战，在一个被民族主义撕裂的欧洲，他是如何将自己的杰作推向世界的呢？他是如何组织自己的联盟、战略和领域的呢？在法国民族主义和法国"精神"盛极一时的历史时刻，这位为参加1900年世界博览会而来到巴黎的人，是如何对自己的文化身份形成一种截然不同的观念的呢？

与此同时，在大西洋的另一端，一位日后在美国大放异彩的人物也在关注自己的文化背景。比毕加索年长12岁的杜波依斯（美国社会学的先驱之一，也是第一位在哈佛大学通过论文答辩的非洲裔美国人）启程前往巴黎。当时大约是1900年6月中旬。用他自己的话说，他带了几个箱子，准备参加"一场精致的，也许是最精致的世界博览会"，因为此次巴黎盛会反映了"当时欧洲世界对自身及其未来的看法"[2]。杜波依斯在社会经济宫展出了500幅题为"美国黑人展览"的精选照片——这是一项重大的创举，因为非裔美国人曾被排除在1893年芝加哥举办的世界哥伦布纪念博览会之外。[3]这些照片辅以地图、图表和评论，显示了黑人世界的多样性，突出展现了在一些刻意美化的社交场合中，面带微笑、和蔼可亲的医生、律师和知识分子的形象。杜波依斯在《美国评论月刊》上十分高兴地解释说："没有比美国黑人自己的反应更令人欢欣鼓舞的了。"他继续说道："在这里我们明显能看到，他们正在学习、研究和思考自己的进步，憧憬自己的未来。"[4]在巴黎，对于蜂拥而至的大批公众（近5 000万名游客！）来说，杜波依斯揭示了自己社会的"另一面"，同时揭露了大西洋彼岸恶意中伤这社会"另一面"的偏见和成见。[5]

7月的最后一周，杜波依斯前往伦敦参加7月23日至25日在威斯敏斯特市政厅举行的第一届泛非大会，并有幸在闭幕式上发表演讲。"在现代世界的大都会，在19世纪的最后一年，"他庄严地向"世界各国"宣布，"具有非洲血统的男男女女在此召开大会，严肃讨论人类最凄惨种族的现状与前景。"[6]这段带有预言性质的演讲包含了三年后成为广受推崇[7]的《黑人的灵魂》[8]一书中的中心论点，其序言部分有这么一段精彩的描述："这些书页中隐藏的许多内容可以帮助有耐心的读者理解，在20世纪初作为黑人意味着什么，无论这样的意义有多么稀奇古怪。尊敬的读者，你对这一意义并非毫无兴趣，因为20世纪的问题是肤色障碍的问题。"[9]或者简要地说："20世纪的问题就是肤色障碍问题。"

在这篇由14个章节组成的精彩文字中，伴随着书中人物富有韵律的传统咏叹声，杜波依斯拒绝被外部定义——无论是被他人的眼光还是被双重意识的极端选择（在同化与分离之间，在美国身份与黑人身份之间）定义——以此来回应他的国家所实行的种族主义和种族隔离制度。作为一名在欧洲接受过教育的激进主义活动家，他提出了世界主义知识分子的选择，即设法在内部整合由他组成的所有世界。帕普·恩迪亚耶写道，对杜波依斯而言，正如后来对利奥波德·塞达尔·桑戈尔一样，"对黑人状况的反思确实称得上是一种解放，因为这使他们摆脱了难以忍受的内心矛盾和这种双重身份"[10]。与美国的杜波依斯一样，毕加索对法国社会的仇外心理也做出了回应，他同样拒绝被他人的目光定义为"外国人"——换句话说，既不是一个独立的对象，也不是一个被同化的对象。[11]有了在戈索尔村的经历——克服了强加给他的二元对立，融合了他的多元文化归属——毕加索成了"能够发出乐谱最高音的男高音"。从那时起，毕加索作为当代世界主义形式的先驱，作为一位**生活在法国的世界级艺术家**，开始引领前卫艺术。

第二章

引领前卫艺术！：1906—1923年

战略家的横空出世：1906—1914 年

第一节

"真是极具雕塑感的作品！"……文森克·克拉玛日

> 35，1907年（卡纸，水彩），扁平的树，完美的黑色轮廓，蓝色孔雀石在中央，周围是红色树枝。委罗内塞式的叶脉……左下角暗红色，填满了黑色（像天鹅绒）……从装饰角度看，让人连声称赞。色彩斑斓。像珐琅一样绚丽。像景泰蓝一样的贵金属。他希望像马蒂斯那样画画。中心的蓝色与较大的黄色色块相呼应。红色与绿色相得益彰。堪称杰作。
>
> ——文森克·克拉玛日[1]

收藏家文森克·克拉玛日在他的笔记本封面上写道："毕加索：坦豪瑟举办的展览，1913年春。"我真希望自己会说捷克语，好充分领略这34页用铅笔潦草书写在劣质纸张上，夹杂着素描的热情文学。这些形容词——"惊人的""绚丽的""宏伟的""辉煌的""极好的"——已经不言自明，其间夹杂着惊呼声和现场捕捉到的各种意见，克拉玛日的笔记读起来就像一首长诗，称赞毕加索的作品是连贯的整体。这份历史文献与展览本身同样重要，因为慕尼黑展览展出了毕加索从1901年到1912年间创作的73幅油画和38幅素描，这也是他首次在德国举办回顾展。

《拿着烟斗的男孩》是毕加索玫瑰时期的杰作,受到了最高的赞誉——"第一时期最美丽的作品"。而《坐着的小丑》则让参观者感到困惑——"试图……简化表达雕塑,但手臂表面上……看起来像橡胶……令人不快。"[2]克拉玛日对神秘的《风景》很感兴趣,他注意到色彩并置且相互呼应,错杂的线条与珐琅色块紧密相联,他强调这完全可以与马蒂斯的作品相媲美。最后,在画的左下角,他特别指出了黑色影线所营造的美感,因为在他看来"就像天鹅绒一样"——顺便说一句,这完全就是对毕加索跨越美术和实用艺术之间界限的溢美之辞。《静物与鲜花》精致优雅、构图清晰,兼具塞尚风格和古典魅力,克拉玛日对这幅作品的态度非常明确:"十分出色的作品,是第一幅真正意义上的毕加索作品。晶状结构与明暗对比的开山之作。"

但我最感兴趣的还是他对《女人头像》的评论。这幅原始时期的冷色调作品是在《拿着烟斗的男孩》之后不到3年内问世的,它极端、暴力、不和谐、不协调,甚至还很粗野,清晰明了地昭示了毕加索作品中的美学革命,一如巴赫前奏曲之后演奏的斯托克豪森奏鸣曲。不对称的绿色脸庞——大鼻子,毫不般配的大眼窝(一只浅黄色,另一只蓝色),蓝色的厚嘴唇——疯狂地用蓝色、白色和棕色来回涂抹,这幅画立刻引起了克拉玛日的注意。"真是极具雕塑感的作品!"他写下了这样一句话,内心被彻底征服了。

阅读克拉玛日的笔记(1913年2月)真的让人如痴如醉,我们双脚跳进了毕加索作品的代理商丹尼尔-亨利·卡恩韦勒为毕加索开创的奇妙领域,发现自己就像立体主义国度中的爱丽丝,全面推开"通往其他世界和所有时代的大门"[3]。在第一次世界大战爆发前的18个月,在濒临深渊的伟大欧洲,立体主义在此处的接受,就像直接投身于这片由千丝万缕超越国界的丝线编织而成的大陆。历史学家弗朗索瓦·哈托格将这一时期描述为"迷失方向的时代……处于两个**深渊**或两个**年代**之间"。我们不妨和他一起回顾一下保尔·瓦雷里的预言。作为预测了"欧洲世界出现的深刻裂痕……"的"优秀地震仪",他在 1919 年提到了"欧洲的哈姆雷特",正在"克伦堡宫的一个巨大露台上"看着"数百万幽灵"。"他想到了重复过去的无聊,想到了想要永远创新的疯狂。他在两个深渊之间徘徊。"[4]在爱因斯坦发现相对论时,毕加索正准备解构世界,打乱时序,发出分解的信号,难道他没有预见到这场预言中的灾难吗?[5]

1906 年 8 月,毕加索独自从戈索尔村回来。当时他坚信,从此没有什么能阻挡自己征服前卫艺术的步伐。他的创作机制已经启动,并将全速运转。他继续探索巴黎,开拓新的视野——1910 年去了卡达克斯,1911 年去了塞雷,1912 年去了索尔格;发现了当代文化的几大新方向——从柏格森哲学到电影和航空;他从乔治·布拉克的手工艺品中传承手工艺技术,点亮了一段段高光时刻——原始主义阶段,继承塞尚风格,分析立体主义,打破千篇一律的形式,综合立体主义,集合艺术与拼贴画;在激情荡漾中完成了一连串作品。1906 年 8 月,第一件得益于戈索尔之行的作品无疑是《格特鲁德·斯泰因画像》。他在创作女作家时应用了面具方案(他曾在老丰德维拉的脸上试验过),很快就完成了这件作品。在此之后便是他的"驱魔画"[6]系列:《亚威农少女》,精彩的《自画像》颇具粗糙的质感,《浴女》,《三个女人》,瑰丽奢华的《拿扇子的女人》,《女子头像(费尔南德)》。以及毕加索代理商的肖像画系列:《藤椅上的静物》《坐在扶手椅里穿着衬衫的女人》《画家与模特》。

这一时期的作品如此丰富,如此密集,如此具有革命性,以至于有时甚至被一些人认为,在毕加索的大量作品中,只有这一时期的作品值得研究。正是基于这点考量,纽约成立了伦纳德·A. 劳德现代艺术研究中心，专门研究立体主义时期以及4位艺术家：毕加索、布拉克、莱热和格里斯。[7]在这种情况下，有关立体主义的文献（通常主要侧重于形式问题）仍然精彩纷呈，令人目不暇接。最近几个星期，我身边的书架上堆满了展览图册，有摇摇欲坠之感：《毕加索和布拉克：立体主义的先驱》《马蒂斯与毕加索》《立体主义的敌人》《立体主义：伦纳德·A. 劳德收藏集》《现代艺术的偶像》《舒金收藏集》《立体主义》。近年来，《立体主义》突破了各种文化空间之间和语言之间的藩篱，揭示了完全未知的信息领域，从全球视角重新提出了问题，积累了新的见解和新的档案，而且还有众多超越国家视角的创举。用来自别处的眼光探索美学迷宫，绘制毕加索展览在法国以外国家的办展轨迹图，并捕捉其中的多面性，可以让思想史变得更为丰富多彩。在毕加索的立体主义岁月里，他的探索之路伟大、坚定而又混乱不堪，其中有进步，有停滞不前的质疑，偶尔也有倒退。2019年4月9日收到的一封电子邮件拯救了我。

"亲爱的安妮，请于4月30日星期二上午10点半至11点半参加伦纳德·A. 劳德现代艺术研究中心数字档案计划的启动仪式。"就在收到此次邀请的数天之前，我路过纽约，参观了大都会博物馆的伦纳德·A. 劳德现代艺术研究中心（我十分钦佩该中心的第一项成就：在网上可以找到有关立体派收藏家无可挑剔的传记）：几间规规矩矩的办公室、一个图书馆、几位研究人员，墙上贴着几张海报。回到巴黎后，多亏了"数字人文学科"的神奇魔力，我才得以以线上方式参与了这一首创活动。于是，我拿着慕尼黑现代画廊毕加索画展的图录（德语）和克拉玛日的手写笔记本（原文为捷克语，译成了英语），发现自己身处1913年2月的慕尼黑，发现巴黎画商卡恩韦勒把144幅毕加索作品一幅一幅寄给了在德国最早与他通信往来的坦豪瑟，布拉格收藏家文森克·克拉玛日对这些作品逐一进行了评论。

查阅克拉玛日的个人笔记，并借由他的双眼来探索这次展览，真是一大幸事。作为唯一一位受过一流艺术史学家教育的立体主义收藏家，克拉玛日称得上是一位非典型人物。他于 1901 年完成论文《现代法国与哥特式的关系》并顺利通过答辩，继承了三位著名大师的衣钵：阿洛伊斯·里格尔、弗朗茨·维克霍夫和海因里希·沃尔夫林。他们三人都来自维也纳学派，这个学派源远流长，让人肃然起敬。三位学者教会他要从形式本身去"看"，去"培养视角"，分析艺术创作的历史条件，然后再将其与艺术家的社会地位相比较。沃尔夫林借鉴自己的老师、人种学家威廉·海因里希·里尔关于"一个时代的眼睛"的教诲，他告诫克拉玛日："每一代人看待事物的**风格**都不相同……"他引用李格尔的话来解释："社会风气的每一次重大变化都会带来新的**视角**。"[8] 克拉玛日在维也纳的关键时期（20 世纪初）进入了这些神话人物的圈子，这群德语艺术史学家游走在奥匈帝国、德意志帝国和瑞士德语区的十字路口。对他们来说，艺术史这门桂冠上的学科是"学习观察世界的天然媒介"[9]。他们用哲学、心理学、人种学、语言学和历史学丰富了自己的学科工具，从而跻身大学问家之列。他们认为，艺术史学家既要有"通识文化作为基础"[10]，又要有"观察和接受当下现象"[11] 的能力。这些学者也对旅行乐此不疲，他们关注那些生活在遥远世界的艺术家，或那些创造出"实用"艺术形式的艺术家（如李格尔对埃及纺织品或东方地毯的研究），而这些艺术形式有时却被人污蔑为低等艺术。1905 年，克拉玛日在《关于现代艺术的历史研究方法》一文中批评了波希米亚教授们的陈旧方法，并重申面对当代艺术，必须坚持运用"科学办法"发展古典艺术，这显示了他在当时所表现出的坚定沉着的过人胆识。[12]

自从 1910 年 10 月首次来到巴黎并在巴黎旅居了整整一年之后，克拉玛日就对毕加索产生了浓厚兴趣。"巴黎是一个奇迹，没有任何东西可以与之相比，我在那里有宾至如归的感觉。"这位热衷于游走天下的旅行家对他的未婚妻坦言道。他已经参观了罗马、柏林、伦敦、维也纳、威尼斯、佛罗伦萨和慕尼黑的博物馆，他还计划参观卢浮宫、卢森堡公园、小皇宫、莫罗-内拉顿收藏馆、托米·蒂埃里捐赠馆，以及先贤祠。但是他对先贤祠里皮维·德·夏凡纳的装饰壁画颇感失望，因为它们"对于我们这些心中装着高更的人来说，太乏味了，甚至太学术化了"[13]。然而，这位外表循规蹈矩，留着完美的小胡子，打着领结，永远穿着西装三件套的兢兢业业的人，准备全面参观各大艺术画廊：伯恩海姆-热纳画廊、迪朗-吕埃尔画廊、贝尔特·韦尔画廊、卡恩韦勒画廊、乔治·佩蒂画廊、沃拉尔画廊。1910年10月7日，克拉玛日在安布鲁瓦兹·沃拉尔那里发现了这位日后成为他最爱的艺术家。"毕加索，一幅伟大的油画，雍容华贵。（1902年？）接近马蒂斯。"他如此写道。

第二天，克拉玛日兴奋地对他的兄弟说："这几天，我所有的时间都花在了艺术品经销商那里，我在那里看到的所有现代艺术品都是我做梦也想不到的。昨天是最激动人心的一天。之后我甚至都睡不着。"[14] 10月20日，克拉玛日在克洛维斯·萨戈的店里买下了他的头两幅毕加索作品：一幅版画《情人》（100法郎）和一幅头像（50法郎），大概是旅居戈索尔村时期所作。5天后，他在卡恩韦勒的店里买了一本阿波利奈尔创作的《腐烂的魔法师》，由德兰绘制插图。1911年4月28日，他一回到巴黎，便直奔位于维农街的卡恩韦勒画廊。因为他对毕加索十分着迷，更确切地说，是对毕加索风格断裂和突飞猛进的岁月非常着迷。和往常一样，他在自己的笔记本上写得满满当当。1907年是"决定性的一年"，在这一年里，受到"限制和强制的综合作用"，毕加索"几乎毫无征兆地……对新喀里多尼亚、新几内亚、复活节岛和马克萨斯群岛产生了浓厚的兴趣"[15]。然后是

1909年,"过渡到他最后的时期,但仍然很温和……依旧是色彩细腻的静物画。但更重要的是棱角分明的人物。水晶时期的开端。还有灰色和绿色。冷色调的和谐"。然后是1910年,他将其视为"演变的延续。晶体和灰色,有时是蓝色。纯粹由线性和晶体构成"。到了1911年,这一年为参观者提供了"一项新进展,可以说是一个新时期的证据——线条、平面、晶体、和谐,最重要的是灰色、黑色和棕色"。5月22日,在德鲁奥拍卖行的拍卖会上,克拉玛日看中了毕加索的一幅水粉画《小丑》(275法郎)。4天后,他又从沃拉尔画廊买下了1909年的雕塑作品《女子头像(费尔南德)》(600法郎)。这些作品的创作时间各不相同,创作介质也千差万别,但克拉玛日却痴迷于拥有一套能反映毕加索完整演进历程的藏品,而且一直对巴黎情有独钟:"我冒昧地用蹩脚的法语打扰到大家。他们真的有令人钦佩的耐心,这是德国人无法做到的……我疯狂地工作……我今天所有的快乐都带着苦涩,因为我没能在巴黎学习一两年。"[16]

克拉玛日在巴黎的人脉圈是否已经意识到,这位收藏家的背后隐藏着一位专家、艺术史学家和未来的立体主义理论家?事实上,卡恩韦勒曾不遗余力地帮助克拉玛日参观画家祖洛阿加私人收藏中的格列柯画作。这位画商在给毕加索的信中写道:"亲爱的朋友,我代表克拉玛日博士来请你帮个忙。……你知道祖洛阿加在巴黎吗?如果在的话,你是否能美言几句?这样鄙人卡恩韦勒博士就可以问他是否同意我去看他的收藏。谨代表克拉玛日博士以及本人向你致以最诚挚的谢意。卡恩韦勒。"毕加索立刻坐到桌前,用他漂亮的字迹向他的同胞发出了请求:"祖洛阿加朋友,麻烦你将你的格列柯作品展示给维也纳的卡恩韦勒先生,他是专程前来参观的……谢谢你,你的朋友毕加索。1911年5月27日。"[17] 5月30日,卡恩韦勒怀揣着从毕加索那里得来的珍贵信息——"祖洛阿加在巴黎……毕加索建议你明天中午时分带着这封信去找他，那是我们见他的最佳时机"——在考兰库尔街54号，在祖洛阿加的工作室里，克拉玛日得以走进格列柯作品私人收藏馆。为了表示自己的感激之情，第二天，他在卡恩韦勒画廊签下了一张3 500法郎的支票（涉及四位艺术家，其中包括布拉克、弗拉芒克和梵·邓肯），并在离开的时候带走了几件毕加索的作品：两幅油画——1908年的《女人半身像》（1 000法郎）和1910年的《卡达克斯港》（800法郎）；一幅水粉画——1909年的《坐着的裸女》（350法郎）。而在萨戈的画廊里，他又购买了两幅水彩画——《躺着的女人》和《站着的裸女》，以及一幅素描作品——《裸女》。

从那时起，一切都在加速。卡恩韦勒给克拉玛日寄去了工作室新画作的照片，克拉玛日完全被吸引住了，他说很想得到《弹曼陀林的女人》。但卡恩韦勒却说这幅画已经卖出去了，同时提供了一幅静物画《玻璃杯》（"这幅画你还没有。"），以及去年夏天在塞雷创作的两幅大型画作——《吹单簧管的男人》和《诗人》……1911年10月、11月和12月，艺术家、收藏家和画商三方共舞，气氛空前热烈。11月底克拉玛日回到巴黎时，收藏家的狂热又出现了新的节奏。他在给妻子的信中写道："毕加索最早的作品已经售出。另一方面，他今年创作的所有作品都可以买得到。我已经选中了3件。昨天，我与毕加索和弗拉芒克进行了交流。"[18] 克拉玛日在日记中的记录日益详细，他在里面逐季（从1906年冬到1909年春）精确地描绘了毕加索在美学上实现彻底突破的过程："1906年冬：头像已经很原始，就像他的自画像，黑眼睛几乎是很粗略的素描。[19] 1907年春：人物已经更具雕塑感（鼻子）……1908年春：迈出了重要一步（《两个女人》）……色彩更简洁、更凝重。1908年夏：和谐地安抚……1908年秋：瓦兹省韦尔讷伊附近的树林街（斯泰因的绿色画作）……1909年春：巨大进步。"[20]

最后，克拉玛日似乎担心自己错过了什么，继续在城市四处徘徊，直到他宣称自己"精疲力竭""累得要死"。克拉玛日因画商们而手忙脚乱，因拜访毕加索的行程而兴奋不已，因豁然发现的私人藏品（当然也包括斯泰因兄妹的收藏）而心潮澎湃，因映入眼帘的某件作品而如痴如醉。克拉玛日一遍又一遍地仔细端详，仿佛是为了彻底摆脱它。克拉玛日也买了一次又一次："我买了一些独具风格的作品，比如 1907 年毕加索的肖像画。我总共要拿回来 10 幅画……星期天的 11 点，我要去毕加索那里，每天傍晚我都会去看他。"[21] 仅在 1911 年 12 月 8 日这一天，这位收藏家就给卡恩韦勒和沃拉尔留下了近 7 000 法郎，用于购买毕加索的 8 幅重要画作，这些画作见证了 1907 年到 1911 年这一段让他为之陶醉的难忘岁月。

仅仅过了 3 个月，克拉玛日又回到了法国。他在给妻子的信中写道："我在巴黎很好，这一点毋庸置疑，这里是我感觉最舒服的地方，你知道的。也许你该做好搬来定居的准备。我会在离开前做出决定。"[22] 在他的笔记本中，他复制了《克洛维斯·萨戈肖像画》《疯子》《拿扇子的女人》，洋洋洒洒地评论了《格特鲁德·斯泰因画像》，并引用了塞尚和安格尔的典故，还以 800 法郎的价格购买了毕加索的一幅水粉画，这次是在萨戈的画廊里买的。然而，就在 1912 年 4 月 30 日上午，在拉维尼昂街的工作室里，克拉玛日遇到了一次新的转机。这是对无上圣殿的一次新的拜访，他有幸亲眼看见了美学上的新突破，并抢先欣赏到了仍在创作中的一些重要作品，比如《藤椅上的静物》，这是毕加索的第一幅拼贴画——"在一张铺着油毡的桌子上，前景是一只盛着灰橙色内容物的玻璃杯，一只造型优美的玻璃杯，沉甸甸的，经过出色的分析，复杂。"再比如《小提琴》，他用 3 张剪成长条形的纸条表现了这幅作品——"完成得非常迅速，就像 1910 年的《弹曼陀林的女人》。无限丰富。也许没有任何地方可以更接近安格尔了。"[23]现在，克拉玛日与他最喜爱的艺术家有了亲密的创作接触，但他仍然对先前创作的杰作感到心醉神迷，在笔记里不厌其烦地描述了这些作品，唯恐它们从自己手中溜走。比如对《坐在酒吧里的两位女子》的评价："高低起伏的躯体，宛如被生活和命运吞没的山峰。"又如对《站在球上的杂技演员》《牵马的男孩》的评价："一幅纯粹而天真的画作，浑然天成。"[24]他还想在卡恩韦勒的画廊里买5幅新画，然后再前往西班牙，尽管会依依不舍。正如他给妻子的留言所证明的那样："我应该留在这里，研究毕加索的作品……要是我们结婚后就来巴黎定居就好了！那样我还能应付得来！"

1912年5月5日，克拉玛日从卡恩韦勒手中买下了《诗人》和一幅静物画。7月8日，他从西班牙返回时，又花了2 850法郎买下了《拳击手》《苦艾酒杯和扑克牌》《排骨》《镜子》这四幅大作。不过，在此期间，克拉玛日在毕加索工作的索尔格逗留了一段时间，原本应该发生的事情确实发生了：从此以后，毕加索被这位收藏家的热情和博学吸引，开始渴望他的关注，寻求他的支持，并希望能够继续征服他、吸引他。7月3日，毕加索不无担忧地对卡恩韦勒说："你跟我说克拉玛日最近买了一些里波林的东西，我想可能是的。我很想知道是哪些作品（如果还留着《诗人》，那也不错[25]）。"对于画家和画商来说，收藏家已经成为创作机制中不可或缺的合作伙伴，以至于当克拉玛日围在毕加索身边时，毕加索经常提到他。"克拉玛日在这里。塞雷的画到了吗？"6月29日，他在克拉玛日拜访他的塞雷时赶忙写信说，"如果还没到，那我要写信给马诺洛，把他臭骂一顿。我之前告诉过他赶快把画寄来，如果你能把这些画给克拉玛日看看，那其实挺不错的。"[26]1912年夏天，在巴黎和索尔格之间，艺术家-画商-收藏家三人组的核心上演了一出小闹剧：毕加索害怕失去《诗人》（画商已经把它放跑了），但他绝对希望"克拉玛日之流"知道他"最近与里波林的事情"。1912年12月，克拉玛日终于心动了，他计划撰写一篇有关"新艺术"的文章，卡恩韦勒向他发送了大量他最喜爱的艺术家的新闻资料："这将是第一篇由专业人士撰写的有关毕加索的专题文章……我希望这篇文章经过翻译后也出现在法国、德国或意大利的杂志上，因为我真的很想拜读。"[27]不过，我们还是把毕加索留在索尔格，让他和新伴侣伊娃待在一起吧，无论从个人生活还是从职业生涯来说，这都将是他人生中最快乐的一段时光。

1913年春，在坦豪瑟画廊举办的展览期间（正如我们在本章开头所看到的），克拉玛日这位沉着冷静的分析家匆匆欣赏了他所熟知的这位艺术家的全部144件作品，这些作品首次按照完整的时间顺序展出。[28]从第一次巴黎之行起（1910年10月），文森克·克拉玛日在短短两年多的时间里，确定和追踪了毕加索在最大胆、最困难时期的发展状况，并取得了卓尔不凡的成就。如果说克拉玛日在慕尼黑发现《女人头像》时曾如此热情——他记录道："真是极具雕塑感的作品！"——那他完全有能力完善他有关毕加索进化动态的理念，这难道不是画廊老板丹尼尔-亨利·卡恩韦勒与画家周围人士进行美学对话的结果吗？这种对话被画商视为其为艺术家服务的重要使命，与克拉玛日提出的问题完全吻合。不过，这也不足为奇：正如我们将要看到的那样，克拉玛日和卡恩韦勒的运作依靠的是相同的样本、相同的规则、相同的反应和相同的文化视野。

135

丹尼尔-亨利·卡恩韦勒在克利希大道 11 号的工作室里

巴勃罗·毕加索，1910 年秋，巴黎，摄影胶片，巴黎毕加索博物馆

第二节

维农街的神秘人物……丹尼尔-亨利·卡恩韦勒

在巴黎我既不认识画商、买主,也不认识画家或评论家。[1]

——丹尼尔-亨利·卡恩韦勒

1912年夏天,我们不妨让这神奇的三人组沉浸在他们的激情中——收藏家沉浸在他无穷的欲望中,艺术家沉浸在他对权力的冲动中,画商沉浸在他对控制的需求中——然后回到卡恩韦勒在巴黎迈出的头几步。"欧仁·德鲁埃的画廊刚刚在皇家街开张……就在这个地方,我在维农街28号找到了一家小店。店主是一位波兰裁缝。他的生意一定不太好。他想做的就是把店转出去。我相信他很乐意欺骗我,因为他租给我的价格是每年2 400法郎,而他这家实际只要1 800法郎……我叫来了一位室内装修工,但他却想诈骗我的钱财,因为他以为我是个孩子……他按照我的要求在墙上贴了麻布。天花板也基本重新做了……于是,在一个天气晴朗的日子里……我揭幕了,雇了一个名叫乔治的小孩,他有点弱智,然后我就开业了。"

巴黎,1907年2月22日。一个试图"敲诈"他的波兰裁缝,一个试图"诈骗"他的室内装修工,一间4米见方的小店藏在玛德莱娜广场后面，墙上匆忙糊上麻布以掩饰惨状——想象一下，还有什么比这更落魄的吗？更糟糕的是，还雇了一名"弱智"作为唯一的副手。他自己也承认，正是在这样简陋的条件下，在有史以来最激进的美学革命爆发之际，诞生了20世纪最伟大的一位艺术品经销商。幼稚？坦率？天真？质朴？狡猾？如何将这些悲惨经历融入到接下来的神话故事中呢？因为这是卡恩韦勒在1960年5月和6月两次接受弗朗西斯·克莱米耶采访时，他唯一同意讲述的冠冕堂皇的故事。他说自己太年轻了，太像个新手，年龄和长相都妨碍了他的发展。他是个绝对的局外人，在巴黎舞台上是个完全不合群的人物。

他其余的冒险经历同样荒凉，也反映了这一点。"我在巴黎一个人都不认识，只认识我在证券交易所工作期间（两年前）认识的人。我认识一两位版画商，从他们那里买过版画，仅此而已。我既不认识画商、买主，也不认识画家或评论家。"[2]卡恩韦勒如此坦言，他自称是巴黎画廊圈这个小小天地的局外人。他的销售技巧，他与艺术家打交道的老谋深算，他识别藏家的眼力，这些方面会有让人期待的惊人之举吗？他的回答还是那么敷衍了事："什么都没有，没做新闻宣传，什么都没有，没办鸡尾酒会……1914年之前，我没有投过一分钱的广告……我甚至没有在报纸上登过广告，什么都没做……也没有举办过揭幕式。"[3]这样的回答清晰、流畅、爽快。当卡恩韦勒谈到他的美学发现时，他的故事才勉强进入正题："我每年都会去独立艺术家沙龙。当时，那里确实是现代艺术的摇篮。除了毕加索以外，所有人都在那里展出作品。"[4]3月21日，也就是第一次"拉开帷幕"一周后，对野兽派时期的发展状况持续关注两年的卡恩韦勒，又一次被人"忽悠"，购买了德兰和弗拉芒克的一些油画作品，尤其是前者的《埃斯塔克码头》。"天真的我接受了要价。后来我才知道，不仅每个人都在讨价还价，而且商人，甚至是未来的商人，都有权获得大幅折扣，而我却对

此一无所知。"⁵

傻瓜掉进坑蒙拐骗之地的故事似乎永远可以讲下去……几天后，德兰和弗拉芒克这两位艺术家亲自把自己的画作交给这位新人。很快，第一批画作——德兰、梵·邓肯、弗拉芒克、马蒂斯、西涅克的作品——被头脑简单的乔治挂在了前波兰裁缝店的黄麻布上。那顾客呢？"我认为第一位真正的顾客是一位非常要好的朋友……赫尔曼·鲁夫，他来自伯尔尼……曾与我在巴黎同住过一年。"⁶尽管卡恩韦勒一直不愿为自己作为艺术品商人的最初直觉而感到沾沾自喜，但他的艺术生涯确实发端于他最初的举动。因为他是一个天真烂漫的新手，一个突然以其古怪的举止震撼了巴黎画廊界的年轻人。还有什么世界能比卡恩韦勒和安布鲁瓦兹·沃拉尔的世界更遥远的呢？从一开始，卡恩韦勒就以其工作的精确性、严谨性、系统性和严肃性给最初接触他的人留下了深刻印象，沃拉尔与之相比简直有着天壤之别。沃拉尔是个头戴贝雷帽的老店主，出生在留尼汪岛，他的嗜睡、情绪波动和他在拉菲特街的奇怪地方都让人感到不安！这个地方是坐落在"堆满当代画家作品的一个名副其实的杂物间"——"地上堆着从几位艺术家那里购买的大量画作，没有画框，层层叠叠堆在一起，堆得乱七八糟。"安布鲁瓦兹·沃拉尔在他的酒窖里享用美味的晚餐，如果他愿意打开他那著名的"储藏室"——里面堆满了梵高、高更、塞尚、德加、马奈和雷诺阿的作品——就有可能在其中发现一些珍品，因为他的店已经成为巴黎名副其实的一家专业机构。甚至连毕加索都说："他很擅长故弄玄虚……知道如何营造神秘感来提升画作的价格……他几乎把所有画作都藏在店后面的隔板后，不让任何人窥探。"⁷面对这样一处货真价实的阿里巴巴洞穴，一处宝藏堆积如山的洞穴，沃拉尔身边即将迎来一位行事缜密、蓄势待发的强人：卡恩韦勒！

接下来发生的事情就顺理成章、水到渠成了：当第一批艺术家在独立艺术家沙龙（正如大家所见，毕加索的作品并没有在那里展出）被发现后，卡恩韦勒便只能听之任之了。因为在艺术家朋友的提醒下，沃拉尔陪着毕加索，一同前来把卡恩韦勒撵走了。让我们再来听一听这位从斯图加特来的年轻画廊老板的讲述："有一天，天气晴朗，我正在这家小店里。我看到一个年轻人走了进来，我觉得他举止不凡。他有一头乌黑的头发，个子矮小，身材敦实，衣着寒酸……但他的一双眼睛在我看起来炯炯有神……他什么话也没说，便开始看画，在小店里转了一圈……然后就离开了。第二天，我看到他坐着马车回来了……同行的还有一位留着胡子的胖男人。他们俩也是一句话没说，在画廊里转了一圈就走了。"[8]但是，为什么这位有着迷人眼睛、满头乌发的画家会登门造访呢？面对这位对年轻艺术家们情有独钟的画商，为什么会如此好奇，如此迫不及待地想要知道他究竟是何方神圣？从戈索尔回来后，毕加索带着他身为艺术家的新力量，在拉维尼昂街的工作室里马不停蹄地进行他的实验研究，以便在前卫艺术中占据领先地位，这是他唯一向往的位置。这段故事已经众所周知。然而，大家知之甚少的是，作为一名积极的战略家，毕加索尽力感知身边的一切，在城市中四处寻找合适的经销商——宛如一位寻找指挥的男高音。因此，在拉菲特街"老野猪"[9]（安布鲁瓦兹·沃拉尔）的提醒下，他两次现身维农街的小画廊，都没有表露身份。第一次是独自一人，第二次则由沃拉尔[10]陪同，都是冲着卡恩韦勒来的。

更有趣的是，威廉·乌德——这位出生于东普鲁士的艺术史学家、收藏家和画廊老板，是卡恩韦勒在巴黎的最早联系人之一，1904年移居法国首都巴黎——提醒卡恩韦勒，"画家毕加索正在创作一幅奇怪的画作"（《亚威农少女》，我们稍后再谈）。卡恩韦勒当时对毕加索的了解仅限于他在萨戈画廊和沃拉尔画廊看到的作品。作为一名专业人士，他于1907年7月怀着好奇心来到拉维尼昂街。"我敲了敲门,一个光着双脚、穿着衬衫、胸前凌乱的年轻人打开了门,他拉着我的手让我进去,"他说,"就是前几天来过的那名年轻人,带他一起过来的年长之人就是沃拉尔。"多年以后,卡恩韦勒仍然强调"毕加索这样一个人身上散发出的英雄气概令人难以置信,他当时的内心又是异常孤独,因为他的画家朋友都没有追随他。在所有人看来,他在那里画的画都是疯疯癫癫、奇形怪状的"[11]。卡恩韦勒发现了这幅鲜为人知、鲜有人欣赏的神秘画作的力量,他将此次经历描述为一次顿悟。身为先驱,这位新晋画廊老板该如何解读毕加索的意图呢?

几周以来,我一直被各种地图包围,估量第一次世界大战前德意志帝国、奥匈帝国、俄罗斯帝国和瑞士德语区的领土范围,评估这片东部领土(东部战线)的规模。从1911年到1914年,伴随着日益强劲的步伐,在这片日益广阔的空间里——法兰克福、慕尼黑、杜塞尔多夫、科隆、柏林、莱比锡、维也纳、布达佩斯、布拉格、莫斯科和圣彼得堡[12];在"卫星画廊"[13]网络的帮助下——奥托·费尔德曼(柏林)、阿尔弗雷德·弗莱施泰姆(杜塞尔多夫和柏林)、汉斯·戈尔茨(慕尼黑)、西蒙·梅勒(布达佩斯)、弗朗西斯·杰拉德·普兰奇(伦敦)、埃米尔·里希特(德累斯顿)、路德维希·沙姆斯(法兰克福)、阿尔弗雷德·斯蒂格利茨(纽约)、戈特弗里德·坦纳(苏黎世)、海因里希和贾斯汀·K. 坦豪瑟(慕尼黑)、保罗·卡西尔(柏林)、雨果·米特克(维也纳);伴随着毕加索的画作和雕塑走出工作室,卡恩韦勒终于为毕加索(以及其他人)的事业助上了一臂之力。

几周以来,围绕着维农街的谜团,我一直百思不得其解:在玛德莱娜教堂后面,一个仅有4米见方的巴黎小画廊,一位学徒商人在这样的条件下开了店,那么这家店如何在短短七年间成为独一无二的跳板,让他征服了2 800万平方公里的疆域?面积之辽阔令人不禁感慨万千,而且他扩张的步伐还未停下。面对当时巴黎最具创新精神的两位艺术经纪人——迪朗-吕埃尔和沃拉尔，面对克洛维斯·萨戈和贝尔特·韦尔的画廊，一个来自斯图加特的毫无经验的年轻人如何能够从零开始，与巴黎艺术家，与所有评论家、艺术史学家、经纪人、收藏家和外国博物馆馆长之间展开真正的对话？卡恩韦勒究竟是如何在如此短的时间内，凭借其"少年老成的睿智与耐心"[14]，实现了对西方世界的收藏馆、美术馆和博物馆令人惊叹的美学转移？

几周以来，我一直在关注丹尼尔-亨利·卡恩韦勒这个人物。然而，与令人目不暇接的立体主义文献形成鲜明对比的是，有关他的文献却极其匮乏。继1984年伊莎贝尔·莫诺-方丹在蓬皮杜艺术中心举办展览，1988年皮埃尔·阿苏利纳撰写传记以及维尔纳·施皮斯和伊夫-阿兰·布瓦撰写文章之后，关于卡恩韦勒这一人物的评析文章寥寥无几。在卡恩韦勒那张无精打采、耳朵招风的脸庞背后，在他那头很快就会掉光的黑发下面，我仍然觉得他深不可测。无论是在他的照片中，还是在他的言辞里，他的生活看起来都是那么平顺、简单，甚至显得平淡无奇。但为什么这位立体主义圣殿的奠基人——他对全世界产生了巨大的影响——看起来却奇怪地像是一个没有过去的人？然而，我越是深入研究卡恩韦勒的性格，就越是被他的足智多谋和多重身份震撼。真相似乎就隐藏在其中，我们必须不慌不忙地去揭开它们。

卡恩韦勒向弗朗西斯·克莱米耶解释道："我曾想成为一名交响乐团指挥……但后来放弃了。我认为，这和促使我成为艺术品商人的需求其实是一样的：我意识到自己并不是创作者，而是，怎么说呢，相对高贵的中间人，如果你同意我这么说的话。"[15]让我们先回味一下音乐隐喻中这种奇特的和谐——男高音在寻找他的指挥家，指挥家在寻找他的乐器演奏家——然后再审视作为摆渡人的使命。"我在绘画中找到了帮助那些我认为是伟大画家的人的可能性，成为他们与公众之间的中间人……如果说艺术经纪人这一职业有道德上的正当性，那只能是充当这种中间人。"来自德国的资产阶级青年学者早年身怀对巴黎画家的豪情壮志，那这究竟是因何产生的呢？"在当地的学校里，一定存在着一定程度的反犹主义。"他冷静地回忆道，"我是一名小犹太人，我身处的环境里几乎全是新教徒……有一天，我走在大街上，看到身后跟着一帮和我年龄相仿的小流氓，他们大声喊着'Judenbub'，意思是'犹太小子'。"这种对"犹太小子"的不适，这种庸俗不堪的侮辱，却与另一种形象共存，即一个智力超群、受到同学尊敬的高中生形象。"中学里没有这样的事情……在学校里，我更像是一个大人物，受到同学们的高度评价，饱受同学们的爱戴，有时甚至受到他们的崇拜。"[16] 19世纪末，巴登-符腾堡州首府正在成为新兴汽车工业的熔炉，卡尔·本茨、罗伯特·博世、戈特利布·戴姆勒和威廉·迈巴赫等当地工程师发明了一项又一项专利。[17] 年轻的丹尼尔-亨利·卡恩韦勒被他人的目光定义，他在"犹太小子"的污名化身份和"学生头头"的光彩身份之间徘徊。如何才能洞察秋毫呢？我的一份档案里有卡恩韦勒的童年照片，我看了以后不禁豁然开朗。无论是戴着绒线帽、胖乎乎的可爱儿童，还是后来戴着橄榄帽、穿着条纹上衣和漆皮靴子、静静地推着自行车的年轻人——"犹太小子"和"学生头头"——都透露出他的父母——"本国的优秀资产阶级"[18]——所追求的社会体面的愿望。

卡恩韦勒既有伤痕，也有财富；心里既有创伤，也有闪光点。他继承了一份遗产，虽然只是无形的象征性遗产，却很复杂、可观，这份遗产就是德国犹太人的遗产。从摩西·门德尔松开始，到海因里希·海涅，再到阿比·瓦尔堡，两个世纪以来，德国众多知识分子继承了这份遗产，他们都在摆渡人的位置上找到了自己的使命。但是，德国犹太人的这一谱系也在与新教背景进行对话。"我现在经常对自

丹尼尔-亨利·卡恩韦勒肖像

约 1890 年，照片，路易丝·莱里斯画廊档案室

己说，我在斯图加特的老师们毕竟影响了我，我的思想是新教的……根据费希特的观点，人必须实现自我认同：我认为这并不算太糟。我并非在隐瞒自己，我再说一遍，这一理想无论是多么普鲁士式的，但我相信它是目前唯一仍有可能实现的理想。"[19]1932 年，在与女婿米歇尔·莱里斯的一次私下谈话中，卡恩韦勒同意透露更多关于自己的信息。这就是德国犹太人世世代代的命运：由于在学校接受了严格的教育，或者说是循序渐进的个体教育——传统的路德会教育，德国犹太人的成长就像"德国资产阶级"一样。然而，由于德国犹太人并不享有德国资产阶级的社会地位，所以大多数情况下，德国犹太人并没有与德国资产阶级住在一起。在这个无数矛盾交织的世界里，德国犹太人承继了矛盾双重性的传统，尽管在学校的长凳上偶尔会有邂逅或友谊，但他们还是生活在"自己人"中间。

因此，丹尼尔-亨利·卡恩韦勒是一名信仰犹太教的德国公民。和他的教友们一样，他经历了不同的时代，时而体验"犹太-德国共生"的豪情壮志，时而又有饱受"诈骗团伙"[20]的坑骗之痛，而且往往在两者之间摇摆不定。因为用格尔肖姆·朔勒姆的话来说："对话从未有过：当犹太人对德国人说话时，他们其实是在对自己说话。"于是，摆渡人的形象出现了，成为他们摆脱无尽困境的救星，比如 18 世纪的摆渡人摩西·门德尔松，19 世纪的摆渡人海因里希·海涅，20 世纪的摆渡人阿比·瓦尔堡和丹尼尔-亨利·卡恩韦勒。在这个德国社会中，他们缺乏空间，感觉自己勉强被社会接受，总是处在次要位置，被迫寻找另一个虚构的空间来发挥作用。后来，汉娜·阿伦特发表了著名论断：德国犹太人陷入了贱民和暴发户之间的悲情抉择，没有真正的出路——任何对传统的夸大崇拜都意味着停留在过去，任何同化都意味着失败，意味着失去自己的根。德国犹太人的困境与美国黑人的困境难道不相似吗？W. E. B. 杜波依斯在 1900 年世界博览会上巧妙地表达了美国黑人的困境。毕加索的困境也是如此,一位具有多重隶属关系的外国人,身处执着于国家文化纯粹性的法国(世界上最大的移民国家)。对于卡恩韦勒、杜波依斯和毕加索来说,解决这一难题的办法是选择与内心的裂痕共存,接受自己是支离破碎的外国人。而其他人,无论是犹太人、黑人还是移民,都试图弥合差距,变得比德国人更像德国人,比美国人更像美国人,比法国人更像法国人。

在这个奇怪的无人区,德国犹太人经常将巴黎视为"世界之都",将法国视为在大革命爆发后立即授予犹太人法国公民身份(1790 年)的国家,这比犹太人在德国获得平等公民权利(1871 年)早了近一个世纪。卡恩维勒正如 70 年前的海涅一样,自幼学习法语当然也是原因之一。"我们一直都有法国家庭女教师,"他低调地说道,"是的,所以我会说法语。"[21] 这一传统在德国犹太家庭中根深蒂固。对这些家庭来说,从莱茵河对岸招募家庭教师代表着一种"借由法国乌托邦获得的安全感"——就像精神支持和保护措施——他们必须为自己的孩子提供这样的支持和保护。在柏林接受教育的历史学家格尔奥格·拉赫曼·摩瑟评论说:"我的第一外语是法语,在一个像许多德国犹太人一样受到法国理想熏陶的家庭中,这是再自然不过的事情……外语被认为是我们教育中不可或缺的部分。"[22]

倘若仔细观察,我们就会发现年轻的卡恩韦勒很早(在 1904 年,20 岁时)就娶了一位年轻的法国女子,他也借此选择逃避来自家族的压力。这个家族位于莱茵兰、巴登-符腾堡、弗兰肯和巴伐利亚北部之间,在法兰克福、巴登-巴登、拜罗伊特和慕尼黑之间的四边形地区[23],马纳塞-卡恩韦勒家族、诺伊曼家族、赫兹菲尔德家族、弗兰克尔家族、约瑟夫塔尔家族和戈德沙伊德家族根据严格的教派内部婚姻联盟,在令人窒息的"同类"中从一个村庄繁衍到另一个村庄,从一个世纪繁衍到另一个世纪。这些家族自中世纪以来就居住在这一地区，却被禁止拥有土地，还频频遭受迫害和大屠杀，但他们还是在贸易领域成就非凡，社会地位迅速上升——从咖啡开始的殖民地食品贸易，到包括黄金在内的贵金属交易，比如"西格蒙德叔叔"的例子。西格蒙德·诺伊曼是诺伊曼母亲的三个哥哥之一，他通过金伯利钻石开采公司从南非进口黄金发家致富，后来娶了埃及亚历山大一位银行家的女儿为妻，并于1910年在伦敦创办了自己的银行"诺伊曼-吕贝克公司"。他是一位"伟大的商人"（据他的侄子说），给了年轻的卡恩韦勒第一笔资助：神奇的22 000金法郎。卡恩韦勒因此能够租下维农街的店面，用黄麻布装潢，招募憨傻的乔治，并购进了第一批画作。不过，让我们暂时回到卡恩韦勒的叙述中来，在他自己版本的故事里，有一个人与征战商海的人截然不同，这个人就是约瑟夫·戈德沙伊德，他被人亲切地称为"朋友叔叔"。正是他，也就是丹尼尔-亨利的舅公，这位独具一格的自由主义知识分子，这位奇思妙想的制造者，这位积极进取的能人，培养了年轻的丹尼尔-亨利。"他是革命者的一个缩影，一个对自由、文学、音乐，甚至对戏剧和女演员都满腔热情的人，"卡恩韦勒解释道，"他是一个真正充满好奇心的人，他还写过东西……我年轻时经常和他一起出去。"[24]

最后，让我们回到卡恩韦勒非凡的智力投资上，至今他仍以一种非典型的方式展示自己——"唉，我是个清教徒！"1902年，他第一次来到巴黎，进入一家股票经纪公司实习。在此期间，他尽情释放了自己对戏剧的热情——他订阅了《作品剧院》，观看了吕涅-坡的所有现代派作品；对音乐的热情——他是德彪西的狂热粉丝，（几乎）观看了《佩利亚斯与梅丽桑德》的每一场演出，总共有16场之多[25]；对政治的热情——他参加了在蒙帕纳斯公墓左拉墓前举行的活动；对文学的热情——他阅读了歌德、荷尔德林、诺瓦利斯和尼采的作品；对绘画的热情——他每天都翘班，一有时间就离开证券交易所，前往卢浮宫、秋季沙龙和独立艺术家沙龙；对旅游的热情——他每逢周日就会乘坐火车游览法国各大教堂和城堡。凡此种种，不一而足。与克拉玛日一样，卡恩韦勒也是在德语艺术史学家的黄金时代接受教育的，这些艺术史学家在 19 世纪成为新世界观的使者，努力"将人类的艺术作品纳入一种普遍的历史，将最久远的时代和最遥远的民众融为一体"[26]。只要看看德意志帝国的版图，就会发现繁荣的城市不在少数，这彰显出"日耳曼空间多中心主义的优点"[27]。他们博学多才、好奇心强、流动性大、思想开放、洞察力强，横跨多种文化和学科：阿比·瓦尔堡的"内心是汉堡人，血统是犹太人，灵魂是佛罗伦萨人"[28]；安东·施普林格游走于捷克斯洛伐克、奥地利和德国之间，休伯特·雅尼切克也是如此；尤利乌斯·冯·施洛塞尔是具有意大利血统的奥地利人，来自维也纳，是德语世界和意大利之间的摆渡人；乔瓦尼·莫雷利是一名医生，他自称"骨子里是意大利人，接受的是德国教育"；朱利叶斯·梅耶-格雷夫是罗马尼亚人，他认为"艺术至上"。

这些艺术史学家大多是新教徒，通常是路德教牧师们的徒子徒孙，如雅各·布克哈特、卡尔·尤斯梯、弗朗茨·西奥多·库格勒、乔瓦尼·莫雷利、弗里德里希·冯·施勒格尔。他们的宗教与艺术的关系（"我们不代表上帝"）以及《旧约》所占据的地位，导致了他们采取了与天主教国家截然不同的研究方法。但是，选择艺术史或艺术世界对德国犹太人意味着什么呢？他们要在这个充满神圣色彩的世界中，在多种专业知识的交会点上寻找一份事业的担当。阿道夫·戈尔德施密特、卡尔·爱因斯坦、马克斯·拉斐尔、阿比·瓦尔堡，他们都是犹太人，而且他们的父辈或祖辈往往是犹太教士或唱诗班领唱。正是基于这样的看法，他们成了艺术史学家，而卡恩韦勒的道路也是这一潮流的一部分。正如卡恩韦勒自己所言："画家们'创造'了人类的视觉世界。"[29]同时，他还强调了自己对17世纪阿姆斯特丹新教派绘画大师伦勃朗的热爱。"我读过不少关于古代绘画的严肃著作，"卡恩韦勒坦言，"但这些文献不能作为我的审美指南。如果你愿意的话，它们可以作为我的历史指南、科学指南，但从美学角度来看，我必须独辟蹊径……[30]我当时把它们捧得很高，……今天我依然把它们捧得很高，尤其是伦勃朗。在我看来，卢浮宫珍藏的伦勃朗作品《沐浴的拔示巴》是世界上最美的画作之一，今天看来也依然如此。"[31]

这份家谱比巴黎《老实人》的家谱要厚重得多，也复杂得多。1907年，我们面对的是一个完全不同的故事。几年后，卡恩韦勒的职业生涯将与另一位"外国人"产生交集，后者凭借在扑朔迷离的巴黎中的顽强拼搏，在短短几个月内就成为艺术界的重要人物之一。在接下来的篇章中，我们将探讨这两位特殊人物的内心隐喻。那么，让我们来听听指挥家卡恩韦勒和男高音毕加索的故事吧！现在，让我们暂且回到"洗涤船"工作室。因为这涉及重新发现1907年至1914年之间蕴含的无穷魅力。在这七年里，一位来自他乡的年轻商人——另一种文化的纯粹产物兼亲法人士——在被机构林立的法国和现实的必然结果所束缚之前，能够自由地完成自己的使命，在巴黎社会的夹缝中创造自己的空间。[32]

149

《蒙娜丽莎》失窃时，阿波利奈尔和他的律师何塞·特里

梅里塞摄影社，1911年，巴黎，明胶银盐印相法照片，巴黎毕加索博物馆

第三节

回到"洗涤船"工作室

> 一名便衣警察出示了一张警局名片……命令毕加索跟着他，9点钟去见预审法官。毕加索浑身颤抖，匆忙穿上衣服……他吓得魂不附体。[1]
>
> ——费尔南德·奥利维耶

1906年8月，毕加索从戈索尔回来，找到了《格特鲁德·斯泰因画像》的创作方案，整个人又显得神采飞扬起来。尽管他现在正全速开展一项规模空前的新项目，并在创作立体主义建构过程中的关键画作，又在发起一场绘画革命，但他的磨难还远未结束。无论从他的家庭还是从警方的角度来看，幕后的状况仍然曲折不断！1907年1月，法国内政部长乔治·克列孟梭任命警官塞莱斯坦·埃尼翁为治安总局局长，这项任命让所有人都大吃一惊，那画家又是如何得知的呢？塞莱斯坦是一位"工作勤奋、非常热心的公务员"[2]，他被委以重任，负责建立一个综合情报和外国人管制部门，并组建著名的"老虎队"（12个地区机动警察大队）——"民主国家唯一承认的警察部队"[3]——以监视"游牧民族、吉普赛人和街头艺人"的动向。1907年2月28日，克列孟梭在议院发表了一通慷慨激昂的演讲，毕加索又如何知晓演讲所引起的反响呢？内政部长在描述他所设想的警务现代化象征以及镇压非法的无政府主义者的图景时，罕见地进行了自我批评："我们的镇压制度是过时的，还停留在原始时代……我们需要一支司法警察队伍，一支专为日常追捕流氓而设计的警察队伍。"[4]

此时，毕加索正在努力发出自己的声音，探索各种可能性。1907年3月，在独立艺术家沙龙上，他在马蒂斯的《蓝色裸女（比斯克拉的记忆）》前伫足观看，爱上了画中的交叉阴影以及粗壮有力的变形大腿。他还仔细观赏了德兰的作品《浴女》，细细品味蓝色背景下的三个雕塑般的神秘几何体。就在同一时期，玛利亚·毕加索-洛佩斯在一封封责备信中道尽了愤怒、沮丧、悲伤和训诫之后，突然变得十分高兴，让人颇感意外："我亲爱的儿子巴勃罗：我刚刚收到你的来信，我从心底里感到高兴，你身体很好，并打算创作一幅巨作[5]……"虽然她只提到了这幅画作（后来问世的《亚威农少女》）的巨大尺寸，但毕加索向家人宣布他即将开始的巨大工程还是很有趣的。"即使我知道我说的有些夸张，但我知道你是最棒的。"[6]几个月后，这位敬仰儿子的母亲如此表白道。

为了支持创作这幅"巨作"的伟大事业，阿波利奈尔以自己的方式提供了帮助：他作为中间人帮助毕加索得到了"两尊古罗马希斯帕尼亚时期的石雕，一尊是男人头像，短发盘成发绺，另一尊是女子头像，戴着面纱，耳朵上有一圈饰环"，还有两尊"伊比利亚人的头部雕像"，与毕加索在卢浮宫7号展厅欣赏到的十分相似。阿波利奈尔这么做，就是为了尽情滋养毕加索这只"贝宁之鸟"对原始艺术的热情。就在此时，在对外国人来说如此艰难的这些年里，这两位朋友已经身不由己地卷入了一场危及自身名誉，荒诞不经的危机，甚至将自身置于极其危险的境地。这里需要介绍第三位人物，阿波利奈尔的

"秘书",即盖里·皮耶雷。他是诗人不久前好心雇来的"全能型秘书",不曾想却是个诡计多端的匪徒。你能想象得到还有比这更荒唐的情况吗?毕加索沉迷于自己的研究,沉迷于对新事物的征服。而阿波利奈尔因天真而犯下罪过,与他不敢解雇的"秘书"纠缠在一起。这个假秘书原来是一个肆无忌惮的骗子,为了偿还赌债不择手段,将这两位文艺创作者骗得团团转。比如,这个骗子对阿波利奈尔说:"我可怜的科斯特罗,我现在的处境极其糟糕。想想看,就在我见到你并与你共度一晚的第二天,放我高利贷的人告诉我,我还能拿到钱……我现在在巴黎,只有 2 法郎的零花钱。我在这里已经两天了。我饿得要死,无家可归。我什么都没有,甚至连一件衬衣都没有了,因为我所有的行李都被扣在尼斯终点站旅店了,旅店的钱我还没来得及付。"[7]

1907 年 4 月 7 日,在写给阿波利奈尔的另一封信中,这位骗子更加变本加厉。他的谎言张口就来:"亲爱的朋友,天大的好消息:我将在本月底结婚。我的未婚妻是卖香烟的,三周前我才认识她……面对这些魅力,我牺牲了自己,权衡了一下自己的未来。不过我写信给你的原因是:安妮特向我索要订婚礼物,而目前我名下仅有十枚金路易①,我正打算把这笔钱留着买婚纱。我希望你能让亲爱的毕卡索[原文如此]尽快给我画一幅画,并在 10 月 25 日之前寄给我。你可以告诉毕加索,我会在 5 月份付给他 175 法郎的画费。实际上我打算在巴黎度蜜月。我甚至下定决心要在鼠窝酒店住上一晚,再尝尝那恐怖的滋味。"[8]而现在的情况是"毕加索"心心念念想从其他地方寻找有价值的物品,无意中却成了非法交易的经手人。当然,毕加索没有创作出皮耶雷想要的画作,但他却以 50 法郎的价格从皮耶雷手中买

---

① 金路易是有路易十三等人头像的法国旧金币,面值 20 法郎,是法国在第一次世界大战前使用的货币。

下了这两尊伊比利亚雕像——皮耶雷对这两尊雕像源自何处守口如瓶——毕加索将这两件珍宝作为他创作驱魔画的基础，并将它们带在身边长达四年之久。

事实上，事情在1911年夏天出现了剧变。准确地说，是在8月28日，卢浮宫博物馆的镇馆之宝《蒙娜丽莎》失窃了，这起案件震惊了法国治安总局——无论是警察、宪兵队员，还是海关人员。同一天，《巴黎日报》宣布向能够带回《蒙娜丽莎》的人提供奖赏。这时，阿波利奈尔的前"秘书"又出现了，他希望从中捞上一笔。他四年前从卢浮宫偷走了多件雕塑，他从中挑了几件带给了《巴黎日报》编辑部。这则新闻登上了头条。阿波利奈尔发现了皮耶雷的名字以及他的盗窃行为，终于意识到了危险，便紧急写信给当时还在塞雷创作的毕加索，让他赶紧回来。毕加索于是匆忙赶回巴黎来见他的朋友。"他们想把这些会连累他们的雕像扔进塞纳河里，"费尔南德·奥利维耶回忆说，"但他们没有胆量。他们觉得在码头上巡逻的警察正在用怀疑的目光打量着他们。"[9]费尔南德·奥利维耶接着描述了这两个朋友在同一屋檐下度过的彷徨之夜。根据她的回忆："最后，他们不知道如何打发时间，为了安全起见，他们决定共度漫漫长夜，于是就开始玩牌。牌面是受到追捕的玩世不恭的罪犯的面孔，他们以此评估作为不受欢迎的人被驱逐出法国的可能性。"[10]阿波利奈尔是俄罗斯公民，毕加索是西班牙公民，他们都是外国人，在法国只有被"容忍"的份。费尔南德说："我的眼前还能浮现出他们俩的形象：仿佛是既悔恨又害怕的孩子，一心想着要逃到国外去。"[11]

随着调查的深入，9月7日，阿波利奈尔的住所遭到搜查。因被怀疑是国际盗窃团伙的头目，警方对他发出了逮捕令。阿波利奈尔被单独监禁在桑泰监狱，他给自己的律师何塞·特里发了一封电报："案件十分严重——来吧——请找德里乌法官——我指定你为我的律师。"尽管阿波利奈尔和毕加索试图采取防范措施,但媒体对这件事的兴趣却令人大伤脑筋。"傍晚时分,据说被捕的外国人不是别人,正是纪尧姆·克罗斯特洛夫斯基先生[原文如此],他是文学家纪尧姆·阿波利奈尔先生的秘书,两人都住在格罗街37号。"《小报》记者如此写道,觉得抢到了独家新闻,"由于治安部门和检察机关完全拒绝就此事发表任何声明,我们询问了警察局的一位高级官员,被捕的俄罗斯人是否真的是纪尧姆·科斯特洛夫斯基先生,对方给出了肯定的答复"[12]。翌日,该报继续报道此案:"地方法官认为[原文如此]这是一个来法国抢劫博物馆的国际团伙。这名俄罗斯人被逮捕,经过身份审讯后,根据拘押令被关押在桑泰监狱……然而,在文艺界以笔名阿波利奈尔闻名的纪尧姆·科斯特洛夫斯基并不是俄罗斯人,而是波兰人。"

究竟是俄罗斯人还是波兰人,谁会在乎呢?正是他不受欢迎的外国人身份,立即引起了和"一个来法国抢劫博物馆的国际团伙"相勾结的怀疑,而这成了一道无情的判决,迅速落下:这两个被骗子操纵的朋友并没有忽视这个信号的严重性。事实上,阿波利奈尔和毕加索都被吓坏了,他们行事变得越来越小心谨慎。"在很长一段时间里,毕加索和阿波利奈尔总觉得有人跟踪他们。"细心的费尔南德·奥利维耶亲历了该事件,她说道:"毕加索只敢在晚上乘坐出租车出门,即便如此,他也要换好几次出租车,以提防'跟踪者'。"[13]毕加索把雕像还了回去。也是从那天起,阿波利奈尔从未停止过成为法国公民的努力。巴黎警察局中的毕加索档案,其中仍有如下手写记录:"1911年9月,巴勃罗·鲁伊斯·毕加索,因其持有的雕像是第三方从卢浮宫盗走的赃物一事而受到问询。"[14]阿波利奈尔似乎在这件事上得到了宽恕。奇怪的是,即使毕加索也被警方询问过,他的档案里却没有任何对他不利的记录。无论如何,毕加索找到了保护自己的最佳方式：投身工作。

　　1909 年夏天，毕加索经历了一次重大危机，他决定抵制妹妹罗拉的婚礼。他正是以工作这一至高无上的名义，藐视了母亲维护的家庭秩序。"昨天，我们收到了几份来自马拉加的报纸，我把其中一份报纸上读到的内容抄下来给你看。"玛利亚·毕加索在 7 月 10 日给儿子的信中写道，"'几天后，美丽的多洛雷斯·鲁伊斯·毕加索小姐将在巴塞罗那举行婚礼，与马拉加的几个名门望族都会结为姻亲。她要嫁的对象是孔达勒的一位优秀的医生。'你无法想象我们看到这样的消息是多么高兴啊！"[15]随着对订婚戒指和礼服的详细描述，以及其中夹杂着各种压力和愧疚之情，玛利亚和罗拉轮流给他写信，而且写得越来越频繁，甚至达到每天一封的程度。"你是我唯一的哥哥，你会明白如果你不在，我会有多伤心。"（罗拉，未注明日期。）"你在摆架子，为了你妹妹的婚礼，你必须做出贡献。"（玛利亚，1909 年 4 月 2 日。）"如果你不来参加我的婚礼，那婚礼将没有意义。"（罗拉，1909 年 7 月 2 日。）"你会明白，我并不是拒绝你的资助，相反，这将非常有用，会帮我解决很多事情……听着，巴勃罗，当我这样写信给你时，你可以想象我的感受……那你究竟来不来？"（玛利亚，1909 年 7 月 10 日。）"昨天我很高兴收到了你的信和支票，我会把其中一部分存入储蓄银行，钱存在那里很安全，一旦你需要用钱，也可以随时取出。这是家里人为婚礼准备的礼物清单，还有珠宝等等，有很多事情要做，我想知道你是否会来。"（玛利亚，未注明日期。）"昨天我们收到了你的支票，万分感谢，我想请你帮个忙：来参加我的婚礼。"（罗拉，未注明日期。）"发生什么事了，我的儿子，你为什么不写信？"（玛利亚，1909 年 7 月 17 日。）"爸爸对罗拉的婚事很高兴，但他会感受到分离的痛苦，目前他什么也没和我说，但你是怎么想的？"（玛利亚，1909 年 8 月 7 日。）随着最后期限的临近（8 月 18

日），压力也越来越大。那年夏天，毕加索与费尔南德是在加泰罗尼亚的奥尔塔德桑特霍安度过的。他本可以乘坐三个小时的火车前往东北方向的巴塞罗那，但他没有这么做。

对于这位在美学上不断追求进步的艺术家来说，除了将其视为一种经历仪式——一种脱离故土的仪式，一种融入东道国文化艺术世界的仪式——之外，还能为他生命中的这一关键时刻赋予怎样的意义呢？毕加索决定摆脱已经时过境迁的家庭仪式，让自己能从母亲那令人窒息的控制中解脱出来：他用金钱来弥补这一切，来购买自己的自由。他知道，只有以这种双重运动为代价——解放和融合——他才能够向前迈进。1909 年 5 月 13 日，他与费尔南德·奥利维耶一起前往巴塞罗那，然后在奥尔塔住下。"我还是在创作（但不多），我已经开始创作两幅风景画和两幅人物画，还是同样的东西。我想在这里拍些照片，等我拍完后我会寄给你的。"[16]他给利奥·斯泰因的信中这样写道，寥寥几行便足以凸显他的专注程度。

1909 年 9 月，由于有了经济收入，他搬进了"摆满家具的地方"，住进了克利希大道 11 号大楼的资产阶级公寓。"亲爱的儿子巴勃罗，"玛利亚·毕加索在寄往新住址的第一封信中写道，"由于我们没有收到任何关于家具的消息或家具抵达时的状况，所以我写信给你，以防你收到家具后没有告诉我们。请你收到后告诉我们，这样会让爸爸放心。"一周后，她又来信说："亲爱的儿子巴勃罗，我们收到了你的贺卡，很高兴得知你已经安顿好了。昨天，爸爸去搬家公司询问他们是否知道家具运抵的日期，他们告诉爸爸你是在 25 日或 26 日收到的。"[17]因此，毕加索在 1909 年搬进了警方所说的"拥有自己家具的普通住宅"。费尔南德·奥利维耶则回忆称："搬家工人对新旧两间工作室之间的差别感到十分惊讶。其中有个人说道：'这些人肯定中了大奖！'"[18]所以她继续说道："除了画布、画架和书籍，老画室没有什么可带走的。他多年来一直以露营的形式生活在那里，而不是以任何其他方式。任何灵机一动想出的办法，即便可以让居住气氛变得愉悦，也无法提升居住的舒适度。"她还告诉我们，在克利希大道上，毕加索"在一间宽敞、通风的工作室里工作……，他吃饭都在一家餐厅里，由一位系着白色围裙的女仆招待，睡在一间专供休息的房间里"。这真是身份的巨大转变！又是费尔南德描述了何塞·鲁伊斯·布拉斯科送给他儿子的著名家具："卧室后面有一间小客厅，里面有一张沙发、一架钢琴和一件可爱的镶有象牙、珍珠和玳瑁的意大利家具，以及他父亲赠送的几件做工精良的古董家具。"多年来，毕加索的父母一直在信中提出让他返回巴塞罗那。在立体主义革命期间，和巴塞罗那的书信往来依然如故。尽管毕加索的家人听到了来自巴黎的消息，但他们依然将毕加索视为书信场景中不可或缺的一部分。毕加索本人则找到了保护自己工作的交易策略，抵制他妹妹 1909 年 8 月的婚礼是其第一种表现形式。至于他的父亲决定将"镶嵌象牙、珍珠和玳瑁的漂亮的意大利家具"送给他，用于布置位于克利希大道的公寓，这无疑是一个信号。对于父亲来说，儿子永远都不会回来了，这个家庭正在以某种方式融合潜在的信息。然而，我们很快就会看到，无论是新家、新家具，还是金钱带来的新体面，都无法改变法国警方档案中所记录的毕加索形象。在我调查立体主义时期的过程中，正是在毕加索与警方就雕像问题的互动中，正是在他与家人就妹妹罗拉的婚姻问题进行的交涉中，正是在所有这些细枝末节和重重麻烦中，我实实在在地触摸到了这位"外国人"的空间。他既忙于建立属于自己的完整领地，又忙于在紧急情况下的作品创作。现在，该谈谈毕加索的第四位伙伴了，这位伙伴于 1907 年夏天登场。

第四节

一对革命性的艺术大师……毕加索和布拉克，布拉克和毕加索

第一乐章：主题与变奏，秉承塞尚风格（1907—1910 年）
第二乐章：爆发与不和谐（1910—1911 年）

>　　布拉克是最爱我的女人。[1]
>
> 　　　　　　　　　　——罗兰·彭罗斯引用巴勃罗·毕加索的原话

>　　那时我们住在蒙马特，我们每天都见面交流。
>　　在那些年里，我和毕加索聊了很多，再也不会有人会相互交流这些话，再也不会有人会理解这些话。
>　　……这些话给了我们无尽的欢乐……这有点像用登山绳串在一起的登山者。[2]
>
> 　　　　　　　　　　　　　　　　　　　　——乔治·布拉克

　　蒙马特，1907 年夏末。布拉克和毕加索是蒙马特高地上的邻居。毕加索从修道院通道和三兄弟街出发，不到四分钟就能到达布拉克工作室所在的奥塞尔街。他们年龄相仿，精力都很充沛，很快就拥有了共同的作品经销商。这两个人是一对不可思议的组合——一个是思想

非常传统的巴塞罗那美术学院院长何塞·鲁伊斯·布拉斯科的儿子，另一个是来自阿让特伊的装饰设计师的儿子（他本人也是工匠出身）。后者和他的父亲一样，从工艺学校毕业后决定成为一名艺术家。他先是在亨伯学院学习，之后和野兽派共同在1905年的法国沙龙上展出作品。从外貌上看，他们是完全不同的一对。毕加索身材矮小敦实、强壮有力，并且他只有在掌握多种才能后才会迸发出幽默感、兴奋感和生活乐趣。相比之下，布拉克的身材则引人注目，他人高马大，仿佛牢牢地钉在地上，但他依然低调、内敛，相当害羞。"布拉克十分英俊。"卡恩韦勒后来这样描述他，"他自己说，他用手风琴演奏贝多芬交响曲。他还偶尔跳跳舞、打打拳击。"[3] 是否像阿波利奈尔所说的那样，是他促成了他们的相遇？布拉克在1907年9月给毕加索的信中写道："向你和两位朋友致敬。"这说明他们早些时候已经在蒙马特相遇过，这与阿波利奈尔的说法相悖。[4]

自1906年秋天以来，毕加索从未停止过探索他周围的一切，并不断从中汲取养分——比如"野蛮人"艺术家高更的画作《两个裸体》，一幅如此自由、如此感性的画作（1906年秋季沙龙回顾展期间展出）；比如公元前3世纪的伊比利亚雕塑，自从他前往戈索尔之前在卢浮宫文物部7号展厅（或东方文物展区）看到这些雕塑以来，他就一直在反复揣摩；比如他在德兰的陪同下去特罗卡德罗人种志博物馆如饥似渴地观赏非洲雕塑。面对这些具有神奇力量、充当精神捍卫者的颠覆性物品，面对这些粗糙的头颅、不对称的眼睛、突出的下巴、棱角分明的扭曲变形，面对所有这些在对学术品位彻底解构的过程中更加突破自己世界极限的奇观，如果不是为了进一步探索其他丰富的资源，那么这一切又有什么意义呢？完成《格特鲁德·斯泰因画像》之后，毕加索从戈索尔返回，开始了他有生以来最雄心勃勃的创作——在高2米、宽3米的画布上绘画——为此，他做了大量准备和研究，画了许多草图和速写。他顶着夜色埋头工作，与绘画和文字中的人物为伴，度过了一个个浮想联翩的夜晚，在"洗涤船"里过着紧张而喧闹的生活。

这幅画的创作始于1906年，于1907年7月完成。只有他的朋友和访客看过这幅画（这幅画相继挂在画家各个工作室的墙上，一直挂到1917年），不过却引起了他们非常激烈和复杂的反应。可以肯定的是，毕加索将非常学术化的影响与非常反传统的影响融为一体，大胆地在欧洲与非洲、古典与现代之间进行对话，从而实现了一次巨大的飞跃。格特鲁德·斯泰因在其中感受到了"痛苦而又美丽的东西，主宰而又被禁锢的东西"[5]。而威廉·乌德则认为他重新发现了埃及或亚述艺术的影响。至于马蒂斯和利奥·斯泰因，他们只能一笑了之，并语带讽刺地评论道："这是四维空间！"[6]安德烈·萨尔蒙在他的《立体派历史》中提到一幅画，画中有六位身材魁梧的裸体女性，画家的一位朋友称之为"哲学妓院"，说一群妓女"几乎抛却了所有人性……她们就是赤裸裸的问题，就是写在黑板上的白色数字"[7]。后来，有些人提到了"爱神与死神"，提到了"亚威农的妓院"。布拉克在看到这幅画时惊呆了，他解释说："就好像我们在喝汽油或吃麻布一样。"菲利普·达让分析道："在1905年左右就断言非洲雕像比获得沙龙奖章的雕塑家的青铜作品更有趣，堪称一种颠覆，远远超出了品位和风格考量的范畴。"[8]

布拉克看到了这幅画，几周后，他放弃了此前一直伴他左右的"风景画"和野兽派作品。他回应了毕加索，全身心地投入"人物画"《大裸女》的创作，这是高1米、宽1.4米的大型油画。在保留塞尚影响的同时，布拉克引入了毕加索的元素——他的多重视角和对非洲艺术的借鉴。费尔南德·奥利维耶在她的回忆录中评论道："[在《亚威农少女》前]谈了一会儿麻布后，布拉克在独立艺术家沙龙上

161　展出了一幅立体主义风格的巨幅画作，这显然是他秘密创作的。他没有将此事告诉过任何人，就连他的启蒙者毕加索也没有告诉。而毕加索只向几位好友透露过几句布拉克的这一新风格，所以颇有些恼火。"[9]在布拉克第一次对毕加索表达敬意之后，现在轮到毕加索在布拉克的风景画系列[10]前鞠躬了。这些作品刚刚被法国秋季沙龙的评审团否决，却被卡恩韦勒慧眼识珠，并在1908年11月9日大放异彩。那天，卡恩韦勒用布拉克被拒之门外的作品，在维农街28号布置了一场专属于巴黎小圈子的颠覆传统风格的画展。路易·沃克塞尔还为此写了一篇讽刺文章，这是继马蒂斯之后第二个声称展出的作品不过是些"小方块"的人。那这是立体派的首次展览吗？当时，布拉克和毕加索之间展开了一场比试——他们各自将自己的影响带入塞尚和非洲艺术之间的混合体，之后在共同的熔炉里融为一体。[11]

　　在他们的早期历史中，我们确实看到了令人耳目一新的"塞尚风格的主题和变奏"。谁是这一转向的始作俑者？从1908年夏天起开始创作的这些风景画和静物画，尽管其创作地相隔数百公里，却惊人地相似，几乎可以互换。1908年夏天，毕加索的作品是《房屋与树木（树林街）》，布拉克的作品是《埃斯塔克的房子》和《埃斯塔克的高架桥》。1908年和1909年冬天，毕加索创作了《水果盘》，布拉克也创作了《水果盘》。1909年夏天，布拉克画了《拉罗什吉永城堡》，毕加索画了《山上的房子》和《奥尔塔德埃布罗的工厂》。谁决定了转向？塞尚的余韵又是从何时耗尽的？是从1909年到1910年的冬天开始的吗？当时在巴黎，两位艺术家都各自完成了有关蒙马特圣心大教堂的署名画作：毕加索多用直线和斜线，整张画几乎就是一幅素描；而布拉克则多用几何图形，在赭色和棕色的色调中显得十分密集，彼此交织。是从1910年两幅椭圆形的《弹曼陀林的女人》开始的吗？是从1910年夏天毕加索画的《玻璃和柠檬静物》和布拉克的《埃斯塔克的力拓工厂》开始的吗？"伟大的一步已经迈出。毕加索打破了千篇一律的形式。"[12]在谈到1910年夏天艺术家毕加索旅居卡达克斯时，卡恩韦勒这样写道。[13]

在首次旅居塞雷期间（1911年夏），毕加索创作了一幅《叼着烟斗的男人》（椭圆形），创造出一种越来越费解的视觉语言，将金字塔结构"融入交错的背景"[14]；而布拉克创作了《葡萄牙人》（亦称《移民》），他在这一画作中使用模板技术绘制印刷字母，这些字母没有任何描述功能，如"0.40"或"D BAL"，不过可能让人联想到印有"GRAND BAL"字样的海报。毕加索以《钢琴上的静物》作为回应：这是一幅大尺寸的长方形作品，他还在上面用模板印上了字母"CORT"（代表钢琴家阿尔弗雷德·科尔托）。从1911年夏天到1912年春天，毕加索相继创作了《手风琴师》、《弹曼陀林的男人》、《弹吉他的男人》、《吹单簧管的男人》和《钢琴上的静物》。那时，音乐和酒精成为他们世界的标志——毕加索画了《利口酒瓶静物画》和《朗姆酒瓶静物画》，而布拉克则画了《壁炉上的单簧管和朗姆酒瓶》。他们或相互支持，或相互对抗，或相互激励，或相互挑战，或相互较量，或邀请对方到自己的地方，或展示自己的技术，或借鉴对方的经验，甚至是对方的过去。在塞尚阶段，显然是布拉克带头，毕加索让他"领舞"。但多年以后，毕加索以一句名言"布拉克是最爱我的女人"[15]来描述他们在职业上的共生关系。他随后强调，在与布拉克一起携手共舞的"艺术探戈"[16]中，他很快掌握了主动，"扮演了男人的角色"。毫无疑问，与布拉克的联盟在这一时期依然至关重要。与此同时，毕加索的感情生活也发生了变数，他与费尔南德·奥利维耶分手，并爱上了伊娃·古埃尔——1911年至1912年冬季，他在巴黎为伊娃·古埃尔画了第一幅肖像画《我的美人（弹吉他的女人）》。

在法国文学史教科书中，颂扬作家之间的伟大友谊——蒙田和拉

163　博蒂、魏尔伦和兰波、萨特和加缪——是一种传统，所有法国学生都曾经努力学习过这一传统。对于毕加索与布拉克而言，两人在 1907 年到 1914 年之间合作默契，成果卓著，但对他们合作关系的首份全面评价，却是在 1989 年从美国传到巴黎的。威廉·鲁宾在纽约现代艺术博物馆举办的传奇展览"布拉克与毕加索：立体主义的先驱"的图录中写道："毕加索和布拉克之间的合作在艺术史上是独一无二的，因为他们的合作强度大、持续时间长、成果数量多。他们的现代艺术风格是唯一一种由两位艺术家在相互对话的过程中同时开创的风格。在他们携手前行的岁月里，毕加索和布拉克不仅创作了大量大师级杰作，还通过广泛的美学、文学和政治领域的创作活动，创造了一种可供他人使用的绘画语言。事实上，正是在两位艺术家最亲密无间的时候，他们才创作出了最好的作品。因此，我们所熟知的立体主义，是任何一位艺术家都无法单独实现的结果。"[17] 鲁宾的声音桀骜不驯：它犀利、尖锐、明确。它借由通常起强调作用的形容词默默地掀起了高潮，如"独一无二""大师级""杰作"。不过在此处，这些形容词并不显得突兀。鲁宾的观点首次揭示了此前不为人知的一个事实：立体主义的伟大之处在于它的非典型性，在于它是艺术史上一个前所未有的时刻——两位艺术家之间长期、紧密而富有成效的合作——的结晶。而 1989 年，距离布拉克去世已有 26 年，距离毕加索去世也有 16 年之久。

　　1936 年 3 月，纽约现代艺术博物馆的年轻馆长阿尔弗雷德·H. 巴尔已经决定将立体主义实验合法化。他以"立体主义与抽象艺术"为题，将立体主义运动纳入艺术史，强调立体主义在追寻抽象主义过程中的原创性。最近，正如我们所看到的，2013 年春天，美国传来了一条鼓舞人心的消息：收藏家伦纳德·劳德决定将他从道格拉斯·库珀那里收集的 78 幅立体主义画作（33 幅毕加索作品、17 幅布拉克作品、14 幅胡安·格里斯作品和 14 幅费尔南·莱热作品,价值 10 亿美元)遗赠给博物馆,并在大都会博物馆开设一个科研中心,专门研究这些立体主义时期的作品。从 1907 年夏天到 1914 年夏天,从蒙马特到蒙帕纳斯,从奥尔塔德桑特霍安到卡达克斯,从塞雷到勒阿弗尔,从埃斯塔克到阿维尼翁,从树林街到拉罗什吉永,这段艺术史上的关键时刻就在这样一个历史文化背景下上演着,其激烈程度和丰富程度令人连连称奇。总而言之,1936 年的阿尔弗雷德·H. 巴尔、1989 年的威廉·鲁宾和 2013 年的伦纳德·劳德——这三位艺术界泰斗已欣然在美国为立体主义正名。

与此同时,法国却陷入了窘境。首先,阿波利奈尔率先以居高临下的态度看待布拉克的贡献。他在 1907 年的一篇文章中指出:"虽然立体主义最初是由安德烈·德兰酝酿出来的,但最重要、最大胆的作品却来自毕加索……其创作意图也被布拉克的'敏锐直觉'印证。"[18] 随后,在《论艺术》《立体派画家》等书中,诗人故意将毕加索投入"艺术大革命"的"英雄姿态"与布拉克"顽固的连续性"进行了对比,并将布拉克贬为"执行者"和"验证者"之流。[19] 继阿波利奈尔否定布拉克之后,立体主义在法国有很长一段时间被视为艺术史上的一个瞬间,要么被忽视,要么被诽谤为舶来品,那段英雄岁月也因此被抹得一干二净。在人民阵线短暂的执政时期(让·扎伊担任文化部部长①,让·卡苏担任内阁成员),确实有将毕加索的作品纳入国家收藏的政治意愿[20],却不想没了下文。直到卡苏举办"立体主义(1907—1914 年)"展览,毕加索的立体主义作品才于 1953 年在法国国家现代艺术博物馆亮相。

早在 1945 年就出现了歌颂布拉克、反对毕加索的声音,例如

---

① 此处原文有误,应为国民教育和艺术部长。

让·包兰在他的著作《布拉克：保护主》一书中说道："如果说伟大的画家是能给人最敏锐、最有营养的绘画理念的人，那么我毫不犹豫地将布拉克视为我的保护主。"[21] 随后，在1952年，一轮令人困惑的民族主义美化浪潮开始了，布拉克被捧为法国最杰出的画家。当他受委托为卢浮宫亨利二世厅绘制的天顶绘画《鸟》揭幕时，一位法国广播电视台的记者宣称："布拉克是如此的法式。"1961年，同样也在卢浮宫，安德烈·马尔罗在出席"布拉克工作室"展览开幕式时补充道："法国在卢浮宫向世界上最伟大的画家之一致敬，这是件好事。"这是在为布拉克进行净化，似乎有必要剔除他在立体主义时期的糟粕，让他重新回归法国艺术的正道，回到柯洛和夏尔丹之中。事实上，戴高乐政府继续书写着另一种艺术史：1963年9月3日至4日晚上，在卢浮宫柱廊和圣日耳曼奥塞尔教堂之间，戴高乐将军的文化部长安德烈·马尔罗下令为布拉克举行国葬，就像为维克多·雨果举行的国葬一样。他在夜色中用颤抖的嗓音朗读了葬礼致辞——这使布拉克成为法兰西民族英雄。

然而，安德烈·马尔罗那天的讲话对立体主义时期却一带而过，而且绝口不提毕加索的名字。他言之凿凿地声称，"通过……以传染性的力量展示了绘画的自由，布拉克和他1910年的朋友们……也展示了所有缺乏幻想的往日艺术，从我们的罗马式绘画直到世纪深处：或不厌其烦或怒气十足地关注着他们被侮辱的画作。这些画家为我们重现了整个世界的过去"[22]。"布拉克和他1910年的朋友们"，安德烈·马尔罗在1963年描述立体主义的诞生时，用他那斩钉截铁的口气解释道。真的是这样吗？马尔罗抹掉毕加索的名字，究竟是想颂扬什么样的艺术史？在他极具夸张的颂词中，一切都显得相得益彰！我们不妨来听上几句："夫人[23]，你一定听出来了，你刚才听到的音乐，就是在这些曾经为历代国王敲响的钟声之前的，这是英雄逝世时演奏的《葬礼进行曲》。从未有哪个现代国家对其逝去的画家致以如此崇高的敬意。"部长讲话的开篇如此说道。"既然所有法国人都知道法国有一种荣誉叫作维克多·雨果,"部长的语气十分坚定,"那最好告诉他们,法国也有一种荣誉叫作布拉克——因为一个国家的荣誉也是由它为世界的奉献所构成的……最后,这些画作与柯洛的画作旗鼓相当,以同样的方式表现了法国——但表现得更加隐秘,因为柯洛所展现的法国十分常见。布拉克用如此巨大的象征性力量表现了法国,以至于他的作品摆在卢浮宫就像兰斯天使待在兰斯大教堂一样天经地义……瓦朗日维尔的水手和农民们热爱乔治·布拉克,但他们显然还不了解他的艺术。明天早晨,夫人,让我们对这些水手和农民们说:'昨天,当他站在历代国王的宫殿和世界第一的博物馆跟前,雨夜里隐约传出言谢之音,还伸出了一只非常朴素的手,一只粗糙不堪的农民的手,那就是法兰西的手,它在夜色中最后一次抬起来轻轻抚摸他的白发。'"[24]

1953 年,让·卡苏在法国国家现代艺术博物馆举办了"立体主义(1907—1914 年)"展览,首次尝试在法国为立体主义运动正名。半个世纪后,皮埃尔·戴克斯以"立体主义毕加索"为题,坚持认为两位艺术家应当拥有共同的地位。在分析他们的首次交流(1905—1909 年)时,他回顾了毕加索在看到埃斯塔克风景画时深深震撼的神情,并描述了"他们之间的互补性以及他们之间的友谊和默契,而他们在此之前对此都一无所知"[25]。2013 年,在名为"乔治·布拉克"的回顾展上,布里吉特·莱亚尔勇于尝试纠正这种情况:她的计划很巧妙,因为她想抹去《布拉克:保护主》一书中有关民族主义叙事的内容,而民族主义叙事在这个国家早已根深蒂固。她意识到,戴高乐政府的褒扬把布拉克划为官方画家,这对他的作品造成了很大的损害。因此她宣布,为了与他的影响力失之交臂的一代代人,现在是时候为他重新正名了。此外,她还认为有必要"发掘被低估的布拉克作品中的广度和深度,因为他的作品要求极高,不受逸事画技巧的影响,而且表现力很委婉"[26]。这次回顾展还引发了法国国内众多声音,他们纷纷表达了选择布拉克而非毕加索的原因。如米歇尔·德昂描述了布拉克的"光芒四射的善良"和"至高无上的诚实";亨利·卡蒂埃-布列松赞美"他美丽的脸庞,像柔软的皮革一样光洁,让人联想到上等烟草的颜色……这张美丽而严肃的脸庞默默无言,却流露出痛苦";《爱尔兰时报》则引用了当事人的原话,抓住了这两位艺术家之间相互矛盾的表述方式,并直截了当地打出了标题:"布拉克回来了:法国立体派终于摆脱了毕加索。"[27]

2018年,蓬皮杜艺术中心举办了"立体主义"展览,布里吉特·莱亚尔得以借此机会进一步提出了法国对立体主义的解读。这份解读是四平八稳的,摒弃了民族主义的影响。"立体主义是复杂遗产的结晶……它是一项活生生的动态研究,永远处于不断的酝酿之中。它的实施并没有一项已有的方案,而是走了一条蜿蜒曲折、经验与实证相结合的路线。"她坦承道,"1907年至1914年间,乔治·布拉克和巴勃罗·毕加索从深层维度共同革新了绘画与雕塑理念。以前的光学感知被一笔抹杀,传统的幻觉再现被一扫而空,一种崭新的视觉和触觉语言……取而代之,新的涂鸦表现形式被发明了出来。非常规材料和非正统的操作技术在图像和文字之间建立起新的关系,在感官宇宙和唯物主义体系之间架起了桥梁,向世界敞开了大门。"[28]

多年以来,对布拉克和毕加索这对二人组的分析一直采取具有民族内涵的对立形式:1989年,鲁宾将两位艺术家描述为"法国人和西班牙人""月亮和太阳""女性和男性""文化人和冒险家"——两种相互仿效的人格。在他们立体主义创作的第一阶段,这种渗透起到了至关重要的作用。毕加索并不否认这一点,多年后他对弗朗索瓦丝·

吉洛说:"几乎每天晚上,我都会去布拉克的工作室看他,他也会来找我。只有当我们两个人都认为一幅画已经完成时,这幅画才算完成。"[29]时隔多年,卡恩韦勒也表达了同样的观点。"毕加索至今仍经常告诉我,"这位艺术品经销商回忆道,"从 1907 年到 1914 年所做的一切,只有通过团队合作才能完成。"[30]继威廉·鲁宾之后,皮埃尔·戴克斯的分析继续为我们提供指导:"让我们暂时回望一幅具有多重含义的作品《读信》,毕加索将其列为自己最迷恋的名作之列。这幅作品一直由毕加索个人收藏,直到他去世。"画中的两位年轻人氤氲在一片粉红色里,相拥在一起读信——白衣男子的左手搭在棕衣男子的肩上,右手搁在对方的膝盖上,手里还捏着一顶塞尚生前喜欢的喀琅施塔得帽子,那这两位年轻人是哪一对朋友?毕加索想借此指谁呢?指毕加索和阿波利奈尔吗(就在几年前,即 1918 年 11 月 9 日,阿波利奈尔因战伤去世)?指毕加索和马克斯·雅各布吗(解读这些信件是他们会面的重要事情,1921 年马克斯皈依基督教,回到了卢瓦尔河畔圣伯努瓦神学院)?或是指毕加索和布拉克?因为在 1909 年,他们出于对艾克斯大师①的无限钦佩,布拉克给自己戴了一顶真正的喀琅施塔得帽子,也就是画中的这顶帽子。对于毕加索而言,他在《读信》中究竟想表现哪一种友谊呢?如果毕加索在这幅画中描绘的这对朋友暗指他身边的所有人,那他是否想表现友谊的"一般"形式呢?

这对艺术大师我们暂且谈到这儿。借用布拉克的一句美言,他们即将成为"用登山绳串在一起的爬山人"。最后,我们再来看一幅画——《(塞尚的)帽子》。这是一幅令人赞叹不已的作品,创作于 1909 年春天,其古典技法把毕加索整个立体主义作品的核心妆点得多

---

① 此处指塞尚,塞尚出生于法国普罗旺斯-艾克斯。

姿多彩。这幅作品以华丽的黑色描绘了著名的喀琅施塔得帽子——它像一件珍贵的遗物一样，庄重地放在水果碗里，摆在鲜黄的柠檬和金黄的梨之间，水果碗下面垫着绿色桌布，是带有黑色与粉色印花的草绿色桌布——这顶光彩夺目、光芒四射的喀琅施塔得帽子，宛如密码一般，孤零零地摆在桌子一角，孤零零地摆在赭石色房间的一角，向他们共同的大师致以荣耀的敬意。

第五节

"就像植物学家观察未知国度的植物一样"……利奥·斯泰因

> 秋季沙龙是新生事物,所以我从那里开始……我观察每一幅画,一刻不得停歇,就像植物学家观察未知国度的植物一样。[1]
>
> ——利奥·斯泰因

20世纪初,现代主义前卫派与巴黎的美国画家之间展开互动。近年来,我们逐渐了解到斯泰因家族(家族的收藏、举办的沙龙,以及马蒂斯学院)在其中扮演的角色。这个非同寻常的家族于1902年至1905年在巴黎定居。今天,我们得以重新审视家族中每一位成员与毕加索的关系。随着最近有关他们的主题展相继举办和相关出版物的相继面世,一个更加复杂的动态正在形成。毫无疑问,这其中利奥·斯泰因的形象最为突出。作为学者、收藏家、演说家,甚至是业余艺术家,利奥一直属于前沿人物。"我跳入水中,多多少少我要随便扑腾一下"[2],他漫不经心地说道。从1905年起,他在巴黎住所的墙上便挂满了当时最具革命性的收藏品。利奥出生在一个到处漂泊、四海为家的家庭,他打小便从这个家庭继承了法国倾向。利奥的父母带着对旧世界文化的无限眷恋,把五个孩子抚养长大。从加利福尼亚到东海岸,然后是维也纳、巴黎和伦敦,他们学习弹钢琴和拉小提琴,参观一座又一座博物馆。在涌现过让·饶勒斯、茹尔·盖得、夏尔·贝玑等人的法国,利奥·斯泰因属于非典型人物。在来法国之前,这位前哈佛大学哲学系学生带着骨子里的附庸风雅,于1895年环游世界,到处参观博物馆。他痴迷于与某些画作直面交流,年复一年,交流得没完没了,直到这些画作对他来说变得"完全可以理解"[3]。他对曼特尼亚充满热情;他与艺术史学家伯纳德·贝伦森在佛罗伦萨塔蒂别墅的花园里讨论问题,而贝伦森则为他打开了了解塞尚的大门;与大提琴家巴勃罗·卡萨尔斯共度音乐之夜;依据惯例在佛罗伦萨菲耶索莱山上的巴迪别墅或里奇之家(从1904年到1911年的每年夏天)度假;还会定期造访伦敦的高档住宅区,时不时与伯特兰·罗素共进晚餐。在经历了所有这一切之后,利奥·斯泰因终于来到了巴黎,但他认为自己"就像克里斯托弗·哥伦布一样",正在"驶向世界之外的世界"[4]。

利奥·斯泰因远离当时法国人争论不休的话题——政教分离法(1905年)和福利国家谈判(1907年),远离当时的部长或经济学家(如瓦尔德克-卢梭或勒鲁瓦-博利约)的关切,他到处走动,就像其他人去市场一样,他则频频出入画廊、沙龙和博物馆,在一个边界可以延伸的文化空间里,往返于剑桥和旧金山、伦敦和佛罗伦萨、巴尔的摩和巴黎之间,带着那种因为经济上无欲无求而不会被现实禁锢的那种人的傲慢、轻率,甚至可能是无奈。"正如我经常以自己的方式(以温和且有说服力的方式)向你解释的那样,"他直截了当地对一位女性朋友说道,"没必要去找艺术类的好书,只要等贝伦森和我把这些书写出来就可以了。"[5]正是利奥在一个个沙龙里寻寻觅觅,终于在克洛维斯·萨戈那里发现了毕加索;正是利奥在安布鲁瓦兹·沃拉尔稀奇古怪的杂物堆里淘到了——《杂技演员一家和猴子》《手捧花篮的小女孩》《牵马的男孩》《站在球上的杂技演员》《坐在酒吧里的两位女子》《拿扇子的女人》——首批蓝色和玫瑰时期的杰作；正是利奥成为首位对毕加索作品进行公开评论的人；正是利奥偶尔为"洗涤船"工作室支付房租和烧煤费用；正是利奥邀请大家参观他收藏的高更作品；正是利奥护送亨利·马蒂斯和俄罗斯收藏家舒金走过拉维尼昂街；正是利奥，用他自己的话来说，成为第一个"同时欣赏马蒂斯和毕加索"[6]的人。

"我亲爱的巴勃罗，请于明天，即周二下午来我家看一幅格列柯（多米尼克·提托克波洛斯①）的作品。祝好。斯泰因。"[7]在长达五年的时间里（从1905年到1910年），毕加索与利奥·斯泰因——毕加索的第一位收藏家和黑暗岁月中慷慨无私的保护者——之间进行了一系列金融交易、服务交换和建议交流，彼此用直接，有时甚至是简单粗暴的方式向对方发出信号。他们都同样崇拜塞尚、高更、埃尔·格列柯或雷诺阿。但没过多久，毕加索便开始直接向他的赞助人出售作品，他为此很洋洋得意，这引起了斯泰因的好奇、渴望和嫉妒，也激发了潜在买家之间的竞争："工作进展顺利，大幅作品正在绘制中。"[8]"我亲爱的朋友们，工作室已经安排妥当，我能做的就是等着你们的来访。祝好。毕加索。"[9]"我找到了一位买家，他想买我给你看过的三幅小丑画中的一幅，他出价250法郎。由于你说过你想要这幅画，所以我想知道你是否愿意以这个价格买下它。请给我一个答复，以便我回复这位先生。祝你们两位好。毕加索。"[10]

早在1905年，利奥和他的妹妹格特鲁德就是亲密无间的兄妹俩。1905年，有人在弗勒吕斯街的庭院里看到他们手挽着手，穿着波希米亚租界人士的服装，戴着礼帽和怀表，披着黑色天鹅绒斗篷，光彩照

---

① 格列柯通常在自己的画作上用希腊文署名：多米尼克·提托克波洛斯。

人，面带微笑——走进了巴勃罗·毕加索和费尔南德·奥利维耶亲密的二人世界。从戈索尔回来后，正如我们所见，这位艺术家立刻把他在佩德拉福卡村试验过的办法应用在《格特鲁德·斯泰因画像》的创作上。于是，在毕加索令人惊叹的转向之路上，利奥和格特鲁德都继续追随着他的步伐，直接从他的工作室购买了一些周边的但又至关重要的作品。这些作品都与他伟大的驱魔画有关，其中有几何形状的裸体女子和裸体男子——《拿着毛巾的裸女》《三个女人》。利奥在这种原始美学中专注于他所喜爱的高更，格特鲁德则探究她所欣赏的塞尚关于形式的概念作品。最重要的是，他们得到了第10号笔记本。为了构思《亚威农少女》，毕加索总共画了16本精彩的笔记本，第10号笔记本是唯一一本他此前绝对不同意让给别人的笔记本，里面包含了近千幅震撼人心的素描作品。它直接把你带进毕加索的巢穴，你在那里会亲眼看见他自由、疯狂、全力以赴的创作动力。"从翻开第一本笔记本的那一刻起，你就进入了一项庞大工程的核心区域，这项工程的进展速度十分惊人，对每一个想法、每一个人物、每一个细节，无论多么微不足道，都进行了了不懈的研究。"布里吉特·莱亚尔写道，"这些研究会在多次的转向、反复和偏离中逐渐清晰、逐渐成型……明确借鉴了在戈索尔时期积累的各种想法和形象……令人不安的形态，雌雄同体的躯体——粗壮，肌肉发达，但明显具有女性特征——以及'伊比利亚'式的脸部比例，眼睛画成黑色并画有边线，耳朵突出，鼻子向下，眉毛弯弯，面无表情，无欲无性。"[11]

当利奥·斯泰因（抑或是格特鲁德？）拿到了像这本笔记本一样珍贵的物品时[12]，他是不是有点像偷到了金羊毛的伊阿宋？毕加索的初步计划（妓院场景，有两名顾客，一名是水手，另一名是医科学生）在令人眼花缭乱的发展过程中（医科学生变成了雌雄同体的女性，划杠涂改，淫秽的姿势），受到了无拘无束的艺术家无所不能的滋养，直到原本"有性别"的身体蜕变为完全变性的身体。"面饰与一般雕塑不同，它是神奇之物。《亚威农少女》一定诞生于那一天，但完全不是因为它的形状：而是因为它是我的第一幅驱魔画，绝对是的！"[13]这是毕加索本人后来对安德烈·马尔罗描述这幅驱魔画时所说的话。这幅作品技艺精湛，却让人感觉不自在，所以一直摆在他的工作室里，直到1925年卖给收藏家雅克·杜塞。几乎所有看过这幅画的人都对其极尽嘲讽，表示无法理解。尽管如此，崇拜者们对毕加索的兴趣依然不减。1908年夏天，由于生病，毕加索在巴黎北部（树林街）的一栋乡间别墅里休养。之后，为了庆祝回到拉维尼昂街，他给他的美国收藏家们写了一句简短的话——"工作室已经整理妥当。"[14]——并附上了一张邀请函。斯泰因兄妹十分高兴，急忙赶到工作室，立刻买下了三幅静物画。1909年夏天，他在阿拉贡的小村庄奥尔塔德桑特霍安小住了几周，这继续吊起了他的朋友斯泰因兄妹的胃口，迫不及待想要了解他的新风格——一种简约的几何立体主义——毕加索几乎每天都向他们通报自己的工作进度，并给他们寄了大量照片。当他们表示希望了解他的家乡时，他便不遗余力地安排工作准备接待他们。"西班牙在等着你们。"[15]他在信中这样写道，语气颇为自豪，接着又写道："我亲爱的朋友们，我给你们寄来了三张照片，拍的是我画的四幅画。这几天我还会给你们寄一些。"[16]"告诉我，你们是否收到了我四幅画的照片。这几天我还会给你们寄几张有关我的家乡和我的画作的照片。"[17]回到巴黎后，他继续施加压力："我的画要后天才能钉好。"他接着宣布："邀请你们参加周三下午的画展开幕式。"[18]

事实上，毕加索的策略非常奏效，斯泰因兄妹对这一特殊礼遇受宠若惊，立即买下画作系列中最好的两幅作品——《水库》和《山上的房子》。就这样，在弗勒吕斯大街的墙上，毕加索的油画作品逐渐汇集成册，成为他在20世纪头十年（1901—1909年）——蓝色时期、玫瑰时期、戈索尔时期、亚威农少女时期、树林街时期、奥尔塔德桑特霍安时期——创作的所有作品的最佳综合体。这也是格特鲁德首次对摄影与艺术家的新美学之间的关系进行分析的时刻——摄影的真实与绘画中表现的真实之间的相似关系和句法等式。毕加索的生意蒸蒸日上，新的收藏家（俄国人）也加入了竞争行列。1909年9月，正如我们所看到的，他离开了"洗涤船"，搬进了位于克利希大道的公寓楼。利奥·斯泰因立刻就知晓了毕加索的这一新的社会身份，从以下这份略有修正的"支出账目"可见一斑："我亲爱的朋友们，我之前弄错了，这是账目：阿松的酒馆，250法郎；工作室，130法郎；房子，110法郎，共计490法郎。另外请给我500法郎，我好给自己买匹马。祝好。再见。毕加索。"[19]毕加索在他的新家写下了这些。斯泰因兄妹起初知道他生活贫困。自从他搬进摆满家具的这套公寓后，利奥还是对他施以援手，只是这次是最后一次。经过五年的不懈支持，这位收藏家决定与毕加索保持距离。"1910年，我买下了毕加索的最后一件作品，其实我并不想要这件作品，"他写道，"但我为之预付了一大笔钱，因此我们扯平了。"[20]如何解释这样的翻脸无情？是利奥厌倦了毕加索在经济上的索取？厌倦了他在美学上的演变？还是他觉得烦人的妹妹从他手中抢走了主要评论家的角色（而此前这一直是他面对毕加索时所扮演的角色），并刚刚把她的同伴爱丽丝·B. 托克拉斯安顿在弗勒吕斯街居住？

五年的光辉岁月就此结束。利奥·斯泰因——阿尔弗雷德·H. 巴尔称之为"他那个时代最博学的人"——自1905年发现了这位"年轻的西班牙人"，这位"堪称无价之宝的天才"，并立即将其推崇为那个时代"最出色的画家"，他就一直在为毕加索的作品"积极奔走"。事实上，斯泰因能在不同文化间建立联系，这一点无人能及——他在疯狂年代的巴黎充分发挥了这一才能——在从未有过交集的世界间架起了一座桥梁。"我在巴黎遇到的第一批美国人,"他写道,"完全不喜欢尝试。除了官方组织的沙龙,他们一无所知。"[21]事实上,对于这些"从沉默的过去中慢慢走出来"、渴求美的年轻艺术家来说,自从离开新世界后,他们对与艺术有关的一切仍然讳莫如深,以至于被视为"迷失的灵魂"。斯泰因成了名副其实的孵化器,成了巴黎前卫艺术的理想中介。[22]在他"英雄式传教"的使命驱使下,他在"周六晚上"对他们进行速成教育:邀请好友们共进晚餐,然后暗中赞助举办"开放桌"会议。想要加入的话,只需按下门铃并报上朋友的名字即可。这是一个理想的圈子,刚从缅因州、加利福尼亚州或纽约来的年轻艺术家[23]可以在这里结识巴黎的风云人物。"塞尚、图卢兹-劳特累克、贾曼恩、马蒂斯、毕加索、雷诺阿和瓦洛东的画作挂满了弗勒吕斯街画室的墙壁。相比之下,卢森堡博物馆的展厅就显得老气横秋了。"[24]两年前,德国艺术家葆拉·莫德松-贝克尔曾为卢森堡博物馆的几间展厅所吸引,但在看到利奥·斯泰因的藏品后,她最终认为"作为独一无二的现代艺术公共展览空间,卢森堡博物馆有点令人遗憾"[25]。利奥·斯泰因和格特鲁德创建的沙龙,以自己的方式继承了法国沙龙的传统,具有审美论调和聪慧品位。[26]它再次在巴黎社会的夹缝中得到发展,因为它主要由外籍人士组成。凭借其收藏——利奥会对藏品进行现场评论,其中不乏"灵光乍现的妙语连珠"——这个巴别塔式的沙龙无疑是利奥的首次成功,也是他最伟大的成功。美国画家马克斯·韦伯①被这位收藏家"灵光乍现的妙语连珠"打动,成为他最早的崇拜者之一。他还热情洋溢地把这些统统记录了下来。"在一间宽敞明亮的房间里,我们连续数小时围坐在角落里的一张大

---

① 这位美国画家与现代西方社会学的奠基人、德国著名哲学家马克斯·韦伯同名同姓。

桌子旁，仔细端详满满一箱马蒂斯、毕加索等人的素描作品，以及精美绝伦的日本版画。"他说道，"沙龙对来自世界各地的年轻艺术家来说，就像是一个巨大的思想市场。利奥才华横溢、博学洽闻，在他的引领下，大家就美学趋势展开了激烈而深入的讨论。在这里，每个人都可以自由地提出各种想法，这些想法就像艺术界的惊雷，许多人在这里有了自己的首次发现。"[27]

不过，并不是所有人都加入了这个奇怪的圈子。"在早些时候，"梅布尔·道奇说道，"大多数人都是带着嘲笑和讥讽的眼光去斯泰因家的。无数个晚上，为了让无精打采的客人振作精神，利奥都要不厌其烦地展示、讲授、解释，对四大名家赞不绝口：马奈、雷诺阿、德加和塞尚。"[28]阿波利奈尔则与反思的巴黎人如出一辙，巧妙地讽刺了"这个美国女人，她与她的兄弟以及几个亲戚一起，形成了他们那个时代最令人意想不到的赞助商"："他们光脚穿着德尔斐凉鞋，他们抬起科学的面庞望向天空，这双凉鞋有时让他们在餐饮店和饮料店受到伤害。当这些百万富翁走在林荫大道上，想坐在咖啡馆的露天卡座上放松一下时，服务员却拒绝为他们服务，并彬彬有礼地让他们明白，咖啡馆提供的饮料对穿凉鞋的人来说太贵了。不管怎样，他们对此并不在意，而是心平气和地继续着他们的美学体验。"[29]然而，在20世纪的头十年及以后，迈克尔·斯泰因、利奥·斯泰因、格特鲁德·斯泰因（丹尼尔·斯泰因和阿玛利亚·斯泰因所生五个孩子中的三个）、迈克尔·斯泰因的妻子萨拉以及后来格特鲁德的伴侣爱丽丝·B. 托克拉斯，他们都在关键时刻以非同寻常的冒险精神和慷慨大度，为改变西方世界的文艺状况做出了贡献。事实上，虽然利奥、格特鲁德和萨拉最初都在巴黎舞台上扮演了各自的角色，但如果没有兄弟姊妹中的长兄，即睿智、耐心和宽容的迈克尔来主持大局，那他们的冒险经历都不可能实现。父母去世后，迈克尔成为弟弟妹妹的监护人，为他们管理家族企业基金留下的共同财产，但他从未对这些资产的使用发表过任何评论。

在斯泰因组织的晚间沙龙上，毕加索的每次到场都给所有与会者留下了深刻印象，他们之后都迫不及待地想把当时的场景记录下来。"当毕加索看着一幅图画或草图时，"利奥·斯泰因指出，"我很惊讶，纸上竟然还残留着一些东西，他的目光是如此强烈。"[30]安德鲁·达斯博格紧随利奥之后继续说道："毕加索……正目不转睛地盯着放在盒子里的图画。他的目光是如此专注！他看的时候，就好像在用眼睛把图画从纸上扣出来一样。当然，在那一刻，我宛若置身于极乐世界：这是艺术世界第一次向我敞开大门。"[31]马森·哈特利也眉飞色舞地告诉罗克韦尔·肯特："昨天我在格特鲁德·斯泰因的家里，欣赏了她收藏的塞尚和毕加索的作品。我可以告诉你，毕加索这家伙非常出色。他画的水彩画，以其对新事物的色彩与形状的表现方式，激发了我前所未有的灵感。"[32]在斯泰因的年轻追随者中，与这位艺术家保持最亲密关系的无疑是马克斯·韦伯，他与毕加索一样热爱非洲艺术，热爱曾经做过海关收税员的亨利·卢梭的作品。"亲爱的毕加索先生，"他在临行前写道，"我没有去你家，没有在走之前见到你，我对此感到十分遗憾。但我希望很快就能见到你。向你致以诚挚的问候。祝你大获成功……大英博物馆里的刚果文物数量众多，质量上乘。我希望你能尽快看到它们。"[33]

第六节

"就像巴赫的赋格一样完美"……阿尔弗雷德·斯蒂格利茨

《站着的裸女》……就像巴赫的赋格一样完美。[1]
——阿尔弗雷德·斯蒂格利茨致信阿瑟·杰罗姆·埃迪

身在巴黎的美国年轻画家们熟知斯泰因的收藏,并相约在每周六晚上聆听"灵光乍现的妙语连珠",前卫艺术的消息因此得以迅速在美国传播开来。最先受到影响的是阿尔弗雷德·斯蒂格利茨。在这个国家,他是一位非典型人物,他的工作品质令人惊叹,有时还被称为"文艺复兴之人"。"他从早上十点就待在画廊里,一直待到晚上六七点,不停地说话、说话、说话,"爱德华·施泰兴解释说,"不停地说话、讨论、解释。他是哲学家、先知、教师、神父。在'291画廊'里,没有什么话题是不能持续公开讨论的……与众不同的正是斯蒂格利茨本人。"[2]阿尔弗雷德·斯蒂格利茨是一位多才多艺的艺术家、杰出的摄影师,同时也是一位思想活跃的画廊老板和出版商。此外,从文化上来说,斯蒂格利茨是一名混血儿,具有深厚的欧洲血统。与斯泰因的父母一样,斯蒂格利茨的父母也是在美国南北战争前从德国移民过来的,然后又带着自己的孩子回到德国接受教育。他的父亲爱德华·埃夫莱姆·斯蒂格利茨出生在巴伐利亚北部图林根州的一个小镇施塔特斯伦根费尔德，距离卡恩韦勒的出生地有两个小时的步行路程，并在1849年搬走了。19岁时，阿尔弗雷德·斯蒂格利茨开始在柏林工业大学学习（他在那里足足待了十年）。在这所大学里，他接受了机械工程和光化学方面的教育，尤其是跟随化学家赫尔曼·威廉·沃格尔学习，沃格尔向他介绍了染料敏化。在那里，他很快明白了精湛技术在表现白金摄影的色调中的重要性，结识了欧洲"画意"[3]摄影师，并娴熟地开发了美国这一新兴的摄影市场。1890年回到纽约后，他成立了"日光色素"公司，成为照相凹版印刷的专家。他创办了摄影俱乐部，随后又效仿维也纳分离派创办了杂志《相机笔记》[4]（1891年），在技术、形式和政治上激励当地摄影师，并彻底改变了这座城市的品位。"美国摄影将在全世界崭露头角……是斯蒂格利茨创造了条件，收集了照片，并承担经营职责。他难道不应该发挥点什么影响吗？"早在1904年，阿尔弗雷德·霍斯利·辛顿就写过相关文章："今天，他给人的印象是一个性格非常要强的人，全身上下散发出坚强不屈的精力和不可动摇的决心。"[5]

　　1905年11月，斯蒂格利茨进一步扩大了他的实验领域。他在华盛顿广场附近开设了一家名为"摄影分离派小画廊"的店面。这间画廊空间不大，却优雅、简约，地上铺满灰色地毯。这座城市虽远远落后于巴黎，但革命性却体现得淋漓尽致。他试图在其中展现他对前卫摄影的热情。自1900年以来，他的年轻同事爱德华·施泰兴一直担任罗丹的摄影师，往返于纽约和巴黎之间。在他的帮助下，斯蒂格利茨成为欧洲前卫艺术在纽约的推广者。"事实上，我是在为一种新的态度而战，这种态度远远超出了为摄影而战的简单范畴。"他写道，"那时我还不知道我会扩大战线，我的斗争对象其实包括画家、雕塑家、作家和音乐家。"[6]作为一名标准的双重文化人，斯蒂格利茨马不停

《站着的裸女》

巴勃罗·毕加索,1910 年,炭笔画,大都会艺术博物馆,阿尔弗雷德·斯蒂格利茨收藏,1949 年

蹄地在各大洲之间来回奔波。他每年夏天都会回到欧洲，力图将两个世界的精华结合起来。1908年夏天在巴黎，斯蒂格利茨在施泰兴的带领下，相继参观了罗丹在默东的工作室和马蒂斯位于塞夫勒街的工作室。

他立即决定展出这些作品：罗丹的58幅情色画作（1908年1月），以及马蒂斯在美国的首次展出（1908年4月），包括油画、蚀刻版画和石版画——在一个市侩之风和道德洁癖横行的国家，这两项大胆的举措成功引发了社会公愤，他的杂志《摄影作品》也有部分读者取消了订阅。"最后，如果你想要一些颠覆性的东西，"爱德华·施泰兴评论道，"我敢肯定，如果毕加索的展览能够举办的话，那将与此完全吻合。这位艺术家是个神人，他讨厌展示自己的作品，但我们还是要努力接近他！"[7] 1909年夏天，尽管施泰兴个人对毕加索的态度有些矛盾，但他还是带着斯蒂格利茨去弗勒吕斯街参观斯泰因的藏品。在那里，利奥发表了热情洋溢的讲话——他提到了惠斯勒的绘画、马蒂斯的雕塑、古代艺术大师……当然也提到了毕加索——斯蒂格利茨听得目瞪口呆，当即建议这位收藏家在他的杂志《摄影作品》上出一到三期特刊，专门刊登他撰写的关于他最喜爱的艺术家的文章——但利奥·斯泰因迟迟都未动笔。[8]

毕加索的艺术怎么可能逃过阿尔弗雷德·斯蒂格利茨的慧眼？当年，毕加索的研究与斯蒂格利茨提出的问题在进化动态中自然产生了共鸣，斯蒂格利茨曾在柏林接受教育，那里是德国大学最优质的中心区域。在那里，艺术史首先由阿道夫·戈尔德施密特教授——他为中世纪艺术注入了"科学的方法"；后来由海因里希·沃尔夫林教授——这为毕加索提供了所有必要的概念工具，海因里希·里尔将其描述为"时代之眼"[9]。至于威廉·冯·博德——皇家博物馆的助理，他在同事们的帮助下，正准备借由从英国、意大利和法国市场上收购的艺术品来打造一流的物流系统，从而扩大这座城市的收藏范围，将欧洲以外的艺术品纳入其中——这种全球视野的、超越个体的历史学方法源自约翰·哥特弗雷德·赫尔德的著作。[10]不过，除了拜访利奥·斯泰因以外，这位摄影师、画廊老板和《摄影作品》的出版商还通过另一个渠道结识了这位拉维尼昂街的奇才。

1910年1月，斯蒂格利茨在《建筑实录》杂志上看到了首次在美国刊登的毕加索的几张照片。照片上的毕加索身处自己的工作室内，他坐在椅子上，手持烟斗，身后是他收藏的非洲面具。这些照片是由记者格莱特·伯吉斯拍摄的，他有幸在巴黎见到了所有前卫艺术家，但正如菲利普·达让在《原始主义》一书中指出的："当时没有哪一位现代'大师'会在这样的场合抛头露面。"[11]伯吉斯拍摄的照片还有《三个女人》，以及《研究》《女人》这两幅创作时间早于《亚威农少女》的研究图稿。《亚威农少女》当时还不为公众所熟知，但已经引起了很大争议。"毕加索是个恶魔，"伯吉斯写道，"我用这个词是非常尊重他的，因为他是一名朝气蓬勃的年轻人，拥有橄榄色的肤色，一双黑色的眼睛，一头黑发，完全正宗的西班牙人，活力无穷，热血沸腾……他是一群人中唯一一个真正具有幽默感的人。如果你见到他，一定会像我一样，对他一见钟情……毕加索胆略过人。他的品质如黄金般耀眼。他的画作流露出青春的张狂，是对自然、传统和礼仪的不屑一顾……因此，当你看到他笔下的金字塔状的女性，模仿非洲的夸张画像，斜着眼睛的人物，扭曲的大腿——以及无法提及的更糟糕的作品——那你就要尽力集中精神……但是，如果毕加索在他的艺术和生活中确实是一个真正的恶魔，那么他就是一个聪明的人，至少在一段时间内，他知道如何画画。"[12]

在到访巴黎的美国人中，格莱特·伯吉斯最善于深入他统称为"野兽派"的前卫艺术家之中，捕捉他们的秘密。"毕竟，野兽派并没有那么疯狂，他们只是在创作方法上缺乏经验。"他写道，"我至少可以证明，他们不是江湖骗子。他们是认真的，正在进行一场有意义的反抗……重要的是，他们的艺术迫使我们思考。因此，与其他有助于我们运动的事物一样，他们的艺术在文明中也占有一席之地……但也许这些野兽才是真正文艺复兴的先驱，也许他们正在为我们开辟一条穿越丛林的道路。"围在斯蒂格利茨身边的人还包括画家马克斯·韦伯。他在巴黎生活了三年（正如我们所见，他在巴黎成了毕加索的朋友，并师从马蒂斯），之后于1909年12月回到纽约，住进了斯蒂格利茨"291画廊"所在的房子里，那里充满了毕加索的回忆——与亨利·卢梭的友谊、关于非洲艺术的交流以及静物画的收购等等。接着登上舞台的是哈维兰家族及其相关人员。保罗·伯蒂·哈维兰——一位富有的法裔美国摄影师，在经济上支持着画廊；弗兰克·伯蒂·哈维兰，保罗·伯蒂·哈维兰的弟弟——一位来自蒙帕纳斯的画家，1909年成为曼努埃尔·马丁内斯·胡盖（"马诺洛"）的朋友，后来又成为毕加索的朋友；汉密尔顿·伊斯特·菲尔德，是前两位的堂兄，也是一位画家、评论家和赞助商——1910年7月，他委托毕加索为他的布鲁克林图书馆绘制11幅装饰画[13]，这是画家毕加索在美国接到的首个委托订单。最后是马里乌斯·德·扎亚斯，他是一位年轻的墨西哥插画家，由于政治原因流亡到纽约。1910年10月他在巴黎待了一年，并在那里结识了毕加索。正是他汇聚了各方努力，并代表斯蒂格利茨说服毕加索同意在纽约举办展览。在最初对秋季沙龙感到失望之后——"我看了看，但什么也没看到。"[14]——扎亚斯很快成为巴黎圈子里最出色的评论家之一："真正引起轰动的是一位西班牙人，我忘了他的名字了，但哈维兰认识他，因为此人是哈维兰兄弟的朋友。"[15]1910年10月28日，扎亚斯在给斯蒂格利茨的信中如此热情洋溢地写道，并向他表示了谢意："多亏了摄影分离派，我现在可以睁开眼睛看东西了。"[16] 几天后，他又斩钉截铁地补充道："你必须从毕加索那里获得未来战斗的所有弹药。"[17]

爱德华·施泰兴最初对毕加索的作品持有保留意见，但从那时起，这些保留意见就被这位艺术家的狂热粉丝们彻底粉碎了。哈维兰、扎亚斯、毕加索本人和施泰兴一起挑选作品，最后连长袖善舞的施泰兴都为之倾倒，同时他也大胆申明了自己的观点："我将乘下一艘船来护送毕加索的作品……哈维兰和毕加索自己选择了画作。我在最后插上一嘴，给他们提了点建议，让他们更清楚地看到画作的演变过程。其中既有他最早的作品，也有他最新的作品——当然是'抽象'作品——只有角度和线条，这肯定会是你在展览中见过的最疯狂的东西。毕加索这个人我永远都无法参透……我钦佩他，但他的所作所为对我来说比希伯来文还难懂……他可能是位伟大的人物，但如果我现在说我意识到了，那实在有点附庸风雅。"[18] 从1911年3月28日到4月24日，再到整个5月份，阿尔弗雷德·斯蒂格利茨终于举办了他祈盼了三年之久的展览："巴黎的巴勃罗·毕加索早期素描和水彩画展"。在斯蒂格利茨精致素雅的灰色画廊里，参观者可以欣赏到49幅纸上作品（创作时间为1906年到1910年），还有画廊先前收藏的34幅其他绘画作品，以及马里乌斯·德·扎亚斯写的一篇激情四溢的小文。毕加索在美国首次亮相就获得了如此优厚的支持，还有比这更好的支持吗？"我想向你们介绍来自马拉加的巴勃罗·毕加索，他是走在创新前沿的人。"扎亚斯写道，"他知道自己想要什么，也想得到自己知道的东西，他超越了所有学院派的偏见，已经为自己开拓了大片领域，而且声誉显著，而声誉是迈向荣耀的第一步……正如埃及艺术克服了希腊罗马艺术的偏见一样……毕加索的艺术在美学上表现了形式心理学，呈现出的只是大体存在的本质。"[19]

在斯蒂格利茨策划的展览中，有戈索尔时期创作的《披着披肩的农妇》，农妇戴着风帽，身穿百褶裙，正在等着某人的到来。这是一幅经典之作，画中老妇人的全身侧面像已经承载了 1906 年的转变，流露出永恒的气息；有变形的身体（为《亚威农少女》做准备）、非洲雕像、鼻子扭曲的头像、奥尔塔宁静怡人的风景画、充满活力的立体主义绘画，真是应有尽有。从菲尔德购买的《披着披肩的农妇》，到斯蒂格利茨购买的《站着的裸女》，展览的精选作品以时间为序，陈列不拘一格，充分展现了画家的精湛技艺。"城市的新轰动""令人难堪的展览""莫名其妙的艺术集合""不知所以的秀场"：当地评论家的反应五花八门，不胜枚举——在一个传统的国度，面对这样一位风格大胆的艺术家，他们的反应怎么会一样呢？有些评论家甚至对毕加索创作中的非洲根源表示遗憾："将任何可能意味着进步、提高和发展的形容词用来形容塞尼尔［原文如此］·毕加索的创作方法都是错误的……他作品中的形式是新非洲式的，他作品中的造型是新非洲式的，就像非洲西海岸当地人用乌木或黑木制作的雕塑，残酷地表现了人的形象。"[20]

尽管媒体报道引起了七千余人的关注，尽管展览特别延长至 5 月，但作品销量却表现平平。然而，斯蒂格利茨清楚地意识到，一个真正的事件才刚刚发生。"展览取得了巨大成功，"他在给扎亚斯的信中写道，"从某种意义上说，这是我们举办过的最重要的展览……相比近期，前景似乎更加光明。"[21] 马里乌斯·德·扎亚斯则预测："毕加索的展览将极大地巩固摄影分离派在艺术界的地位。"[22] 斯蒂格利茨深受鼓舞，他对毕加索的作品充满热情，于是向大都会博物馆馆长布莱森·巴勒斯提议，以 200 美元的价格买下所有作品。但巴勒斯颇为不悦地反驳说，他"看不上毕加索的任何作品"。"我敢打赌，"他接着说道，"这样疯狂的绘画在美国永远不会有任何意义。"[23] 结果如何就让他去裁定吧！展览结束后，斯蒂格利茨对毕加索的兴趣非但没有减弱，反而与日俱增。1911 年夏天，在扎亚斯的引见下，他终于见到了这位艺术家。斯蒂格利茨把见毕加索与见马蒂斯、罗丹相提并论，他后来写道："在我看来，毕加索是最伟大的。我认为他（比其他人）的视野更开阔。也许他的作品还没有达到他所追求的全部境界，但我确信他将是最伟大的。"[24]

事实上，比起画廊老板的身份，作为摄影师的斯蒂格利茨似乎更受毕加索研究的影响。在艺术家之间的互动中，毕加索似乎唤醒了他内心的某种东西。"你不了解毕加索等人与摄影之间的关系，"他在给朋友海因里希·库恩的信中说，"现在我意识到，当代艺术就像毕加索一样是抽象的（没有主题）……正如我们正处在一个新时代的门槛上，在艺术领域，我们也面临着一种新的表达方式——真正的媒介（抽象）。"[25]1912 年，格特鲁德·斯泰因为《摄影作品》撰写了一篇文章。在身为出版商的斯蒂格利茨看来，正是这篇文章描述了毕加索对摄影的兴趣（记得是在 1909 年夏天，就在毕加索把他拍的奥尔塔德埃布罗的照片寄给她时，她意识到了这个问题）。斯蒂格利茨还是一位收藏家，他以 65 美元的价格买下了整个展览中最新颖、最难懂的一件作品，这件作品被一位评论家讥讽为画得像"逃生梯"[26]。事实上，《站着的裸女》是一幅震撼人心的炭笔画，画中的直线、斜线、弧线以及十分浓重的水平阴影——或清晰或模糊，或浓或淡——形成了一个完整的构图，不免让人联想到音乐。"就像巴赫的赋格曲一样完美。"[27]斯蒂格利茨向他的朋友阿瑟·杰罗姆·埃迪简要解释了他的收获。这一评价让人不禁联想到克拉玛日，他在慕尼黑一看到《女人头像》，内心的兴趣便被瞬间激发了。因此，毕加索进入新世界收藏的前两件作品代表了两位女性，她们本身就承载着毕加索的动态变化：戈索尔的老农妇转向了符号；而立体主义裸体画则会在 1913 年 2 月充满传奇色彩的"军械库艺博会"上展出。

在纽约举办此次毕加索画展的几个月后，阿尔弗雷德·斯蒂格利茨深信，身处对欧洲前卫艺术仍时常保持沉默的环境中，自己仍然具有奋斗精神，他因此变得具有远见卓识。"在我看来，美国正在进行一场无声的革命，"他向保罗·伯蒂·哈维兰解释道，"绝大多数人仍然完全不知道正在发生什么。"[28]事实上，在"巴黎的巴勃罗·毕加索早期素描和水彩画展"举办两年后，通过另一渠道匆忙筹备的"军械库艺博会"（立体主义展厅展出毕加索的作品）在纽约引发了激烈的争议。[29]

不过，我们还是别想太多了。毕加索在德国的传播——自然有当地伟大的艺术史学派的理论框架、一大批高度专业的评论家以及遍布整个德国的画廊网络的支持——采取了系统而协调的形式。而毕加索对美国的渗透仍然是务实的、随机的，仰仗像斯蒂格利茨等几位人士的聪明才智，其中值得再次强调的是：从1880年到1890年，斯蒂格利茨在柏林接受了教育，并接触到了前卫艺术，这无疑使他与文森克·克拉玛日、丹尼尔-亨利·卡恩韦勒、卡尔·爱因斯坦和威廉·乌德等富有远见的人结下了不解之缘。

为了强调自己与毕加索作品的共鸣——艺术家直面艺术家——斯蒂格利茨决定在第36期《摄影作品》上公开刊登《站着的裸女》，这是他在展览一结束（1911年底）就准备出版的一期专刊。这期专刊专门刊登了他自1892年以来拍摄的16幅未曾公开发表的摄影作品——围绕纽约市及其港口、铁路、烟雾弥漫的天空所拍摄的系列佳作，如《曼哈顿下城》《雄心之城》《河对岸的城市》《人类之手》《终点站》，但最重要的也许是那幅杰作中的杰作《舵手》，画中的人物挤在两层甲板上，下层甲板、上层甲板、下层阶级、上层阶级。下层甲板上有披肩、吊带、农妇头巾，上层甲板上有身穿白装的船员、毛毯、优雅的女人，两个社会阶层被一条长长的、白色的、斜斜的、禁止通行的舷梯和链条栏杆隔开，这就是对移民的典型视角。

第七节

促膝而谈，艺术互映……格特鲁德·斯泰因

> 20世纪将不再是欧洲的世纪，因为欧洲可能已经完蛋了[1]。
>
> ——格特鲁德·斯泰因

"在格特鲁德买下毕加索的立体派作品之前，"利奥·斯泰因在给收藏家阿尔伯特·巴恩斯的信中写道，"她从不对任何购买行为负责，而且她总是承认这一点。"[2]这样的解释就十分清楚明了了！后来，他又说："（格特鲁德）所说的关于我们在1911年之前的所有工作，无论是事件本身还是事件参与者，几乎都是不真实的。她最近发表的《梅布尔·道奇在库罗尼亚别墅的肖像》一文，完全是在胡说八道，她甚至认为要把我的名字抹掉。"[3]面对一个分歧如此公开、如此剧烈的家庭，一个人如何才能保持清醒的头脑？众所周知，兄弟姐妹之间的争吵既不雅观又粗暴残忍，把最原始、最古老的冲动暴露无遗。不过，我们的关注点暂时回到格特鲁德·斯泰因和毕加索这两个人身上。几年前，在毕加索博物馆的档案室里，我已经能够欣赏到这两位朋友从1905年起所特有的"通用语"。"你好，你好，说得很漂亮，这匹木马也

很漂亮。"① 她在一张描绘多那太罗雕塑的明信片上写道,"这张照片比我寄给你的另一张更漂亮。这匹马非常漂亮,安放它的展厅也非常棒。"4 到了圣保罗日,她在一张颇为"花哨"的卡片上写道:"祝你节日快乐,我虽然来晚了一点,但我还是会来的。祝好。"5 后来,在"小个子"②的《斯皮尼伯爵夫人画像》的一幅复制品上,她写道:"她很漂亮,是不是?你在那里干嘛呢?你一个人吗?快乐的加泰罗尼亚人很漂亮。没有什么新鲜事。向你问好。格特鲁德。"6 "我法语说得很差,写起来就更差。"有一天她这样写道,"但巴勃罗也一样,他说过,我们写的和说的法语只属于我们自己。"7

格特鲁德·斯泰因和毕加索用他们自己发明的语言交流,虽然她从未真正费心去掌握法语。但毕加索就不同了,1935 年时,他已成为一名出色的诗人。"对我来说只有一种语言,那就是英语。"格特鲁德·斯泰因声称,"在这几年间,我最享受的事情之一就是我的身边围满了那些不会说英语的人。"8 她享受着作为外籍人士的孤独,生活在一个没有人理解她在写什么的国家。在那里,她可以轻松地将自己隔离在自己的语言泡泡中。因此,她和毕加索都忙于更新各自语言——绘画和英语——的代码,他们创造了属于自己的交流用语,这也象征着他们亲密无间的关系。如果说利奥是毕加索系列作品的幕后推手,那么格特鲁德真正在毕加索的舞台上亮相则始于她为自己的画像充当摆姿模特,就在 1906 年戈索尔的夏天来临之前。

这幅画像是谁提议创作的?又受到了谁的资助?没有人知道。"格特鲁德摆好姿势,毕加索坐在椅子边上,鼻子贴着画布,手里拿着一个很小的调色板,便开始作画。调色板里面全是灰褐色颜料,而

---

① 此处原文为"Bonjour, bonjour, bellissima cita questa and molta bella cavallo fait des bois",用法语、意大利语和英语单词交替写成。
② 此处指意大利画家乔瓦尼·卡诺瓦利。

且他还在不断地往里面添加。这是 80 次或 90 次摆姿作画中的第一次。"[9]在短短三个月的时间里，就完成了 90 次摆姿创作，这怎能不让人会心一笑呢？事实上，在此期间，对于那时还是拉维尼昂街穷房客的毕加索，格特鲁德一度击败了他身边的其他追求者，获得了与之交往的特权，一种真正亲密的肉体接触，让她接触到了纯粹的创造力。让我们来听听她在《爱丽丝·托克拉斯自传》中的说辞："（第一次来访毕加索工作室）之后不久，毕加索就开始为格特鲁德·斯泰因画肖像，这幅肖像画如今已声名远播……但这幅画是如何创作出来的，没人记得清了……他们已经忘记了，这是一个黑洞；他们已经不知道了。从 16 岁以来，从未有人给毕加索当过摆姿模特，直到那时为止，当时他 24 岁。而格特鲁德从未想过要请人给自己画肖像……她为这幅画像不断摆姿，足足摆了 90 次，其间还发生了很多事情。"[10]这份自我虚构的文本中蕴含了错误、含糊、故意的错误、艺术模糊、公然夸大：如何才能将斯泰因家族的文学元素恢复到其应有的历史地位，而不是在汹涌澎湃的激流中歪曲了本来的面目？

让我们记住"促膝而谈"这样亲密无间的身体关系，这是身体对身体的爱吗？——她强调说："即使在今天（1932 年），他们两人仍会进行长时间的单独交谈。他们坐在工作室的两把矮椅上，促膝而谈，毕加索会说'你把这些解释给我听听'。"[11]正如他与阿波利奈尔的友谊一样，我们应该注意到一位艺术家的画作与另一位艺术家的诗作之间的完美对称——两位艺术家相互激励、相互鞭策、相互挑战、相互对抗。在戈索尔时期之前的 1905 年和 1906 年，毕加索创作了《格特鲁德·斯泰因画像》，但未能完成。而格特鲁德则创作了小说《三个女人的一生》。从 1906 年夏天到 1907 年夏天，毕加索完成了著名的肖像画，然后便转身投入到《亚威农少女》的形式实验中，而格特鲁德则紧随其后创作了《美国人的形成》。放弃外观相似和发现

"面具方案"，正如我们所看到的，标志着毕加索在戈索尔开创了一个新时代，也正好与他 1906 年 8 月回到巴黎衔接在了一起：毕加索在《画像》中添加了一个面具。斯泰因小姐——从安格尔的《贝尔坦先生肖像画》中借鉴了男性姿势，变成了一副长着不对称眼睛的原始面容——成了博学多才的女诗人。

当毕加索着手创作《亚威农少女》这一旷世奇作时，斯泰因则在埋头书写《美国人的形成》，这是她在追随毕加索人生轨迹的过程中创作的第一部巨著——这部手稿雄心勃勃，令人兴奋，洋洋洒洒写了数千页，其目的也很简单，就是根据她的祖父母（移民美国的德国犹太人）和父母的家庭传奇，讲述美国人的通史。她用一种"受（毕加索）作品中无差别、无结构的现代主义片断的影响"的语言写成，用她自己的话说，代表了"东方对欧洲文化的和平渗透，或者说是这一代人倾向认为 20 世纪将不再是欧洲的世纪，因为欧洲可能已经完蛋了"[12]。

在斯泰因家族的世界里，要确定自己的位置是很困难的，因为关乎他们的每一条信息似乎都是篡改的、伪造的、扭曲的和假冒的。1840 年 7 月 14 日，7 岁的丹尼尔·斯泰因（迈克尔、西蒙、贝尔塔、利奥和格特鲁德的父亲）随父母离开弗兰肯和巴伐利亚交界处的一个小村庄，动身前往美国，并于 1841 年 9 月 2 日（乘坐"先锋号"邮轮）抵达巴尔的摩港。所有关于斯泰因家族的书籍在提到这个家族的德国血统时，都会引用"魏格格鲁本"这个并不存在的名字，而且一再重复同样的错误，准确性似乎在这个家族里没有立足之地。这些兄弟姊妹反复操弄着自己的身份问题，在巴黎这座与他们的执念完全脱节的城市里，那该如何才能看清他们这些非典型的食利者呢？这一次，又是我对地理的秘密热情拯救了我。我花了点时间在上巴伐利亚和普法尔茨的所有小村庄中寻找"魏格格鲁本"……魏尔海姆？魏森

格特鲁德·斯泰因的客厅，弗勒吕斯街 27 号

作者不详。约 1910 年，巴黎，照片，安妮特·罗森夏档案，加州大学伯克利分校班克罗夫特图书馆

堡？魏森霍恩？魏森施塔特？韦尔廷根？上法尔茨地区的魏登？魏克斯海姆？魏恩加滕？事实上，它是一个名为魏克斯格鲁本的地方，是萨勒河谷（巴伐利亚西北部）的一个小农业区。1840年的时候，在当地领主图恩根伯爵的保护下，六个犹太家族——收破烂的、牛贩子、书籍装订工——仍然以"受保护的犹太人"身份生活在图恩根犹太人城堡里，这是一座气势恢宏的中世纪防御建筑，边上是一座建于15世纪的漂亮的方形塔楼。这座犹太城堡曾是接收外部什一税的海关大楼，最初用作天主教堂，后来又用作路德教寺庙（在统治家族决定皈依路德教后）。在斯泰因家族统治时期，城堡里还有专供犹太家庭的祈祷室和宗教学校。

就在毕加索把亚维农的妓女形体反复扭曲的时候，他在朋友格特鲁德的影响下——有一天，他寄了一封信，信封上写着"格特鲁德·斯泰因小姐，文学家"——开始步入其他世界。斯泰因以同样的气魄，根据她父亲的故事，以一则普通寓言重塑了美利坚合众国的起源。格特鲁德·斯泰因是否了解1848年革命前犹太人在巴伐利亚的地位？正是在曾任巴伐利亚驻雅典、达姆施塔特和卡塞尔大使，后任国王大臣的卡尔六世，即冯·图根伯爵的领导下，她的祖父迈克尔·斯泰因——他受人爱戴，显然也是魏克斯格鲁本当地的领袖——在戏剧性的情况下离开了自己的村庄，他是在妻子汉娜的强烈坚持下才不得不离开的，而他本人却犹豫不决。在该村的档案里，我们仍然可以找到导致这场家庭悲剧的蛛丝马迹——父亲的心不甘情不愿，迟迟无法获得的必要证件，长途跋涉的花销，提前变卖的所有财产，以及长子施梅伊·斯泰因情况的不确定性（除非支付额外的罚款），都是因为他没有履行军事义务——这样的冒险亦是对未来的赌博。在1840年5月12日的官方文件里，当地市政府在该文件底部确认了他们均已离境，父亲和他的五个儿子都用希伯来文签了名，而母亲则画了三个小十字[13]……

随着书页的翻动,这位自传体小说家与毕加索的诸多渊源也逐渐显露出来。比如戈索尔变成了戈索尔斯,这是她选择在加利福尼亚安家的小镇名字。"他们住在一起生活,父亲、母亲和三个孩子,本来还有两个孩子,但都早早夭折了,所以他们是一家五口,加上一名家庭女教师和其他雇员,住在戈索尔斯这块十英亩的土地上,这里没有其他富裕家庭居住……他们找到的女仆都是外国人,都和他们住在一起,即使只找到一位也是如此。有时,他们一个也找不到。他们在戈索尔斯生活了一辈子,他们曾经雇过三名家庭女教师,直到孩子们长大成人不再需要为止。"[14]戈索尔/戈索尔斯——现在既是毕加索立体主义未来的发源地,也是斯泰因家族美国未来的发源地——因而在幻想的地理环境中占据了核心位置。在这一地理环境中,美国和西班牙与西方世界的其他地方截然不同。但是格特鲁德·斯泰因更进一步,她认为立体主义是"西班牙的自然产物",是一场诞生于西班牙身份深处的美学革命:"在巴塞罗那的商店里,老板出售的不是明信片,而是小方盒,里面放着一支雪茄、一支真正的雪茄、一个烟斗、一块手帕,等等。所以这些都被代表其他物体的剪纸形象烘托,这正是许多立体派绘画的布局。这就是现代艺术,而在西班牙,它已经有数百年的历史了。"[15]如果说格特鲁德·斯泰因深信自己能够先于他人洞悉立体主义,进而利用立体主义掀起文学革命,那是否因为在她看来,西班牙和美国是"仅有的两个能够实现抽象主义的西方国家"[16]呢?

如果对她来说,对艺术的追求和对身份的追求是相通的,那是因为作品不仅仅是供人欣赏的对象。它是一种体验的媒介,是与世界的某种关系的沉淀——通常从民族的角度来思考:西班牙精神、美国精神、法国精神、德国精神,等等。斯泰因沙龙所倡导的创作范式是基于盎格鲁-撒克逊的心理美学,受到威廉·詹姆斯实用主义哲学的影响。詹姆斯是认知科学之父，也是格特鲁德·斯泰因在哈佛大学学习时的导师。因此，不难理解直接接触绘画会如此必要，就像不断回忆弗勒吕斯街和夫人街（迈克尔·斯泰因和萨拉·斯泰因的居住地），对于激发即时体验是至关重要的。但是，家族收藏的积累也揭示了美学判断与兄弟竞争之间、经济赌注与精打细算之间、个人野心与准宗教皈依之间彼此交织的密不可分的关系网。"因此，斯泰因家族是最早将藏品视为一种心理载体并加以发展的家族之一，这种载体直接参与了个人和家族身份的构建，远远超出了单纯拥有藏品的范畴。"[17]

1911年10月，格特鲁德·斯泰因在完成了她宏大的家族史诗的手稿后，便开始了一段"英勇的改宗主义"时期[18]，在《摄像作品》上发表拍摄巴黎名人的署名作品：相继发表了《马蒂斯》《毕加索》《梅布尔·道奇在库罗尼亚别墅》。因此，对于那些关注斯蒂格利茨在纽约举办的展览并购买其杂志的少数幸运者来说，她成为了向落后的美国公众宣传巴黎前卫艺术的终极推广者。与此同时，她也与毕加索互换了角色：从那时起，就开始了肖像艺术的互映关系。因为在一个相当精巧的嵌套结构中，《格特鲁德·斯泰因画像》中的人物模特用《毕加索肖像画》回应了画家。我们可以读到："有些人一定会追随的人是一个完全迷人的人。有些人一定会追随的人是迷人的人。有些人追随的人是完全迷人的人。有些人追随的人肯定是完全迷人的人……他在工作，但他从未全身心地工作。"[19]这究竟是天才之举还是简单的权力策略？利奥·斯泰因的小妹妹在几个兄弟姐妹中排行最小，她的名字就此载入史册。

1912年3月，格特鲁德·斯泰因购买了《建筑师的桌子》，这是她在哥哥离开后自己购买[20]的第一幅毕加索画作，而且不再像以前那样从毕加索那里直接购买。"我很荣幸地向你确认，我将以1 200法郎的价格向你出售毕加索的画作《建筑师的桌子》。"卡恩韦勒在给她的信中写道，"现在支付一半，另一半等你秋天回巴黎后再支付。"[21]在这幅椭圆形画作的下半部分，毕加索描绘了一张名片，上面有他自己手书的"格特鲁德·斯泰因"字样。这是在进一步加剧格特鲁德的自恋吗？事实上，这幅作品还有更多内涵，因为——米色和灰色交织而成的色调，宛若一幅经过拼图加工的神秘图案——画家将支离破碎的内容杂乱地拼凑在一起，将他喜爱之物与当时激情的所有痕迹拼凑在一起——"MA JOLIE"（我的美人）指的是一首游行歌曲，亦指他的新晋缪斯女神和伴侣伊娃；"MARC"（马克）是他喜爱的烈酒名；"Gertrude Stein"（格特鲁德·斯泰因）则是向他的收藏家致敬，这么多割裂的文字漂浮在同样割裂的物品之间：两个装满酒的玻璃杯、一瓶酒、一张乐谱、一根流苏窗帘的束带、一把小提琴的琴托——所有这些都将成为立体主义的标志。这位宣布"东方对欧洲文化的和平渗透"的女性，这位断言"20世纪将不再是欧洲的世纪，因为欧洲可能已经完蛋了"[22]的女性，难道她真的有能力以她那与时代格格不入的移民文化来预测第一次世界大战吗？

1935年，在《爱丽丝·托克拉斯自传》出版一年后，某些人士读罢深感震惊，于是决定在《过渡》杂志上发表一篇《反对格特鲁德·斯泰因的证词》，恢复被她的世界观扭曲的真相。让我们来听一听布拉克的意见，他的文字无须置评："斯泰因小姐对她周围发生的一切一无所知……在立体主义早期，毕加索和我都在寻找一种我们认为是'非个性'的东西。为了追求独创性，我们倾向于抹去自己的个性。因此，经常有买家将毕加索的画与我的画混为一谈，或是把我的画与他的画混为一谈。我们对此并不在意，因为对我们来说，重要的是我们的作品以及作品所提出的问题……很显然，斯泰因小姐从外部看到了一切，但从未看到我们正在进行的真正的斗争。对于一位将自己视为时代权威的人来说，我们可以说她从未超过游客的层次。"[23]

第二章　引领前卫艺术！：1906—1923 年 | 191

利奥、格特鲁德、特蕾泽·杰连科、萨拉、迈克尔和艾伦·斯泰因（前排）弗勒吕斯街 27 号庭院

作者不详，约 1904 年，巴黎
伊莉斯·斯特恩·哈斯家庭照片，加州大学伯克利分校班克罗夫特图书馆

第八节

"只有巴黎才是我们的故乡"……鲁夫、乌德、赫塞尔,甚至还有杜蒂耶尔

> 巴黎变成了一种宿命,一种必需品……我认识一些画家和画家朋友,他们大多也是外国人。作为外国人,我处在生活的边缘,但我热爱这座城市。[1]
>
> ——弗朗茨·赫塞尔

从 1905 年到 1911 年,在弗勒吕斯大街,斯泰因兄妹通过他们开放式的晚间沙龙为法国首都带来了一种全新的精神。他们的身边围着一群人,大部分是外国人——其他租界人士、其他侨民、其他旅行者,这些人与他们一起逐渐建立起一个不断发展的微型社会,这个社会同时横跨两个大陆,由一百来个逐渐联合起来的人物组成——他们是社会的个体行动者、艺术家、作家、记者,总是在不停地流动。在其中,竞争和联盟、友谊、情感、爱情、吸引力和仇恨一次又一次地上演,就像具有多种参数的权力游戏一样——创作、金钱、势力范围。渐渐地,这些兄弟姐妹的世界在我看来既是思考、交流、混合和培育的潜在源泉,但也是少数人肆无忌惮的掠夺本能得以自由释放的圈子。在下一章中,我们将跟随其中的一些人物,他们有些涉及肖像

画的画廊，有些则涉及调查本身，我们会看到斯泰因兄妹卷入了巴黎最杰出的两位艺术家之间的竞争，一位是年轻的毕加索，另一位是年长11岁的伟大的马蒂斯。

1908年1月，马蒂斯同意创建一所"马蒂斯学院"，并在其中任教。提出这一想法的正是迈克尔的妻子萨拉·斯泰因，并先在塞夫勒街的鸟类修道院，后又在荣军院大道的圣心修道院为这一极具创意的巴黎项目找到了合适的场所。事实上，对于这位伟大的色彩大师来说，马蒂斯学院的成立"成了他建立理论思维的一种手段，而此时他的声望正面临立体主义的挑战"。[2]第二年，两大阵营之间的竞争愈演愈烈，在斯泰因家族中，这种竞争很快演变成家族内部事务："弗勒吕斯街"（利奥和格特鲁德）对阵"夫人街"（迈克尔和萨拉）——正如我们所见，前者与毕加索走得很近，他们于1909年秋季收购了奥尔塔德埃布罗的一组立体主义风景画，并强调他们反感马蒂斯的装饰主义倾向。"我的印象是，这两派人混淆了他们的身份和两位画家的身份。"[3]他们的朋友哈里特·利维说道。

马蒂斯学院也"符合基于经验概念的美学理念"[4]，而斯泰因兄妹家（无论是弗勒吕斯街还是夫人街）已经成为一个名副其实的"熔炉"，在毕加索本人的见证下，他们以艺术创作为基础进行辩证思考。伴随着这家新机构的开张，马蒂斯与毕加索之间的紧张关系激化了一直潜伏在家族中的矛盾——萨拉不满格特鲁德，格特鲁德不满利奥；而旁观者们也分成了两大阵营——"马蒂斯派"对阵"毕加索派"，正如格特鲁德所戏称的那样。[5]在夫人街，如果对毕加索表现出兴趣，就会被视为异端——如同在弗勒吕斯街，若把毕加索和塞尚混为一谈，也会落得同样的下场。画家马丁·伯恩鲍姆（他曾因这种冒犯行为而招致女作家的愤怒）对此直言不讳："在神圣大师斯泰因小姐的作品中发现影响几乎就是犯罪：这一行为本身就足以被视为不受欢迎的访客。"[6]

据瑞典艺术家艾萨克·格吕内瓦尔德称，加入马蒂斯学院的 120 名学生"大多是斯堪的纳维亚人、德国人、匈牙利人、俄罗斯人，只有两名法国人"[7]。斯泰因兄妹在旧金山结识的朋友接连涌向夫人街和弗勒吕斯街，面对这个家族不拘一格的待客氛围，美国人感到很自在。而其他人则以神秘兮兮而又一本正经的态度经常光顾他们的沙龙——就像有些人朝圣一般。"只有巴黎才是我们的故乡。"作家弗朗茨·赫塞尔坦言道。弗朗茨·赫塞尔出生于德国的斯德丁，他追随海因里希·海涅、威廉·乌德和丹尼尔-亨利·卡恩韦勒的脚步，于 1906 年前后来到巴黎，准备待上几个月，但没想到这一待就待了六年。"这很奇怪，也很难解释，"他继续说道，"巴黎变成了一种宿命，一种必需品……我认识一些画家和画家朋友，他们大多也是外国人。作为外国人，我处在生活的边缘，但我热爱这座城市……大家时不时地围坐在法国诗人们的桌边，每个人都用自己的方式滔滔不绝地说着我们共同喜爱的法语。但是，就像各族人民在五旬节上被选中的使徒一样，我们相互理解。"[8]

在巴黎的德国侨民圈里，威廉·乌德是一位核心人物——我们已经在文中多次介绍过他——他是一位收藏家和画廊老板，出身于东普鲁士的一个新教家庭。1904 年刚到巴黎，他就从梅德拉诺马戏团对面殉道者街的一家名为"苏利耶老爹"的旧货铺里，买下了他的第一幅毕加索作品《浴盆》（又名《蓝色房间》）。也正是在这家旧货铺里，毕加索给自己买了一幅曾经做过海关收税员的亨利·卢梭的油画。不久以后，乌德在狡兔酒吧见到了毕加索，之后便在田野圣母院街 73 号开办了一家画廊，偶尔开门营业。"这是一条漫漫长路，它把我从东部省份的文化荒漠引向了巴黎这座城市，我在这里就像在自己家里一样；它使我远离普鲁士的、路德的、反动的、俾斯麦式的一切，让我奔向艺术的自由天地。"[9]他在自己的回忆录中这样写道。回忆录的标题叫《从俾斯麦到毕加索》，标题本身就是很好的纲领！在他位于百花街的公寓里，他既接待艺术爱好者，也接待普通大众——其中包括立体主义的死敌，并在艺术家和收藏家、法国人和"外国人"之间这个五光十色的环境中发挥着桥梁的作用。对他而言，1907年卡恩韦勒画廊的开业是巴黎画坛的"一件大事"。"从那一刻起，"他说，"我们便共同领导了一场艰苦而美好的斗争，为我们即将到来的伟大事业而奋斗。"[10]

在这些年里，来到巴黎的还有艺术史学家、画廊老板兼出版商朱利叶斯·梅耶尔-格雷夫。在他的著作《现代艺术发展史》中，他主张用动态的方法来看待艺术世界，这种方法的基础是少数作品的特殊性和少数艺术家的天赋，因为每个人都可以享受包罗万象的文化，而这种文化正是由与过去的一代代画家的联系所构成的。"很多时候，我甚至都感觉不到自己是在西班牙。"他在马德里逗留期间写道，"有时，我觉得整个旅程都是虚幻的……我不是在西班牙旅行，而是在提香、鲁本斯、格列柯、丁托列托、普桑那里旅行，这些人比你在西班牙能找到的任何人都要伟大得多、稀奇得多。这些人就是大陆……"[11] 梅耶尔-格雷夫的悖论在于"他在巴黎从世界主义的角度写了一本'德国'的书"[12]，一位同行如此说道。梅耶尔-格雷夫还对法国艺术的精英化进行了严肃的评判，例如，他对法国蔑视"实用艺术"表示遗憾。而毕加索则在20世纪50年代以自己的方式解决了这一问题，他在瓦洛里斯成了一名陶艺家和有机艺术家。

从那时起，越来越多的德国艺术家（以汉斯·普尔曼和他的多摩咖啡馆①小组为首）涌向弗勒吕斯街、夫人街、塞夫勒街和荣军院大

---

① 多摩咖啡馆是位于巴黎蒙帕纳斯大道的一家咖啡馆，于1898年开业。它是蒙帕纳斯地区最古老的咖啡馆。从20世纪初开始，多摩咖啡馆就是知识分子的聚集地，亦被称为"英美咖啡馆"。

道，不过这又有什么奇怪的呢？德国公众（无论是在巴黎还是在德国）对当年美学实验的热烈欢迎，与评论家、收藏家或法国公众对立体主义极不常见的同情形成了鲜明的对比。在法国知识界、法国艺术界、专业媒体和普通媒体，甚至在国民议会中，前卫绘画不断受到各种批评。立体主义与未来主义是最受攻击的运动。"立体主义"一词最初是一个贬义词，它是根据路易·沃克塞尔的一篇文章杜撰出来的，用来讥讽将现实转化为"立方体"的绘画。这篇文章的内容涉及乔治·布拉克于1908年在埃斯塔克创作的风景画，其中写道："布拉克先生蔑视形式，将一切事物，包括场地、人物和房屋，都简化为几何图形，简化为立方体。"[13]自此以后，习惯于嘲笑各种"主义"（未来主义、原始主义、科学主义、新象征主义等）的媒体急忙在路易·沃克塞尔选择的"立（方）体"一词后加上后缀"主义"，以描述这种新的绘画风格，并将其视为一个颓废时代的特征。在这样的时代，除了标新立异以外，除了不惜一切代价成为话题人物以外，艺术家已不再有任何野心。[14]这就意味着，立体主义不过是另一个现代艺术流派的狂妄自大。多年来，"立体主义"一词一直带有强烈的贬义色彩，甚至在现代艺术界也是如此。

但在法国，前卫艺术尤其是立体派画家到底受到了什么批评？"富裕的买家往往害怕自己变成一名庸俗的'资产阶级'……变成几乎可以随意向自己兜售任何东西的那种人。"[15]这种反应只是法国和德国在这一非常特殊的历史时期之间——在色当惨败之后（1870年）之后，在第一次世界大战爆发之前（1914年）——存在文化差距的众多例证之一。对法国来说，德国既是"世袭之敌"，又是"最佳榜样"。正如维尔纳·施皮斯指出的那样，当卡恩韦勒参观"洗涤船"工作室看到《亚威农少女》时，他"立刻意识到这幅画并不符合基于品位的判断，它的描绘既没有艺术变形，也缺乏表现力"。此外，"撒开构图的纯叙事性质不谈,他理解毕加索正在解决的'问题'"[16]。继威廉·乌德和梅耶尔-格雷夫之后,巴黎的所有德国侨民在卡恩韦勒以及伊曼努尔·康德"美丽的作品不应取悦于人"[17]的思想影响下,都对立体主义时期的毕加索产生了兴趣。"如果说法国的文化传统是捍卫品位,"历史学家米歇尔·埃斯帕涅评论道,"那么品位准则的另一种选择便是寻根溯源。德国似乎是热衷于寻根溯源的国家。德国不仅复兴了中世纪文学,使其成为一种崭新的古代文化,而且还将研究深入到印度-日耳曼语①和梵语的神话领域。"[18]

罗杰·杜蒂耶尔是一位具有"纯粹品位观"的人物——因为他出身于法国北部的一个传统家庭,从小身边就围满了18世纪的家具(其中有一些甚至来自凡尔赛宫)以及于贝尔·罗贝尔、让·布歇和奥拉斯·韦尔内的画作。尽管如此,他还是加入了这个外国艺术爱好者俱乐部。在卡恩韦勒的引导下,他成了毕加索立体主义作品最有眼光、最不遗余力的收藏家之一,买下了这场美学革命中的50余幅作品,而且偏爱1913年遭人误解的"拼贴画"时期的作品。"我没有什么特别的优点,只要有必要,我就会去找年轻人。"为人低调的罗杰·杜蒂耶尔在一次罕见的访谈中解释说,"我非常喜欢塞尚,但早在1907年,伯恩海姆画廊的价格就让我难以承受了……但最重要的是,这种喜好让我经常光顾卡恩韦勒刚开的店,当时他只有23岁。卡恩韦勒为人体贴,十分聪明。他与我促膝长谈,鼓励并坚定了我的想法。是他把我引向了毕加索。实际上,我成了他的弟子。由于艺术家们经常在4点到7点来他家,我也逐渐认识了他们,并与他们成了朋友,而且这种朋友关系从未断过。"有一天,毕加索与罗杰的兄弟贝尔纳·杜蒂耶尔见了面,他对这位非典型收藏家的"勇气"赞不绝

---

① 德国人对印欧语系的称呼。

口。[19]"亲爱的毕加索，也许有一天我会来找你一起抽根烟，希望不会打扰到你。"杜蒂耶尔时不时地给他写信，措辞非常委婉。

罗杰·杜蒂耶尔是布洛涅波特兰水泥公司的总经理，他风度翩翩，留着威严的大胡子，叼着精致的烟斗，依靠家族收入（农场和林地收入）生活。他的时间主要花在贡比涅附近的16世纪贝灵利斯城堡以及位于蒙梭公园对面的蒙梭街的公寓里。"对我来说，罗杰·杜蒂耶尔是法国大资产阶级的代表。他非常开明，十分高雅，仿佛来自一个已经消逝的时代，但又极富同情心，受人尊敬。他属于那种伟大的艺术品爱好者。"[20]卡恩韦勒说道。事实上，从那时起，《家族年鉴》[21]就成了在北加来海峡地区"历史、经济和文化生活中发挥作用"的家族的参考书，简而言之，它是家谱学的一座丰碑！在到处堆满画作，甚至连浴室墙壁都挂着画作的公寓里，杜蒂耶尔阅读、购买，并不断了解情况，悄无声息地抵制着周围人的品位，从某种程度而言，这是私下的行为。"白痴！"在他书房里一本本书籍的书页空白处，他用铅笔写下了严谨、清楚、精准的细小字迹，与他周围的作者进行悄无声息的对话，评论他们、赞美他们，必要时对他们羞辱一番，就像他在勒内·X.普里内的作品中读到对"海关收税员"卢梭的蔑视："对于某些当代画家来说，笨拙在综合的借口下反倒成了一种美德。'海关收税员'卢梭是一位星期天画画的画家，被誉为'画坛大拿'。他的成功让他受益良多，这与其说是由于他真正的天赋，不如说是由于他缺乏文化，而且他一生都是个孩子。"[22]另一方面，这位收藏家默认了安德烈·萨尔蒙的分析，怀着强烈的同理心，他热情地强调了下面这句话："毕加索洞悉了塞尚的秘密，他将塞尚的人物视为静物画的元素，以及空间中的其他面。"[23]不仅如此，收藏家的声誉还取决于他与艺术家之间的友谊和信任，取决于他融入艺术家世界的方式。杜蒂耶尔就是一个很好的例子：1919年6月16日、17日和18日，莫迪利亚尼花了三天时间在蒙梭街为杜蒂耶尔这位收藏家创作了一幅画像，因为前不久杜蒂耶尔刚刚从莫迪利亚尼那里得到了一件令人啧啧称奇的藏品。在这幅画像中，杜蒂耶尔坐在他所收藏的画作中间，他把这些画喊作"他的孩子们"，画中使用了与毕加索的《鱼与瓶的静物画》相同的色调——翠绿色、赭石色和灰色。这幅华美的静物画挂在墙上，莫迪利亚尼便开始与大师对话，将杰作融入其所画人物的个性之中，利用视野的不对称性，把杰作融进画中有画的精彩构图之中。

不过，还是要回到外籍人士、旅行者和其他巴黎迷的话题上来。事实上，自1908年以来，俄罗斯收藏家的定期来访显得尤为重要。比如，实业家谢尔盖·舒金经常带着他的年轻同事伊万·莫罗佐夫一同前来，之后还得到过毕加索本人的指导。从斯泰因家里，到卡恩韦勒画廊，再到毕加索工作室，谢尔盖·舒金先是不急不躁，转而满腔热情地开始了对毕加索杰作的追捧。他看中了斯泰因家族收藏的精品佳作，然后趁着1913年利奥和格特鲁德"一刀两断"时，瞅准机会把它们购入囊中。在莫斯科，谢尔盖·舒金的"毕加索作品陈列室"里的"黑色偶像"是他家皇冠上的一颗明珠。这座陈列室像博物馆一样对外开放，所有人都可以前来参观。这些"黑色偶像"很快影响了冉冉上升的俄罗斯绘画艺术的一批拥趸，如纳塔莉亚·冈察洛娃和米哈伊尔·拉里奥诺夫。

与此同时，"洗涤船"（毕加索在此处一直留有一间工作室，直到1912年为止）逐渐成为名副其实的外国人聚集地。那该如何定位毕加索在"巴黎画派"中的位置呢？这个"画派"其实是座"想象中的建筑"[24]，是由评论家安德烈·瓦尔诺[25]于1925年虚构出来的。他是这样描述这群在世的非学院派艺术家的：他们中的许多人从1900年起就来到法国首都，发现自己身处尴尬的境地。这座城市无疑为他们提供了丰富多彩的博物馆、热闹非凡的沙龙、亲切友好的咖啡馆、自由自在的社会风尚，以及古道热肠的各色人群。在这里，他们与法国艺术家打成一片，在亚文化和边缘化的环境中相互联系、相互认可。但正如我们所看到的，法国大都市及其凶猛的警察部队也试图把这些力量一一制服，民族主义批评家开始认为这些力量具有威胁性，甚至是有害的。尽管如此，毕加索仍在那里继续拓展他的参照系统和各种关系：他在那个时代发挥着传声筒的作用，独一无二地感知、发现和制造了所有的影响，透过扑朔迷离的法国社会，锲而不舍地将自己的作品构建为独特的语言，不过这一切也多亏了法国社会。因此，当美国评论家沃尔特·帕克告诉他，纽约即将举办国际现代艺术展时，这位艺术家大笔一挥，列出了一长串要出席展览的同行名单。毕加索用他精准、优雅、堪称书法的字体写下了如下名字："胡安·格里斯、拉维尼昂街13号、梅金杰、格列兹、莱热、杜尚、德劳内、勒福康尼耶、玛丽·洛朗森、德·拉弗雷奈。"他在每个名字下面都狠狠地画了一道黑线，然后又在下面加上了最后一个名字，仿佛这是明摆着的事实："布拉克。"[26]

　　除了美国侨民、德国侨民，除了瑞士、捷克和俄罗斯收藏家以及丹麦和荷兰艺术家之外，毕加索还经常拜访"洗涤船"上的两名意大利新住客，更确切地说，是两名与他同龄的佛罗伦萨人：阿登戈·索菲奇（诗人、评论家、画家和知识分子）和乔瓦尼·帕皮尼（作家和评论家）。他们曾在《声音》和《莱昂纳多》杂志工作。吉诺·塞韦里尼在其回忆录中写道："柏格森关于直觉的思想开始在艺术家中流传……大家开始谈论节奏、体积以及身体的三维空间，谈论对色彩与绘画本身的思考，色彩与绘画不再随着现实的变化而变化……因此，塞尚已经开始抵触以客观和纯描述的方式来描绘现实事物。"[27]柏格森的意大利语译者帕皮尼和索菲奇向毕加索介绍了柏格森的思想。[28]对于柏格森而言，在《创造进化论》（1907年）出版之后，在他与威廉·詹姆斯会面（1908年）之后，在他前往英国、意大利和美国并且他所有的作品被人翻译之后，包括他在法兰西学院举办的著名研讨会之后，柏格森的哲学思想终于得到广泛传播。帕皮尼认为，"在毕加索的新视野中，直觉主义占据了核心地位，使得回归生命本能的自发性和圆满感成为可能"[29]。而且，"在这种征服世界的想法所引起的陶醉中"，柏格森的思想成了"不可避免的对抗因素"。

索菲奇是"洗涤船"的租客，他是在画室里就欣赏过《亚威农少女》的少数几人之一。从那时起，他就不断呼吁自己的朋友们支持立体主义，来盖过别处"愚蠢而丑陋的虚张声势"。至于塞韦里尼（在年龄上几乎与毕加索相仿，比毕加索晚两年来到巴黎），他随手就在黄色信笺纸上记下了自己对这位艺术家的看法，"他让我们理解了这个行业的伟大之处"。在毕加索的家人转交给我的这些优美的文字中，他就像一位勇往直前的英雄。"毕加索从一开始就切断了自己的后路，让自己承受各种艰难困苦。在这样的条件下，他要么成功，要么死亡。"塞韦里尼用意大利语在写给自己的文字中这样记录道，"问题一旦抛出，就必须找到解决方案。而毕加索的作品几乎总是独一无二、精彩绝伦，观者看了之后会有一种被迎头痛击的感觉，如果他是真诚的，他就必须承认这种迎头痛击是合乎逻辑的、必要的、可以接受的、美丽的、壮观的、崇高的……这正是毕加索了不起的地方。在他的每幅画中，他都是通过'破坏'而不是'添加'来完成的：进行这样的创作需要多么大的意志和精力啊！毁掉，然后重整旗鼓、重新开始，每一部分都从头开始，这就是毕加索的伟大之处。"有一天，塞韦里尼毕恭毕敬地抄录了几句毕加索所说的原话，是用法语抄的："毕加索说：对我来说，一幅画就是毁灭的总和。我创作一幅画，然后毁掉它。但最终什么都没有失去：我在一个部分去掉的红色会存在于其他地方……当你开始画画时,你经常会发现一些漂亮的东西。但你面对这些东西时必须克制自己,毁掉你的画,然后重画多次。每当一个美好的发现被毁掉时,艺术家实际上并没有消除它,而是对它进行了改造、浓缩,使其更加充实。抗拒发现才能导致成功的结果。否则,你就会成为你自己的买家。但我什么也不卖!……每个人都想了解绘画,那我们为何不试着去理解鸟儿的歌声呢?"[30]

1912年4月15日,记者雅克·德·加雄在《我无所不知》杂志上报道了他参观卡恩韦勒画廊的情况。他向卡恩韦勒询问了最近被一些记者称为"立体派"的画家的情况。这些画家被卡恩韦勒亲切地称为"我的画家们",但一听到记者谈及这个话题,他便怒火中烧。"我不想有人想嘲笑他们。"他反驳道,"我的画家们也是我的朋友,他们都是真诚而坚定的研究者,总之,他们都是艺术家。"然后,他改变了主意,开始不急不躁、从容不迫地说服这位记者。他言之凿凿,听起来就像他一直为自己的事业所设想的"使命"。"我知道,要看懂最新的毕加索作品和布拉克作品是相当困难的。"他坦承道。然后他说了一句话,很能说明问题:"我熟悉内情,我亲眼见证了这些画作的诞生。我知道毕加索从中想要表达的一切。"[31]然而,日复一日,尽管卡恩韦勒努力"教育"公众,努力营造保护圈来保护他的艺术家们,努力在法国的夹缝中发展自己的画廊,但正如我们将要看到的,排外主义依然盛行。

玛塞勒·拉普雷和乔治·布拉克,"钟堡"别墅

巴勃罗·毕加索,1912年夏天,索尔格,明胶银盐印相法照片,巴黎毕加索博物馆

第九节

一对革命性的艺术大师……毕加索和布拉克，布拉克和毕加索

第三乐章：活泼的快板（1912—1914 年）

> 毕加索：我清楚地记得我曾经对他们说过的话……我以为我们会开心点。但现在又变得无聊透顶了。
>
> 卡恩韦勒：说到底，你是在谴责所谓"分析"立体主义？
>
> 毕加索：是的。
>
> 卡恩韦勒：所以你在寻找更有灵性的表达方式？
>
> 毕加索：是的。[1]

今天，该如何评价立体主义最光辉灿烂的时期——"拼贴画"时期，即综合立体主义时期呢？这是毕加索唯一从没否认过的时期，因为他知道这一时期具有巨大的颠覆力量。[2]作品本身就能说明问题。1912 年，毕加索在椭圆形画布上的一幅静物画中，粘贴了一块印有藤椅图案的方形油布，并用缆绳围成画面的边框，这就是《藤椅上的静物》。与此同时，布拉克在竖版画布上画了一幅静物画，把印有木质壁板纹样的壁纸贴在画布上，然后用炭笔画出一只破碎的玻璃杯和一串葡萄，这就是《水果盘与玻璃杯》。他们俩的做法在当时就立刻引

起了克拉玛日、卡恩韦勒、爱因斯坦、拉斐尔等人钦佩的目光。在这之后，在艺术作品中合法地加入平常物品和回收材料，打破了几个世纪以来盛行的表现体系，引发了许多关于艺术功能的问题。然而，对于大多数观察家来说，尤其在法国观察家眼里，随着拼凑元素和普通元素的引入，布拉克和毕加索亵渎了"杰作"这一神圣概念。早些时候，《小提琴：莫扎特与库贝里克》（布拉克，1912 年春）与《勒阿弗尔的回忆》（毕加索，1912 年春）这两件具有挑衅色彩的作品，开启了一个极其丰富的作品系列——两年内，布拉克创作了 57 件拼贴作品，而毕加索则创作了 300 件！[3] 该如何描述两位艺术家当时所处的时代泡沫呢？如何才能找到他们言论与交流的蛛丝马迹呢？

  关于立体主义的书籍——学术性强、内容丰富、取之不尽——一直黑压压地堆在我的书架上，我不得不面对现实：没有哪一章会这么难写。在巴黎郊区，在一家运输公司的巨大工业仓库里，在地下室绵延不断的走廊拐弯处，在毕加索博物馆的 20 万件档案中，在装有布拉克信件的第 17 号档案夹里，我终于找到了答案。[4] 几张明信片和（罕见的）纸张上写着朴实、简单、直接的话语，是稀松平常的相互问候，就像"男人之间"说的那种，亲切而朴实。我读到以下文字："握手""愉快的握手""我跟你诚挚地握手""你好，G. 布拉克""再见，GB""周日或周六见，GB""大家好""来自我家人的问候。祝好。GB""朋友们好""美好的回忆"。这些信息是什么呢？它们涉及天气、指日可待的约会、遇见的朋友（卡科、马诺洛、马克斯、画家艾蒂安·特鲁斯）。那邮戳呢？邮戳上的地名有勒阿弗尔、拉西奥塔、鲁昂、埃夫勒、圣玛尔拉布里耶尔（法国萨尔特省）、阿让特伊、奥尔良、卡尼古山、塞雷、索尔格、阿维尼翁。我发现了一片意想不到的天地，其中有大量的第 329 步兵团第 16 连中士布拉克身穿军装的照片，他把这些照片寄给了朋友毕加索：布拉克不正是让毕加索深入到如此深厚的法国地理和文化领域的第一人吗？先前服完三年兵役后，布拉克在萨尔特省圣玛尔拉布里耶尔附近的奥弗尔军营继续他的"时光"，并享受着不同程度的快乐。"早上好。坐了20个小时的火车后，我到达了圣马尔斯。"1911年3月31日，他在给毕加索的信中写道，"我尽量赶在周日去巴黎。我要回家睡觉了，我的上帝。"抑或是："亲爱的朋友，真是个鬼天气。无法动笔写字，我被冻僵了。我真的无聊极了。幸运的是，周二我们会离开营地，周三我们就解放了。也许周四我们都会去冬宫。我们正在准备音乐会，有几个节日还不错。再见，G. 布拉克。"[5]

我看得越多，便越觉得布拉克和毕加索是那种我们通常所说的并不相配的一对朋友。他们第一次在塞雷共同待了一段时间，到了1911年11月6日，当布拉克谈及艺术时，他坚持技术因素——这与阿波利奈尔的愿景或马克斯·雅各布的分析相去甚远："我亲爱的朋友。我没有什么新鲜事要跟你说的。生活一如既往地平静，我很快乐。工作进展顺利，我已经开始了另一幅N. M.（60厘米）的创作……我现在还在制作可爱的阅读灯，我想你已经看到我开始制作了。我很高兴大型静物给你留下了很好的印象，因为我之前没有意识到它在巴黎能发挥什么作用。你给了马诺洛希望，他会很开心的。他收到了你的来信，只是邮递员来的时候他在咖啡馆。我以1.25法郎的价格买了10公担巴琼木和普蒂法罗木。你以前的房间里有很多。就聊这些。向你致以诚挚的问候。G. 布拉克。"一年后，在"拼贴画"的鼎盛时期，新的往来信件中可获取的美学信息少得可怜："星期二，我亲爱的朋友。我刚从卡恩韦勒那里回来，你的几幅画终于到了，它们非常漂亮，尤其是《小提琴》，给我的印象是一幅非常非常漂亮的油画。它完好无损。我希望在索尔格旅居期间能找到很多这样的作品。巴黎真是个让人难以忍受的地方，林荫大道上到处都是欢庆景象，这让我很不舒服。我甚至还和一个马车车夫打了一架。虽然是真的打了一架，但并无大碍。昨天我给马克斯搬了家，真是个好差事！握手致敬，G. 布拉克！"⁶

1908年的一天，路易·沃克塞尔在《吉尔·布拉斯报》上简要介绍了布拉克的展览《卡恩·韦勒［原文如此］画廊，维农街28号》。就在同一天，该报的另一篇文章也在同一版面的下方宣布："征服天空。勒芒，1908年11月13日。威尔伯·莱特赢得了新的高度。"虽然法国人被他们的第一位飞行家路易·布莱里奥（1909年横渡英吉利海峡）的壮举弄得群情激昂，但在面对两位美国工程师威尔伯·莱特和奥维尔·莱特的精湛表现时，法国人还是保留着谨慎态度。然而，1908年夏天，莱特兄弟来到卢瓦尔河地区机场做示范飞行，当他们操控飞机做出一个个盘旋动作时，勒芒的观众完全被两兄弟的魅力折服。四年之后的1912年春天，布拉克和毕加索被"征服天空"震撼，他们与莱特兄弟产生了共鸣。在温暖人心的兄弟情谊中，布拉克宛若是在阿让特伊出生的威尔伯。"我们对飞机制造商的努力很感兴趣。"毕加索后来承认，"当一个机翼不足以让飞机在空中飞行时，他们会用绳子和铁丝连接另一个机翼。"⁷于是，他借鉴了米其林轮胎公司的广告语"我们的未来在空中"（Notre avenir est dans l'air），并将这一未来宣言运用在一幅极具震撼力的画作中：右边是一面蓝白红相间的旗帜，上面刻着半截标语"我们的未来在A"（Notre avenir est dans l'A）——字母"A"孤独地漂浮着，显得神秘莫测。1912年春，毕加索还是坚持在艺术作品中使用最常见的工业颜料"里波林"，同时公开发起一项挑战，以回应当年的新闻。⁸

虽然莱特兄弟在当时的法国被称为江湖骗子，但这个称谓也经常扣在立体派头上，这颇值得玩味。在当时思想正确的法国，江湖骗子到底算什么样的人？⁹是骗子对抗真诚的人，是吹牛的人对抗诚实的人，是作假者对抗诚恳的人，是野心膨胀的人对抗懂得分寸的人，是庸俗的人对抗优雅的人。在这片传统与高雅并存的大地上，把立体派画家说成江湖骗子，不就等同于把他们说成伪造者，以便在短短几秒钟内就用满口的仁义道德抹黑他们吗？关于这个问题我们稍后再谈。卡恩韦勒讲述了他的紧张、他的痴迷、他的痛苦，还有他至高无上的工作。"没有星期天或星期六，只有连续不断的工作……布拉克和毕加索……先是工作，然后在5点钟见面。他们会来我的住处，在维农街。我们聊聊天。"[10]

随着广告业的兴起，城市的墙壁上随处可见新的图像，毕加索和布拉克怀着欣喜、幽默和热切的心情，开始了各种可能的实验，以捕捉他们所处的时代——让那些对他们的新工具不屑一顾的人统统见鬼去吧！吸引他们的除了征服天空之外，还有电影的诞生。萨特在《词语》中有言："我们盲目地进入了一个没有传统的世纪，这个世纪因其粗俗的举止而与众不同，新艺术、平民艺术预示着我们的野蛮。"[11] 毕加索和布拉克对时代潮流持完全开放的态度，他们拥抱了当时所有的技术发明。首先是电影，这是一种十分出色的平民艺术。在这一合作新阶段，布拉克和毕加索准备创作匠心独运的作品，这完全符合当年的碎片化趋势，符合电影的"横向美学"，符合当时打破传统表现体系的一切。[12]

他们在巴黎以外的职业活动中，甚至在与他们的画商签订独家合同之前（布拉克是1912年11月，毕加索是1912年12月），他们一直仰仗于卡恩韦勒：卡恩韦勒为他们提供金钱、运送物品，还为他们提供咨询和指导。在卡恩韦勒的档案中，有一叠非常重要的文件：毕加索在1912年夏天写给画商的40封信。在危机时刻（他拼命躲着费尔南德·奥利维耶，"爱着伊娃·古埃尔"，每半年搬一趟家，掌管着一个有着多位女性、朋友和动物的大家庭），毕加索现在终于有钱了，他组织了一个庞大的关键人物关系网（卡恩韦勒、马诺洛、布拉克、哈维兰、格里斯、皮乔特夫人、特鲁斯）来照顾他的家庭和他正在创作的作品。他行色匆匆，就像一个戒毒的瘾君子，一台全速运转的机器，他忧心忡忡，焦躁不安，想要掌控一切，掌控每一个人。也许他是一名战略家，但也是一个以自我为中心、专横自私的人。他只关心一件事情，那就是他的作品。没过多久，为了在收到的大量文件中确定优先事项，毕加索就会在信纸或信封上写下"Ojo"[13]字样。这是一种无懈可击的技巧，旨在清理世界，标记重大项目，并且丝毫不会放慢前进的步伐。"亲爱的朋友，我收到了你和布拉克的来信，"他在 5 月 24 日写给卡恩韦勒的信中说道，"你跟我说已经把画布寄给我了，我想那一定是拉维尼昂街画室里的那卷画布，或是在克利希大道那里的另一卷画布。你还要把拉维尼昂街的画笔寄给我，无论是脏的还是干净的，还有同样也在拉维尼昂街的画架。我可能还需要其他东西，我稍后会写信给你或给我的颜料商。拉维尼昂街的调色板也要寄来，如果脏的话，你就用画框、印有字母和数字的纸以及要制作木头效果的梳子把它包起来。至于颜料，你得把拉维尼昂街和克利希大道的颜料都寄来，我会告诉你它们在哪里，我会给你清单（说到底，我很不好意思给你添这么多麻烦）。"[14]

有时，卡恩韦勒每天都会收到信，比如在 5 月份："对于狗，我让布拉克把弗丽卡寄给他。至于猴子、猫等其他动物，皮乔特夫人会弄走，是她告诉我的。你得整理一下画布，把拉维尼昂街的画布卷和画板寄到这里（还是马诺洛的地址）。拉维尼昂街的画布只是用来画炭笔画的（《小提琴》也是），应由胡安·格里斯来决定。我之所以说胡安·格里斯，是因为对你来说，这可能比你亲自带着所需的一切来得更加方便。至于颜料和画布框，我不需要劳烦你。我会写信给莫林，他会寄给我的。我会写信给你，告诉你我想送给你的画作……暂时不要把我的地址告诉任何人。"[15]1912年6月1日，他做了一些更正："我亲爱的朋友，我真的需要我的绘画生意。马诺洛给了我一些颜料，但我只用由可乐紫、藤黑、木乃伊棕和浅镉调制成的绿色，而且我没有调色板。特鲁斯借给了我一个画架……尽管如此，我还是在工作。"还有一些奇怪的表白："我给布拉克写过信，你知道我有多爱他。"（6月17日）还有一些对他个人作品的评价："我把画寄给你，我不认为它们很差，里波林或里波林类型的画才是最好的，你知道我的工作系统。"（6月20日）7月4日，面对这位尚未正式成为他的独家经销商的人，毕加索又补充道："我正在工作，我已经开始了。就像我告诉过你，其他东西，比如塞雷那儿的东西，我统统不要了。我把其他东西寄给你是对的，如果直接在这里继续创作，那我可能会把它们弄坏……我在这里已经开始画一幅静物画了，许多创作都有了进展。画了一幅风景画，里面有工坊、房屋、广告牌；做了一个阿莱城姑娘的半身像；画了一幅有60名海员的油画；做了一个小人。如果不是太无聊，我也不会在这里工作得这么糟糕，这里的光线很好，我可以在室外的花园里工作。"[16]有时，毕加索会十分大方地承认："给我写信，因为我需要收到朋友们的来信。那么，你喜欢他们吗？告诉马克斯·雅各布，我非常爱他。如果我没给他写信，这并没有什么大不了的。"（7月4日）后来又说："我对我所有的朋友都很不好，我不给任何人写信。但我在工作，我在制订计划。我不会忘记任何人，包括你。"（1913年4月11日）

毕加索当时创作的是用钢梳绘制的具有"简写"[17]风格的大型油画，如《诗人》《斗牛士》。一幅幅巨大的肖像画完全错位，零星的物件、零星的文字、零星的参照物、碎裂的元素，共同汇聚成极具震撼力的雕塑拼图。"我满脑子想的都是这些尼姆的斗牛士。"7月19

日，他在当地的一场斗牛比赛中见到斗牛士后说："我已经把我开始画的一个男人变成了一个斗牛士。我认为他手持短扎枪的样子可能会很好看，我想给他画一张典型的法国南方人的脸。"[18]接着是《西班牙静物：阳光与阴影》，这是杜蒂耶尔买下的一件椭圆形小珍品，其层层叠叠的几何图形让人联想到瓶子、杯子、吉他，上部为紫色调，下部为红色调，其间还漂浮着几个字母——这幅画我们之后还会谈到。"我发现了一种永不褪色的白色，它堪称画笔下的天鹅绒，我在反复用它。"1912年9月，布拉克在写给他们共同的画商的信中提到这样的内容。"在继续画我的阅读者和移民的同时，我开始创作一幅人物写生（《正在看书的女人》）。这是一位葡萄牙移民，他待在甲板上，以海港为背景。"[19]到塞雷的第二次造访（1912年8月至9月），是流派、主题和技巧的升华，是发现和激励的加剧，是相互挑衅、公开表白和会心一瞥的精彩表演。最后，这也是一报还一报，是名家对名家的赞美，是高手对高手的超越。布拉克想着"痛饮琼浆玉液"，从而营造出"绘画颜料中的另一种视角中断，带来前所未有的物质感和立体感"[20]。

但毕加索刚去巴黎，布拉克就再次被他这位朋友的大胆精神激励，创作了《桌上的高脚盘》：他"向未知领域纵身一跃"[21]，使用"三条仿木编织带"，创作了他的第一幅拼贴作品。在拉斯帕伊大道的工作室里，毕加索也在创新（即使他还剩下一些以前的东西！）："我亲爱的朋友布拉克，我正在使用你最新的纸张法和飞尘法。"10月9日，毕加索对布拉克坦承道，"我正在构思一把吉他。我在我们糟糕的画布上撒上了一点灰尘。我很高兴你在贝莱尔别墅里过得很开心，也很高兴你对你的作品很满意。如你所见，我已经开始工作了。"[22]《桌上的吉他》是毕加索首幅将沙子与颜料混合作画的作品。布拉克紧随其后完成了《小提琴与烟斗》。在这幅作品中，布拉克引入了各种元素，如纸板、拼贴、粉笔、炭笔、纸张拼贴（彩色纸带、报纸、黑纸、木纹纸），所有这些都是模仿现实并增加纹理效果的零碎的装饰材料。毕加索在《老马克酒瓶、玻璃杯和报纸》和《诗人》的创作上也同样为之：强化的技术，废旧物品的神奇应用，这就是他们颠覆性创作的关键之处。

之后，在《藤椅上的静物》中，毕加索继续他的攀登之路。他在椭圆形画布上粘贴了一块印有藤椅图案的方形油布，并用缆绳围成画面的边框，首次创造出"混合技法反古典原则的典范"。这件作品直到他去世前一直属于毕加索本人，直到1939年在纽约现代艺术博物馆举办回顾展时才向公众展示，1955年又在巴黎装饰艺术博物馆展出。在1900年的世界博览会上，美术的支持者们对应用艺术表现出的鄙夷不屑，我们至今都历历在目：面对高雅与低俗、美术与手工艺之间的差距[23]，毕加索在布拉克的专业技术的帮助下，勇猛地冲了进去，模糊了两个层次的界限。如果说"毕加索的作品给人一种努力去除'高雅与低俗'[24]之间等级之分的印象"，那么毕加索不正是在1911年至1914年之间与布拉克一起发起了反对学术传统的自我革命吗？立体主义沙龙也紧随其后：首先是同一阵线的卡恩韦勒——与胡安·格里斯和费尔南·莱热一起，与梅金杰、勒福康尼耶、格列兹一起，与普特奥小组、黄金切割沙龙一起，抑或与杜尚兄弟、德劳内、毕卡比亚等动态主义理论家一起，共同推动全方位的发展，其影响甚至在第一次世界大战之前就已扩散到北美、俄罗斯和奥地利-德国。然而，正如皮埃尔·戴克斯所指出的："布拉克和毕加索的立体主义……及其综合框架……与各种简约化、几何化和碎片化的作品相去甚远，这些作品当时在巴黎展出，并在独立艺术家沙龙上引起了轩然大波。"[25]

我们会记住他们的个人联系，记住他们的亲密关系：毕加索将来自蒙马特的模特玛塞勒·拉普雷介绍给布拉克，布拉克随后与她结为夫妻；1912年，布拉克第一个知道"费尔南德与一位意大利未来派画家私奔"的秘密；他是第一个见到毕加索的新伴侣伊娃·古埃尔的人，并在几年后伊娃·古埃尔英年早逝时向她的朋友表示了哀悼。他们的默契合作在创作《我们的未来在空中》时达到了顶峰，当时他们宣称自己是匿名创作。"我记得有一天，"卡恩韦勒后来回忆说，"是月底的一天，他们来收钱。他们装模作样地来到这里，手里晃着帽子：'老板，我们来领工资了！'"[26]

如果说对于毕加索而言，他与布拉克的友谊使他第一次有机会深入研究法国手工艺的精湛和传统，一种具有"千年之久"的传统，而这一传统在布拉克身上则体现为子承父业、代代相传，那结果会是怎样？如果立体主义代表了两位艺术家的共同创作，是他们自身文化的快乐融合，是对他们各自传统的超越和升华，那结果又会是怎样？一位是"工匠传人"[27]，一名出生在历史悠久的工匠世家并接受过手工艺培训的熟练工人，决定打破家族传统，成为一名艺术家；另一位是巴塞罗那美术学院院长的儿子，一名天才艺术家，决定与一位法国工匠合作，打破他父亲所坚信的杰作理念，而他父亲正是在这一理念的指导下呕心沥血地培养了他。今天，在欧洲培训中心"建筑装饰油漆工"的课程表上，我们可以看到如下术语："古色涂料、材料效果、装饰涂料、仿木和仿大理石、模板装饰、全景视角、彩绘装饰、调色、石灰涂料、混凝土上漆、铺设金属板、背景准备——上漆。"[28]这不就是布拉克在毕加索的英雄岁月里传授给他的一系列技法吗？"字母模板""仿大理石""仿木""古色涂料"，所有这些元素都为《西班牙静物：阳光与阴影》《我们的未来在空中》《藤椅上的静物》等作品的原创性做出了贡献。

他们之间的关系，究竟是费尔南德·奥利维耶所说的职业竞争，还是威廉·乌德所认为的真正的"精神联盟"？"毕加索具有纵向倾向，布拉克具有横向倾向，"乌德继续说道，"他们之所以能够走到一起，是因为他们在一个基本点上达成了共识：现实不是在日常生活的平庸表象下寻求的，而是在一种更崇高更纯粹的形式中寻求的，是一种在激情中放大本质的'超凡真理'。"[29] 马克斯·雅各布仍记得 1901 年 6 月在沃拉尔画廊开幕式上遇到的那名少年。两年后，这名少年从巴塞罗那寄来了一封封凄凉而忧伤的信，而他也给这名少年回了信，为这名少年提供了自己的床铺和食物。也许正是在他身上，我们才能更好地理解他们两人之间这一令人感怀不已的合作情谊。"布拉克曾是一名下士，是来自阿让特伊的法国人。他作品的框架与毕加索让他在独立艺术家沙龙上做的首次展出有关。"马克斯·雅各布写道，"毕加索认为，面对布拉克的力量、优雅、高贵、稳健以及他的肩膀，怒火便会熄灭。"[30] 很久之后，毕加索在接受安德烈·马尔罗的采访时，用几句话回顾了他与布拉克的关系，这或许是对他们合作关系中几大要素的高度概括："我们又不是整天当巫师！我们该如何生活呢？这也是我和布拉克的不同之处。他对驱魔不感兴趣。难道是因为他感觉不到我所说的'万物'，或是'生命''地球'之类的内容？但凡我们周围的东西，但凡不是我们的东西，他都不觉得它们怀有恶意，他甚至都不觉得它们陌生，你想想看！他一直都感觉待在自己家里……现在依然如此……他根本不懂这些东西：他不是个迷信的人！"[31]

第十节

维农街 28 号：一处绝对颠覆性的空间

> 正是画家开辟了人类的视觉天地。[1]
>
> ——丹尼尔-亨利·卡恩韦勒

1907 年夏天，卡恩韦勒首次造访"洗涤船"工作室，在第一次接触到毕加索那幅伟大的"驱魔"作品《亚威农少女》之时，他立刻就明白了这位艺术家的意图。他后来把这位艺术家描述为"急躁的巨人"，当时正在"孤独的精神风暴中"[2]工作。至于毕加索，自从他懵懵懂懂闯入了维农街的画廊时，自从他察觉到这位年轻的画廊老板对他作品的反应以及想立刻购买的意图时，他就明白卡恩韦勒与佩德罗·马纳赫、克洛维斯·萨戈、欧仁·苏利耶、贝尔特·韦尔，甚至安布鲁瓦兹·沃拉尔所扮演的角色是不同的。毕加索疑心重重：他曾与马纳赫发生过冲突，他害怕克洛维斯·萨戈的狡猾，他很清楚贝尔特·韦尔并不具备做生意的能力。每次沃拉尔跑来向他买一件工作室的存货作品时（1906 年 2 月、1907 年 2 月、1907 年夏天、1909 年秋天、1910 年秋天、1911 年秋天），他都要讨回一大笔钱（这里 2 000 法郎，那里 2 500 法郎），但他很清楚，沃拉尔这只待在自家店铺里的"老鳄鱼"看起来像睡着了一样，习惯用脚移动搁在地板上的油画布

222 卷，而且处事十分混乱，不太关注将来。

在 1907 年到 1910 年整整四年时间里，毕加索一直在自己的工作室接待卡恩韦勒，零星地向他出售作品（从 1908 年开始就出售，特别是在 1911 年，出售了几幅法国公众难以理解的画作，如《弹吉他的男人》《弹曼陀林的男人》《叼着烟斗的男人》）。与此同时，他还同意为画廊将要出版的马克斯·雅各布的一本书绘制插图。然而，在将近五年的时间里，毕加索对卡恩韦勒进行了非常严格的考验，之后才让他成为自己的正式经销商。1908 年的法国秋季沙龙上，布拉克的作品被评审团拒绝。这位年轻的画廊老板因此恼羞成怒，还没等毕加索反应过来，他就当场做出决定，要为受到的羞辱讨回补偿，他提出在维农街为他的朋友举办一次画展（1908 年 11 月 9 日至 29 日）。接下来的一个月，毕加索每天都与布拉克展开对话，正如我们所见，他们的对话不断深化，成为艺术史上两位艺术家长期"搭档创作"的一段罕见的时光。1908 年秋天，马蒂斯带着俄罗斯收藏家谢尔盖·舒金来到"洗涤船"，此人比斯泰因兄妹要富有得多（毕加索也知道这一点）。谢尔盖·舒金经过挑选，当即买下了一幅作品《拿扇子的女人》。从此之后，毕加索作品的其他收藏家不得不对他刮目相看。在这个新时期，毕加索背后逐渐升腾起战略家的形象。戒心重重的毕加索工作、寻觅、旅行、创作，还刺激着收藏他作品的人（有人看到他与斯泰因兄妹、克拉玛日一起工作，有人看到他让斯泰因对抗舒金，让克拉玛日对抗斯泰因），他反对他们，挑战他们，引诱他们，选择他们，有时直接向他们出售作品。但毕加索也以完全相同的方式对待他的画商：他挑战他们，引诱他们，让他们相互竞争。

因此，毕加索在 1910 年开始创作与众不同的肖像画系列，这可以理解为对他们的挑战。在短短几个月时间里，萨戈（1909 年）、乌德（1910 年春）、沃拉尔（1910 年夏秋）和卡恩韦勒（1910 年冬）

相继成为艺术家的捕捉对象（要么根据摆姿来画，要么根据他之前自己所拍摄的肖像照来画）。这几个月的审美演变仍然把人惊得目瞪口呆——萨戈的肖像受到塞尚的影响，乌德的切面清晰可辨，沃拉尔的切面更为精致，卡恩韦勒的肖像则采用了更加解构的技法，是依照在克利希大道工作室拍摄的一张肖像照片来画的，仿佛毕加索在他无拘无束的演化动态中，为他们每个人都指定了一个阶段。这仿佛就是毕加索在全速登上巴黎舞台时操弄的名副其实的权力游戏，如果不这样描述的话，我们又该如何描述呢？在这几个月的加速转型期中（美学作品、经济地位、社会地位、情感生活），随着1909年9月搬到克利希大道（正如我们所见，这标志着向成熟世界的过渡），在这欣喜若狂的时刻（在此期间，毕加索摆脱了行政和家庭的束缚），1911年9月发生的伊比利亚雕像事件和纪尧姆·阿波利奈尔的被捕事件，是唯一妨碍他一往无前的一段插曲。

卡恩韦勒似乎在其著作中暗示，他担任毕加索经纪人的工作早在1907年就已积极展开。事实上，他们之间的关系是逐渐形成的，而在1911年和1912年夏天的进展尤为迅速。此时，焦躁不安的毕加索在无助和苦恼中向卡恩韦勒指派了各种有形工作，而后者则全心全意地完成了这些任务，顺利通过了毕加索对他的考验。稍后，当时已经住在索尔格的毕加索提供了越来越多的细节，他随后恳求道："暂时不要把我的地址告诉任何人。"处在如此不稳定的时期——从一个画室搬到另一个画室，从一个城镇搬到另一个城镇（巴黎、塞雷、索尔格）——如果不是卡恩韦勒同意在这一刻给予依赖性强、心烦意乱且独断专横的毕加索所要求的所有关切，那1912年夏天气势非凡的美学进步又怎么可能实现呢？事实上，那个夏天的考验坚定了毕加索对画商的信心。

几个月后，籍籍无名的斯图加特青年丹尼尔-亨利·卡恩韦勒被毕加索选中作为他的画商，双方建立了正式的独家合作关系，并在毕加索的倡议下于1912年12月18日签订了合同。不同于当时的行业惯例，也不同于卡恩韦勒与德兰（1908年3月）、布拉克（1912年11月）、格里斯（1913年2月）、弗拉芒克（1913年7月）、莱热（1913年10月）等人签订的合同，这份合同的条款都是毕加索本人的主张。所有文字内容（文体、法律词汇，甚至是拼写）都表明，这份合同是在一位朋友的帮助下起草的，有没有可能是安德烈·勒韦尔？我们在下文中会再谈到他。合同里的所有内容都显示出毕加索作为战略家的自信："我亲爱的朋友，我确认我们的谈话内容如下：我们的约定自1912年12月2日开始生效，为期三年。在此期间，我保证不向除你以外的任何人出售任何物品，但并不包括我保留着的以前的油画和素描……我承诺以固定价格向你出售我的全部油画、雕塑、素描和版画作品，每年最多保留五幅画作。此外，我还有权保留我工作所需的众多图稿。画作完成与否应由我来决定……就你而言，你承诺以固定价格收购我创作的所有油画和水粉画，以及每年至少20幅素描，为期三年……祝好。毕加索。"[3]当然，我们会注意到保留条款："此外，我还有权保留我工作所需的众多图稿。"——这是艺术家保护其档案（素描、草图、笔记）的基本条件，这些档案可能会催生出后续作品，1913年的"拼贴画"时期就是如此。[4]

　　毕加索为何会选择卡恩韦勒？从画廊的档案中，我们可以看到他对艺术家作品的管理系统井然有序、无可挑剔：每件作品的照片，每篇文章的新闻简报，每种语言的新闻简报，绝对严谨的购买记录。不仅如此，我们还知道毕加索决定不在沙龙参展。因此，在法国，他的作品只有在几家画廊或是为数不多的收藏家那里才能看到。维尔纳·施皮斯指出，卡恩韦勒"让他的艺术家们安心，让他们不必再直面对他们的新作品一无所知的公众"[5]，这一见解无疑十分在理。在这方面，上文提到卡恩韦勒给雅克·德·加雄的答复——"我希望你的杂志不要谈论我的画家，我不想有人想嘲笑他们。"——已经说明了问题，所以画商对记者的不信任也是可以理解的：正如我们所看到的，当时的媒体很快就对立体主义极尽嘲讽，把它说成是由画家败类（江湖骗子）组织的一场大骗局，他们为了宣传自己不择手段。在确信《我无所不知》杂志的记者并无嘲讽之意后，这位艺术品商人同意对"当今的极端前卫"发表评论。卡恩韦勒保护他的画家群体，首先保护的就是毕加索。在一个对前卫艺术充满敌意的社会中，他坚持自己的使命，支持那些"创造人类视觉世界"[6]的人。

画廊老板和艺术家之间的关系有时看起来像是一种依赖关系（我们分析了1912年夏天的通信），但毕加索很快就感受到卡恩韦勒的所有优点——他看到了卡恩韦勒系统使用摄影的价值（这让毕加索即使远离巴黎，也能隔空看到自己的作品，并定期评估自己的创作情况）。譬如1912年6月5日，毕加索在信中写道："我曾想过把我最新完成的一幅画送给你，但我觉得它还需要再加工一下……我总是希望同时着手创作多幅作品，这样我就可以不知疲倦地工作。"画商有时也会被激怒，比如他在1912年6月6日的回信中说："告诉你，你最好告诉我……你认为哪些画已经完成。"不过，在这对神奇的组合中，游戏的庄家当然还是毕加索。"你可以让我来判断一幅画是否已经完成"[7]，他在1912年6月18日明确表示。最后，艺术家与画商之间的关系很快变成了一种隐性的政治协议：与卡恩韦勒的合作让毕加索越跑越快，越过了一道又一道障碍，以和平的方式颠覆了欧洲以往的对于传世之作的伟大传统。

后来，在一篇未曾发表的德语文章中，卡恩韦勒解释了他当时在法国所秉持的立场。他在文章中写道："用来帮助在世艺术家的金钱绝不能交给国家支配，这些钱永远到不了正确的地方，它们被浪费在不值得拥有的人身上。这些人应该被劝退，因为造型艺术家简直多如牛毛。"[8]这位艺术品商人始终坚持他的这一观点，坚持反对法国正在发生的一切，他把画廊空间建成了一股对抗势力，一个独立的小共和国——就像过去的保罗·迪朗-吕埃尔一样，他在自己位于拉菲特街的巴黎画廊里，向曾被法兰西艺术院拒之门外的库尔贝和德拉克洛瓦致以敬意。杜蒂耶尔将这样的空间描述为"革命性的空间"。在这个空间里，这位法国收藏家超越了他所处环境的品位，将自己定义为画商的"门徒"，这难道是巧合吗？在维农街28号的画廊里，随着越来越多的私人收藏家光顾此地，卡恩韦勒成功地完成了一项史无前例的壮举：他建立了一个不受国家（一国最大的收藏方）官方职能约束的领地，同时这片领地也摆脱了叱咤风云的法兰西艺术院对当代艺术的控制。

为什么我们不重温一下维农街的奥秘呢？从1907年到1914年，这家规模不大的画廊，其影响力却得到了德国收藏界和评论界的认可，他们不仅被画廊艺术家的画作吸引，还被卡恩韦勒的才华、博学和专业精神折服。其中排名第一的评论家当属卡尔·爱因斯坦。与克拉玛日、斯蒂格利茨、乌德和梅耶尔-格雷夫一样，他秉承的也是德奥艺术理论家的传统。[9]1905年[10]，他在巴黎立体主义绘画中发现的东西，直接与他自己关于时间、空间和感觉的理论产生了共鸣——他以自己"不太确定和犹豫不决"的方式，试图在当时正在创作的小说《贝布金》中将这些理论付诸实践。"对我们而言，艺术品只有在决定其时代并受时代塑造的情况下才存在。"他写道，"艺术品只有在包含能够改变现实、人类结构和世界面貌的手段时，才会引发我们的关注。"[11]事实上，既然爱因斯坦自己所实践的艺术史"偏爱流派的混合、时间的断裂、不连续性和间隔"[12]，他又怎么会错过立体主义的实验呢？爱因斯坦将立体主义画家描述为新现实的创造者，强调了他们的革命潜力。在他看来，我们身边的物品和我们习以为常的日常形式，其质地本身就蕴含着他所反对的自由资产阶级的意识形态。只有打破这些表现惯例，绘画才"不再是打开大门却只能见到一些老调重弹的内容，它才可以成为其他东西"[13]，能让观众重新审视世界。"毕加索明白，现实的死亡是创作自主作品的必要条件，"他肯定地说道，"但他也通过将全部想象力投射到现实中来强化现实。他画的是心理上真实、人性上直接的东西。从这个意义上说，他的现实主义更有力量，因为他的作品摆脱了一切自然主义。"[14]最后，立体主义（正如爱因斯坦在1923年6月写给卡恩韦勒的信中所定义的那样）对他来说绝不仅仅是绘画或视觉问题："我早就知道，所谓'立体主义'远远超出了绘画的范畴。"[15]爱因斯坦是最早发掘立体主义的哲学和政治意义的思想家之一。不过也不要忘记，早在1915年，这位评论家就在莱比锡出版了他的专著《黑色雕塑》，成为欧洲最早的非洲艺术理论家之一。

马克斯·拉斐尔是另一位于1911年抵达巴黎的德国知识分子。他也遵循了同样的路线，他的阅读受到柏格森的影响，他在法兰西学院聆听了柏格森的讲座。马克斯·拉斐尔在柏林完成学业后（师从格奥尔格·齐美尔学习哲学，师从海因里希·沃尔夫林学习艺术史[16]），在"洗涤船"遇见了毕加索，然后于1913年返回德国首都。他于当年出版的著作《从莫奈到毕加索》直面现代性的起源问题，沿着以生命论为标志的新方向重新提出问题："艺术是如何产生的？它的生成意义又是什么？"[17]卡尔·爱因斯坦和马克斯·拉斐尔是塑造卡恩韦勒立体主义先锋派观点的知识分子。这位伟大的画廊老板有一些开明的同代人（包括经常与他交流的让·卡苏），他们在他的日耳曼参照系中发现了"理解艺术和生活的真正钥匙，其颠覆性的程度在当时的法国尚不为人知"。在这一非常特殊的时期（普法战争之后、

"一战"之前），正如我们所见，德国既被法国视为世敌，又被视为榜样。历史学家甫斯特尔·德·库朗日因而有言："要想打败德国，就必须效仿德国。"[18]

那么，爱因斯坦或拉斐尔用德语写就的美学和哲学著作，与当年法国社会的焦虑之间有什么联系呢？正如我们所看到的那样，当时的新闻界担心立体主义会直接威胁到法国的身份认同，1912年12月3日让整个众议院都为之哗然的辩论就证明了这一点。众议员朱尔-路易·布勒东抨击道："你不能把立体派的所作所为称为艺术尝试！"议员夏尔·伯努瓦接着说道："我们不鼓励垃圾！艺术界和其他地方一样，也有垃圾。"来自蒙马特的社会党议员马塞尔·桑巴回应说："我根本不打算……对立体派运动进行正式辩护！即使辩护的话，那以谁的名义进行呢？我又不是画家。而且辩护给谁听呢？我又不是在画家大会上……我所捍卫的是实验自由原则。"[19]这场争论被立体主义历史学家们称为"1912年排外争议"或"1912年秋季沙龙危机"[20]。两个月前，即1912年10月3日，巴黎市议会第四委员会报道员兼摄影师皮埃尔·朗皮埃在给莱昂·贝拉尔（主管美术的副国务秘书）写了一封公开信，他在信中对国家把大皇宫提供给秋季沙龙举办展览一事表示强烈不满，因为该展览"汇聚了人们所能想象得到的最俗不可耐的丑陋和粗鄙"。随后，他大肆抨击了立体派画家，称他们是"一帮罪犯，他们在艺术界的所作所为与平日里的流氓别无二致"[21]。

渐渐地，"秋季沙龙危机"的矛头指向了评审团本身。一些人认为，"过去三年来，评审团中（包含了）太多的外国人"。对此，解决的办法只有一个："限制外国人"。这些批评者还说："明年，只要对他们进行限制，罪恶就会一扫而光。"[22]皮埃尔·朗皮埃的第一封公开信得到了《吉尔·布拉斯报》报社社长的回应，其言论里夹带的危险的仇外心理明显升级："（那就这样吧！立体派）是一群犯了错误的年轻人。(但是他们) 绝不代表沙龙的发展方向。毫无疑问,他们本身就是无足轻重的,我们却错误地重视了他们。让外国人占据评审团也是错误的。以后不会再犯这些错误了……英明神勇的协会主席……将采取必要措施,防止此类事件再次发生。一切都将恢复正常。"[23]沙龙委员会的成员也不甘示弱,宣称"外国人将不再主宰协会的命运,(而且)评审团将采取明智而严厉的措施"[24]。同样是在《吉尔·布拉斯报》,1908年创造"小立方体"这一术语的评论家路易·沃克塞尔大放厥词,满口爱国主义,直接攻击卡恩韦勒和毕加索:"我无意引用民族主义的观点,但我坚持认为这场纷争的源头来自国外。"他惺惺作态地表示,接着又补充了几句令人生畏的话:"野兽派和立体派中的德国人和西班牙人太多了,马蒂斯已经归化为柏林人,布拉克现在只对苏丹艺术顶礼膜拜,画商卡恩韦勒并不完全是'唐吉老爹'的同胞,那个猥琐下流的梵·邓肯是阿姆斯特丹人,巴勃罗是巴塞罗那人,不过这些事实本身并不重要。梵高也是荷兰人。问题不在于立体派说的是什么语言,而在于他们是否找到了资源。唉,我对此表示怀疑。"[25]

230

谢尔盖·舒金的毕加索作品陈列室

奥尔洛夫，1914年冬天，莫斯科，照片，舒金藏品

第十一节

骗子还是天才？毕加索面面观

> 你觉得有样东西毒害了你，但与此同时，它又在你的内心被唤醒……仔细研究毕加索的画室后……他走过的路在你面前徐徐展开，他在那里召唤着你。[1]
>
> ——亚历山大·贝努瓦

如果说毕加索的人生存在关键性的一年，那肯定是 1912 年。正是在这一年，他突然升格为国际前卫艺术的领军人物，与马蒂斯平起平坐。两位大师的巅峰对决，无论是在法国国内还是在法国以外的地方，都在巧妙地上演：在巴黎，胡安·格里斯在当年的独立艺术家沙龙上展出了《毕加索肖像画》，这既是对毕加索的公开致敬，也是对前一年马蒂斯作品《奥尔加·默森肖像画》的回应。不过很可能还是在 1912 年的伦敦，在 "第二届后印象派展览" 举办之际，毕加索显然风头正劲。《泰晤士报》以 "后印象派画展：马蒂斯和毕加索" 为标题，强调了两位大师之间的竞争。"三四年前，马蒂斯还是野兽派的王子……但在 1912 年的独立艺术家沙龙上，马蒂斯的学生已经寥寥无几。立体主义大行其道……大师被抛弃了，他的绘画也被加倍地抛弃了。一场惨败：哦，马蒂斯，败得多惨啊！"[2]

从此，毕加索的作品可以在西方世界的各个角落欣赏到。继 1910 年在布达佩斯（巢屋画廊举办的"印象派国际画展"[3]）和伦敦（"马奈与后印象派画展"[4]）举办画展之后，1911 年又在纽约（斯蒂格利茨画廊）和阿姆斯特丹（"现代艺术展"）举办了画展。接着轮到日耳曼世界对这位画家热情相迎了，光 1912 年举办的展览就不下六次（慕尼黑两次、柏林两次、科隆一次、莱比锡一次，最后再回到慕尼黑）。随后在维也纳、布达佩斯和布拉格也办了画展。1913 年，莫斯科举办画展，与此同时，军械库艺博会也在纽约、波士顿和芝加哥掀起了热潮。卡恩韦勒作为最高指挥者，按照精心策划的战略，成功地在盎格鲁-撒克逊、日耳曼和俄罗斯世界推广了毕加索，真正征服了东西方：首先用前立体主义时期（尤其是蓝色时期）的作品来吸引观众，因为这一时期的作品对于不是内行的公众来说，不会造成太大的冲击；然后，在从蓝色时期发展到综合立体主义的艺术轨迹中，将立体主义革命重新定义为更加抽象的艺术。[5]这样，卡恩韦勒得以让参观者了解毕加索不断演变的创作风格，将毕加索展现为一位有"真才实料"的画家——懂得如何再现现实——然后又把他展现为懂得风格变换的艺术大师，最后才向公众介绍立体主义的精妙之处。

在东边，没有什么比谢尔盖·舒金的职业生涯更能说明"教育"方法的必要性了，他是纺织品批发商的巨额财产继承人，也是现代艺术的主要收藏家。在前苏联时期，他完全被历史的尘埃湮没。近几十年来，他的事迹首先在俄罗斯，随后在世界其他地方得以重放光芒。当时，作为急于实现俄罗斯现代化的新兴工业资产阶级中的一员[6]，舒金决定将他刚刚在莫斯科购得的特鲁贝茨科伊宫改造成现代绘画的圣殿。在移居巴黎的弟弟伊万的影响下，他购买了越来越多的作品，马蒂斯是他最喜欢的艺术家。1907 年，沃拉尔带他去参观斯泰因兄妹的沙龙，他在那里看到了毕加索的作品。直到 1912 年，为人谨慎的他只买了几幅画：1910 年买了两幅——蓝色时期的《勒博克》，以及为创作《亚威农少女》做准备的一幅小型油画；1911 年买了两幅——20 世纪初创作的《喝苦艾酒的女人》，以及玫瑰时期的《波隆酒壶静物画》。

从 1912 年开始，舒金突然转变了态度，到处购买毕加索的作品（1912 年买了 11 幅，1913 年买了 13 幅），甚至经常从毕加索的工作室直接购买。然后，他通过卡恩韦勒买下了斯泰因收藏的几幅重要作品，斯泰因的胆识与文化让他钦佩不已。他的收藏很快就追溯到了这位艺术家的关键时刻（蓝色时期、原始立体主义时期、1909 年的绿色时期、立体主义实验性研究时期）。最后，舒金逐渐涉足更具创新性和挑战性的作品，例如他逼迫自己接受《拿扇子的女人》。这是一幅黑暗、神秘、充满几何图案的油画。尽管他很讨厌这幅画，但还是把它买了下来。传说他把这幅画放在走廊里，尽管心里感觉很不舒服，但他还是会频繁地走到画前。卡济米尔·马列维奇解释说："一旦舒金最终克服了这一障碍，让自己的眼睛适应了画作的可塑性，那他就准备好冒其他风险了。"[7] 最后，在特鲁贝茨科伊宫里，仿佛这位危险的画家必须被限定在一个精心划定的空间里，收藏家建造了一个难以进入的"毕加索牢房"——只有那些已经领悟现代绘画奥秘的参观者才有希望进入。

很快，整个俄罗斯前卫艺术界都在努力应对立体主义这一绘画界的不明飞行物[8]。艺术家、艺术史学家、哲学家和评论家纷纷表明立场，参与这场争论，其中包括马列维奇、罗钦可、拉里奥诺夫、冈察洛娃、图根霍尔德等人。从 1912 年起，正如安妮·巴尔达萨里回忆的那样："展会、杂志、小册子、社区工作坊、戏剧、芭蕾舞剧和歌剧等形式多样的众多活动，如青骑士运动、方块杰克运动、驴尾运动，经常与欧洲和俄罗斯先锋派的作品对抗，使俄罗斯的这场争论具有特殊的，往往甚至是极端的意义。在艺术领域，革命前的形势……预示着布尔什维克革命的到来，而这些年轻艺术家中的许多人将在1917年加入并参与这场革命。"[9]正如在西欧（卡尔·爱因斯坦曾指出），在俄国，立体主义的颠覆性影响也带有对既有秩序的政治指控，这突出表明（如果需要证明的话）美学激进主义和政治激进主义是密不可分。矛盾的是，尽管舒金以其极具颠覆性的收藏推动了本国正在进行的革命进程，但他与其他资本主义精英一起还是被迫于1917年逃离俄国，他的藏品直到1991年才重见天日。

如果说毕加索的作品征服东方取得了辉煌的成就，那么西方的情况同样不容小觑。利奥·斯坦伯格曾回忆斯泰因兄妹如何在"洗涤船"工作室购得《三个女人》。他们起初觉得这幅作品"令人恐惧"——三个人物都闭着眼睛，彼此紧紧缠在一起，宛如在自然荒野中矗立千年的雕塑。[10]后来，根据斯坦伯格的说法，这幅作品吸引了摩根·拉塞尔，这位年轻的美国艺术家用铅笔画了些研究图（1911年），非常忠实于原作。之后，他回到纽约，与斯泰因沙龙的另一位常客斯坦顿·麦克唐纳-赖特一起，成为色调交响主义运动的推动者之一。后来，当斯泰因的藏品逐渐散佚后（1913年），《三个女人》被卡恩韦勒卖给了舒金，然后被挂在莫斯科特鲁贝茨科伊宫毕加索陈列室的墙上。评论家雅科夫·图根霍尔德就是在那里看到了这幅画，并对其大加称赞："毕加索的女性裸体画……是用石头砌成的，通过深色水泥状的轮廓线将其连成一体。砖红色的《三个女人》具有纪念碑式的厚重感和浮雕感。"[11]自20世纪的第一个十年开始，在地缘政治动荡之后的近百年间（"一战"、俄国十月革命、"二战"、冷战），纽约和莫斯科以完全屏蔽对方的方式在各自发展。这幅画除了引发（有时是截然相反的）相关解读之外[12]，它在这两座首都的流传也产生了现象级影响，这一影响的重要性怎么强调都不为过。

正如我们所见，1911年春，在阿尔弗雷德·斯蒂格利茨位于纽约的"291画廊"里，毕加索的作品引起的反应五花八门，既有困惑不解，又有热血沸腾。随着1913年2月军械库艺博会的开幕，美国社会开始掀起一股热潮，各大收藏家对巴黎的艺术如痴如醉。受到法国前卫艺术影响的现代主义艺术家（得益于斯泰因的藏品、马蒂斯学院和斯蒂格利茨画廊）有斯坦顿·麦克唐纳-赖特、阿瑟·B.戴维斯、约翰·马林、乔·戴维森、阿尔弗雷德·毛雷尔或马克斯·韦伯。然而，在法国有谁听说过他们呢？2012年，在大皇宫，马蒂斯、塞尚、毕加索、斯泰因兄妹的奇遇经历向法国公众展示了这些美国收藏家的胆识和勇气，以及他们的收藏在当地产生的影响。四年后，路易-威登基金会举办的"现代艺术的偶像：舒金藏品展"向同样的观众展示了这位俄罗斯收藏家的胆识和勇气，也凸显出受他藏品启发的诸多效仿者。这些在"洗涤船"工作室、维克多-舍尔彻街工作室和塞雷工作室创作的作品（其中许多从未在法国展出过），以及它们在一个世纪前对俄罗斯和美国艺术家产生的直接影响，怎能不在巴黎引起惊奇、惊讶甚至惊叹呢？

第一次世界大战之前，国际上对毕加索的热捧与法国对立体主义革命的难以接受形成了鲜明对比。对于立体主义在法国受到的歧视，艺术史学家伊夫-阿兰·布瓦毫不掩饰自己的惋惜之情。他分析了20世纪法国、德国、俄罗斯和捷克斯洛伐克在这一领域逐渐拉开的差距，最后得出了一个令人震惊的结论（前面的章节已经为我们做好了充分铺垫）：乐观的说法是法国完全错过了立体主义；悲观的说法是法国扼杀了它帮助催生的一场特殊的美学运动。他是这样说的："文森克·克拉玛日的《立体主义》一书是由一位杰出的见证人趁热打铁写成的，就像《通往立体主义的道路》（卡恩韦勒著，1920年出版）和阿克谢诺夫1917年在莫斯科出版的有关毕加索的一本小书一样，

《立体主义》这本书给那些满脑子都是民族主义的人上了一堂如何保持谦虚谨慎的课：这些用德语、俄语或捷克语撰写的文章尽管简短，却比立体主义的各种拥护者在法国发表的所有文章和目录序言都要洋洋洒洒……这些偶尔发表的文章充满同情，饱含善意，但其作者对毕加索和布拉克的研究中的利害关系却完全视而不见……。这些简单的历史文献对于了解立体主义在法国（糟糕的）接受历史很有用，也顺便证实了费利克斯·费内翁停止写作后法国艺术评论的衰落。卡恩韦勒、阿克谢诺夫和克拉玛日的著作具有完全不同的性质，对于任何准备深入研究立体主义问题并摒弃陈词滥调的人来说，这些著作仍是必读之书……我们甚至可以打赌，如果这些书在出版后能够马上翻译出来，那么我们国家一直以来对立体主义缺乏全面了解的情况，既使不能避免，至少可以减轻。对立体主义一无所知的现状导致了我们在国家收藏方面的灾难性后果，让人痛心不已。幸运的是，毕加索博物馆的成立使得这种状况在危急时刻得以纠正——即使不能避免，至少也可以减轻。"[13]

　　法国前卫艺术的处境源于整个体系，早在半个世纪之前就受到了以库尔贝为首的新绘画派画家们的谴责。法国前卫艺术的处境也源于霸占资源和近亲繁殖的不良传统，这种传统造就了一批学阀——美术学院教授、院士、沙龙评审团成员。他们维护正统艺术，反对创新，蔑视生机勃勃的艺术。尽管在1863年，政治当局——拿破仑三世皇帝——在新画家们的提醒下，同意组织"被拒者沙龙"来嘲弄正统艺术的支持者们，但这些人的影响力依然顽强，其中最具代表性的人物是让-莱昂·热罗姆。此人手握特权长达40年之久，阻挠了几代创新画家的发展。他在1900年的世界博览会上一举成名：博览会有一间小展厅展出了几幅印象派画作，这是千辛万苦争取来的。就在这间展厅前，他冲到埃米尔·卢贝总统面前，劝说他：

"总统先生,不要进去,这是法国的耻辱!" 1912 年前后,尽管乔治·布拉克出生在诺曼底,但一位德国画商、一位西班牙艺术家与几位来自俄罗斯、捷克、德国和北美地区的收藏家沆瀣一气,把立体主义变成一场前卫运动,里面充斥着"善良的法国人"眼中所有卑鄙无耻的行径,如弄虚作假、招摇撞骗,甚至是"危害"国家统一。这是正义与邪恶、传统与现代、诚实的法国人与危险的"外国人"之间的战争。

我们得以衡量克拉玛日、卡恩韦勒、斯蒂格利茨、爱因斯坦、拉斐尔、梅耶尔-格雷夫等人所体现的教育的重要性以及他们所取得的卓越成就,并因此认识到法国和德国在艺术史传统上的巨大差距。但如今这种"战败文化"似乎被抹得一干二净,同时被抹去的还有 40 年来一直在法国人心中挥之不去的"色当伤疤[①]"。今天,若要寻觅这个不幸时代和复仇欲望的汹涌痕迹,那就有必要重新读一读夏尔·贝玑。1905 年,他赞美法国,不光称法国是"指导国度",还称法国是"文化人",是"革命"国度、"天主教"国度和"文明"国度。在另一篇文章中,贝玑对有关困扰、紧张和死亡的概念胡拉乱扯了一番。对于我们今天所忽视的状况,虽然他有夸大其词的成分,不过他还是让我们掌握了这一状况的发展动向。"你得想象一下,"他写道,"在这两个噩梦连连的国度,生活变成了何等模样。烦恼不断,紧张持续,思维僵化,脑袋笨重,目光呆滞,眼神空洞,眉头紧锁。感觉不再存在于自身,不再为自身而存在,不再真正为彼此而存在。一方的存在都是为了对抗另一方,每一方都是他自身命运的工具,同时也难免沦为对方命运的工具。这两个不幸的国度不再是普普通通可以生活

[①] 此处指色当战役。色当战役发生于 1870 年 9 月 1 日普法战争时期,其结果是普军俘虏了法皇拿破仑三世及其麾下的军队,虽然普军仍需要与新成立的法国政府作战,但此战实际上已经决定了在普法战争中普鲁士及其盟军的胜利。

的国度，他们就像两个活生生的对立关系，就像两个活生生的对立威胁。"贝玑在他的文章里描述了这样一个国家的心态，这个国家长期以来对在其土地上发生的文化融合充耳不闻，同时对一些有幸来到这里生活的知识分子和艺术家视而不见，甚至加以污蔑，这真是极其糊涂的行为。

第十二节

古腾堡 21-39：互换名片

安德烈·勒韦尔，第一幕和第二幕

2018 年 5 月 9 日，星期四。当天上午，《手捧花篮的小女孩》在所有的媒体报道中都是一颗重磅炸弹。几小时前，在纽约洛克菲勒收藏拍卖会上，这幅油画以 1.15 亿美元的价格成交。记者们可以宣布，毕加索凭借四件总价值超过 1 亿美元的作品，"超越了达·芬奇和梵高"。2018 年 5 月 9 日，罗翰宫的阁楼里闷热无比，整座城市冷冷清清。在毕加索档案馆，这周几乎没人上班。事实上，这三天中有两天都是公共假日：昨天是 1945 年 5 月 8 日的庆祝活动①，明天是耶稣升天节。在一个精致的软垫盒子里，卢浮宫学院的一名实习生往里面添加了一封手写的信，是写给当年秋天在奥赛博物馆举办的展览"毕加索：蓝色时期和玫瑰时期"的。负责管理资料室的皮埃罗·欧仁为我打开了风扇，但不巧把纸吹走了。于是皮埃罗关掉了风扇，继续在桌上写着没完没了的清单，我们俩发现自己宛若置身于一处奇特的烤箱里。在我们工作的小房间里，墙壁上竖着大量黑白肖像画，这些画都是从以前的展览中抢救出来的，裱在厚木板上：40 岁的毕加索来到拉

---

① 这一天是第二次世界大战欧洲战场胜利纪念日。

博蒂街，站在从"苏利耶老爹"店里淘来的海关收税员亨利·卢梭的名作前；性感迷人的朵拉·玛尔在大奥古斯汀街抽着烟；年轻的毕加索在拉维尼昂街的煤气路灯前竖起大衣领子；毕加索与费尔南德，小狗弗莉卡，阿波利奈尔，科克托，他们都在这里，与我们一起被关在这间闷热难当的小屋里。有时，皮埃罗会站起来，久久注视着毕加索的眼睛，对视的神态恭敬而又熟悉。皮埃罗和颜悦色，满头乌发，他态度和蔼，为人低调，有时还流露出一丝调皮：怎么会有人能在这个鬼魅般的世界里足足忍受 30 年呢？因此，就在这天上午，皮埃罗、奥尔加、弗莉卡、阿波利奈尔和科克托将陪我一起深入了解毕加索的档案，时间从 1908 年 1 月 24 日开始。

我迫不及待地想要拿到第 86 号文件夹。我从安德烈·勒韦尔的回忆录中得到了关于收藏家的所有信息，这些信息让我兴致盎然。他颇为优雅地勾勒出自己与庞斯表兄的关系："他几乎没有后代……庞斯表兄（也是单身），我那曾与巴尔扎克共舞的祖母声称认识他的原型，是一位住在圣路易岛的医生。"[1]之后，勒韦尔言之凿凿，提出了他对"真正的收藏家"的定义："在尚未走过的街道或尚未进入的商店门口"，能够"猜到自己究竟是空手而回还是满载而归"[2]。在 1918 年创作的一幅素描中，毕加索将（比他年长 18 岁的）勒韦尔描绘成一个端庄的男人，椭圆形的长脸，整齐的小胡子，一双和蔼可亲的眼睛，只是两只瞳孔略微有些不对称。专家们对勒韦尔十分熟悉：我们知道，1908 年 1 月，他在拉维尼昂街直接从毕加索手上买下了《卖艺人家》——这幅玫瑰时期的巨幅画作（上文已详细讨论过）影响了阿波利奈尔，也启发了里尔克。

自 1902 年起，勒韦尔就开始关注"非常年轻的绘画"，他在贝尔特·韦尔的画廊和"苏利耶老爹"杂物堆里淘到了素描、水彩画和粉彩画，因此很早就成为法国最早的毕加索收藏家之一。"有一个周一，我偶然在苏利耶的店里看到一张折叠床，上面摆着待售的床上用品和几幅没有画框的画，它们摆在一起颇为怪异，还有一幅毕加索本人的自画像，摆在光天化日的街道上显得相当粗糙。就在那一周的周六，我在同样的地方又看到了这幅画，直到那时我才决定花15法郎买下它。"[3]但在1904年，勒韦尔是如何（通过与兄弟、表兄弟和朋友的合作）设想出"熊皮"这一首个收藏家联盟的呢？[4]又是如何真正创建了这个名字幽默、别具一格的协会的呢？协会章程规定，在协会解散时（十年后），艺术家可分享其销售额的20%，这为著名的"转售费"[5]做了铺垫。"我无法抗拒……购买这些作品的欲望，它们真的让我神魂颠倒。"他承认，"为什么不把它们放在一起，形成一个完整的系列呢？……可爱的钱罐子就这样诞生了……尽管预算有限，但我们还是疯狂地追逐稀世珍品。"[6]当时，毕加索已经在巴黎旅居过三次，但都没有成功，最终在拉维尼昂街安顿下来。与此同时，勒韦尔的朋友们也在持续扩大收藏。1906年，他的委员会从克洛维斯·萨戈手中购买了6幅毕加索的作品，之后甚至组织投票，决定设立"毕加索之年"。

两年以后，就是这位萨戈提醒安德烈·勒韦尔，毕加索"想要出售他在不同场合，经过无数次研究和绘制的一幅街头艺人的大型油画"[7]，那勒韦尔又是如何马上唤起毕加索对他的共情的呢？1908年1月，在画商昌西安·莫利纳的陪同下，在协会委员会的几位委员的陪同下，勒韦尔第一次来到拉维尼昂街。毕加索向他介绍了自己的油画。"我们没犹豫多久。作品精彩绝伦，但我们的预算很少。"勒韦尔回忆道。这位收藏家向毕加索描述了自己协会的运作方式，并向毕加索开出了1 000法郎的价码——仅为他预期价格的三分之一。勒韦尔立即支付了300法郎的首付款，并给了他一个月的思考时间。在此期间，他可以接受或拒绝勒韦尔的开价。毫无疑问，迫于经济压力，毕加索最终接受了。不过很快，他便决定加快进度。勒韦尔回忆说：

242 "还没到两星期,他就来到我的办公室,不是来还钱的,而是来收尾款的。"[8]那么,"希望在(外国)买家中寻求更高售价"[9]的毕加索为何会接受勒韦尔的报价呢?为什么毕加索会义无反顾地选择勒韦尔来处理他那幅精彩绝伦的《卖艺人家》呢?而他之前从未将其列入提供给沃拉尔的工作室的藏品之列,当然也从未给过立体主义画商。这些都是我在阅读第86号文件夹之前反复思考的问题。

我们知道,毕加索从不丢弃任何东西,他的档案也异常丰富。但是,他为什么要如此小心翼翼地保存安德烈·勒韦尔的所有名片(至少有20张,全都一模一样),以及他的电话号码呢?电话号码用铅笔潦草地写在小方格笔记本上:"古腾堡21-39"和"瓦格拉姆28-59"。1914年春,毕加索以一幅拼贴画《低音瓶和名片》向这位特立独行的收藏家公开致敬。在这幅拼贴画里,他把收藏家的名片折了一角后置于画面前景,摆在桌子上仿佛摇摇欲坠。当我阅读了这个文件夹中的104封信,并深入了解了勒韦尔家族内部的奥秘时,我发现艺术家与收藏家之间的友谊绝不简单:他们之间建立了长期的联盟关系,就像一面不锈钢盾牌,一直保护着毕加索,让他得以与法国政府相安无事,直到他去世为止。渐渐地,我也意识到,他们之间的利害关系发生在一个前所未有的空间里,发生在狭小的夹缝空间里,远远超出了我的想象。如果说接触书信是一种偷窥行为,那么这一行为也是一种特权。要辨认笔迹,就必须抓住字里行间重构故事,必须从最不起眼的细节入手。首先观察地址格式或信纸信头的变化,比如这张信纸上写着"塞尔努斯基街3号",即巴黎十七区的优雅地段,属于蒙梭公园区。

安德烈·勒韦尔是一位商人,律师出身,是一位伟大的法国资产阶级,他用认真务实的语言来称呼他的来信者,言语间充满了尊重和体贴。偶尔也会使用虚拟式未完成过去时和巴洛克式的倒装句,从他写给毕加索的第一封信中就可以看出这一点。这封信写于 1908 年 1 月 24 日。"亲爱的先生，我的裱画师（路易先生，方丹街 32 号）将于明天周六下午 3 点回到你的画室，测量画框尺寸。如果这个时间不方便，请你告诉他你什么时候可以接待他。再见，亲爱的先生。致诚挚的问候。A. 勒韦尔。"1908 年 1 月，随着《卖艺人家》的售出，毕加索与勒韦尔形成了某种契约，即"互换名片"。对于毕加索而言，在"古腾堡 21-39"（勒韦尔的电话号码）随着岁月流转成为向他敞开的大门之前，他在与勒韦尔的第一次见面时就清楚地预感到，尽管这位收藏家出价不高，但其提议还有其他重大优势。比如，毕加索立刻明白，"熊皮"代表了一种完全革命性的商业模式，所以未来的利润是有保证的。

　　1914 年，"熊皮"协会的藏品如愿以偿在德鲁奥拍卖行拍卖。"这是我们第一次在公开拍卖会上看到如此完整的现代作品集，这些作品完全是前卫的，它们的作者要么现在是疯子，要么曾经是疯子，他们会在独立艺术家沙龙上嬉笑怒骂。"安德烈·萨尔蒙兴致勃勃地记录了这一事件。"1914 年 3 月 2 日星期一，下午 2 点。一个值得纪念的日子……对于埃尔纳尼的绘画来说，这次拍卖是第一次。"[10]另一位评论家将其描述为"一场真正的战斗，旨在强推坚持创新的年轻艺术"[11]。更广泛地说，"熊皮"藏品的拍卖获得了意想不到的高价，突然改变了巴黎画廊界的格局，因为这次拍卖"带来了明确的信息"，即"在世画家的画是有利可图的"。从那天起，一股投机之风开始吹遍整个法国，"前卫艺术不再只是那些忠实买家的独家专利"[12]。在德鲁奥拍卖行举办的《卖艺人家》拍卖会上，艺术家（毕加索）、画廊老板（德国画商卡恩韦勒）和买家（另一位德国商人坦豪瑟）齐聚一堂，虽然拍卖会举办得很成功，但它却在巴黎掀起了新一轮排外浪潮。例如，记者莫里斯·德尔库尔在一篇题为《入侵之前》的文章中

244 解释说,"外国人虽然不受欢迎,但他们奇形怪状、令人作呕的作品却卖出了'高价'",而且"正是德国人支付了甚至推高到这个价格"。他警告那些"天真的年轻画家,他们一定会掉进陷阱","他们会模仿毕加索,但模仿别人作品的毕加索把一切都模仿得面目全非,却发现没有任何东西可以模仿,于是就弄出立体主义来虚张声势"。他的想法是竭尽全力"毁掉方块主义[原文如此]"[13]——这里的"方块主义"化用了德国库巴牌高汤块的名字①。它很快就会在法国形成燎原之势!事实上,五个月以后,在继续这场名副其实的十字军东征的同时,秋季沙龙主席弗朗茨·茹尔丹也松了一口气:"立体主义终于完蛋了!"[14]

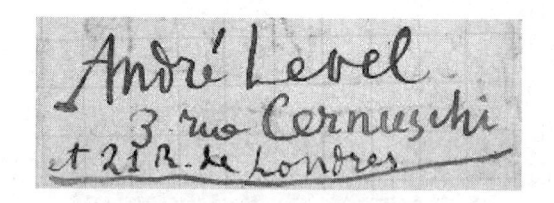

巴勃罗·毕加索的地址簿

巴黎毕加索博物馆

1914年3月,也就是他买下《卖艺人家》这幅画六年之后,勒韦尔又给毕加索写了一封信。和第一封信一样,这封信依然言辞恳切。"我亲爱的朋友,你早就知道'熊皮'协会从一开始就决定将净利润的20%留给艺术家。我们很高兴地看到,你接受了随信所附的国家信贷银行62.927号支票,这是你理应得到的版税份额。在任何情况下,我们的章程都不会不允许将这部分版税返还给我们协会的成员。亲爱的朋友,请你相信我。你善良忠诚的朋友。A. 勒韦尔。"仅1914年一年时间,形势就接连发生惊人的逆转:3月3日,在德鲁奥拍卖

---

① 此处"方块主义"(kubisme)的前3个字母与库巴牌高汤块(KUB)相同。

行，随着"熊皮"藏品的拍卖，《卖艺人家》成绩辉煌，被海因里希·坦豪瑟（慕尼黑画商）以 11 000 法郎的价格买走，这个价格是六年前付给毕加索的价格的 11 倍。随即，勒韦尔如约为毕加索签下了一张 3 978.85 法郎的支票（占毕加索当年收入的五分之一）。勒韦尔非常优雅地派人把支票送给了毕加索。毕加索立刻以他的拼贴画《低音瓶和名片》作为回应，向这位特立独行的收藏家公开致敬。此外，他还十分风趣地把收藏家的折角名片置于前景，摆在桌子上仿佛摇摇欲坠。从 1914 年 8 月起，毕加索在阿维尼翁工作，与伊娃过着幸福的日子。而此时在奥地利蒂罗尔州的卡恩韦勒则与妻子露茜沉浸在登山的激情中。然而，战争的爆发打破了他的整个联盟体系，于是毕加索再次轻车熟路地联系了安德烈·勒韦尔。多亏了毕加索写的神奇的电话号码"古腾堡 21-39"，勒韦尔很快成为毕加索的一位绝对崇拜者，而且还远不止于此。

《低音瓶和名片》

巴勃罗·毕加索,1914 年春,石墨铅笔画,纸张拼贴,国家现代艺术博物馆,蓬皮杜中心,工业创作中心(路易丝·莱里斯和米歇尔·莱里斯捐赠,1984 年)

第十三节

"一个精彩的系列，有着前所未有的自由和快乐……"

> 教授先生，你会发现这确实是一个精彩的系列，有着前所未有的自由和快乐。[1]
>
> ——丹尼尔-亨利·卡恩韦勒致信文森克·克拉玛日

几个星期以来，我一直在立体主义年代的丛林中穿行。从1913年1月到1914年8月，每个人物仍在各自的地理空间中活动。艺术作品仍在蒙马特、蒙巴纳斯、索尔格或阿维尼翁的工作室中创作，金融交易仍在维农街的小画廊和其他店里进行，批评家们仍在对艺术作品的功能进行反思（卡尔·爱因斯坦现在将艺术作品描述为"世界表象的转变"[2]）。而卡恩韦勒则在继续他的"使命"，向他的收藏家们揭示了进化动态中的一个又一个阶段。就在大难临头之际，卡恩韦勒给克拉玛日写了最后一封信。正是读了这封充满诗情画意的信，我才得到了最后的关键线索。

1913年1月21日，毕加索带着伊娃·古埃尔从巴塞罗那回到他位于拉斯帕伊大道的工作室。正如他在画中所宣称的那样，他"爱伊娃"。而他与卡恩韦勒签订的全新合同也为他带来了前所未有

248 的经济保障。然而，1913 年仍然是风尘仆仆的一年：巴塞罗那—巴黎—塞雷—巴塞罗那—巴黎—塞雷—巴黎—阿维尼翁—巴黎。1913 年仍然是疾病缠身的一年：3 月，伊娃第一次生病，并于 1915 年 12 月去世；6 月，他得了"伤寒"，煎熬了整整一个月。最后，1913 年是一段哀伤的时光：他的爱犬弗丽卡去世，这是从"洗涤船"工作室时期就陪伴着他的爱犬；5 月 3 日，他的父亲去世。"我告诉你，我的父亲于上周六上午去世，你可以想象我现在的心情"[3]，毕加索向他的画商解释道。几乎每天都有从巴塞罗那寄来的信件，家庭成员间的书信往来也比以往更频繁，或思考悲痛和失去，或断言家庭纽带坚不可摧，或谈论这样的事件给不在场的人所带来的额外压力。

"亲爱的巴勃罗，我讨厌你，因为我什么都没收到。当我对你一无所知时，我感觉我的生命正在悄然流逝，但你没有意识到，你上次给我写信已经是一个多月前的事了。"[4]（5 月 15 日）"前天我收到了你的画，我们都很高兴，因为当我们看到这些画时，仿佛可以依稀看到你。尤其是你画中的蓝色，我十分喜欢，因为它让我想起了以前看着你工作时的快乐时光。"[5]（5 月 21 日）"亲爱的巴勃罗，我收到了你的来信，我为你告诉我的一切感到高兴，因为我看到你没有忘记我。今天是一个非常悲伤的日子，是亡灵节，更为悲伤的是，恰好是六个月前的今天，我失去了你爸爸。我没有力气去墓地，尽管我不会一个人去，因为胡安的母亲会陪我一起去。"[6]（11 月 2 日）从那时起，毕加索每月定期汇款，以此来回应母亲的压力。这是他对"要求—接受—再要求"[7]这一无限循环的回应。我们甚至可以将毕加索的遭遇与刚果移民工人的情况相提并论，后者选择金融交易以避免在原籍国遭受"社会性死亡"[8]。因此，玛利亚·毕加索-洛佩斯在收到儿子意外

249 寄来的支票时惊喜万分："亲爱的巴勃罗……我很惊喜地收到你从圣

塞巴斯蒂安寄来的用于西语非洲[9]的1 000比塞塔[①]支票，我不知道如何向你表达我的感激之情，我只能说上帝对我的奖赏太丰厚了。因为事实上，我并不配得到这么多。"[10]

尽管如此，毕加索还是创作了一系列非常精致的拼贴作品，数量颇为可观：静物画《在乐蓬马歇百货公司》《勃艮第大理石瓶、玻璃杯和报纸》《瓶子和玻璃杯》《小提琴、玻璃杯和瓶子》《吉他和小提琴》《吉他，"我的帕洛玛"》《扶手椅上的吉他手》《人物》，拼贴画，喷砂处理，用石膏在画面上做出浮雕效果。之后还有《几把吉他》《老马克酒瓶、玻璃杯、吉他和报纸》《带吉他的吧台》《吉他》《小提琴》《弹吉他的男人》《玩纸牌的人》《男子头像》《咖啡馆里的小提琴》《年轻姑娘头像》《单簧管、低音瓶、报纸和骰子》《梅花A、玻璃杯和吉他元素》，这些接二连三面世的作品十分成功。这些作品是蓝色、红色、绿色、沙子、报纸、粘在画布上的壁纸元素的回归，是具有加密、神秘、暗示效应的画中藏谜的回归。毕加索把观众吸引到他的画作中，将他们完全迷住，把他们引向眼花缭乱的寻宝之旅。在这"第三代拼贴画"中，毕加索仍然使用了从布拉克那里借鉴的技巧！

与此同时，在蒙马特，布拉克在位于考兰库尔街的罗马酒店的房间里（他当时在那里有一间工作室）创作了纸质雕塑、素描和纸质拼贴画，如《吉他》和《独脚小圆桌》。至于毕加索，他的作品接踵而至，令人目不暇接。面对排山倒海般的作品和技法（以及分析这些永恒激情时刻的文章和目录），克拉玛日的日记再次帮助我洞悉了一切。现在，是巴黎的捷克艺术家圈子将我带回了正轨，首先是埃米尔·菲拉，他是我了解法国首都艺术生活的主要信息来源。"我去了斯泰因

---

① 原西班牙法定货币，后因西班牙加入欧元区而被取消。

兄妹那里，"他在 5 月初写道，"毫无疑问，藏品十分可观。但这样的布置，画作上积聚的这些灰尘和污垢，简直令人匪夷所思。"[11] 1913 年 2 月，文森克·克拉玛日在慕尼黑的坦豪瑟现代画廊参观时，对妻子兴高采烈地说道："今天我可以告诉你，我买了一幅毕加索的作品，是 1912 年创作的椭圆形的小提琴静物画，色彩非常鲜艳。"随后他向妻子透露："七个月前，这幅画的价格只有现在的一半。"[12] 虽然他对卡恩韦勒涨价一事表示遗憾，但他还是支付了所要求的 4 100 克朗，并在了解到自己的新宝贝后，立即委托建筑师帕维尔·亚纳克制作了一个橡木画框，以便以最佳方式展示这幅画。"我已经告诉了坦豪瑟我提供给他的所有画作的最低价格。"画商卡恩韦勒回答道，并且还不厌其烦地写了一篇长达五页的文章，详细解释了如何确定一幅画作的售价。坦豪瑟"自然也想从中赚点钱"，他继续说道："所以他提高了价格。我是通过你才知道你付了多少钱。当然，我自己只能得到其中的一部分。"为了完美收场，也出于让客户放心的目的，画廊老板最后还热情洋溢地向他表示祝贺。"这幅画是这一时期最重要的画作，所以对你来说是一次非常划算的收购。"[13]

卡恩韦勒原本期待克拉玛日 4 月底过来，但一个月过后，他已经等得不耐烦了。"每天早上，当我开门营业时，我都希望看到你就站在店门口，但到目前为止，你都没有出现。如果你没有重要的理由留在布拉格的话，那我劝你赶快过来。因为你等得越久，你看到的毕加索的作品就越少。因为总有这样或那样的作品被卖出去，这是很自然的事。毕加索的许多作品已经卖掉了。舒金先生大概 5 月 20 日过来，他肯定也会买下几幅。如果可以，请尽快前来，这是我给你提的建议。"[14] 巴黎，时代正在发生变化！斯泰因兄妹的时代已经一去不复返了，随着利奥与格特鲁德"各奔东西"，他们的藏品也散落各处，于是清点这些藏品的重任就落到卡恩韦勒的身上。随后几年，正如我们所见，一位重量级的新人也加入了这个行列，这位新人就是俄罗斯商人谢尔盖·舒金。他向斯泰因兄妹的收藏看齐，并通过卡恩韦勒从他们手里购买了扛鼎之作。舒金还向他年轻的同事伊万·莫罗佐夫提供建议，后者也如法炮制：1914年，莫罗佐夫以16 000金法郎的价格买下了斯泰因收藏的一件珍品《站在球上的杂技演员》，足足是原价的100倍，创造了纪录！

1913年和1914年，毕加索在经济上十分宽裕，从他的账本上可以看到：

  1913年10月15日，卡：15 850

  1913年11月15日，卡：4 950

  12月22日，卡：3 250

  1914年4月4日，卡：5 688

  5月11日，卡：1 650

  6月8日，卡：12 400[15]

1913年3月，卡恩韦勒为毕加索签下了一张27 250法郎的支票（用于支付23幅新作、3幅旧作、22幅水粉画和50幅素描[16]）。1913年，毕加索的总收入达到了5万法郎，这在当时是一笔不小的数目（相当于2021年的162 000欧元）。还要算上1914年勒韦尔的支票（用于支付德鲁奥拍卖会上的拍品）4 000法郎，相当于2021年的12 800欧元。

最终，1913年5月7日，克拉玛日带着震惊、兴奋和狂热的心情抵达了巴黎。他在巴黎待了一个半月，把一切都记录了下来，他的心情从他的笔记本、记事本以及与妻子的通信中可见一斑。"每次来到巴黎，我都会为没有在这里住上至少一两年而感到遗憾。我还觉得，特别是在毕加索的发展方面，我已经缺席太久了。即使不能住在这里，那我每年也要至少来两趟作为补偿。毕加索的最新作品与我新画的静物画完全没有相似之处，其中很多作品都非常漂亮。"[17]这位收藏家比以往任何时候都更加与这位艺术家保持一致，对他甚至达到近乎痴迷的程度：在他参观塞尔努斯奇博物馆或卢森堡博物馆时，一个日本面具或一幅塞尚的油画都会"让他想起毕加索"。6月1日，克拉玛日高兴地对夫人说："今天下午，我要去参观一个我以前从未去过的私人收藏馆，那里有许多毕加索的作品。"几小时以后，在蒙梭街的罗杰·杜蒂耶尔的家里，他在《阳光与阴影》前竟有了几分恍惚，尽管他在笔记本上误将其记为《瓶子与玻璃杯》，但这幅椭圆形静物画还是令他如痴如醉。绘画的构图呈金字塔形（如我们所见，恰好是在一年前，即1912年6月5日绘制的），从中可以看到一个瓶子、几个瓶子的瓶颈和瓶身，看到一个高脚玻璃杯、几个或完整或拆卸的高脚玻璃杯的杯柄或杯身，还看到几个诸如"CIDA"（代表巴塞罗那日报《广告报》）、"SOL……SOMBRA"（代表"阳光与阴影"）的部分字母。有份报纸的标题就充分暗示了其祖国的日常生活。4月26日，该报发表了一篇有关立体主义的文章，并附有斗牛入场券的复制品，"'阳光与阴影'把竞技场的座位"[18]划分得清清楚楚。这幅作品对比强烈，顶部是水平涂抹的粉红色笔触，平淡无奇。底部是呈垂直矩形状的西班牙国旗，用红色和黄色的里波林涂料涂抹，闪闪发光。作品右侧是像石灰一样的白色空间，而左侧则是致密的阴影。整幅画无疑是一幅与众不同的作品。克拉玛日一再回想自己没能住在巴黎的挫败感，永远无法原谅这样的杰作竟然从自己的手中溜走。因此，他心有不甘，但又忠实于他对色彩的执着，于是他在自己的小笔记上悲伤地写道："上面是覆盆子红，下面是红色的里波林。"[19]

几天以后，这位艺术史学家兼收藏家仍然对他钟爱的艺术家念念不忘，他从阿波利奈尔最新的文章里抄录了几句话："毕加索研究物品就像外科医生解剖尸体一样。"以及："大多数立体派画家都与诗人为伍……至于毕加索，……他是我们这个时代最高高在上的艺术人物，他只生活在诗人中间，而我很荣幸是其中之一。"[20]在此期间，克拉玛日从卡恩韦勒手里又买了一幅曼陀林，当然也是毕加索的作品，就是当年创作的（800法郎），还有一幅"布拉克的大幅作品"，显然是1913年画的《小提琴》（400法郎），以及一幅素描。"都很便宜。"他补充道。到了6月23日，这位收藏家喜出望外："毕加索从塞雷回来了。"翌日，他又记道，语气里充满了骄傲："和毕加索一起在卡恩韦勒的店里。"[21]6月25日，心满意足的文森克·克拉玛日离开巴黎，前往布拉格。直到四个月以后，卡恩韦勒才再次与他联系，并告诉了他一些鸡毛蒜皮的新闻："毕加索刚刚租了一间新工作室"，"毕加索正忙着搬家"，"自从你上次来过之后，毕加索还没有完成任何新作品"，"毕加索正在为马克斯·雅各布的《耶路撒冷之围》绘制插图"。12月，卡恩韦勒向克拉玛日一本正经地说道，毕加索"正在如火如荼地工作，充满热情"，并寄给卡恩韦勒几张照片和"用纸张、木头做的雕塑研究"，同时明确指出，毕加索"觉得这些只是简单的实验……不会用于出售或展览"[22]。与此同时，毕加索也忙于工作。在经历了几个月的旅途奔波和情感动荡之后，由于他的工作室搬到了维克多-舍尔彻街（皮埃尔·戴克斯称之为"幸福的工作室"），因此他在蒙帕纳斯站稳了脚跟。也由于（与布拉克和德兰一起）来过阿维尼翁，使他在那年夏天在同一个地方度过了连续数周的宁静时光。毕加索一直在工作。但自那以后，他与布拉克之间的交流不再激烈，他们在合作研究中产生的裂痕也在不断扩大。

毕加索从第三次塞雷之行（1913年秋）归来后，继续以《有烟斗的学生》解构肖像画体裁，创作出充满幽默感的复杂作品。除了点彩画（他在塞韦里尼的画作中看到过，并欣赏借鉴）和对各种物体的使用以外，他还将各种貌似毫不相干的材料整合在一起："在画布上使用油彩、水粉、剪纸、石膏、沙子和炭笔。"没过多久，他便完成了几幅杰作，如《坐在扶手椅里穿着衬衫的女人》《端坐在玻璃杯前的男人》和《少女肖像》。然而，对于文森克·克拉玛日来说，1914年春天从巴黎传来的消息比以前更加微不足道："卡恩韦勒挂出了内梅斯收藏的毕加索的美作《弹吉他的女人》，非常漂亮，在我看来是画面最漂亮、风格最浓郁的一幅。"埃米尔·菲拉坦言："他还给我看了一幅低音瓶的静物画（左下角）……除此以外就没有其他毕加索的作品了。"[23]随后，还是通过同一渠道，克拉玛日得知舒金从卡恩韦勒那里买了一幅大型油画，"德兰说这幅画足足画了两年时间"，"据说布拉克会在两周后归还他收集的大部分作品，而且根据格里斯提供的消息，这些作品主要是素描和拼贴画"[24]。

这就是1914年春文森克·克拉玛日在布拉格听到的巴黎传闻。我们可以打赌，他的期望值并没有降低，因为在四月和五月，埃米尔·菲拉和他谈论的主要就是布拉克："我和古特弗兰德一起去了布拉克的家。他很客气地接待了我们。听说他主要做拼贴画，毕加索也是。我们看到地板上、桌子上、墙上、画架上，到处都是他的作品……每个角落都有他所谓的'雕塑'。一般来说，都是纸张糊的静物（瓶子、玻璃杯、烟斗等）。"[25]对毕加索却几乎只字未提，真是令人失望！"乌德家里有一幅毕加索创作的大型作品《弹吉他的女人》，我们去年在卡恩韦勒画廊看到过这幅画（巨大的画布呈现出绿色的大理石色泽）……斯泰因夫人显然要搬家了，因为她收藏画作的工作室将从4月15日起租给别人了。我和卡尔斯一起去了那里，她显得很不高兴。毕加索和他的妻子一起来的，卡尔斯把我介绍了一下。毕加索邀请我去见他，但我还没有时间去。大多数时候，他都不在家。"[26]

那么，文森克·克拉玛日能从这篇完全无伤大雅的巴黎纪事中得到什么呢？布拉克为何要强烈建议旅馆老板在门上挂一块珐琅牌匾，上面写着"每层楼都有立体派画家"[27]呢？评论家罗歇·阿拉尔是立体主义最早的捍卫者之一，但由于立体主义沙龙的激增，他在专栏中秉持的立场也在发生变化，是不是带有了民族主义色彩？"铺天盖地的立体派绘画，或者更准确地说，立体化绘画，"他写道，"在柏林、慕尼黑、蒙巴纳斯、小波兰和蒙巴纳斯的小芝加哥，那些草率导致这一画派的人正面临着反被这一绘画吞噬的危险。"[28]

就在这年春天，毕加索创作了一件十分精美的小雕塑《苦艾酒杯》[29]（由一只蜡杯、一把真勺子和一块假糖块组成）。卡恩韦勒决定把它做成六件青铜作品，毕加索为它们涂上不同的颜色，每件作品都饱含创新之趣。这一系列作品创意十足，被誉为"毕加索的第一轮变奏，（能够）以高屋建瓴的方式拓展绘画的可能性"[30]。当月，他还推出了其他雕塑作品，如《玻璃杯、烟斗、梅花A和骰子》。这些作品在油彩木质背景上结合了木质和金属元素，无论是形式还是色彩，对比均十分强烈。所以，毕加索创作了大量作品，而卡恩韦勒则对其进行拍摄、编号、记录和筛选。

在经历了长达数月的风平浪静之后，节奏突然有了变化。1914年6月，一切都在加速进行：卡恩韦勒向他的外国收藏家们发出了一系列有针对性的提醒。他从莫斯科开始，将作品的库存编号、名称、尺寸和价格告知其中最有钱的人。"亲爱的舒金先生，谨此确认我6月6日的信件。毕加索在下乡之前刚刚完成了一系列令人钦佩的画作，这是他一年多来完成的第一批作品。其中有许多作品，我非常乐意向你推荐，尤其是那幅巨大的《躺在扶手椅上穿衬衫的女人》，无论从哪个角度看，都值得你收藏。无论如何，我相信你一定能在这些画作中找到适合你的作品。如果你能尽快告诉我，我将不胜感激。希望不久后能有幸在巴黎见到你。"[31] 在吸引莫斯科客户方面，卡恩韦勒绝对称得上不遗余力。在那个年代，对他来说，毕加索是无法阻挡的洪流。他在信中列出了一份清单，并附上了九幅作品的照片，内容如下：

第361号，《坐在扶手椅里穿着衬衫的女人》，油画，100×150，15 000；

第366号，《弹吉他的女人》，油画，130×90，10 000；

第364号，《吉他、酒瓶和扑克牌》，油画，107×66，6 000；

第363号，《读报的学生》，油画，73×60，4 000；

第362号，《吉他和玻璃杯》（带有"拉塞尔巴"招贴画），拼贴画，73×60，1 500；

第379号，《水果盘和柠檬》，拼贴画，53×72，2 000；

第378号，《葡萄酒瓶》，拼贴画（立体玻璃杯），52×70，1 800；

第377号，《玻璃杯和柠檬》，拼贴画，51×70，2 000；

第380号，《水果盘和玻璃杯》，拼贴画，52×70，2 000。[32]

然而，在这份清单中，只有第379号《水果盘和柠檬》引起了舒金的兴趣。

1914年7月3日（仅仅过了一个月），卡恩韦勒给克拉玛日寄来了毕加索最新作品的35张照片，其中包括拼贴作品《吉他和玻璃杯》（带有"拉塞尔巴"招贴画），还有《坐在扶手椅里穿着衬衫的女人》和《弹吉他的女人》。"正如你所看到的，"他解释说，"这组作品里还有一件雕塑。它由青铜制成，涂有油彩，总共做了5件，当然它们各不相同……你会发现，在这些作品中，毕加索使用了各种可能的材料：纸、水粉、油彩、铅笔、孔泰笔①、锯末等。"为了回应克拉玛日的兴趣，毕加索向他提供了几件作品的价格：两幅小画《玻璃杯》和《烟斗、玻璃杯和一瓶朗姆酒》（每幅600法郎）；一幅拼贴画《柠檬》（600法郎），另一幅《拉塞尔巴》（1500法郎）；一件雕塑《苦艾酒杯》（1000法郎）。

到了7月22日，在离开巴黎避暑前两小时，卡恩韦勒再次敦促克拉玛日在最新的系列画作中做出选择，因为他强调，"最重要的作品已经售出"[33]。最后，他宣称即将寄出"他还没有的一些毕加索作品的照片（共计13件）"。因此，作为一名伟大的艺术品经销商，卡恩韦勒和约瑟夫·杜文以及后来的利奥·卡斯特利一样，他在潜移默化中向客户传递了这样的信息：他不是在向客户出售这些作品，而是在建立自己的收藏。1913年和1914年，月复一月，在毕加索和布拉克之间，在舒金和克拉玛日之间，在卡恩韦勒挥舞着指挥棒精心编排的乐曲中，进行着一场名副其实的与时间的赛跑。1914年7月18日，卡恩韦勒为克拉玛日着重评论了毕加索的最新杰作，他讲到最后补充了一句话，现在回想起来，这句话听起来像是敲响的丧钟："教授先生，你会发现这确实是一个精彩的系列，有着一如既往的自由和快乐。"[34]

身处维也纳的斯蒂芬·茨威格在日记中写道："在巴登的葡萄园……一位种植葡萄的老人对我们说：'我们已经很久没有遇到过这样的夏天了。倘若能持续下去，我们就会酿造出前所未有的美酒！人们会记住这个夏天的！'"[35]

1914年7月，对于我们所有的重要人物而言，他们之间最新的交流毫无疑问地表明：每个人都在为夏天做准备。

---

① 孔泰笔是一种硬质粉彩笔，一般呈方形棒状，类似于粉笔；由法国人尼古拉斯-雅克·孔泰于1795年发明，其优点是生产成本低，易于控制硬度。

阿维尼翁，7月15日。"我见到了德兰，他很高兴来到这里，并保证会有一个美好的季节。毕加索经常出入阿维尼翁的上流社会。我们一起度过了周六。"[36]（布拉克致信卡恩韦勒。）

阿维尼翁，7月21日。"我亲爱的朋友卡恩韦勒，我又收到了几张照片，我还在等其他照片，它们还不错……我只画大型油画，或者说我只想画大型油画。我已经开始创作一幅作品，而且进展到相当的程度。对我来说，开始是十分困难的，之后我才习惯在昏暗的阁楼里工作。但现在这一切已经成过眼云烟了。我希望上帝保佑现在的情况能持续下去……我经常看到布拉克和德兰。"[37]（毕加索致信卡恩韦勒。）

布拉格，7月27日。"这是百感交集的一刻，到处都是依依不舍……显然，这一切并不意味着会发生战争。而我觉得什么也不会发生。"[38]（总动员的第二天，文森克·克拉玛日致信他的妻子。）

巴塞罗那，8月3日。"亲爱的巴勃罗，我们都很好，但由于昨天流传的谣言，我们对这场处于爆发边缘的战争感到非常绝望。我睡不着，一直在想着你。现在已经早上8点了，我写这封信是为了看看你会有什么变化，我知道你能够确定什么最适合你。最重要的是，我相信你不关心政治，但这并不意味着政治不会给你带来麻烦，所以请仔细考虑一下……你知道我不是一个太担心的人，但今天晚上的新闻令人非常悲观。"[39]（玛利亚·毕加索致信她的儿子。）

罗马，8月3日。"战争对我来说绝对是一件糟糕透顶的事情，是一种无名的心碎，因为很明显，为德国而战对我来说是绝对不可能的。我一刻也没有考虑过这个问题。我曾想过是否应该作为一名志愿兵返回法国，但最终我也打消了这个念头。"[40]（卡恩韦勒致信克莱米耶。）

1914年8月3日，毕加索陪同身穿军装的布拉克和德兰前往阿维尼翁火车站。他回到自己拼贴画的世界，继续在一个完全由女性组成的环境中生活。在随后的几个月里，一项席卷全国的运动鼓励法国公民将外国人视为"间谍或奸商,而善良的法国人却正在交战"。马塞尔·杜尚当时正要前往纽约,他只是解释说:"1915 年,男人若穿便衣,就会被人吐口水。"

259

遭受打击的国际毕加索:1914—1923 年

毕加索直到［1914年］秋天才回到巴黎。卡恩韦勒（德国人，但不愿与法国为敌）因意大利战事受阻，随后前往瑞士，并在那里一直待到1920年2月。他的财产、画廊和画作都遭到了查封：毕加索的所有立体主义作品——至少从1912年冬天开始，根据与卡恩韦勒签订的合同规定，他可以保留在工作室的作品除外——在1921年的拍卖会之前都无法得到……卡恩韦勒并没有像1919年秋天与其他艺术家一样与毕加索恢复联系。这显然有好几个原因，我们只能略做说明。1919年，比起画廊里的其他所有艺术家，毕加索显得更能摆脱卡恩韦勒的影响。他找到了其他客户和其他赞助人，步入了一个全新的环境。他昔日的伙伴（尤其是格里斯和布拉克）对他绘画的发展感到困惑不解，他们甚至指责他只听从于商业动机：这是一种误解，一边是因参战而多年无法作画的人，另一边是能够继续作画的人，他们之间的鸿沟进一步加深了这种误解……最后，他们之间还存在金钱问题，这是一个严重的误会，卡恩韦勒（1920年2月10日写给毕加索）的一封恳求信说明了一些情况。毕加索一封信也没回。他甚至对卡恩韦勒提起了申诉，指控卡恩韦勒欠他两万法郎，本应1914年底偿还给他，但这笔钱从未还过。卡恩韦勒对此解释说："当时我的账户上一分钱也没有，原因很简单：我在银行有贷款，我就是用这笔贷款工作的……但战争的爆发让一切都停滞了。首先，银行暂停了这笔贷款。其次，那些欠我钱的人拒绝还钱，而这些钱本来是用来偿还欠你的两万法郎的（我说的是舒金，他欠我一大笔钱，罗森伯格欠我12 000法郎）。"……毕加索没有做出让步，所以直到1922年至1923年，他们之间还多少有点水火不容。[1]

伊莎贝尔·莫诺-方丹　261

巴勃罗·毕加索和安德烈·德兰的名叫"哨兵"的狗

作者不详，1914年，阿维尼翁，光面照片，巴黎毕加索博物馆

第十四节

妇女、退休人员和外籍人士

布拉克和德兰去打仗了。[1]

——巴勃罗·毕加索致信格特鲁德·斯泰因

"我亲爱的格特鲁德,我刚刚收到你的来信。我们现在在阿维尼翁,打算暂时住下来。"毕加索写道,"布拉克和德兰去打仗了。你在伦敦肯定还是比在巴黎好,也许你最好能留下来。在动员前几天,我们在巴黎待了几个小时,只够稍微安排一下我的事务。"[2]两星期后,伊娃·古埃尔又说道:"据说纪尧姆已经参军了。我们听到一些布拉克的消息,他在勒阿弗尔等待出发。关于德兰,我们一无所知,他把他的狗儿'哨兵'留给了我们。至于我们,暂时留在这里,因为我们不知道这些悲伤的事情究竟会怎样。"[3]在战争爆发的最初几周,在边境战事期间(8月14日至24日),法国损失了近四万人。9月2日,德军抵达距离巴黎45公里处,迫使法国政府离开巴黎前往波尔多。马恩河战役期间(9月6日至11日),法国和英国军队征用了630辆巴黎出租车,以加快部队的运输速度,成功阻止了德军的前进。毕加索作为中立国公民,他和妇女、退休人员以及外籍人士一起留在了法国。在他身边的人中,布拉克、德兰和莱热都应召入伍(阿波利奈尔

263 也是如此,他是俄罗斯帝国的波兰臣民,很快就自愿参军)。奥匈帝国公民克拉玛日和德国公民乌德站在三国同盟①一边,与他们开战。

"我亲爱的格特鲁德,得知你还在英国,我非常高兴。"9月11日,毕加索又写道,"我们想在这里一直待到战争结束,我们的情况还不错,我甚至还干了点活。但我还是很担心,我想着巴黎,想着我的房子,想着我所有的东西。"伊娃·古埃尔补充说:"我希望能再见到你,希望战争结束。德兰和布拉克老早就出发了,我们已经好几天没有消息了。德兰是曼底利雪军团的一名自行车手。布拉克大概是一名少尉。胡安·格里斯在科利乌尔,没有钱,我不知道他该怎么办。马蒂斯在巴黎,也许能联系上他。"[4]毕加索又在一张明信片的背面写道:"阿维尼翁的一支部队出发前往边境,我们在法国激动不已。"[5] 9月27日,法国政府颁布了一项法令,其中第一条内容如下:"由于战争状态并出于国防利益的考虑,从现在起禁止与德意志帝国和奥匈帝国的臣民或居住在那里的人进行任何贸易。""亲爱的格特鲁德,你打算什么时候回巴黎?"10月6日星期一,毕加索问道,"不过你也别太着急。我有一张支票要兑换,我还不知道是不是因此要马上去趟巴黎。我还在等一封信,到时候我就知道了。"[6]

10月13日,司法部长在一份官方通告中郑重其事地告知检察官和法院院长:"我请你们着手扣押和查封在法国从事农工商贸易的德国、奥地利和匈牙利公司的所有货物、资金,以及他们所有的动产和不动产。"[7]在这第一项战时举措中,国籍标准发挥了关键作用。艺术品、展览品和文物商会立即开始将德国和奥匈帝国的公司列入名单。

264 到了秋天,已经被扣上"敌国公司"帽子的卡恩韦勒画廊及其整个网络成了"德国佬画廊"的典型。作为一名坚定的欧洲人,丹尼尔-亨

---

① 三国同盟是德意志帝国、奥匈帝国和意大利王国在1882年5月20日成立的一个军事联盟。

利·卡恩韦勒拒绝加入德国军队，并以逃兵的身份流亡到瑞士。"这场战争正是我唯一没有考虑到的事件，"他当时在给德兰的信中写道，"直到最后一刻，我才愿意相信，战争确实发生了。事实上，如果不是德奥军国主义集团的阴谋，我们本可以避免这场战争。"[8]后来，在接受弗朗西斯·克莱米耶采访时，卡恩韦勒补充道："当然，为德国而战是绝对不可能的。我一刻也没有考虑过这个问题。我曾想过是否应该作为志愿兵返回法国，但最后我也打消了这个念头。"[9]尽管卡恩韦勒在初期感到困惑，但他仍然斩钉截铁地说道："故意杀害我所认识的人，这让我感到恶心。"[10]与此同时，在马恩河战役胜利后，战事冲突演变成了一场从北海一直绵延到瑞士边境的阵地战。而在南方，出于对伊娃健康的担心（她必须去看医生），毕加索改变了原本的计划。"我亲爱的格特鲁德，我们打算下周二傍晚6点出发，希望能在第二天早上7点左右到达巴黎，这样当天就能去看医生。"11月14日星期六，毕加索这样写道，"我已经开始把我的画一一取下，稍稍收拾我的画笔和颜料，大概就这样。"[11]12月10日，法国政府返回巴黎，挖好的战壕要长期存在了。

让我们来衡量一下损失的程度：一边是卡恩韦勒，一位"外国"画廊老板和"敌国臣民"，他失去了所有财产，转而成了法国的国家"战利品"；另一边是毕加索，一位来自中立国的"外国"艺术家，因为他最近被扣押的作品，因为他被拖欠的支票，他对他的画商无比愤怒（根据格特鲁德·斯泰因的说法，他一直在敦促他的画商成为法国人），然后对画商提起控诉。我们该如何理解毕加索面对重重困境时的反应？对于他这样一位身在法国的外国艺术家，一位享誉世界的艺术家，我们该如何评估战争对其职业生涯的影响？我们记得他在1903年至1904年间的痛苦时期，记得他在返回巴黎和"洗涤船"工作室之前写给"老马克斯"的让人为之动容的邮件，记得他因无法融入巴黎前卫艺术圈而离开戈索尔的痛苦经历。我们刚刚看到，他的内心重新燃起一往无前的信念，于是在 1906 年 8 月重返巴黎，独自创作了《亚威农少女》，他与布拉克默契合作，与他的画商一起度过了流金岁月，对工业时代创新成果层出不穷的法国社会兴奋不已、陶醉不已，还有他的功成名就以及随之而来的经济收入的指数级增长，所有这些都让他成了一位光芒四射的前卫艺术家。但是，我们又该如何估算他的新作品的数量呢？他的那些拼贴画、视觉陷阱画、雕塑作品，都是这一辉煌时期的大胆之作，但从那以后都已经无法看到了。究竟是 500 幅还是 800 幅？他被封存的作品总数非常多，接近 700 幅。用维拉娜·塔索的话来说，总共有 311 件素描、油画和雕塑，368 件版画，1 件屏风和 1 幅壁画（368 件版画作品只是五种不同版画的印刷品）。毕加索怎么会没想到他那幅圆形画《勒阿弗尔的回忆》呢？它不见了吗？他怎么会没想到 5 件《苦艾酒杯》和他的多色青铜小雕塑呢？它们都不见了吗？还有《弹吉他的男人》《我的美人（弹吉他的女人）》《水牛比尔》《弹曼陀林的女人》呢？统统消失不见了。

　　立体派作品的出口由维农街的卡恩韦勒牵头实施，在伦敦与罗杰·弗莱和克莱夫·贝尔合作，在慕尼黑与坦豪瑟合作，在柏林、杜塞尔多夫、法兰克福、科隆和维也纳与弗莱施泰姆合作，在纽约与斯蒂格利茨合作以及最近与布雷默合作，还有荷兰、匈牙利、捷克斯洛伐克和俄罗斯等地。1870 年到 1914 年间的发展被今天的经济学家和政治学家视为"第一次全球化"[12]，而立体派作品的出口贸易在这一过程中表现最为亮眼。"与外国的联系是我生意的基础，"这位画商解释道，"事实上，在我的营业额中，出口额要远远超过法国国内的销售额。"[13] 这种经济上的相互依存与战争的非理性形成了鲜明对比，就战争在国际经济交流网络中的金融影响力而言，战争并非是一种靠谱的选择，所以发动一场战争的可能性并不大。英国记者诺曼·安吉尔撰写的《大幻想》是 1910 年的畅销书,被翻译成 25 种语言。他在这本书法文译本第二版的序言中写道:"我的目的不是要证明战争是不可能的,而是要证明战争是无用的。现代经济发展使人们不可能通过武力征服获得任何社会利益或经济利益……对于这一……法国思想,对于我们今天仍能感受到的这股思想热潮,难道我们没有资格去希望它们在欧洲的政治重建中发挥重要作用吗?欧洲的政治重建必须是 20 世纪的任务,而且会实现法国军事力量在 19 世纪初努力追求但最后却徒劳无功的目标,即恢复欧洲统一。"[14]

当时,谁能意识到这种愿景的力量呢?在法国,有一位名叫让·饶勒斯的国际主义者与和平主义者,他是国际工人组织法国分部的创始人。饶勒斯完全同意安吉尔的观点。1911 年 1 月 13 日,他在众议院的演讲中声称:"这本书道出了真相。先生们,它讲了什么?……经济和金融利益网络迫使各国人民互不侵犯,以避免战争引发的巨大灾难。"[15] 1914 年 7 月 31 日,也就是饶勒斯遇刺的当天,他继续呼吁他的同胞们避免战争:"目前最大的危险,如果我可以这样说的话,并不在于事件本身……而在于日益加剧的不安,在于不断蔓延的焦虑,在于因恐惧、严重的不确定性和长期的焦虑而产生的突发冲动。……最重要的是行动的连续性,工人阶级思想和意识的不断觉醒。这才是真正的保障。这才是未来的保障。"他的这番话写在了《人道报》的社论中。但是,宣战使诺曼·安吉尔的警告和让·饶勒斯的劝诫戛然而止,同时也标志着第一次全球化的失败,卡恩韦勒也因此成了这些事件的首批牺牲品之一。

1908 年,社会学家格奥尔格·齐美尔指出:"外国人被固定在一个特定的空间群体中,但他们在该群体中的地位是由他们从一开始就不属于该群体的这一事实所决定的。"[16] 齐美尔恰如其分地描述了商人无法摆脱的困境。"纵观经济史,外国人在任何地方都是以交易者的身份出现的,而交易者亦是以外国人的面貌出现的。一个经济体只要实现了自给自足……那它就不需要交易者。但要在产区之外找到销路,交易者就必须是外国人。"[17]为了摆脱德国犹太人所面临的地狱般的困境,这位画廊老板在寻求"法国乌托邦的救赎"之后,其处境越来越艰难,也越来越戏剧化。1914年12月1日,卡恩韦勒接到通知,他的公寓和画廊作为"敌方财产"遭到没收,这迫使他再次寻找新的展示空间。

正是在1914年12月1日这一天,安德烈·勒韦尔给毕加索写了战争爆发后的第一封信。这封信冷静、准确、严肃,没有夸大其词,见证了当时情况的紧迫性:"我亲爱的朋友,我去见了主管的警长,他让我去找检察官。我今天才能去法院。接管人尚未任命,所以我们现在见不到相关人员,只能去找律师。明天周三上午十点前,我会赶到黎塞留街85号达内先生家。请带着你的合同到那里找我,我一定会去的。祝好。A. 勒韦尔。"[18]我们从中了解到了什么?了解到毕加索因作品被没收和欠下画商的债务而心急如焚,拨打了电话"古腾堡21-39",仿佛在拨求救电话一般。在这段普遍混乱的时期,毕加索巧妙地扮演了法国大资产阶级的法律和财务顾问监护人的角色,同时也是行政保护人。勒韦尔,以及他的侄子马克斯·佩勒克和拉乌尔·佩勒克,他们一直为毕加索扮演着这些角色,直到他去世为止(毕加索博物馆档案室保存的798封信件就是证明!)。起初,勒韦尔费尽心思想要查明被扣物品的文件资料究竟由警察局还是由司法部签收,他利用自己的人脉,自信、优雅、高效地游走于法国行政部门之间,同时努力回应艺术家的焦虑,甚至在毕加索与阿波利奈尔、毕加索与马克斯·雅各布、毕加索与胡安·格里斯、毕加索与布拉克之间,在所有与毕加索不再亲近的朋友之间扮演信使的角色。"毕加索是最伟大的现代画家,我们知道这一点,但他的过人之处可以追溯到多久以前呢？"[19] 1914 年 12 月 24 日，他提笔给身处前线的纪尧姆·阿波利奈尔写信："我的一位朋友声称，当我们谈起我们的艺术时，就好像在谈论埃及人的艺术，涵盖多个朝代。我们会提到乔托和毕加索，他们之间没有任何区别。"[20] 没过多久，还是勒韦尔简明扼要地将阿波利奈尔卡片上的内容告诉了毕加索："前天头部受伤，弹片击中，头盔被击穿，希望一切顺利，弹片已经嵌入，天哪，可能就留在那里了。目前地址：34 防区，野战医院 1/55，科斯特罗维茨基少尉。"[21]

几周以来，通过反复阅读当年的书信，仔细观察毕加索的作品，我一直在力图重新拾起"主体视角"，当然是非常谨慎的。人们已经对毕加索从 1914 年夏天开始的发展做出了许多一概而论的判断——背叛、否定、倒退——我们以为我们正在目睹前卫艺术家的消失，而新式艺术家、古典主义艺术家、安格尔式艺术家正在"回归秩序"。今天，借助历史的后见之明、地缘政治工具和我们所面临的问题，这些问题似乎必须换一种方式提出。毕加索是如何应对灾难的？他是如何重塑自己的空间的？面对国家举起的利器，他又如何选择重建自己的归属范围？如果他像凤凰涅槃一样在**巴黎**开始了他的**第三次生命**，我们又该如何理解这条道路呢？"毕加索与阿维尼翁的精英阶层来往频繁。"[22] 布拉克在 7 月 15 日已经指出，"我发现格里斯在创作爱国主义绘画。至于毕加索，他创造了一种被称为'安格尔'的新流派……对一个艺术家而言，真正不变的是他的气质。对我来说，毕加索始终如一，他是一位才华横溢的大师。"[23]

在战争的头几个月里，毕加索鲜有作品问世，却流露出极大的惶恐不安。《画家与模特》尤为引人入胜，因为这幅画尺寸不大，一直被藏在毕加索的私人空间里，不为外人所见，直到他去世为止。这是一幅正在进行中的作品，一幅故意停滞不前的作品，一幅似乎就在我们眼前创作的作品。毕加索在准备画布，他用黑色铅笔画出了左边的门框，然后摇身变为具有塞尚风格的画家，画了一位留着小胡子的农民，若有所思，慵懒地坐在乡村椅子上，胳膊肘支在椅背上，面容苍老，双手厚重，低头看着地面，一副心不在焉的样子。右边是一张乡村风格的木桌，桌腿结实，上面铺着桌布，还有一篮水果。在画布中央，毕加索为模特儿作画，她是一位年轻的褐发女子，她就站在那儿，显得无拘无束，面部妆容精致，手里拿着一块简单的织物，遮在大腿处。在她身后，画架上是一幅风景画，然后是一面蓝色的墙，调色板就挂在那里。这是画家梦中的幻影？是画家与模特的脱节？是两个时空相互嵌入？还是一个无可挽回的支离破碎的世界？无论如何，这都是一幅令人费解的作品，在接下来的篇幅中我们会将它牢记于心。另外：为什么毕加索在那几个月的大部分信件和画作中都要加上法国国旗？还要配上"法兰西万岁"的字样？不止一个人对此感到惊讶，首先惊讶的便是他的母亲。"我已经收到了你那张非常爱国的明信片，"她在信中写道，显得有点吃惊，"我很高兴看到你和其他人的美好愿望。愿上帝保佑如此，但目前这场灾难还看不到尽头，因为这种倒退给许多家庭带来了灭顶之灾。"[24]

　　如果说宣战标志着毕加索职业世界的突然崩溃——他与画家朋友们的合作关系结束了，不再有画商、收藏家、评论家，也不再有经济收入，那么他蜷缩在自己的天地里也就不足为奇了。他加强了与母亲的联系，定期给她写信，面对从巴塞罗那（1911年，巴塞罗那因爆发斑疹伤寒疫情而受到严重影响，每天都有数百人死亡）传来的让人惶恐的咒骂，他只好每月给母亲寄去200法郎、300法郎的支票，很快这一数字就攀升到了500法郎。"我对飞机极度恐惧，因为有时它们会在你最意想不到的地方投下炸弹。"他的母亲在信中写道，"最后，我虔诚地乞求上帝，希望这场战争能让你们远离不幸。在这里，我们听到各种各样的谣言，无论真假，都让我们害怕。我请你不要掺和任何事情，因为西班牙是中立国，西班牙人不能卷入任何事情，即使在巴黎有人说西班牙的中立即将被终结，说西班牙有可能加入法国阵营。"[25]在巴塞罗那，玛利亚·毕加索-洛佩斯不停地为儿子祈祷，尤其是在1915年1月1日："亲爱的巴勃罗，今天是即将开始的新的一年的第一天，愿上帝让这一年比已经结束的一年更好，我每天都在祈求上帝赐予你健康，赐予你想要的和适合你的东西。今天，你想象一下，我会祈求一整年。这两个晚上我睡得很少，在睡意朦胧时我在想你是否快乐，或是你是否会因为挤出钱寄给我而遇到一些问题。"[26]

然而，这一切似乎还不够，尽管他母亲不断祈祷，但1915年依然是毕加索一生中最黑暗的一年。这一点在他自己的信中以及伊娃的信中得到了证明。1月，毕加索致信格特鲁德："我亲爱的格特鲁德，伊娃昨天早上做了手术。我去诊所看过她，她很好。"[27] 2月，毕加索致信阿波利奈尔："伊娃已经在疗养院待了快一个月了，她动了手术，我非常担心，实在找不出一点时间给你写信；拥抱你，我的老兄弟。"[28] 7月12日，伊娃致信约瑟菲娜·哈维兰："我身体不太好，但我很开心，我的巴勃罗爱我，他也这么告诉我……他……不那么生气了，但我明白了很多事情，那就是他对生意和这场不幸的战争同样感到厌倦。"[29] 10月25日，伊娃致信约瑟菲娜·哈维兰："我的情况更糟了……我常常对自己的病情好转感到绝望。当我告诉巴勃罗我认为自己活不到1916年时，他把我骂了一顿。"[30] 12月9日，毕加索致信格特鲁德·斯泰因："我的生活就像地狱，伊娃总是生病。现在她在疗养院住了一个月了。终于到头了。我的生活并不快乐，我几乎不再工作。我要奔去疗养院，一半的时间都花在大都市里了。"[31] 1916年1月8日，毕加索致信格特鲁德·斯泰因："我可怜的伊娃在12月初去世了。这让我非常悲痛，我知道你会想念她的。对我来说，她一直都是个这么好的人。"[32]

对于毕加索和所有外国人来说，法国行政机构的运作仍不透明，这一点是众所周知的。而勒韦尔则不遗余力地为毕加索揭开了法国行政机构的神秘面纱。正是勒韦尔亲自会见了所有被他调侃为"法国秩序的小卫道士"的人，包括律师、接管员、直接税管理人、收税员、登记员、办事员、警长，他幽默地将这些人逐一击破，同时向毕加索一一点评他们的缺点。毕加索与安德烈·勒韦尔的往来信件真是一座名副其实的宝藏：它让人体会到艺术家失去作品时有多痛苦，同时它还引出了具有讽刺意味的新人物（扎普先生、达内先生和尼科尔先生），现在由他们来负责处理毕加索立体主义作品的相关事务，毕加索必须适应他们。"我亲爱的朋友，"勒韦尔在12月11日又写道，"今天上午我去见了律师，并向他的主要办事员讲了你仍然关心的问题。我们相信，一旦指定了接管人并与之商议后，就有可能获得预约，或者更好的是，以另一种形式，而不是最初设想的形式，获得一项令你满意并消除你所有顾虑的批示。不过，鉴于类似案件大量涌现，指定接管人需要十天左右的时间也就不足为奇了。A. 勒韦尔。"[33]

仁慈的顾问、睿智的专家、天赐的代理人、保护伞、对法国政府无条件的捍卫者：在卡恩韦勒离开后的战争年代里，如何恰如其分地描述勒韦尔与毕加索在一起时所扮演的角色？毕加索的才华，他挥之不去的担忧，以及他在此期间向勒韦尔施以的恩惠，所有这些是否可以解释这位伟大的法国资产阶级对艺术家事业的绝对忠诚？因为这涉及方方面面，涉及财务问题和行政问题的法律纠纷：勒韦尔处理了毕加索向卡恩韦勒索要的人尽皆知的2万法郎债务，处理了毕加索与卡恩韦勒1912年12月18日签订的合同，处理了画商库存中的毕加索作品遭到查封的问题，甚至以略带家长制的作风处理了毕加索的税款问题！"亲爱的朋友，这是给税务员的信，我建议你签好字后用挂号信寄出。请将邮局收据夹在所附的通知单上,我会把通知单还给你,你把它保存在你的小文件夹里。写给税务员的信我留了一份复印件,我很想看看他的回音,假使口袋里没有放入邮票,那他就不会想写回信。明天星期一寄出。期待很快再见。AL."[34] 勒韦尔向毕加索透露,接管员"已经开始清点……在卡恩韦勒那里找到的(他的)作品……并拟定了债务人名单,以了解可以追回的款项"[35]。与此同时,勒韦尔还不忘对法国的行政管理讽刺挖苦一番:"阿维尼翁的管理水平都比它要好。在中世纪,你是教皇的第一位画师,碰到了向你索要真正应缴的税款的税吏,如果他粗心大意、敷衍了事,则会被扔进地牢。而这次,你什么也不欠。下一次如果他回答不好,那我们就臭骂他一顿,并扯上议员或大使来吓唬他。"[36]

与此同时,歇斯底里的恐德症正在艺术界蔓延。1915年7月6日,"科学、文学与艺术学院正式会议"在里昂举行,里昂艺术院教授托尼·托莱在会上发表了题为《巴黎画商的德国犹太人行会对法国艺术的影响》的演讲,其内容华而不实。他以一种令人困惑的世界观,将战前时期描述为法国"在各个思想领域"都被"敌人"渗透的时期,倾吐着他有关民族主义的恶毒言论。但这些法国的敌人究竟是哪些人呢?有"犹太人、画商",他们通过不正当的手段向客户勒索钱财,正如他所说的那样,"这是他们的职责所在"。但是,托莱补充说:"除此以外,如果他们还是双重德国人,那我们就会理解他们稳步推进反对法国文化的斗争,理解他们试图对法国优雅的品位施加的影响,而且这些影响常常奏效。"他以慷慨激昂的热情继续诋毁这些"法国的敌人",认为"如果不是因为他们的骄傲和急躁,他们肯定会把我们置于他们的摆布之下,他们的攻击是如此的冷酷无情而又有条不紊"[37]。

那该如何描述托尼·托莱呢?他是有点疯癫的特立独行之人吗?

是极端分子吗？不，他曾在巴黎的亚历山大·卡巴内尔①画室学习，之后成为一名教师，后来又担任里昂市艺术课程主管，并以里昂资产阶级家庭的官方肖像画家的身份谋生。因此，他的社会地位很高，是其所在城市的卓越人才，甚至是著名人物。在里昂学院的就职演说中，他对艺术的理解可谓平淡无奇，简直是乏善可陈："艺术是什么？是对美的追求。""什么是美？就是我所喜欢的东西。"或者又说："艺术不仅是对无限美感的感受，也是通过一种形式、一种色彩、一种声音或一种语言对这种美感的表达。"

1915年，托莱是否在阐述一种糟糕透顶的阴谋论？当他对"几乎都是由几位画商引介的印象派画家、立体派画家和未来派画家被赋予了巨大的空间"表示遗憾时，那他针对的是谁呢？当他对后者"对（我们的）画派和（我们的）大师、（我们的）传统以及（我们的）思想提升发起猛烈抨击"时，他指的是什么呢？当他想知道"我们的博物馆会在这次展会上进行哪些收购，因为巴黎画商中的一部分德国犹太人已经在这里站稳了脚跟"时，他在害怕什么呢？当他说他"深信如果所有天性优雅、本性善良的法国人都能简单、忠实、自由地发表意见，无需考虑他人的意见，不接受无知的势利小人或胆大妄为的学者的强行灌输，那我们很快就会厘清一切，为了法国最崇高的利益，艺术就会重新成为法国的艺术"时，又该如何评价他的乐观结论呢？托尼·托莱从民族主义的角度描绘了"本性善良的法国人"。他认为面对"犹太人、画商……同时也是日耳曼人"的"敌人"，面对他们对"法兰西文化"进行的"有条不紊的斗争"，这些"天性优雅"的法国人拓展了"法国审美品位"。有关托尼·托莱的话题我们就言尽于此。现在，透过克拉玛日（在维也纳画派形成）的视角，透

---

① 亚历山大·卡巴内尔（1823—1889年），法国学院派画家，其作品以历史、古典及宗教题材为主。

过卡恩韦勒（在斯图加特的德国艺术史学家图书馆所形成）的视角，透过利奥·斯泰因和他的妹妹（在哈佛大学和世界各地的博物馆所形成）的视角，透过阿尔弗雷德·斯蒂格利茨、卡尔·爱因斯坦和马克斯·拉斐尔（这三人在柏林大学所形成）的视角，不妨让我们回到立体主义的创新上，回到这个世界各国融汇交流的结晶上。最后，让我们再来回味一下让·饶勒斯的预言。1911年，他向法国众议员宣告："各国人民的利益是如此紧密地交织在一起，一个国家的灾难就是所有国家的灾难。"[38]

第十五节
迈向崭新的跨国逻辑

> 战争期间,所有的艺术生活都是人为的……只会损害……真正的艺术生活。真正的艺术生活将在战后开始,届时所有的法国士兵都将回归平民生活……外国人很多,外国人太多……我深有感触……我不想在这些展会和聚会上现身。我已经完全放弃了蒙帕纳斯的艺术圈子。[1]
>
> ——胡安·格里斯致信莱昂斯·罗森伯格

在随后的25年里,毕加索在法国社会的职业生涯围绕着宣战后出现的新对立面展开:法国/德国、法国人/外国人、胜利者/失败者、军人/平民、爱国者/胆小鬼、法国好人/德国鬼子、部队士兵/唯利是图者等等。这是一个大运动时代,在这个时代里,法国民众围绕着国家概念,围绕着"神圣同盟"理念以及后来的"地平线蓝议会"[①] 团结在一起。1916年2月25日,由学者和知名人士(包括雕塑家奥古斯特·罗丹)组成的"永远铭记德国罪行联盟"发出了如下通告:

---

① 1919年11月30日,法兰西第三共和国选举产生了新一届众议院,因当时不少议员是退伍军人,身穿地平线蓝制服,故被昵称为"地平线蓝议会"。在法语中,地平线蓝是一个颜色名称,在1915年至1921年期间,它主要用于指代法国本土军队所穿的制服的颜色。

"战争爆发后,我们有责任防止有害的国际和平主义梦想试图恢复拉丁文明和'德国文化'信徒之间的联系!我们要牢牢记住,血流成河让我们彼此疏远,对此我们永远都不会忘记!……如果有一项使命能让'神圣联盟'经久不衰,那便是这项使命。"[2]

对于毕加索来说,战争年代的第一个影响就是打破了他自1904年移居巴黎以来,苦心经营建立起来的各种人脉。画家在多个层面上遭受了一系列影响。在法国国内,他的私人关系和工作关系都受到了严重影响:布拉克、德兰、莱热以及不久后的阿波利奈尔都在打仗,格特鲁德·斯泰因在英国,卡恩韦勒流亡瑞士。而作为未入伍参战的外国人和前卫艺术派领袖,毕加索的这一身份使他成为法国民族主义言论的攻击目标。这些言论以迅雷不及掩耳之势将他描绘成"贪生怕死之徒"和"背信弃义之人",他和"方块主义"都是法国美学和道德衰落的罪魁祸首。在跨国层面上,战前与经销商、收藏家和艺术理论家建立的联系因民族逻辑的回归而受到严重破坏。经过动员,奥匈帝国公民克拉玛日和德国公民乌德站在了三国同盟一边。立体主义的国际组织已然四面楚歌,毕加索脚下的大地正在崩塌。即使在情感层面上,毕加索所建立的纽带也未能在战争中幸免于难,因为他的伴侣伊娃·古埃尔于1915年底因病去世。

然而,他很快就重新振作起来,开始创造新的资源,这对他以后的画家生涯至关重要。看着熟悉的世界在自己眼前分崩离析,毕加索是如此的心烦意乱,如此的孤立无援,但他竭尽全力建立新的联系,以图在这样的动荡年代生存下去。面对民族主义的排外情绪,他找到了安德烈·勒韦尔。对于毕加索而言,勒韦尔在这一时期的地位举足轻重,这在前文已经有所描述:勒韦尔努力维护毕加索在法国的社会地位,而法国却突然破坏了他作为艺术家的地位和声誉。1915年,面对立体主义的妖魔化和前卫艺术的崩溃,毕加索也选择了另一方天地，那就是让·科克托的世界。让·科克托是一位 25 岁的年轻诗人，出身于一个资产阶级家庭，父亲是律师和业余画家，祖父是公证员，做过默伦市市长，外祖父是股票经纪人和艺术品收藏家，舅舅是外交官。科克托本人是在对民族主义思想敏感的右翼环境中成长的。在冲突仅仅持续了三个月后，科克托和装饰设计师保罗·伊里贝于 1914 年 11 月 28 日创办了《词汇》杂志，为民族危机提供"文化回应"。科克托和伊里贝说，我们应该抵制德国产品，但我们仍然可以聆听德国音乐，虽然该杂志将自己视为民族主义激进言论中的温和之声，但其对前卫艺术的立场充其量只是模棱两可。他们采纳了右翼提出的奇谈怪论，这一论调自 1914 年以来便已经众所周知：战争爆发前，法国衰落、分裂，甚至已经陷入战争的泥潭，即意识形态上的战争。这是一场内战，引发了不团结；这是一场针对德国的战争，造成了国家在道德和美学上的衰败。

按照这一逻辑，该杂志的编辑们以不同的方式分析了战争动员情况：1914 年是法国解放的时间，因为战争将法国从分裂和衰落中拯救出来，使法国人民能够围绕健康向上的价值观走到一起——组成神圣联盟，远离战前的轻浮和荒诞不经的艺术。根据科克托和伊里贝的说法，该杂志甚至是为了庆祝战争动员的"解放之日"而创办的[3]，其艺术品位不拘一格，不像其意识形态归属那样具有狂热民族主义的色彩，它颂扬伊戈尔·斯特拉文斯基和莫里斯·拉威尔这样的音乐家，阿尔贝·格列兹和皮埃尔·博纳尔这样的画家以及诺阿耶伯爵夫人和保罗·克洛岱尔这样的诗人。即使是在战争年代被妖魔化的立体主义，在这里也可能受到推崇，但不是任何时期都是如此——画家罗歇·德·拉弗雷奈更倾向于选择立体主义，他将这种语言用于爱国目的，将形式上的颠覆与意识形态上的颠覆区分开来。毕加索反对偶像，总是过于直白地嘲弄资产阶级和民族主义价值观，因此他在《词汇》杂志中没有一席之地。该杂志在1915年1月23日出版的第7期上写道:"外国佬不可能喜欢我们的报纸。"[4]

如何调和科克托的政治立场与他和毕加索的新友谊?从1915年春天开始,他给毕加索写过大量花花绿绿的书信,但都是单方面的,之后还为毕加索创作诗歌。例如,他在1915年9月25日写了"祝你快乐,我握住你的手,全心全意地爱你、敬佩你",他有时会用"亲爱的杰出的毕加索"、"亲爱的老爷毕加索"、"亲爱的出色的毕加索"或"最亲爱的大师毕加索"来称呼毕加索,而毕加索总是乐于用"我亲爱的让"或"我亲爱的科克托"来称呼他。答案很简单:尽管毕加索持有民族主义观点,但科克托这位雄心勃勃的年轻作家却试图打入令他着迷的左翼艺术圈子。而在海外,这个圈子的光环在战前就一直非常强大,这也意味着他的矛盾心理。毕加索比其他任何人都更能吸引他,让他摆脱世纪末的优雅品位,融入前卫派和现代性。与格特鲁德·斯泰因一样,科克托甚至梦想自己能成为毕加索的文学同行:"在相貌上没有人/比你巴勃罗更好/在算术方面没有人比我更好/亚历山大。"[5]

1916年4月复员后,科克托为谢尔盖·达基列夫(俄罗斯芭蕾舞团创始人,1912年起与之合作)创作了新的艺术项目《游行》。这是一部集绘画、音乐和现代舞蹈于一体的综合艺术作品,这部作品基于一个十分简单的观点:在巴黎林荫大道上,在一个游乐场剧院前,一群巡回演出的马戏团演员(一个杂技演员、一个中国魔术师和一个美国小女孩)表演自己的拿手好戏,吸引路人进入剧院。在选择了埃里克·萨蒂作为音乐创作人之后,科克托向达基列夫推荐了毕加索来设计布景和服装。毕加索起初有些犹豫,但最终还是同意了。1916年8月24日,科克托在给萨蒂的贺卡中得意扬扬地宣布:"毕加索将和我们一起制作芭蕾舞剧《游行》。"[6]毕加索与俄罗斯芭蕾舞团的合作由此拉开了序幕,并在1919年和1920年相继创作了《三角帽》和《普尔齐纳拉》。

后来，科克托强调了毕加索参加《游行》在前卫艺术界所引发的革命："毕加索身边的人都不愿相信他会跟着我。当时，蒙马特和蒙帕纳斯处于独裁统治之下。我们正在经历立体主义的严酷时期。能放在咖啡馆桌子上的东西，只有西班牙吉他，这是唯一得到允许的乐趣。画布景，尤其是在俄罗斯芭蕾舞团……是一种犯罪。勒南先生在索邦的丑闻，莫过于毕加索在'圆亭咖啡馆'接受我的建议。"[7]在1917年1月11日的一封信中，毕加索详细说明了他与达基列夫签订的合同条款："亲爱的达基列夫先生，根据我们的口头协议，我同意为让·科克托和埃里克·萨蒂的芭蕾舞剧《游行》负责舞美设计（布景、幕布、服装和道具）。我会画好所需图纸，做好所需模型，并亲自监督所有执行工作。所有这些图纸会在1917年3月15日完成。为了完成这项工作，你需要向我支付5 000法郎，另外还要支付我1 000法郎用作罗马之行的旅费。我的图纸和模型归我所有。上述款项的一半必须在交付图纸和模型时支付给我，另一半在首次交付之日支付。"和1912年12月18日与卡恩韦勒签订的合同一样，毕加索自己制定了协议条款。尽管处境艰难，但毕加索仍然从被剥夺财产的经历中走了出来，他保护了自己，并保持了对作品的控制。和当年与卡恩韦勒签订的合同一样，这封在法律上完美无缺的信件似乎也是在一位朋友的帮助下起草的，这位朋友可能就是安德烈·勒韦尔。

1917年2月17日，为了准备芭蕾舞剧《游行》，科克托和毕加索离开巴黎前往罗马。诗人形容这趟旅行"就像订婚一样"[8]，他写道："在辉煌壮观的废墟上，与世界上我最敬仰的画家一起，身处一个朝气蓬勃的艺术团队之中进行创作，这是一件多么快乐的事情。柯洛万岁！他应该被埋葬在拉斐尔的墓碑下。他引导着人们的目光。罗马似乎就是他建造的。毕加索只谈及这位大师，这位比那些疯狂浮夸的意大利人更让我们感动的大师。……毕加索在美第奇别墅后面一间华丽的工作室里工作,那里有罗马鸡蛋和奶酪。当他全身心地投入绘画中时,他拒绝出门。"[9]在罗马,毕加索重新开启了他与古代的对话,汲取了新的灵感来源:古代艺术(参观罗马、庞贝和赫库兰尼姆古罗马遗址)、意大利民间艺术(兴喜剧、丑角人物以及当时在罗马流行的民间服饰[10])和19世纪法国绘画(柯洛和安格尔),这些都成了他与古代艺术交流的通道。他在这一时期的作品带有这些多重影响的痕迹,同时也是其立体主义研究的深化。在《游行》中,布景和服装刻意唤起了一种不和谐的、支离破碎的美感。在这次旅行中,毕加索与科克托和俄罗斯芭蕾舞团,尤其是与舞蹈编导莱昂尼德·马辛和作曲家伊戈尔·斯特拉文斯基建立了新的关系网。他甚至爱上了一位名叫奥尔加·霍赫洛娃的芭蕾舞演员。几个月后,即1918年7月12日,在科克托、阿波利奈尔和马克斯·雅各布的见证下,毕加索在巴黎圣亚历山大-涅夫斯基东正教大教堂迎娶了这位芭蕾舞演员。1918年的这场婚礼让新老朋友齐聚一堂。

尽管俄罗斯芭蕾舞团在战前并不具有颠覆性,但艺术家们在巴黎一亮相就引起了轰动。1917年5月10日,在巴黎演出季的开幕式上,达基列夫挥舞着刚刚推翻俄国沙皇的革命红旗走过夏特莱舞台。这一举动激怒了法国爱国者,他们对布尔什维克新政权决定俄国退出战争冲突感到不满。八天后,巴黎公众翘首以盼的《游行》首演——所有门票两星期前就已售罄——不想却出现了一场闹剧!掌声过后,警报器、发电机、打字机发出了一连串含糊不清的噪声,观众开始发出尖叫声和口哨声。当身高2米、穿着立体主义风格服饰的"经理们"出现时,观众席上一片哗然——"去柏林!""外国佬!""鸦片鬼!""被伏击了!"《游行》被认为是一部具有挑衅性和荒诞性的芭蕾舞剧,它体现出的轻率随意在战时是一种侮辱,因此嘘声四起。阿波利奈尔头上缠着绷带,就像一个被炮弹炸伤的战争伤员,他独自一人上台设法安抚观众,证明艺术团队的爱国主义精神。达基列夫"听着观众的怒吼声,脸色铁青。他吓坏了。这是有道理的,"科克托写道,"毕加索、萨蒂和我无法进入后台。观众认出了我们,对我们言语威胁。要不是阿波利奈尔,要不是他身穿军装,头上缠着绷带,那几个女人拿着别针就会把我们的眼睛挖出来。"[11]

尽管如此,毕加索还是在战争年代完成了一项壮举:他用另一种国际艺术——俄罗斯芭蕾舞团——取代了前卫的国际艺术。自1909年以来,俄罗斯芭蕾舞团一直是巴黎资产阶级圈子里的一种时髦的娱乐形式。面对民族和国界的强势回归,面对对所有不适应僵化的条条框框和模糊民族纯粹性逻辑的人的叛国指控,毕加索也试图借助他对罗马古代艺术的兴趣,将自己融入全球的长远发展中。古希腊罗马艺术是首个全球化形式的起源(罗马帝国在其扩张的鼎盛时期从英格兰延伸到叙利亚,从日耳曼延伸到迦太基),难道它不正是破除民族主义严密边界的一剂解药吗?毕加索因此成功地将自己重新融入了欧洲跨国地理(俄罗斯芭蕾舞团的地理)和全球历史(古希腊罗马史)之中。得益于这种横向和纵向的双重策略,毕加索摆脱了1914年孤立无助的状态。当时,为法国民族主义大唱赞歌的莫里斯·巴雷斯仍然痴迷于"将个体扎根于大地和逝者"[12],而毕加索则选择走遍欧洲,拥抱罗马历史——流动与扎根的对比,全球历史与民族历史的对比。然而,尽管毕加索拥有丰富的政治智慧,但自1917年4月2日颁布"外国人身份证"法令以来,他在法国的地位发生了变化。该法令规定:"任何要在法国居住两星期以上、年龄超过15岁的外国人,必须在其抵达首个住址的48小时内,向所在省省长申领身份证。"和其他人一样,毕加索"会收到一张申请凭证,在身份证最终签发之前,这张凭证将作为安全通行证。身份证必须随身携带,以供随时检查和提供身份证明。该法令第3条规定,身份证具有强制效力"。[13]

第十六节

战时艺术品商人的大动作：在爱国主义、背信弃义和检举揭发之间

> 一位德国佬画商？啊，多么可怕啊！你不会不知道，只有法国艺术品或来自法国的艺术品才能在国外销售！在柏林或法兰克福，我还真没见过毕加索的作品！如果毕加索的作品出现在我们面前，则会带着一股德国香肠或德国酸菜的味道！[1]
>
> ——莱昂斯·罗森伯格致信毕加索

对艺术品的查封和民族主义的歇斯底里，导致巴黎的艺术品商人纷纷对卡恩韦勒大加鞭挞。第一个站出来的是莱昂斯·罗森伯格。他出生于巴黎，是家中长子，1906年时他27岁。他的父亲原是布拉迪斯拉瓦的谷物商人，1872年成为歌剧院大道上的古董商。老罗森伯格先是在拉菲特街的克洛维斯·萨戈——这位"卖油画的二手商贩"[2]——的店里买了毕加索的一幅小画，然后在卡恩韦勒的画廊里又买了7幅画。1914年6月的一天，卡恩韦勒在毕加索的工作室里见过他。然而，莱昂斯·罗森伯格并没有结清他欠画商的债务，1914年他欠画商15 000法郎（相当于卡恩韦勒欠毕加索债务的75%）。1914年10月30日，这位自称"莱昂斯·亚历山大-罗森伯格"的人马上用

花言巧语来对毕加索狂轰滥炸:"亲爱的先生,我拥有你大约 15 幅作品,都是最新时期的作品。这些作品有时会让我忘记此时此刻的恐怖。艺术是一种宗教,它能使灵魂超越人类的偶然性,并从一切不幸中得到慰藉……你是否讨论过你觉得中意的新方法(外国团体的新方法)呢?去年 6 月,我有幸与卡恩韦勒先生一起拜访了你,当时你曾向我谈及这个问题。"[3]

显然,毕加索接受了罗森伯格的请求,就在 1914 年圣诞节前,毕加索专程安排勒韦尔去拜访格特鲁德·斯泰因,便邀请罗森伯格一同前往,这让罗森伯格万分感激:"再次感谢你,亲爱的毕加索先生,感谢你带我去见斯泰因小姐,给了我莫大的欢乐。我至今仍深受感动,迫不及待地想看看你以前的作品。我还没有再看到你今年新画的那幅阿维尼翁风景画。你回来以后,我第一次过来的时候,你非常客气地给我看了这幅画。你还留着这幅画吗?……你真诚的崇拜者,L.A-R.。"[4]真是风水轮流转:德国画商卡恩韦勒离开了,法国收藏家莱昂斯·罗森伯格试图取而代之。

为了成为毕加索的经纪人(受到了入伍士兵的爱国主义精神的感染),莱昂斯·罗森伯格坚持反德论调。可以说,这符合时代精神,可以想象的是,卡恩韦勒成了众矢之的。"我昨天看了三年展,唉,还是这样好!厌恶会比你想象的来得更快!这便是德国鬼子的艺术!"他在 1916 年 3 月 2 日写给毕加索的信中感叹道,"所有没有修养的人都是德国佬!!除了马蒂斯和德加的一幅画,你站着都能睡着!如果我在拉瓦锡街没有收到你的只言片语,那就意味着你就要进入'毕加索大师的灵柩'了,那里是所有艺术界泰斗都会去的地方,就像去过的乔托和提香的灵柩一样!"[5]四天后,他斩钉截铁地说道:"我亲爱的朋友,你有两条路可以走,"他毫不掩饰自己的爱国热情,"第一条路,保持独立。这只不过是手段、外交和关系问题。如果你的身上拥有这股力量，那我无可辩驳。但我的经验告诉我，一名艺术家一旦兼做商人，那他的艺术气息就会消散，他的权威就会削弱……迪朗-吕埃尔？伯恩海姆？沃拉尔？所以呢？一位德国佬画商？啊，多么可怕啊！你不会不知道，只有法国艺术品或来自法国的艺术品才能在国外销售！在柏林或法兰克福，我还真没见过毕加索的作品！如果毕加索的作品出现在我们面前，则会带着一股德国香肠或德国酸菜的味道！……现在，请你好好想想，然后得出结论！你永远真诚的朋友，莱昂斯·罗森伯格。"[6]

从1918年夏天开始，保罗·罗森伯格也登场了，兄弟俩都开始向毕加索的堡垒发起进攻，他们有着共同的野心和两种截然相反的策略：莱昂斯的美学策略（以军事为隐喻）是顽固的立体主义，保罗的经济策略是实用主义。"亲爱的朋友，我打算在欧洲和美洲开展一项坚强有力、范围广泛的行动。如果我因为……背后的闹剧而无心工作，那就太可笑了。" 1916年3月24日，莱昂斯·罗森伯格如此说道，"此外，正如你可能已经注意到的，对我来说，直来直去是最短的路线，拐弯抹角和装腔作势，我20年前就忘了！我之所以坚持要达成一项决定性的协议，那并不是因为我害怕朝三暮四之徒——对任何不跟我走的人来说都太糟糕了——而是因为，就像一位家庭主妇一样，我想知道有多少人要和我共进晚餐，这样我就可以安排得井井有条了！再见，我亲爱的朋友，你永远最真挚的莱昂斯·罗森伯格。"[7]三年后，他的弟弟保罗——1918年夏天成了毕加索的经纪人——也开始利用爱国主义色彩来驱逐德国："我亲爱的加索［原文如此］……生意很平淡，我没什么东西要买……我打算去德国佬占领的地盘，但这样做需要多大的勇气啊。你不知道，快乐的杰出人士，获得信息是多么困难，你问得越多，得到的信息反而越少。所以，我下周就出发，即使买不到一幅画，那我至少也要带些科隆的古龙水回来，这依然可以从他们欠我们的 2 亿中扣除。"[8] 保罗·罗森伯格随后开始实施一项国际战略："亲爱的毕加索……不瞒你说，今年冬天我需要大量画作。今年冬天，我要在美国一家大型官方博物馆举办毕加索立体主义和非立体主义作品展，届时来看看这会对新大陆和旧大陆产生多大的影响吧。在美国最大的一座城市，在美国最好的一座博物馆，与韦罗基奥、波拉约洛和昔日的伟大艺术家并肩展出。毕加索，荣耀地回到美国，透过最美丽的窗户（毕加索的作品），不要以为这是一种愿望，这是安排好的、商定好的、决定好的……所以你必须给我高品质的画作，我向你订购 100 幅，学校开学时交付！……相信我，我亲爱的毕加索，你最忠诚的保罗·罗森伯格。"[9]

毕加索巧妙利用了两兄弟之间的竞争关系，有时甚至堪称滥用权力，在不到四个月的时间里就为他们各自安排了一场展览：1919 年 10 月，保罗在拉博蒂街举办了一场名为"毕加索回归古典主义"的展览，展出了 169 幅素描和水彩画。而四个月前，莱昂斯则在他位于拉博姆街 19 号的"现代拼搏画廊"专门展出了立体主义油画，这家画廊距离前一家画廊只需步行三分钟。但是，正如我们几年后看到的那样，在毕加索的地盘上搞的这些复杂动作，包括装模作样、两面三刀和阿谀奉承，在接连出售从卡恩韦勒处查封的众多毕加索画作的过程中，体现得更加淋漓尽致。当时，莱昂斯被任命为"销售专家"[10]，他还采取了连克劳塞维茨也不会等闲视之的策略，成为第一场拍卖会的第二大买家，越买越多，同时向他"亲爱而光荣的朋友"毕加索保证："不用担心乌德和卡恩韦勒的拍卖。你的好作品会卖得很好，不太满意的作品也会卖得很好。"[11]

在这纷繁芜杂中，最令人痛心的文件当属莱昂斯·罗森伯格写给让·扎普（登记检查员、保管员和清算人）的信，我已将其全文抄录。这封信写于 1921 年 4 月 25 日，当时卡恩韦勒刚于 1920 年回到巴

黎。他在伯尔尼与朋友鲁夫一起度过了战争时期，并在那里写下了
《通往立体主义的道路》：

> 检查员先生，我想应该让你了解一下 K 先生的动向，他和他那些很有同情心的同胞一样，并不认为自己被打败了。他对法国政府竟敢决定出售他的存货感到气愤无比，态度十分嚣张，并打算竭尽全力加以阻止。随信附上从《倾听》杂志上剪下的文章，可以让你对他的胡作非为有所了解。K 先生从 1905 年到 1914 年住在巴黎维农街 28 号，专门出售乔治·布拉克、安德烈·德兰、巴勃罗·毕加索、莫里斯·德·弗拉芒克、费尔南·莱热、胡安·格里斯等人的作品。这些艺术家与他签订了独家合同，可以在他被封存的档案材料里找到相关线索。
>
> 战争爆发后，K 勇敢地踏上了前往意大利的旅途。他不想冒生命危险，无论是为了自己的祖国，还是为了曾经热情款待过他的国家。他毫无风险地等待着冲突的结束……同时着手准备返回法国后要实施的计划……K 的老房子在阿斯托尔格大街 29 号乙重新开张，挂了"西蒙画廊"的招牌，K 是授权代理人！！然后，K 联系了上述所有艺术家，向他们提供了一份条件优于法国公司的合同，让他们感到德国很看重他们的艺术，并准备对他们慷慨解囊……不幸的是，这几位艺术家在这方面同许多艺术家相似……他们同意与回到他们身边的睿智的尤利西斯联系。K 还让他们明白，如果他们同意，他就可以要回以前的存货。他让他们相信，出售旧货会让市场永远崩溃，而归还旧货则会给他带来一个大家庭的重要力量，这个大家庭能够给予他们支持，让他们兴旺发达。法国画家莱热、布拉克、德兰和弗拉芒克通过标榜自己声称的军人身份，决心向政府当局争取在经过协商后把存货归还

给 K，因为 K 懂得如何给他们制造恐慌。这样会出现两种情况：如果 K 库存中的画作是糟糕的，那么就必须赶在它过时之前卖掉它们，为国家赚些钱。如果这些画不错，那么 K 和他的同伙们的坚决态度就足以证明这一点。这样的话，就让我声明，好画的售价永远都不会低……我曾有幸告诉过你，K 的拍卖行的两大支柱是毕加索和德兰，在 K 的库存中，他们的作品总共有 300 幅。现在这些作品的价值是 1914 年的 15 到 20 倍。这股强劲的升值势头是拍卖成交的保证。

如果 K 如此热衷于他的存货，那他有什么理由不在拍卖会上购买自己所需要的东西呢？他肯定会成为竞拍者之一：不过让他感到不快的是，他必须以今天的价格而不是以 1914 年的价格来购买。

让我们再来看看 K 的所作所为，我想说的是，他在公共当局那里铩羽而归后，就打算煽动公众舆论。不幸的是，他所能找到的支持他言论的刊物都是像《倾听》这样的小册子，回应这些刊物上的文章是很容易的。

例如，如果 K 经营不善并宣告破产，那么无论是否有相关条款规定，其债权人是否有权为实现其质押而要求公开出售呢？

生产者已将他商品的所有权正式转让给第三方，如果生产者还想介入这一商品的变现过程，那么国家能否接受这一原则呢？对于我们所面临的情况，即使这个德国人已经参过军、入过伍，就像千千万万法国人和我一样，即使这个德国人操控法国投资者为其谋利，国家能支持一个被整个法国贸易体系剔除在外的德国人吗？能支持他富有成效的一系列办法吗？如果是这样的话，每个商人都只需买进，以防在行情不好时自己的库存被卖掉。

如果 K 从未拿起武器反对法国，如果他是一个德国逃兵（这真是个光荣的称号），那显然是出于自私自利和贪生怕死，我们并不会因此对他抱以更多的同情。如果他在法国受到了热情款待，收获良多，出于对法国的感激之情，也为了证明他与法国的亲密关系，他加入了外籍军团，就像极少数在法国做生意的德国人和奥地利人一样。要是《倾听》能做出这样的描述，那显然就更好了。

检查员先生，请接收我最诚挚的敬意。

附注：一位敌国国民，其财产被扣押，在敌对行动结束后立刻返回法国，以方便之名在法国建立自己的公司，与法国商人竞争，不仅对他们居心叵测，而且——这一点更为严重——还妄图对勉强同意其在法国生活的政府当局进行阴谋活动。面对这样的行径，难道你和我不都认为这是不可接受的吗？

再注：对于乌德和卡恩韦勒销售案可能引起的各种争论，检察院能做出的最好回应就是干脆把 K 先生驱逐出法国。当新闻界得知这个财产遭到扣押的德国人隐姓埋名又来巴黎定居，并要实施他的阴谋诡计时，所有争论都会在他被驱逐出境的消息传出后立即停止，因为所有与此事有关的人都不知道他竟敢在这里定居，而且他的所做所为就像生活在被他同胞征服的国家。[12]

后来，到了1923年，莱昂斯·罗森伯格为了与毕加索一起宣传自己，继续对卡恩韦勒横加指责："是马克斯·雅各布在战前（向他）指出了团体中的所有艺术家。这绝不是贬低他（作为画商）的功绩，因为他肯定了解，也敢于这样做。但就现代绘画而言，这个细节很有意思：与你相关的都是真的吗？令人痛心的是，战争抹去了卡恩韦勒如此出色的努力，但他有办法拯救自己的存货：那就是加入外籍军团，就像一些在法国拥有全部利益的德国人一样。"[13]

第十七节

歇斯底里恐德症的间接受害者

> 卡恩韦勒·亨利［原文如此］先生，德国人……1915 年被控犯有间谍罪……在意大利和瑞士从事可疑活动……（他）是法国危险敌人的代表。[1]
>
> ——向战争查封问题咨询委员会提交的报告

> 我现在是第二次饱尝目睹自己被处决的喜悦。[2]
>
> ——丹尼尔-亨利·卡恩韦勒致信威廉·乌德

我们能从过去四年的战争中得到什么呢？1 000 万人的死亡和大量伤员？高达 1 860 亿美元的冲突代价？随着奥匈帝国的分崩离析，发生的巨大的政治动荡和领土变化？[3]毕加索及其自 1914 年 12 月起就遭到扣押的作品，其命运又会如何？和平条约正是在凡尔赛宫镜廊（1871 年德意志帝国宣告成立的地方）签署的，其中第 231 条规定，德国战败后必须向法国支付"赔偿金"：这条规定成了四次出售"被控从事间谍活动的……德国人"卡恩韦勒被扣押作品的法律和政治框架。这四次拍卖会分别于 1921 年 6 月 13 日和 14 日、1921 年 11 月 17 日和 18 日、1922 年 7 月 4 日以及 1923 年 5 月 7 日和 8 日在巴黎德鲁奥拍卖行举行。毕加索的作品——绘画、雕塑、拼贴、素描、蚀刻版画，其中一些是他最"引以为荣"的作品——在那里拍卖了近290 700件！[4]

"这场大型拍卖会的首次拍卖……取得了成功，超出了各方预期。"记者马里乌斯·布瓦松在《喜剧报》上写道，"接下来还有两场拍卖会，但仍不足以将这堆现代艺术品散掉，这些艺术品是战争期间被扣押的德国财产。"[5] 清仓甩卖，你争我夺，不容错过的社交应酬，与坑蒙拐骗之徒拳脚相加，还有公开算账，在这一幕幕交替上演的大戏中，每个人参加拍卖会的动机都各不相同，有些人出于窥视，有些人出于贪婪或投机[6]，有些人出于嫉妒和复仇本能，还有些人出于爱国的正义感或仇外心理。收藏家罗杰·杜蒂耶尔一如既往地穿着无可挑剔的西装，打着无可挑剔的领带，威严而无力地出席了所有拍卖会，却什么也没买。他手握铅笔，用他那小巧、端正、精确的笔迹记录着。他忠实于自己与卡恩韦勒的交情，密切关注着一切。他的侄孙弗朗西斯·贝尔蒂埃把他的拍卖手册借给我看，这对我大致了解当时的情况颇有帮助。因为有关这些拍卖的一切都给人一种奇怪的感觉。首先，印在拍卖品画册封面上的"卡恩韦勒"这个名字有拼写错误——也许是莱昂斯·罗森伯格的杰作，他在批评卡恩韦勒（从1914年到1940年）的信件中，总是把卡恩韦勒的名字拼成两个"l"①。这确实是把"一堆艺术品散掉"的问题。1961年，卡恩韦勒在与弗朗西斯·克莱米耶的交谈中对损失做了估算："卖掉了七八百幅画，还不算素描和其他东西。"当被问及"你认为（你库存中的这些作品）价值多少亿"时，这位画商的回答很简单："很多很多亿……很多很多亿……最近有些画作卖出了六七千万。"[7]

---

① 封面上印的是 Kahnweiller，而正确的拼写应为 Kahnweiler。

1921年6月13日举办了一场拍卖会，这是欧洲艺术品经销商首次全部出席的拍卖会，其中有保罗·迪朗-吕埃尔、阿尔弗雷德·弗莱施泰姆、布鲁默兄弟、伯恩海姆-热纳、保罗·纪尧姆、利奥波德·兹博罗夫斯基等人。[8]但根据维拉娜·塔索的解释，"当时的气氛很紧张"，"布拉克对莱昂斯·罗森伯格大打出手"。[9]她还透露了卡恩韦勒当时在房间里的情况，以及他当时受到的攻击：一位年轻的巴黎古董商"卸下了代替他在战争中失去的那条腿的木腿，并用它作为武器对付德国人，迫使他离开房间"。[10]罗杰·杜蒂耶尔拿着他的图录，在第72号毕加索的作品《绿色植物》前，他单单写了估价"800法郎"[11]，不过他又写下了"漂亮"一词，并自信满满地在后面划了一道横线。至于第77号作品《静物画》，他的估价为"1 500法郎"，成交价为"2 500法郎"。然后，他自己评论道："毕加索赠给卡恩韦勒的礼物。"经过两天的拍卖，德兰显然是当之无愧的明星，其作品价格远远超过毕加索，从大约4 500法郎到20 000法郎不等。图录第19页84号作品边上简单注明："肖像，高1米，宽0.73米（见复印件）。"而第25页则展示了毕加索《卡恩韦勒肖像画》的黑白复印件（无法辨认），该作品由法国维恩画商艾萨克·格吕内瓦尔德购得，而这又能如何呢？事实上，一些消息灵通的买家并没有浪费任何时间，比如瑞士收藏家拉乌尔·拉罗什，他在两天时间里花掉了5万多法郎。

"法国和外国的普通买家、画商、艺术评论家，他们喧闹着涌入拍卖行的6号厅。当扎普先生和作为专家的莱昂斯·罗森伯格先生开始拍卖时，人们跺着脚，用拐杖敲击着地面，就像在剧院里一样。"1921年11月18日，马里乌斯·布瓦松在描述第二天的情况时这样说道，"德兰，3 700法郎……毕加索的《朗姆酒瓶静物画》卖了1 250法郎，一幅《头像》1 050法郎，一幅《女人头像》760法郎……总之，价格在一定程度上呈下降趋势，但现场表现却毫不逊色：'年轻的绘画'被画商买走，也被普通买家直接买走。昨天并不是有意竞价和虚构还价的问题，而只是非常正常的购买行为。舆论出现了奇怪的逆转：几年前还在高呼'天才'的现代画家的狂热崇拜者们，现在却装出一副可怜兮兮的样子，或者大声高呼要收回他们的言论。于是出现了非常刺激的结局，最早对德国吞并阿尔萨斯和洛林提出抗议的人，现在却手持钞票，捍卫被称为立体主义的艺术的声誉与活力，而立体主义正是现代艺术最具表现力的面孔之一。"[12]这一事件的暴力特征依然很明显：当艺术评论家兼经纪人阿道夫·巴斯勒"攻击莱昂斯·罗森伯格时，两人互相谩骂，巴斯勒随后抡起自己的手杖击打罗森伯格"。[13]

在第三次拍卖会上，价格继续下跌。等到这一系列令人沮丧的事件发展到最后关头，诗人罗贝尔·德斯诺斯描述了其闹哄哄的悲哀，而伊莎贝尔·莫诺-方丹则讽刺其为"巴黎第一次立体派展览"。德斯诺斯承认，毕加索的拥趸们"因其闹剧不断和自由精神而令人钦佩"，"他们历经十五年而不老，谴责了二流立体派今天想强加于人的新的模式化作品。我特别注意到，《静物画》（第 73 号）、《静物画（拉塞尔巴）》、《水牛比尔》、《年轻姑娘头像》（第 340—347 号）、《城市之角》和《静物画》（第 360 号），这些作品真是风流无限，令人垂涎欲滴。对我而言，我只对布拉克和毕加索动心。我曾注意到图录中编号 20 号的一幅炭笔画，是一幅布拉克的作品，但没有签名，我起初以为是毕加索画的。我很惊讶，于是把它给我的朋友保尔·艾吕雅看了看，他证实了我的怀疑。这幅画很漂亮，我买下它的话，不会冒任何风险。于是我委托保尔·艾吕雅，他花了 37 法郎外加交易费买下了它。回家后，我把这幅画的画框拆了，以便给可能创作该画的两位画家看，以征求他们的意见。我去掉了可移动的背板，抽出了一打

1913年的报纸……最后我看到了这幅画。我注意到的第一件事是，画册上标注的尺寸——高 0.37 米，宽 0.46 米——是纸质画框的尺寸，而非画作的尺寸，画作的大小只有 0.24 米高，0.31 米宽。再经过仔细检查，发现画作背面的签名竟然是……毕加索。问题迎刃而解：一看就知道是布拉克的作品。据此，我们有理由相信，其他编号的作品也会出现类似情况，而其他买家也会遇到我这样的情况"[14]。

正如我们所见，在这四次拍卖之前进行了愁云惨淡的谈判，其中包括莱昂斯·罗森伯格写信对卡恩韦勒的指责。而毕加索呢，他的担忧与日俱增，安德烈·勒韦尔已经有所行动。事实上，毕加索甚至一开始就威胁要向扣押卡恩韦勒资产的清算人扎普先生索要拍卖所得。"在接下来的 48 小时内，我会商定所有措施。这样，如果要进行拍卖，那也是一场严肃的拍卖，我会有能力赔偿你，而且你的索债要求也会及时得到满足。"勒韦尔信誓旦旦地向他保证，"我不知道你是否保留了支票，也不知道它是否留了档。如能检查一下支票，我们就能在短期内确定这一点和其他几点事宜。"[15]他在律师事务所负责人亨利·达内（他本人正在与保管员谈判）、蒙鲁日税务稽查员和登记管理员尼科尔之间来回穿梭。"尼科尔很难碰到"，勒韦尔甚至到他的私人住宅去找他，但"尼科尔先生从不在家，也不在那里接待访客。"他继续说道。于是他又去找达内律师事务所的首席书记员（一名出庭律师），后者正亲自与卡恩韦勒扣押案的清算员让·扎普，即"为敌方财产债务清偿而设立"的总办事处进行谈判，同时核实法院院长的命令，并征求咨询委员会的意见……安德烈·勒韦尔，这名大资产阶级，这名律师，再次为了外国艺术家毕加索踏上了一条披荆斩棘之路。

连续七年，从第一次收到扣押通知（1914 年 12 月）到举行第一次拍卖会（1921 年 6 月），勒韦尔一直在安抚毕加索，平息他的焦虑："现在你放心了"[16]；"如果有什么事情发生，请你立刻告诉我"[17]；

"不要担心，没什么大不了的"[18]；"你一定以为我把你忘了，完全没有的事"[19]；"经过研究，我们确信你对秘密销售的担心是没有依据的，你在这方面没什么可担心的"[20]；"所以，你就放心地出发吧。你一到就把地址告诉我，以防我需要就此事与你联系"[21]；"我看到你的损害赔偿案进展不错，但第一次小规模出售后似乎还分不到钱。我们可能要等画作售出后再做打算"[22]。勒韦尔靠着自己的执着和幽默，将不透明的行政体系迷宫带来的困扰消弭于无形。与此同时，在布拉克和莱热的协助下，卡恩韦勒积极活动，组建了一个亲友团，以便在拍卖会上买回一些作品（因为他本人被禁止这样做）。"我们做了力所能及的事，但当时通过了一项法律，决定清算被扣押的德国财产。"他后来解释说，"我无法告诉你画家们和我究竟做了多少努力。但面对当局以及某些顽固愚蠢的评论家和记者，这些努力最后都失败了。"[23]

这些令人遗憾的交易难道就发生在名流云集的法国？放眼整个西方世界，毕加索在立体主义时期取得的杰出成就，在收藏家、评论家和经销商（多亏了卡恩韦勒）的推波助澜下，通过画廊、博物馆和收藏馆得以公开并广泛地传播开来，但在法国的情况却截然不同。毕加索与布拉克相聚在毕加索各个工作室或蒙马特的咖啡馆，毕加索的作品也诞生于这样的交流中，并走向了辉煌，但这些作品从未真正被人见过，也未真正公开展示过，因为它们属于私人收藏，只在蒙帕纳斯的斯泰因家族和蒙梭街的杜蒂耶尔，或是仅在维农街卡恩韦勒画廊这样的特殊空间展出过。而这样的画廊正是"夹缝中的法国"，是四海为家之士或正统体制外的边缘人经常光顾的域外空间。然而，1914年8月的战争残酷地让人们看到民族国家的统治地位及其无可挽回的对立现象。随着"敌方财产"的查没，新的角色轮番登场，直面立体主义。他们是"律师""书记员""保管员""收税人"，他们代表了"正统体制的法国"，在艺术前卫派面前显得趾高气扬：毕加索又怎能不感觉到自己一下子变得一无所有了呢？

　　长期以来，法国对艺术家和1914年战争的研究一直处于非常不安的状态。菲利普·达让率先出版了一本重要著作《画家的沉默》，其中精辟地强调了问题的复杂性。"毕加索对战争的态度所引发的问题不仅仅与风格史有关，而且涉及从历史学和人类学角度展开的反思。在这一反思中，艺术、政治和技术非但没有相互忽视，反而相互碰撞、互为因果。"[24]随着1918年"一战"停战百年纪念日的到来，出版物的数量成倍增加，并在"立体主义与战争：烈焰中的水晶""毕加索与战争"[25]等展览中提出了新问题。艾米丽·布劳恩是伦纳德·A.劳德现代艺术中心的策展人，也是这一时期能力最为出众的专家之一。她向我指出了从未被翻译成法语的新书目内容。[26]事实上，面对扣押和出售这一令人痛心的问题，法国国内的不安情绪依然存在。为数不多的几篇文章在涉及这一严重问题时，往往也只是以晦涩的、含糊的和间接的方式提及。而维拉娜·塔索则决定将这一主题作为她毕业论文的选题。正是由于在美国待了三年，她才得以推进她的研究。当我向她询问有关卡恩韦勒扣押财产档案和四次拍卖报告的情况时（无论是在外交部档案馆[27]还是在巴黎档案馆），她回答说，非常奇怪，她什么也没找到，尽管似乎有蛛丝马迹表明，档案的确存在。事实上，在国家档案馆的网站上，在战争扣押档案的标题下，我们可以找到如下清单："比尔和桑德海默，1918—1938年。贝尔·欧内斯特，1920—1921年。邓克拉赫，1932—1933年。埃尔默·马克斯，1921—1922年。费尔-伊丽莎白，1921—1922年。赫曼森·阿克塞尔，1921年。克赖斯，1931年。奥蒂克·泰克拉，1936—1937年。肖尔·查尔斯，1948年。维德迈尔和莱希，1920—1935年。温斯巴克，1924—1925年。"[28]但卡恩韦勒的名字没有出现。他的资料怎么了？被谁删除了？然而，正如我们所看到的，当时的法国媒体对这些涉及财产损失的事件进行了广泛的报道。怎么一下子就被忘得一干二净了呢？

这就是过去几周我一直在扪心自问的问题。但是，法兰西第三共和国的行政机制异常强大！各种传统惯例，病态般的狂妄自大，居心叵测的关系，放在首位的个人利益，还有错综复杂的内部勾结，这些因素的结合使这个社会依然岌岌可危。此外，法兰西艺术院对艺术创作领域的影响过大，它将自己"高尚品位"的宗教强加于人，同时扼杀发展中的艺术，不信任"当下文化"。"法国审美品位的衰落……绝不能归咎于资产阶级这一社会阶层，而应归咎于法兰西艺术院这一机构。"历史学家让娜·洛朗这样写道，"它的目的很明确：将这种他们认为与法国传统相去甚远的艺术推向市场，让它一蹶不振。"[29]

"精英们"自命不凡，他们往往更关心自己的职业战略，而不是他们时代艺术家的命运，像这样在这个世界上最明显的迹象，我们又怎么能忽略呢？保罗·莱昂的职业生涯就是一个很好的例子。"1907年，我的人生目标实现了。在那之前，我一直在大学工作。但我现在已经成为一名官员"[30]，这位拥有历史和地理教师资格的师范毕业生，竟然如此厚颜无耻地吹嘘自己。他的行政履历包括：1919年至1932年担任艺术领域官员（法兰西学会成员），1922年当选法兰西艺术院院士，1932年入选法兰西公学院，获颁荣誉军团大十字勋章。他从1907年开始担任历史古迹高级委员会委员，直至去世为止。在某些人看来，他的艺术成就无可挑剔。但他对当代艺术，尤其是对立体主义所造成的伤害，在今天来看是无法估量的。这样一个人，怎么能够仅凭一己之力就对诞生于巴黎文化背景之下的非凡的艺术实验造成破坏呢？

保罗·莱昂在他的回忆录《从皇家宫殿到波旁宫》中，详细记述了他进行的交易、算计和忍让，这一切都是为了在法兰西艺术院谋得一个"不朽"席位，为了跻身荣誉军团指挥官勋位，这两个目标正是

297 他职业生涯的宗旨。而对于卡恩韦勒的扣押财产以及其拍卖事宜,他却只字未提!那在第一次世界大战之中呢?"在这场大动荡中,艺术管理部门……并非无所作为。"他言之凿凿,"保护古迹并不是它的唯一目标……我成功地创立了战地摄影部。"[31] 当克劳德·莫奈接待乔治·克列孟梭以实现他"作为伟大印象派画家的最后一个梦想"——将《睡莲》捐献给法国时,集行政人员、共和国精英的高级官员[32]和艺术总监于一身的保罗·莱昂却没有提醒他的部长拍卖卡恩韦勒的扣押资产可能会带来何种影响,也没有维护国家的优先购买权。[33]

让我们回顾一下:1919年10月7日通过了扣押资产清算法。立体主义在法国的不幸遭遇,以及随之而来的令人沮丧的拍卖情况,这些本来都是可以避免的吗?比如说,如果当时有尊重当代艺术的政治人物掌权,这场灾难就能避免吗?其中就有议员马塞尔·桑巴,正如我们所见,他一直在议会中力挺画家们;还有委员会主席乔治·克列孟梭,他是莫奈的私人朋友,在那几年里,他负责在巴黎国立网球场现代美术馆安装《睡莲》;还有秘书让·马克思,他是一名杰出的学者、宪章学专家,自1920年起在法国海外作品部门工作,他提醒莱昂注意法国绘画作品"泄漏"到美国的问题;还有刚刚去世的前美术副国务秘书(也是画家)艾蒂安·杜雅尔丹-博梅兹。更不用说安德烈·勒韦尔和奥利维耶·圣塞尔(毕加索最早的收藏家之一,庞加莱①时期的共和国总统府秘书长),他们对毕加索推崇备至,一直对他保护有加。"奥利维耶·圣塞尔……非常出色。其他人也非常出色。但他们一无所获。我的同行们与我势不两立。"[34] 卡恩韦勒解释说,"拉博蒂街里里外外那些真正希望'击垮'我的人……其实只是希望

---

① 此处指雷蒙·庞加莱(1860—1934年),法国政治家,法兰西学术院院士,曾任法兰西第三共和国的总统(1913—1920年)。其堂兄是法国著名数学家亨利·庞加莱(1854—1912年)。

'击垮'立体主义。另一方面，有一人我在前面称赞过，他就是莱昂斯·罗森伯格，他希望立体主义取得胜利，但他天真地认为，这些拍卖就是立体主义的胜利。"[35]更为重要的是，第三共和国时期的部长更迭速度很快，这给了像保罗·莱昂这样的人极大的权力。他仰仗着法兰西艺术院，肆无忌惮地呵护着自己的不朽名声，却任由立体主义惨遭屠杀！

随着这些"旧货"的售出，卡恩韦勒（当时年仅34岁）既成了这个国家仇外报复的对象，也成了巴黎竞争对手嫉妒之下的牺牲品。这位年轻的德国犹太人，肩负为梦想之都的新兴艺术家服务的崇高"使命"，而现在肮脏的"惩罚"却降临在他身上，这两者该如何调和呢？1920年9月，不屈不挠的卡恩韦勒与合伙人在阿斯托尔格大街29号乙开设了一家新画廊：西蒙画廊。后来，他从德国政府那里获得了2万德国马克的赔偿，并给毕加索开了一张2万法郎的支票来偿还债务。[36]1923年，毕加索再次与他恢复了友好的专业交流，直到他去世。至于"在这些拍卖中得到的扣押资产拍卖的平庸收益"，即90.9万法郎，它们"甚至连美术基金都养不活"。根据让娜·洛朗的说法，这笔钱"交给了财政部，财政部将其划入一个为战争损失开设的特别账户"，但这些钱在里面却宛若"沧海一粟"。[37]因此，当野兽派在戏剧性的卡耶博特遗产事件[38]（1894—1897年）中受到国家的阻挠，立体派也在乌德和卡恩韦勒拍卖事件（1921—1923年）中遭受挫折之后，这两个美学运动的作品在公共收藏中的比例仍然很低，这暴露了法国文化史上的道德和政治缺陷。所以，法国出于"纯洁性"的考虑，再一次拒绝让当代艺术作品（印象派、后印象派、野兽派、立体派）进入国家收藏。

第十八节

"敲响时间":巴黎圣母院、大钟埃马纽埃尔和国际毕加索

> 钟声响起,点缀着信徒们的生活,钟声继续敲响时间,寓意着大教堂是一处充满生机的地方。
>
> ——巴黎圣母院官方网站,2018年

当我走下圣热纳维耶夫山时,我听到了巴黎圣母院钟楼传来的钟声。在巴黎,很少能在清晨这个时候听到钟声,况且这钟声从未停过。钟声单调、缓慢、低沉,弥漫着悲情色彩,让我一整天都无法忘怀。过了一会儿,我明白了其中缘由:这个音调是F调,是由一个重达13吨、有着"埃马纽埃尔"这个漂亮名字的大钟发出的,这口大钟铸造于1682年,由路易十四资助。我从大教堂的官方口径中得知,这口钟是"为伟大时刻"准备的,因为"它意味着教区和法国正在经历一些重要的事情"。与此同时,法国总统在荣军院发表了庄严的讲话,缅怀一位在卡尔卡松附近发生的人质危机中英勇牺牲的宪兵。全法国这才得知这位英雄的名字,尽管他的名字已经成为历史:阿尔诺·贝尔特拉姆。今天晚上,从民族广场到共和国广场,将举行另一种形式的悼念活动——"白色游行",以悼念在巴黎市中心家中被杀

害的犹太残疾老妇米雷耶·诺尔。2018 年 3 月 27 日这一天，完全以这些最近的受害者为标志，重新揭开了法国集体记忆中最黑暗的创伤。在街上，在窗外，飘扬着几面蓝白红相间的三色旗，"伊斯兰恐怖主义""'S'级档案""反犹太谋杀"等字眼频频点缀着这个阴雨绵绵、苍白无力的日子。今天，我和乔治·赫尔夫特约好要见个面。

乔治·赫尔夫特经常在布宜诺斯艾利斯、蒙得维的亚、纽约、巴黎等世界各地来回奔波，但只要我一联系他，他立刻就会回应。我认识他将近 30 年了，我了解他桀骜不驯的品位、爱好和选择，不过这是我第一次专门问起他的故事：我刚刚在档案馆里看到了他的父亲雅克·赫尔夫特、叔叔伊冯·赫尔夫特与毕加索的往来信件，尤其是看到他的一位远房叔叔保罗·罗森伯格与毕加索的通信。保罗·罗森伯格在 1918 年至 1940 年期间是毕加索的画商。还有保罗的哥哥莱昂斯，正如我们所见，莱昂斯在 1906 年买下了他的第一幅毕加索作品。我试图了解这个大家族与毕加索之间的深厚渊源。乔治·赫尔夫特侃侃而谈，开门见山，直言不讳。他谈到了他的祖父乔治·洛埃维，说他出生在巴黎，靠着自己白手起家，当时住在玛莱区和共和国广场之间的马根塔林荫大道 1 号。20 世纪初，这个心思缜密的男人想到了如何销售从阿尔及利亚进口的廉价葡萄酒：他在首都设计了上百个销售点，赚了一大笔钱。他的大女儿玛格丽特嫁给了保罗·罗森伯格，其后两位女儿玛德莱娜和玛丽安娜分别嫁给了伊冯·赫尔夫特和雅克·赫尔夫特兄弟俩。如果加上保罗·罗森伯格的兄长莱昂斯，那么洛埃维、赫尔夫特和罗森伯格家族就囊括了许多艺术品商人，其中不少人都与毕加索有着千丝万缕的联系。

在乔治面向塞纳河的小办公室里，博尔赫斯和布莱希特的画像边上摆着一张黑白照片，这张照片堪比欧仁·阿特热的《招牌与老店》：照片上正是他的祖父莱昂·赫尔夫特，他身穿西装三件套，举止优

301 雅，面带微笑，站在他的"古老的布列塔尼"商店门前。乔治讲述了大家族每条分支最初的传奇故事：洛埃维家族从阿尔萨斯移居巴黎，罗森伯格家族从斯洛伐克移居巴黎，曾祖父赫尔夫特从波兰搬到德国，又从德国搬到法国的阿尔萨斯，然后又搬到南特，并在那里成为一名小商贩。但是，他们家族的旅程并没有在布列塔尼结束：因为当地报纸上刚刚登出的一篇文章让他们深受触动，所以他们全家便匆匆离开布列塔尼前往巴黎。在那里，祖父赫尔夫特在拉法耶特街开了一家古董店，他称之为"古老的布列塔尼"。他永远不会忘记报纸上那篇诽谤自己母亲的文章（发表于 1845 年）。文章称，海伦·赫尔夫特夫人"正在用她的猪肉淹没高贵的布列塔尼"。乔治讲述了他的家人永无休止的逃难历程："我在五岁生日两周后就离开了巴黎……"1939 年，他们 17 人踏上了前往弗洛伊拉克的旅程，之后赶往辛特拉，接着再赶往纽约，三个月后抵达了纽约。乔治还提到了莱昂斯·罗森伯格和埃德蒙·罗森伯格，他们在整个德军占领期间一直住在巴黎。接着又提到了在巴黎解放时自杀的阿尔贝·博雷尔（他们的妹妹、人称"咪咪"的露西-阿梅利的丈夫）。气氛已然成形。

这次访谈唤起了流亡、逃难、迁居、战争、被迫移民、排外心理、自杀以及围绕毕加索的种种反复，在这个被圣母院升 F 调的钟声萦绕的日子里，在这个正在唤醒旧日幽灵的城市中心，为什么会引起如此强烈的共鸣？一个世纪后的今天，"移民危机"已经在我们的日常生活中司空见惯，对于这位 1904 年以"空降移民"身份从巴塞罗那来到这里的著名艺术家，我们看到围绕他的欧洲网络以另一种方式徐徐展开。我们看到，在这个以懵懂著称的欧洲，这些网络正在重新展开，而这些懵懂之人依然若无其事地生活着。今天，在 2018 年纪念第一次世界大战一百周年之际，面对这位让我们纠结不已的艺术家，面对这位紧握铅笔和画笔，紧盯实验，始终与自己的世界（女人、动物、画布、画框、笔记本、画笔、颜料）一起游走的艺术家，我们不妨以另一种视角来审视他的所作所为。

我突然觉得，乔治·赫尔夫特讲述的三大家族史与毕加索的立体主义作品形成了令人难以置信的对比。虽然这位艺术家很少到法国以外的地方旅行，虽然他的画作直到1947年才真正被他选择居住的国家的官方博物馆收藏（这要归功于他的一次个人捐赠），但这三大家族史在很多方面都关系到他的作品在全世界的流传，而正是被迫在不同地域流动的犹太人群在很大程度上确保了他的作品在世界其他地方的曝光度：德国、俄罗斯、捷克斯洛伐克和美国。除了沃拉尔以外，毕加索与贝尔特·韦尔、卡恩韦勒、罗森伯格兄弟、乔治·维尔登施泰因、贾斯汀·坦豪瑟（1914年将《卖艺人家》卖给慕尼黑的赫塔·柯尼希）、F. 瓦伦丁·杜登辛（1931年将《卖艺人家》卖给纽约的切斯特·戴尔）、热尔曼·塞利格曼（1939年将《亚威农少女》卖给纽约现代艺术博物馆），这难道不是一部现代性的全球史吗？就像被驱逐出西班牙的西班牙裔犹太人曾经确保了伊比利亚半岛周边地区在欧洲、非洲和更远地区的贸易一样，就这一时期而言，对于这些参与20世纪西方资本主义进程的商人，这难道不正是在世界末日的图景中对他们人脉关系来龙去脉的完美诠释吗？[1]

毕加索于1900年抵达巴黎时，恰逢这个国家处于意图构建国家理念的时期。正是戈索尔和高山让他第一次体会到了这种域外感和新发现的无所不能的感觉。斯泰因的沙龙和卡恩韦勒的画廊完成了剩下的工作。但在1914年8月，世界主义的泡沫破裂了。正如苏珊娜·伯杰所坦承的，"一次全球化的投资和商业关系网无法创造出一个不那么有利于战争的政治环境"[2]。第三共和国继续推动这些普遍愿望，以建立一个既忠于公民的公民身份又忠于公民领土身份的国家，但在实践中，这样的国家仍然具有可怕的歧视性、遗传性和排他性——立体主义时代的化身、法兰西的名流组织和社会环境的敌意，皆是这方面的鲜明证据。第一次世界大战引发的动荡，其激烈程度我们时至今日仍难以理解，但这场动荡迫使毕加索对自己的整个存在进行了明确的战略重组。

面对自己所在的互助圈逐渐崩塌，这位具有战略思维的画家懂得如何建立联系、促进团结：安德烈·勒韦尔负责所有与国民有关的事务，俄罗斯芭蕾舞团为他提供了一个崭新的欧洲艺术圈；保罗·罗森伯格则拓展了画家在北美的影响力。卡恩韦勒在战后写给克拉玛日的第一封信中，清楚地表明了毕加索当时所处的新时期（他从跨国角度而非美学角度来选择重点发展方向）——这距离他在1914年7月的信中光荣地宣布"一个精彩的系列有着一如既往的自由和快乐"已经过去了整整六年。这封信铿锵有力地阐释了毕加索审美取向中最神秘的一段变化。

> 亲爱的先生，你的来信让我非常高兴。我不知道我有没有把我们的故事告诉过你……在这里，大家对毕加索一百八十度的大转变也议论纷纷。这确实很难看清。究竟是出于贪婪还是某种外部动机导致了他的转向，我想都是不可能的。事实上，毕加索走错了路，天知道这会把他引向何方。……当你是毕加索时，你完全可以在创作**立体主义**绘画时想到拉斐尔。……不管怎样，他所做的一切总是才华横溢的。但我认为他错了。我并不满意他现在的作品，所以我不做他的买家。怎么会发展到如今这般境地？战争期间，毕加索孤身一人，布拉克又不在身边。毕加索如此需要有人懂他，却一个都没有。在我看来，他就像一位西班牙舞者，身边围着一圈人，他们的欢呼声鼓励着他，激励他翩翩起舞。战争期间，所有这些朋友和崇拜者都远走他乡，取而代之的是诗人

让·科克托，他将毕加索带入了"上流社会"。通过科克托，他加入了俄罗斯芭蕾舞团，并为其三场演出设计了布景。这一切让毕加索感觉很不舒服，他最终还娶了俄罗斯芭蕾舞团的一位舞者。因此，他越来越受到这些来自或大或小的世界的人的影响。这些找人画自己画像的人——不是立体派，上帝保佑！——对立体派作品不屑一顾。艺术品商人保罗·罗森伯格也迷恋任何非立体主义的作品。毕加索就这样衣着光鲜地生活在这个环境中，住在拉博蒂街的一套大房子里。他穿着燕尾服，在自己的包厢里观看俄罗斯芭蕾舞团的所有演出。但他**不快乐，不快乐，不快乐**。[3]

第三章

面对无所不能的警察，毕加索的方方面面：1919—1939 年

序幕

如同破碎的马赛克

> 现在要开始行动了。但怎么开始？从何开始？这并不重要：你可以像走进磨坊一样走进一位逝者。最重要的是从问题开始。[1]
>
> ——让-保罗·萨特

令人不安、多元、多变、立体主义的叛徒、难以捉摸、多重、矛盾：自 1914 年 12 月被查封以来，关于这部一直在以不同方式展示的作品，我们还有什么没听说过的呢？2019 年冬季[2]，巴黎毕加索国家博物馆举办了"神奇绘画"展览，为我们提供了一个深入了解鲜为人知的作品的机会，为这一时期的复杂性增添了新的资料。此前，其他事件已将这一时期展现为一个极不协调的整体："1932 年：情色之年""格尔尼卡""毕加索-贾科梅蒂""奥尔加·毕加索""诗人毕加索""1932：疯狂的爱""朵拉·玛尔""毕加索与流亡"。该如何理解如此丰富的信息？譬如，一幅是新古典主义绘画，饶有趣味的肖像画《扮演皮耶罗的保罗》，另一幅是原始超现实主义绘画、直白隐喻爱情残酷的《舞》，这两幅美学形式迥然不同的画作，在拉博蒂街工作室被创作出来的时间却仅仅相隔了几个月（1925 年 3 月至 6 月），对此该如何理解呢？面对能够界定蓝色时期和玫瑰时期的毕加索作品的美学分析，或是能够界定不断演变的立体主义毕加索作品的美学分析，对毕加索的作品、流派、阶段、网络和世界的分析由于受多样性所困，似乎也在朝着各个方向发展。

我们知道《格尔尼卡》是最响誉世界的一幅杰作，我们也会想到被称为古典缪斯女神或深受古代艺术影响的缪斯女神的奥尔加·霍赫洛娃的无数画像，《游行》中巨大的舞台幕布，各种丑角形象，裸睡的玛丽-德雷莎·沃尔特流露出的强烈的挑逗意味，在脸部正中展示直立阳具的壮观雕塑，《一位女花童引导的失明弥诺陶洛斯》震撼人心的后续，布瓦吉鲁庄园的雨中景色及其迷人的浴女系列，这些浴女一连好几个夏天，在法国西部的沙滩上，展现出狂热的风格变化之旅。我们惊讶地发现，他从1935年就开始大量创作诗歌，并持续了很长时间，我们欣赏20世纪30年代的乐谱和认字游戏，我们看到他与科克托、达基列夫、斯特拉文斯基、莱里斯和艾吕雅的合影，我们捕捉到他跻身上流社会的形象，我们接连发现他的每一位缪斯女神，仿佛这些女神就是我们的亲密爱人，我们接连打开他的每处住所的大门，如1918年拉博蒂街的豪华公寓，或是1930年的布瓦吉鲁庄园，他的西班牙跑车"希斯巴诺-苏莎"、司机和纯种狗——这与"洗涤船"的破楼、蒙巴纳斯的各种工作室和蒙鲁日的小屋形成了鲜明对比——真切感受到他在国际上声名鹊起的壮观过程。

但两次世界大战之间的作品也令人不安，因为它们割裂了与早期作品的美学关联。那么，对于异质性和断裂性，如何将这两种罪过融为一体呢？通过探究"神奇绘画"展览展示的四年间（1926—1930年）集中创作的150幅作品，我们可以在这一谜团的紧凑迷宫中取得一些进展。"他的画作在两个心理极点之间徘徊"[3]，卡尔·爱因斯坦曾写道，"毕加索精彩地生活在与对手的紧张关系之中"，他的真理在于"其背后的身份"[4]。两次世界大战之间的这段时光在毕加索的创作和职业生涯中起着举足轻重的作用。树状结构、链接、递归、主题和对应关系也随之出现。震撼人心的《耶稣受难像》是一幅色彩浓烈的驱魔小画,也是一幅不可或缺的承前启后之作,处于《舞》和《格尔尼卡》这两幅气势恢宏的经典之作之间。因此,我们必须坚持不懈,面对令我们困惑、使我们不安的镶嵌艺术,要重新审视映入我们眼帘的异物。"毕加索永远在求新求变。我们在这里找他,而他已在别处,再也不会走同样的路线。他总是忧心忡忡。……毕加索足以让追随者绝望不已。"[5]具有敏锐洞察力的评论家安德烈·瓦尔诺在1925年如此写道。

年轻的法国作家莫里斯·萨克斯拥有多位画家朋友。1919年7月14日,他在日记中写道:"大家不再有年龄之分。除非每个人都是20岁。天气非常炎热,但直到看着士兵纷纷从眼前经过后,我们才感受到太阳暴晒之苦。叫喊声、欢呼声从喉咙口升起,像蒸汽一样飘荡在陶醉的人群中,跟着部队一起前进……从大部队街走到费桑迪街,我花了整整两个小时。街道上空无一人的场景仿佛再也不会出现。从一个黎明到另一个黎明,从巴黎的一端到另一端,我们会看到快乐、闪亮、亲切和热情的这群人在悠悠岁月里匆匆忙忙。我已经筋疲力尽了。这样的场面再也看不到了。因为再也不会有战争了。"[6]而英国作家罗伯特·格雷夫斯则把两次世界大战之间的这段时期形容为"欧洲的漫长周末"。在这一时期,人员牺牲惨重,盟军占领了莱茵地区和鲁尔区,法国占得更久。经济陷入危机,针对外国人的敌视情绪也迈入了一个新时期,里夫战争(法国于1925年卷入该战)和西班牙内战(1936年)相继爆发,伴随着法西斯主义的兴起,政治舞台阴云密布,直到我们今天所熟知的大灾难的到来。紧张强烈的民族情绪也逐渐在各国弥漫开来。然而,此时的毕加索已然化身为欧洲景观。自

1907 年以来，他的作品在德意志帝国、奥匈帝国和沙俄帝国以及美国的博物馆展出，受到广泛赞誉，甚至成了这些博物馆的馆藏之作。奇怪的是，在他生活的法国，他却始终远离大众视线。早在巴尔干冲突（1912—1913）期间，毕加索就对地缘政治引发的动荡做出过回应。从 1914 年 8 月起，面对法德之间不共戴天的血海深仇，以及即将席卷全法国的狂热爱国主义浪潮，他就开始估量这会给他和他的作品带来怎样的灾难。

战争的第一个后果是人口问题。"在长达 51 个月的时间里，每天都有一千名法国人倒在前线，几乎每五个男性中就有一人被征召入伍。简而言之，法国遭受的损失比其他任何西方交战国都大：英国的阵亡和失踪人数只有法国的一半，而德国和奥匈帝国虽然损失惨重，但仍远低于 10% 的水平。140 万法国人丧生，100 多万人被毒气毒死、毁容、截肢。"[7]欧根·韦伯回忆道。正如这位历史学家所言，"20 世纪 30 年代始于 1914 年 8 月"，欧洲的地缘政治正在分崩离析，虽然这些都是不可否认的。但颇具讽刺意味的是，第一次世界大战对于毕加索这样的人同样产生了毁灭性的影响，尽管作为一个中立国的公民，他没有自愿入伍，也没有参战。此外，和平主义也很快如风卷残云般扫遍法国，同时还夹杂着针对被视为威胁的"国际主义者"的仇外色彩。事实上，"国际主义者"对欧洲法西斯主义的兴起表示担忧，对难民的到来表示欢迎，但总有人对他们横加指责，认为他们想把法国拖入一场针对其欧洲邻国的新战争。

从 1914 年 8 月起，对于毕加索本人及其作品来说，当时欧洲的逐步解体似乎预示着灾难的开始。几年前最早认可毕加索作品的三大帝国正在步入饥荒、内战、政变和极权制度的动荡年代[8]，前卫艺术逐渐变得多余、可疑，甚至遭到了禁止。毕加索很快就意识到重塑自己疆域的紧迫性。他毫不犹豫地继续沉浸在至高无上的工作之中。他与达基列夫的第一份合同签订于 1917 年 1 月，距离他与卡恩韦勒签订的合同仅仅过去了四年，而且他似乎想删掉这份合同。我们知道，各方对"贪生怕死之徒"的批评如狂风骤雨一般。我们还记得胡安·格里斯，他努力从蒙帕纳斯的庆祝活动中消失。1918 年 11 月 9 日，纪尧姆·阿波利奈尔逝世。尽管远离前线，但阿波利奈尔的逝世依然让毕加索本人深受触动。他先是用铅笔画了一幅自画像（画中的他表情严肃而又呆滞地看着自己），然后（也许正如我们所见）又创作了一幅巨幅油画《读信》，之后又很快画了一幅《纪念碑》设计图来缅怀阿波利奈尔。失去了阿波利奈尔，毕加索就失去了交情最深的一位朋友，失去了最忠心耿耿的一位支持者。通过头部受伤的布拉克和被截去右手的桑德拉尔，毕加索听到了前线的回声，即使是在很远的地方。因此，他远远观察着和平主义者、爱国者、战斗英雄、孤儿和受害家庭。对他而言，创作各有不同，但都是剧痛。因为作品遭到扣押，他最豪迈的事业实际上被"截肢"了，并随之消失了十年之久。然而，面对他的朋友们所遭受的悲剧，有谁会同情毕加索所遭受的具有象征意义的截肢呢？

在这 20 年间，毕加索以自己的方式组织自己。就像他自 1904 年与斯泰因家族、卡恩韦勒、乌德合作以来所做的那样，他在前进的同时寻找出路，响应边缘团体的号召，并不时加入那些他感兴趣的团体。1921 年到 1923 年，德鲁奥拍卖行拍卖了卡恩韦勒和乌德遭到查封的毕加索作品，尽管如此，毕加索仍受到一众狂热崇拜者的追捧，继续用自己的创造力让世人惊叹。他先后经历了四种身份的转换——为谢尔盖·达基列夫的俄罗斯芭蕾舞团和艾蒂安·德·博蒙的社交舞会担任风格多变的布景设计师，然后是超现实主义领域的艺术家-魔术师，接着又是布瓦吉鲁庄园的雕塑家和"牛头人"，最后又成了为西班牙移民奔走呼号的政治画家——他继续以自己的方式游走于欧洲和欧洲以外的空间，游走于外籍人士和外围人员之间，他完全融入了他所处的时代，但他采取的策略却又如此不同寻常。要了解这些，那就必须系统地追溯这位光荣战略家的轨迹。尽管他刚刚自断臂膀，但他仍在追寻前卫，他比以往任何时候都更加关注自己的自由空间。

第三章　面对无所不能的警察，毕加索的方方面面：1919—1939 年 | 309

毕加索和他的助手们坐在正在蒙帕纳斯制作的《游行》幕布上

哈里·拉赫曼，1917 年，巴黎，照片，巴黎毕加索博物馆

第一节

风格多变的布景设计师（从俄罗斯芭蕾舞团到法国贵族舞会）

> 巴黎和平街，威斯敏斯特酒店
> 1919 年 4 月 15 日
>
> 我亲爱的毕加索，
>
>   我恳请你亲自设计芭蕾舞剧《三角帽》的舞台布景，E. 德·法雅为我的俄罗斯芭蕾舞剧配乐。由你来绘制幕布、布景以及必要的服装和配饰……
>
>   为此，我会支付你一万法郎……
>
> 你忠实的
谢尔盖·达基列夫[1]

毕加索与达基列夫的合同耐人寻味。毕加索加入俄罗斯芭蕾舞团的发展令人惊讶。毕加索与科克托的友谊则出乎意料。我们还记得这位技工打扮的立体派画家，他和布拉克一起从蒙马特赶过来，对卡恩韦勒说："老板，我们是来拿报酬的！"四年后，卡恩韦勒身穿燕尾服，出现在马德里国王阿方索十三世的宫殿里，或是与达基列夫一起出现在巴黎歌剧院舞会的包厢里，这让许多人深感震惊。我们还记得战争结束后，卡恩韦勒写给克拉玛日的第一封信，信中描述乔装打扮的毕加索"走上了错误的道路"，"不快乐，不快乐，不快乐"。然而就在1917年5月，毕加索在罗马为《游行》的布景工作拍摄了照片。照片中的他头戴帽子，身穿工作服，坐在几名助手中间，俨然是一位面带笑容、心情愉悦的工人。美国经理穿着立体派风格的服饰，背后印着摩天大楼，让人联想到气势磅礴的多贡面具的马匹图案，这些都表明毕加索才情依旧。

1915年，科克托应达基列夫的紧急请求，为他引见了毕加索。自1910年起，达基列夫就开始青睐胆大气粗的谢尔盖·舒金多年来购得、并在莫斯科的特鲁贝茨科伊宫展示的50幅大型油画（其中就有立体派作品）。在俄罗斯帝国的首都，达基列夫当然听到过有关毕加索的风言风语。早在1898年，他就创办了《艺术世界》杂志，投身前卫艺术运动，随后又将俄罗斯芭蕾舞团设计为集绘画、音乐、诗歌、摄影、电影、造型艺术运动、高级时装和文学评论为一体的综合艺术团体。他后来解释说："我去过西欧好几次，外国人对俄罗斯艺术代表人物的无知让我惊诧万分，这冒犯了我的民族自豪感。"[2]他附庸风雅，讲话拿腔拿调，总是穿得衣冠楚楚。这位俄罗斯芭蕾舞团的缔造者先后推出了《游行》《三角帽》《普尔齐纳拉》《弗拉门戈舞曲》和《蓝色列车》，这让毕加索有机会加入自己的团队，并与埃里克·萨蒂、伊戈尔·斯特拉文斯基和曼努埃尔·德·法雅等当代著名作曲家展开合作。

毕加索从1895年起在巴塞罗那所经历的艺术风潮，堪比下层贵族出身的年轻音乐家于1890年前后在圣彼得堡所经历的艺术风潮，这位年轻的音乐家便是达基列夫。柴可夫斯基、鲍罗丁、里姆斯基-柯萨科夫或马斯内的作品无一逃过他的法眼，托尔斯泰的小说（他经常拜读）对他来说无一陌生，欧洲各大首都的博物馆对他来说无一不熟悉，正是在那个年代典型的综合主义（法国的象征主义运动、英国的前拉斐尔派运动）中，达基列夫积极向西方介绍自己伟大祖国的音乐、舞蹈和视觉艺术流派。正是作为一名豪情满怀的梦想家，他开始了自己的冒险之旅。当时，他写下了这样一番话："我们必须做好充分准备，大胆前行。我们必须勇往直前，在世界艺术的发展中展开长期合作，而不是偶尔合作。"[3]作为本国艺术家的真正大使，他意识到他们"对未来充满信心"[4]。从1906年起，他在巴黎相继组织了俄罗斯艺术家的展览、音乐会和歌剧演出。1908年5月，《鲍里斯·戈杜诺夫》在巴黎歌剧院的成功上演将这一系列活动推向了高潮。如果毕加索与俄罗斯芭蕾舞团的合作以及他与谢尔盖·达基列夫的相遇是欧洲前卫艺术自然融合的一部分（年轻的毕加索曾在七年前亲自发起了这一融合），那又会怎样呢？在百花齐放的这一伟大时刻，我们想到了纳塔莉亚·冈察洛娃和米哈伊尔·拉里奥诺夫，这两位毕加索早期的追随者于1914年5月在巴黎为里姆斯基-柯萨科夫的《金鸡》设计了布景和服装。"现在该聊一聊东西方交流的摆渡人冈察洛娃了，不光聊聊传统俄罗斯风格的绘画，还要聊聊具有中国、蒙古和印度风格的绘画。"评论家玛丽娜·茨维塔耶娃写道，"我们的时代愿意将最古老、最遥远的东西交到当代人手中，而当代人则要让其焕然一新并与之更加接近。"[5]达基列夫和冈察洛娃在东西方之间所扮演的使者角色，与第一次世界大战之前毕加索作品在欧洲和北美收藏界引发的巨大震动产生了共鸣，打破了不同文化、不同学科和不同历史时期之间的壁垒。

作为"那个时代最具创新精神的美学研究的共鸣者"[6]，达基列夫为毕加索提供了一个实验的熔炉。身处多事之秋，画家欣然接受了这一邀请。不很难想象，当他发现自己与埃里克·萨蒂因《游行》相逢在同一个团队时会有多么喜悦。萨蒂是一位老派的波希米亚音乐家，大器晚成。他戴着单片眼镜，总是把自己关在阿尔克伊工厂区附近的书房里。后来他跋山涉水，来到了巴塞罗那。就在那儿的"四只猫"咖啡馆①，他与同时代的鲁西诺尔、卡萨斯和乌特里洛成了朋友。"萨蒂和毕加索相遇相知，并惺惺相惜，这是被迫的"[7]，见证他们第一次见面的亨利-皮埃尔·罗谢如此深刻地指出。此外，早在1918年，萨蒂就宣称自己是比他小25岁的毕加索的"门徒"，并将综合立体主义的创作与他自己的切分音乐谱进行了比较。他们共同反对科克托，一起参与了《游行》和《墨丘利》的奇妙创作，并与首席芭蕾舞演员兼舞蹈编导莱昂尼德·马辛携手合作。据说，毕加索从未有过"如此细心、如此尊重和如此富有创造力的合作者"[8]。"亲爱的毕加索先生，"马辛兴奋地说道，"达基列夫为我安排了一场盛宴，还给我带来了你的画作。我现在就在这些画作之中生活，我很高兴不再孤身一人，我一边干活一边看着它们，我的信心更足了……我们什么时候开始合作？我希望已经开始了，希望我们已经成功了，希望你对与我的合作感到满意，我是你最深情、最忠诚的合作者。"[9]然而，局势很快变得紧张起来。1919年6月，达基列夫似乎突然对自己产生了怀疑，并在万般脆弱中寻求艺术家的支持。"亲爱的，亲爱的毕加②，你知道我有多么爱你，我有多么信任你的友谊，这就是我直截了当给你写信的原因。马辛对我说了一番可悲的话，说我的品位和活动都很颓废。他说这番话的根据是你和德兰对他说过的一句话——'达基列夫做的就是在女神游乐厅展示的东西，只有在那里才能做得更好'……我准备承认，我老了，累了……。我心灰意冷，觉得自己一无是处。如果你和德兰能支持我并观看排练，那么今晚就是一次胜利。"[10]毕加索在

---

① "四只猫"咖啡馆是西班牙巴塞罗那一家著名的咖啡馆，于1897年开业，也充当宾馆、夜总会、酒吧和餐馆。19世纪末20世纪初，包括毕加索在内的多位加泰罗尼亚和西班牙著名艺术家经常光顾该咖啡馆，所以它曾是加泰罗尼亚现代主义的主要中心之一。
② 此处达基列夫亲密地称呼毕加索为毕加（Pica）。

如此短的时间内就成了年长他 10 岁的达基列夫的艺术品位晴雨表，这充分说明了这位艺术家的魅力。

有些人认为，这位俄罗斯芭蕾舞团的毕加索是对自己的背叛，因为他受到了年轻的俄罗斯芭蕾舞演员妻子奥尔加·霍赫洛娃的影响，而霍赫洛娃的艺术品位更为传统。这是唯一的推理分析吗？我们是否应该继续将他视为一个因与自己政治信仰截然相反的诗人科克托交往而失去灵魂的人呢？事实上，在创作《游行》期间，达基列夫曾利用科克托与毕加索会面，之后这位俄罗斯空想家却将科克托从《三角帽》和《普尔齐纳拉》的创作团队中除名。另一方面，尤金尼娅·埃拉苏里斯在艺术家身边的地位却截然不同。这位富有的智利装饰设计师与俄罗斯芭蕾舞团关系密切。毕加索与奥尔加·霍赫洛娃结婚后，她曾在比亚里茨的别墅欢迎毕加索的到来，将她在巴黎蒙田大道的公寓交给毕加索使用，然后组织出售毕加索的作品，并向毕加索支付了天文数字的报酬（例如，在 1917 年每季度支付相当于 5 万法郎的报酬[11]），以满足他的一切需求。1917 年 2 月，埃拉苏里斯向毕加索保证："我要请他们为你的归来准备一套蓝西装。"[12]作为毕加索的绝对赞助人[13]，埃拉苏里斯除了出售他的画作之外，还为他的个人利益出谋划策。几个月后，寄来了一封信："如果你需要钱就告诉我，即使我的钱不多，但我也可以很容易搞到钱，同时给我写两行字，让我知道你没有忘记我。"[14]这封信是什么意思呢？如果说毕加索曾经走近卡恩韦勒一伙人并经历了德国艺术史的黄金时代，那么对于达基列夫这伙人及其俄罗斯帝国的"新精神"而言，这是否代表了他顺其自然加入的另一个外籍人士的前卫圈子呢？如果毕加索作为一个精明的战略家，看到了一种延长第一次全球化的方法，而这股全球化在 1914 年 8 月随着卡恩韦勒资产的查封而不幸夭折，那又会出现什么情况呢？那么，我们又怎么能否认那些年发生的文化嫁接与文化杂糅的真实性呢？

一段时间以来，我翻来覆去地端详毕加索在1924年舞会上拍的照片：他的领子翻得很低，打着领结，马甲上绣着金线，眼睛比以前更黑了，站在两位一袭白衣的女人中间。尤金尼娅·埃拉苏里斯正在尽情展示着衣服的奢华，而奥尔加·霍赫洛娃则在得意扬扬地炫耀着她的裙子。毫无疑问，到了1919年，这位艺术家已经成为马瑟兰公馆的熟客，成为艾蒂安·德·博蒙伯爵和他的妻子埃迪特（娘家姓为泰斯内·德·雷蒙瓦尔）的座上宾。当然，这几位的知名度远逊于达基列夫和他的俄罗斯芭蕾舞团，也不如夏尔·德·诺阿耶和玛丽-劳尔·德·诺阿耶那样出名。因此，和其他许多人一样，毕加索人生的这一新阶段让我疑窦丛生，因为他离蒙马特的波希米亚越来越远，而蒙马特的波希米亚见证了他在巴黎的发迹。不过，毕加索博物馆和现代出版档案研究所的档案中仍然隐藏着一些秘密，而且这些秘密相当引人入胜。

"亲爱的朋友，我无法向你形容拜访斯泰因小姐给我留下的美好印象。我嫉妒她的收藏，这让我变成了布尔什维克。"艾蒂安·德·博蒙言语幽默地写道，"你们俩下周一愿意来和希腊乔治公主一起喝茶吗？你在埃莱娜·苏揩公主家和西斯特·德·波旁公主家见过她的。这可不是知识分子的聚会。如果你觉得有趣就来吧，因为你知道，我的朋友总是喜欢单独见你。艾蒂安。注：也许我会在明天早上，周六上午11点半左右过来。"[15]对于毕加索正在逐步深入的世界，这是多么翻天覆地的变化啊！深入研究20世纪20年代的法国贵族，可以表明我们国家仍有部分区域处于阴影之中——"这是书刊目录里都不见踪影的一片荒漠"，历史学家米里亚姆·希梅纳解释道。这是一段具有双重背景的故事，在研究人员的调查中很少会遇到这样的故事。

正是在风雨飘摇的战火岁月中，毕加索生平第一次与法国贵族打起了交道。当时，这个曾被法国大革命埋葬的社会阶层，正在重新赢得全法国人民的同情。在这个血流成河的国度里，这一阶层以第一等级的面貌出现[16]，可谓恰逢其时。与此同时，由于其女性在红十字会和其他救助战争伤员的协会中英勇光荣的义举行为，这一阶层也正在成为"胜利的主要推动者"。毕加索在这个"贵族国际"中找到了立足点，这个"贵族国际"是"由稳固的英国君主政体、民间传说的罗马尼亚皇室、意大利-西班牙觊觎王位之徒和流亡的俄罗斯贵族重建而成的，它使世界性的上流社会得以维系"[17]。毕加索从中发现了一个真正的"机会窗口"，他远离了各种传统组织，在这片崭新的飞地上生活了一段时间。在此期间，大力支持艺术创作的正是贵族。在这片天地里，艾蒂安·德·博蒙作为一位典型人物出场了。作曲家乔治·奥里克写道："博蒙伯爵无疑提供了他的种姓当时所需要的那种解放，他行事大胆果断，又享有社会声望……战争结束后，在当时充满幸福、希望和喜悦的氛围中，艾蒂安·德·博蒙敞开他公馆的大门……举办了一系列非同寻常的盛宴。对于自然而然就来到这里的'贵妇们'，他不费吹灰之力就让她们亲口承认，认识毕加索先生、与萨蒂先生聊天……是一件'很好的事'。他的墙上挂满了绘画作品，其品质之出色、风格之大胆让人瞠目结舌……一种意想不到的喜悦笼罩在每一位客人头上。"[18]

为什么是法国贵族呢？我们对此颇为惊讶。我们是否应该像阿尔诺·梅耶尔那样，相信旧制度的价值观在19世纪的法国持续存在？我们是否应该把大战剖析为"欧洲旧制度在最近重新动员的结果"[19]？毕加索的立体主义作品在卡恩韦勒查封事件后遭到了破坏，这个例子需要更复杂的解释。事实上，虽然是资产阶级的上层人物（保罗·莱昂等人）依靠旧制度遗留下来的机构（法兰西艺术院）斩杀了前卫艺术，不过从1913年起将文化颠覆带入社会中心的却是来自民间社会的贵族。对此，阿尔诺·梅耶洞悉了法国贵族的特殊之处：尽管在第三共和国的政治社会中被迫退居幕后，但法国贵族依然"保持了其社会和文化上的优势"。"似乎是为了弥补其政治权力的衰落和经济上的相对衰退"，法国贵族"比任何其他欧洲贵族都更能表现出其良好的举止和自豪感"[20]。这从艾蒂安·德·博蒙的身上便可见一斑，巴黎星形广场凯旋门的纪念碑上就刻有他的曾叔父帝国将军、法国贵族马克·安托万的半身像。博蒙的祖先可以上溯到1450年，整个家族是图赖讷人，其成员包括法国国王的侍从、路易十五大马厩的成员以及上面提到的帝国将军。1913年5月29日，《春之祭》在香榭丽舍剧院上演的当晚，博蒙家族进入了大众视线。在嘘声、笑声和嘲讽声中，博蒙是支持斯特拉文斯基作品的少数几人之一。不久以后，他又以同样的勇气表示支持格拉塞出版社出版一本曾被伽利玛出版社拒之门外的书，这本书便是由马瑟兰公馆的熟客马塞尔·普鲁斯特所著的《在斯万家那边》①。

博蒙伯爵靠自学成才，没有获得过任何正式文凭。他的动力来自自己的直觉，来自对当时最大胆的美学运动的融合能力，来自他对超越自己所处环境的品位的喜悦。贵族环境中的艾蒂安·德·博蒙与大资产阶级环境中的罗杰·杜蒂耶尔如出一辙。那就让我们来评判一下吧！博蒙伯爵卖掉了家里收藏的18世纪的画作，购买了毕加索、毕卡比亚、布拉克、胡安·格里斯等人的作品。1918年8月30日，博蒙组织了一场"据称是首个'巴黎之夜'的招待会"，再次引起了轰动。45支金银长号组成的管弦乐队热闹非凡，他在自己位于荣军院旁的私人宅邸花园里，向法国首都的少数几位幸运儿介绍了爵士乐——

---

① 即普鲁斯特的长篇小说《追忆似水年华》的第一卷。

由身着便装的美国黑人士兵演奏！[21]此外，作为"法国战争伤员救助协会"的团队负责人，他受委派在罗马尼亚女王的救护车队执行医疗任务。贝尔纳·法伊认为，博蒙"周六下午的聚会"令人难忘："每位来访者都受到了国王般的欢迎，接下来的时间都在精致的欢愉中度过，气氛和谐融洽，有时还略带诙谐。在这个摆着路易十六塑像和精美家具的金碧辉煌的大客厅里，你永远也不会知道向你迎面走来的会是谁……没有哪一个夜晚、哪一座剧场、哪一家电影院能给我带来如此丰富多彩、如此悠然自得、如此激动人心的景象。"[22]

毕加索参与了引发轩然大波的《游行》，他因此在传统面前扮演了挑衅者的诱人角色。对某些人而言，这一现象让之前盛行一时的各种反"方块主义"的排外活动都黯然失色，那么毕加索怎么可能对这一现象无动于衷呢？但是，毕加索是否参加过满心欢喜的伯爵夫妇和几位社会名流邀请他参加的最平淡无奇的活动？如 1919 年 12 月 29 日波斯沙阿的舞会，或是 1929 年若古侯爵夫人和尼古拉伯爵夫人的晚会？他是否参加过在马瑟兰公馆举办的传统狂欢节化妆舞会，如 1922 年 2 月 27 日的"游戏舞会"，1922 年 5 月 27 日的"冠冕节"（为红十字会举办，在巴黎丽兹酒店举行），1923 年 2 月的"巴洛克舞会"？是否陪同他们参加过 1929 年 6 月 19 日夏尔和玛丽-劳尔·德·诺阿耶夫妇在他们位于美国广场的私人宅邸举办的"材料舞会"①？他是否接受了伯爵夫人向歌剧院发出的邀请，在库纳德夫人的陪伴下参加了 1925 年 3 月 14 日的演出，并坐在了她所拥有的两个包厢中的一个里——尽管正如库纳德夫人向他承认的那样，"虽然我们在两个包厢

---

① 1929 年 6 月，夏尔和玛丽-劳尔·德·诺阿耶夫妇举办的"材料舞会"是一种以轻松愉快而又精彩纷呈的方式庆祝艺术创作的聚会，来宾们被要求使用纸张、羽毛、鹅卵石等不常用的材料来设计服装。

里什么都看不到，但坐在第一个包厢里是不是更有面子"？他是否经得住与马辛和伯爵的意大利朋友普拉西先生——艾蒂安·德·博蒙称这位意大利朋友"渴望认识（他）"[23]——共进晚餐的诱惑？

那么，1920年3月9日由杰出的旺达·兰多芙斯卡举办的大键琴音乐会或1921年10月6日由阿图尔·鲁宾斯坦举办的钢琴音乐会又是怎么回事呢？"战后第一时期的欣欣向荣中出现了新的社会现象，"社会学家雷蒙德·穆兰坚持认为，"那便是巴黎上流社会对前卫艺术态度的转变，这种转变始于引发轰动的《游行》事件……如日中天的俄罗斯芭蕾舞团对前卫艺术具有决定性意义。社会统治集团开始在风格大胆的艺术家所营造的氛围中组织自己的盛会。这股附庸风雅之风的始作俑者是几位骚动不安而又见多识广的贵族和巴黎作家，《游行》事件让他们忍俊不禁。1917年至1930年间，这些该死的价值观成为人们关注的焦点：它们变成了世俗价值观。"[24]毫无疑问，现在"制定规则"的"社会群体"身处充满狂热、激情和附庸风雅的氛围中，被俄罗斯芭蕾舞团发现的毕加索迷得神魂颠倒。在这片崭新的天地里，在博蒙伯爵、尤金尼娅·埃拉苏里斯、达基列夫、罗森伯格等人之中，也就是说，在贵族、大资产阶级和新贵阶层之中，毕加索难道没有体会到与马塞尔·普鲁斯特的感受如出一辙的游走在吸引与讽刺之间的矛盾心理吗？马塞尔·普鲁斯特的感觉正是来自与博蒙伯爵、波利尼亚克公主、保罗·莫朗、格雷夫尔伯爵夫人、雷纳尔多·哈恩、罗贝尔·德·孟德斯鸠、加布里埃尔·福雷、比贝斯科公主以及苏措公主的交往。1923年3月，也就是普鲁斯特去世几个月后，艾蒂安·德·博蒙将这位苏措公主介绍给了毕加索。

1924年，在阿道夫·德·梅耶尔的镜头下，博蒙伯爵身着燕尾服，头戴高顶礼帽，一副桀骜不驯的姿态，俨然一副典型的贵族气派。但在曼·雷1925年所作的画像中，伯爵近乎希腊式的轮廓、薄薄的嘴唇和凹陷的下巴，与黑色花纹领带、洁白无瑕的衬衫和口袋手帕形成鲜明对比，一副若有所思、近乎空灵的表情，呈现出伯爵神态自若的诗人形象。毕加索用铅笔为他的朋友艾蒂安绘制画像时，也采用了同样的手法。这幅肖像画风格有些凌乱，颇具波希米亚之风。我们不妨打个赌，毕加索肯定受到了博蒙某些精选活动的诱惑，例如1923年3月20日阿诺德·勋伯格《古雷之歌》的部分设计（这部音乐作品于1913年2月23日在维也纳首演），以及1927年5月8日弗里茨·朗的杰作《大都会》的放映（与德国首映仅仅相隔几个月）。"有这么一群人，他们急于帮助那些'被拒之门外的人'，于是一头冲进了攀附法兰西艺术院的权力在消失后所留下的巨大真空地带。那我们该如何解释这个群体大胆的审美选择和自信的艺术品位？"米里亚姆·希梅纳提出的这个疑问不无道理。[25]正是他们，博蒙家族、波利尼亚克家族、诺阿耶家族和格雷夫尔家族，此时此刻成了才华的发现者、潮流的引领者和舆论的制造者。"艺术赞助，"马克·福马罗利对此评论说，"首先是一门艺术，一门判断的艺术，一门鉴赏美丽符号的艺术。在任何情境下，这门艺术都能理所应当地反映赞助人的品质，并加以彰显。"[26]

1923年，博蒙向毕加索订购画板，用于装饰他的客厅，就像美国收藏家汉密尔顿·伊斯特·菲尔德在1911年所做的那样。"亲爱的朋友，这是画板的尺寸，你希望我来找人制作画框吗？我非常喜欢这个想法，希望能尽快实现。尤其是现在有了一笔意外收入，我们在经济上会更加宽裕。你能告诉我这些画板的价格吗？我想告诉你随便什么价格都行，但遗憾的是预算有限。大画板：右侧高2.13米，宽1.48米，左侧高2.11米，宽1.78米；小画板：右侧高2.12米，宽1.31米，左侧高2.12米，宽1.41米……你知道，如果你想在现场作画，最简单的办法莫过于把这间房间暂时让给你，让你在这里感觉就像在自己家一样。你知道我对你有多么喜爱和钦佩。我希望向你进一步证明这一点。艾蒂安。"[27] 1923年2月，博蒙建议毕加索与埃里克·萨蒂联手拓展新的领域。"很高兴见到令人钦佩的毕加索，但我见得太少了。"[28]来自阿尔克伊-卡尚的老隐士在用邮政气动管寄出的回信中这样写道。1923年5月30日，埃里克·萨蒂根据伯爵的剧本改编，用他那架刚刚修好的18世纪镀金管风琴表演了他谱写的短篇作品——一段"C调小号和管风琴"曲目，其布景和服装均由毕加索设计，编舞由马辛负责。这篇音乐作品就是《找到的雕像》。"当你同时拥有萨蒂和毕加索的奇妙和谐时，"伯爵写道，"你就不应该再把目光投向其他地方了。"[29]

一年后，博蒙的节奏、街区、观众和规模均发生了变化：他在罗什舒阿尔大道的"知了剧院"推出了他的"巴黎之夜"，为战争遗孀和俄罗斯难民救济委员会提供援助。伴随着让人连连惊呼的焰火表演，所有的前卫艺术都交会于此，呈现的节目也一如既往地大胆。"担心不被观众理解。"伯爵当时写道，"通常会导致效果大打折扣，我们的这些混合表演就是因此而产生的。在这些混合表演中，经常会悄然展现许多艺术，但展现时却显得顾虑重重。这些艺术希望在热闹非凡的外衣下得到别人的谅解，虽然这些外衣被认为适合赢得大众的青睐，但却让业内人士和普通观众都感到失望。我们认为，只取悦业内人士不一定会让其他人不快，但低估观众肯定是一个严重的错误。我们希望，当我们只把最好的一切提供给他们时，他们会对此心存感激。"[30]博蒙的计划还带有深刻的民族主义色彩。1940年，当他加入贝当元帅领导的法国军队时，他的这一性格特征便凸显了出来。"今年春季向公众推出的这场演出及其系列演出，是坚持不懈的结果，也是融合各方意愿愉快合作的结果。"他补充道，"舞蹈、绘画、音乐和诗歌，它们都力图以各自的方式展现法国的崭新灵魂和年轻面貌。我们的目标就是让它们齐心协力。"在这一新阶段，博蒙梦想着毕加索和斯特拉文斯基共同书写墨丘利的神话，但俄罗斯作曲家却并不情愿。"亲爱的伯爵……我该怎么回应呢？我对毕加索十分钦佩，所以和他合作的想法非常吸引我。不过，以造型艺术来表现我的八重奏乐曲，这个想法似乎对我没有那么大的吸引力，原因如下：这首曲子，就像我最近创作的所有交响乐作品一样（说实话，它们都是自我成全之作），还没有达到交响乐的品质，不足以以造型艺术的形式呈现给观众。因此，亲爱的伯爵，由于我刚才解释过的原因，我不得不拒绝你的好意（我对不能满足你的要求深表遗憾），我希望你不要介意。"[31]

所以，斯特拉文斯基**退出**了。但是不要紧！博蒙伯爵给毕加索写了一封信，详细解释了自己对这个项目的构想。我们钦佩他的胆识，钦佩他给予创作者的至高无上的自由，钦佩他不计代价的挑战精神。"我创作神话舞蹈的出发点就是你的画作。"博蒙向毕加索信誓旦旦地说道，"我不想把文学作品掺入其中，也不想让音乐家或舞蹈编导来做。我要你画的是'静态剧'①。我只把神话当作通用字母表。我们仍在这张古老的字母表上行走。只有它能将人类的一切转化为人人都能理解的简单词汇。让我们把它用起来。我们还要利用手头上的翻译元素。舞者是纯粹的墨丘利，所以我们选择墨丘利，而不是朱庇特或萨图恩。但话虽如此，你还是想怎么做就怎么做，把这个小故事看成是孩子们用字母组成单词的目录即可。这就是我要你画的一系列画作。因为你已经把女神游乐厅里可怕的实体搬到了你令人赏心悦目的画作之中，那么你就会知道如何为你画作中令人赏心悦目的裸体穿上音乐

---

① 静态剧指演员或模特身穿戏服，精心摆出各种姿势的静态场景，通常配有道具和布景以及舞台灯光等。

厅的服装。这是任何人都无法胜任的。"[32]这是创作者与代理人之间的典范关系，与达基列夫的发号施令和专制蛮横大相径庭，毕加索很快就厌倦了如此言行的达基列夫。

1924年6月12日，毕加索再次与马辛和萨蒂展开合作（他本人也同意进行一次令斯特拉文斯基感到恐惧的冒险之旅），共同绘制《墨丘利》。毕加索的作品全部采用米色、蓝色和白色的色调，就像在魔毯上一样，他用乐谱和识字游戏的方式，画出了弹吉他的小丑和拉小提琴的墨丘利。这两个人物充满活力，翩翩起舞，飘浮在空中，仿佛在行进中突然定格。除此以外，他还在失重的班卓琴上添加了一个白色的幽灵——这样，在他的朋友艾蒂安的建议下，古典神话中的古老字母表得以重现。但是，对于一位状态千变万化的艺术家而言，这难道不正是他自己在两次世界大战之间的处境的完美寓意吗？"我们究竟是在'知了剧院'还是博蒙伯爵家？"一位比利时记者写道，"在这里，最高雅的思想与强大的大众本能相结合，从两者的交汇中产生了一系列本质上属于法兰西风格的表演。所以，谁敢说法国正在衰落？你只要用一个晚上去一趟'知了剧院'……你就会相信法国艺术从未如此活跃、如此宏大、如此丰厚。你能说出世界上有哪座城市拥有数量如此之多的生机勃勃的宝藏吗？法国和巴黎仍然是世界的心脏和大脑。无论我们喜欢与否，所有的方向都从这里开始，所有的努力都在这里结束。"[33]这位评论家的评判值得我们给予充分重视。

《墨丘利》首演时引发了一起轰动事件。某位名叫阿莫里（化名）的人在文章中写道："一群年轻的抗议者发起了一场史无前例的攻击，其中一人冲到舞台前方，博蒙伯爵就在那里，这人给他递上了一份申诉状。"他接着写道："这是一桩阴谋吗？博蒙伯爵微笑着向他打着招呼……神态傲慢的大领主……这位和蔼可亲的绅士认为，没有战斗就没有胜利……年轻的指挥家……陷入深渊，和弦戛然而止……本来可以引发轰动的一分钟……一切却突然平静下来，不禁令人扼腕叹息。"[34]一些前卫诗人攻击博蒙，因为他把慈善收益用于支持白俄移民①，其他人则开始讥笑埃里克·萨蒂，布勒东命令他的团队在《巴黎日报》上声援艺术家："我们希望表达我们对毕加索完全而深切的钦佩。虽然他已经功成名就，但他一直怀有现代之忧，而且始终将其表现得淋漓尽致。现在，他又凭借《墨丘利》再次引起了广泛的不解，充分展示了他的胆识和天才。……（他）远远超越了他周围的人，现在似乎是青春的化身，无可争议地主宰着局势。"[35]

因此，在毕加索周围的人中，博蒙没过几年就成了一处重要的资金来源（每场演出1万法郎）。他同时也是一名开明的赞助人，给予艺术家完全的创作自由，并为其提供了许多附带利益。1928年2月，博蒙定购了《海洋舞会》，这是他向毕加索订购的最后一幅作品。毕加索创作了一幅大型作品（尺寸为2.89米高，2.13米宽），继承了"神奇绘画"的美学传统，但画风柔和，充满了幽默感——作品以白色、蓝色和棕色为主色调，左边是几何形状的海神尼普顿，脑袋很小，手里拿着鱼和长柄叉，右边是一个身材魁梧、滑稽可笑的太阳王，身上有多条射线，肚子呈菱形。所以，对于毕加索和博蒙这对不可思议的组合来说，一切都结束了。1929年达基列夫去世，之后马辛便请艾蒂安·德·博蒙接管了俄罗斯芭蕾舞团，不过这又是另一则故事了。

当评论家卡米耶·莫克莱尔在主流媒体上对"近乎犹太化的毕加索"大肆抨击时，博蒙伯爵仍在以尊重和体贴的态度追求、赞美和服务这位他所敬仰的天才艺术家。在大量留存至今的档案中，有两封

---

① 白俄移民指的是1910年代爆发革命后迁居国外的俄罗斯人。需要指出的是，这里的"白俄"与"白俄罗斯"无关。

1920 年的信件向我们讲述了这段耐人寻味的友谊——看完这两封信，我们也不无遗憾地合上了这份材料。第一封信的署名者为艾蒂安，他请艺术家原谅两处打错的地方："亲爱的朋友，昨晚的钦佩之情蒙蔽了我的双眼，让我没能看到打字员打错的两个字：（1）'Gnossienne'写了两个's'；（2）出版商写成了'DEMETS'而不是'Deuts'。你能否改正这些错误并将校样交给正在等着的送信人，以便我立即将其交给出版商？埃迪特认为写得很精彩。祝好。艾蒂安·博蒙。"我们记得 1901 年，警方出具的第一份报告声称这个"外国人"法语说得很差，"几乎无法让人听懂"；我们记得 1903 年，毕加索从巴塞罗那给他的"老马克斯"打了一通绝望的电话。在电话中，毕加索用悲怆的语言描述了他的日常生活："如果我懂更多的法语，那我就会更频繁地给你写信，但用法语写信对我来说实在太难了。"他也对伯爵的优雅连声称赞。

第二封信的署名者是埃迪特·德·博蒙，这封信揭示了伯爵夫妇对艺术家怀有一种出乎意料的情感——这份情感介于敬重、体贴和谦逊之间："我还有一件事要告诉你……从未被吓倒过的艾蒂安却不敢跟你提起……当然，我们从未想过'制作'这幅画及其框架！在内心深处，我们都不胆怯。让我们有点不安的是，我们的钦佩之情让我们的物质问题变得荒唐可笑。但这并不妨碍这样一个事实：无论这些问题多么荒谬，我们都必须面对。"[36]事实上，这是一个奇怪的悖论：如果说在古典时代，看到自己的作品受到贵族的青睐会让艺术家变得高贵，那么在 20 世纪中叶，艺术家与收藏家的关系却发生了逆转。贵族通过购买知名艺术家的作品来提升自己的地位。于是贵族们纷纷效仿艾蒂安·德·博蒙，与毕加索来往密切，让毕加索为自己私人宅邸的客厅定制画板，为《海洋舞会》定制幕布，为《墨丘利历险记》定制神话主题的画作，为《找到的雕像》定制服装：这是一次为前卫艺术做出贡献的机会，一次与同行竞争的机会，一次为自己的地位增加象征性优势的机会。这与当时官员们的惰性和公务员们的麻木不仁大相径庭！事实上，保罗·莱昂、莱昂·贝拉尔等官员对前卫艺术毫无作为，而且二话不说就查封了卡恩韦勒的资产，但当他们的名字出现在博蒙伯爵在"知了剧院"举办的活动中时，这多少有些讽刺意味。当博蒙要求他们为其"巴黎之夜"提供官方担保时，他们的名字也印在了包括毕加索在内的节目单上——毕加索是一位在法国体制中毫无立足之地的外国艺术家，却被一位来自民间社会的年轻贵族颂扬。

第三章 面对无所不能的警察,毕加索的方方面面:1919—1939 年 | 327

尤金尼娅·埃拉苏里斯、巴勃罗·毕加索和奥尔加·毕加索在博蒙组织的舞会上

曼·雷,1924 年,巴黎,玻璃板上的银明胶底片,国家现代艺术博物馆,蓬皮杜中心,工业设计中心

第二节

艺术家魔术师（在超现实主义的国际领域里）

毕加索是我们这个时代唯一真正的天才，也许除了在古代，这样的艺术家堪称前所未有。[1]

——安德烈·布勒东

超现实主义，如果它想为自己确定一条道德准则，它所要做的就是经历毕加索所经历的一切，以及毕加索还会经历的一切。[2]

——安德烈·布勒东

在毕加索博物馆的档案中，在一张从笔记本上撕下的格子纸上，我们可以读到几句匆忙写下的话："马克斯·恩斯特、保尔·艾吕雅、安德烈·布勒东将于12点15分回来。此致，安德烈·布勒东。"[3]这条简短的留言可能写于20世纪20年代初，预示着当时最激进的创作者（比毕加索小10到20岁）对时年40有余的毕加索的狂热崇拜。自从1914年毕加索遭遇事业上的变故后，他一直生活在达基列夫和艾蒂安·德·博蒙的圈子里，处于法国体制舞台的边缘。然而，大约在1923年，毕加索被安德烈·布勒东的朋友们、一帮达达主义的追

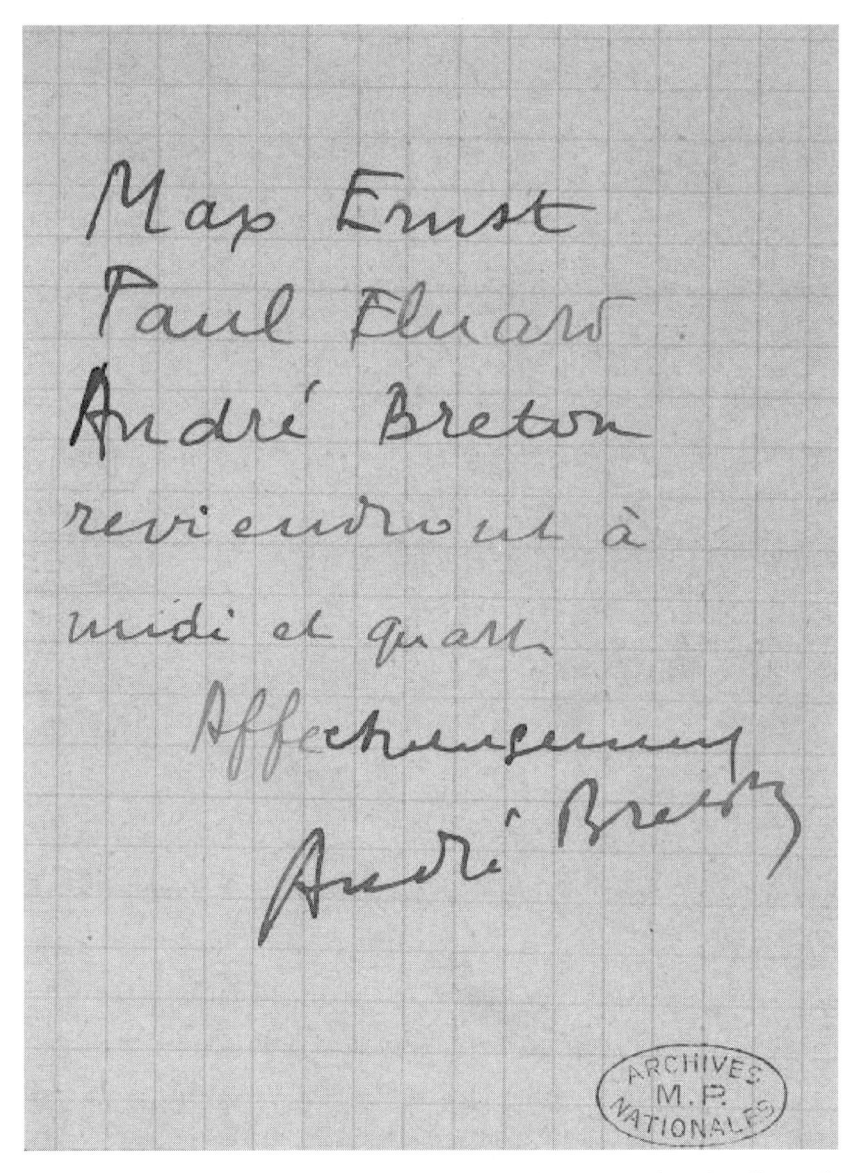

第三章 面对无所不能的警察，毕加索的方方面面：1919—1939 年 | **329**

安德烈·布勒东写给保尔·艾吕雅的字条以及马克斯·恩斯特写给巴勃罗·毕加索的字条

巴黎，写在方格纸上的棕色墨水手稿，巴黎毕加索博物馆

随者们吸引到巴黎的一条新轨道上，使他得以回归他最初的环境，那就是他所熟悉的诗人的环境。

多年来，毕加索一直受到路易·阿拉贡、安德烈·布勒东、保尔·艾吕雅以及这个千姿百态的群体的其他人的关注、钦佩、赞美和拉拢。毕加索的身影也一直出现在这场颠覆性运动之中，牢牢定格于传奇人物网的中心——兰波和波德莱尔、阿尔托和萨德侯爵、弗洛伊德和洛特雷阿蒙、阿尔弗雷德·雅里和邮递员薛瓦勒、阿波利奈尔和阿瑟·克拉万——相继在以下杂志得到发展——《文学》《超现实主义革命》《为革命服务的超现实主义》《弥诺陶洛斯》。第一次世界大战后，在前奥匈帝国和前德意志帝国里，前卫艺术家和知识分子对立体派画家毕加索作品的熟悉程度远超他们的法国同行。很早以前，查拉（1917年在瑞士与卡恩韦勒相识，1920年抵达巴黎后在艾蒂安·德·博蒙家中与毕加索相识）就表明自己是立体主义的狂热追随者。"新艺术家提出抗议：他不再画画了。"1915年他在苏黎世说道，"他直接在石头、木头、铁、锡、岩石上创作出律动的生命体，它们可以被瞬间感觉的清风吹向四面八方。"[4] 1920年，达达精神的领军人物之一亚历山大·帕腾斯在柏林以笔名撰文，分析了毕加索作品对达达主义运动的贡献："毕加索从其早期作品中脆弱、精致、近乎透明的画像中提取细节和片段，把它们扭曲变形，然后在新的绘画中将它们重新连接起来……旧的绘画方法似乎已经过时。焕然一新的东西即将出现。"[5]

此外，该团体的每位成员仔细观察20世纪20—30年代的社会日常新闻——维奥莱特·诺泽尔杀害了专横的父亲，帕潘姐妹杀害了羞辱她们多年的老板——无情地彰显了这个正在走向穷途末路的社会。"社会对我们的期望是什么？"在与布勒东和苏波于巴黎散步闲聊后，路易·阿拉贡在日记中写道，"努力形成一种思想，以避免满足他人的贪婪，成为他们不喜欢的、无赖的、多疑的、难以得到理解的冒险家……布勒东则定义了我们将要进行的破坏活动，不管谁愿意与否，但我们之间要恪守承诺，决不向任何人透露一个字。"[6]

至于毕加索，他创作多姿多彩、比例夸张的拟人造型，绘制"矿物状"女性、几何化或变形为恐龙（头很小，四肢过长）的作品，为超现实主义运动贡献良多。如果你熟悉了毕加索博物馆展出的150幅"神奇绘画"[7]（1926—1930年）作品，你就会逐渐感到自己陷入了一个意想不到的旋涡中。在博物馆的6号展厅中，展出了艺术家自己收藏的非西方的"神奇物品"——象牙海岸的格雷波面具、加蓬的穆库伊面具、几内亚的宁巴面具、新几内亚下塞皮克的雕像、贝宁古王国的青铜头像——这是否会让它们呈现出不同的面貌？卡尔·爱因斯坦和米歇尔·莱里斯的评论引导着我们的目光。前者强调"对立统一的复调法则无处不在"[8]，而后者则坦言"艺术作品除了神奇地唤起心魔之外，别无他用"[9]。

十多年来，毕加索一直扮演着超现实主义者的启蒙者和英雄的角色——一名不折不扣的守护者的形象。"我们刚刚从战争中归来，"布勒东指出，"但我们还没有从……'洗脑'中归来。在长达四年的时间里，'洗脑'把那些只想活着的人变成了憔悴、疯狂的人，这些人不仅可以忍受苦役，还可以被肆意屠戮。"[10]事实上，如果说布勒东向毕加索靠拢是势在必行，那么这样的靠拢也是循序渐进的：布勒东早年是一名年轻的医科学生，后来成为一名护士，在默兹河前线当担架员，之后在巴黎当辅助医生，他是无能为力的旁观者，第一时间见证着战壕里的恐怖景象。再后来他开始"求教于诗人"，他认识的第一位诗人便是阿波利奈尔。1916年5月10日，他做开颅手术的第二天就遇到了阿波利奈尔，后者把他介绍给了毕加索。几乎就在同时，在自己被分配的圣迪济耶神经精神病学中心，布勒东发现了弗洛伊德的思想在军事医院中令人眼花缭乱的作用，同时与他的第一批追随者皮

335　埃尔·勒韦迪、路易·阿拉贡、菲利普·苏波等人一起，对阿尔弗雷德·雅里创作的诗歌交口称赞。最后，1918 年 11 月 1 日，布勒东按响了蒙鲁日工作室的门铃，这是他与毕加索第一次面对面会面。几天以后，在拉雪兹神父公墓举行的阿波利奈尔葬礼上，他再次见到了毕加索——见习医生由此转向精神分析，接着转向诗歌，然后转向艺术，踏进了毕加索的天地，这对他来说是一次名副其实的顿悟。

路易·阿拉贡的早期信件揭示了一位年轻诗人在面对他心目中的"巨人"时，内心在钦佩与愧疚之间苦苦挣扎。"我的出版商催促我向你索要你答应给我的画作，"1919 年 2 月 11 日，他对画家说，"所以我就照做了，但请你相信我，对于自己这么草率行事，我感觉很羞愧。如果这事只牵扯到我一个人，我绝不敢这么快就来打扰你。只有我确信你原谅了我，我的内心才会安宁。……如果你现在太忙，无法处理此事，那能否请你写几句，好让我封住霸道编辑的嘴，他总是不停地给我写信、打电话等等。我不知道该如何向你道歉或致谢。向毕加索夫人致敬。此致敬礼，路易·阿拉贡。"[11]六个月后，他再次提出请求："我一直梦想着能看到我的诗作与那些由你独自点缀生活的海市蜃楼相映成趣。由于这些天我必须整理我目前仅有的几首诗作，于是便想象着我的诗集上装饰着巴勃罗·毕加索的一两幅画作，这让我感觉很开心。我知道，没有什么值得我这样做，也没有什么让我有权利希望这样做。我非常清楚，除了满足所有碰到写作问题的年轻人的愿望之外，你还有其他事情要做。我早就明白，你有千百个理由拒绝向我施以如此高贵的援手。尽管我相信这封信毫无用处，但我的原则是不放过任何一个机会，无论这个机会有多渺茫。所以我还是向你提出这个自以为是的请求，同时请你原谅我，赶紧给我说个'不'字，这样我的良心才会得到安宁。……信笔涂鸦的法语，喋喋不休的表达，当你看到这封信时，就会明白我提笔给你写信时的烦恼，甚至是与你交谈时的烦恼。路易·阿拉贡。"[12]

矛盾的是，在巴黎，年轻一代的艺术家和诗人只是断断续续地看到了毕加索的作品。比如，《亚威农少女》于 1916 年 8 月在昂坦沙龙[13]首次展出。之后，公众才得以目睹他设计的服装和布景（为俄罗斯芭蕾舞团和"知了剧院"制作），或是他的一些绘画作品（在巴黎的几家画廊展出，主要于 1919 年在罗森伯格兄弟的画廊展出）。最后，在 1920 年、1921 年和 1923 年，诗人布勒东、阿拉贡和艾吕雅惊奇地发现，毕加索的立体主义作品被卖掉了。这些作品在被封存十年之后，又重新笼罩在清算、争论和紧张的气氛中，它们系统性地破坏了传统的句法。而具有原始超现实主义维度的拼贴画则成了他们不惜一切代价都必须拥有的吉祥物。布勒东和他的朋友们很早就从毕加索 1914 年前的作品上看到了一位"勇敢的先驱……一张报纸或一包香烟都能触动他"，因为他曾经历过"墙上象形文字的魅力"，它们"诉说着一个时代的宿命"[14]，还因为他发现了他们自己对西方垮台感到厌恶的征兆。毕加索的作品成为超现实主义机器的驱动力和齿轮之一——尽管年轻的诗人们也试图将毕加索的作品引入自己的探索中，以刺激它、挑衅它、对抗它、鞭策它，有时甚至是超越它。

但还不止这些。作为一个新兴政治和艺术潮流的资深探索者，布勒东很早就把目光投向了莫斯科[15]，投向了维也纳（1921 年，他在那里见到了弗洛伊德博士），还投向了苏黎世（1918 年，他加入了第一份《达达宣言》，并从 1919 年起与特里斯坦·查拉通信）。包括曼·雷（美国）、特里斯坦·查拉（罗马尼亚）、胡安·米罗和萨尔瓦多·达利（西班牙）、马克斯·恩斯特（德国）、汉斯·阿尔普（德国）在内的一批名副其实的国际艺术家，他们加入了布勒东、阿拉贡、艾吕雅[16]、唐吉、苏波、克雷维尔等巴黎当地艺术家的行列，共同支持已过不惑之年的毕加索进行创作。"当我们走进埃米尔-奥吉埃街的沙龙时,"路易·阿拉贡的脑海里浮现起 1920 年 1 月那个历史性的日子,"隔壁房间的门开了,一个皮肤黝黑的小个子男人走了进来,匆匆走了三步,然后停住了……我刚才看到的正是查拉……他的手肘紧贴着身体,前臂向前伸平,末端是十分瘦弱的双手,微微张着,看起来有点像被白天吓坏了的夜猫子,黑色的发绺垂到了眼睛里……他说话……很慢,很不正确,带有非常明显的罗马尼亚口音:我记得他说'达达'时,两个'a'音发得很短促,是泰奥多尔·弗兰克尔教他说'达达'的,跟我们这里一样。"[17]

对于毕加索来说,是《墨丘利》的轰动事件促使他进行了无数次的"转身",并转向了新的归属。"噪声。昨天在'知了剧院',一群冒牌达达来喝我的倒彩。"埃里克·萨蒂在 1924 年 6 月 17 日写道,"布勒东先生和他们的团队把事情搞得一团糟,让人哭笑不得。"[18] 之所以这位老作曲家责怪安德烈·布勒东为了拯救毕加索而对他大肆嘲笑,那是因为在"知了剧院"举办的"巴黎之夜"的活动中,秋后算账的场面多次出现,还有无休止的宗派纷争和逐出教会。"他是达达之父吗?他现在看起来更像是阿卜杜勒·哈米德的儿子。"他接着说道。几个月后他又补充说,"谈论布勒东几乎是不礼貌的",他的角色"已经变得如此尊贵":"他就是教皇。他有一处简陋的梵蒂冈,离克利希广场不远。"[19] 还有全方位的清算:一些与共产党关系密切的超现实主义者攻击毕加索向一个支持战争的寡妇和巴黎的白俄贵族妥协。布勒东在一份庄严的《向毕加索致敬》中迫使这些人收回了自己的观点,这是第一份由阿拉贡、德斯诺斯、纳维尔、佩雷和苏波等 14 位作家和艺术家共同签名的此类文章。"虽然他已经功成名就,"文中写道,"但他一直怀有现代之忧,并始终将其表现得淋漓尽致……现在似乎是青春的化身,无可争议地主宰着局势。"[20]

具有讽刺意味的是,在这起轰动事件发生几个月后,1924 年 11

月 30 日，一场更具标志性的艺术活动[21]震撼了布加勒斯特市。在前卫杂志《当代》[22]组织的一次晚会上，伴随着鼓声、鸣笛声和黑人音乐家演奏的爵士乐，令人眼花缭乱的色彩组合从黑暗中浮现，让人联想到"巨大的彩蝶群"：对观众而言，这不仅仅是戏剧效果，而是"达达主义活动的真正现代主义仪式"[23]。晚会的负责人正是马克斯·赫尔曼·马克西和马塞尔·扬科，前者曾在柏林与建构主义者共事，后者曾在苏黎世与达达主义者共事，不然怎么可能会办成这样的晚会呢？事实上，1924 年的布加勒斯特还热闹非凡，这座城市的子民塞缪尔·罗森斯托克（又名特里斯坦·查拉）在这里留下了达达主义的足迹，随后又在许多欧洲城市（甚至更远的地方）和许多朋友那里留下了同样的足迹：在科隆，有马克斯·恩斯特和奥托·弗洛因德利希；在巴塞罗那，有弗朗西斯·毕卡比亚；在魏玛，有科内利斯·范·埃斯特伦、柯特·希维特斯、埃尔·利西茨基、拉斯洛·莫霍利-纳吉、汉斯·阿尔普、特奥·范杜斯堡（包豪斯周围的建构主义艺术家）；在巴黎，有胡戈·巴尔、阿瑟·克拉万、马塞尔·杜尚、曼·雷，还有超现实主义者勒内·克雷维尔、路易·阿拉贡和安德烈·布勒东。

在巴黎，画家、雕塑家、诗人、评论家、摄影师、经销商、收藏家、出版商等人形成了一股力量，推动着年轻艺术家们公开颂扬和赞美毕加索。诞生于那段岁月的这股力量虽然经久不息，但对于遏制"思想正确"的法国人在暗中传播的恶毒的排外主义的发展势头，却显得无能为力。为这股力量引航掌舵的无疑是安德烈·布勒东，他头发"高贵地向后披着"（按照阿德里安娜·莫尼耶的说法），他低沉的嗓音和略显刻板的自律，让他显得气度不凡。他相继为达达主义运动和超现实主义运动担任传承人和扛旗手，之后又成为收藏家雅克·杜塞的艺术顾问，他因此接替了阿波利奈尔的位置，进入了第二阶段，并在此之后的十年中迅速在法国前卫艺术的小圈子里奠定了赞美毕加索作品的基调。

  与此同时，这些生活拮据的年轻诗人靠着购买、出售、转售和展出毕加索的作品，也实实在在地发了一笔横财。1925年7月至1934年8月间，艾吕雅在写给加拉的信中详尽记录了他在经济上的焦虑以及这些"宝贝"的交易情况："今晚我要去见（勒内）加菲，把毕加索的作品卖给他。我还收到了1万法郎的定金（我明天去银行付给你5 000法郎，如果毕加索的画卖出去了，我可能会付你8 500法郎）"[24]；"终于把毕加索的《俄耳甫斯变形记》卖出去了，卖了4 000法郎，但我只收到了1 200法郎的现金，其余的要在4个月内付清，情况就是这样"[25]；"我焦急地等着，迫不及待地想知道我们那幅毕加索的绿色小作品是否已经卖掉了……到时候我会把一半钱寄给你"[26]；"毕加索的那幅小作品已经卖掉了，但我们要到9月15日才能拿到钱"[27]。这种经济上的依赖状况一直持续到1936年3月31日。"毕加索没有为我的小书创作蚀刻版画，之后突然消失了很长时间，去向不明。"艾吕雅坦承道，面露窘迫之情，"和他一起消失的，还有挣无数个500法郎的希望。"[28]从中可以看到，毕加索成了名副其实的金融资产，而艾吕雅既是经纪人，又是中间人和推动者。

  在这种情况下，我们如何理解布勒东开始用百般奉承的信件向这位艺术家"狂轰乱炸"呢？在巴黎毕加索国家博物馆的档案中，我们发现了布勒东亲笔写下的这篇语气谦恭的文章：1923年1月，布勒东邀请毕加索与阿拉贡、布朗库西、桑德拉尔、德斯诺斯、杜尚、恩斯特、曼·雷、毕卡比亚等人一起加入《文学》杂志编委会。但在随后的9月18日却提出了一个非常具体的请求，措辞十分坦率："亲爱的先生和朋友，我在10月份要出版一本名为《大地之光》的诗集，我全力恳求你在诗集的开篇为我画一幅肖像，这是我长久以来的一个梦想，但我从未斗胆向你提过。"[29]10月9日，为了得到这幅"你为我画的肖像",布勒东又再次提出了请求。他对这位画家的虔诚程度可想而知,他曾将诗集的最后一首诗《牵着太阳》献给了这位画家:"亲爱的先生和朋友,你有一位如此令人惊奇的女仆,尽管她告诉我明天再来,但我还是怕打扰你,所以提笔写信向你提前道个歉。"最后,10月29日,诗人为自己的第一次成功而感到高兴,但他深知自己的固执,所以仍未放弃:"我亲爱的朋友:这是另一块画板,你连喘口气休息的机会都没有……"[30]

经历了战争的创伤之后,通过毕加索的这些新追随者们的圈子,大家又逐渐恢复了联系。有时,宛若回到了"洗涤船"的年代。得到了阿波利奈尔的支持?安德烈·布勒东,他策划了对毕加索的崇拜。得到了马克斯·雅各布的支持?米歇尔·莱里斯[31],一位21岁的诗人,日后成为最伟大的毕加索评论家之一。他与画家安德烈·马松频繁往来,并在马松位于布洛梅街45号的工作室与杜布菲、米罗、卡恩韦勒、安托南·阿尔托、埃利·拉斯科、阿尔芒·萨拉克鲁以及后来的乔治·巴塔耶等人相聚——这些人都出生于1900年前后。只有年长他们20岁的马克斯·雅各布和卡恩韦勒在历史悠久的立体派和年轻的艺术星云之间充当了摆渡人的角色。在卡恩韦勒的邀请下,莱里斯、米罗等人通常每周日都会在布洛涅聚会。在成为我们今天所熟知的多贡人种学家之前,莱里斯和卡恩韦勒太太与前夫所生的女儿路易丝结婚,从而踏进了毕加索的圈子,并在第二次世界大战期间与毕加索建立了深厚的友谊。1930年,在《文献》杂志再次"向毕加索致敬"之际,莱里斯立即将这位艺术家归入"天才"之列——这个修饰语他一直都不曾舍弃,而且他会反复琢磨,直至想到"天赋异禀"[32]这一表述——不过,他并没有给毕加索下定义,"天才的特征就是让各种评论偃旗息鼓"[33]。

在那些仍然对毕加索表示关心和问候的人中，首次浮现出加泰罗尼亚艺术家们的积极身影，从而恢复了与巴塞罗那的联系。胡安·米罗自 1919 年移居巴黎以来，经常与莱里斯出入同一艺术圈。在《墨丘利》演出时爆发的轰动事件之后，他也开始向超现实主义致敬，但他是独自一人表达敬意的，似乎想刻意与这个团体保持距离："亲爱的毕加索，我很高兴看到……年轻人……向你致敬。——我也由衷地表示赞同。在《墨丘利》之夜，向巴黎来一次美丽的告别！……极度的懦弱——评论界的蠢货——遭到阉割的画家（一半是太监，一半是婴儿）。——孩子们害怕受伤！——当然，你必须知道如何承受猛烈的直接打击！巴黎的报纸和其他地方的报纸向我散发着恶臭，熏染着我家蓝天白云的屋顶！……我钦佩艺术家，热爱人类，这些你都是知道的。"[34]

米罗与毕加索之间产生了漂泊在外的同乡之间所特有的默契，彼此充满了敬意和热情。"大师朋友，我在巴塞罗那待了几天。在巴黎生活过之后，这种影响绝对是毁灭性的。"1920 年 6 月 27 日，他操着一口西班牙语说道，"那里的知识分子落后于时代 50 年，艺术家给我的印象是业余的。气质不够，架子太大！……你会感觉十足的麻木不仁触及到每一位在这里度过一生的不幸之人。"有时，在对自己的职业产生怀疑的时候，米罗会在信中赋予他的"朋友和大师"以精神导师的角色，这些信有时是绝望的，但其真切之情却不能不让人为之动容："今天早上你对我很好。在来找你之前，我陷入了黑暗的思绪，是你驱散了它们。你诚心诚意地和我交流。我完全不在乎自己究竟是对是错。我宁愿在黑暗中走完一生，只要在我生命的尽头，我能够看到一些火花，看到几缕**纯净的阳光**，而不是像所有年轻人一样，在**电弧的人工照明中**向前行走。我再次感受到对工作的极度渴望。谢谢。真诚的米罗。"[35]

第三章 面对无所不能的警察，毕加索的方方面面：1919—1939 年 | 339

在他们的交流中更有趣的是，米罗做起了毕加索和他家人之间的信使，甚至去看望了多娜·玛利亚。从那时起，米罗就用法语给毕加索写信："巴塞罗那逗留期间，我有幸拜访了你的母亲，并把你的单子交给了她。我还告诉她，我打算带她去巴黎，并提出下次旅行时亲自陪她……你在巴塞罗那作为礼物赠送的《小丑》还没有放入博物馆。我已经调查过此事……这不是任何人的错。"[36] 让我们再次聚焦于玛利亚·毕加索-洛佩斯，她心甘情愿地在儿子复杂的交易网络中扮演着核心角色，但有时也会对自己无法挣脱的身份进行反抗。缺席和沉默是毕加索强加给她的方式，而她自己则从 1900 年到 1939 年，写了一封又一封信，日复一日地追寻着自己的期望，没有丝毫偏离。

我们再接着往下读！"亲爱的巴勃罗……我今天再次提笔给你写信，因为你的朋友们有事需要你帮忙时，就会来找我这个中间人。我不喜欢麻烦你，但我还是这么做了，因为我别无选择。现在我想请你向我解释解释。我知道我会让你不快，但我还是要告诉你：对我而言，尽管你有情有义，尽管你心地善良，尽管你有各种优点，但你却不给我写信。对其他人而言，我不明白你为什么要帮他们那么多忙，而你自己却不觉得麻烦。但我建议你要睁大双眼：你很清楚，当别人需要帮助时，他们会寻求任何可以得到的支持，但后来他们会卖掉所有的'朋友'，其中也包括你。对别人行善可以得到极大的满足，是不是？这样，每个人都得到了解脱，这就是生活！"[37] 在这个略显反常的机制中，毕加索的"朋友"仍然是她接触儿子的唯一途径。而对于这位多年来挫败感和自尊心都未曾消退的母亲来说，即使她躲在基督教的道德世界里来聊以自慰，但这种轻闲的生活终究还是无法让人称心如意。

343

毕加索与另一位加泰罗尼亚人萨尔瓦多·达利建立了一种极其复杂的关系——介于绝对的迷恋与粗暴的蔑视之间。用书信编辑劳伦斯·马德琳的话来说,"充满暧昧的钦佩"[38],"假装或蓄意的忠诚"[39],"迷恋和狂热的渴望"[40]。1926年4月,达利第一次见到毕加索,他信誓旦旦地向毕加索声称自己"无条件地钦佩"他。"当我来到毕加索位于拉博蒂街的家中时,"达利在自传中写道,"我感动不已,肃然起敬,仿佛见到了教皇本人一样。我跟他说:'我先来你家,之后再去卢浮宫。'他回应道:'你做得很对。'"[41]我们已经可以看出,这位才华横溢、雄心勃勃、勇于挑衅的年轻艺术大师对他的长辈保持的距离多么具有讽刺意味。达利给毕加索的第一封信上写着:"致毕加索,虔诚的S.达利。"后来,他又给毕加索寄去了许多明信片,上面描绘了斗牛、扇子、加泰罗尼亚海岸的风景,还有戴着头巾的女人和插在她们头上的红色康乃馨。达利与毕加索初次见面便一见如故,达利向毕加索展示了自己创作的《菲格拉斯女孩》,他把维米尔的花边女工挪到了充满现代主义和工业化的加泰罗尼亚。

达利早年在马德里求学时(1922—1926年),就与他的同窗好友费德里戈·加西亚·洛尔卡和路易斯·布纽埃尔一起,投身于共产主义革命,拥抱最前沿的立体主义:他不到20岁就创作了《带有〈人道报〉的自画像》和《立体派自画像》,展现出令人惊叹的拼贴技法。正是由于对立体主义的忠诚,旁人对达利的第一感觉就是"超自然的存在"[42]。他才华出众,桀骜不驯,热衷于现代性。透过1925年创作的《弹吉他的皮耶罗》(立体派绘画)和1926年创作的《三个人物的构图:新立体派学院》,达利展示了自己从毕加索拉博蒂街工作室借鉴来的新画法,之后又与米罗一起使用非绘画材料来探索潜意识,从而达到"杀死绘画"的目的。后来,尽管达利(模棱两可地)向法西斯主义演变,(毫不含糊地)坚持佛朗哥主义,(大张旗鼓地)热衷于美元,并因此与共和党人和共产主义者毕加索渐行渐远,但他们之间的竞争却持续了很长时间。"西班牙向来以向世界提供最高级、最强烈的对比而自豪。"1957 年，他在《毕加索和我》一书中写道："在本世纪，这种对比体现在巴勃罗·毕加索和你们卑微的仆人这两个人身上。"[43]又比如，他在 1960 年左右写道："毕加索出现在一个学术界与原创性失之交臂的时代……毕加索在成为毕加索之前就是其中的一员。然后，这位天才破坏者给了学术界重重一击。他破坏了透视法，沉溺于不和谐色彩的碰撞……委拉斯凯兹、戈雅、毕加索和达利皆是如此。我们拥有西班牙独有的生活气息……我相信，毕加索还会继续让世界为之一震。"[44]面对这些弦外之音，毕加索始终一言不发。为了避免与佛朗哥独裁政权有任何接触，他与这位曾在 20 世纪 30 年代拜在他门下的人一刀两断。

毕加索备受瞩目，其影响已经超出了艺术家的圈子。在他们的影响下，见多识广的前卫派纷纷转变了对毕加索作品的看法。面对安德烈·布勒东的坚定信念，最早产生动摇的无疑是雅克·杜塞。[45] 1921 年，布勒东 24 岁，杜塞建议他做自己的"艺术顾问和图书资料管理员"[46]。当时的布勒东选择对 19 世纪和它的"陈旧不堪"关闭大门，转而追求 20 世纪及其现代性，探索其最令人不安的方方面面。安德烈·布勒东与杜塞共事不到一年，就劝说杜塞不要购买毕加索的"小件作品"，而要关注他的重要作品。"你知道，我略感遗憾的是，"他在信中写道，"你没有为你将来的家考虑，没有买下毕加索的一幅杰作（我指的是具有绝对不可否认的历史意义的作品，如《亚威农少女》，它标志着立体主义的起源，如果它流落海外，那真会让人遗憾不已）。"[47]

两年后，布勒东又着手对杜塞作品进行整体构思。"我认为，"他斩钉截铁地说道，"我们永远都摆脱不了毕加索。不过在我看来，毕加索如今已经成为艺术品收藏是否成功的试金石。"他坚持认为，"正是毕加索的内容决定了藏品之后呈现的特色，无论它是否让人眼前一亮，无论它是丰富多彩还是乏善可陈"。然后，他承认作品的选择"极其困难"，但他透露了"唯一确定"的决定：购买《亚威农少女》，"因为它带你直接进入毕加索的实验室，因为它是戏剧的核心，是毕加索创造的所有冲突的中心，（在他看来）这些冲突将永远持续下去"。"我觉得这是一件大大超越绘画本身的作品。它是过去50年来所有事件发生的舞台，是兰波、洛特雷阿蒙、雅里、阿波利奈尔以及所有我们仍旧爱着的人曾经经过的墙壁。如果这堵墙消失了，我们的大部分秘密也将随之消失。"[48]

1924年1月，雅克·杜塞终于以25 000法郎的价格直接从毕加索手中买下了《亚威农少女》。毕加索觉得卖得有点亏，但布勒东出面做了工作。杜塞解释说，他已经立下遗嘱，要把自己的全部收藏遗赠给卢浮宫。杜塞还说："我是唯一一位靠着自己的威望就能让卢浮宫接受前卫绘画的收藏家。"[49]正是出于这个原因，毕加索接受了这个报价。4月16日，杜塞派人拿走了这幅画。与此同时，他写信给安德烈·苏亚雷斯："大批德国人来到法国，买下了所有能买到的东西。来找我的人很多，但我还是坚持自己的立场。放任物品随意流失，实在太愚蠢了。不过有两三件东西有点夸张，对他们来说太超前了……我买下了它们，两年后我肯定没错。一幅是毕加索的巨作《亚威农少女》，一幅是马蒂斯画的一缸金鱼的杰作，还有一幅是修拉的素描作品《马戏团》。有了这些，我就万事俱备了，我可以再等等，美国人是买不到这些的。"[50]雅克·杜塞是一个复杂而神秘的人物，占有欲极强，他对自己的藏品严加看管，绝不同意让这些藏品永久离开法国。安德烈·布勒东巧妙地利用了这一点，鼓励杜塞继续购买作品。年底，布勒东再次对这位收藏家的举动表示祝贺："毕加索是我们这个时代唯一真正的天才，也许除了在古代，这样的艺术家堪称前所未有。"[51]

然而，仅仅过了十天，杜塞又显得犹豫不决，布勒东不得不努力劝说他。"我知道，你希望看到这幅画在整个现代艺术史上的地位用文字固定下来，"他在给杜塞的信中写道，"正如我经常对你说的那样，如果没有这幅画，我认为就无法从这个特殊的角度来表现我们当今的文明状况……。在确定一个时代的方向时，我通常会优先考虑诗歌研究，但在《亚威农少女》中，我不禁看到了20世纪初的关键事件。这幅画就像契马布埃的《圣母像》一样，会在我们首都的大街小巷中广为流传……我认为，一谈到它总是显得神秘莫测。美不美的问题要到很久以后才会出现，即便如此，提出这个问题也应该谨慎起见……对我来说，这是一副神圣的形象。"[52]于是，正是在这样的情况下，在这位年少轻狂、行事大胆的顾问的一再坚持下，杜塞买下了这幅画。然后，他小心翼翼地建造了自己的工作室，宛如一个非常纯粹、非常简约的宝箱，用来存放他的宝贝。美国、印度以及世界各地的社会名流纷纷慕名而来。然而，正如我们稍后将看到的那样，由于法国国内对毕加索作品的强烈抵制，立体主义的重要作品前往美国已经变得势不可挡。

布勒东对毕加索本人及其作品的热情经久不息，一直持续到第二次世界大战。"我亲爱的朋友，我已经好几天没有去看你了。我每天都在想这件事，我心想：也许一天中有一个小时，毕加索会带着最起码的快乐来见我，为什么很难做到这一点呢？"1935年9月29日，布勒东对毕加索坦承道，"你知道我有多么崇拜你，我年轻时曾梦想在你的生活中占有一席之地。有朝一日成为你的朋友，这差不多就是我在战争期间的希望……你来看我的那天早上，我非常感动。"到了1940年8月11日，在动身前往马赛和纽约之前，诗人途经普瓦捷时给画家寄了一封信，其内容不言而喻："上周日在鲁瓦扬度过，我对着你的窗户看了很久，仿佛希望透过你的眼睛看到你……希望不久再见……始终充满热情，你的朋友安德烈·布勒东。"[53]后来，弗朗索瓦丝·吉洛讲述了1947年[54]在胡安莱班，从美国回来的毕加索偶然遇见诗人时的情景：毕加索向他走来，热情地伸出手去，却惊讶地发现布勒东拒绝与他打招呼。对于这位超现实主义诗人来说，毕加索加入了法国共产党，便成了典型的叛徒。

《墨丘利》的轰动事件揭示了当时普遍存在的秋后算账、宗派纷争和逐出教会的风气。布勒东攻击萨蒂，热尔曼攻击查拉，布勒东的朋友攻击毕加索，布勒东则敦促他们赞美毕加索。各个颠覆性团体之间关系紧张（超现实主义者与达达主义者，超现实主义者与共产主义者），直到20世纪30年代中期整个国家走向人民阵线时，这种紧张的局面才有所缓和。"停止摩洛哥战争！"里夫战争期间，超现实主义者与共产党人联合呼吁反对法国的殖民主义政策。两年以后（1927年1月[55]），阿拉贡、布勒东、艾吕雅和佩雷集体加入了法国共产党。甚至在所谓阶级斗争时期，共产党人也对加入他们的资产阶级知识分子疑虑重重，对于"社会叛徒"会毫不犹豫地加以驱逐。"让工人读拉辛，还是读维吉尔？"评论家保罗·尼赞写道。在成为永久党员之前，他曾小心翼翼地表示支持该党（同时抨击亨利·巴比塞的《世界》杂志）。他还写了一段令人回味的文字："当一名工人爱上毕加索时，他会比爱上戈佐利更容易堕落。这样的危险遍布《世界》杂志的每一页，只不过还没有被描述出来。"[56]

尽管布勒东不遗余力地将毕加索拖入超现实主义者的论战中，但毕加索仍然置身事外。因此，在"丁香园"① 举办的一场著名的宴会

---

① 丁香园是巴黎的一家著名餐厅，位于巴黎第六区的蒙帕纳斯大道。

之后[57]，他企图说服毕加索反对保罗·克洛岱尔。在毕加索的档案里，我发现了这封"致法国驻日本大使保罗·克洛岱尔先生的信"。布勒东要求毕加索在信上签名，但没有成功——这封信实际上是克洛岱尔在《喜剧报》上接受采访时嘲笑当代"各种运动"而引发的请愿书。"这些运动没有一个能带来真正的革新或创造。"他解释称，"无论是**达达主义**还是**超现实主义**，它们都只有一个含义：鸡奸。不止一个人感到惊讶，不是因为我是一个虔诚的天主教徒，而是因为我是一名作家、外交官、法国大使和诗人。"布勒东和他的30多位朋友对此做出了严厉的回应。可想而知，对这位60多岁的代表法国最正统的天主教诗人，前卫艺术派会有多么怒不可遏："先生，我们的活动中唯一体现'鸡奸'的地方，是在于它给那些没有参与其中的人的思想带来了混乱……我们衷心希望革命、战争和殖民叛乱能摧毁西方文明，而你却一直在东方为西方文明的害虫辩护。"

毫无疑问，他们在提到毕加索的作品时又补充道："对我们来说，既不存在平衡，也不存在伟大的艺术。'美'的概念早已过时……我们借此机会公开声明，我们在言行上与所有法国人划清界限。"然后得出结论："你们这类人不时地在天主教或希腊罗马传统中寻求救赎，这是对心智能力的奇特误解。对我们来说，救赎无处可寻。我们认为，兰波是一个对救赎绝望的人，他的作品和生活纯粹是灭亡的见证。天主教、希腊罗马古典主义，我们放弃你，任由你在自己那些肮脏的迷信玩意儿里随波逐流。但愿这些玩意儿从各方面都对你有益：让你变得更有钱，在同胞的仰慕和尊敬中死去。写作吧，祈祷吧，流口水吧。我们一劳永逸地洗刷了把你称作白痴和恶棍的耻辱。"[58]尽管他的年轻朋友们一再坚持，但毕加索依然不动声色。

20世纪30年代，尽管成立了革命作家和艺术家协会（1932年1

月 5 日），其中包括共产主义者及其同情者（艾吕雅与布勒东、克雷维尔、纪德和马尔罗一起加入了该协会），但当时某些超现实主义者（如阿拉贡和达利）肆意调侃无政府主义，把所有团体组织都弄得火冒三丈，彼此之间的关系呈剑拔弩张之势。1930 年 12 月 3 日，当布纽埃尔和达利的电影《黄金时代》上映时，他们与右翼发生了激烈冲突。一位右翼人士高喊"犹太人去死吧！""让我们瞧瞧法国还有没有基督徒！"，这些口号是由爱国者联盟的"委员"和反犹太联盟的代表宣布的。随后，28 号摄影棚遭到洗劫，如此多的抗议皆是针对"这种不道德的布尔什维克景观"，因为它破坏了"宗教、祖国和家庭"。他们因阿拉贡在《为革命服务的超现实主义》（1931 年 7 月）一书中发表诗歌《红色阵线》而与警方发生冲突，阿拉贡也因此被控（1932 年 1 月 16 日）"煽动军队"和"为宣传无政府主义而挑起谋杀"。他们还因为达利在《为革命服务的超现实主义》（第 4 期）上发表的文章《偏执狂幻想》而与共产党发生冲突。有些人认为这篇文章写得"十分过分"，导致阿拉贡和其他三人被传唤到党总部（1932 年 2 月 9 日），要求他们"放弃超现实主义"[59]。随后，《人道报》撰文公开谴责："那些自命不凡的知识分子，当镇压波及工人时，他们无动于衷，而当镇压触及他们的贵人时，他们却摆出撼天震地的架势！"[60]

对布勒东和艾吕雅而言，一切都不简单，他们尽力在一些人的过激行为和另一些人的反应之间来回斡旋。艾吕雅抱怨道（1 月 30 日）："阿拉贡给我们制造的困难没完没了。"[61]不过他还是承诺与布勒东一起收集签名来支持阿拉贡："我们抗议任何出于司法目的解释诗歌文本的企图。"两天后，他依然哀叹道："超现实主义的情况十分糟糕……我们为阿拉贡寄出了 2 000 份材料，到目前为止只收到了 25 个签名……我们何时才能摆脱阿拉贡给我们带来的困境？"[62] 2 月 6 日，在向加拉汇报他们宣传工作的进展时，艾吕雅终于松了一口气："我们得到了150个支持阿拉贡的回复……其中最有名的当属季洛杜、勒韦迪、保尔·福尔、朱尔·罗曼等人。"对超现实主义者来说,阿拉贡被地方预审法官贝农起诉的日子格外难熬,让人再次想起了19世纪末的无耻法律和对无政府状态的恐惧,毕加索对这样的氛围非常熟悉。

像往常一样,艾吕雅和布勒东也要求毕加索支持阿拉贡。但毕加索一直犹豫不决:对他来说,"阿拉贡事件"让他回想起自己在"洗涤船"工作室度过的那段时光——1911年伊比利亚雕像事件发生时,阿波利奈尔被关进监狱,他们害怕会因为自己的外国人身份而被驱逐出境。但超现实主义者并不理解毕加索的犹豫不决。他们无法理解毕加索行政身份的不稳定性。他们的导师、他们的至尊身上的脆弱性,他们又该如何看待?在给加拉的信中,艾吕雅对其大加鞭挞:"毕加索要求在签字前咨询律师。他害怕被驱逐。真不错,是吧?如果他不签字,我们就猛烈地谴责他、攻击他。"[63]这个不为人知的伤痕,这份秘而不宣的脆弱,标志着他被指定的身份。无论他有多少象征意义或经济财富,都无济于事。

"一战"之后、"二战"之前的法国,虽获胜利,却是一个伤痕累累、穷困潦倒的国家,面对"破坏法国品位的外国佬",到处弥漫着怀疑与不信任,排外主义浪潮席卷全国。对一些人来说,毕加索是一位充满魅力的领袖,而对另一些人来说,他却是一个外国人,尤其是自1917年4月2日起,他必须持有外国人身份证。他受到布勒东、艾吕雅、米罗和达利的崇拜,却受到警察局普通官员的苛待和法国文化官员的忽视,这就是那个时期的毕加索。后来,到了20世纪50年代,当我们在另一个语境中看到他对请愿签名反应热烈时,就会从另一个角度来重新解读他在这段困难时期的行为。不要忘了莫里斯·德·弗拉芒克早在1924年就对他进行过攻击。"毕加索是个彻头彻尾的骗子，天生的剽窃者……如果他还在西班牙，并时不时地向巴黎寄送立体主义画作，人们一定会说：'太了不起了，真是个天才！'但他却想：'法国胜利了，我们来画安格尔吧！'这就是我们不再认真对待他的原因。"[64] 对于法国社会的边缘人来说，毕加索成了典型的威胁，因为他越来越多地代表了爱国者所憎恨的一切：他有钱、出名、难以捉摸、桀骜不驯、四海为家。

随着法西斯主义的崛起，超现实主义者对攻击他们的回应集中在"民族性"和"世界性"之间的典型对立上。自1931年起，毕加索外国身份证上的印章为他打上了"西班牙人"的烙印。"从20世纪20年代开始，身份证成为移民政策的核心工具。"历史学家玛丽安娜·阿马尔说道，"从1924年到1933年，相关政策几乎每年都会变化……然而，一切都朝着加强行政框架的方向发展……因此，外籍人口中划出了一条界线，将那些处于'正常'状态的人与秘密移民、无证移民、非正规移民和非法移民等其他人区分开来。"[65] 在托洛茨基被驱逐后的1934年4月24日，出现了一份题为"无签证世界"的传单（由相当多的外国同志签署）。对超现实主义者来说，这份传单"标志着对共产主义移民采取镇压措施的开始，并为取缔革命组织铺平了道路"。1939年1月，国际独立革命艺术联合会发布了另一份题为"没有祖国"的传单，强调"各国艺术家都生活在巴黎"，巴黎仍然是"真正的国际思想实验室。艺术和劳工一样，都没有国界之分。今天，像法西斯分子……那样鼓吹回归'法国'艺术，就是反对保持艺术所必需的这种密切联系，就是滑向民族分裂和民族误解，就是处心积虑地开历史倒车"。

尽管有致敬，尽管有庆祝，尽管溢美之辞不绝于耳，尽管举办的展览持续不断（保罗·罗森伯格画廊、皮埃尔·科勒画廊、安德烈·勒韦尔于1924年开设的珀西耶画廊、格拉迪瓦画廊），但这一切都无法改变仇外心理的日常发展，无法纠正法国官方令人震惊的沉默，无法弥补他的作品在法国机构中的缺席，因为这些机构一直对他唯恐避之不及。1939年，情况很简单：巴黎国立网球场现代美术馆收藏了从古斯塔夫·科基奥遗孀那里买来的《古斯塔夫·科基奥肖像》，格勒诺布尔美术馆收藏了毕加索捐赠的《正在看书的女人》，仅此而已。1929年，卢浮宫这座法国最负盛名的博物馆拒绝了雅克·杜塞赠送的《亚威农少女》，这宛如一声晴天霹雳。

奥尔加·毕加索在布瓦吉鲁庄园前的草坪上

作者不详，20世纪30年代初，吉索尔，明胶银盐相片，巴黎毕加索博物馆

第三节

雕塑家、弥诺陶洛斯、知名艺术家（关于布瓦吉鲁庄园）

> 只有毕加索支持绘画，这是多么令人惊叹啊。我们看到了他刚刚完成的两幅画作……它们既不是立体主义的，也不是自然主义的……这是一幅巨匠的情色作品。我们离开时几乎快崩溃了。[1]
>
> ——丹尼尔-亨利·卡恩韦勒致信米歇尔·莱里斯

2011年4月，高古轩画廊在纽约举办了"毕加索与玛丽-德雷莎：疯狂之爱"主题展。在这次展览上，当80幅精美的杰作映入我的眼帘，我才真正了解了玛丽-德雷莎·沃尔特（当时毕加索身边最神秘的人物之一[2]）。这80幅作品中几乎有一半是首次公开展出。在切尔西画廊六间巨大的展厅中，我们和纽约观众一起看到了在老佛爷百货公司门前的一次偶遇中，这位17岁的年轻女孩突然闯入了艺术家的生活。"你的脸长得很有意思，我们会一起做大事的，你愿意为我摆姿势吗？"画家这样问她。[3]1927年，这段插曲为这个本已复杂的世界打开了另一扇门，正如布拉塞所言："一切都开始荡漾。"玛丽-德雷莎·沃尔特的到来标志着一个前所未有的创作时刻。[4]毕加索升级了自己的一系列工具，而且为了在动荡的20世纪30年代规划好自己的路线，他这次从地域角度找到了出路：1930 年 6 月，他买下了诺曼底布瓦吉鲁的一处房产，这是一座"18 世纪的大庄园，其附属建筑里有一间雕塑工作室"（从 1912 年起就被弃之不用），他在那里以前所未有的澎湃激情投身创作。伴随着在布瓦吉鲁空间度过的"玛丽-德雷莎岁月"，经典的安格尔风格素描、极具震撼力的感性雕塑（石膏、青铜、浮雕、伊特鲁里亚风格的木雕）、油画、版画、粉彩、照片和拼贴画也由此应运而生。毕加索整天围绕在他的模特周围，美化她、改造她、扭曲她、吞并她，就像野兽围着猎物逡巡一样。

布瓦吉鲁原是一座堡垒，17 世纪被改造成城堡。18 世纪遭遇了一场大火，之后进行了大规模重建。城堡内有一座供奉圣母玛利亚的小教堂和一个"四面透风、无法取暖的谷仓"[5]。收购布瓦吉鲁是毕加索职业生涯的关键一步：这是他在法国本土购置的第一处房产，也是他创作的催化剂和加速器——以玛丽-德雷莎·沃尔特为模特的大型雕塑，与保尔·福尔合作的雕刻作品，与胡里奥·冈萨雷斯合作的铁艺作品，以及对回收材料（网球、鸡舍铁丝、兔笼碎片）的回归。"多亏了三小时车程之外的布瓦吉鲁，毕加索得以远离首都的喧嚣。"毕加索的孙子伯纳德·鲁伊斯-毕加索解释说，"他得到了来自世界各地的图像。泽沃斯、泰里亚德、他的西班牙朋友和许多其他人给他寄来了大量书籍，例如关于发现伊比利亚雕塑的书籍……毕加索生活在书籍、杂志、报纸和各种物品的包围之中……他并不总是有时间阅读或观赏，但这些物品一直都在，宛如千形万状的一方世界。"[6]

包括罗兰·彭罗斯在内的许多人，他们都说"他非常宠爱圣伯纳犬"，说那里的一切"满足了毕加索对名胜建筑的喜好……灰色的墙壁和美丽的砖石……他周围的事物……大厅里放着河马头骨，以及一个来自法属几内亚的非常精美的巴加雕塑标本，形态颇为壮观。这尊雕塑有着夸张的鹰钩鼻，头部几乎与颈部分离，与庭院另一侧的巨型石膏头像遥相呼应"[7]。布瓦吉鲁成了一处他可以专心工作的避风港（他工作起来有自己的规律和节奏），他也得以摆脱妻子的日常控制，远离他的经销商保罗·罗森伯格，这让他第一次有了开疆拓土的机会。在那里，他汇集了一个独立王国的所有特征——正如我们所言，豪车、司机和纯种狗——预示着他即将征服其他领地，这将是他战胜羞辱的象征。"我认为……布瓦吉鲁完美地诠释了毕加索的矛盾，即媒体形象与毕加索本人之间的矛盾。"他的孙子继续说道，"一方面，他获得了明星的地位，另一方面，在现实中，他很少旅行，所有的时间都待在屋子里埋头工作。"[8]

2017 年，我和巴黎公众一样，为"毕加索的 1932 年：情色之年"所吸引。该展览以一年的时间为主线，通过作品、文件、档案、照片等辅助资料，逐日揭示了艺术家的创作及其发生的事件。我们发现这一时期十分冗长，发现他当时创作的作品具有不同的美学层次——包括风格奇特的《耶稣受难像》，其主题在五年后的《格尔尼卡》中又再次出现。"只有地质隐喻才适合他的作品，"洛朗·勒邦评论道，"比如地层、沉积层、土地褶皱、变质岩。"[9]观众在费多①式的双重生活情境中成为窥探者，而这种双重生活总体而言非常普通，其特点是各种社会关系交错纵横。公众对毕加索所处的一系列自相矛盾的境况很感兴趣，一方面是他对玛丽-德雷莎·沃尔特肆无忌惮的情欲——当年 80% 的作品都是为她创作的，其中包括 111 幅油画；另一方面是对天主教传统的维护，他的母亲专程从巴塞罗那赶来，就是为了见证他儿子保罗的圣餐庆祝仪式。观众依然能领略到他作品的无所不能，

---

① 费多（1862—1921 年），全名乔治·费多，法国剧作家、画家、艺术品收藏家，因其创作的歌舞杂耍表演而得名。

以及他身边朋友和同事的重要性，他们以某种身份在现在或将来为传播他的作品保驾护航（艾吕雅、泽沃斯、泰里亚德、罗森伯格、卡恩韦勒、布拉塞以及前往非洲的莱里斯），而且计划出版他重要作品图录的第一卷。观众看到了毕加索最平淡无奇的东西（肉店账单、酒店账单、豪车广告单，比如他准备购买的希斯巴诺-苏莎跑车），也看到了毕加索最光彩夺目、最具象征意义的时刻：这一年，51岁的毕加索引以为豪的是自己的名字被《拉鲁斯词典》收录。另外，在乔治·佩蒂画廊首次举办的毕加索回顾展上，他以全新的方式展出了自己的236幅画作。

这是"第一次以当代大作的形式举办的艺术家回顾展"，是"仅凭一人的奇思妙想便创造出的奇迹"[10]，是一次吸引了全世界收藏家的社会活动，毕加索担任了他所有作品的独家策展人，由一个经销商财团在玛德莱娜教堂后面的豪华画廊举办。这次展览是在马蒂斯回顾展之后整整等了一年才举办的。由于毕加索在美国声名鹊起，所以在1921年至1929年间，他作品的售价翻了两番，而马蒂斯作品的价格却上涨乏力[11]，毕加索也因此真切感受到他已经与对手拉开了差距。乔治·佩蒂画廊的辉煌和奢华在很大程度上得益于美国资本的支持，其中部分资金由切斯特·戴尔提供。自1928年以来，此人已成为美国最主要的毕加索收藏家之一。1931年2月，戴尔从一位德国画商手中以低价抢到了一幅传奇画作《街头艺人》，并将其改名为《卖艺人家》（安德烈·勒韦尔曾以"熊皮"协会的名义从"洗涤船"工作室购得这幅画），这简直令人难以置信。[12]现在他把这幅画当作战利品一样高高举起。在过去的三年里，这位咄咄逼人的商人兼收藏家还成功打入了法国艺术品经销商的世界，帮助艾蒂安·比格努、约瑟夫·伯恩海姆等人为乔治·佩蒂画廊融资。[13]

1932年，毕加索为这次重要的首展亲自操刀：就作品数量而言，他的展览比马蒂斯的展览多出三分之一。虽然大师的画商们负责挂墙工作，但是选择作品的决定权却只归他一人（作品跨度从1901年到1932年最后几个月）。一位评论家曾在展览开幕前赶去画廊参观，他讲述了令人目瞪口呆的一幕："我一进门就撞见了毕加索，他正在悬挂、拆卸和重新整理画板，一队疲惫不堪的工人已经按照他的意愿辛苦了整整一个星期来平衡这些画板。"[14] 毕加索力图让自己的作品形成一个有机的整体，把作品按照主题而非时间顺序来展示。因此，20世纪20年代的有机形态与玫瑰时期的《手捧花篮的小女孩》或是与新古典主义时期的《母亲与孩子》并置；因此，1915年立体主义风格的《小丑》与玫瑰红时期的《牵马的男孩》展开对话；因此，戈索尔时期创作的《少年》与《亲吻》（玛丽-德雷莎时期的作品）并置。因此，作为当之无愧的大师，毕加索再次掌握了对他作品的控制权，模糊了随意截取、任意分割和无效混杂的界限，就像一记重锤，彰显出他的天赋在前进道路上始终如一的协调和力量。虽说在2017年巴黎毕加索博物馆，透过"毕加索1932：情色之年"的展墙，这场回顾展的组织令人赞叹不已，虽说每个人都能从中真实感受到毕加索的辉煌，但还是缺失了一个因素，而且是一个关键因素：那就是法国警方对20世纪30年代的毕加索是如何描述的，这是额外的错综复杂，是反常，是耻辱，但却是理解这团乱局的关键所在。

很快，1932年7月6日和11日，毕加索在主流媒体上的名声再次引起了法国官员对他的关注，如果没有记错的话，这与1901年6月他在沃拉尔画廊举办画展时的遭遇如出一辙。这些信件来自议会议长办公室和外交部长办公室，保存在法国国家档案馆中。"我部想知道你们掌握了关于画家巴勃罗·毕加索先生国籍的哪些信息，他住在巴黎拉博蒂街28号。"外交部副部长给巴黎警察局长（外国人事务处）写了一封信，要求内政部长进行调查。"请尽快向我提供这些信息。"他郑重说道。7月12日，安全总局局长给内政部长回了信，里面有关毕加索公民身份的信息都是些老生常谈的话，然后又补充了一些因其外国人身份而引发的评论——就像1901年一样，这标志着排外主义在20世纪30年代的法国政府中司空见惯："毕加索被认为拥有巨额财富。他为自己在拉博蒂街的公寓支付了7万法郎的租金，并雇用了四名仆人。最近，他在吉赛尔［原文如此］（应为埃尔省）购置了一处大的花园洋房。毕加索先生出生时是西班牙人，似乎并未取得任何其他国籍。事实上，司法部（入籍部门）和其他政府部门进行的调查都无法证实他曾改过国籍。"[15] 显而易见，所有这些信息再次突显了法国对"他者"身份的成见——怀疑、嫉妒、任意鄙视。正是这样的法国，很快就在1934年2月迎来了数场法西斯游行。后来，由于另一起案件需要调查，使得针对毕加索的调查迟迟没有结果，综合情报局局长于是恼羞成怒，1932年11月25日，他气呼呼地用红笔划掉了他一再提出的要求："紧急回复外交部。"1934年1月13日，他收到了他部门的手写回复。一周后，巴黎警察局长在打好报告终稿后，还是决定删除初稿中的两条重要内容：毕加索是一位"著名"画家，以及"所提供的有关当事人的信息并非不利"[16]。

自1918年以来，法国一直对"战争造成的疲劳状态"[17]感到忧心忡忡。20世纪20年代，为了补充因失踪或致残造成的劳动力缺口（劳动力缺口近300万），急于引进外国劳动力的需求已经变得刻不容缓。事实上，外国人的人口数量已经从1921年的150万（占全法国人口的4%）增长到1931年的300万（占全法国人口的7%）。20世纪30年代，伴随着经济危机的爆发，一些人把外国人视作真正的威胁，正如历史学家克莱尔·扎尔克所回忆的，"面对日益严重的失业阴霾，外国人被指责'盗取了法国人的工作'"[18] 1931年，排外浪潮席卷全法国。[19]主流媒体上的新闻报道，无一不在暗示"外来人口罪

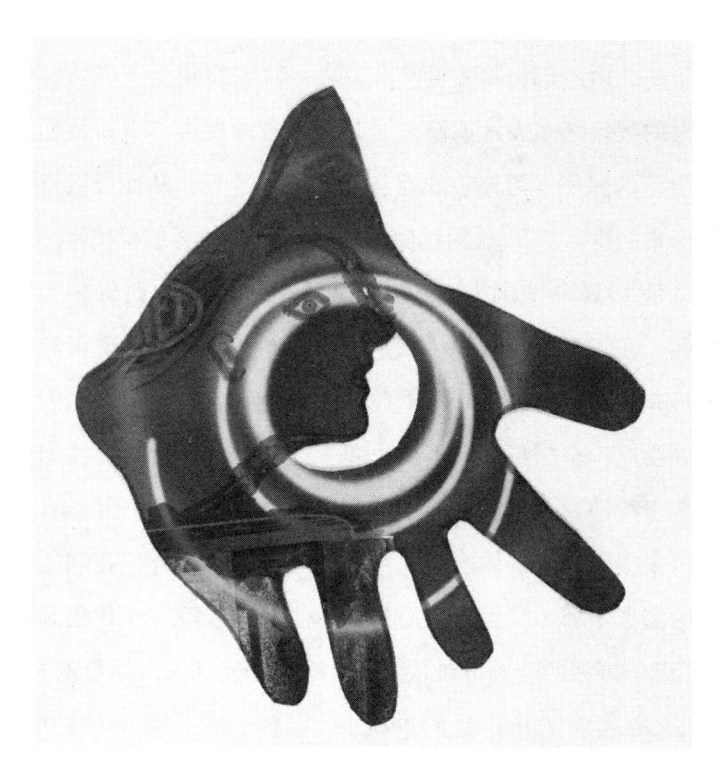

第三章 面对无所不能的警察，毕加索的方方面面：1919—1939 年 | **357**

《手掌与女子头像》

巴勃罗·毕加索，1930 年 9 月 6 日，胡安莱班，墨水，报纸，巴黎毕加索博物馆

犯化"[20]。"'三名意大利人闯入皮埃尔菲特市政厅实施盗窃''一名中国人杀害了一名牙医''波兰人之间的血腥斗殴''一名西班牙人勒死了一名50多岁的妇女',无论是1931年10月23日和12月9日的《事业报》,还是1931年3月15日和17日的《民众报》,上面刊登的都是诸如此类的新闻。"[21]

三年前,内政部长阿尔贝·萨罗在一次警察集会上发言,他对首都外国人的数量之多表示遗憾,同时又为警察发声,支持他们严厉打击"将自己的风俗、习惯、缺点和恶习强加于人,从而导致维护治安越来越困难的这些人"[22]。对国家来说很需要,却会滋扰民生、滋生犯罪。这就是1931年法国人对300万意大利、波兰和西班牙劳工的看法。这些人在不耕地的时候,来到法国北部和东北部的矿区和重工业区,以补充当地劳力的缺口。"在经济形势好、失业率低的时候,他们会受到欢迎,至少不会太不受欢迎。"欧根·韦伯指出,"但一旦工作机会变得稀缺,他们就会成为怨恨的对象。"[23]当然,可能有人会跟我说,这仅限于劳工群体,但艺术界也未能置身事外。我们不妨回顾一下评论家卡米耶·莫克莱尔的文章,他专门追踪"现代绘画的虚假美学""巴黎画派的绘画苏维埃主义""忙于破坏法国品位的外国佬""丑陋无比的表现主义作品的进口商""犹太人(基斯林、夏加尔、帕辛、苏丁、利普希茨……)""半个犹太人(毕加索!)"[原文如此]"共济会""共产主义者(西涅克)和其他布尔什维克特务"[原文如此][24]。早在1930年,他就在《破坏法国艺术的外国佬们》一文中解释说,"即便没有排外主义",还是会有人担心"越来越多的外国佬们挥舞着墨迹未干的入籍证书,在法国定居下来,对我们的艺术家评头论足,丝毫不顾及我们种族的感受"[25]。

1924年夏天和1927年夏天,新出台的法律[26]两次提醒毕加索,法国官方文件指向了一个可怕概念——他的外国人身份。然而,在那段岁月里，他的熟人、朋友，甚至连他的崇拜者都没有意识到这一点。我们需要回到勒普雷圣热尔韦档案馆，重新打开编号为74.664的外国人红色档案："姓名：鲁伊斯·毕加索，又名毕加索·巴勃罗"。我们可以借此了解这位艺术家在警察局所经历的冗长无比的行政程序：1917年10月10日，领取材料；1918年7月1日办理与奥尔加·霍赫洛娃结婚的材料；1918年9月6日，更新外国人身份证，以及1919年12月2日、1927年7月4日、1931年7月3日、1935年6月26日、1937年11月23日和1939年11月30日。这么多的日期记录，这么多的指纹印，这么多的身份证件照，这让他看起来颇似一名惯犯，这么多次的警局之行，他却没有任何意见，仿佛招之即来。那毕加索是如何与这些警察周旋的呢？他遭受的歧视与他的国际声誉完全不符，这让他陷入了自相矛盾的境地。在法国画廊和批评家的世界里，他备受推崇，而在政府机构中，他却始终悄无声息，总是受到行政部门（议会主席、警察等人）的怀疑。多亏了他的政治分析能力，以及他随后建立的一个由他完全掌控的自治领域，他成功地驾驭了局势，并将其扭转为对自己有利的局面。1919年12月2日，他在自己的银行卡收据上签上了"巴勃罗·鲁伊斯·毕加索"的大名，并干脆利落地在上面划了一条线。如此优雅的签名，难道不正是他屈辱内心的写照吗？对于拒绝遭到迫害的人，这难道不正是他所提出的最庄严的挑战吗？1931年7月3日，当这位叱咤风云的艺术家看到警察局长用黑色墨水在新收据上盖上一个大印章，看到印章下方印着的"ESPAGNOL"① 这八个大写字母时，他的心情又是怎样的呢？

19世纪的最后十年，就在无政府主义者发动袭击时，阿方斯·贝蒂荣为巴黎警察总部的"外国人服务处"引入了新的官僚作风。这些

---

① 法语"西班牙人"的意思。

做法很快把欧洲所有国家的警察都吸引来了法国首都，他们对集中管理司法档案的新模式纷纷表示赞许。这是一种被称为"巴黎档案"的小型标准化档案系统，可以为人体测量、照片、指纹等各种信息编制索引。巴黎移民局的"贝蒂荣系统"风靡一时，其目的是整理最炙手可热的 30 年（从德雷福斯案件到无政府主义者的袭击事件，从 1880 年到 1910 年）里积累的大量信息。根据 1888 年颁布的法令，外国人在抵达巴黎后必须立刻向警察局申报。随着大量移民的不断涌入，截止到 1921 年，这项服务的数量已经达到创纪录的 250 多万份之巨，巴黎的移民也因此成为"巴黎警方有权对其检查身份的最大的合法居民群体"[27]。正是这个贝蒂荣系统促使首份毕加索调查报告在 1901 年 5 月至 6 月间出台，当时这位年轻的艺术家正在沃拉尔画廊筹备展览，而这些报告的起草人是警察局的线人菲诺、富勒尔、博尼布斯和吉罗弗莱。

这里要特别提一下塞莱斯坦·埃尼翁，他于 1913 年 3 月 31 日被任命为巴黎警察局长，人称"现代性的卫士"。顺便提一下，当时正好是毕加索发明拼贴画的时候。同年 6 月 2 日，埃尼翁宣布要重组一个部门，用他自己的话说，"这个部门被有些过时的组织结构和无法迅速应变的规则拖累"[28]，然后创建一个世界上独一无二的专门监视外国人的部门。第一次世界大战期间，巴黎通过了一项法令（1917 年 4 月 2 日），规定外国人必须随身携带身份证。但直到 1921 年，由于缺乏人手，巴黎警察局一直未能全力实施这项规定。后来民族主义议员埃米尔·马萨尔（巴黎市议会副议长，兼任警察总局预算报告员）强烈要求增加警察总局的财政、人力和技术资源，这一状况才有所缓解。正是在这个特别繁荣的时期，传说中的 205 号房间诞生了，位于西岱岛皇宫大道 9 号的警察局总部 F 楼二楼。在这间令人印象深刻的档案室里，排列着一排排特制的深色木架，从地板一直矗立到天花板，架子上的档案资料详尽无遗——从而构成了一座汇总各方信息的数据库。但由于缺乏相应的技术处理手段，这些资料最终看起来就像是可笑过时的信息积累。在这些布置得无可挑剔的架子上，摆放着20世纪20年代、30年代和40年代毕加索警方档案的所有文件。

1923年，移民局被当时的警察局长罗贝尔·勒利尔视为最重要的部门。1925年，他的继任者阿尔弗雷德·莫兰又为移民局增添了浓墨重彩的一笔，将其政治部门（著名的情报部门）的得力干将吸纳进移民局，以控制当时正值布尔什维克化运动高峰期的移民加入共产党所带来的政治威胁。[29]继任者让·夏普（1927年5月）和罗杰·朗格伦（1934年3月）延续了这一势头，将大部分资源用于监控法国首都的外国人，并成倍增加了相关的预算拨款（从1922年的250万法郎增至1939年的800万法郎[30]）。在全世界范围内，人们都对这种极其先进的外国人监控手段赞叹不已，将其视为名副其实的"现代警务实验室"[31]。对毕加索来说，这种警务的现代化意味着除了在他的外国人身份证上盖上"西班牙人"印章（1931年）后，还必须采集他的指纹（1938年5月2日颁布的达拉第法令？）。

在此期间，安德烈·勒韦尔再次扛起了重担。透过他们的书信往来，我们可以看到几年后曝光的排外心理潜移默化的发展。1924年夏天，安德烈·勒韦尔一下子打乱了毕加索一家在胡安莱班的度假计划，他提醒毕加索注意新租金法的颁布，该法允许租户在1926年1月1日之前继续租住公寓。这项法律"似乎对外国人没有任何区别对待"，他在9月3日指出："但它要求所有租户必须通过执达员通知房东，表明他们打算利用法律规定的延期条款。由于你的租期……将在10月份到期……你**必须在9月底之前**通知房东，告诉他你准备继续住下去。……如果你在9月底之前回不来，那你可以给我寄一封信，写明你房东的姓名和地址，以及你打算借此机会将你的公寓保留到次年1月1日……（我将）与我的律师见面，跟他商定需要遵循的程序。"[32]两星期后，勒韦尔这位心地善良却又忧心忡忡的保护者又回来了。"我研究了新法律，"他说道，"但我刚刚发现，该法只适用于获得**户籍准入**的外国人。**户籍准入**是一种罕见的特殊情况，它先于入籍，只能通过法令获得。我相信你不属于这种情况。此外，要获得户籍准入，你必须完成一系列手续，而法令的签发需要相当长的时间。我很抱歉，我这个假期没有时间研究我并不熟悉的法律条文。在这种不幸的情况下，我为我迟迟没有向你通报情况深表歉意。"法律专业出身的勒韦尔用心良苦，他接着说道："亲爱的朋友，请相信我，我随时准备帮助你。"[33]显然，勒韦尔突然意识到毕加索在法国国内的处境。忧心忡忡的他没有置身事外，而是对毕加索一如既往地忠心耿耿。

简单查阅一下法国法律的词汇和历史，就能对这一问题有所了解：**户籍准入**（与"户籍确立"同义）是"法国政府批准外国人在法国建立户籍并享有法国公民的权利"。自共和十一年起，根据共和十一年风月①17日（1803年3月8日）颁布的《拿破仑法典》第13条的规定，由司法部处理的户籍准入申请，保证"经政府准予在法国建立户籍的外国人，只要他继续在法国居住，就会在法国享有一切公民权利"。毕加索了解这种身份的好处吗？他在法国生活了二十多年，本可以很容易启动这一程序，而且申请"户籍准入"也符合他的利益。但是，当他埋头工作时，他是否察觉到正在酝酿的威胁？五天后，勒韦尔再次提醒他："亲爱的朋友，我终于见到了我的律师……他同意我的观点，认为你应该尝试与房东或其代表达成协议。但是，

---

① 风月是法兰西共和历的第六个月，公历2月19、20或21日开始，3月21或22日结束。

如果房东或其代表顽固不化，我的律师肯定地跟我说，虽然你是外国人，但他可以采取多种程序手段，而且你也绝对不会要被迫搬家。不过，他敦促你还是要在 10 月 15 日之前与经办人联系。当然，我随时听候你的差遣，同时我也不希望你到那个时候才回来。"[34] 20 世纪二三十年代外国人在法国社会中的悲惨地位，我们还需要再次强调吗？1927 年，为了促进新移民劳动力的融入，法国颁布了一项法律，放宽了获得法国国籍的条件（居住年限缩短为三年）。从 1927 年到 1938 年，平均每年入籍人数为 3.8 万，1938 年上升到 8.1 万。利用 1904 年以来的居留身份申请入籍符合自身利益，毕加索是否意识到了这一点？他终究还是没有意识到。

我们该如何分析毕加索地形动态中的"布瓦吉鲁效应"呢？自 1904 年抵达巴黎以来，毕加索一直在为展览和销售而努力拼搏。从 1906 年起，他成了前卫艺术界的翘楚。在长达 14 年的时间里，他在巴黎的事业轨迹随着他在巴黎地理位置的变迁而发生了显著变化，完全符合他收入不断增加的变化曲线。下面这份清单的意义不言而喻：1904 年至 1909 年，拉维尼昂街 13 号；1909 年至 1912 年，克利希大道 11 号（尽管直到 1912 年他还在拉维尼昂街保留着一间工作室）；1912 年至 1913 年，拉斯帕伊大道 242 号；1913 年至 1916 年，维克多-舍尔彻街 5 号乙；1916 年到 1918 年，蒙鲁日的维克多-雨果街 22 号；从 1918 年起（先是一间公寓房，之后是一间工作室），拉博蒂街 23 号——在社会经受历练的过程中，从工人阶级社区搬到了美丽迷人的街区。所有这些租房经历都发生在 1930 年 6 月购买布瓦吉鲁城堡之前。在四分之一的世纪里，毕加索一步一步摆脱了 1904 年他因栖身陋室而"只配遭人歧视的地位"，也彰显出一位在法国社会"功成名就"的人所能表现出的所有特征。

然而，警局的警员和工作人员却习惯性地歧视外国人，将他们及其住所类型联系起来，把他们困在系统分配的恶性循环中。毕加索的情况也不例外。后来，这些警察都被弄得一头雾水：这个"外国人"以每月 7 000 法郎的天价在拉博蒂街（爱丽舍宫附近）租了两套公寓，还在圣米歇尔广场附近的大奥古斯汀街租了一间工作室（从 1936 年起），更不用说他从 1930 年起就在布瓦吉鲁拥有了一座 17 世纪的庄园。他们感到困惑不已，不知如何是好。当他们准备在官方文件上提到这处最新购得的房产时，他们不断地在上面涂涂改改：该怎么描述布瓦吉鲁呢？说它是"城堡""庄园"，还是"花园洋房"？他们在态度上犹豫不决，在言语上讥讽"外国人"买房租房，这些都无一例外地表明，对他们而言，这是一个反常现象。一个世纪以来几乎没有什么变化。"对于新来者，"这位社会学家继续说道，"怀疑的声音总是不绝于耳。省长在写给市长和专员的信件和通告中，不断提醒他们有责任监视新来者的动向。通告中也不厌其烦地建议，要严密监视租住酒店包间和高级公寓的人。战争……危机……和政权更迭……都会突然重新引发敌对行为，以及公共当局的控制企图。"[35]

不过，战略家毕加索的手段可不止一个。这就是我在毕加索博物馆第 120、121、122、123 号档案盒中看到的独立庄园的隐秘面貌。毕加索的身价在 20 世纪 20 年代出现了惊人的增值（从与保罗·罗森伯格的往来书信中便可看出），现在是时候迈向另一个阶段了！1926 年，马克斯·佩勒克（与他的兄弟拉乌尔，安德烈·勒韦尔的姻亲侄子）自愿成为毕加索的财务、法律和行政顾问（一直做到毕加索去世为止）。如果说画家变得腰缠万贯，那也要归功于在国家信贷银行办公室为他工作的马克斯·佩勒克。毕加索博物馆保存的档案揭示了毕加索工坊在基础设施和机械设备方面鲜为人知的一面。"亲爱的毕加索先生，请原谅我打扰了你的休息，让你不得不离开梦境，聆听银行家亲切的声音。"1927 年 8 月，马克斯·佩勒克优雅地对毕加索说，"我向你承认，我煞费苦心地在维护着你我的利益。既然我必须让你了解最新情况，那我就告诉你，我以 1 870 至 1 880 法郎的价格为你买了 50 股普通石油信贷公司的股票，然后我让你以 2 205 法郎的价格卖掉了，每股获利 300 多法郎，即总共获利约 1.5 万法郎。前天，我让你以 1 400 法郎的价格买了 150 股东方铁路公司的股票，这些股票现在价值 1 500 法郎，又获利 1.5 万法郎。当然，当我认为利润足够时，我会卖掉最后这些股票。我给你干活，就像给自己干活一样。不过，我还是欠你几句解释。我想你会同意我的做法的。我从安德烈叔叔那里得知，你在夏纳过着富足的生活，但从报纸上看，蔚蓝海岸似乎是个巨大的地狱。我真诚地希望你没有遇到任何麻烦。回信为盼。"[36] 有了第一次如此富有成效的合作，佩勒克信心倍增，他不断安慰毕加索说："我总是把你的事当成自己的事来处理，情况还不算太糟。等你回来后，我会向你解释的。"[37]

事实上，佩勒克在短短几个小时内为这位艺术家筹得的款项相当于今天的 2.8 万欧元——通过两次明智的投资，毕加索的钱越来越多，而他甚至都没有开口要求佩勒克这么做。"我在图赖讷的家庭庄园里度过了几天非常愉快的日子，我在这里向你和毕加索夫人致以最亲切的问候，并希望很快能在巴黎见到你们，我星期一就会回到巴黎。"[38] 这位"银行家朋友"在一张明信片的背面写下了这样一番话。这张明信片展示的是位于安德尔-卢瓦尔省布拉伊苏法耶的 18 世纪古堡普莱塞城堡，旁边是一座 12 世纪的罗马式教堂。毕加索当时的财务状况令人大开眼界："亲爱的朋友，我在莫尔比昂省的一个小渔港收到了一张 12 万法郎的支票，我正将其寄往银行，以便将其存入你的账户并通知你"（1928 年 8 月 6 日）；"我收到了一张 66.3 万法郎的支票，我今天正将其寄往巴黎"（1928 年 8 月 11 日）；"贝尔已经处理了你的居留证事宜，希望你能尽快带来毕加索夫妇的两张小照片。我将亲自向你解释他努力的结果。你在 R 那里举办的展览非常精彩"（1931 年 7 月 2 日）；"如果你有任何困难，请随时告诉我，你知道我愿意分担你的悲伤和烦恼，而且我理解你的心情"（1935 年 8 月 7 日）；"亲爱的毕加索，我以巴勃罗·鲁伊斯的名义给你寄了一本支票本。你尽管放心，我不会把你的地址告诉任何人，因为我完全理解你对安宁的渴望。按照我们的约定，我去见了沃拉尔，请他按照我们的约定把应付给你的款项转给我。……我请你忘掉一切烦恼，有时想想你的好朋友佩勒克，他对你有着真挚而深厚的感情"（1936 年 4 月 6 日）；"临行前，我担心过你的账户。现在你可以放心，只要开出支票，他们都会支付的"（未注明日期，明信片从哈利根港寄出）；"我亲爱的朋友，这是来自你母亲的消息，今天我接待了'你朋友'的来访，我让人在支票背面签字兑付给我，我签了字，转了钱，我做了我应该做的"（1936 年 8 月 19 日）；"我收到了你的信息，我要重新梳理一下你事情的来龙去脉。你的监督员提克西尔已经答应和他的朋友罗赛洛稽查员共进午餐，并在事后立即通知我这次面谈的结果。随信附上 40 100 法郎的支票"（1937 年 8 月 19 日）。在短短几年时间里，在无法详尽核对账目的情况下，我们光凭这几封信就可以看到，佩勒克目睹了 85 万法郎（相当于今天的 50 多万欧元）的资金从毕加索的账目上流过——如果他再次使用这笔钱，那么很可能会把这位来自"洗涤船"的人变成百万富翁。

从 20 年代中期开始，毕加索的收入大幅增加，当他为自己的处境（无论是个人、专业还是行政方面）找到了新的空间解决方案时，他会首先向马克斯·佩勒克寻求建议。"巴黎，1929 年 10 月 25 日。亲爱的朋友，我明天不可能来看你感兴趣的房产了，"佩勒克回答道，

"但请你周一来找我，把支票寄给税务检查员，并在信上签字。"决定给自己很大的自由空间，不正是毕加索对他试图遏制的威胁的另一种回应方式吗？但这些，只有他自己知道。顺便提一下，毕加索的一些作品反映了他最初极不稳定、后来又绝对复杂的生活环境。在最初阶段，我们注意到他的几幅画作中存在失明的寓意。后来，我们看到他化身为小丑形象（意大利即兴喜剧中多才多艺的天才[39]），偶尔出现在街头艺人和旅行者的世界中。30年代，他经常化身为弥诺陶洛斯的形象，并与玛丽-德雷莎·沃尔特互动。为了回应泰里亚德的委托（为《弥诺陶洛斯报》首期创作头版插图），他采用铅笔、炭笔和蚀刻版画，通过绘制、创作和再创作，设计了一个充满威胁、兽性和野蛮的人形。在1933年6月出版的终稿图中，毕加索创造了一个强壮、多毛、畸形的动物，右手粗暴地握着匕首。在那几年里，他的这一衍变形象也是多种多样。在以"叙事的连续性"[40]呈现的"沃拉尔系列版画"（1930年委托创作）中，他成了"矛盾情感的化身"[41]，一个既脆弱又强大，既充满渴望又奄奄一息的形象，他的回归起先是温柔的，然后充满怒气，接着越来越暴力——毕加索对比了兽性与女性、外形的野蛮与沉睡女子的慵懒、膨胀的性欲与脆弱这几组关系。因此，他创作了《受伤的弥诺陶洛斯（七）》[42]《弥诺陶洛斯在玛丽-德雷莎的注视下奄奄一息》《弥诺陶洛斯爱抚沉睡女子》[43]《弥诺陶洛斯强奸女子》《弥诺陶洛斯爱上女半人马》[44]。几周之后，马与牛、男人与女人的强烈对比，甚至是女斗牛士（有的就是玛丽-德雷莎的化身）被牛角刺中奄奄一息的场景，又出现在《斗牛：女斗牛士之死》[45]《弥诺陶洛斯爱上女半人马》《有弥诺陶洛斯的酒神节》[46]等作品中。

1934年12月和1935年1月，毕加索又创作了《弥诺陶洛斯之战》，这也许是他最具魅力的系列作品，将他之前故事中的所有人物重新汇集在一起，其中有《失明弥诺陶洛斯被小女孩领到海边》[47]、

《一位小女孩引领的失明弥诺陶洛斯》（之一、之二、之三）[48]、《玛丽-德雷莎和鸽子在星空下引导失明弥诺陶洛斯》[49]、《弥诺陶洛斯之战》[50]。随着神话人物的命运在孩子手中变得无助、依赖、受伤、垂死、失落或迷茫，失明主题在另一个危机时刻再次出现。在创作《女斗牛士：最后之吻》[51]《玛丽-德雷莎扮演女斗牛士，女斗牛士之二》[52]《女斗牛士之五》[53]《盛大的斗牛节和女斗牛士》[54]等作品的过程中，毕加索徘徊在欲望、死亡、破坏冲动、掠夺冲动、躯体的张力和释放的暴力之间，跳了一场懵懂而狂热的芭蕾。[55] "毕加索笔下的弥诺陶洛斯喜欢饕餮盛宴，爱憎分明，英勇无畏，这正是毕加索本人的形象。"卡恩韦勒说道，"他想赤裸裸地展示自己，在心灵相通的交融中展示自己。"[56]

毕加索根据对方与自己的缘分建立了自己的职业版图，把其他流亡者的公共领域吸纳进自己的圈子，在他周围组建起一支由崇拜者、同事、专家、朋友组成的大军，积极在法国和全球推广他的事业。他们各司其职，对他忠心耿耿，而且他们的一部分人出于对他的钦佩，到现在还在为他义务工作。尽管毕加索的行政地位还很脆弱，但他运作自己的事业就仿佛在管理一个名副其实的国家，他的每一位亲信都掌管着一个或多个"部门"。除了长期合作的画商（沃拉尔、卡恩韦勒）以外，毕加索还在巴黎与安德烈·勒韦尔（1924年开办了珀西耶画廊）、皮埃尔·勒布（从1926年起合作）、皮埃尔·科勒等人合作，相继在罗森伯格兄弟和乔治·佩蒂的画廊展出。不久，刚从希腊来到巴黎（1926年）的艺术史学家克里斯蒂安·泽沃斯也加入了这个最初的专业圈子，开创性地创办了当时第一本专门研究当代艺术的杂志《艺术手册》，并立刻着手编写毕加索重要作品的图录。新近从匈牙利过来的摄影师布拉塞（1932年）在进入拉博蒂街（"我本以为是艺术家的工作室，没想到是一间被改造成破烂仓库的公寓房"[57]）和大奥古斯汀街时，捕捉到了毕加索当时的亲密关系和他当时各种圈子之间的差异。评论家兼出版商泰里亚德，他也是从希腊来的（1933年），后来成为《弥诺陶洛斯》杂志和《激情》杂志的艺术总监，这两家杂志对毕加索作品的传播至关重要；加泰罗尼亚少年时代的朋友海梅·萨巴特斯（1935年）回应了毕加索的求助，在1935年毕加索陷入危机时拯救了他，成为他在拉博蒂街的室友，之后又成为他的私人秘书；玛丽·库托利（1936年）利用他作品的"大幅草图"在阿尔及利亚创办了一家挂毯企业（与戈布兰挂毯厂合作），其产品精美绝伦，远销美国；还有佩勒克兄弟，他们是无条件的崇拜者、收藏家、朋友、财务和法律顾问等等！好消息主要来自美国，1934年在康涅狄格州哈特福德市的沃兹沃思学会和纽约的保罗·罗森伯格画廊举办了展览。"昨天虽然是圣帕特里克节，但仍有304人参观了展览，"画商兴奋地说道，"还有220人在街上排队。"[58]

这是毕加索人生之旅的关键时期，他组织了一个蔚为壮观的接力系统，这个系统以别具匠心的方式不断开枝散叶。从第一次世界大战结束到第二次世界大战开始的这段时期，他在身边构建起令人惊叹的人际关系网，通过在素描、肖像、雕刻或画布的底部签名来满足他人的需求。诚然，他们都被当作工具使用，但都是在为天才服务。毕加索用才华聚拢人力，在独树一帜的布瓦吉鲁庄园为他的作品营造美轮美奂的氛围，同时尽力避免逐渐攀升的政治风险所带来的不测风云。

370 | 名为毕加索的异乡人

巴勃罗·毕加索写给海梅·萨巴特斯的信

1935年，巴塞罗那毕加索博物馆

第三章 面对无所不能的警察，毕加索的方方面面：1919—1939 年 | 371

克莱门特·艾德礼在白教堂美术馆

作者不详，摄于 1939 年，伦敦，照片，彭罗斯藏品，2021 年

第四节

画家与政治诗人（与西班牙共和党人并肩作战）

在我正在伏案工作的画板上，在我即将称之为《格尔尼卡》的作品中，我明确表达了我对军事集团的恐惧。他们将西班牙沉入海洋，沉入痛苦和死亡的海洋。[1]

——巴勃罗·毕加索

《格尔尼卡》颇似一张照片，这很重要：因此它绝对称得上是一件现代作品。[2]

——朵拉·玛尔

苏黎世，1932年9月9日。米色西服搭配白色口袋方巾，白衬衫搭配深色领带，头上的博尔萨利诺帽子微微向右倾斜，香烟巧妙地夹在食指和中指之间，这个气质不凡的男人在苏黎世湖前摆出这副怡然自得的姿势，其中究竟隐藏着什么信息？毕加索留在了巴黎，为乔治·佩蒂的画廊布置自己30年来创作的作品，让从世界各地蜂拥而至的收藏家们看得眼花缭乱。3个月后，苏黎世美术馆举办了毕加索的"首次博物馆展览"，标志着毕加索在赢得国际合法地位的道路上

图 1 《蓝色自画像》

巴勃罗·毕加索,1901 年,巴黎毕加索博物馆

图 2 《蒙马特的加泰罗尼亚人：皮肖特、马涅奇、卡萨吉玛斯、布罗萨、毕加索和盖尔》

巴勃罗·毕加索，1900 年，美国费城巴恩斯基金会

图 3 《毕加索和塞巴斯提亚·朱雅·维达尔踏上旅途》

巴勃罗·毕加索，1904 年，巴塞罗那毕加索博物馆

图 4　《母亲》

巴勃罗·毕加索，1901 年，圣路易艺术博物馆

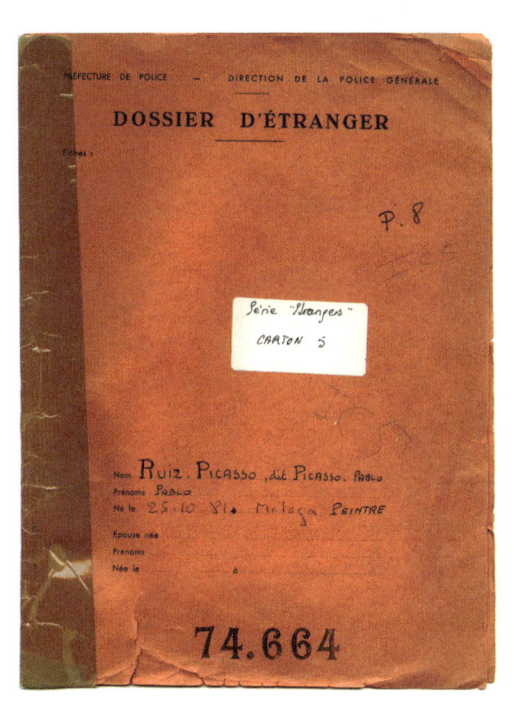

图 5　毕加索官方档案的封面

巴黎警察总局档案馆

图6 拉维尼昂广场,在"洗涤船"前的毕加索

1904年,巴黎毕加索博物馆

图7 "洗涤船",毕加索于1904—1911年间在此工作和生活

罗杰·维奥莱档案馆

图 8　《卖艺人家》

巴勃罗·毕加索，1905 年，美国国家艺术馆

图 9　巴黎警察总局的 205 号房间，这里保管着巴黎的外国人档案

1920 年，罗杰·维奥莱档案馆

图 10　毕加索申请外国人身份证的官方回执

1935 年，巴黎警察总局档案馆

图 11 《失明的弥诺陶洛斯被小女孩领到海边》

巴勃罗·毕加索，1934 年，巴黎毕加索博物馆

图 12 1937 年 5—6 月，毕加索在大奥古斯汀街的工作室里绘制《格尔尼卡》

朵拉·玛尔，巴黎毕加索博物馆

图 13　《年轻画家》

巴勃罗·毕加索，1972 年，巴黎毕加索博物馆

又迈进了一步。然而，尽管表面上如此，当年的巴黎仍然是一座萧条的城市。"什么东西也卖不了……画廊里一个人都见不到"[3]，卡恩韦勒在描述这段"萧条岁月"时说道。政治机构无力应对经济危机，在1928年至1938年期间让货币持续贬值，导致法郎贬值一半，但这也只是影响整个欧洲的深重危机的表象之一。

在苏黎世湖前，这位风度翩翩的艺术家得意扬扬地向一位西班牙记者宣称自己拒绝政治："我永远不会先入为主地为任何国家的政治、宗教或军事艺术服务。"[4]1933年，他为玛丽-德雷莎·沃尔特制作了几具雕塑，做得越来越厚重，越来越具有男性生殖崇拜的气息。从1934年到1935年，他对弥诺陶洛斯越来越着迷，他笔下的弥诺陶洛斯要么亮起匕首，一副兽性、猥琐、令人生厌的形象；要么充满爱意，温柔，无能，双目失明，被一位小朋友牵手领着——而在德国，随着1934年6月30日"长刀之夜"的到来，希特勒继续前进的步伐。1935年2月，当毕加索得知玛丽-德雷莎·沃尔特怀孕的消息后，他用谎言和神秘强加在他周围的情感组织发生了新的转变，情况变得无法控制。随着女儿玛雅的出生（1935年10月5日），他这个有妇之夫的婚外生活也随之崩溃。我们发现他远离了素描、油画和雕塑，转而对文字产生了浓厚的兴趣，将精力投入到写作和诗歌创作中。他重组了自己的世界，度过了一段奇特的"休养生息的岁月"[5]。他对合法离婚所带来的经济风险感到惴惴不安，于是他编制了一份作品清单，考虑了摆脱困境的种种可能，然后过着隐秘的生活。他有时会突然从巴黎消失，比如1936年的春天："毕加索忧心忡忡，几天前突然离开，去了一个不知名的地方，"艾吕雅不无担心地说道，"而且不知道要去多久。"[6]

毕加索与奥尔加·霍赫洛娃达成了一项初步协议：为了避免失去一半财产和一半作品，毕加索将布瓦吉鲁庄园让给了她。因此，在失去雕塑和雕刻工作室的同时，他也失去了庄园自主权所提供的"地域方案"。这是继 1906 年无法加入前卫艺术圈（后来去戈索尔旅居了一段时间，这一问题得以解决）和 1914 年查封卡恩韦勒画廊造成其部分作品下落不明之后，他在职业生涯中遭遇的第三次僵局。但这是他第一次陷入个人僵局。1935 年，毕加索向他的老朋友萨巴特斯求助，与之达成了第二项协议。"萨巴特斯朋友，你和你的妻子明早能和我们一起去乡下吗？你可以参观那里的雕塑，我们会一起度过美好的一天。请在明天上午 10 点 15 分赶到拉博蒂街（明天星期天）……你的朋友，毕加索。今天是 5 月 4 日，星期六，1935 年。"[7] 这是毕加索第一次尝试联系这位儿时好友、评论家和作家，他的这位儿时好友在拉丁美洲生活了一段时间，之后又回到了欧洲。毕加索让他担任自己的私人秘书，并于 1936 年说服他与自己在拉博蒂街"合住"。渐渐地，"海梅朋友""海梅·萨巴特斯""亲爱的海梅""萨巴特斯朋友""亲爱的朋友萨巴特斯"成为毕加索版图的一部分。1936 年 3 月 9 日，一张从门缝里塞入的纸条精彩描述了这种关系，其中既有情同手足之意，也有人身控制之嫌："萨巴特斯，你知道时间在一点点流逝，你能不能早上 8 点半跑到我床边来叫醒我？现在是凌晨 2 点，1936 年 3 月 7 日。"[8]

1936 年夏天，毕加索的处境变得更加复杂，人生之路也变得险象环生。他在巴黎圣日耳曼德佩区的一家咖啡馆里遇见了朵拉·玛尔（是 1935 年 12 月还是 1936 年 1 月遇见的？这个问题至今悬而未决），并在艾吕雅的介绍下认识了她。朵拉·玛尔是一位著名的艺术家和超现实主义摄影师，曾与曼·雷、马克斯·恩斯特、乔治·巴塔耶和布拉塞等人共事过。皮埃尔·戴克斯称两人的会面是一次"完美的交流"，并回忆了毕加索对这一缘分之地的迷恋——咖啡馆里的朵拉·玛尔是一位无拘无束的女人，精力旺盛，撩人心怀，让人坐立不安。

她手上戴着手套，正玩弄着一把大刀。[9]毕加索问她要手套，她便给了他。当我一点一点收集朵拉·玛尔的信息时，收集在《格尔尼卡》创作期间她与毕加索在一起生活的信息时，我在德军占领时期灰暗无比的诸多肖像中看到了她哭泣的画像，我在卢贝隆的梅纳贝斯[10]找到了去往她家的巴里勒小路和波尔塔伊小路，我在电话中听着埃莱娜·克莱因回忆起她的音容笑貌——当时她过着隐居生活，不接待任何访客——或是1997年7月27日在克拉马特公墓，我看到她的灵柩周围站着几位可怜人。但我真正看到她的作品，还是在蓬皮杜艺术中心，在一个首次专门为她举办的展览上。一位身穿晚礼服的女士在翩翩起舞，她高举双臂，后背袒露，头部是一颗巨大的星星，和她的衣服一样光彩夺目。[11]这幅莱昂诺尔·菲尼的照片充满了无尽的性感，在巴洛克风格的黑色天鹅绒布景中，她敞开胸衣，双腿张开（右边露出穿着长筒丝袜的大腿），大腿间夹着一只正在挣脱逃跑的黑色安哥拉小猫[12]，以及其他诸如此类的信息。在调查进行到这一阶段时，我决定采访维奥莱特·安德烈斯。她是巴黎毕加索国家博物馆的摄影负责人，对摄影技术和朵拉·玛尔的一切都了如指掌。她能否就朵拉·玛尔在那些年担任的摄影师工作透露一些信息呢？"朵拉·玛尔从未解释过……她淡化了自己的角色……不过你还是看一看1936年3月在布瓦吉鲁拍摄的照片吧……"，维奥莱特开始说道，然后向我提供了许多链接，一个巨大的世界一下子展现在我的眼前。

这些拍摄于1936年3月的照片，我此前从未见过。在毕加索的镜头下，我看到了一位沉静、坚强的年轻女性，她面容端庄，眼神清澈，穿着舒适的开襟羊毛衫——还不到30岁——正在专心致志地看着报纸。在茫茫夜色中，她活力四射，几乎散发着无穷的魅力。但在布瓦吉鲁互拍肖像的过程中，我发现她又完全不同了——玛尔拍摄毕加索，毕加索拍摄玛尔[13]——她在阿斯托尔格大街拥有一间"暗室"，在随后的共同实验过程中，她在这间"暗室"里做起了摄影师—模特、主体—客体，不同的角色在镜头前后交替进行，这是她与曼·雷早已玩过的把戏。她在危急时刻（失去诺曼底庄园前夕）刺激着这位毕加索，强迫他摆出各种姿势：他会坐着，靠在一把老式椅子的靠背上；或者站着，整个身体靠在墙上，仅靠右肩保持平衡。我猛然意识到，在这场游戏中，毕加索失去了先手优势。玛尔制作了令人难以置信的相片底片《毕加索肖像，1935 年至 1936 年冬》，她像过去摆弄模特一样来摆弄毕加索，突出毕加索的倒置影像，在他的脸上涂抹黑色墨水，将其变成独眼人（遮住他的一只眼睛）。结果，毕加索变成了一件物品，被她随心所欲地用阴影、对比、抽象和黑白的美丽效果进行扭曲变形。

与布勒东等其他人不同，玛尔对毕加索的态度并不谄媚，而更像是同龄人之间的较量。玛尔来自一个不同寻常的家庭，她了解规则，自视甚高，并以自信、潇洒、大胆和幽默的方式坚持自我！戴克斯回忆说，几年前，布拉塞把一块空白照相板遗忘在布瓦吉鲁，毕加索总是迫不及待地尝试新技术，他无法克制"触碰像结冰的湖面一样光滑平整的这一层薄片的冲动"[14]……三年后，正是朵拉·玛尔向他介绍了这一技术！现在处在这位女摄影师的股掌之中，他既是拍摄对象，又是拍摄指导。在我的眼里，此时的毕加索，从一向传奇般的无所不能突然变得无法淡定，他被这位向他发起挑战的女政治活动家[15]、这位在技术上比他更专业的女摄影师、这位受人尊敬的超现实主义女性［布勒东用七位超现实主义女性名字的首字母，来命名他的格拉迪瓦画廊（GRADIVA），其中就有她的名字的首字母"D"］压制和刺激。通过《朵拉·玛尔四分之三头像，玻璃底片实验》《朵拉·玛尔和古代人物（构图）》《朵拉和弥诺陶洛斯》[16]《披着头巾的朵拉》等作品，毕加索"将她置于曼·雷发明的射线照相技术之下"[17]……

毕加索竭尽所能，试图将摄影师一点一点囚禁在自己的世界中。

此时，毕加索发现自己身处两组要求的中心。新的家庭纽带和地理纽带将他与法国紧密相连——两个法国孩子，诺曼底的一座庄园和巴黎的三套公寓——与此同时，许多纽带继续将他与西班牙联系在一起。[18]在情感和经济上，他在相互矛盾的要求和三极之间挣扎：奥尔加·霍赫洛娃和她的儿子，玛丽-德雷莎·沃尔特和他们生的女儿，朵拉·玛尔和他们的合作项目。随着法西斯主义的崛起，他需要实现许多政治诉求，而这些诉求指明了他唯一要走的道路，那就是担当。1937年，他正在大奥古斯汀街的新工作室里，紧张而狂热。工作室面积不大，内饰陈旧。他的周围都是西班牙共和党人，他们急于阻止法西斯军队在西班牙的推进。就在他的旷世之作即将横空出世前夕，就在他即将成为有担当有作为的画家典范之际，何塞·贝尔加明等人将他与戈雅等同视之："在我看来，从缺乏理性的西班牙人戈雅到同样缺乏理性的西班牙人毕加索，只有一步之遥，那就是西班牙的革命智慧。"[19]场景变了，人物也变了。从现在起，他的身边多了一支"近卫军"，这又是一支怎样的近卫军啊！其中有他的朋友萨巴特斯、摄影师朵拉·玛尔、诗人保尔·艾吕雅，以及一位名叫让·卡苏的年轻评论家。

对一些人来说，毕加索突然卷入政治的原因仍然是个谜。但在一个危机四伏的世界，法西斯主义的兴起必然迫使他卷入政治，难道不是这样吗？在西班牙，1936年7月，佛朗哥将军发动了反对共和国的政变，使西班牙陷入了可怕的内战。在德国，1936年7月22日，希特勒承诺向佛朗哥将军提供武器和物资支持。之后，1937年7月慕尼黑举办了"颓废艺术"展览，列出了一份需要打压的艺术家清单，毕加索的名字赫然在上。在法国，西班牙难民从1936年夏天开始便源源不断地涌入临时收容所，随着佛朗哥军队的推进，难民潮一直持续到 1939 年春天。1935 年，评论家乔治·于涅在《艺术手册》上写道："我们将成为法西斯主义和法国希特勒主义的首批受害者，这一点毕加索知道，我们也都知道。"[20]当极权主义席卷德国、西班牙和法国时，毕加索的恐惧、胆怯和观望态度（1932 年，毕加索在支持阿拉贡之前仍然向安德烈·勒韦尔寻求帮助），以及面对积极的政治活动时所表现出的瞻前顾后、无所作为，统统消失得一干二净，因为不管怎样，他遭遇的威胁已经无处不在。于是，局势发生了根本性的逆转：被监视的外国人成了政治活动的桥头堡，这几乎成了普遍现象。（如果不考虑他的共产主义时期）这是他一生中唯一真正的、坚定的和毫不妥协的政治担当。毕加索于 1937 年 1 月创作了《佛朗哥的梦想与谎言》，5 个月后又在最令人难以置信的条件下创作了《格尔尼卡》。这件艺术作品成了所有反法西斯抵抗运动的旗帜，时至今日，依然如此。

从 1933 年起，在法国和西班牙之间，围绕着毕加索的名字，接连发生了一连串事件。1933 年 4 月，毕加索在巴黎与朋友们共同庆祝西班牙共和国成立两周年（在迭戈·米格尔·普里莫·德·里维拉独裁统治八年之后），然后在 1933 年和 1934 年夏天前往西班牙。在加泰罗尼亚青年艺术家和诗人协会的邀请下，他原则上还同意了在西班牙举办巡回展览的提议。艾吕雅、萨巴特斯、布勒东和泽沃斯参与了作品的选择工作。不过毕加索最终留在了巴黎，而应邀举办系列讲座的艾吕雅则于 1936 年 2 月 14 日抵达巴塞罗那，在八天内发表了四场演讲，主题涉及毕加索、超现实主义和诗歌。当时正值 1936 年 2 月 16 日西班牙大选，人民阵线取得了胜利。对毕加索来说，这是一个非常短暂的政治机遇期，一个前所未有的时刻，两个国家同时出现了有利的形势，比利牛斯山脉两侧的左派都上台执政，政治形势相互映衬，但又如此短暂！尽管人民阵线在 1936 年 2 月取得了胜利，但随着佛朗哥发动政变（1936 年 7 月），希特勒和墨索里尼结盟（1936 年 8 月），以及法西斯的大获全胜（1939 年 4 月 1 日），一场惨烈的内战就此开始。在法国，尽管新任社会党总理莱昂·布鲁姆同情西班牙共和国，但人民阵线（1936 年 6 月至 1938 年 4 月执政）却奉行不干涉政策。[21] 此外，1938 年 11 月 12 日，爱德华·达拉第（担任 4 月起执政的部长会议主席）下令在西南部"拘留……所谓'不受欢迎'的外国人，并对其进行长期监视"。当时的拘留营分别位于里沃萨尔特、滨海阿热莱斯、布拉姆、塞特丰、勒韦尔内、里约克罗斯、居尔斯——毕加索对这样的情况尤为敏感。历史学家热纳维耶夫·德雷福斯-阿尔芒解释说："法国这片被人寄予希望的庇护之地，当它关上大门之时，便是西班牙共和党人的不幸降临之日。"[22]

让我们回到几个月前。1933 年 1 月希特勒上台，法德两国关系日益恶化。在此背景下，右翼团体和联盟以及退伍军人协会纷纷嘲笑法兰西第三共和国举办的是"内阁华尔兹舞会"，他们于 1934 年 2 月 6 日采取行动，引发了暴力骚乱，造成 15 人死亡，1 500 人受伤。六天后，左翼政党用一场大罢工和示威游行来表明自己的态度。1936 年 5 月 3 日，他们选出了人民阵线。让·扎伊领导的政府任命了一位公共教育和文化部长，他在自己的办公室悬挂了四幅博纳尔的画[23]，并通过众多协会推动越来越多的人走进博物馆和剧院。"我要去苏黎世了，但周一我会顺便去你位于大奥古斯汀街的家，这样我们就可以聊聊天，你也可以向我谈谈心。"让·卡苏用部长办公室的信笺给毕加索写道，他现在负责视觉艺术，"请记住，由于乔治·于斯曼的功劳，目前在法兰西艺术院，现代绘画的氛围已经面貌一新，你不仅有了仰慕者，还有了朋友。这一切的发展都与你完全合拍。拥抱你，来自钦佩你和爱戴你的忠实朋友。"[24]

几年来，卡苏一直在向毕加索证明自己对他钦佩有加，跟他心灵相通（卡苏的母亲是安达卢西亚人），称赞他是"巴洛克传统的最后代表，如此传统，如此西班牙"[25]。凭借让·扎伊和乔治·于斯曼这两位绝对进步的知识分子的行动，他能否在人民阵线的短暂岁月里，抵御自1901年以来围绕着他在国家发展中担任的工作而出现的排斥、冷漠、怀疑和无视的现象呢？1936年春，尽管法国和西班牙之间出现了"政治安宁"的窗口期，但艺术家却面临着他后来向布拉塞所描述的"一生中最艰难的岁月"。他惶惶不可终日，生怕自己的事业（如果依法离婚的话）会被进一步毁掉。他离开巴黎，又回到巴黎，把日常的工作压力都推卸给了萨巴特斯。个人压力、职业压力、政治压力：这也是政治全面深入他生活的时刻。为了庆祝这传奇一年的7月14日，卡苏委托毕加索为人民剧院设计舞台幕布，用于罗曼·罗兰的戏剧《七月十四日》（在巴黎阿尔罕布拉剧院）的揭幕式首演。该剧描述了1789年7月14日攻占巴士底狱的场景。毕加索和这位和平主义小说家、诺贝尔文学奖得主一起加入了一支著名的团队，人民阵线政府刚刚在互助之家庆祝了他的70岁生日。这是多么重要的象征意义啊！更重要的是，让·卡苏邀请毕加索与罗曼·罗兰一起参加这场盛况空前的法兰西共和国庆典，将毕加索推向了国家荣耀的阵营。这是法国第二次[26]（也是最后一次）正式委托毕加索创作。

毕加索投身创作，绘制了一幅极具震撼力的素描，拳头高举、手臂和面孔交织在一起，构成一座人形金字塔，最终形成一座锯齿状的塔楼。让我们花一分钟来看看这幅日期为1936年6月13日的素描。[27]上面到底画了些什么？加泰罗尼亚地区自18世纪起就开始堆叠壮观的人塔。按照加泰罗尼亚传统，这些人塔堆得有六至八层高，宛如一座临时纪念碑——粗壮的人在下面，轻的人在上面——随着一首名为《叠人塔之歌》的乐曲响起，每个人都跟随着旋律爬到第一层基座的人的肩膀上。为什么要强调这样的联系呢？因为在 1936 年，在佛朗哥独裁统治下，这个加泰罗尼亚反抗君主制的象征——连同国歌、萨尔达那舞、国旗，当然还有语言——统统被禁止了。因此，毕加索提出的建议不正是对法国局势和西班牙局势的政治紧迫性的回应吗？但毕加索并没有坚持下去，因为他决定给卡苏另外一样东西，那就是他几周前完成的一幅着色画作《穿着小丑服装的弥诺陶洛斯遗体》。这是要请他谈谈法国大革命的架势吗？他呈现了一个公众难以理解的复杂场景，一件神话作品，其中包括他最喜欢用来表现自己形象的小丑和弥诺陶洛斯——他用个人戏剧来阐释民族史诗的宏大叙事。就让大家来评判吧！"这幅画描绘的是死去的弥诺陶洛斯，他身穿小丑服装，由一个长着翅膀的鹰头巨人抱着，面对着一个身披马皮、身材强壮的大胡子男人。这个男人一边走，一边挥舞着拳头威胁着怪物，肩上还扛着一个头戴花冠的少年，似乎在用双臂劝阻着这对神话人物"[28]，图卢兹屠宰场博物馆①馆长解释说。

就在那时，玛利亚·毕加索-洛佩斯的书信往来在她生命中第一次呈现出动感。随着西班牙内战的爆发，历史闯入了她的世界。在此之前，她的世界一直被圣人日历支配。如今，她的世界却为当下的漏洞、突发状况、意外事件所侵袭，她舒适的宗教日历也被破坏殆尽。1936 年 7 月 30 日，她第一次问起儿子的政治观点："我们现在每天都收到信，我希望你能尽快给我写信，跟我讲讲你的近况和你对当前局势的看法。"[29]但还不止于此。就在几天前，她栩栩如生地描述了她周围的恐怖景象——如同历史画卷一样描绘了内战场景。即使作为一个虔诚的天主教徒，她对共和党人对待教会及其代表的方式感到震惊，

---

① 图卢兹屠宰场博物馆的前身是图卢兹的一处屠宰场，1990 年被列入法国历史遗迹保护名录。经过改造后，2000 年作为图卢兹现当代艺术博物馆向公众开放，但博物馆名字仍保留"屠宰场"的称谓。

但这种态度让她颇为反感。凭借对事件的敏感性，她预测她的儿子会在一年后以极其精准、细节丰富的战争图像绘制一幅气势磅礴的《格尔尼卡》，但即使如此，他们当时在政治上是否完全一致呢？不过可以肯定的是，历史（内战）将他们俩从各自的世界中抽离出来，引发了他们在这漫长的书信往来中第一次也是最后一次心灵相通的时刻。

突然间，毕加索的母亲从天主教庇护的封闭世界中走了出来，成了一名真正的战地记者。"亲爱的巴勃罗……枪声已经停止了，我们的情况好多了，因为我们只是偶尔听到几声枪响。不过，大火仍在继续。据我所知，目前仍有 16 处着火点，其中包括在我们画廊对面熊熊燃烧的那场大火。不过我还要告诉你，刚刚有 12 名修女被枪杀，她们就站在我们房子旁边的墙边。这还不算那些被烧死的修女，也不算那些在圣胡安大道的舞台前丧生的修女，发生这一切竟然只是为了好玩！这些事情从未见诸报端。部队已经出发前往萨拉戈萨，两侧是卡车和医疗队，我们看看事态究竟会如何发展。经过四天的激战，身穿衬衫的少年们，其中有人穿着制服，有人只穿着军装夹克，他们在卡车上站着，紧紧挤在一起。这该流了多少血啊（整个巴塞罗那都哀痛欲绝）！看到如此多的破坏是多么令人痛心啊！多少被大火烧毁的精美物品被扔到阳台上！我想告诉你这些恐怖的屠杀场面，但我怕有人会读到我的信。谁能想到事情会发展到这一步呢？前段时间，我数了数我看到的大火，竟然有 60 处之多。我们的身体很好，我们一直在想着你。拥吻你，请接受你妈妈全部的爱。玛利亚。"[30]面对母亲的问题，毕加索的沉默并不令人意外。两次大战之间正值法国排外主义盛行，外国人必须格外小心，对自己的政治选择保持沉默。事实上，正如我们所见，他对西班牙共和党的承诺被法国警方视为怀疑他的又一个理由。比起残酷的 20 世纪 30 年代，12 年前那段时光已经显得和睦不少，但在警察的报告中，"巴黎或郊区有越来越多的外国人违反东道国要求游客保持政治中立的命令"[31]。

再过几个月，毕加索就会完全融入这场运动。反法西斯知识分子联盟对知识分子的动员，呼吁诗人向斗争中的西班牙人民致敬，形势愈发严峻（佛朗哥于7月19日发动政变），以及采取一些干预行动，光这些就已经足够了。几个星期以来，民族主义者在安达卢西亚（科尔多瓦、格拉纳达和加的斯）站稳了脚跟，但在巴塞罗那却被工人民兵击退，在瓦伦西亚也一败涂地。法西斯将军莫拉打算通过在首都集结四支部队来夺取马德里，然后将他们的行动与支持该运动的马德里平民起义结合起来。但面对居民的临时动员，这一计划失败了。在"七月三天"行动（7月18日、19日和20日）结束时，西班牙似乎一分为二，政府略占上风，继续控制着主要工业区和首都。毕加索每天都在了解最新情况。在《人道报》上，通过阅读保罗·尼赞的报道，他掌握了西班牙的脉搏。例如1936年8月4日，尼赞报道了他与西班牙部长会议主席、作家兼伟大的演说家曼努埃尔·阿萨尼亚的会面："今天上午，我在一座粉色和灰色相间的宫殿里见到了阿萨尼亚主席。1931年4月的一天，阿方索十三世正是从这座宫殿逃出来的。曼努埃尔·阿萨尼亚很疲惫：有时候他睡得很少，工作很辛苦。系着红腰带的将军们，他们和部长们一起在金碧辉煌的大厅里，俯身看着战争前线的作战图……主席对我说：'我不相信知识分子，不相信技术人员，不相信像我一样的政治家。我只相信人民。我们的人民令人钦佩。''那战争呢？''我们会赢的，只要进攻就行。'"[32]

1936年9月5日，在工人出身的拉尔戈·卡瓦列罗（社会党领袖，绰号"西班牙列宁"）的领导下，社会党人和共产党人联合组建了一个广泛政府，但佛朗哥军队的推进及其对平民的残暴镇压导致托莱多陷落。尽管（从莫斯科派来的）外国志愿者军团抵达了托莱多，但这次失败之后又爆发了马德里之战。在"集体展示"中，胡安·吉尔-阿尔伯特、桑切斯·巴布多和阿图罗·塞拉诺·普拉亚等作家试图定义承诺的哲学意义，他们承认"一系列矛盾正在折磨着我们"，同时强调了艺术家在斗争中的重要性。"今天在西班牙——这里对法西斯主义取得的胜利并非无足轻重——我们的斗争无论从哪个细节来看，都符合具有深度意识的思维方式……因此创作出了质量上乘的绝对的诗歌，以及绘画和智力成果，这些作品越来越感人，也越来越好懂。"[33] 难道这就是曼努埃尔·阿萨尼亚、赫苏斯·埃尔南德斯·托马斯（公共教育部长）以及何塞普·勒诺·贝伦格尔（一位共产党艺术家，新近成为美术总监）的想法？不管怎样，1936年9月，毕加索被任命为"普拉多博物馆名誉馆长"，年薪15 000比塞塔。[34] 这个消息让人大跌眼镜，就连即将与毕加索走得很近的艾吕雅也大吃一惊。"今天早上的报纸宣布毕加索被任命为普拉多博物馆馆长，"他告诉住在卡达克斯的前妻加拉·达利，"这是真的吗？如果是真的，那他应该回到那里去。他现在还在穆然。"[35]

从各方面来看，这项任命的影响犹如一声惊雷。"在其他情况下，"勒诺的一位密友解释道，"让一个远离官方世界、一个多年来无论在身体上还是精神上都远离西班牙的人担任博物馆馆长，似乎是个笑话！"[36] 我们可以看到，正是共产党知识分子圈子为了在西班牙战争中激发国际团结，影响民主国家的命运，于是开始寻找具有象征意义的重量级担保人，并且这样的人在国际上享有盛誉。反法西斯知识分子联盟的杂志《蓝猴》立即对"毕加索事件"发表了评论，把"西班牙官方首次对他的认可"描述为一个真正的"战略"姿态："这不是向毕加索提供普拉多博物馆馆长职位的问题，而是用这个职位赢得毕加索。革命需要他，必须赢得他的青睐……我们需要毕加索，因此必须吸收他，把他带到西班牙，进而来管理他。"[37] 这些西班牙共产主义知识分子在恐怖的几周里"需要他",他们赌赢了,感激之情溢于言表。弗朗西斯科·鲁伊斯("红翼行动"第三飞行中队的飞行员)祝贺毕加索获得这一职位,称他是"正确的人到了正确的地方",然后用红笔写道:"自由万岁!社会主义共和国万岁!为了文化与进步的伟大胜利!"[38]

但这还不是全部。日复一日,越来越多慷慨激昂、语气坚决的信件抵达巴黎,毕加索并没有回信,但这些信件无疑以一种无声的方式激励着他。这些信件承载着划时代的悲怆情感,流露出它们对毕加索的担当所产生的影响。9月24日,文化部长何塞普·勒诺·贝伦格尔展开了一番意图真正吸引毕加索的操作。他开口说道:"亲爱的大师,在本届政府艺术政策的总体框架内,作为西班牙人民的合法代表,我们最紧迫的职责就是重视超群绝伦的人才,这样的人能以最开放、最英勇的精神来推动世界艺术的发展,因此,我深受触动,提笔给你写下此文。"他解释说:"在我们西班牙,出现目前这样的动乱是不可避免的。"接着,他描述了一场名副其实的"反法西斯圣战"。为了这场战争,他说:"我们已经做好准备,在这个部里,我们将恪尽职守,毫不动摇地承担起我们的重任,以期重建西班牙,重建这个英勇无畏到敢于自我牺牲的西班牙,用我们的真心和高举的拳头,为这个国度倾注一汩汩源远流长的血液,为充满无限可能的新黎明拉开序幕。"毕加索当时正在自己的矛盾中苦苦挣扎,这样的言辞会对他产生什么样的影响?面对艺术家部长的坚持不懈和反复呼吁,毕加索又会做何反应?"美术总局为你提供了一切,绝对的一切。首先提供了(你需要的)物质要素和精神要素,这样你就可以决定来西班牙,与伟大的西班牙人民生活在一起,他们为这一事业奉献了一切。无论从血缘关系还是从英雄主义来看,他们都应该得到最好的,也就是说,是你的人民应该得到最好的。我等着你的决定,我不会忘记,通过这次邀请，我也向你传达了西班牙艺术家的深切渴望，他们知道艺术对生活和历史意味着什么。致以诚挚的问候。何塞普·勒诺·贝伦格尔。"[39]

翌日，安东尼奥·罗德里格斯·莫雷（负责公共教育的副国务秘书）代表曼努埃尔·阿萨尼亚和赫苏斯·埃尔南德斯·托马斯发起攻势："我们荣幸地向你发送一份9月19日宣布任命你为普拉多博物馆名誉馆长的法令副本。我们非常高兴能再次热情地邀请你前来西班牙，目睹共和国政府为捍卫我们国家的艺术瑰宝所做的工作。政府将非常高兴地邀请你作为正式客人在这里逗留几天。倘若如我们所愿，你同意了我们的请求，那我们需要向你说明，最好的旅行方式是从图卢兹乘坐飞机飞往阿利坎特，然后乘车前往巴伦西亚。我们在巴黎的大使已经收到了所有指示，以便给你的行程提供帮助，所以请你在抵达时电话通知我们，以便我们为你安排接待。"[40]然而，虽然没有人能够说服毕加索前往西班牙，但当时确实没有人确切知道他会为共和党人做出何等激动人心、慷慨大方的政治承诺（艺术、财政等方面）。

保尔·艾吕雅与毕加索的关系日益密切，艾吕雅代表毕加索参加了2月在马德里和巴塞罗那举办的毕加索画展。与此同时，艾吕雅也肯定了毕加索对西班牙的所作所为，甚至全面肯定了他的政治担当。1936年9月，在写下《1936年11月》之前，艾吕雅首先将一首诗献给了毕加索："看看在废墟上干活的建筑工人／他们丰富多彩，一心一意，井然有序，皮肤黝黑，身强力壮／但他们竭尽全力孤独地飘零在这片大地上／他们在人性的边缘，他们的人性充满了堕落／不假思索，他们便将宫殿夷为了平地。"几天后，艾吕雅终于向加拉表达了他的满意和感激之情，因为"他的诗歌首印便达到了45万份"。不过，他也补充了一个重要细节："我不确定布勒东会怎么想。但我不明白的是，既然我的诗歌不变，那我为什么不向工人阶级阅读的《人道报》投稿，而非要向专供资产阶级阅读的《新法兰西杂志》或其他报纸杂志投稿呢？"[41]艾吕雅逐渐向共产党靠拢，而与布勒东渐行渐远。至于毕加索，他从家人那里得到消息后（他的侄子维拉托一家来巴黎避难，他的母亲越来越频繁地给他写信和寄报纸，他的工作室成了一处聚会场所），深受触动，开始积极支持流亡在外的西班牙艺术家，其中有：佩德罗·弗洛雷斯、米格尔·安吉利斯·奥尔蒂斯、华金·佩纳多、梅塞德斯·吉兰、巴尔塔萨·罗伯、安东尼·克莱夫、琼·雷布尔、恩里克·卡萨诺瓦斯、安东尼奥·罗德里格斯·卢纳、埃勒特里奥·布拉斯科、费雷尔、阿珀尔·勒·费诺萨。毕加索购买他们的作品，接待他们，为他们融入巴黎艺术生活出谋划策，支持他们，帮助他们（经常是在让·卡苏的帮助下）办理行政手续，同时成倍增加"捐赠、鼓励、购买作品和出版资助"[42]。到了1936年12月5日，加泰罗尼亚自治区宣传专员豪梅·米拉维莱斯从巴塞罗那亲自写信给他，强调"在这痛苦的时刻，所有知识分子都有责任"，强调他们的"职责担当"，然后"建议成立一个组织……让所有的智力工作者都能团结起来"[43]。毕加索随后决定积极参与，并倾力而为。

1937年1月，毕加索收到了何塞普·勒诺代表西班牙人民发出的委托书，要求他为西班牙馆创作一件具有里程碑意义的作品，其中包含三条信息：国际博览会，巴黎，1937年7月12日。1月8日和9日两天，他创作了《佛朗哥的梦想与谎言》，以14个小故事作为表现形式，就像连环画一样，这是他第一件真正的政治艺术作品。他打算六个月后，把这些作品制成明信片出售，以筹集资金支持共和党。1月17日，佛朗哥的军队对毕加索的家乡马拉加进行了第一次空袭。于是毕加索花了一天时间创作了《受西班牙内战启发的女性形象》。这幅色彩浓郁的画作是他送给朵拉·玛尔的。朵拉·玛尔一直珍藏着这幅画，直到去世。在随后的一个月里[44]，毕加索日复一日地创作长诗，以抒发内心的鄙夷不屑，诗中的每一个字都流露出深恶痛绝："屎上加屎，等于所有屎的平方"；"瘟疫般的仇恨"；"脓疱"；"绝望"；"在他目光里闪烁的如此柔和的火焰里，充满了恐怖和绝望"；"焦虑躺在被他的幸福之敌遗忘的铁丝网上，直至晾干"；"肚子里塞满了旧报纸，塞满了肮脏恶心的旧枕头，上面沾满了恐惧和臭鼻涕"[45]。朵拉·玛尔魅力不凡，敢做敢为，气势逼人，她很快就成了这位身不由己的毕加索的天赐佳人。她建议毕加索在大奥古斯汀街新建一间工作室，抑或说是一个阁楼——一个已经被神话的地方，巴尔扎克在《不为人知的杰作》一书中描述的艺术家弗伦霍夫这一虚构人物就在那里工作（毕加索在沃拉尔的建议下，于1931年为该书"绘制了插图"）。克里斯蒂安·泽沃斯委托摄影师朵拉·玛尔在这个新空间拍摄毕加索的作品。在他的建议下，摄影师很快就开始了工作。[46]

仅在4月，毕加索（在玛丽-德雷莎·沃尔特和玛雅的陪同下）就在莫尔德河畔勒特朗布莱待了几个星期，他为戴着安哥拉帽的女儿拍了一些照片[47]，然后慢慢构思他要为西班牙馆创作的巨幅作品的最初概念：在蓝色织纹纸上用铅笔绘制的12幅作品让我们见到了设计的缘起。[48]起初，毕加索是想以自己工作室为主题制作一个空间装置，为此他设计了一幅巨型油画（上面画一位画家，以及躺在沙发上的模特），两侧是玛丽-德雷莎·沃尔特的两座大型雕塑。考虑到空间尺寸（1 500平方米），他在4月18日和19日绘制了12幅精确的图纸，因为"展馆中为他预留的墙面又长又矮，虽然右侧有一扇窗户，但地面上的空间很暗，需要照明"[49]。然而，4月19日，毕加索显然是陷入了死胡同，他又走上了另一条岔路。在一份宣布法国外交部长伊冯·德尔博斯就法国脱离这场内战发表讲话的《巴黎晚报》上，毕加索画了一个高举拳头、手持镰刀和锤子的人物。[50]

十天后回到巴黎，恐怖升级中的一个极端插曲激发了毕加索的想象力，尽管几个月以来想象力已经在发挥作用：44架秃鹰军团（由施佩勒将军指挥）的纳粹轰炸机在意大利军团 13 架飞机的协助下（使用了 2 500 枚燃烧弹、杀伤性炸弹和烈性炸药），对西班牙巴斯克小镇格尔尼卡和卢诺[51]进行了大规模轰炸，在不到四个小时的时间里，整个小镇的平民在阳光明媚的周一下午集市日被屠杀殆尽。这是一场现代"清洗"，一场发生在 20 世纪的"无辜者大屠杀"，种族灭绝的照片和故事瞬间调动起他所有的潜力。1937 年 4 月 28 日《人道报》的新闻如此写道："希特勒和墨索里尼的飞机投下的上千枚燃烧弹将格尔尼卡镇化为灰烬。死伤人数难以估量。对于国际法西斯主义骇人听闻的行径，我们究竟还要容忍多久？"第二天，加布里埃尔·佩里写道："格尔尼卡只剩下五座房子了。"在共产党的另一份日报《今晚》上，记者马蒂厄·科尔曼描述了"一场无法形容的恐怖罪行"："整个城市就是一座人间地狱，巨大的火焰直冲云霄，将云彩染成了血色……仿佛所有居民都被活活烧死。大约有 50 名难民被困。妇女儿童的尖叫声真是惨不忍闻。"[52]毕加索画得很快，非常快，他日以继夜地作画，以惊人的速度画着他的草图。他先后创作了《构图研究》（5月 1 日）、《马头》（5 月 2 日）、《马和死去孩子的母亲》（5 月 8 日）、《构图研究（六），格尔尼卡素描》（5 月 9 日）、《格尔尼卡研究（马）》（5 月 10 日）、《梯子前的母亲和死去的孩子》（5 月 10 日）、《女人头像（一）》（5 月 13 日）、《牛头研究》（5 月 20 日）、《母亲和死去的孩子》（5 月 28 日）、《哭泣的头》（5 月 28 日）、《哭泣的头的研究》（6 月 3 日）、《士兵的头和马腿》（6 月 3 日）、《手的研究》（6 月 4 日）。[53]

在经历了一场重大危机之后，他在工作室狭窄的空间里，在短短 35 天的时间里，向他的多重来源发出庄严的呼吁，这声呼吁穿越所有世纪，跨越所有世界，召唤出了他惊人的文学、绘画、宗教方面的渊博知识[54]：巴尔东、大卫、德拉克罗瓦、热里柯、格吕内瓦尔德、安格尔、马奈、米开朗基罗、皮耶罗·德拉·弗朗切斯卡、普桑、拉斐尔、鲁本斯，以及（当然还有）戈雅、埃尔·格列柯和委拉斯开兹，还有加泰罗尼亚的罗马艺术、古希腊艺术（以及他再熟悉不过的弥诺陶洛斯形象）、古波斯艺术（以及对密特拉教的崇拜），还有各种《七苦圣母》图（他已收藏多年），以及圣母怜子、十字架、马槽圣景和耶稣诞生。[55]毕加索开始创作一幅伟大的悲剧壁画，简单地说就是"旧世界自杀了"[56]（这句话出自莱里斯之口）。他仿佛在创作一部歌剧，由他本人亲自担任作曲家、指挥、所有乐师和合唱团成员。这是他生平第一次也是唯一一次由另一位艺术家、摄影师、女性活动家朵拉·玛尔协助创作。玛尔在自己的摄影报告中，记录了画布的不同状态——最初的创意经过热火朝天的创作已经走到了最后阶段，工作条件艰苦，空间狭窄，光线一般。"巨大的画布框在工作室里根本放不下，因为工作室实际上是一个阁楼，天花板上的横梁很有气势。画布只能斜着放在这个狭窄的空间里，这意味着朵拉·玛尔无法站在画布的轴线上。"维奥莱特·安德烈斯解释道，"为了弥补这些技术上的困难，玛尔采用了一种相当复杂的方法，即冲洗曝光不足的玻璃板底片……为每个创作阶段数次冲洗正片并翻印正片，以尽可能忠实地再现画布上的灰色色调。最后总共得到了15张底片……和45张纸质相片……分别对应画作的八种不同状态。"[57]

5月9日，毕加索在《构图研究（六）》中绘制了一幅小草图——一头体型庞大、力大无比的公牛，尾巴高高翘起，眼睛瞪得大大的，盯着场景的中心，盘踞在一扇敞开的窗户旁。而在被窗户隔开的前景中，一个哭泣的女人和一个躺在地上的女人预示着大屠杀的发生。第二天，他把这些最初的直觉搬到了画布上，其画幅之大，超过了他之前所有的作品（将近8米长、4米高，其精确尺寸为776.6×349.3厘米）。5月11日，朵拉·玛尔首次拍摄了这幅"正在创作中的作品"[58]，并由此记录下一些有趣的变化：窗户不见了；公牛向左移动，头转向外侧；出现了一对母子，母亲的脑袋碰到了公牛的头。这些变化与之前创作的小草图形成了鲜明的对比，把人间悲剧瞬间定格。后来，毕加索还考虑在画布上创作拼贴画，甚至研究了着色的可能性。[59]这位摄影师于1934年在巴塞罗那、伦敦和巴黎[60]拍摄的街景，是否与毕加索的这些新方向明显产生了共鸣？"如果能用照片记录下一幅画的蜕变过程，而不是创作的各个阶段，那会是一件非常奇妙的事情。"两年前，毕加索曾对记得此事的克里斯蒂安·泽沃斯说过，"也许我们就会看到大脑是如何让梦想成真的。"[61]作品中黑白灰的巧妙变化，对奇异事物的着迷（冷清街道的扁平窗户上贴着用纸剪成的巨大的手和脸；街窗里没有胳膊的假人模特，置于斑驳的墙上，用仰视角度拍摄），朵拉·玛尔不正是一直在日常生活的平淡无奇中定格各种形式的令人不安的梦幻入侵吗？更准确地来说，这些梦幻般的入侵就是让毕加索从最初创作的草图转向永恒和普遍的一切内容。

我对朵拉·玛尔的研究正在逐步展开，其方向现在已经非常明晰：《格尔尼卡》的起源表现为一种艺术"共建"形式。在毕加索的艺术生涯中，他与其他艺术家合作的例子比比皆是：在玫瑰时期与马克斯·雅各布合作，与阿波利奈尔合作，与格特鲁德·斯泰因合作；在"立体主义时期"与布拉克合作；在"超现实主义时期"与胡里奥·冈萨雷斯合作（创作铁艺雕塑），与印刷商罗杰·拉库里耶尔合作（创作雕刻）。但朵拉·玛尔的作品具有完全不同的广度。朵拉·玛尔是一位活动家，以其大胆的政治作为预示着超现实主义团体的到来。她是一位手握多种资源的合作伙伴，在毕加索陷入个人僵局时将其从"濒临溺毙"中解救出来（这一比喻并不过分）：她提出了"大奥古斯汀的解决方案"，这不正是为（当时处于完全不稳定的阶段的）毕加索提供了一个可以安顿生活并发展创作的场所吗？这对于重塑他已经被冲得七零八落的人生道路不啻于一剂良药。同时，朵拉·玛尔也是一位具有多重文化背景的女性（她曾在阿根廷学习，能用西班牙语与毕加索交流），一位新技术的探索者（她在暗室中向毕加索传授"玻璃底片"冲印技术），一位纪实摄影师（她将街头报道作为一种社会场景，并鼓励毕加索放弃彩色而选择黑白[62]），还是一位超现实主义者，她从不担心奇幻会侵入现实。总之，在《格尔尼卡》的创作过程中，朵拉·玛尔自始至终都与毕加索保持着亲密的合作关系。无须多言，她在其中必定扮演了重要角色。今天，我可以毫不犹豫地将她的角色描述为灵感激发者、顾问、皮格马利翁①（更准确地说是女皮格马利翁），甚至是共同创作者。1937 年 6 月 4 日，在这座不可思议的阁楼紧闭的大门后面，毕加索花了五周时间创作破碎的躯体、受伤的动物和被残害的妇女，并历经七次修改。摄影师朵拉·玛尔的目光则以一种闻所未闻的对话方式滋养着艺术家毕加索的大脑，让他"朝着梦想成真的方向前进"。毕加索也终于可以放下手中的画笔，告别那些躯体、动物和妇女所构成的兵荒马乱的景象。

"没有必要搜肠刮肚找些话语来总结这场灾难。"米歇尔·莱里斯冷静地写道："就像我们看到的古代悲剧一样，毕加索用一个黑白矩形，向我们发出了哀悼信：我们所爱的一切都将死去……在毕加索的指间，黑白的蒸汽结晶成钻石，那是陷入垂暮之年的世界发出的气息。"[63]《格尔尼卡》完成后，毕加索又重返诗歌创作领域。他的诗句被安德鲁拉·米夏埃尔称为"炸鳕鱼冰糕"或"钉子汤"，成了恐怖的代名词，"一连串痛苦的呐喊，熟悉的事物变得鲜活起来，与他一

---

① 皮格马利翁（是希腊神话中的塞浦路斯国王，据古罗马诗人奥维德《变形记》中记述，皮格马利翁为一位雕刻家，他根据自己心中理想的女性形象创作了一个象牙塑像，并爱上了他的作品，给"她"起名为伽拉忒亚。爱神阿芙洛狄蒂（罗马人称维纳斯）非常同情他，便给这件雕塑赋予了生命。

起诉说着悲伤和哀愁":"孩子的叫声、女人的叫声、鸟儿的叫声、花朵的叫声、框架和石头的叫声、砖块的叫声、家具的叫声、床的叫声、椅子的叫声、窗帘的叫声、平底锅的叫声、猫的叫声、纸张的叫声、相互刮擦的叫声、烟雾刺痛脖子的叫声、锅炉里煮沸的叫声、狂风骤雨般的鸟群淹没大海的叫声。"[64] 让·卡苏则选择将这位艺术家置于悠久的西班牙传统之中,将其归属于西班牙。"戈雅在毕加索身上复活,但同时毕加索也在戈雅身上转世。"他在《艺术手册》中写道,"这位天才的巨大野心是永远远离自己,拒绝自己的肉体,约束自己的生活,乐于超越自己的极端,就像一个喝得醉醺醺的鬼魂凝视着他空荡荡的房子和失去的身体。房子找到了,身体找到了,灵魂也找到了,一切都重新融合在一起。这就是戈雅,这就是西班牙。"[65]

巴黎毕加索国家博物馆,2018年3月25日星期日。离开"格尔尼卡"展览时,我迷上了这幅画的半幅画框,它就搁在入口大厅的地上,在用红色标出的作品复制品对面。这个半幅木质画框,宛如一艘沉船,搁浅在巴黎大奥古斯汀街的工作室里。《格尔尼卡》在法国的构思、制作和管理经历了一个极其复杂的时期,除了几张准备图纸和诸多文件之外,这就是这件作品在法国的全部遗物。后来,《格尔尼卡》成了一件世界级的作品,在全球各地巡回展出,以壮观的奥德赛之旅表达对各种形式的法西斯主义的抵抗,同时也成为西班牙共和党人的政治和经济杠杆。1938年1月至4月,该作品在挪威、丹麦和瑞典展出;1938年10月至1939年2月,该作品在英国展出;1939年5月至10月,该作品在纽约、洛杉矶、旧金山和芝加哥巡回展出。例如,1939年8月27日至9月19日,《格尔尼卡》前往旧金山,在旧金山现代艺术博物馆展出;1939年11月至1940年12月,《格尔尼卡》与其他334件作品一起,参加了纽约现代艺术博物馆的回顾展

"毕加索：四十年艺术生涯"；之后，《格尔尼卡》像圣像一样被移至圣路易斯、波士顿、辛辛那提、克利夫兰等地，直到毕加索同意将它连同其准备研究作品暂借给纽约现代艺术博物馆。

1938年4月10日，达拉第出任法国总理。面对西班牙内战，法国陷入了臭名昭著的被动局面，大量难民涌入难民营。毕加索全力以赴，支持撤退到巴黎的艺术家，用自己的行动反击不抵抗主义国家的懦弱。他的许多朋友和熟人都参加了内战，比如卡尔·爱因斯坦，他在柏林参加斯巴达克运动①后，于1936年8月前往巴塞罗那，在杜鲁蒂纵队中作战。"战争，还行。要有耐心。人们会……逐渐认识到共和制西班牙的重要性。"1938年夏天，他在给卡恩韦勒的信中写道，"我们会打败佛朗哥那帮人，也就是人人害怕的德国佬和罗马人。大家终于可以呼吸了。西班牙人为世界所做的贡献是巨大的。"[66]这条信息完美地阐释了毕加索所秉持的信念，即西班牙的命运将决定民主欧洲反法西斯斗争的命运。

事实上，1939年7月24日，爱因斯坦回到巴黎，与版画家斯坦利·威廉·海特一起为西班牙的事业工作，他向毕加索发出了一份匆忙写就但写得很出色的求援信——这充分说明了毕加索在支持共和国事业中的地位："亲爱的朋友，请原谅我们在你度假时冒昧打扰你。但我们仍在巴黎，每天都能看到你勇敢的同胞们所遭受的苦难。我们想向你介绍一位西班牙军官，他曾是一名师长（曾长期在马德里和加泰罗尼亚前线与爱因斯坦共事）。他与妻子和孩子住在索恩-卢瓦尔省的一个村庄。他们可以动身前往墨西哥（他已获得签证），他们有6000法郎旅费。不幸的是，这笔钱不够支付旅费，还差一万法郎。以上就是事实。如果你能再次慷慨解囊，拯救这些勇敢的人（他们的

---

① 即斯巴达克同盟起义，是1919年1月5日至12日在德国柏林发生的总罢工和随之发生的武装起义，是德国十一月革命的一部分。

墨西哥入境签证到 8 月初就会失效），那就太好了。请将回信寄给比尔·海特，地址是巴黎坎帕涅-普雷米埃街 17 号。祝你假期愉快。静候佳音。向你致以最诚挚的问候，卡尔·爱因斯坦。"[67]海特在信中补充道："亲爱的朋友，爱因斯坦邀请我共同发起这一呼吁。我认识这位军官，如果他无法离开，那会非常让人遗憾。不幸的是，尽管我从第二版版画中募集了约 2 万法郎，而且还从你帮助我们组织的伦敦展览中募集了许多，但这笔钱还是立即付给了儿童办公室，否则可能会被处理掉。我很抱歉总是这样提出要求，但我知道你和我一样对这项事业很感兴趣。此致敬礼，比尔·海特。"

几个月前，热拉尔丁·梅西埃分析了毕加索档案中"为西班牙人捐款"的账簿[68]，从而揭示了他鲜为人知的另一面形象：毕加索在巴黎成立了一个多国组织，以支持被法西斯政权监禁或判刑的同胞——这个组织的运作宛如国中之国——但在当时，在一个自身难保的国家，又有多少人知道这一点呢？"亲爱的朋友毕加索！"亨利·劳吉尔（时任法国教育部中央科学研究机构负责人）于 1939 年 2 月 13 日给毕加索写了一封信，从中可以窥见毕加索内心与日俱增的不安："自从西班牙事件发生后，我再也不敢给你打电话了，在所有人面前，尤其是在一个西班牙人面前，这让我感到羞耻和屈辱。我不想失去希望，但我又非常担心。然而，我不能不告诉你的是，我是多么喜欢你的画展啊。这是一件非常了不起的事情。我衷心地祝贺你，并向你致以我最真挚的友谊和最良好的祝愿。亨利·劳吉尔。"[69]五年前，毕加索曾在苏黎世湖前摆出优雅的造型，展现光鲜亮丽的衣着。五年后，毕加索头发凌乱，汗流浃背。经过一天一夜的劳累，他显得疲惫不堪。他身穿一件黑色衬衫，两只袖子卷起，瘫坐在《格尔尼卡》跟前的旧凳子上，眼睛盯着大奥古斯汀街朵拉·玛尔的镜头——他是一位坚定的艺术家，因政治暴力而摆脱了观望态度。

身份证申请单的回执

1931 年，巴黎警察总局档案室

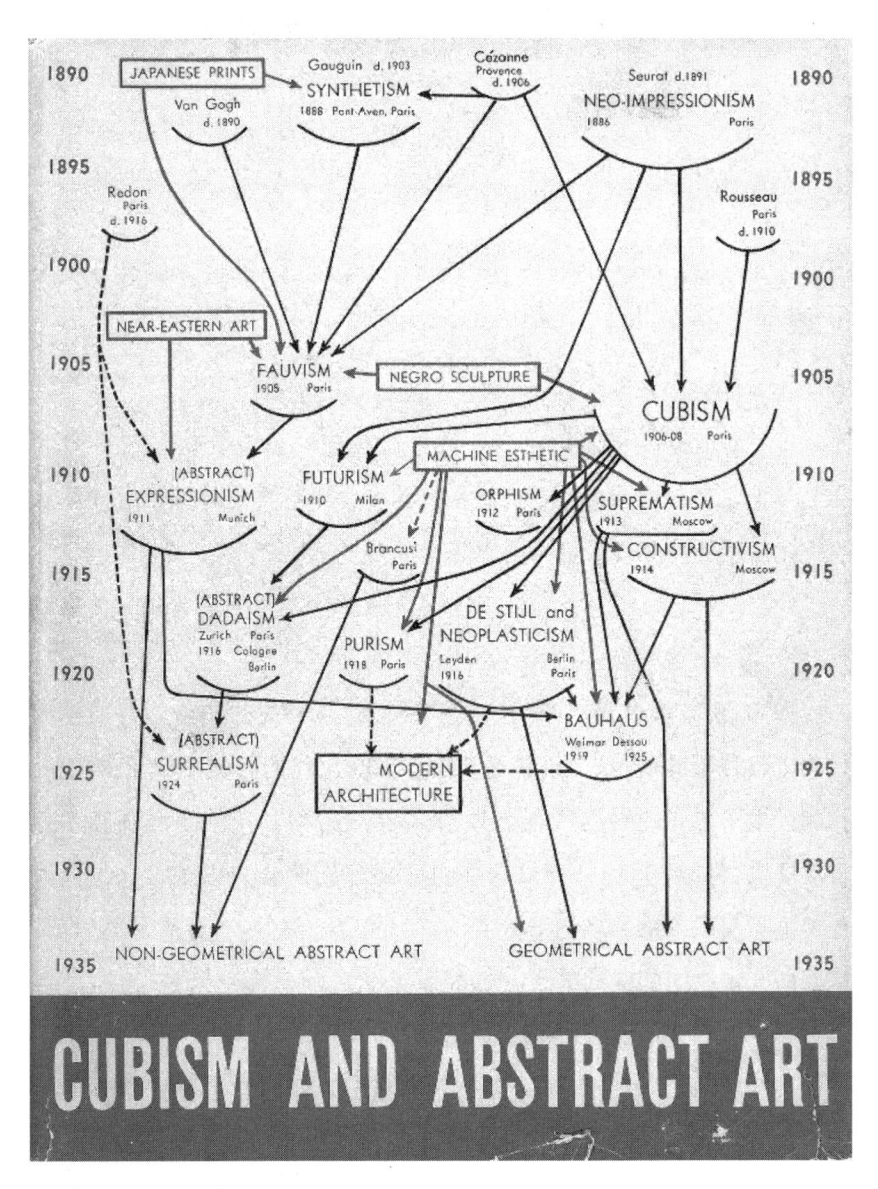

第三章 面对无所不能的警察，毕加索的方方面面：1919—1939 年 | 397

纽约现代艺术博物馆"立体主义与抽象艺术展"图录封面

阿尔弗雷德·H. 巴尔，1936 年，印刷品，纽约现代艺术博物馆

尾声

关于阿尔弗雷德·巴尔的图表

> 与树或（树根）不同，块茎将任何一点与其他任何一点相连，它的每个特征并不一定指向具有相同性质的特征，它涉及截然不同的符号体系甚至是无符号状态。[1]
>
> ——费利克斯·瓜塔里和吉勒·德勒兹

1930年11月9日，纽约。《纽约时报》声称："毕加索目前是现代艺术收藏家的偶像。"[2]正是在20世纪30年代的美国[3]，人们对他的作品产生了浓厚的兴趣。自1911年春在斯蒂格利茨的纽约画廊举办首次展览（随后于1913年2月举办军械库艺博会）以来，这位偶像在美国吸引了越来越多的追随者。1923年春，在芝加哥艺术俱乐部，俄罗斯芭蕾舞团的赞助人之一弗拉基米尔·阿尔古廷斯基-多尔戈鲁科夫亲王展示了他的53幅素描作品。[4]而早在1920年（在克利夫兰、芝加哥和纽约），画商保罗·罗森伯格就开始了自己的推广活动。他先是选择以十分正规的新古典主义绘画作品取悦市场（如1924年12月在芝加哥艺术学院举办的展览），然后又利用"现代大师"的形象（将立体主义和新古典主义作品融为一体，有时也与玫瑰时期的作品整合在一起）。虽然生意起步缓慢（因为价格太高[5]），但罗森伯格还是成功地引发了市场行情的惊人上涨[6]：从 1921 年到 1929 年，毕加索的作品价格翻了两番。因此，在 1929 年爆发金融危机、艺术品市场因此变得动荡之前[7]，毕加索就已经成了一个有钱人，一个非常有钱的人。

最主要的收藏家有弗兰克·哈维兰、约翰·伊斯曼、约翰·奎恩和 A. 康格·古德伊尔，其次是邓肯·菲利普斯（华盛顿）、阿尔伯特·巴恩斯（费城）、沃尔特·P. 克莱斯勒（里士满）、切斯特·戴尔、约翰·D. 洛克菲勒、阿尔伯特·E. 加勒廷、西德尼·詹尼斯、莉莉·布利斯和玛丽·卡勒里（纽约）。这些收藏家围绕毕加索的作品与多方展开竞争，其中有阿尔弗雷德·巴尔、奇克·奥斯汀（1934 年 2 月至 3 月在康涅狄格州哈特福德的沃兹沃斯美术馆举办"巴勃罗·毕加索"展览）等博物馆馆长；有纽约州水牛城奥尔布赖特美术馆馆长康格·古德伊尔，他向毕加索表示很高兴能成为"最早亲手购买作品《梳妆打扮》的一家机构"[8]；还有芝加哥艺术学院院长丹尼尔·卡顿·里奇，1939 年 3 月 1 日他用法语向毕加索致辞："我亲爱的毕加索先生，我很高兴地得知，美国终于有机会欣赏到你作品的完整回顾展……并且我们将有幸携手纽约现代艺术博物馆（1939 年 11 月）在芝加哥共同举办此次展览（1940 年 2 月 1 日）……由于这两个城市是我国的艺术之都，我们有信心期待公众的踊跃参与……这是一次划时代的艺术盛会。"[9]切斯特·戴尔在 30 年代采取了最为激进的购买策略。我们已经看到，1930 年，他以令人难以置信的低价买下了《卖艺人家》（这幅画曾被赫塔·柯尼希卖给一家德国银行，该银行通过中间商瓦伦丁画廊[10]，又将画卖回给了戴尔）。戴尔来到纽约，为公园大道上的一家法国博物馆提供了数月资助。这家博物馆之后于 1929 年更名为法国艺术博物馆。戴尔的妻子莫德是一位亲法人士，担任该博物馆的董事会主席。1931 年 2 月 21 日，《卖艺人家》登上了《艺术新闻》杂志的封面。《纽约时报》将这幅作品描述为"戴尔家族刚刚为他们呈指数增长的收藏增添的'抵抗之作'"[11]。次年,这位收藏家兼商人选择支持巴黎的乔治·佩蒂画廊。

经济危机丝毫没有影响北美对毕加索的狂热:作品自画廊脱手后,立刻被博物馆的负责人接手。首先接手的是年轻的阿尔弗雷德·巴尔。巴尔是一位雄心勃勃的艺术史学家,也是欧洲现代主义最狂热的拥护者之一。他在纽约现代艺术博物馆开馆后便立即投身支持毕加索的事业,并于1929年11月成为该博物馆馆长,时年27岁。他一上来就郑重其事地来拉博蒂街工作室拜访。"亲爱的先生,你可能还记得我去年与加勒廷先生和莫尼先生一起参观过你的工作室,"1931年6月30日,他用法语毕恭毕敬地写道,"如果能再次拜访并欣赏你的佳作,我将荣幸之至。明天星期三,我会冒昧地给你打电话,希望在不打扰你的情况下,恳请你能满足我的愿望。致以最诚挚的敬意。阿尔弗雷德·巴尔。"[12]1930年1月,巴尔出版了《美国收藏的巴黎绘画》一书,以全新的智慧来接触毕加索的作品。此外,他还展现了受过最好学校训练的艺术史学家的热情、可靠和成熟,将立体主义完全纳入了现代艺术史。1913年,克拉玛日在慕尼黑坦豪瑟画廊展出的作品与1930年在纽约现代艺术博物馆展出的巴尔(比他年轻一代人)的作品不相上下。"野兽派运动之后不久,毕加索和布拉克发明了立体主义,这在一定程度上是反对野兽派运动的一种回应。"巴尔说道,"布拉克是野兽派中的一员,而1907年前的毕加索则很快经历了三四个更容易理解的时期。受非洲雕塑和塞尚的启发,立体主义……经历了四五个不同的阶段,每个阶段都更加复杂,更加难以理解……从1918年至今,毕加索一直在不断尝试,……他的作品风格更迭如此之快,以至于今天人们通常以月份而非年份来标注其绘画作品的创作时间。"[13]

巴尔逐一评论了展览中的 14 幅毕加索的画作（全部借自美国收藏家、画廊和博物馆），最后分析的是《坐着的女人》。这是一幅"技法上多少有些'抽象'"的作品。但他强调，其抽象性"保留了毕加索在其早期立体主义作品中小心翼翼消除的那种独特而近乎可怕的心理力量……这是一幅非凡的杰作……融合了古典主义的严谨、抽象绘画和超现实主义的魔力"，甚至"绝对堪称毕加索发展的标志"[14]。一连数月，巴尔一直在忙个不停。1932 年，巴尔大张旗鼓地把乔治·佩蒂的作品请到纽约现代艺术博物馆展出……但艺术家更喜欢苏黎世的艺术馆！倔强的巴尔要求妻子玛格丽特从巴黎给他带回一份关于毕加索展览的精确而详细的报告，并附上照片和评论。[15]此外，他没等多久就继续干着毕加索式的探索工作：每年夏天，他都会前往巴黎，会见收藏家，参观画廊，购买作品。1936 年 3 月 2 日，他为"立体主义与抽象艺术展"揭幕，这是纽约现代艺术博物馆举办的一次"革命性"[16]展览。在展览图录中，阿尔弗雷德·H. 巴尔首次绘制了由横向时间轴表示的图表（从 1895 年到 1935 年），以展现"现代艺术谱系"。他将前卫艺术运动按城市和时间分组，然后用红色或黑色箭头画出他所确定的这些运动之间的相互影响。在这张涉及艺术创作过程的图表中，巴尔认为立体主义影响深远（1907 年左右诞生于巴黎），因为它影响了绝对主义和构成主义（1913 年和 1914 年的莫斯科，所以就有了柏林和德绍的包豪斯），影响了"荷兰风格派运动"和新塑造主义（荷兰莱顿，1916 年），影响了奥费主义和纯粹主义（巴黎，1912 年和 1918 年）。但更重要的是，它对达达主义（苏黎世、巴黎、科隆、柏林）以及后来的超现实主义（巴黎，1924 年）产生了重要影响。举办此次展览意义重大，因为它首次肯定了立体主义在艺术史上的地位。展览展出了毕加索在 22 年间创作的 30 多幅绘画和雕塑作品（不包括服装和戏剧布景），毕加索从此成为欧洲现代艺术的领军人物。

在纽约现代艺术博物馆，毕加索的作品继续向其职业生涯的新阶段迈进。这家博物馆或许最能理解他的作品。而就在纽约"立体主义与抽象艺术展"开幕三周前，即 1936 年 2 月 12 日，"西班牙当代艺术展"在巴黎国立网球场现代美术馆开幕了。这是一场由伊比利亚艺术家协会筹备了三年的官方展览，旨在庆祝法国与西班牙之间的友谊（包括部长、大使和机构），是一项事先商定好的活动。毕加索被视为"巴黎西班牙画派"[17]（当然是最现代的一派）的成员之一，但却被局限在一个单一的类别中，这与阿尔弗雷德·H. 巴尔在纽约画的图表简直有天壤之别。这是一个与时空交织的国际交流范式，这个范式已经认定毕加索具有世界级的影响力！而至于让·卡苏，正如我们所见，他在分析《格尔尼卡》之时，选择将毕加索框定在纯粹的西班牙谱系中，框定在传承自 19 世纪的艺术史传统中。

但这一切还未结束。同年 12 月 9 日，巴尔举办了"奇幻艺术、达达主义、超现实主义展"[18]。这次新展将会载入史册，其展出内容上至欧洲奇幻艺术在中世纪的起源（15 至 16 世纪的阿尔钦博托、巴尔东、博斯、丢勒），下至严格意义上的当代艺术。展览展出了毕加索的 13 件作品，其中包括几个月前刚刚完成的《弥诺陶洛斯之战》。此外，我们还得回顾一下《亚威农少女》的传奇故事。收藏家雅克·杜塞去世六年后，阿尔弗雷德·H. 巴尔约他的遗孀见面。那是 1935 年的夏天，巴尔来到了巴黎，为了给次年举办的"立体主义和抽象艺术展"编制作品清单。巴尔来到讷伊区圣詹姆斯街 33 号。"杜塞将这幅画作为壁画安装在他家楼梯间的墙上。"他在笔记本上记录道。此外，他在自己最早的笔记中为《亚威农少女》打了三颗星。对他来说，三颗星是重要作品的标志。他很想借用这幅画，但遭到杜塞夫人的反对。1937 年 9 月，杜塞夫人被卢浮宫没完没了的谈判搞得心力交瘁

（正如我们所见，卢浮宫回绝了雅克·杜塞的捐赠），于是决定将包括《亚威农少女》在内的五幅毕加索画作打包卖给纽约画商雅克·塞利格曼（售价15万法郎）。之后，这几件作品搭乘1937年10月9日从勒阿弗尔港启航的"诺曼底号"邮轮离开了法国。它们在这位纽约画商举办的"毕加索20年演变史：1903—1923年"展览上首次亮相，（几乎）所有当地媒体对此一片褒扬。仅仅一个月后，即1937年11月9日，纽约现代艺术博物馆召开了一次咨询委员会会议。在这次会议上，博物馆工作人员在讨论如何提升博物馆新馆的知名度时，决定"尽量购买一流的绘画作品"。就在那里，巴尔提议收购"20世纪最重要的绘画作品"。两天后，纽约现代艺术博物馆的理事们一致投票同意购买这幅画。[19]

1939年5月10日，纽约现代艺术博物馆借新馆落成之际，举办了"我们时代的艺术"展览。展览图录中的第157号展品便是这幅画的介绍。巴尔写道："《亚威农少女》是现代艺术史上非常罕见的一幅油画，可以称得上是划时代之作……它实际上是一幅过渡时期的作品，在这幅画作中，我们看到毕加索理念的转变就直接呈现在我们面前……然而，博物馆之所以收藏这幅精品之作，并不是因为它具有重要的历史意义，而是因为《亚威农少女》……极富动感的构图……它算得上是毕加索最杰出的成就之一……在现代艺术作品中，鲜有作品能将天才的心高气傲表现得如此强烈。"[20]如果20世纪初欣欣向荣的巴黎城为毕加索构思和创作这幅作品营造了美学氛围，那么真正热情拥抱这幅作品的，只有相隔30年后身在纽约的美国人才能做到。这些美国人发现了这件作品，对其进行了评估并提供了资金。因为与法国同行不同，身处相同机构的他们既有美学专长，又有经济实力。1939年5月10日，纽约现代艺术博物馆董事会全体成员在《亚威农少女》前自豪地合影留念。董事会主席康格·古德伊尔看上去就像一位检阅部队的将军，比以往任何时候都更有军人气质。年轻的 W. T. 埃米特夫人是如此优雅，如此富有涵养，她穿梭在醉酒的水手、安格尔的土耳其浴室、非洲艺术和伊比利亚艺术之间，在这些美丽的姑娘跟前，在毕加索的"哲学妓院"跟前，她露出了一丝优雅而又僵硬的微笑。[21]

阿尔弗雷德·巴尔每年来巴黎时，都会到访这位艺术家的工作室。1939 年 11 月 15 日，巴尔举办了"毕加索：四十年艺术生涯"主题展，这是他从 1930 年以来就一直在策划的大型回顾展。然而，就在展览开幕前的两个月，即 1939 年 9 月 12 日，巴尔寄出了一封信（一式三份，由三个不同的快递公司寄出），内容如下："亲爱的毕加索先生，首先，我希望你平安健康。这封信对你来说可能是微不足道的，但你应该知道，尽管战争在继续——也许是为了蔑视战争——我们不会有一丝一毫的懈怠，努力确保你的展览尽可能完满……我们所有的美国借贷方都十分慷慨大方，他们发放贷款促成本次展览的成功举办，你知道这些一定会很高兴。我还想向你保证，你所有的画作都已经完好无损地运抵这里。根据你的要求，我们正在对其中一些画作进行精心的清洁工作。最后，我想补充一点，公众对此次展览十分期待……致以最诚挚的敬意，阿尔弗雷德·巴尔。"[22] 事实上，在 9 月 3 日波兰遭到入侵之后，法英两国已经向德国宣战。在第一次世界大战期间，毕加索的作品曾是法国和德国之间的战利品。而如今，面对欧洲旧大陆依然如故的自我毁灭，面对其经历的第二次磨难，毕加索的作品在这样关键的时刻扮演了向新世界发出求救信号的角色。在鲁瓦扬，毕加索被要求前去警察局说明情况，以办理合法手续，获得前往巴黎的安全通行证，这与他气势非凡的作品形成了鲜明的对比。

巴尔在为展览图录的撰文中形容毕加索是一位"才华横溢、风格多变的天才"，一位"穷尽一切手段都难以捕捉其风采的天才，即使是三百多件作品也无法做到",事实也的确如此。这次展览是一项重大活动,展出了362件编号作品,其中不仅包括他担任芭蕾舞装饰设计师和服装设计师时的作品,还包括他绘制插图的书籍,他制作的版画,他绘制底图的挂毯,以及许多雕塑作品的照片。这些雕塑由于战争而从未跨越大西洋,每件雕塑都标明了它的地理位置及其所属的美国藏品清单,标明了它所参加的展览,还标有完整的文献目录和几段采访。总之,这是一次按时间顺序编排展品的完美尝试,组织得无可挑剔,(几乎)像艺术史论文一样详尽无遗。然而,在所有这些从私人收藏家(其中最主要的是格特鲁德·斯泰因和梅里克·卡勒里的收藏,梅里克·卡勒里是美国雕塑家,也是毕加索的朋友,有一半时间生活在法国)那里借来的作品中,最值得注意的是图录中列出的"艺术家出借"的作品数量。

因此就看到了如下展品:编号190,《三个舞者》;编号213,《绘画(奔跑的弥诺陶洛斯)》……编号232,《杂技演员》;编号233,《耶稣受难像》;编号237,《扔石头的女人》;编号240,《台桌上的静物》;编号241,《躺着的女人》;编号242,《坐着的裸女》;编号245,《镜子》;编号247,《坐在红色座椅上的女人》;编号255,《海滩上的两个女人》;编号342,《女子肖像》;编号280,《格尔尼卡》;以及之后的60余幅作品(编号281至341),《格尔尼卡研究》……在这一历史性的关键时刻,毕加索从自己的宝库中选择部分杰作,并破天荒地同意出借它们,以此慷慨无私地支持巴尔的事业,这仿佛又一次表明了"旧世界已经自绝于世"。

随后发生的一件事无意中提高了毕加索在美国的知名度。1936年5月,费城巴恩斯基金会(1925年开业)策划了"有史以来的首次挂毯展览",该展览随后也在芝加哥、克利夫兰和纽约等地举办。收藏家阿尔伯特·巴恩斯受邀参加美国全国广播公司的节目,他在节目中形容这次展览为"艺术史上的一件大事",称赞其为"传统链条上的一环","介于博韦和欧比松织工的后代与毕加索、马蒂斯等当代艺术大师的画作之间",强调"挂毯在精神和教育方面的贡献",最后盛赞"保罗·库托利的太太所拥有的洞察力、知识和勇气",盛赞她的所作所为"战胜了全世界官僚机构所特有的惰性"[23]。自1928年起,玛丽·库托利逐渐成为毕加索新组织结构的核心人物。

玛丽·库托利的丈夫是阿尔及利亚参议院议员(社会党激进分子)和菲利普维尔市①市长。在丈夫的帮助下,玛丽·库托利开创了一项独特的事业,将当代伟大艺术家(布拉克、马蒂斯、杜菲、夏加尔、毕加索)的作品与阿尔及利亚本土女手工艺人的作品结合在一起(当时巴黎还没有欧比松挂毯)。1935年,艺术品商人艾蒂安·比格努在纽约第57街(劳斯莱斯大厦内)开设了自己的画廊,并举办了她在美国的首次展览。随后,时任大使保罗·克洛岱尔向她提供了赞助(布莱朗库尔友协为赞助商)。由于她在三大洲(欧洲、非洲和美国,就工作层面而言)的重要地位,由于她与两位关键人物(参议员保罗·库托利和亨利·劳吉尔教授)之间的私人关系,由于她在巴黎巴比伦街的家中或在蔚蓝海岸昂蒂布的阴岩别墅中组织的聚会,玛丽·库托利很快便成了毕加索的稀有资源。第二次世界大战爆发时,毕加索正准备隐居在大奥古斯汀街的阁楼上,而他几乎所有的杰作都汇集到了美国。首先有《卖艺人家》《亚威农少女》《格尔尼卡》,以及自1910年以来由私人藏家和博物馆定期、系统收藏的数百件各个时期、不同美学风格的作品,更不用说从艺术家个人收藏中出借的80件特殊作品了。

---

① 即现在的斯基克达市,位于阿尔及利亚东北部地中海沿岸,1962年阿尔及利亚独立战争结束之前称为菲利普维尔市。

第三章 面对无所不能的警察，毕加索的方方面面：1919—1939 年 | 407

是否有必要再次强调与法国博物馆的巨大反差？多亏了毕加索的捐赠和科基奥遗孀的收购，公众得以在格勒诺布尔美术馆看到《正在看书的女人》，在巴黎国立网球场现代美术馆（外国流派博物馆）看到《古斯塔夫·科基奥肖像》。1947 年以前，法国公共机构收藏的毕加索作品只有这区区两件（还算不上真正的杰作）。毕加索曾经有过几次挫败的经历，令人唏嘘不已，比如失去了《亚威农少女》。雅克·杜塞在 1924 年购得此画，正是为了不让它流落美国，然后决定将其捐给国家博物馆，却没想遭到拒绝。然而，自 1904 年以来，毕加索在法国的创作经历其实是一场名副其实的政治、美学和社会交易，他从中斡旋自己在城市中的外国人身份问题，手段极为高明，让他的批评家朋友、诗人、收藏家和画商看得眼花缭乱。尽管如此，法国官方机构依旧对此漠然视之，仿佛他的作品触碰到了"保留地"，仿佛把他的作品引入法国国家博物馆就有"侵犯领土"[24]之嫌。艺术品经销商勒内·然佩尔在其回忆录中记述了他的一位朋友拜访雅克·杜塞时的情景，当时杜塞得知他收藏的作品遭到法国博物馆的拒绝："在卢浮宫，在卢森堡，没有哪个官方世界的人愿意听到关于毕加索的消息。他是个耻辱。"[25]然佩尔评论道。对于任何对他者社会学感兴趣的人来说，这都是一则典型的案例。社会学家埃尔文·戈夫曼则指出，"外国人混乱的人种学知识"与"东道国机构的僵化"（外国人不懂得相应的规范）相冲突，迫使外国人成为这些"干涉空间"的一部分。在这些空间中，"规则的设计就是为了避免发生冲突，避免引起舆情，避免节外生枝"[26]。在这场游戏中，毕加索创造了奇迹。多亏了他的画商和朋友，艺术家才在法国以外的地方找到了合法身份。

在为数不多的对毕加索作品感兴趣的法国博物馆馆长之中，必须提一下具有锲而不舍精神的安德烈·德扎鲁瓦。从 1921 年到 1926 年，安德烈·德扎鲁瓦在卢森堡博物馆任职（当时叫在世艺术家博物馆），之后成为外国流派博物馆馆长。[27] 1937 年，在"独立艺术大师：1895—1937 年"[28] 展览中，他收录了毕加索的九件作品，对毕加索赞赏有加。"今天的艺术家比以往任何时候都更加不安分，可能也更具洞察力，过去 50 年的不断发现使他们的思想更加敏锐，他们的精神也更加自由。"这位具有远见卓识的策展人在他的展览图录中写道，"他们的探索永无止境。"[29] 同年，博物馆理事会以九票对五票的表决结果拒绝收购《水壶和面包的静物画》，这件毕加索的静物作品曾在公开拍卖会上被德扎鲁瓦相中。据安德鲁拉·米夏埃尔称，毕加索认为这幅画并不是他的代表作，不值得博物馆收藏，并慷慨地表示愿意以同样的价格提供一幅更重要、更合适的作品，但国家拒绝收购。[30]

在这些徒劳无功的尝试之后，毕加索与菲利普·达让所描述的"封闭而单一"[31] 的法国机构世界之间的关系也就此终结。最后，让我们回顾一段具有讽刺意味的插曲：在毕加索博物馆的"法国机构"档案中，第一封写给艺术家的信是在 1923 年。在殖民地部①的赞助下，马桑馆举办了"法国殖民地本土艺术"展览，毕加索被要求出借他收藏的木制提基雕像，这些雕像来自马克萨斯群岛（努库希瓦岛），价值 1 万法郎。然后，他应邀于 1923 年 12 月 12 日星期六带着他的参展证，出席了正在马桑馆参观的庞加莱总统的招待会！[32] 毕加索在法国生活了 20 多年，他的作品在欧洲绝大部分地区和美国都广受赞誉，但法国的艺术机构仍然对"艺术家毕加索"视而不见，却只跟**收藏家毕加索**打交道。

到了第二年，也就是 1938 年，安德烈·勒韦尔在一封信中向毕加索直截了当地表达了他个人的失望之情。安德烈·勒韦尔虽然年事已高，但讲起话来依然铿锵有力，直来直去。"亲爱的朋友，昨天我去了

---

① 当时的法国政府部门之一，即现在的法国海外部。

卡勒里夫人家,在那里我数了数,有 12 幅画是你的,其中大部分尺寸都很大,有一半我都不认识。我从未见过如此惊人的作品。你的作品挂在这么大的墙上,真是绝妙的选择!这已经超越了佩蒂的展厅。感谢你向我介绍如此壮观的藏品,这对我们国家的藏品而言简直就是耻辱。我现在明白你那天为何提到《卖艺人家》了,因为它有点像我,百折不挠,无所畏惧。也许有一天我会告诉你,我即使帮助一些人发了财,但我依然摆脱不了困境。听说你要去看 400 幅我还不知道的巴塞罗那的旧画,我很高兴。我恳求你方便的话,就把它们拿来给我看看。我很想在它们的时代里年轻上几岁。致诚挚的问候,安德烈。"[33]

在本章开头,我们描述了艺术家通过异质性或断裂性来迷惑他的追随者,迫使他们支离破碎、分崩离析、放弃追逐。现在,他正在保护他的后方,组织他的部队,以完全自由的积累,为他的作品建立一个多极的地理环境,同时在一个混乱的世界中,为他的全球网络和他的世界性人格奠定基础,这些基础会全力发挥作用。尽管法国公众几乎完全看不到毕加索的作品,尽管他的作品在十年后遭遇了两次重大挫折,但他还是以前所未有的创作数量和创作方向,成功地度过了"一战"之后、"二战"之前的那段时光。与此同时,他已经像一个国家一样运作(他的身边有一个惊人的合作圈子,有人当部长,有人当国务秘书,有人当顾问),并从他的创作空间(一种外围泡沫)推进他的棋子,这让他有了一种治外法权的错觉。至于新大陆安全收集的他的大部分作品,则由美国著名艺术史学家挥洒自如地进行了整理和编排。这些作品会令美国公众目不暇接。[34]毕加索的作品采用了反谱系、去中心化、无等级和多条目的模式,与巴尔在 1936 年绘制的图表完全吻合,与让·卡苏所支持的国家学派模式相去甚远,后者只是把毕加索简单视为戈雅的继承人。巴尔曾在哈佛大学接受保罗·J. 萨克斯的教育，萨克斯曾通过他著名的"博物馆课程"设计出一项雄心勃勃的文化政策，这门课程他足足用了 44 年时间加以不断完善和拓展。他的这一计划旨在催生一个新的职业，并为美国培养"鉴赏家-研究者"[35]，彻底改变美国 19 世纪前三分之二时期艺术界停滞不前的状态。该计划在第一次世界大战期间加快了实施步伐。萨克斯认为，这些新美国人，这些新向导，"首先必须是基础扎实、知识渊博、会说外语的研究人员，以便在适当时候成为专家"。同样，20 世纪美国的新型博物馆也必须摆脱固守在"阿里巴巴山洞"的停滞状态，而要传播真正的"教育项目"。萨克斯的课程正是在 20 世纪初美国经济蓬勃发展的时候开设的。曾在（德裔犹太人）家庭中接受金融教育的萨克斯比任何人都更清楚地意识到，经济力量对美学领域的压力迫在眉睫。"在未来的十年，"他解释说，"我国每个活跃的城市都会对训练有素的博物馆馆长和策展人有更大的需求。哈佛大学必须保持其在培养这一'新兴职业'人才方面的领先地位，因为人们对这一新兴职业的尊严和职能还不甚了解。"[36]

毕加索的创作，尤其是在两次世界大战期间的创作，并没有遵循任何线性轨迹，也没有任何连贯的路径，而是从一种风格走向另一种风格，汲取了无数的素材，甚至在《格尔尼卡》的创作过程中，他同时使用了多种多样的素材，就好像来自各个时代、各个国家的艺术不过是一个巨大的工具箱，他可以或随意或偶然地从中汲取养分。他的作品包含了令人叹为观止的各种历时和共时的意义体系，同时又展现出自己的时间性体系，这些体系既多姿多彩，又惊世骇俗。对于这样的作品，如果采用的不是一种无法让人想到传统谱系模式的范式，而是像阿尔弗雷德·巴尔的图表那样，采用了兼有混乱、异质和断裂的融合模式，换句话说，就像一幅盘根错节的视意图那样，那我们还能提出什么样的视觉化建议呢？

第三章　面对无所不能的警察，毕加索的方方面面：1919—1939 年 ｜ 411

"毕加索：四十年艺术生涯"展览现场，纽约现代艺术博物馆，1939 年 11 月 15 日至 1940 年 1 月 7 日

角南壮一，纽约，明胶银盐相片，纽约现代艺术博物馆

第四章

濒临绝境的五年：1939—1944 年

鲁瓦扬的警长寄给巴勃罗·毕加索的卡片

1939 年 9 月 7 日，印刷品和墨水笔手稿，巴黎毕加索博物馆

献词

> 你看,现在我开始干活了……多么糟糕的时局啊![1]
> ——巴勃罗·毕加索致信海梅·萨巴特斯

巴黎,1939年8月23日。"莫斯科宣布苏德互不侵犯条约开始谈判。和平万岁!"这是共产党日报《今晚》的标题。就在当天,阿拉贡赞扬了一番"苏联,这个在外交上不断呼吁裁军的国家,这个给世界带来集体安全政策的国家"。他之后总结说,该条约"再次出色地标志着(苏联)与所有人和平相处的愿望。反苏疯子们闭嘴吧!"与此相反,记者保罗·尼赞(自1928年以来一直是共产党员)等了几天才在《事业报》上发表辞职信。"法国共产党的领导人,"他向妻子坦言,"表现得像个傻瓜一样",他们支持苏联的外交政策。这些"正统的斯大林主义者将忠诚与对等级制度的盲从混为一谈,显得有点过于教会式的一本正经了"[2]。

然而,在刚刚开始的"静坐战"① 期间,毕加索显然过着无忧无虑的生活,他在昂蒂布和巴黎之间来回穿梭,然后又在鲁瓦扬和巴黎

---

① 静坐战,又称假战、怪战,指的是1939年9月到1940年4月之间,英法虽然因为纳粹德国对波兰的入侵而宣战,可是两方实际上只有极轻微的军事冲突。静坐战是"二战"时期西方绥靖政策的延续。它使法西斯的侵略野心进一步膨胀,削弱了反法西斯战线的力量,并间接导致了法国的沦陷。

之间往返奔波。多亏了萨巴特斯细致入微的日记，我们可以从1939年8月开始，追踪这位艺术家在昂蒂布度过的每时每刻的反应。"8月22日，我收到了《巴黎晚报》，"萨巴特斯写道，"我突然看到了沃拉尔先生的肖像和他去世的消息……因为这件事情，毕加索从临时隐居地出来了几天。他是23号半夜走的……我陪着他……除了葬礼那天，其他早晨都是在拉博蒂街度过的。然后我们在力普啤酒馆吃了午饭，又去花神咖啡馆喝了咖啡……他回来的消息不胫而走，他回来后不久就有人登门造访……我们一接触到外面的世界，集体焦虑就袭遍我们全身……我们都相信战争一触即发……没有一个人相信自己可以在这场灾难中独善其身……每个人都把自己的世界托付给了毕加索，大家认为他更了解情况，更有能力……在考虑自己之前，毕加索还有许多事要做。他的作品散落各处，需要把它们集中起来，给它们安一个家。首先，他觉得把它们放在大奥古斯汀街工作室很不错。"[3]

毕加索慌忙保护和收藏自己的画作，这不免让人联想到在第一次世界大战结束后，卡恩韦勒画廊被查封后给他造成的痛苦。然而，在25年后的1939年，随着《格尔尼卡》的声名鹊起，毕加索已经成为了一个参照物、一个指南针，现在人们纷纷来求教他，请他解读未来。但谁又能理解他自己的困惑呢？出于显而易见的原因，他难道不是第一个完全迷茫的人吗？随着苏德条约的签订和法国共产党被取缔，毕加索的处境变得十分危急：众所周知，共产党背景的西班牙文化部长何塞普·勒诺·贝伦格尔任命他为普拉多美术馆名誉馆长（1936年9月）。我们还知道，在西班牙内战期间，共产党在派遣国际旅方面发挥了决定性作用，毕加索公开支持许多流亡巴黎的西班牙共产党人。毕加索在轻率和痛苦之间徘徊，在轻松愉快的呼吸和战争迫在眉睫的恐惧之间徘徊——有时为了保护自己的创作冲动，他拒绝接受不断上升的危险。萨巴特斯继续说道："28日星期五，毕加索收到一封来自圣拉斐尔的电报,邀请他立即返回蔚蓝海岸,观看周日的斗牛比赛。'你都准备好了吗?……你要去看斗牛了,天哪。这是我们第一次去看斗牛。'……他趁尼斯之行买了一卷画布作画……'这些墙壁我已经受够了。'他跟我说……我们测量了墙壁的尺寸,然后在上面铺上画布。整整忙活了一个晚上……打仗的传言开始流传……他们开始张贴官方海报和动员令……'你看,现在我开始干活了……多么糟糕的时局啊!'……部队来了一支又一支。学校、汽修厂和所有重要场所都被征用,用来安置士兵。"三天后,他从昂蒂布返回巴黎。到了8月29日,他再次启程,这次的目的地是鲁瓦扬。"毕加索决心离开巴黎。"萨巴特斯写道,"今晚,德军的飞机有可能从巴黎上空飞过,你知道吗?"于是他们在鲁瓦扬住了下来。

在毕加索博物馆档案室的"工作室E11"卷宗中,有一张当年从鲁瓦扬寄出的非常朴素的小卡片,让人不禁想到当时的残酷状况。在"内政部,国家安全局,鲁瓦扬警长办公室(下夏朗德省①)"字样旁,警察局长用黑色水笔匆匆写下了这几个字:"1939年9月7日,先生,请尽快来我办公室一趟。此致,敬礼。"尽管有乐趣丛生的斗牛比赛,尽管在鲁瓦扬寻找新的工作室和合适的用品(画架、油画布、颜料),但毕加索依然麻烦缠身:鲁瓦扬警察局长写的卡片是对他的警告,也是对所有外国人的警告。从那时起,他就受到了严密监视,每次旅行都必须持有安全通行证。从那时起,《格尔尼卡》这幅让他扬名大西洋彼岸的作品,这幅自1937年以来一直在美国和欧洲博物馆展出的反抗一切形式法西斯主义的标杆之作,即将把他置于危险的境地之中。

成千上万逃离德国、奥地利或西班牙的移民成了嫌疑犯,对第五纵队间谍的恐惧——主要是幻想——像野火一样蔓延开来。对于任何

---

① 即现在的滨海夏朗德省,位于法国西部新阿基坦大区。

非法国人来说，被驱逐出境的恐惧都是巨大的。1939 年 9 月 1 日的法令规定，"所有年龄在 17 至 65 岁之间、属于敌方领土的外国人"[4]都要集中到特别中心。内政部长阿尔贝·萨罗曾在 1927 年喊出"共产主义就是敌人"的名言，他认为这些措施之所以很有必要，是因为怀疑"外国敌人密谋在我国境内进行民族分裂事业"。根据 11 月 18 日的新法令，这些外国人收到了一张晦涩难懂的纸条的突然传唤，然后被集中关押在夏莱蒂体育场、科隆布体育场和巴黎冬季自行车赛车场长达数周之久，并有可能再次被转移到军队管理的中心。阿尔贝·萨罗宣称："这是一项战时法律，是为战争期间制定的……一项特殊法律……一项拯救国家的手段。"截止 1939 年 11 月底，已有两万多人遭到关押……在那个年代，非本地人的日子并不好过！至于关押在难民营中的 50 万西班牙难民，他们很快就会经受严峻的考验。

第四章 濒临绝境的五年：1939—1944 年 | 419

阿德里安娜·菲德兰，玛丽·库托利和参议员保罗·库托利，前排为曼·雷、巴勃罗·毕加索和朵拉·玛尔

曼·雷，1937 年，穆然，照片，老式印刷品，巴黎毕加索博物馆

第一节
东躲西藏

> 我工作,我画画,我很烦。[1]
>
> ——巴勃罗·毕加索致信海梅·萨巴特斯

1940年4月3日,毕加索生平第一次(也是最后一次)向司法部长申请入籍,为什么会这样?为什么是那一天?他的申请结果如何?谁处理的?他的申请为何陷入僵局?在有关毕加索黑暗岁月的大量书籍中[2],鲜有关于警察历史的研究。然而,必须回到勒普雷圣热尔韦档案馆,回到这家离孟加拉清真寺不远、毗邻一家犹太奶酪工厂的档案馆,才能找到这些问题的最初答案。

我们还记得1901年、1911年和1932年涉及毕加索的事件,当时排外主义的浪潮席卷全法国。我们还记得他对在请愿书上签名表现出的恐惧,他的内心充满了如此多的焦虑,这种状况一直持续到1940年。尽管对外国人的威胁会带来沉重打击,但毕加索也知道,由于他关系众多,所以依然实力不俗。他依然是个有钱人,非常有钱的人,而且还能抽出时间与他的银行家朋友马克斯·佩勒克一起处理各种紧急财务情况。1940年3月5日,佩勒克在给毕加索的信中写道:"我亲爱的巴勃罗,在查看去年的税单时,我发现其中的13 747法郎大概是你在拉博蒂街的税单,你无需支付这笔税款。而另外两张支票则是你在大奥古斯汀街的税单。因此,我将你的支票寄给了第六区和第八区的两位收税员,请他们将收据寄给你,地址是鲁瓦扬市梯也尔大道帆船别墅。"[3]

在毕加索认识的高层人物里,亨利·劳吉尔首屈一指。劳吉尔是一位科学专家和部长级内阁成员。十五年来,他一直作为伊冯·德尔博斯的得力助手,相继在技术与美术教育国务秘书处、公共教育与美术部、司法部、外交部和教育部工作。毕加索之所以对自己的行政地位仍持乐观态度,难道是因为他可以依靠自己在高层的人脉?随后,劳吉尔为毕加索动用了他所有的关系,其中就有莫里斯·托伊斯卡。这人曾是阿兰的学生,是一位文笔细腻的文人。1934年至1946年期间,他在省政府任职,包括在德军占领期间。他一生都从事写作。最重要的是安德烈-路易·杜布瓦,他深得内政部长阿尔贝·萨罗的信任:1938年1月,他担任干事,随后又被任命为部长办公室副主任。1939年8月30日至1940年6月25日期间,他先后担任过国家安全总局[4]副局长、警察局长和总务主任,后被贝当解职。在那段黑暗的岁月里,毕加索可以依靠这些政治力量的支持。不过,在这种情况下,他作为战略家的才能也骤然间显露了出来。从1939年8月到1940年8月,他多次往返于鲁瓦扬和拉罗谢尔之间,然后又往返于鲁瓦扬和巴黎之间(1939年11月和12月,1940年2月),他这么做显然是为了让自己的处理正常化。但引起我们兴趣的是他的最后一次巴黎之行,发生在1940年3月15日至5月17日。正是在这次出行中,毕加索于1940年4月3日向司法部长递交了入籍申请,这是他一生中第一次也是最后一次递交入籍申请。当时只有四五个人知道,他后来也从未向任何人透露过此事。

起初,它只是一张小巧精致却又不太搭调的名片,装在一个封面破旧的红色大文件夹里，保存在巴黎警察局的档案室里。毕加索的档案经历了一番坎坷和曲折：它与其他"敏感档案"一起被纳粹用驳船运走，1942年被德国人送到柏林，1945年落入苏联之手，然后运到莫斯科，1994年被法国购回。档案的红色封面上写着："外国人档案，鲁伊斯·毕加索，又称毕加索·巴勃罗，（18）81年10月25日出生于马拉加，画家，编号74.664。"我第一次查阅档案时，面对一堆过期的居住证、房租收据、宣誓证明、政府文件、精神恍惚的照片、警察局长填写的表格、指纹等杂乱无章的资料，我甚至都没有看到它。多亏了当天和我在一起的一位朋友[5]，我才在第二次查阅档案时发现了它。那是一张优雅得仿佛来自另一个世界的名片，上面写着："保罗·库托利，参议员，巴比伦街55号。"但这张名片上还藏有另一条线索：在名字的前面，用铅笔写着"夫人"两字。

为什么毕加索在警局的档案里会有这张名片？君士坦丁激进社会主义参议员保罗·库托利的妻子、亨利·劳吉尔的情妇与警局官员有什么瓜葛呢？玛丽·库托利根据前卫画家们绘制的大幅底图来设计和制作挂毯，那她为何要干涉毕加索的行政事务？她又是如何干涉的？她是想利用她丈夫的政治地位？还是她情人的政治地位？于是，我开始调查入籍档案，在画家的圈子里发现了这三位荒诞不经的人物：保罗·库托利、玛丽·库托利和亨利·劳吉尔。这个"城市三人组"有点神神秘秘，相当非典型，也非常讨人喜欢。在佛朗哥统治的西班牙，在被德军占领的法国，在法国战败前几周，在这样一个动荡的时期，对于西班牙共和党艺术家采取的这一谨小慎微和高度政治化的姿态，恐怕只有这个"三人组"才能洞悉其中的秘密。

毕加索在行政文件上的优雅签名早已广为人知——签名越是自信，越是傲慢，越是显示出处境的屈辱。在这样的情况下，1940年春天的签名也不例外。"巴黎，1940年4月3日，司法部长先生，本人谨申请入籍，并承诺为此支付印章税。司法部长先生，请接受我最诚挚的祝愿。"这封申请信是用打字机打的，底部有墨水笔签的"毕加索"，他大笔一挥，签得很有气势，富有动感，情感丰富，字迹有点扭曲，但谁又敢不认他的名字呢？一个任何人或任何事物都无法抵挡的"毕加索"，一个丝毫不怀疑自己的请求会得到满足的"毕加索"……但随之而来的是司法部要求警察局对其进行调查（4月23日），受到玛德莱娜警察局的传唤（4月26日），填写完整的问卷（4月30日），上面有警察局长签署的"良好信息"和"赞成意见"，问卷上还有"财务状况""犯罪记录""健康状况""参军情况"等栏目。让我们来看看这份荒谬档案中的一些精彩片段。在"同化程度"栏目里，问："他保留了他的民族习俗还是采用了我们的习俗？"答："采用了我们的习俗。"问："他是否能流利、正确地理解和使用我们的语言？"答："是的，很流利。"问："他通常交往的是法国人还是外国人？"答："法国人。"在"行为、道德和忠诚度"一栏里，问："是否受到公众的尊敬？"答："是的。"在"社会效用"一栏，问："申请人是在什么条件下来到法国的？"答："来法国学习绘画。"最后问道："他为什么申请入籍？"答："希望在法国永久定居。"到目前为止，毕加索的职业生涯一直无懈可击，但在1940年4月的那几周里，他却在最高层与时间赛跑，这一点可以从以下细节可以看出：他档案顶部贴着"内阁特别发出的入籍申请"字样的贴纸，夹着"请在四天内提交调查表"的手写纸条，盖着"入籍加急申请"的章。这样来看，这份档案里的所有内容都显示出它的特殊性。首先是处理速度快（仅用了六周时间）：据帕特里克·魏尔称，当时申请入籍一般至少需要六个月到一年的时间。

1940年4月30日，毕加索从玛德莱娜警察局长那里拿到了一份好评报告。那随后几周发生了什么？毕加索于 5 月 17 日返回鲁瓦扬。在毕加索博物馆档案中发现的玛丽·库托利 6 月 1 日写的一封信，再次凸显出她在这一过程中所起的决定性作用，也让我们对这份档案有了更清晰的认识。"亲爱的朋友，你离开后，我又在巴黎待了六天，"她写道，"我丈夫的一位朋友在这里有套房子，如果不是他招待我，我现在还在那里呢……你我彼此都清楚的事，我不会和你说的。比利时人的背叛，墨索里尼的威胁……希特勒想轰轰烈烈地进入巴黎……我给布拉克夫人写了一封信，想知道你的事情进展如何，你的事情不能再拖了。希望不久之后，我们能在巴黎重逢，在更美好的日子里，走出这场可怕的噩梦。"对于布拉克夫人，我们先言尽于此，下面来谈谈她的丈夫皮埃尔·布拉克吧。

皮埃尔·布拉克是谁？这位最高法院顾问被称为"伟大的国家公仆"：从 1934 年到 1940 年 9 月，他在旺多姆广场①各部门先后担任人事主任、民政主任和司法主管，成功推动了数项重大改革。1942 年被贝当解职后，布拉克加入了北方解放运动和自由法国部队。他曾多次组织有效行动，从敌人的法庭上解救法国公民，帮助他们安全顺利地逃脱。1940 年 5 月，在毕加索一案中，布拉克成了当时的最佳人选。[6] 此外，警局档案里的一张小纸条证实了他在此过程中发挥的关键作用：1940 年 5 月 25 日发出了一项紧急指示，上面用红色铅笔写着："档案应以布拉克先生的名义寄出。"

然而，就在同一天，情报部门也签署了一份不利报告——这是一份来自"重案组第四分队总参谋部"长达四页的文件，字里行间充满了恶意——报告最后写道："总之，这个外国人没有理由入籍；此外，

---

① 旺多姆广场位于法国巴黎第一区，它与胜利广场、协和广场、孚日广场、太子广场并称为巴黎五大皇家广场。广场中央的旺多姆广场柱由拿破仑·波拿巴下令建造，以纪念奥斯特利茨战役。因法国司法部位于该广场，所以常用"旺多姆广场"指代法国司法部。

综合以上情况，从国家角度来看，他必须被视为高度可疑。"随后是警察局长手写了一张通知（一页），没有日期和签名，决定"推迟审议入籍申请"。"鲁伊斯·毕加索·巴勃罗先生，人称毕加索……艺术家，画家，拥有一座城堡……据说有一大笔海外投资。"他写道，"毕加索先生的思想似乎与极端主义理论一致，他在内战期间向西班牙共和政府提供补贴，并被任命为博物馆馆长……不过，这位外国人在私下里并没有受到任何不利的评论。我请你决定是否应该推迟审议他的入籍申请。警察局长（罗杰·朗格伦？）。"

在档案中，实际上是所附的检举信（日期为1940年5月7日，之后是一份不利的报告，其中重复了每一条措辞）为整个事件画上了句号。让我们来看一看：

在蒙帕纳斯艺术家圈子里，画家毕加索的态度受到了强烈谴责，他最近多次批评我们的制度，并公然鼓吹共产主义。

几位不愿透露姓名的可靠人士发表了如下声明：

*几周前，当我们在圣日耳曼大街172号的**花神咖啡馆**时，我们听到著名画家毕加索发表了明显反法的言论。

*当他发表反对我国政府的言论时，一位（平民）顾客突然走上前去，宣称自己是波兰军队的军官，然后命令他闭嘴。

*画家毕加索随后离开了咖啡馆，语带不屑地嘟囔了几句。不过他第二天就离开了巴黎，离开了好几天，无疑是担心这件事会给他带来"麻烦"。

*我们还了解到，在西班牙内战期间，毕加索积极为政府进行宣传，他似乎通过出售画作向政府提供了几百万美元的支持；据说他还与一个名叫罗森伯格的艺术品经销商签订了合同。

*最后，据说这位在法国建立了所谓现代绘画声誉的外国人

几年前曾跟几位朋友提到，他死后要把自己的收藏遗赠给俄国政府，而不是法国政府。

*再加上他被指控的上述事实，这番话表明毕加索对欢迎他的国家表示感谢的方式非常独特，在目前的情况下，他的行为至少可以说是不合适的。

鲁伊斯·毕加索，又名毕加索·巴勃罗，1881 年 10 月 25 日出生于马拉加（西班牙），西班牙国籍。

他的妻子是科赫拉瓦·奥尔加［原文如此］……

毕加索于 1900 年来到法国，和他的妻子一样，遵守了外国人在我国居住的规定。

自 1918 年以来，他一直居住在拉博蒂街 23 号，并在吉索尔（厄尔省）附近的布瓦-吉鲁［原文如此］拥有一座城堡。不过，据说他目前居住在拉罗谢尔。至于他的妻子，她最近离开了他，住在伯尔尼街 16 号。

在毕加索的档案里，有一份日期为 1905 年 5 月 17 日的记录，上面写着他是 1901 年 6 月 10 日一份报告的对象，并提到当时他与一位同乡——受到监视的无政府主义者马纳赫·皮埃尔［原文如此］——住在一起，此人也应被视为无政府主义者。

《犯罪记录摘要》中没有毕加索的记录。

我们的相关部门目前正在处理他的入籍申请。[7]

正如我们所见，法国当时正在经历严重的间谍活动时期，毕加索的国际声誉遭人利用，他被描绘成国家的敌人，完全屈从于外国势力。他的入籍申请当然得到了劳吉尔和库托利的支持，皮埃尔·布拉克当然也在司法部等待着，但在法国历史上最混乱的时期之一，这份申请却在法国各政府部门之间流转，而当时警察部门之间的冲突已经十分激烈。1940年5月10日，出乎所有人意料的是，希特勒只用了区区五周时间就大败法国，一切都被重新洗牌，政府逃到了波尔多。5月20日，所有人都知道驻西班牙大使贝当元帅已经在返回的路上。6月17日，法国的一切都结束了。在这方面，玛丽·库托利1940年6月1日写给毕加索的信至关重要。在信中，她提到了"给布拉克夫人带话，以便了解情况……这件事不能再拖了"。但就在5月25日，也就是五天前，检举报告终于有人签字才了结此案。马克-奥利维耶·巴鲁克告诉我们，苏德条约签订后，内政部长阿尔贝·萨罗加强了对公务员的控制，他在国家内部"毫不示弱"地进行了"第一次肃清运动"[8]，导致行政部门有649人受到处分，其中382人被解职。后来，新任内政部长亨利·罗伊于1940年4月5日向各省省长发出了一份秘密通告，亮明了这次肃清运动的基调："唯一的问题是，将涉嫌从事共产主义活动的个人，或是一般来说危害国防的个人清除出公共行政部门或涉及国家利益的公司，这样的做法是否符合公共利益。我认为没有必要一定要争出个答案。……不管怎样，我们必须终结公务人员中存在背叛者这一令人恼火的问题：肃清工作必须很快完成。它本身具有安全价值和榜样价值。清洗工作必须进行得公正而彻底。"[9]这样的氛围是否足以解释，虽然毕加索的材料有人强烈推荐，但其处境却依然坎坷不断呢？

1940年4月，劳吉尔和库托利联系了皮埃尔·布拉克，希望帮助毕加索入籍，但为何布拉克会感到无能为力呢？这份同时附有一份赞成意见书和一份充满恶毒字眼的检举信的卷宗，后来的命运究竟如何？是不是转交给了他？这件事情会不会随着时局的加速发展（溃败、出逃、政权更迭）而变得一发不可收拾？况且，1940年5月和6月间，还有许多人在申请入籍吗？那几周特别排外的气氛怎么会不影响这一进程呢？难道当时入籍工作没有放缓甚至受阻吗？是皮埃尔·

布拉克在亨利·劳吉尔的提醒下，为了通过申请便向警察局长索要了这份档案吗？警察局是否拒绝转交？当时在警察局和司法部之间究竟发生了什么？我们至少可以说，无论是玛德莱娜警察局长的赞成意见（4月30日），还是情报部门出具的充满仇恨言论的报告（5月25日），从中可以读到矛盾的压力，反映出政府在这段非常时期极端不稳定。为什么布拉克不立刻要到这份在此之前一直被视为机密的文件？是谁在1940年5月25日的这封恶意十足的检举信上签的字呢？在未来一段时间里，所有这些问题依然没有答案。

5月17日，正如我们所见，毕加索回到了鲁瓦扬。6月17日，战争结束。"我们焦急万分地看着德国军队抵达鲁瓦扬。"萨巴特斯写道，"他们是在一个星期天的傍晚抵达的，毕加索看着部队从他的工作室前走过，因为警察局就在工作室后面，而德军指挥部就设在帆船别墅不远处。军官们占据了隔壁的巴黎酒店，坦克、卡车、摩托车、大炮开始来来往往。……8月23日，毕加索决定返回巴黎……25日，他带着司机、卡兹贝克[10]和所有行李[11]，永远离开了鲁瓦扬。"

第二节

幸存：1940年8月25日至1941年12月

> 1940年夏天的普遍恐慌……受到统治的地下思潮又在光天化日之下重新出现……这是一个规模巨大的"被拒者沙龙"，"每一代人"都声称自己在阳光下占有一席之地。[1]
>
> ——丹尼尔·林登伯格

1940年6月17日，法国惨败，纳粹占领法国，法国从此进入了有史以来最排外的时期。就好像20世纪30年代所有最纠缠不清的时刻，乔治·莫科之流所有言辞激烈的文字，德·拉罗克上校和莫里斯·德·弗拉芒克分别在《火焰》和《巴黎日报》上喊出的各种口号，格扎维埃·瓦拉认为法国已经接近饱和状态，他的这些言论现在变得更加肆无忌惮，因为对于所有这些仇外的声音来说，要为法国战败担责的正是摧毁了这个国家的"外国佬们"。卡米耶·莫克莱尔在《反对法国艺术的外国佬》（1924年）一文中谴责了"蒙帕纳斯的一群人对酒精、可卡因和生活艺术的崇拜……"，他把现代艺术说成是犹太商人和评论家针对法国的"民族愿望"所策划的一场巨大的国际阴谋，并不断斥责他们的"腐化影响"和"卑鄙动机"[2]。正如丹尼尔·林登伯格所言，1940年夏天标志着"20世纪30年代的终结、千年一遇的恐怖……暮气沉沉的氛围",也标志着这些或多或少徘徊于地下的声音带着对知识分子的怨恨逐渐显现出来。[3]

随着贝当元帅进驻维希,自1927年起开始实施的整个入籍程序也受到了质疑。尽管1927年8月10日颁布的法律允许外国人"在法国居留三年而不是十年后"[4]就能成为法国人,但1940年7月22日,新任司法部长拉斐尔·阿里贝尔成立了一个委员会来审查这些入籍程序。此外,相继颁布的一些法令(1940年8月底、1940年9月18日、1940年10月18日和1941年4月26日)将犹太人经营的企业"雅利安化",并将其委托给从这些掠夺行为中获益的"法国良民"。但这也是一个惩罚这些"来自内部的外国人"的问题,夏尔·莫拉斯将过去四十年国家的衰落归咎于这些外国人。罗伯特·帕克斯顿回忆道,"法兰西民族的'净化'正在进行",尤其是因为"(贝当犯下的)第二个错误"导致"神圣联盟的统一方案被弃之不用,而这一方案是所有经历过1914年至1918年战争的人都非常熟悉的,他主张排斥所有导致法国衰落的罪魁祸首(犹太人、共产党、共济会、人民阵线支持者)"[5]。就毕加索而言,从1904年起到1940年4月3日之前,他从未提出过入籍申请。

1940年8月25日,毕加索离开鲁瓦扬前往巴黎,他来到的是一座被纳粹占领的城市。从6月14日开始,凯旋门上一直飘扬着纳粹旗帜。自1937年以来,他一直在拉博蒂街和大奥古斯汀街之间来回奔波,直到1942年初,这时他决定在他一生中第一次、也是唯一一次被完全禁闭期间,撤回到大奥古斯汀街。这一决定与希特勒于1941年6月22日发动的著名的"全面战争"和标志着德国对苏联发动侵略的巴巴罗萨行动不谋而合。从此,毕加索不得不面对新的仇外心理,这次不再是**结构性**的,而是一种**假定**的仇外心理,一种国家仇外心理。事实上,从1932年开始,就出现了对新人类的崇拜,正如荣格尔所描述的那样，这种"新种族体现了活力，洋溢着暴力"。年轻的党卫军法律专家莱因哈特·霍恩被委以重任，要重新谋划如何进行纳粹领土管理。1937年7月19日，在约瑟夫·戈培尔的主持下，"堕落艺术展"在慕尼黑开幕，毕加索因此被纳粹政权视为涉及净化社会的首批堕落艺术家之一。在当天的演讲中，帝国美术协会主席、艺术家阿道夫·齐格勒对这些"疯狂、无耻、无能、坠落的怪物"极尽诋毁之辞，妄称"这次展览中的600件艺术作品让我们所有人都感到震惊和厌恶"。[6]

面对一个比以前复杂得多的体系，毕加索不得不加倍小心，才能把控自己的处境。[7]这样的体系宛如一条等级混乱的九头蛇……它"在同一职权范围内，产生了警察、部队、党、部委等多重机构，再加上特设机构，它们在一场几乎是你死我活的斗争中飞速倍增"[8]。从1939年9月起，戈培尔在日记里记满了这些部门间的无休止的争斗，尤其是在他自己的宣传部、赫尔曼·戈林担任议长的国会部门、约阿希姆·冯·里宾特洛甫所在的外交部之间的争斗。同样，在占领期间的纳粹政策中，里宾特洛甫控制下的"法兰西委员会"各部门每天都在与戈培尔的部门厮杀。"外交部正在对法国进行愚蠢至极的知识宣传，"戈培尔写道，"我们不能再这样下去了……我们要马上向元首提出这个问题。"[9]其他的争论焦点在于是否需要法国亲德知识分子的参与，而忠于戈培尔的纳粹少校施密特克领导的宣传部和里宾特洛甫的忠实拥护者奥托·阿贝茨领导的德国大使馆都对此激烈反对。早在1939年，阿贝茨就在法德委员会内部拉拢了一批法国的极端分子，并打算利用他们作为自己真正的"审慎瓦解"政策的温床，而戈培尔则主张对法国的一切采取正面迎击的政策。这样，戈培尔和里宾特洛甫之间的势不两立破坏了德国政策的凝聚力。而德国政策在实施中，也碰到了生活在纳粹占领期间既慵懒又顽固的法国人的强力抵制。

如此之多的个人恩怨、如此紧张的部门关系、如此之深的政治分歧，使得局势越来越复杂，甚至像勒维尔这样经验丰富的人也会不知所措。为什么法国各地会发生如此激烈的对抗？法国对纳粹政权来说是一个特例，这种情况一直持续到1943年：这涉及为德国洗刷1918年战败耻辱的问题，涉及要直截了当地表明力量对比已经发生逆转。"法国绝不能复活。按照我的一贯命令，镇压一切亲法行为，"[10] 1940年7月10日，戈培尔在他的日记中如此写道，"我们德国人作为失败者被踩在脚下长达三个世纪之久，所以我们必须重新学习这种古老而高贵的步态和外表，但这需要时间。我们在巴黎的士兵就拥有这种能力。我把我和戈林访问巴黎的情况向元首做了汇报，他对此很感兴趣。"[11] 法德这对宿敌比以往任何时候都更有话题性，更妙的是，两国之争的战场首先选择了艺术领域，德国决心在此复仇。"在法德'夫妻关系'中，无论是嫁妆还是性替代品，艺术都是纳粹通过窃取法国杰作来实现占有法国的核心所在。"历史学家劳伦斯·贝特朗·多雷亚克评论道，"这是纳粹为了自身利益结束一场古老的欧洲文化战争的一种方式，而以往这样的战争往往以巴黎获胜而告终。"[12] 就在停战两星期后，一场"按照强者法则大肆掠夺艺术品的可怕行动"[13] 开始了。

法国在艺术、文化和高雅方面一向对德国态度傲慢，现在到了让它为之付出代价的时候了。"我们要补偿我们自己，从法国人那里夺回他们几个世纪以来从我们这里偷走的一切"[14]，戈培尔兴高采烈地说道。元首在组织化掠夺政策中赋予了他广泛的权力。然而，在这方面，不同部门和个人之间也存在竞争。戈培尔的竞争对手阿尔弗雷德·罗森伯格是希特勒的忠实拥护者和纳粹理论家之一，他被任命为掠夺犹太人在法国藏品的负责人。1940年6月30日，清点工作突然开始，主要艺术品经销商的存货被运往里尔街的德国大使馆，并在巴黎警方的帮助下查没了近 80 批私人藏品。面对法国政府的抗议，特别是来自犹太人问题总委员会的抗议，德国不得不在 1940 年 11 月纠正错误。帝国领袖罗森伯格任务小组①推动了一项严厉的法令，提醒法国当局摆正自己的从属地位。

从 1940 年秋天开始，光靠掠夺犹太人的财产已经无法满足德国人的贪婪，于是罗森伯格的部门便开始在巴黎和外省寻找所有被遗弃（或应该被遗弃）的藏品。这些藏品被集中到为此目的征用的、现在由德国人管理的巴黎国立网球场现代美术馆和卢浮宫博物馆，并经过了详细的清点：鉴定、拍照、编目——通常都很困难——然后打包运往德国。根据劳伦斯·贝特朗·多雷亚克引述官方人士罗伯特·肖尔茨的报告："在巴黎解放前一个月，共查获 203 批共计 21 903 件各类物品，其中包括约 11 000 幅绘画作品——绝大多数属于犹太收藏家——1941 年 3 月至 1944 年 7 月期间，这些藏品装上数百节车皮，从巴黎北站出发运往第三帝国。"[15] 然而，有些作品"不配上路"，尤其是"堕落画家"的作品，必须把它们物理销毁。因此，根据巴黎国立网球场现代美术馆工作人员罗斯·瓦兰、这场虚妄景象唯一目击者的说法，1943 年 5 月 27 日，纳粹十分兴奋地销毁了"带有'E. K.'②标记的画作，包括马松、毕卡比亚、瓦拉东、克利、马克斯·恩斯特、莱热、毕加索、基斯林、拉弗雷奈、马瓦尔、马内·卡茨以及其他许多人的作品"[16]，用刀将它们刺穿，然后用卡车运往最后要销毁它们的柴堆边上。在巴黎市中心被焚毁的作品总计约有五六百件——这场大规模的焚毁仪式组织得十分谨慎，以免刺激法国人做出不合适的举动来。

---

① 帝国领袖罗森伯格任务小组是德国纳粹党的一个组织，致力于在第二次世界大战期间侵占文化财产。它由纳粹党首席思想家阿尔弗雷德·罗森伯格领导。
② 德语"Entartete Kunst"（堕落艺术）的首字母缩写。

但是，这种强力侵占，有时甚至是摧毁在法国蓬勃发展的艺术的方式并没有得到巴黎纳粹党人的一致赞同。戈培尔和罗森伯格再次遭到奥托·阿贝茨和其他讲法语的德国人士的反对，比如在宣传部负责文学业务的格哈德·海勒，以及恩斯特·荣格尔，一位在巴黎逍遥自在的参谋，也是一位负责审查占领军的亲法作家。奥托·阿贝茨曾成功说服元首不要"政治化"法国，而要以一种比其他被占领国家更"微妙"的方式来管理法国，他对此感到非常自豪。至于法国的法西斯分子，如德里厄·拉罗谢尔、勒巴泰、布拉西拉赫、塞利纳之流，他们在《我无处不在》一书中不断吐槽前卫艺术家的颓废艺术，这给了他们一次廉价的机会，让他们以创作自由捍卫者的面貌出现。1941年6月，"欧洲法兰西"展览在大皇宫举办。1941年9月在贝利兹宫举办了"犹太人与法国"展览。

就亲法纳粹分子而言，他们一边做着自己的工作，一边享受着战败国的精致生活。"1941年4月27日，万塞讷。在巴黎的第一个星期天。我住的地方……视角很好，可以看到城堡大雕楼。"[17]恩斯特·荣格尔在日记中写道。"1941年4月29日，在杜福街的普鲁尼耶家。一楼的小房间，清新、整洁，海蓝色的色调，让人不禁想品尝海鲜[18]……1941年5月11日……到了巴士底狱，我想下车。那天是圣女贞德节，在几千人的人群中，就我一个人穿着制服。然而，当我漫步在人群中沉思冥想时，我感到了某种满足，就像一个人手持蜡烛，梦幻般地漫步在火炉旁一样。傍晚时分，我得知协和广场上出现了一些混乱状况。"[19]卡恩韦勒曾经说过："我生活在一种奇怪的茫然之中，就像植物人一样。"[20]1940年夏天，毕加索从鲁瓦扬撤回巴黎之前，克里斯蒂安·泽沃斯又说了几句："我感到不知所措，我们在这里只听到有关食物的话题，几乎没有什么可吃的了。"[21]然而，在整个纳粹占领时期，毕加索并没有与他的朋友们同呼吸共命运，而是在享受优待。那究竟是谁在保护他？是经常从诺曼底寄来蔬菜和水果的布瓦吉鲁园丁阿尔弗雷德·雷提？是 1941 年 1 月 27 日为他提供雪茄的巴黎驻法国大使路易斯·马丁斯·德·苏扎·丹塔斯（一名勇敢支持抵抗运动的人）？[22]是 1942 年 9 月 18 日给他送来了新鲜鸡蛋和苹果的胡里奥·冈萨雷斯的遗孀？[23]还是遭到纳粹罚款后被迫关门一个月的"加泰罗尼亚餐馆"的老板？1944 年 11 月 11 日，毕加索在肉类配给的日子里曾经光临该店，享用了一道多布里昂牛排。难道是西班牙驻法国大使若泽·费利克斯·德·莱克里卡吗？这位大使是一位真正的佛朗哥主义者，通过在门上贴封条来保护位于拉博蒂街和大奥古斯汀街的工作室。莱克里卡[24]的情况如此不同寻常，让人不免怀疑他和毕加索究竟在玩什么把戏！

除其他特权外，毕加索还可以依靠他的银行家朋友马克斯·佩勒克。停战之前，他一直在一丝不苟地管理着毕加索的纳税事宜。1940 年 6 月 14 日，虽然身在波尔多南区，但佩勒克依然竭尽全力让毕加索放心。他在信中写道："我的公文包里有纳税申报单。"然后，1940 年 6 月 27 日他对毕加索发出警告："我不能去看你了，我正在采取措施尽快返回首都，我敦促你像我一样做，不要在难民涌入时等待太久。"后来，佩勒克在 1940 年 7 月 29 日向毕加索提供了所有需要的行政细节："如果你想坐火车来巴黎，你需要的只是身份证件。客户的保险箱已被锁上，但每个客户都可以在一名德国代表在场的情况下打开保险箱。该代表只处理黄金、外币、外国证券和未镶嵌的宝石。装有绘画作品的保险箱经检查后仍可自由打开……保罗·罗森伯格已经离开法国……巴黎没有一家画商了，整个行业都感受到了犹太人的威胁。"[25]在如此艰难的时期，这种关系的价值是否得到了充分认识？1941 年 8 月 19 日，当佩勒克透露他与毕加索建立的交换关系时，他似乎是在与一个不可接触的人交流，这种交换可以说是一种生存经济、易货经济，佩勒克提供服务，毕加索提供艺术品。"我意识到，你把我们之间的大笔资金问题混为一谈是多么令人不快。我也意识到，面对这些突发事件，你有多么超脱。"佩勒克说道，"感谢你为我提供了如此精美的画作……我想到了我的蓝色时期的作品，多年来我一直对它朝思暮想，而梦想成真则证实了它存在于我的想象和记忆中。……我预计9月1日返回巴黎。在此期间，如果你有机会为我挑选几幅漂亮的素描或水彩画，或挑选几幅符合你品位的精美画作，我会非常高兴的。"[26]

入籍档案里的情报部门的报告

1940 年 5 月 25 日，巴黎警察总局档案室

第三节

玩火：1942年1月至1944年7月

> 我们可以看到，元首对法国的政策是完全正确的。必须收拾法国人一下。一旦恭维他们几句，他们就会产生误解。他们被晾着的时间越长，他们就越会压低声音。[1]
>
> ——约瑟夫·戈培尔

1941年6月22日，希特勒发动了"巴巴罗萨行动"，标志着德国对苏联的侵略，也标志着著名的"全面战争"就此开始。在法国，共产党人加入了抵抗运动，并发起了针对纳粹的破坏行动——这些行动遭到了史无前例的严厉镇压，因为在希特勒眼中，"一个德国士兵的价值是一个法国共产党人的三倍"[2]。从1942年、1943年到1944年5月，随着"命运的齿轮"开始转动，越来越多的犹太人和"布尔什维克"遭到处决或被大规模驱逐到纳粹集中营。在被德军占领的巴黎，毕加索不得不面对一种崭新的国家类型，面对一种特别反常的纳粹多党制，面对希特勒的"新浪漫主义"，它试图在贵族精英的指导下重建属于同一人民的行会和团体之间的有机关系。在这种情况下，按照意识形态学家尤金·迪德里克斯的说法，

"国家将成为精神、'人民'①及其利益的仆人"。

在纳粹政权最穷凶极恶的这几个月里,苏联正在鏖战,而在法国,现在已经加入抵抗运动的共产党人正在对德国占领军发起越来越多的行动,那我们该如何洞察这一切呢?"最近针对德国军用列车的破坏行动造成了一些人死亡,从而导致了严厉的报复。"戈培尔一针见血地指出:"4月9日,针对这三次抵抗运动,希特勒下令,每遭受一次袭击便处决15名人质,并将500名共产党人、犹太人和'反社会的'人质驱逐到东方。军事指挥官海因里希·冯·施蒂尔普纳格尔于4月9日和10日下达了两项命令。"[3]戈培尔一如既往地采取了最严厉的镇压路线:"我们采取了非常严厉的报复行动。10名人质被处决,500名共产党员、高卢人和犹太人被送往东部的劳改营。宵禁时间大大延长,电影院、剧院和娱乐场所干脆关闭。最重要的是,我正在向巴黎施加压力,以便我们最终决定在执行处决前公布下一批被处决人质的名单。"[4]

一边是戈培尔不可一世的命令。另一方面,巴黎的某些官员和纳粹党人热衷扮演自由主义者,甚至扮演拯救濒临灭绝的法国文化的光辉骑士。自《格尔尼卡》以来,毕加索一直被视为业已消亡的西班牙共和国的化身。而法国拒绝了他的入籍申请,纳粹斥责他为堕落分子,毕加索因此比以往任何时候都更受制于历史的逆风。在这个世界上,战前的意识形态划分和政治分歧已经被浓雾笼罩。[5]毕加索深知,在这种情况下,他几乎没有回旋的余地,稍有不慎就会万劫不复。他的名人效应既保护了他,也暴露了他。"他很清楚,对于专制政权来说,有时打倒一个象征性的领军人物是值得的。"埃米莉·布瓦尔坦

---

① 此处原文是"Volk",是一个常见的德语单词,意思为人民,和英语单词"folk"为同源词。在英语和法语里,"Volk"是一个纳粹术语,专门指代纳粹德国时期宣传的"人民"一词的含义。

言道，"费德里戈·加西亚·洛尔卡于 1936 年 8 月 19 日被佛朗哥的民兵处死的例子，他肯定记忆犹新。"[6]于是，这位聪明的战略家退却了。那么毕加索在战争年代的执念是什么？继续手上的工作，同时依靠他从当权者那里获得的些许支持来确保自己留有退路。

但是，毕加索借由创作《格尔尼卡》旗帜鲜明地反对野蛮行径，他拒绝扮演忏悔者来取悦新主人，那他又如何保护自己不受占领军的伤害呢？现在，他只能待在自己位于大奥古斯汀的工作室里，上午接待客人，下午和晚上工作，游走于朋友、熟人和各方人物之间，危险地悬浮在"合作者与抵抗者不断扩大的鸿沟之上"。根据罗伯特·帕克斯顿的说法，"作家之间出于对彼此文学才华的仰慕和尊敬而建立起的长期的个人关系，使得跨越意识形态分歧的界限成为可能（对某些组织的忠诚可能优于政治站位）[7]。"因此，毕加索处于"维希政权、纳粹占领者和法国极端分子形成的复杂三角关系"[8]的中心：占领国禁止他参加展览，法国法西斯主义者也憎恨他，认为他是导致法国堕落的罪魁祸首之一（"马蒂斯被扔进了垃圾桶，毕加索则到了沙朗通。"当时的法奸报纸如此报道[9]）。他也受到了野兽派运动的代表人物莫里斯·德·弗拉芒克的冷嘲热讽。弗拉芒克已成为回归秩序的倡导者和维希政权的积极支持者，1942 年 6 月 6 日，他指责毕加索"从 1900 年到 1930 年期间将法国绘画拖入了否定、无能和死亡的境地"[10]。劳伦斯·贝特朗·多雷亚克解释说，占领军"发动了一次致命的攻击，通常情况下，这种攻击会在一堆厌恶的回应中迅速瓦解"。但是，她继续说道，"在法国拼命恢复失去的团结的时候"，毕加索却"成为一只当之无愧的替罪羊，他体现了恶的一千零一种面貌：流离失所、混乱、亵渎，法国不再需要的一切，以及法国从根源上拥有的各种与稀奇古怪相关的一切。弗拉芒克确信自己的观点会被许多认为毕加索是颓废诗人的人听到，因此他在文章中低调地回应了双重逻辑：谴责现代冒险——这一冒险毫无新意可言——与此同时，谴责一位仍在巴黎的艺术家，大家对他还算包容，而且此人因其政治同情心而享有盛名。"[11]毕加索受制于当时掌权者们的欲望，同时又成为了代表各种恶行的替罪羊或纳粹美学家所迷恋的"具有神奇影响力"[12]的邪恶天才。他精心维护着某些关系，一如他与科克托的深厚情谊。

1942年春，"玩火"一词对毕加索来说很快就不再是一句空话：通过布雷克尔和科克托，他与希特勒的距离只有五个陌生人。阿尔诺·布雷克尔是元首钟爱的雕塑家（他本人也是维也纳美术学院的学生，资质平庸），1926年至1932年就读于蒙帕纳斯美术学院，是马约尔的学生，也是科克托、考尔德和布朗库西的朋友。1940年6月，布雷克尔首次访问被占领的巴黎，陪同希特勒在特罗卡德罗广场检阅部队。法国一直是希特勒心目中优先考虑的对象，布雷克尔也为戈培尔针对法国的文化宣传提供了建议。一方面羞辱法国人，另一方面又对他们进行灌输，这就是纳粹高层的占领战略。1942年4月27日，戈培尔依然兴高采烈。他在日记中写道："在考察国内政治形势的过程中，我还可以与元首讨论许多文化问题。他再次委托我在整个战争期间，务必确保在任何情况下都能维持文化生活。"[13]阿尔诺·布雷克尔雕塑展（1942年5月15日在橘园博物馆开幕，展期至12月）是当年巴黎最重要的纳粹宣传活动。阿贝尔·博纳尔在开幕式上发表了深情款款的讲话，他口吐莲花，称赞这位"英雄的雕塑家"来自"一个和谐的社会"[14]。当着负责法德关系的国务秘书雅克·伯努瓦-梅尚的面，他对元首作为"人类领袖"、"军队首脑"和"建筑爱好者"的才能进行了大肆吹捧。[15]

1942年5月6日，就在展览开幕的前几天，雅克·沙尔多纳请科克托"以拉瓦尔政府的名义"写一篇颂扬布雷克尔的文章，然后以"向布雷克尔致敬"的闪亮标题刊登在《喜剧报》的头版。"我向你致敬，布雷克尔！我从诗人辈出的崇高之地向你致敬。在这片地方，故乡是不存在的，除非每个人都带来了民族的瑰宝。"科克托在日记中表达了他对"一位工匠、一位内行的钦佩之情，他对细节和质感的品位与他的师傅们所展现的乏善可陈的立体效果截然不同……他会让唯美主义为之一震。这就是我喜欢他的原因。"[16]我们还了解到这位雕塑家拥有一项额外特权：科克托可以"在柏林用专线给他打电话，以防（他）或毕加索发生任何严重事故"[17]。不得不说，科克托已经成为占领军的宠儿，他在艾吕雅和毕加索、柴姆·苏丁和马克斯·雅各布之间玩弄着危险的诱惑游戏，同时又与布雷克尔和沙尔多纳过从甚密，他很高兴"受到所有人的攻击，自由（？）又身无分文"[18]。

在经历了俄罗斯芭蕾舞团的风风雨雨后，毕加索与科克托渐行渐远。在毕加索的超现实主义时期，这种隔阂依然存在——这位世故圆滑的右翼诗人为布勒东、阿拉贡、艾吕雅等人所不喜。在西班牙内战期间，毕加索在政治上变得激进，而科克托则把自己封闭在鸦片的世界里。但在纳粹占领期间，巴黎的许多艺术家——尤其是许多超现实主义者——都选择了流亡，选择了离开巴黎。毕加索会在大奥古斯汀街的"加泰罗尼亚餐馆"或萨瓦街的朵拉·玛尔的工作室遇到科克托。1941年9月6日，让·考特奈曾感叹道："我们的画工真是非常可怜……他们急需画笔和颜料。"[19]科克托肯定向毕加索伸出过援手。

当布拉塞在德军占领初期回到大奥古斯汀街时，他对"现在庞大建筑里充斥着众多雕像感到惊讶，其中有几个在布瓦吉鲁就认识了……但我却感到一阵恶心：那边的雕像白得耀眼，这边的却黝黑瘦小，仿佛被压缩了一样……它们都是青铜铸造的！……而就在占领军将巴黎的所有铜像从基座上搬走的时候，（毕加索）是怎么弄到这么多金属的呢？我看到了50多件新的青铜器，其中大约有20件是大型青铜器……我问：'你是如何铸造这么多青铜器的？'毕加索：'这说来话长……几个忠实可靠的朋友晚上用手推车把石膏像运到铸造厂……更要命的是,必须在德国巡逻队的眼皮底下把这些青铜器运回来……这些货物必须经过伪装。'"[20]

科克托写下的文字"向你致敬,布雷克尔"引起了众多作家的厌恶和反抗,尤其是自1936年以来成为毕加索最喜爱的诗人的艾吕雅,他的反应十分激烈。"我亲爱的科克托,"他在信中写道,"弗洛伊德、卡夫卡、卓别林都被向布雷克尔致敬的同一伙人禁止,你也在被禁人员名单之上。你突然出现在审查者之列是多么错误啊!那些敬仰你、爱戴你的最优秀的人都感到不可思议。恢复你的信心吧。我们之间不能有任何隔阂。你的,保尔。"[21]信的结尾处画了一只伸出的手。但科克托非但没有感到愧疚,反而一意孤行。他在肃清委员会面前也是如此。两年后,该委员会责令他做出解释。但是,如果艾吕雅能够看到科克托日记中的私密内容,他会作何反应呢?"阻止(像希特勒这样的)人物完成他的任务,并在途中扼杀他,那将是灾难性的。"[22] 1942年7月2日,《可怕的孩子们》一书的作者写下如此文字。仅仅六个月之后,他就不无痛惜地哀叹,这个憎恨和平的人"被拖入了一场他所憎恨的战争"[23],眼看着自己的和平主义早早地陷入了穷途末路。

在当时兵荒马乱的局势下,包括毕加索在内的一些人相继与通敌合作支持者和抵抗运动支持者交往。1942年9月10日,在这些人因布雷克尔事件发生争执不到三个月后,毕加索把艾吕雅和科克托请到他的餐桌边共膳。同样是那些乐于合作,甚至悄悄对帝国怀有钦佩之情的人,却可以利用他们在维希政府或纳粹知识分子中的关系,不遗余力拯救身处险境的犹太朋友。例如,萨沙·吉特里在维希狂热分子和纳粹美学家之间左右逢源,靠着他个人的名望使作家特里斯坦·贝尔纳和莫里斯·古德凯从德朗西集中营获释。艾吕雅也是如此,他攻击完科克托之后,却又在肃清运动审判中为他辩护。在文艺的小天地里，经年累月的恩恩怨怨都要经受各种事件的考验，在迷茫中前行的状况并不罕见。每个人在出于意识形态偏好、个人利益或懦弱本性而投奔某个阵营时，都会与另一阵营的人保持联系，从而给自己留好退路。事实上，未来比以往任何时候都更加不确定。所做的选择终有一天会付出惨痛的代价，造成严重的后果，以至于许多人都选择观望、选择工作来逃避现实。至于毕加索，他的意识形态倾向不难猜测，但作为一名遭受行政当局诚意关照和贴有"堕落"的前卫派标签的外国公民，他发现自己的处境尤为危险，心无旁骛地投身工作成了他在经历各种事件时保持自身尊严的唯一方式。

1939年8月，毕加索的第一位经销商、1901年展览的组织者安布鲁瓦兹·沃拉尔去世。在沃拉尔去世两年后，他的画廊被他的同事马丁·法比亚尼买下，后者还接手了布封的《自然史》的合同。毕加索曾在1931年为这部著作绘制插图。1942年5月26日和1943年5月23日，法比亚尼来到大奥古斯汀街，毕加索借此机会为这位商界新人创作了一系列肖像画——面孔颀长、憔悴，如刀削一般，显得高深莫测。法国解放时，大家知道法比亚尼"在战争期间与德国人走得很近"，他参与了对犹太收藏家的掠夺和艺术品交易，参与了"对马蒂斯（与他签有合同）和毕加索的大规模投机活动"[24]。1942年7月22日，作家恩斯特·荣格尔拜访了毕加索，就在几天前，出版商让·包兰向毕加索介绍了格哈德·海勒（宣传队特别指导）。1943年的一个晚上，轮到另一位纳粹官员维尔纳·朗格（海勒的同行，负责监视艺术家）在太子广场的一家著名餐馆与毕加索见面。"那是一家毫无魅力可言的老店，百叶窗总是紧闭……在那里你可以随心所欲地吃到令人难以置信的东西：肉酱、烤肉、奶油泡芙……多亏了三姐妹，她们与黑市关系密切，所以从不缺什么"[25]，朗格解释道。根据他的记载，当时还有一个名叫马拉蒂埃的人"做了介绍，毕加索才知道他是谁"："在和我聊天时，毕加索表现得好像我只是一名普通客人……我们去马拉蒂埃家喝咖啡……快到宵禁时间了……毕加索看了看时间，然后跟我说：'先生，我们得走了，宵禁时间到了。否则，就像你所知道的那样，德国人会逮捕我们的。'大家都哈哈大笑。他知道如何活跃氛围！……如果毕加索以任何方式表现自己，我都会按照收到的指示进行严厉惩罚。但只要他保持沉默……我就没必要采取行动。"[26]

海勒、朗格、荣格尔——这些人都是占领时期在巴黎工作的纳粹党人。战争结束几十年后，他们中的一些人认为有必要撰写回忆录。在撰写回忆录的过程中，他们为了给自己开脱，口口声声地说着自己的英雄主义，乐此不疲地攻击那些明显具有政治同情心的人物，如萨特或毕加索。海勒如此，朗格也是如此。1981 年，格哈德·海勒的新书出版[27]，电视台为此专门举办了一期节目，我有幸在录制现场见到他。当我把上面的想法向他指出时，他非常狡猾地向我解释说，在出版这本书时，他并"不想成为一名历史学家"[28]。在那奇怪的几个月里，原本互不相干的人们之间发展成了这样的关系：告密者、牟利者和纳粹分子去讨好名人，而名人则甘愿成为引诱的对象，想着从占领军那里捞到什么好处。1943 年 1 月，根据前警察局长、艺术家的保护人安德烈-路易·杜布瓦的证词[29]，德国士兵前来侮辱毕加索，称他为"堕落者、共产主义者、犹太人"，然后"用脚狠狠地踢他的油画"。纳粹美学家到毕加索工作室的礼貌拜访与德国士兵不那么礼貌的登门举动交织在一起，如何才能破解这一纠葛？

然而，毕加索在继续创作的同时，他看到了自己作品的价格在不断上涨，他也因此继续管理着自己的财富。1941 年 7 月 18 日，在德鲁奥拍卖行组织的拍卖会上，他得知自己的一幅画以 65 万法郎售出；1942 年 5 月 26 日，另一幅画拍出了 61 万法郎；1942 年 12 月 12 日和 13 日，价格飙升至 130 万法郎和 160 万法郎！1942 年 8 月 22 日，马克斯·佩勒克从黎塞留城（安德尔-卢瓦尔省）的普莱塞城堡写信给毕加索："（我的兄弟）雅克给我带来了重新用画布装裱过的《儿童头像》……我想感谢你送给我的这件精美的礼物……感谢你对我的善意，感谢你对我的宽容……要是我能帮你摆脱生活中的麻烦[30]……"1943年8月17日，佩勒克又写道："我的兄弟写信给我，说他去见了你，并给我寄来了一份你的管制员的问卷。问卷中的问题既愚蠢又轻率，回答起来很容易，但要回答这些问题需要付双倍的酬金，我们已经说明了这一点，我的办公室里也有这笔钱。你完全不用担心，你不必回信，这完全没有关系的。我自己就收到过一封信，要求我在20天内答复，而我过了两个月才回信。我会咨询我的管制员朋友，然后我们再回复或是去见他，没必要先写信给那个白痴。我知道你会去我兄弟家吃午饭，看看他收藏的毕加索的作品。"[31]1944年2月1日，佩勒克又说："我给第8区的导师寄了一张6万法郎的支票，给第6区的导师寄了7 557法郎。你可以更改支票簿上的存根联……请寄给我一张6万法郎的支票。"[32]正是在毕加索的支持下，在被纳粹洗劫、焚毁的作品和在拍卖会上屡创拍卖纪录的作品之间，在那些不得不被销毁的作品和那些可以作为讨价还价筹码的作品之间，这些艺术品交易才得以发展起来。当然，毕加索并没有从中直接获利，只是提高了他手中画作的价值。但是，我们如何才能理解这一切呢？

第四节
创作

> 我干活了,画了三幅静物画。有鱼,有秤,有螃蟹,有鳗鱼。[1]
>
> ——巴勃罗·毕加索致信海梅·萨巴特斯

40年来,这位艺术家在艺术界不断进行美学革新,这位战略家在一波又一波的排外浪潮中,一个接一个地挫败了由国家利器布下的陷阱,当他在1940年6月成为纳粹九头蛇面前的头号危险外国人时,他又是如何在这段战争岁月里继续创作的呢?他当时创作的作品当然不是什么创新之作,因为他借鉴了之前已有经验的流派和主题,但却将它们放大、推向极致,并朝着濒临悬崖边缘的方向发展。毕加索对悬崖的反应是什么?是他申请入籍的过程,小心谨慎,不为人知,十分低调;是他奔波于不同地点之间的决心,这似乎合情合理;是他对时间的全新安排(上午接待客人,下午和晚上在宵禁时间工作);是他事业的使命。1944年10月,他加入了法国共产党。

埃尔文·戈夫曼在其经典著作《庇护所》中指出了"隐居者的世界"逐渐发生的变化:隐居者与世隔绝,"失去了自己的社会角色",他在封闭自己的地方体验到了幽闭恐惧症,在内部和外部的持续紧张关系中，他经历了名副其实的"公民死亡"[2]。然而，正如我们将要看到的，毕加索摆脱了这种困境，他辗转于昂蒂布、鲁瓦扬和巴黎之间，然后穿梭于拉博蒂街和大奥古斯汀街，最后独自躲在大奥古斯汀街。尽管头发过长，没法修剪，尽管衣服褪色（一件掉色的旧大衣，上面点缀着一个完全不合适的领结），让他隐约看起来像个流浪汉，但画家始终保持着不可动摇的尊严。[3]虽然他明确避开战争主题，但他一如既往地探索当下，描绘他的家人、朋友、橱窗里的场景以及日常的普通物品。他的作品《鲁瓦扬的咖啡馆》（1940 年 8 月 15 日）带有逝去岁月的色彩，但恰如一个空虚的世界，所有的生命都已远离，后来的《瓦尔嘉朗广场》①也同样如此。随着《戴条纹帽女人的半身像》《戴蓝色帽子的女人》《坐在扶手椅上的女人》《坐在扶手椅上戴着帽子的女人》《拿着朝鲜蓟的女人》《女子半身像》《拿着龙虾的男孩》等作品的问世，毕加索除了创作儿童系列画像，还开始创作朵拉·玛尔的画像系列，把她描绘成一个在错位世界中痛苦、分裂的女人形象——蕴含着如此之多离经叛道、荒诞不经的命题。

《猫捉鸟》很早就为他的作品定下了基调。他后来说过："这个主题让我着迷，我不知道为什么。"至于他那些让人压抑的静物画，如《鳎鱼》《海鳗》《公牛头骨静物画》《静物（咖啡机）》《头骨和水罐静物画》《有骷髅、韭菜和水罐的静物画》，这些作品的标题阴森可怖，创作的时间和地点极为精确，似乎痴迷于日常生活，其中食物占据了主导地位。例如，他买了一些便宜的肉来喂养他的猎犬卡兹贝克，于是他的笔下便呈现了一幅《剥皮羊头》，宛若"死亡象征"②。早在

---

① 瓦尔嘉朗广场是巴黎的一处小公园，呈三角形状，位于塞纳河西岱岛的西端。
② 此处原文是拉丁语"Memento mori"，意思为"勿忘你终有一死"，是中世纪西方基督教对必死性之反思的理论及实践，尤其是作为一种思索尘世之虚幻和一切物质与世俗工作之短暂的方式。在艺术中，"memento mori"是一种死亡象征，提醒人固有一死的艺术性和象征性的话语。

1890年，毕加索和朋友帕拉莱斯在奥尔塔德桑特霍安小住期间，来自地中海沿岸的乡村动物（马、山羊、猫）就已经开始渗透到年轻毕加索创作的肖像画中。

《晨歌》亦是一幅不可不提的作品，画的是一具令人不寒而栗的巨大的裸体，脸上挂着长长的、病态的嘲笑，是他对走到悬崖边缘的另一种回应。不过下面我们来详细讨论一下雕塑作品《抱着羔羊的男人》，这件作品从一开始（1942年8月18日、19日、20日和26日做了首批研究）就是为了回应当时在橘园博物馆展出的阿尔诺·布雷克尔不朽的裸体作品而构思的。与纳粹肖像画中的胜利者形象截然相反，毕加索选择了异教主题的赫尔墨斯和基督教主题中的"善良的牧羊人"，这个卑微羸弱的男人，怀里抱着一只羔羊，宛若祭品一般。与"新人类"的世界（英雄、胜利者和征服者的世界）相对立，毕加索故意将自己置于脆弱人群、病患、"非正常人群"（犹太人、罗姆人、残疾人、同性恋者）[原文如此]的阵营中，简而言之，他站在了他者的阵营，这与苏巴朗令人钦佩的《羔羊颂》有异曲同工之妙，也与1940年瓦尔特·本雅明在自杀前几天写就的《关于历史概念的论文》产生了共鸣："所有迄今为止赢得胜利的人都参加了这场凯旋游行，今天的主人踩在战败者的尸体上向前行进。按照惯例，战利品也属于这支凯旋队伍。这就是我们所定义的文化财富。"[4]挑战、献祭、牺牲、走向殉难？《抱着羔羊的男人》是毕加索在1950年2月被授予荣誉市民称号时赠送给瓦洛里市的青铜作品，至今仍是当年历史最有力的见证之一。

不过，我还是要以毕加索的第一部戏剧作品《抓住欲望的尾巴》作为本章的结尾。这部作品创作于1941年1月14日至17日（他在德军占领法国时期的巴黎度过了第一个寒冷的冬天），1944年3月19日在米歇尔·莱里斯和路易丝·莱里斯的公寓中上演。1942年春，这对夫妇搬进了大奥古斯汀街53号乙，距离毕加索的工作室只有几步路程。这个夜晚是为了纪念刚刚被纳粹杀害的马克斯·雅各布，毕加索为他画了一幅画像。下面这段话是连续不断的语流，没有语法，也没有标点符号：

> 大脚丫：洋葱的笑话已经够多了我们已经完全清醒过来了正准备把最初的四个真相告诉我们表妹。我们需要一次性解释我们通奸婚姻的前因后果；你无法在绅士骑手面前掩饰你泥泞的鞋底和皱纹无论他多么彬彬有礼。[5]

通过塑造"大脚丫""洋葱""馅饼""表妹""圆球""两只小狗""沉默""焦虑的胖子""焦虑的瘦子""窗帘"等寓言人物，按照哲学家杰西卡·雅克·皮的说法，毕加索在这里提出了一个基本问题，其实就是"柏拉图《会饮篇》的变体"，尤其是在第四幕中，"馅饼"说："你知道，我遇到了爱情。他的膝盖破了皮，在挨家挨户乞讨。他身无分文，正在郊区找一份公共汽车售票员的工作。虽然很可怜，但还是去帮帮他吧……他转过身来戳你……"[6]

在《肮脏的旅馆》中，毕加索以荒诞的拼贴画和达达风格的作品，呈现了一场"饥寒交迫的盛宴，这是他逃离现实的一部分，与他的大多数造型作品迥然不同"[7]。阅读《抓住欲望的尾巴》使他得以致敬马克斯·雅各布，同时用一个晚上的时间，在私人空间和特邀嘉宾面前，对屋外横行的纳粹秩序表达了鄙夷之情。因此，为了反抗蒙受耻辱的占领者强加给他的"公民死亡"，"堕落的外国佬"成了司仪，画家成了剧作家，成了自己演出的伟大的组织者，迫使他的作家朋友（并非最不重要的朋友）米歇尔·莱里斯、乔治·巴塔耶、阿尔贝·加缪、让-保罗·萨特、西蒙娜·德·波伏瓦、雷蒙·格诺等人在这个配给时代成了他自己剧本中的演员。毕加索因此也旗帜鲜明地表示，自己在创作上具有绝对的持久性和优越性。这也许是在回应他的朋友马克斯·雅各布被驱逐到德朗西集中营一事所引发的争议。当时，毕加索被要求在给德国大使的请愿书上签名，以拯救雅各布的性命，但他却没有签。有些人指责他忘恩负义，说他对前来寻求帮助的画廊老板皮埃尔·科勒竟是这样的反应："任何事都没必要做。马克斯很古灵精怪，他不需要我们把他从监狱里救出去。"[8]毕加索之所以没有任何行动，是不是因为他知道"《格尔尼卡》画家"一旦表示支持，会对他的朋友马克斯本已悲惨的处境造成更大的伤害？[9]皮埃尔·科勒的女儿西尔维娅·洛朗让我看到了下面这份文件（皮埃尔·科勒1944年3月21日给自己父亲写的亲笔信），这份文件之前已经发表过，但其字里行间依然透露着强烈的情绪：

亲爱的爸爸，我终于有时间给你写信了。自从我在信里把我们朋友去世的消息告诉你后，我去看望了他村里的牧师和公证人，还去看了那间破旧的房间，里面还残留着香烟的味道，还有你知道的那些乱七八糟的东西。我不得不说，我没有勇气碰任何东西，因为马克斯就在那里。

牧师把他的信件和诗歌交给了我，这是必须保存的最重要的东西。牧师收到了马克斯在前往德朗西（3月5日在那里去世）之前于2月28日写的一封信。信中写道："我为即将开始的殉难感谢上帝。"公证人给我看了遗嘱，日期是1939年，我是他唯一的受遗赠人。我打算这几天去拿一份副本，因为我要找律师向德国人索要遗产。

星期天，我去了他下葬的伊夫里公墓：第44区第24排第27号墓穴。我立即请人立了一个十字架。下周日，他的一位朋友莫雷尔神父会为墓地祈福。这块土地拥有五年的特许使用权，并且可以续期。但他在遗嘱中要求将其葬在卢瓦尔河畔圣伯努瓦①。

与上周六相比,今天的弥撒在圣罗赫教堂举行。我没有通知任何人,或者说几乎没有通知任何人,因为我不想让这场简单的弥撒变成一场示威游行。一切都很顺利。毕加索、萨尔蒙、德兰、布拉克、勒韦迪、艾吕雅,总共有五六十人参加。

我们不知道他的死因,我们猜测是中风。无论如何,他一定是在没有牧师帮助的情况下孤独地死去的,因为德朗西是犹太人的集中营,对他们来说,他是个叛徒。

他的死是我们对他的荣耀所能期望的最好结果,世人依然还在谈论这位可怜的诗人(他留下了1.3万法郎),他被带到一处荒僻村庄,关在一个肮脏的小房间里,这样他便可以死去,并和战亡者和枪决者葬在同一个墓地里!我会帮你保管好他的念珠……

我没有找到太多的信件,他天生就笨手笨脚,所以他变得越来越谨慎,但这没有用。根据他的记述,让他一直耿耿于怀的是,自己会在毫无准备的情况下突然死去。我们现在从他写给牧师的信中得知,他已经做好了做出最大牺牲的准备。牧师告诉我:"他是一名早期的基督徒。"

我已经给了教区牧师足够的钱,让他在每个月的第五天做弥撒,可以连做十年。若有更多细节,我会告诉你的。我现在累坏了。孩子们得了感冒。卡门的身体越来越好。我们在比耶尔地区弗勒里②(靠近巴比松!)租了一栋房子过春夏。轻轻地吻你,皮埃尔。

附注:最近听说是肺炎。[10]

---

① 卢瓦尔河畔圣伯努瓦位于法国中央-卢瓦尔河谷大区的卢瓦雷省。
② 比耶尔地区弗勒里位于法国中北部法兰西岛大区塞纳-马恩省的一个市镇,属于枫丹白露区。

第四章 濒临绝境的五年：1939—1944 年 | 453

大奥古斯汀工作室中名叫"卡兹贝克"的狗

布拉塞，1944 年 5 月 3 日，巴黎，银盐相片，巴黎毕加索博物馆

第五节
改变自我定位

1942年，阿尔诺·布雷克尔的雕塑作品在橘园美术馆展出——但毕加索真的像某些人声称的那样参观过这场展览吗？——预示着纳粹动态中出现了"新人"。它对胜利者极尽溢美之辞，引发了科克托式的沾沾自喜和艾吕雅式的不屑一顾。然而，毕加索的回应是明确的，那就是《抱着羔羊的男人》。我们不妨暂时回到第二次世界大战初期。我们记得他在"静坐战"期间是多么无忧无虑，当他面对苏德条约的严重性时又是多么激动，还记得他仓促提交入籍申请，试图保护自己，最后却徒劳无功。在苏联参战前的艰难岁月里，他是如何度过的？毕加索密切关注着事态的发展：1941年8月，法国共产党成立了"民族解放政府"，夏尔·蒂永领导"国家军事委员会"对占领军进行了首次破坏，武装斗争愈演愈烈——火车出轨、暗杀突击队领导人——德国人立即做出了可怕的回应："1941年10月22日，27名关押人员被集中枪毙，这些人几乎都是共产党员。"[1]

面对如此激化的冲突，毕加索开始以别样的方式给自己定位：他同样对秃鹰军团大规模摧毁格尔尼卡痛恨之极，当时他在《人道报》上不由自主地便画了一把镰刀和一把锤子。在维希，贝当元帅以停战之名断然谴责共产主义分子的攻击，而戴高乐将军却在伦敦直截了当地宣称:"法国人杀死德国人是绝对正常和绝对合理的。如果德国人不想死在我们手里,那他们只要待在家里,不要对我们发动战争。"[2] 在随后的六个月里,夏尔·蒂永声称代表共产主义抵抗运动采取了156次军事行动(包括107次破坏、41次爆炸袭击和8次破坏火车轨道)。"通过每天的爱国斗争,"《人道报》解释道,"法国人民必须像红军战士一样努力,以加快拯救国家的步伐,加快秋后算账的步伐,加快迈向真正社会主义的步伐"[3]。1941年12月15日,92名人质在瓦莱里昂山被枪杀,其中包括39岁的记者、议员和法国共产党中央委员会委员加布里埃尔·佩里!这位重要人物一直与苏德条约保持距离,前不久还就这一主题写过一本观点鲜明的小册子《不,纳粹主义不是社会主义》。[4]

在加布里埃尔·佩里被残酷处决后,毕加索是否害怕受人陷害而遭到逮捕,是否因为阅读地下报纸,是否因为他与保尔·艾吕雅的友谊,从而深陷情绪的漩涡而无法自拔?读着这位斗士的最后一封信——他既是爱国者又是共产主义者,以勇往直前和自我牺牲的精神著称——很快就在这个不久后成为"被枪毙者之党"的组织内掀起了对其英雄事迹的神话般的颂扬。不可否认,这是毕加索的一个转折点。"我的朋友们都知道,我一直忠于我的人生理想。我的同胞们都知道,我会用自己的死亡来换取法国的生存。"佩里这样写道,"如果我的人生可以重来,我依然会走同样的路。昨晚,我不时想起我亲爱的保尔·瓦扬-古久里说过的一句话。他说共产主义是世界的青春,正准备迎接光明美好的明天。我一会儿就要去迎接光明美好的明天了。"[5]得知佩里去世的消息,艾吕雅坐在书桌前,悄悄书写着他对佩里的悼念之情。

一个人死了,他没有任何防卫能力

除了他向生命张开的双臂
一个人死了，他没有别的路可走
除了憎恨枪支的道路
一个人死了，但他依然战斗
与死亡抗争，与遗忘抗争。[6]

在他之后，还有卡苏、德斯诺斯等多人也撰写了悼念文字，其中就有路易·阿拉贡：

相信天堂的人
不相信天堂的人
都爱美人
爱上为士兵所困的美人
一个爬上了天梯
另一个在下界窥伺
相信天堂的人
不相信天堂的人
不管如何称呼
他们的脚步如此清晰
一个来自教堂
另一个却避之不及。[7]

1942年1月5日，偷偷出版的《人道报》声称，尽管"加布里埃尔·佩里……和其他数十名爱国者被枪杀……但整个法国必须对纳粹压迫者及其维希帮凶表达强烈愤慨"。正是在这种反法西斯动员、政治浪漫主义和极端隐蔽性的氛围中，毕加索的政治思想逐渐走向成熟。但这位艺术家肯定对 1936 年（他个人与西班牙共产党和解的时期）以来共产党支持移民问题的方式非常敏感，他呼吁政府为外国人确立合法地位[8]，同时回顾了针对他们采取的"无理取闹和不人道的措施"[9]。工人国际法国支部处理移民事务的负责人马塞尔·利维安说："在法国，外国人从未像今天这样被剥夺最基本的人权"[10]。也正是通过加强"移民劳工组织"（成立于 1921 年的工会组织，旨在汇集"移民劳工"），共产党中的一些人将这些政治难民（西班牙、意大利、德国和波兰的犹太人）视为革命能量的巨大宝库，但更重要的是，他们是共产国际优先招募的对象。"第二次世界大战爆发前夕，法国聚集了欧洲大部分共产主义精英：欧洲主要共产主义政党的流亡领导人，以及数以千计最坚定的积极分子，这些人曾加入国际旅，在西班牙保卫共和国。"《外国人的鲜血》中写道，"在抵抗时期到来时，共产党的领导人和经验丰富的战士是如此之多，"移民劳工组织"的积极分子在各自基层发展的组织是如此之多，形成的优势又是如此之多。"[11]

与此同时，在佩里被处决一个月后，艾吕雅请求共产党领导人恢复他的党籍，他在 1927 年（大家应该还记得）与达利、布勒东、阿拉贡等人一起参加"超现实主义团体成员"活动时，就已成为该党党员。在阿拉贡的斡旋下，他于 1943 年 2 月恢复了党籍，之后他搬到了南区①，住在洛泽尔，加入了抵抗组织，并用笔名让·杜豪在秘密发行的《法国文学》杂志上发表文章。当英国皇家空军决定在法国各地投放数千份传单时，保尔·艾吕雅的诗作《自由》出现在第一批被

---

① 南区，即自由区，是第二次世界大战期间法国本土的一部分，依据《贡比涅停战协定》建立。其位于停战分界线的南侧，由贝当领导的维希政权统治。停战分界线的北侧则是占领区，维希政权所代表的法国伪政府仅对其保有极其有限的权力。在 1942 年 11 月，作为对盟军火炬行动的回应，德国和意大利开展阿提拉行动占领了自由区。此后，自由区和占领区被更名为南区和北区。

投放的传单上。此时的他再次成为一名共产党员，在地下组织、反法西斯斗争和政治浪漫主义中，他与身为《格尔尼卡》作者的画家朋友毕加索齐名。他为三山出版社撰写了一篇题为《致巴勃罗·毕加索》的文章。"我想温情脉脉地写这本书……我想让它成为一本人见人爱的书，与那些成千上万的冷冰冰的书截然不同。"[12]

我们从布拉塞的回忆录中得知，从 1944 年 4 月起，位于大奥古斯汀街的工作室成了一个目的地、一个通道、一个集结点。在那里，有一群人围在毕加索身边忙忙碌碌：司机马塞尔运来了数十幅油画；女仆伊奈斯拿着一捧丁香花来到工作室，在各个房间摆放鲜花；秘书萨巴特斯则负责盘查进进出出的客人。大多数清晨，当布拉塞到来时，毕加索还躺在床上，正在查看当天的邮件和晚间新闻，而这些新闻报道的往往都是坏消息："你知道罗贝尔·德斯诺斯被捕了吗？……他已经被转移到了贡比涅。"[13]（4 月 9 日）在那里，还有科克托和让·马莱——毕加索花了整整一个晚上，用一把普通的扫帚为他们制作了一根权杖。这位在爱德华七世剧院上演的《安德洛玛刻》中扮演皮洛士的演员解释说："我的手中只有一根权杖，以此来彰显我的地位。我希望这根权杖是某种奢华而野蛮的东西。"——另外，还有诗人皮埃尔·勒韦迪，雕塑家阿珀尔·勒·费诺萨，演员阿兰·居尼，以及一位名叫弗朗索瓦丝·吉洛的年轻学生。

布拉塞拿出相机，对着这场由大家的"开心果"精心编排的芭蕾舞剧，定格了舞台场景和各色演员的精彩瞬间。他迫不及待地想看到"公众"对其最新画作的反应，一想到这他就兴奋不已。"有好几次，我看到他在一排排画架旁走来走去，来回翻找，抓起一张画布，又拉出另一张画布，摆弄它们，又把它们摊开，拼在一起，全神贯注地思考着究竟如何对绘画不感冒的人进行展示，但我却很不理解他为什么要这么自找麻烦……因为'展示'这一行为本身就是他创作的重要时刻。正是在他人的注视下，他的作品才能脱颖而出……毕加索喜欢这样的妙手偶得，其中也夹杂着各种机缘巧合……访客们都走了，只剩下我和他在一起……在墙上……我发现了一只剥了皮的兔子，干瘪得像木乃伊一样。毕加索说：'它是不是很神奇？我在卢浮宫的中央广场发现它的……我什么都捡，尤其捡别人不要的东西。你知道科克托给我起了什么绰号吗？捡破烂之王！'"[14]（4月27日）还有某位叫M. M.的夫人，她有一幅格列柯的画要卖，布拉塞于是把她介绍给了毕加索。"女士们，先生们，摆在你们面前的是格列柯最美的一幅作品，"她大肆吹嘘，"这不是我说的，这是普拉多博物馆馆长的意见。"这番话让画家跳了起来："毕加索说道：'对不起，女士！普拉多博物馆馆长，就是我。'法比亚尼接到毕加索的电话，说有一幅格列柯作品要出售，他急忙赶来……但也不得不放弃……。'没人要吗？'毕加索问道，'那我们就收手吧！'"[15]（6月16日）日复一日，每时每刻，布拉塞乐此不疲地描述着"一波又一波来访者"——先是画商皮埃尔科勒，然后是普雷维尔、莱里斯等人——也有德国官员，毕加索后来曾向他们夸耀自己把《格尔尼卡》的明信片分给大家，最后还不忘来上一句："拿走吧，纪念品！纪念品！"[16] 1944年巴黎社会形形色色的人，不管其年龄、职业和政治倾向如何，都在毕加索这里来来往往，这为他今后30年的生活做了一次彩排。

附言

这幅毕加索人际交往的全景图相当错综复杂，毕加索也只能忙着工作，忙着接待。在混乱不堪的环境中，在动荡不安的状态下，在山穷水尽的处境中，他漂浮在两片水域之间，务实地展示着表现他苦闷心情的作品。下面两章的内容涉及第二次世界大战，展示了之前从未公开过的档案资料，揭示了我们刚刚经历的那段岁月的某些真相。它们展现了出乎意料的凄凉人物、态度暧昧的暴发户，以及比我想象的还要纠缠不清的各种人脉圈。时至今日，所有这些依然说不清道不明。正因为如此，我选择让读者自由整合我所收集到的有关当年毕加索的所有信息，因为正如档案管理员伊夫·佩罗坦所言："在这个以德国人为中心的国际化人群中，他们拼命互相愚弄，真相其实已经难以揭开。"[1]

第六节

清算时刻（1）：警察队长舍瓦利耶的肃清审判

巴黎，1945年6月27日

> 我相信凡尔登战役的获胜者贝当。在经历入侵的混乱之后，我就相信贝当[1]……
>
> ——埃米尔·舍瓦利耶

我为什么要在毫无准备的情况下还要穷追不舍？我为什么要找出那个难以辨认的警察签名背后的人呢？"舍拉比"？"舍拉基"？"乔拉利"？我一连几天回到勒普雷圣热尔韦，翻阅那些平时难以触及的档案，它们宛如丛林一般，困难重重，让人举步维艰。因为1940年5月25日的那封拒绝信，里面的一切内容都令我反感：它渗透着仇外、嫉妒、怨恨、流言蜚语，以及可怜兮兮的含沙射影。而且还因为其中的恶言泼语不断在我脑海中盘旋。在有些人嘴里，毕加索成了一个"在国外赚取数百万美元的所谓现代画家"，一个"在战争期间对我们国家毫无益处"的人，或者一个"在走向共产主义的同时还保留着极端主义思想"的人。这份报告是秘书用蓝色印墨的打字机打出来的，然后被签字人拿了过来，签字人用黑笔添加批注做了更正以后才签了

469 字，然后再次审阅，并用蓝色铅笔和红色铅笔标注，似乎是为了让报告更有效、更有说服力。这其实是一份软弱无力的报告，由巴黎警察局普通情报与规则处第四科室的一位官员撰写，它像巴黎警察局档案中堆积如山的其他文本一样软弱，像那些署着假名、戴着面具的举报人发出的匿名举报信一样软弱。"舍拉比"？"舍拉基"？"乔拉利"？正是这个猥琐不堪、缺乏气魄、难以辨认的签名，让毕加索于 1940 年 4 月 3 日提出的入籍申请戛然而止。这份长达 3 页、充满仇恨的报告彻底终结了毕加索的入籍申请，本来这项工作一直在有条不紊地进行着，需要五六位上层的审核，还要耗费大量的时间来填写许多额外的行政文件，但最后却在两个月不到的时间里以失败告终。

维希时期的法国行政管理史是一个专业研究领域，从事这一领域研究的专家和研究人员工作一丝不苟，通过翻阅索然无味的档案以及多年的潜心研究，他们学会了解码姓名、破译笔迹，编撰了正儿八经的术语词典，在那段浑浊不堪的岁月里航行、发掘、调查、跃升。我开始阅读他们的一些作品，并与其中几位研究人员取得了联系，比如亚历克西斯·斯皮尔。他对广受非议的公职人员决策权的分析让我相信，管理外国人事务的公务员的私生活，以及他们在国家中根深蒂固的地位，无疑是非常稳定的。然后是帕特里克·威尔，他从美国打来电话，寥寥数语便为一个停滞不前的研究项目注入了活力。"毕加索是否要求过上层人物进行审核？"他立刻问道，然后以命令的口吻说了最后一句话，"如果有一个人你应该联系，那这个人就是洛朗·乔利。"

470 今天上午，在巴黎警察总局档案室的柜台后面，坐着一位大胡子光头男。他左耳戴着一个小耳环，右手戴着一枚巨大的戒指，在我看来颇像藏族饰品。他的衣着光鲜亮丽：上身穿紧身黄色毛衣，下身为红色裤子，脚上穿着运动鞋。每隔十分钟，他就会出去抽一根烟，回来时身上就会飘出一股烟草味。在办公室里，只有四名研究人员在仔细检查他们的档案材料，逐页给这些材料拍照，而时钟响亮的嘀嗒声在记录着时间分分秒秒的流逝。2017年11月22日，星期三上午，阳光灿烂，洛朗·乔利给我发来短信，让我一定要破解困扰我数周之久的难以辨认的签名。我觉得是"舍拉比"，但洛朗则认为是"赤拉"或"舍瓦"。经过几番比对，他推断出这位警官就是埃米尔·舍瓦利耶，我找到了他的肃清档案。"太棒了，你找到了你要找的人了，我很高兴！"这位历史学家评论道，他最近揭露了"巴黎告密者的惯常恶行"[2]，表明在"行政"范畴的背后存在着个体、轨迹和个人选择，但最后一锤定音的，就是那区区"几个人"而已。正如汉娜·阿伦特在《艾希曼在耶路撒冷》一书中所揭露的某些官僚让人内心沉重的行为，他们对他人言语打击、抹杀个性，最后对其实施肉体消灭。在2017年11月22日这一天，我仿佛回到了1945年6月27日，丝毫都没有觉察到时间的流逝。

在这间洒满阳光的办公室，我发现了拒绝毕加索入籍法国的那个人的极为罕见的个性。因为，除了"情报总局副总督察"的官方头衔之外，埃米尔·舍瓦利耶是一个完全出乎意料的角色——一个可怜虫、俗人、胆小鬼、懦夫……而且他还是一位（资质平庸的）画家。时至今日，还有专门介绍他的维基百科页面，以及一个网站，上面把他描述为"20世纪印象派画家、法国艺术家协会会员"。他甚至还定期在奥菲弗尔河岸的一家画廊举办画展。"今天天气很好，夫人……"同一团队的另一位档案管理员接过大胡子光头男的话对我说道，这是他第一次对我发表个人意见。通常，他只会（很快地）递给我一只蓝色大盒子，然后仔细地掸掉灰尘，再让我在一张纸上签字。后来，他会十分客气、十分礼貌地提醒我两条基本规则：我的衬衫袖口不能碰到卷宗页，否则会把它们弄坏；我查阅材料遇到惊喜时会脱掉黑色的小开衫，请不要把它放在椅背上，而是放在外面的储物柜里。我一一照做，然后开始查阅。

首先看到的是1944年9月13日提请诉讼的"通知"："埃米尔·舍瓦利耶，1892年5月26日生于布里亚尔（卢瓦尔省）……从1940年6月起就以亲德思想著称。他言行不一，总是自以为是地歪曲事实，向警监们报告任何他认为可疑的言论。他特别指出，迪曼在陈述袭击米尔斯克比尔港①事件中，明显偏袒英方……然后，他谴责了主要领导集团中盛行的戴高乐主义和亲英思想……"

然后，我找到了问题的核心：肃清委员会就舍瓦利耶先生一案做出裁决的会议记录："前副总警监，情报人员（已退休），居住在巴黎第十二区圣芒代大街73号，已婚，育有3名子女，年龄分别为23岁、21岁和17岁。"他的行政状况被界定如下："历任实习警监、正式警监和特殊警监，1940年10月1日成为副总警监，1942年7月1日退休，时年44岁。"该委员会"由警察分局局长克莱尔热先生担任主席，成员包括警长佩尔蒂埃先生，警长皮尼亚尔先生，以及担任报告员的米歇尔先生的副手德尼库尔先生"。委员会以下列理由传唤埃米尔·舍瓦利耶：

> 曾是贝代小组成员……在该小组登记的编号为7号。
>
> 钦佩德军并期待德军获胜。
>
> 支持合作并赞同贝当的政策。

---

① 袭击米尔斯克比尔港，又称米尔斯克比尔之战、米尔斯克比尔海战，指英国海军于1940年7月3日对法属阿尔及利亚沿海米尔斯克比尔港基地内的法国海军战列舰发动的袭击。此次攻击是英国策划的"弩炮行动"的一部分，其目的在于在法国战败投降后瘫痪或者击毁法国战舰，防止其落入德国手中。这次袭击导致1297名法国军人死亡，1艘战舰沉没，5艘其他船只严重受损，英军方面有5架战机遭击落，2名机组人员身亡。

为 RNF（或 RNP①？）和纳粹政权进行宣传。

被强烈怀疑向盖世太保告发了两名高卢人，导致这两人被押送到集中营……

为国家社会主义政权道歉。

他目前正在批评警察局的肃清行动，重申德国人的时代比现在更公正。

以下是该委员会的文字记录，从中可以了解到这些肃清审判的气氛，以及我们所面对的是什么样的人。

委员会：舍瓦利耶先生，你将出庭接受肃清委员会对你的指控，并就被指控的事实做出回答……据说你很欣赏德军。

舍瓦利耶：不。我是一名老兵。我参加过另一场战争。……我欣赏的是德军的装备。当我看到德国人来到这里时，我已经八天没吃东西了，我饿疯了，他们竟敢这样指责我？……

委员会：你对贝当政府的态度如何？

舍瓦利耶：我相信凡尔登战役的获胜者贝当。在经历入侵的混乱之后，只要海军上将莱希还在维希³，我就相信贝当。许多像我一样的人都相信他们之间存在着某种结合。在那之后，我就不明白了。还剩两年时间的时候，我离开了警察局。我很反感，因为我必须告诉你，他们想任命我去德朗西担任士官长。我拒绝了。他们把我送进了罗斯柴尔德（医院）。这次我无法拒绝了。我和阿尔方先生很处得来。他告诉我："你不适合当督察。"我是

---

① 即国家人民联盟，是德国占领时期由马塞尔·德亚创建的一个法国法西斯和通敌政党，主张在政治、社会和军事上与纳粹德国保持一致。

个画家。我注意到那里发生了很多事情。我从来没有报告过任何事情。……像我这样的人竟然会这么想!

委员会:我已经拿到了报告,就在这里,你想让我读一读吗?有很多。……你是什么时候加入国家人民联盟的?

舍瓦利耶:从来没有加入!从未加入任何政党!我看不上……

委员会:你确定?

舍瓦利耶:我向你保证!……瞧!……我发誓!……要的就是这样!

委员会:如果我没理解错的话,你是反对德国人的?

舍瓦利耶:当然反对!

委员会:那你为什么要赞扬《德国新闻》呢?

舍瓦利耶:这是艺术的东西,不是宣传!……上面只有城堡,是他们寄给我的。

委员会:这就奇怪了!专门寄给你的?你过去经常让你手下的督察们招募成员。

舍瓦利耶:从来没有!从来没有!

委员会:我们是在情报处第四科室认识你的!……可能你记性不好,但别人还是有记性的……

舍瓦利耶:这是个圈套!……我还没进门就受到了侮辱。他们叫我"德国佬的头"!

舍瓦利耶就是这样为自己辩解,否认自己曾以任何方式与占领国勾结,也否认自己在法国战败和德国入侵后,在经历了一段犹豫期过后曾经支持过贝当。随后是对特派员埃米尔·考莱的审讯:

委员会：考莱先生，你对舍瓦利耶先生的态度了解多少？

考莱：舍瓦利耶先生在 1941 年和 1942 年的态度可以用几个词来形容。首先，对我来说，他是个告密者。其次，他是个卑鄙的奸细，他毫不掩饰对德国人的同情，尤其是当德国人在俄国①取得胜利时。每天早上，他都会和朋友们聚在一起，评论时事。……

舍瓦利耶：这都是推测，不是事实！

考莱：另一方面，我认为舍瓦利耶先生属于一个合作组织，是元帅的组织之一。他经常走进办公室说"元帅万岁"！

舍瓦利耶：我一直在等这句话！……这是针对我的阴谋。一开始我是支持贝当的，我对此并不隐瞒。很多人都跟我一样……

档案中还有舍瓦利耶同事的手写证词。根据普通情报与规则处第四科室的特派员亨利·杜比松的描述，1942 年 3 月 3 日位于比扬古的雷诺工厂遭到了空袭，他和同事埃米尔·考莱因对此事发表了"戴高乐主义言论"而受到总督察署的调查。用他的话来说，"告密者只能是副总督察舍瓦利耶"，因为他憎恨任何反对通敌合作的东西，并不断表现出支持占领国、誓要改换门庭的狂热举动。接着轮到特派员埃米尔·考莱，我们刚刚提到他出庭做证的事。他在手写的证词中讲到，舍瓦利耶"向任何愿意倾听的人宣扬德国在俄国取得的胜利，公开为德国空军对英国城市的罪恶轰炸欢欣鼓舞，并嘲笑戴高乐将军采取的行动，他说：'……我的团队不过是一撮戴高乐分子组成的，我已经听腻了。'"

接下来还有三份手写证词。第一份证词来自普通情报与规则处第

———————

① 此处指前苏联，下同。

四科室的特派员古斯塔夫·德松。他解释说，舍瓦利耶"多次邀请他参加国家人民联盟的会议"，他对警察总局尚未开展"民族革命"表示遗憾，声称"正在研究一项清理各部门的计划"。舍瓦利耶建议，德松在这样的状况下加入国家人民联盟一定会为他"带来进步"。第二份证词来自普通情报与规则处第四科室的特派员弗朗西斯·德鲁，他说舍瓦利耶未经他同意便替他订阅了纳粹宣传月刊《德国新闻》。最后一份证词来自探员居伊·利塔列。根据利塔列的说法，舍瓦利耶经常夸耀自己的主动精神，体现在"他从事的活动……以及在与罗斯柴尔德医院接受治疗的以色列人打交道的方式之中"。利塔列还详细介绍了舍瓦利耶以舍瓦利耶·米洛之名从事的画家工作，及其与画商安德烈·舍勒之间的关系。尽管舍勒有"以色列人的血统"，但"德国当局从未找过他的麻烦，他有很多门路，与德国当局的关系非常好"。

舍瓦利耶经常与警察总局其他几位"也参与绘画"的官员往来，如"人事、预算和物资局副局长马塞尔·戈谢，他在同一部门担任助理的儿子，以及被借调到国家警察警靴商场的保安人员唐达尔"。据利塔列称，"高度怀疑是舍瓦利耶干了这些告密的事"[4]。最后，利塔列明确指出，舍瓦利耶是警察局内部一个秘密小组的成员，"其领导人和煽动者就是前督察皮埃尔·贝代。这个小组的目标是打击共产主义，宣传元帅的口号，努力推选与德国和解与合作的政策，清除警察队伍中的可疑分子或反国家分子，即那些'秉持戴高乐主义的抵抗分子'"。在这篇骇人听闻的文章最后有这么一段描述，里面汇集了埃米尔·舍瓦利耶的档案中所有收集到的口头和书面证据：他是一个小公务员，业余时间画画，是一个狂热的通敌分子，自豪地表现出支持纳粹的信念。若有同事在支持维希政权表现乏力或是在绘画领域与他一竞高下，那他会毫不犹豫地向他的上级或盖世太保揭发。那么，埃米尔·舍瓦利耶在肃清运动中的审判结果如何呢？他的退休金被停发两年，从案件事实来看，这似乎并不特别严厉。

特派员亨利·杜比松，特派员埃米尔·考莱，特派员古斯塔夫·德松，特派员弗朗西斯·德鲁，探员居伊·利塔列，在与这些人共度一天后，面对抵抗委员会的代表，我几乎变得飘乎不定，陷在矛盾的情感里反复纠结。看到居伊·利塔列在证词中提到这位警察"画了很多画，大家认为他在这方面很有天赋"时，我怎么能不微微一笑呢？提到"贝代小组"时，我又怎能不不寒而栗呢？因为我被卷入了情报处第三和第四科室激流澎湃而又暗流汹涌的世界中[5]，一个我完全一无所知的世界。洛朗·乔利向我解释说，这个小组的创建者皮埃尔·贝代督察是多里奥党①的积极分子，也是一个"大混蛋"。他负责保护时任法国内政部长的皮埃尔·皮舍，并创建了这个由六名成员组成的"反共小组"，他们都是"地地道道的通敌分子"，经常阅读《示众报》②，是"令人震惊的法西斯分子"。比如马尼探员，他称颂希特勒为"我们的元首"，并独自逮捕了近百名犹太人。[6]

真名埃米尔·舍瓦利耶，艺名舍瓦利耶·米洛，这样一个阴险狡诈之徒，一个警界的无名小卒，一个周日画画的平庸画家，一个麻烦不断，善于操纵、嫉妒、排外的人物，一个"告密者"，恐怖的贝代小组中的通敌分子，为了德国人的利益追踪"犹太人"、共济会成员、戴高乐主义者和布尔什维克，凭借"非同一般的智慧"（居伊·利塔列探员的说法），成功挫败了玛丽·库托利、保罗·库托利、亨利·劳吉尔等人于1940年4月在司法部发起的集体行动——诚然，这是在一个非常糟糕的时刻——而这一集体行动的目的无非是想让毕加索

---

① 这里指雅克·多里奥（1898—1945年）于1936年成立的法国民众党。雅克·多里奥是法国政客、记者，在第二次世界大战期间与德国纳粹通敌合作，成了一名法奸。
② 《示众报》是一份法国极右翼周报，创刊于1938年。在纳粹德国占领时期，是法国最臭名昭著的反犹刊物之一。

成为法国公民，使他免受即将到来的恐怖。但所有这些，谁又能想到呢？仔细浏览"20世纪印象派画家舍瓦利耶·米洛"的网站，会看到漫山遍野的鲜花、法兰西岛的宁静风景、三三两两的牛群，看到虞美人花田、教堂内景、杨树林立的乡间小路，还会看到小房子和带有钟楼的村庄、停泊着小船的古旧水道。于是我告诉自己，发现这个意想不到的人物并不像我想象的那样微不足道。因为在他身上既能感受到美术学院所坚持的循规蹈矩、"高雅品位"、傲慢和标准至上等观念，也能感受到法国社会普遍存在的仇外情绪，以保护这个国家宁静的"价值观"（根基、血脉和大地），以免受到这个"外国人"所带来的危险。"这个外国人在法国靠着所谓的现代绘画，攫取了巨大的功名利禄"。由于思想上"受极端主义教义熏陶"，所以"这个外国人"屈从于"外部势力"，不断发表"反法"言论。

这段糟糕的往事，这则卑劣的故事，这个惊人的发现，并非我故意编造。我只是凭着直觉进行了调查。在我看过菲诺、富勒尔、博尼布斯、吉罗弗莱等人的材料后，这些直觉便在我的内心生根发芽。他们是最早为鲁基耶警长服务的密探，早在1901年5月，他们就开始从各种流言蜚语中（他的画作表现了"垃圾、女小偷、女杀人犯"，还表现了"被城市抛弃的乞讨者"）七拼八凑出针对这位"非常年轻的西班牙画家"的"黑档案"，当时"有充分理由认定他是无政府主义者"——1940年5月25日，埃米尔·舍瓦利耶便根据这些内容起草了一份报告。于是，本世纪最伟大的艺术家提交的入籍申请便被驳回了。

第七节

清算时刻（2）：没收非法所得委员会

> 我对这一要求完全无法理解，我的团结税是在规定期限内申报的，但我提供的地址是拉博蒂街 23 号，这是我的私人地址。我是在提交编号为 9.946 号申报单之后被征税的。我甚至分两次支付了讨要的金额。[1]
>
> ——巴勃罗·毕加索

在看到了埃米尔·舍瓦利耶的材料后，在揭开了那些可能一直躲躲藏藏，但实际却长期充斥在一个国家底层的神秘面纱之后，我想进一步探个究竟。我想了解在纳粹德国占领法国期间，画商安德烈·舍勒和画家舍瓦利耶·米洛之间发生过什么，或是 1941 年买下沃拉尔藏品的画商马丁·法比亚尼和毕加索之间发生过什么。在希特勒的唆使下，阿尔弗雷德·罗森伯格和他的"帝国领袖罗森伯格任务小组"[2]操控着厚颜无耻的艺术品交易，关于这方面的研究已经不胜枚举。因此，我再次踏上了寻找真实档案的征程，首先是去圣但尼外交档案馆进行调查，这要感谢安妮·利斯肯纳的接待，她有条不紊地为我提供了许多线索。最早的线索来自外交档案馆馆长塞巴斯蒂安·肖富尔，他是"研究掠夺来源的绝对专家"[3]，还有巴黎档案馆的樊尚·蒂谢。

当我为了寻找巴黎档案馆的入口，穿过有轨电车站，逐渐走近巴黎19区塞吕里耶大道19号的入口时，我怀疑自己是否弄错了地址，因为从外面的林荫大道通往高层公寓楼和运动场的小路，让人觉得这仿佛是市政游泳馆十分普通的入口。但一天下来，我欣喜地发现，经常光顾这个不可思议的地方的人其实形形色色，而这个地方对这些来访者也大有用处，因为正是通过对照外交档案馆和巴黎档案馆的档案，我才得以揭开那些年与毕加索关系密切的暴发户、告密者和骗子们的不良行径。

安德烈·舍勒是一位绘画研究专家（与艾蒂安·阿德尔合伙），工作地点位于德黑兰街13号。1930年之前，他一直担任乔治·佩蒂画廊的负责人。这家画廊后来得到了切斯特·戴尔的支持，毕加索于1932年7月在这里举办过历史回顾展。1939年至1945年期间，他担任公开销售总监和绘画经纪人。1946年，艺术品追讨协会主席阿尔贝·昂罗指控他"在纳粹占领法国期间，把买家、收藏家在拍卖行拍得的一些绘画作品卖给了德国人，并帮他们进行鉴定"（包括向臭名昭著的古利特博士①出售了7幅画作），"以及向德国博物馆出售了价值150万法郎的作品"[4]。巴黎档案馆的舍勒档案是由没收非法所得委员会整理的，其中提到，在1939年之前，舍勒"生活富足，拥有两辆汽车、三名仆人（包括一名司机），房租为2万法郎……还拥有一艘赛艇"。更重要的是，"在德军占领法国期间，他的收益大幅增长"。在此期间，他甚至还在德语报纸《巴黎日报》上刊登广告。当时的舍勒已经集经销商、专家和中介于一身。档案中还强调了舍勒急于寻找

---

① 古利特博士（1895—1956年），全名希尔德布兰德·古利特，德国艺术品商人和艺术史学家，1924年在德国法兰克福大学获得建筑史博士学位。曾任茨维考阿尔伯特国王博物馆馆长和汉堡艺术协会会长。古利特博士在纳粹时期参与了"堕落艺术品"的销售，被认为是战争暴发户。2011年，在他儿子科尼利厄斯·古利特的家中发现了1 400多件涉嫌被掠夺的艺术品，其中300件据称是纳粹"堕落艺术展"的一部分。2013年11月3日，德国《焦点》杂志向公众披露了这一案件。

"抗战功绩"和爱国主义材料（1914—1918年的十字勋章），以便在1944年以后为自己脱罪。

除此以外，我还逐渐了解到，在纳粹占领法国期间，舍勒把舍瓦利耶·米洛的画卖给了多位德国官员，价格从800法郎到11 000法郎不等，而当时这位艺术家还在警察局工作！譬如：1941年1月23日卖给斯派斯巴赫上校（获利800法郎）；1941年2月13日卖给科隆的戈尔德施密特医生（获利200法郎）；1941年4月29日代表厄尔省长卖给埃夫勒的海施密特少校（获利2 500法郎）；1941年12月9日卖给第戎的克勒医生（获利700法郎）；1943年10月21日卖给巴黎的洛斯医生（获利2 500法郎）……我还了解到，据卢浮宫博物馆绘画策展人热尔曼·巴赞称，"在官方艺术圈中，舍勒的正直性令人怀疑……他的名声很坏（通过同伙购买贬值的画作）……众所周知，他的大部分交易（数额庞大）都是与敌人进行的，他似乎在积极拓展敌方客户……与他们做的生意都是非常有利可图的。但由于他都是与中间人暗中勾结，所以他的名字没有出现在任何地方"[5]。然而，这份档案材料的结论是，"考虑到法院的诉讼程序以结案决定告终，并考虑到舍勒参加的抵抗运动，正如最近获得的几枚勋章所认可的那样，故没收金额定为1 365 790法郎"[6]。另一个有趣的信息是：我终于知道舍勒不仅向德国人出售集业余画家、警察、臭名昭著的通敌者于一身，化名为米洛的舍瓦利耶的画作，还贩卖了诸如安格尔、罗丹、库尔贝、热里柯、弗拉芒克、戎金等著名艺术家的作品……想想看吧！

至于马丁·法比亚尼，他在一开始就被描述成一个"不择手段、机智、匪气十足的人（44岁左右）"[7]。我从他的档案里得知，他娶了法国北区一位富商的遗孀，他的"马厩养着十匹赛马"，他"争着邀请朗格博士（驻法国的纳粹艺术宣传头目）共进晚餐，对其百般讨好"。他还与路易·卡雷等其他商人一起，"经常与这位朗格博士和他的几位同伴一起拜访他的艺术家朋友们"。然而,"自从他那位担任阿雅克肖市长的兄弟被高卢人处死后,法比亚尼的态度变得更加客气,因此也更加令人担忧"。此外,"很久以前……他就开始与毕加索交往……然后,他通过与阿拉贡建立联系和资助《法国文学》,巧妙地保全了自己。据说他现在是《法国文学》的所有人"[8]。检举揭发、非法获利、"对马蒂斯和毕加索的巨额投机活动"、与占领法国的德军同流合污、对左翼人士的投机操纵等等——法比亚尼的档案真可谓非常非常丰富!一份用铅笔手写的清单显示,他确实出售了毕加索的多幅画作,其中包括在1944年6月16日以每幅10万法郎的价格出售的《迷恋》和一幅静物画。

1945年10月12日经过案件分析,并在上诉后于1947年10月31日对其进行了核实,判决法比亚尼"不当得利3 200万法郎","尽管有'抵抗行为'",但他"依然要支付高达3 400万法郎的罚款"。外交档案中也出现了法比亚尼的身影:我了解到克里斯蒂安·泽沃斯"从阿尔方斯·坎恩的收藏馆(位于圣日耳曼昂莱的传奇收藏馆,也是最早遭到掠夺的收藏馆之一)购买了一幅毕加索的画作"。这是一份在当时十分典型的控告文件,其中还攻击了住在阿斯托尔格大街29号乙的莱里斯夫人(卡恩维勒[原文如此]的小姨子[原文如此])。这些信息出现在一份给巴黎国立网球场现代美术馆的声明中,标题为"关于阿尔方斯·坎恩先生藏品的说明",大写字母拼写的"机密"字样,下面划了两条线。声明结尾写道:"(以完全保密和秘密的方式转交给莱昂[原文如此]·罗森伯格。)"[9]在同一份文件中,我还发现了一封莱昂斯·罗森伯格写给艺术品追讨协会主席阿尔贝·昂罗的信(显然是更早时候),这封信是整件事的关键所在。"我亲爱的主席,"罗森伯格写道,"我有责任通知你……圣日耳曼昂莱市市长在占领期间安排在现场公开出售属于A. K.的财物。随后我会关注所有信息，只要我认为对你完成任务有用，就会立即告诉你。"[10]他又出现了，在出售查封财产期间，他既是专家又是买家，但最重要的是，他竭尽所能取代了卡恩韦勒的位置。1914年，他把卡恩韦勒描述为"德国佬商人"[11]和"逃兵"，其行为只是"出于自私和懦弱"[12]。因此，25年后，当莱昂斯·罗森伯格再次进入我的视线时，他仍在重复同样的拼写错误，现在还在谴责卡恩韦勒的继女。

多亏研究员玛蒂尔德·里维埃给我带来了她的研究成果[13]，也多亏克莱尔·扎尔克和塞利娜·德勒唐的洞察力，她们查阅资料追根溯源，使我终于弄清了卡恩韦勒在第二次世界大战期间的不幸遭遇，以及路易丝·莱里斯在他生命中所扮演的英雄角色。事实上，路易丝·莱里斯（露茜·卡恩韦勒女士的女儿）是艺术品商人的继女（所以她不是犹太人）。在艺术馆雅利安化时期，为了保护自己的继父，路易丝·莱里斯承诺接管西蒙画廊的业务（1941年7月1日，安德烈·西蒙和丹尼尔-亨利·卡恩韦勒将画廊转让给了她），并明确表示自己就是"雅利安人"。到了1941年8月4日[14]，她的路易丝·莱里斯画廊终于开张了。与此同时，1937年加入法国籍的卡恩韦勒得知自己失去了国籍（依据1941年6月6日的法令）。因此，他陷入了与法国政府就其行政身份进行谈判的传奇故事中，听来不禁令人瞠目结舌。这一切始于1923年2月24日，当时这位画商提交了一份"居留许可"的初步申请。尽管得到了国务委员奥利维耶·圣塞尔的支持，但申请还是被驳回了，理由是"收集到的有关他的信息都对他不利"——事实上，这些"信息"纯粹就是破纸上用铅笔龙飞凤舞写下的八卦而已。[15]十年后，卡恩韦勒再次提出"居留许可"申请（1933年11月29日），但在1934年12月5日再次被推迟。最后，1936年11月3日，许多杰出画家（马蒂斯、布拉克、德兰、莱热、弗拉芒克）、评论家（马克斯·雅各布、莫里斯·雷纳尔、皮埃尔·杜-科隆比耶）、博物馆馆长（乔治-亨利·里维埃、安德里-法西）乃至社会名流（奥利维耶·圣塞尔），都对他表示支持，纷纷为他出具推荐信。在这些推荐信的加持下，根据第 2045X33 号法令，他终于在 1937 年 10 月 20 日加入了法国国籍。但这段插曲并没有持续多久，四年后，维希政权于 1941 年 6 月 6 日颁布法令，犹太人卡恩韦勒的"国籍遭到了剥夺"[16]。震惊之余，这位画廊老板提笔给当时的司法部长约瑟夫·巴泰勒米，诉说内心的震惊，同时强调为"自己的这些艺术家们"舍己奉献云云："我给了他们生计。如果他们能够举世闻名，如果他们的作品被全世界的博物馆和收藏馆收藏，那首先要归功于我。没有人比我为法国当代绘画做出的贡献更大。我坚持不懈地做宣传，我和我的助手安德烈·西蒙一起在我位于维农街，后又搬至阿斯托尔格大街 29 号乙的画廊举办无数次的展览，但更多的是在国外举办展览，通过这些方式我让这些画家声名远播，从而极大地促进了法国艺术在德国、美国、英国、瑞士、俄罗斯、斯堪的纳维亚半岛等地的影响力……司法部长先生，我斗胆希望你能下令进行进一步调查。我坚信，调查一定会让……涉及我的法令得到废除，从而保留我的法国国籍。"[17]但什么也没有发生。1941 年 8 月 22 日，审查委员会批准剥夺卡恩韦勒的国籍，并用"不符合国家利益"[18]这七个可怕的字眼来掩盖这位大商人所遭受的不可胜数的羞辱。

在毕加索博物馆保存的档案中有几封莱昂斯·罗森伯格的信，信上内容显示，尽管卡恩韦勒是犹太人，尽管他的画廊于 1941 年关门大吉，但在整个纳粹德国占领法国期间，他一直留在巴黎，有时还会去大奥古斯汀街拜访毕加索。"现在，我的闲暇时间让我……有机会研究……你那激发热情和愤怒的艺术。根据个人的眼光和判断，你的艺术 30 多年来一直具有拓展性和连续性，它引发了战前你众多狂热支持者和你少数批评者之间的激烈争论。"1942 年 5 月 14 日，他给毕加索写了一封长达 3 页的信,他在信中十分隐晦地表达了自己的意见。此外,他还在信的末尾加上了一段奇怪的后记:"我无意质疑画廊的管理者们,尽管他们有自己的观点和审美情趣,但为了支付沉重的开支,他们不得不展出作品,其特殊之处在于首先有足够多的公众需求,能够满足商业目的。现代生活已经容不了诸如'先生活、后哲学'① 之类的说教了⋯⋯"[19]

当我正准备从面前的这个世界脱身时,有人提醒我查阅一份新文件,内容涉及 1945 年为征收战争期间获得财富的税款而设立的"国家团结税",一位在巴黎第一大学工作的经济学家在其中发现了有关毕加索的信息。多亏了伊莎贝尔·拉博-马泽尔,我才得以窥见德军占领法国期间的情况,了解到毕加索当时的财富总额为 550 万法郎(远低于法比亚尼估计的 3 200 万法郎!)。她解释说,在此期间最富有的是巴黎第六区的理发师或第三区的肉店老板(在黑市上表现出色)⋯⋯

霍登克总督察指出,1940 年毕加索的往来账户上有 42 万法郎,1945 年这一数字攀升到 600 万法郎,这表明他的财富达到了 550 万法郎之巨。财富中现金很多,但多样化不足,因为他最初的资产只包括布瓦吉鲁城堡。所以,毕加索当年的收入相当于今天的 100 万欧元,这在他那个时代堪称一笔巨款。如果这是他销售作品的一种策略,或者是他在作品销售中悄悄取得的辉煌战绩(卖了哪些作品?卖给谁?这些都有待研究),那又会怎么样呢?计算毕加索应付的团结税很复杂:税务稽查员把材料寄错了地址,某些计算也存在错误。跟往常一样,马克斯·佩勒克被喊来帮忙。1946 年 12 月 12 日,他证明毕加索

---

① 此处原文为拉丁语"Primum vivere, deinde philosophari",表示"先生活,后哲学",意在建议人们先过上积极的生活,然后再进行思考。这也是在告诫那些没有脚踏实地就投身于理论研究的人。

国家团结税税单

1947年4月3日，纸质材料，由打字机打印和墨水笔填写，巴黎档案馆

已经获得了"国库券和军火债券的退款（金额超过 150 万法郎）"。税务稽查员用黑色小字写道："与这笔收入相比，税款似乎很高。""然而，这似乎是真实的，而且是在 1944 年专门针对财产收入征收的。可能会出现这样的问题：上述金额是否是 1940 年之前的催缴税款。"最后，毕加索可能还是听从了佩勒克的建议，于 1947 年 4 月 11 日写下了本章题记中的这段文字："我对这一要求完全无法理解……"毕加索借此表达了自己面对盘根错节的行政权力时，自己内心的困惑不解。[20]

最终确定：1947 年 6 月 26 日，毕加索以缴纳国家团结税的名义，将分四次向法国政府支付 120 万法郎。值得注意的是，在"血汗税"和"被枪毙者之党"这两个词被反复提及的年代，这位 1940 年还未加入法国国籍的人却在 1947 年为法国国家团结做出了巨大贡献。更难能可贵的是，由于与妻子分居，他被迫宣布自己未婚，因此无法获得配偶津贴，尽管他还要抚养玛丽-德雷莎·沃尔特，他和玛丽-德雷莎生的女儿玛雅、奥尔加·霍赫洛娃、儿子保罗，以及朵拉·玛尔。

第五章

毕加索英雄形象的飞速构建：1944—1973年

> 没有英雄的国家是不幸的，需要英雄的国家是不幸的。[1]
>
> ——贝托尔特·布莱希特

美国无线电通讯股份有限公司电报

展览大获成功，参观者达六万人
超过梵高展。
由于战事，你的画作无法运回
希望你同意将其纳入
美国主要文化中心的巡回展。
请按业余人士的发电报价格收取????
图录142号《站着的浴女》
1929年图录230号《游泳者》1922年图录235号。
价格 博物馆《达基列夫肖像画》1917年图录
130号《奔跑》1922年图录217《人物》1927年图录
212号《亚威农少女》研究图 图录28、29号
寄送剪报可能［字迹无法辨认］
请发电报给巴尔[1]

1939年12月15日

"毕加索：四十年艺术生涯" 巡展路线

第一期展览

1940 年

2 月 1 日至 3 月 5 日：芝加哥艺术学院，芝加哥（伊利诺伊州）

3 月 16 日至 4 月 14 日：城市艺术博物馆，圣路易斯（密苏里州）

4 月 26 日至 5 月 25 日：波士顿美术馆（马萨诸塞州）

6 月 25 日至 7 月 22 日：旧金山艺术博物馆，旧金山（加利福尼亚州）

第二期展览

1940 年

9 月 28 日至 10 月 27 日：辛辛那提艺术博物馆，辛辛那提（俄亥俄州）

11 月 7 日至 12 月 8 日：克利夫兰艺术博物馆，克利夫兰（俄亥俄州）

12 月 20 日至 1 月 17 日：艾萨克-德尔加多博物馆，新奥尔良（路易斯安那州）

1941 年

2 月 1 日至 3 月 2 日：明尼阿波利斯艺术学院（明尼苏达州）

3 月 15 日至 4 月 13 日：卡内基学院，匹兹堡（宾夕法尼亚州）

第三期展览

1941 年

11 月 1 日至 24 日：蒙森-威廉姆斯-普罗克特学院，尤蒂卡（纽约州）

11 月 29 日至 12 月 20 日：杜克大学，达勒姆（北卡罗来纳州）

1942 年

1 月 24 日至 2 月 14 日：威廉·罗克希尔·纳尔逊艺术博物馆①，堪萨斯城（密苏里州）

2 月 20 日至 3 月 13 日：密尔沃基艺术学院，密尔沃基（威斯康星州）

3 月 23 日至 4 月 13 日：大急流城艺术画廊，大急流城（密歇根州）

4 月 27 日至 5 月 18 日：达特茅斯学院，汉诺威（新罕布什尔州）

5 月 20 日至 6 月 15 日：瓦萨学院，波基普西（纽约州）

第四期展览

1942 年

9 月 27 日至 10 月 18 日：韦尔斯利学院，韦尔斯利（马萨诸塞州）

10 月 28 日至 11 月 18 日：斯威特布莱尔学院，斯威特布莱尔（弗吉尼亚州）

11 月 28 日至 12 月 19 日：威廉姆斯学院，威廉斯敦（马萨诸塞州）

1943 年

1 月 1 日至 22 日：印第安纳大学布卢明顿分校（印第安纳州）

---

① 现名为纳尔逊-阿特金斯艺术博物馆。这是一家位于美国密苏里州堪萨斯城的著名艺术博物馆，以其丰富的亚洲艺术作品（特别是中国）收藏和新古典主义样式馆舍而闻名。博物馆原址是《堪萨斯城星报》老板威廉·罗克希尔·纳尔逊故居橡树庄园。他 1915 年去世后，应遗嘱要求建立一个公共艺术展览机构。

2月5日至26日：蒙蒂塞洛学院，奥尔顿（伊利诺伊州）

4月1日至30日：波特兰艺术博物馆，波特兰（俄勒冈州）

《格尔尼卡》壁画特别出借和59项研究

1941年

11月4日至30日：哥伦布美术馆，哥伦布（俄亥俄州）

1942年

9月24日至10月30日：福格博物馆，剑桥（马萨诸塞州）

参观人数[1]

芝加哥：67 661人

圣路易斯：47 530人

辛辛那提：21 528人

克利夫兰：22 958人

明尼阿波利斯：21 500人

巴勃罗·毕加索和李·米勒在大奥古斯汀工作室

李·米勒,1944 年 8 月,巴黎,照片,李·米勒档案

第一节

纽约的看法？阿道夫·希特勒的世敌

> 希特勒曾在一次演讲中称我为邪恶的堕落青年。这个你知道吗？[1]
>
> ——巴勃罗·毕加索对彼得·D. 惠特尼说

"毕加索：四十年艺术生涯"主题展由阿尔弗雷德·H. 巴尔筹办，并于1939年11月15日在纽约现代艺术博物馆开幕。展览展出了362件编号作品，这些作品命运多舛，其中三分之一来自毕加索的私人收藏。战争爆发后，巴尔在征求了毕加索的意见后，做出了一个重大决定：为了充分利用此前收集到的珍品，他临时安排了一场出人意料的全国巡展，以四种不同的形式进行，整个行程令人印象深刻。然后，应数百名迫不及待的崇拜者的要求，这些作品被运回纽约，并以精简版的形式再次展出[2]——这宛如一场绚烂的烟火，为毕加索的荣耀增光添彩！巴尔在展览中特别展出了《卖艺人家》、《亚威农少女》和《格尔尼卡》（这是这些作品第一次也是最后一次相逢），以及许多立体主义和超现实主义的优秀画作（还有服装、雕塑、版画等作品）。北方和南方、中西部和路易斯安那州、东海岸和西海岸（十大首府城市以及五所名校的博物馆），总共26家博物馆得以展出这些让人惊喜连连的珍品[3]，参观人数创历史新高，达到近 50 万人次（如果把在此之前于 1937 年举行的《格尔尼卡》巡展也计算在内的话）。

当时，"尽管有战争——也许恰恰是在反抗战争"[4]（正如纽约现代艺术博物馆馆长写给艺术家的信中所言），毕加索的作品在新世界安然无恙，并由他最好的诠释者阿尔弗雷德·巴尔组织策划，将其纳入艺术史的范畴。之后，他的作品成了展览、分析和评论的对象——这场史无前例的展览持续的不是 6 个月，而是整整五年——由于出版部、巡回展览部，尤其是教育部的大力支持，毕加索取得的成功简直无以复加。1929 年，年仅 27 岁的巴尔被任命为博物馆馆长，他立即着手将博物馆打造成世界上第一座现代艺术博物馆。"从根本上说，博物馆'生产'艺术、知识、评论、研究、理解和品位。博物馆的声望来自于这些产品。"他在一份内部资料中如此写道。他还认为，"一旦这些产品被生产出来，它们就需要发行。临时展览是发行工作的一部分，图录流转、增加入场人次和成员数量、打广告，甚至是广播节目宣传也是如此。"因为，通过录制广播节目（如"美国艺术"）和印制宣传册（如《美国艺术新闻》），毕加索这位"才华横溢、风格多变的天才"，这位"穷尽一切手段都难以捕捉其风采的天才"[5]，他的 362 件作品在美国衍化成各种形式，得到了广泛传播，而他本人身在巴黎却还在担忧自己的生命安全。从 1944 年 8 月 25 日起，对于身处各个地区的各个年龄段的美国人来说，毕加索成了最炙手可热和梦寐以求的艺术家，这难道不奇怪吗？

事实上，巴尔对欧洲现代派的热情，自他来到博物馆后就激起了当地艺术家的愤怒。"二战"期间，他与美国驻马赛领事馆的瓦里安·弗莱合作，为这些欧洲现代派的旅行提供经济支持，他将博物馆变成了难民艺术家的仁慈庇护所。这些艺术家在一座绝对现代的建筑中看到了一系列融合了前卫艺术不同方面的藏品（法国超现实主义、俄罗斯未来主义、德国表现主义等）。因此，希腊的尼古拉斯·卡拉斯、瑞士的马克斯·恩斯特、荷兰的皮特·蒙德里安、罗马尼亚的维克多·布劳纳、西班牙的萨尔瓦多·达利、法国的安德烈·布勒东和安德烈·马松以及智利的罗伯托·马塔，他们这些人来来往往，都是为了一睹巴尔在这里布置的第一部"欧洲艺术百科全书"的风采。马松承认："正是在美国，我的一切开始步入正轨。正是在那里，我变得成熟。"[6]但巴尔却一直受到攻击。1943年，他被解除了博物馆馆长的职务，尽管他仍然是收藏部主任。1948年，就连美国最具民族主义色彩的评论家之一托马斯·克雷文也如此评价道："巴尔的风格是10%的虚假博学和90%的纯粹胡言乱语。他写了几本关于毕加索的书，毕加索是被他统治的巴黎波希米亚社区神化了的红色偶像……该博物馆简直就是一座闪闪发光的异国进口商品库。"[7]

在1939年12月15日的电报发出近五年后，巴尔再次与这位艺术家取得联系并给他发了电报，这是法国解放后发的第一封电报。"现在我们终于可以给你寄明信片了。"他不禁感慨万千。几周以后，他又说道："我冒昧地代表纽约现代艺术博物馆写信给你，对于收购我们在战争期间保存的你的一些作品，请你优先考虑我们……我们特别希望收购《格尔尼卡》和图录中编号280至326的画作。然后……1922年的《海滩上的两个女人》（编号167），1925年的《舞（三个舞者）》（编号190），1930年的《耶稣受难像》，以及我们博物馆还没有的1935年创作的《弥诺陶洛斯之战》版画样张。博物馆很可能没有足够的资金购买所有这些作品，但即便如此，如果你能告知我们这些作品的价格，我们将不胜感激。"[8]5天以后，巴尔再次强调："纽约现代艺术博物馆希望购买创作《格尔尼卡》时绘制的所有草图，请优先考虑博物馆，非常感谢。"[9]1944年秋天，凭借刚刚为其作品立下的汗马功劳，巴尔一如既往地联系了毕加索。然而，自1939年以来，社会动荡频繁，戴着"美国眼镜"的巴尔发现自己难以解读欧洲的新现实……于是，他开始整理国际英文媒体上关于他最喜爱的这位艺术家的报道，然后将其归纳为一份9页的奇怪文件《1940年至1944年的毕加索：文摘与注释》[10]，发表在1945年1月的《现代艺术博物馆公报》上。

面对自己对毕加索的诠释，巴尔发现自己第一次完全跟不上毕加索在五年战争期间的步伐。此外，主流媒体评论员的角色怎么会适合这样一位美学形式的注释者呢？于是，阿尔弗雷德·H.巴尔一反常态，讲述了一些后来传遍世界的趣闻轶事（比如，大使①奥托·阿贝茨看着一张《格尔尼卡》的照片问道："毕加索先生，这是你画的吗？"毕加索的回答是："不，是你。"）——这些小故事都突出了毕加索才思敏捷，突出了他的幽默、活力、欢快，对别人毫不遮遮掩掩，总之，突出了他与生俱来的表演天赋，但这些小故事却很少涉及他的作品。例如，巴尔引用了一位年轻的美国女性格拉迪斯·德尔马斯为《艺术杂志》做的艺术家访谈，引用了菲利普·W.克拉夫林上尉的报道（他曾与一群美国大兵一起参观过大奥古斯汀工作室），提到记者彼得·D.惠特尼的采访（他曾于1944年9月1日为《旧金山纪事报》采访过这位明星），再次提到了艺术家约翰·格罗特的鲁莽行为——他曾于8月27日带《芝加哥太阳报》参观了他的私人住所——并详细描述了雕塑、绘画和雕刻工作室、卧室，甚至浴室，"非常大，非常现代化，有一个双人洗脸盆和一个巨大的浴缸……而萨巴特斯则跟在他们身后，不停地关门关窗，因为他承认，'毕加索对气流非常敏感……'"。不仅如此，巴尔还在摄影师李·米勒（10月15日《时尚》杂志）的报道中提到，毕加索身边围满了对其阿谀

---

① 此处指纳粹德国驻法国大使。

奉承之徒。巴尔还提到英国记者约翰·普德利（11月16日为《新政治家》和《国家》杂志拍摄）曾在亨利四世大道上遇到过毕加索，并与毕加索一起乘车穿城而过，从而得到了独家新闻。短短几页文字便缔造了一个神话，让毕加索成为"占领时期抵抗纳粹的杰出英雄"——在表述中如此强调，以至于克里斯蒂安·泽沃斯认为自己有理由向纽约现代艺术博物馆馆长阐明实情："毕加索从未参与过抵抗运动。不过你必须明白，他的作品本身就是最伟大的抵抗形式。"[11]

巴尔继续沉湎于对"解放沙龙"的解读，这样的解读既十分武断，又与时代脱节。他在1939年的背景下用僵化的工具分析局势，而时光匆匆，流年似水，情况又怎么可能还是原来那样呢？纽约现代艺术博物馆馆长说，虽然"毕加索作为抵抗运动英雄象征的声望依然如日中天"，但是政客和巴黎人却对他的艺术知之甚少，"'二战'前巴黎人对他的了解远不如许多纽约人来得多"，这一情况"还深受通敌合作的谣言的影响"。最后，巴尔离奇地编造了一个由毕加索、马蒂斯和博纳尔组成的"杂糅三人组"，代表"解放后的艺术"。他将这两位"法国人"的艺术与毕加索的艺术进行了对比。"法国人"的艺术"可亲、欢快、迷人、漂亮"，而毕加索的艺术则被描述为"奇怪、陌生、现代且晦涩难懂"，受到法国保守派和民粹主义者的排斥。巴尔想继续诠释他喜爱的艺术家，但他现在已经无法理解毕加索所从事的复杂的杂技表演。这种情况持续了一段时间，从画家个人收藏中借给纽约现代艺术博物馆的作品一直保存到……1956年，当时毕加索开始询问这些作品在冷战时期的遭遇，但这已是另一则故事了[12]，我们稍后再谈。

这种错综复杂的局面非常适合毕加索，因为他总是喜欢在各种关系中左右逢源。1944年10月5日，名为"解放沙龙"的"秋季沙龙"在巴黎开幕。沙龙是在非常紧张的背景下举办的，当时正值肃反和清算时期，用沙龙主席（画家兼建筑师皮埃尔-保罗·蒙塔尼亚克）

的话说，这是一次"改革许多弊端和消除许多可耻行为的尝试，尽管人类渺小、可怜而又懦弱"。蒙塔尼亚克在国家艺术阵线的肃清会议上与毕加索有过接触。1944年9月14日，他怀着满腔热忱向一位同事宣布："对于我所喜爱的毕加索，我们正在与他达成协议，组织策划他的作品展。"[13]然而，在展出勒福康尼耶、费尔南·莱热、贾曼恩、尼古拉·德·斯塔埃尔等人的画作的同时，蒙塔尼亚克决定将毕加索作为展览的主角进行宣传，为他布置专门的展厅展出其74件作品（占展品总数的三分之一）。可是，一位巴黎公众知之甚少的艺术家，突然从默默无闻一跃成为巴黎舞台上众人瞩目的焦点，他们会如何理解呢？由于展出的作品均创作于纳粹占领法国时期，展览的筹备工作也是在战争期间物资极端匮乏的条件下进行的，所以这场展览的策展水平为零，教育水平也为零。10月8日，法国广播电台播出了一则简短的广播报道，让我们听到了这个世界自满、谄媚、古板的基调。报道由记者米歇尔·德鲁瓦主持："在我们身边的是伟大的西班牙艺术大师巴勃罗·毕加索，对他我无需再做介绍。大师，对于首次在法国国家沙龙展出并借此庆祝我们所有人获得解放，你感到开心吗？"答："我很开心，从来没有这么开心过。"第二个问题："大师，你在沙龙要展出多少件作品？"答："74件。"

最后，美国公众能够在充分了解事实真相的情况下，利用一切必要工具，分析艺术家在1901年至1939年期间运用自己的所有审美技巧创作的362件作品。而在此时，也许只知道《格尔尼卡》的普通公众猛然看到了《猫捉鸟》《拿着龙虾的男孩》《剥皮羊头》《拿着朝鲜蓟的女人》《晨歌》《手捧鸽子的孩子》《头骨和水罐静物画》《戴条纹帽子的女人半身像》——所有这些作品都充满了力量、绝望、苦涩和折磨，带有纳粹占领时期不可磨灭的印记。一些参观者被这些张牙舞爪的姿态惊得目瞪口呆，另一些则把画作取下，以表达他们的痛苦：显然这样一群受众完全与时代脱节。毕加索在这里备受争议，在大洋彼岸却得到了认同，他继续走着自己的道路。"这是过去四年的作品，"毕加索对《纽约时报》发表评论，"此外，这些作品让某些笔杆子颇为不快。"两国之间的这种差距反映了一种并不新鲜，却因战争而加剧的情况。看到需要出动警察来保护作品的场景，怎么能让人不感到不寒而栗呢？"先生，幸运的是，你是一名外国人，你无法玷污法国的名声。但你令人厌恶的画作却让所有懂得绘画价值的人都感到恶心。"一位没有署名的观众来信里如此写道，这封信被保存在巴黎毕加索国家博物馆的档案材料里。"在法国，我们有像亨利·杜替耶这样真正有价值的艺术家……我认为我们在绘画方面也有这样的艺术家。"[14]在某些人眼里是"无可争议的大师"，在另一些人眼里则是"糟糕透顶的先知"，这就是毕加索在1944年10月的地位。这场沙龙是否如有人所说的那样，激起了前法西斯分子和美院学生的愤怒？无论如何，毕加索都是一个颇有争议的人物。此外，在纳粹德国占领法国时期，他被各种经济事宜和业务要求搞得不胜其烦。他不是收到了一千多封来信，成了"一个支离破碎的艺术社会的假想集结点"吗？[15]

米歇尔·莱里斯又一次找到了最恰当的词语来描述这场解放沙龙的动荡不安。评论家们抨击沙龙所展示的艺术"令人恐惧，充满敌意，咄咄逼人，没有人性，对绝大多数公众来说是不可理解的……"他接着说道："看来毕加索比以往任何时候都更像是艺术领域的公敌，同时又在艺术领域占据着独特的位置。"[16]他强调了艺术家的"更新能力"，并质疑"引起大众如此哗然的真正原因"，因为他断言，"画家的作用不是表现……自然，而是创造……差异……毕加索的绘画所抨击的对象，正是我们所生活的世界和我们自己……而他的绘画与那些极力讨好不动脑子的人的恭维之词是格格不入的。因此，就有了这种颠覆，这种弥漫的破坏性游戏或亵渎性幽默的气息"。这是经过深思熟虑之后丑化毕加索的一幅画像，面对思想正统的法国，面对以阿尔弗雷德·H. 巴尔为首的那些人，他们坚持把巴黎解放时期的毕加索视为"西班牙人"或"外国人"[17]，而从那时开始，一切都发生了变化。这并不是这位现在非常富有的艺术家的唯一悖论，尽管他身陷行政事务步履维艰，但他依然周旋于达官贵人和政治势力之间，甚至在第二次世界大战结束之前，在有史以来最复杂的地缘政治时期，他就已成功地将波谲云诡的局势转化为对他有利的因素。

秋季沙龙"毕加索展"上,一位警察站在作品《晨歌》前

罗贝尔·杜瓦诺,1944年10月,巴黎,照片,罗贝尔·杜瓦诺工作室

第二节

莫斯科的看法？永远抨击佛朗哥的批评家

> 你懂的，我不是法国人，我是西班牙人。我反对佛朗哥。让大家知道的唯一办法，就是加入共产党，表明我站在另一边。[1]
>
> ——巴勃罗·毕加索致信詹妮薇芙·拉波特

2010年10月底，时隔72年之后，《人道报》依然在准时庆祝毕加索加入法国共产党，该报记者写道，"人们常常试图将毕加索的入党归结为一种机会主义的姿态"，因为毕加索是在"解放的热情中"加入法国共产党的。当然，由于媒体的报道，这一令人瞩目的入党举动引起了许多反响。不少人认为，对于毕加索而言，这是他掩盖其与麻烦缠身的法比亚尼的友谊的绝佳方式，或掩盖其通过布雷克尔在纳粹占领法国期间收集青铜的理想手段。历史学家弗雷德·库普费曼赞同这些人的观点，后来他不无讽刺地说道："毕加索通过加入共产党晋升为抵抗战士。"[2]当然，当时许多人都试图解读毕加索的举动，首先是让·科克托，他明白这条新闻的深远意义。"这是本月要闻，"他十分震惊，提笔写道，"《人道报》用了整个头版报道了此事。战争爆发了。加香在阿拉贡的提议下写了一篇文章，讲述了共产主义大家庭

497

向世界上最伟大的画家张开双臂的喜悦之情。这是毕加索第一次做出反革命的举动。这是第一次有'托拉斯'（毕加索本人不就是吗？）加入共产党。"[3]科克托——还有必要提起他吗？——属于毕加索众多圈子中的一个圈子，这个圈子与法国共产党截然相反。科克托以其怪诞的《向布雷克尔致敬》而闻名。"希特勒只有当自己的绝对信仰与自己幕僚的绝对信仰相一致的情况下才能够站得住脚。"他在1943年1月9日写道，"希特勒，发动战争之人，被人利用。希特勒，倡导和平之人，却遭人憎恨。他被拖入了他所讨厌的战争之中。他的和平主义是注定要失败的。"[4]

在纳粹占领法国的四年时间里，毕加索与来自敌对世界的人们交往，向有需要的难民分发支票，并通过与诗人朋友们的接触，沉浸在共产主义的神秘氛围之中。这些诗人朋友们赞扬加布里埃尔·佩里的英雄主义，钦佩党的积极分子在1942年春天对德军军事指控部首领进行的大胆暗杀和勇敢破坏。但毕加索显然不是人们所说的在南部地区拿起武器的"积极的抵抗者"。如果说毕加索个人支持了"被枪毙者之党"刚刚取得的胜利，那么这难道不正是因为自1936年以来，他自己一直以壮烈豪迈的姿态进行着反对佛朗哥主义的斗争吗？他不仅仅通过他的艺术作品（《格尔尼卡》在自由世界巡回展出长达七年之久）进行抗争，而且还悄悄向西班牙难民捐了款。难道他参与西班牙内战和作为前卫派领袖的身份没有给他打上不可磨灭的"堕落画家"的烙印吗？这样的身份让他在纳粹占领期间必然成为人人唾弃的对象。

8月19日，毕加索离开了位于大奥古斯汀街的工作室，颇具象征意味地选择在塞纳河和巴士底广场之间的亨利四世大道上的阳台上观看解放游行，玛丽-德雷莎·沃尔特和他们的女儿玛雅就住在那里——与圣米歇尔区的高楼和中世纪庭院相比，这里面向城市的视野更为开阔。新的地方、新的身份、新的时代、新的艺术作品:《西红柿》(玛丽-德雷莎·沃尔特在自家阳台上种的),《仿普桑创作的酒神的信徒》(又名《潘神的凯旋》)表现了大众的狂欢,以及欢庆解放时一位小男孩的面容。[5]8月24日,曾经于8月1日在诺曼底登陆的法国第二装甲师在巴黎民众和美国人的支持下解放了巴黎。"加入被枪毙者之党!"8月21日出版的《人道报》在其头条新闻中这样写道,从这一天起,《人道报》从地下转为公开,"为了继承成千上万英勇无畏的牺牲者的遗志,为了法国的生存,请加入法国共产党……这个与敌人和叛徒进行无情斗争的党"。在接下来的日子里,法国共产党鼓动群众,将民族主义说得天花乱坠,刻意打造爱国主义的面貌,并将其拓展到众多领域,覆盖了整个国家和各阶层民众——鼓励所有省份发展"解放委员会"这一人民机构,而刚刚解放了巴黎人民的美国大兵则在法国各地受到了热烈欢迎。9月3日,里昂和布鲁塞尔两座城市也走出了噩梦。9月9日,戴高乐将军领导的临时政府改组,宣布自由射手和法国游击队总司令夏尔·蒂永将担任航空部长,而莫里斯·多列士则在莫斯科等待时机(11月6日,戴高乐赦免了他在1939年11月被判处的逃兵罪)。

在此期间,毕加索被美国摄影师和记者围堵在亨利四世大道和大奥古斯汀街,几乎没有什么创作。1944年9月的成熟期至关重要。前来拜访毕加索的人络绎不绝,令人应接不暇。"每天早上,楼下狭长的房间……都成了候见厅,挤满了几十个新来的人,他们围在一起等待毕加索的出现。他们被一拨一拨地领进雕塑工作室……如果毕加索心情不错,他们还会被带到楼上参观毕加索作画的地方"[6],英国评论家罗兰·彭罗斯记述道。就在此时,艾吕雅再次见到了彭罗斯:"'我有个好消息要告诉你,'艾吕雅悄悄告诉我,'再过一周,就要公开宣布毕加索加入了共产党了。'"[7]当毕加索打开工作室的大门,张开双臂欢迎美国记者时，这些记者和《纽约时报》的记者一样，立即将他誉为"革命时刻的英雄"。这不正是巴尔激烈政治活动的开端吗？他利用艺术史学家的手段，在大西洋彼岸将毕加索塑造成一位不容忽视的艺术家形象，从而为书写毕加索神话奠定基础。问题就在这里。因为美国人所塑造的毕加索的作品和个人形象与当时大多数法国人对他的印象毫无关系（这是有道理的！）。

在展望未来的几十年光景并展现其方方面面之前，我们需要快速地回顾一下过去。毕加索参加了示威游行，参加了所有战斗，完全与欧洲人的群众运动同频共振。这些欧洲人在战争结束时，正经历着一个高潮、一个伟大的希望、一个充满欢乐的亢奋时期，但同时也在经历着一个赎罪仪式——肃清、献祭、宣泄等等——这激怒了一批人，比如科克托。许多人批评毕加索的身影在肃清仪式里随处可见、无处不在。为什么毕加索一直不愿意像其他艺术家一样参加沙龙活动，一生都把自己围在边缘和非主流的圈子里？从 1944 年 8 月开始，他开放自己的工作室，几乎成了一处必到的景点；他参加解放沙龙，加入法国共产党，参与这些公共活动和示威游行。为什么毕加索又如此豪迈地让自己受到各方关注？并在自己的形象管理上发生了惊人的大反转？[8]为什么 1944 年 10 月 5 日，毕加索会在共产主义画家安德烈·福热隆的建议下，接受国家艺术阵线指导委员会主席的职务？作为主席，他负责对艺术界进行整肃，并对奥通·弗里耶兹、保罗·贝尔蒙多和卡米耶·莫克莱尔等人的案件进行裁决，因为他们"通敌合作"，"严重损害了法国艺术的声誉"；或是将德兰、迪努瓦耶·德·塞贡扎克、马约尔、弗拉芒克等人排除在沙龙之外，因为他们"参加了纳粹组织的宣传活动"。为什么在 1944 年 10 月 16 日前往拉雪兹神父公墓参加纳粹主义受害者纪念仪式的途中，他打着领带，穿着米色雨衣，戴着黑色博尔萨利诺帽子，优雅地走在密集人群的前面，与高大、庄重、身着黑衣的艾吕雅并肩而行？在经历了禁令、匮乏和剥夺之后，在新闻、发言和摄影的复兴浪潮中，他成了这一抹新的黎明曙光中最引人注目的人物之一。但情况还远不止如此。在这道崭新的黎明曙光中，毕加索展示了自己作为共产党员的新身份，仿佛是一种区别、一次官方宣言、一份纲领。那他究竟在暗示什么呢？

让我们回到 1944 年 10 月毕加索入党的那一刻：他的入党是否算得上投机行为？在很大程度上是，但又不完全是：这便是我的假设。在他们的分析中，诋毁这位艺术家的人是否掌握了理解他的观点所需的全部信息？毕加索之所以能够正式支持共产主义事业，那是因为他很快就意识到，这种支持对他来说具有三重功能：通行证、跳板和盾牌。自 1936 年以来，毕加索所经历的一系列政治事件对他的打击尤为沉重。现在，他发现自己在西班牙、法国和美国之间左右为难。西班牙是他为之艰苦奋斗的地方（他的母亲于 1939 年在那里去世，但他与他的姐姐和他的维拉托侄子们保持着密切联系）；在法国，他的入籍申请被驳回，这让他白白流了四年的冷汗，并反复要求警察局给予安全保护；而在美国，他的大部分作品都在纽约现代艺术博物馆等地展出或存放。因此，他在纳粹占领期结束时略显茫然，尤其是当盟军解放西班牙的最后希望落空时。毕加索以前从未被强制监禁过，也从未与赎罪牺牲品的距离如此之近。他现在属于哪个世界？属于哪个空间？申请入籍被拒在某种程度上使他成为了受害者。加入法国共产党让他得以通过一次响亮的"行动之旅"重新掌控了自己的生活。而且，在历史上最激进的地缘政治变革来临之际，在战争结束前的近一年时间里，这一入党举动也帮助他解决了一些迫切问题——在极度流动的时刻确定自己的新身份，公开界定自己新归属领域的边界。在这位新共产主义者对他的姿态所发表的众多评论中（媒体不断引用这些评论），10 月 29 日《人道报》上刊登的一篇采访引起了我们的注意。

因为在这篇采访中，他使用了"外国人"这一隐喻，揭示了他岌岌可危的处境这一鲜为人知的核心问题，同时还提出了新的身份定义，重新定性了地理边界和民族国家："我非常渴望找到一个家园！我一直是个流亡者，现在我不是了。当我正等着西班牙能够欢迎我的时候，党向我张开了双臂……于是我再次回到了我的兄弟们中间。"[9]

最后，似乎早在1939年，人称"热情之花"的多洛雷斯·伊巴露丽（1937年代表西班牙工人社会党当选阿斯图里亚斯议会议员）就曾向她在莫斯科的联系人建议，要将毕加索吸纳进共产国际的组织里，这是重中之重。[10]如果说在1936年至1944年间，毕加索在西班牙和法国与共产主义者走得很近，那么与此同时，来自莫斯科的共产国际也在试图吸引毕加索。帮助毕加索接近共产党的人名叫洛朗·卡萨诺瓦，他是法国共产党的强人之一。卡萨诺瓦与毕加索相识于1943年纳粹德国占领法国期间，当时他正偷偷住在米歇尔·莱里斯和路易丝·莱里斯这对夫妇家中，就在大奥古斯汀街拐角处。1934年，夏尔·蒂永写道："多列士每迈出一步，后面都会有洛朗·卡萨诺瓦这么一位年轻而傲慢的人物跟着。"[11]从1934年到1939年，卡萨诺瓦是党的总书记的亲信，在抵抗运动时期又是夏尔·蒂永（法国游击队武装斗争领袖）的亲信。随后卡萨诺瓦被委以重任，负责组织共产党人与戴高乐将军之间的联系，同时通过电报与流亡莫斯科的莫里斯·多列士保持联络。洛朗·卡萨诺瓦有三个强项：他与莫里斯·多列士关系密切；他是法国知识分子的大祭司；他的妻子是达妮埃尔·卡萨诺瓦。达妮埃尔·卡萨诺瓦是一位伟大的抵抗运动战士，1942年被德军逮捕，1943年死于伤寒，就在纪念圣女贞德的同一天被共产党誉为女英雄。卡萨诺瓦与毕加索交流频繁，他让毕加索了解到，包括莫斯科在内的整个共产党领导层，都在努力拉拢他加入共产党的队伍：这位从1906年起就是别人眼中一直埋头工作的战略家，怎么会不明白呢？

对毕加索来说，艾吕雅或阿拉贡（党的诗人或党的外围人士）的招揽只起了很小的作用，主要是毕加索立刻意识到这种高层联盟所带来的机遇，以及他可以从中获得许多附加利益。此外，科克托在谈到"第一次有'托拉斯'加入共产党"时，不也明白了这两股力量的交汇吗？1944 年 10 月 4 日，也就是毕加索 63 岁生日的前几天，他正式加入了法国共产党。第二天，《人道报》（当年发行量为 100 万份）在其头版左侧刊文宣布了这一消息，标题是："最伟大的在世画家毕加索加入了法国复兴的政党。"照片中，毕加索手里拿着毡帽，正毕恭毕敬地聆听该党可敬的元老、《人道报》社长马塞尔·加香（75 岁）的讲话，代理总书记雅克·杜克洛也靠在后面聆听。那一天，在加香的加护下，一位脱胎换骨的毕加索受到了共产主义大家庭的欢迎。"我们很高兴欢迎这位伟大的艺术家，他今天要求在我们共产党中占有一席之地。"加香写道，"我们对他入党深感荣幸。我们很清楚巴勃罗·毕加索今天在现代绘画中的地位。他是当代无可争议的大师。他的名声是世界性的。如果我们今天去问苏联、英语国家和拉美国家的艺术家，他们都会异口同声地称巴勃罗·毕加索为当代绘画大师。这位伟大的地中海艺术家风格大胆，范式新颖，但早已不再让凡夫俗子们心生恐惧了。现在，即使是那些仍然留恋传统艺术形式的人也承认，毕加索为绘画乃至整个艺术打开了一扇通往新道路的大门。"

在马塞尔·加香的相框旁，有一幅《抱着羔羊的男人》的印刷品，上面印着艾吕雅的文字《闻所未闻的承诺》："我们生活在一个黑白交织的时代，当恐怖稍稍退去，到处都会出现闻所未闻的承诺，照亮未来。面对我们国家遭受的苦难，最优秀的人在为之战斗。约里奥-居里、朗之万、弗朗西斯·茹尔丹、毕加索等人都在用自己的生命为人类服务。他们坚定地站在工人和农民一边。今天，我看到毕加索和马塞尔·加香拥抱在一起。当我听到毕加索感谢法国人民，看到他加入他们最伟大的政党'被枪毙者之党'时，映入我眼帘的是崇高的智慧与心灵。"凭借这则占据半个版面的新闻的宣传效应，伴随着艾吕雅悲怆的文字，毕加索和诺贝尔物理学奖得主弗雷德里克·约里奥-居里不约而同地向全法国公开宣扬自己的入党举动，似乎是这种新型政党取得的又一次胜利。1944年，如果不是提出了真正的社会改革，那么法国共产党（该党一直与戴高乐派携手合作，是一个十分强大的政党，这种状况一直持续到1947年）又提出了什么呢？这是一个与1939年的政党毫无共同之处的政党。毕加索也要顺应这个时代的潮流。

然而，面对他轰动一时的入党行为，当时又有谁能够洞察其中所蕴含的多重身份和多重经历呢？谁又能发现毕加索在法国社会中的三重身份——外国人、敢于担当的知识分子、前卫艺术家——让他如此容易受到排外浪潮、制度体系的阻碍、历史的起伏，尤其是战争的影响呢？这种三重差异性，他从未表露过。即使只有他的审美自由问题仍然悬而未决，即使与党的正统路线的最初冲突很快就会显现，但他的党员身份已经有力地解决了他在法国社会地位不稳的问题。他曾经说过："我走向共产主义，就像朝喷泉走去一样。"[12]他的这一举动是一种必要的、自发的、自然的和富有生机的冲动。如果说1940年的毕加索必然认同贝当主义宣传中所声称的"法国所有不幸的替罪羊"的那群外国人，那么在1944年，他又怎么可能不"投奔共产主义"呢？因此，他加入了唯一一个自20世纪30年代以来一直欢迎、保护（并利用）来自德国、奥地利、罗马尼亚、捷克斯洛伐克、波兰和西班牙的难民的政党，加入了该党的主要组织之一"MOI"。他对那些早在1936年11月（当时莱昂·布鲁姆独自一人在法国秘密支持西班牙共和党）就向国际纵队派遣的近万人（占总人数的三分之一）表示同情。所以，他自然而然地走向了一个真正的团体，一个"政党社会"，一个新模式的承载者。而在此时，这个政党与戴高乐派一道成为了"法国公民社会的两大组织"[13]。毕加索选择加入法国共产党，亦是承认了他此前一直不愿意暴露的致命弱点，而他的入党举动也正是为了彰显自己的外国人身份。

法国解放的那一刻，外国人在法国第一次成为了英雄。1944年9月19日，在法国抵抗运动代表（包括在戴高乐将军手下做过部长的埃马纽埃尔·德阿斯蒂耶·德拉维热里）和14家移民协会参加的大会上，法国总工会代表宣布："移民做出的牺牲使他们理所应当在法国找到家的感觉。"[14]当天，他们谴责了"仇外心理的毒害作用"，坚持认为在抵抗运动中英勇无畏的移民付出了血的代价——他们不是在1942年春天就成立了自己的武装组织吗（自由射手和法国游击队，以及移民劳动力组织）？移民行动与保护委员会（CADI）成立于人民阵线时期，目前拥有300万名成员。该组织开展了一场重大的政治运动，以确保移民获得真正的合法身份，他们在与德军的斗争中抛头颅洒热血，为自己在法国社会赢得了一席之地。"今天，我们高兴而骄傲地宣布，"他们的秘书长庄严宣告，"我们用鲜血和生命的代价为这个国家的解放事业做出了贡献，我们向热情好客的法国表达了感激之情，我们获得了道义上的权利，可以与我们的法国兄弟一起，为了胜利将战斗进行到底，并作为法国人民的忠实伙伴，勇闯国家复兴的艰难之路。"[15]在我看来，这对毕加索至关重要，尤其是在维希政权统治时期，有50万西班牙难民被关押在集中营里。在刚刚解放巴黎的队伍中，有一支由自由射手和法国游击队以及移民劳动力组成的西班牙坦克部队，其中有一辆以"格尔尼卡"命名，以示对毕加索的敬意。

事实上，毕加索在创作油画《纪念为法国牺牲的西班牙人》时，不正是朝着这个方向奔去的吗？同时，他还特别强调了西班牙共和国，这个共和国曾在 1936 年至 1939 年期间与法西斯们展开英勇斗争，让整个欧洲都为之一震，如今却在地图上消失了数十年之久。后来，他又捐出了在"自由的毕加索：21 幅绘画（1940—1945 年）"展览中获得的销售收入（1945 年 6 月 20 日至 7 月 13 日，路易·卡雷画廊），以支持法国-西班牙委员会的事业；或在维斯孔蒂画廊举办视觉艺术展，以援助西班牙抵抗运动。"1946 年 2 月 9 日星期六，11 时，巴黎。毕加索画展开幕式，维斯孔蒂画廊。"[16]马塞尔·加香在笔记本中记录道。1944 年 11 月 27 日，多列士返回巴黎的飞机在勒布尔歇降落。在戴高乐将军的授意下，他获得特赦，一个面貌一新的法国即将映入他的眼帘。[17]再过几个月，多列士就会成为戴高乐将军的国务部长，并在随后的几年里大展宏图。拥有百万党员的政党有了三张新王牌，他们是三位熠熠生辉的新党员：弗雷德里克·约里奥-居里（诺贝尔物理学奖获得者）、保罗·朗之万（法兰西学院教授）和巴勃罗·毕加索。

　　法国共产党登门造访，毕加索立刻意识到机会来了：他要加入英雄阵营了（顺便说一句，他还按照惯例，给玛丽-路易丝·加香签了一张 20 万法郎的支票，以资助自由射手和法国游击队）。在这里，我们进入了马塞尔·莫斯所述的"赠礼"与"回礼"的层面。[18]莫里斯·戈德利埃也对此进行了评论，并认为这完全适用于这位艺术家。用他的话说，"我们有义务给予的，是给予的义务"[19]。尽管毕加索与法国共产党的陈年往事里充斥着无数有形和无形的矛盾，但他从未质疑过他与法国共产党之间皆以和谐为本。更重要的是，只要揭示其所有组成部分，那毕加索入党这一举动便更能突显他与共产党的联盟更加复杂、更具战略意义，也更加光彩夺目。这位战略家玩得非常出色，他完全胜券在握，在不同的时间维度和地理空间上，他与众多对手在众多棋局上进行了众多对决。毕加索取得了全面胜利，他确立了自己的法则，克服了他旅居法国四十年来遇到的所有障碍。他终将取得胜利，不是带着复仇的余味或苦涩，而是气度不凡，或是像我们的意大利朋友所说的那样，风度翩翩地**走向伟大**。

514

第三节

圣艾蒂安、卡斯特尔、阿莱斯、欧贝维利耶的看法？工人阶级城市的救世主

> 11月13日星期一上午10点左右，我会来敲你家的门[1]……
> ——于贝尔·吉耶

和其他人一样，我也曾以为毕加索在成为共产党员后会受到影响，会发现他的步伐变慢了，言论受压制了，前进的道路受阻了，被机器的或风格的操控拖累：那真是对他太不了解了！而对于省市的文化工作者，情况却恰恰相反：他认识了一些热情四溢的人物，他们把他当作顾问、"同志"，向他诉说他们的烦心事，以及他们的痛苦和失望。20世纪40—50年代，对于法国本土的这些居民来说，由于巴黎的过度集权和心高气傲，毕加索反倒成了他们的天赐恩人。这便是这份档案材料所带来的巨大乐趣之一，它藏在巴黎毕加索博物馆的一个灰色盒子里，一种奇怪的直觉驱使我要了这份材料。我为何向皮埃罗索要 E14 号档案？难道因为"与各机构关系/省级机构"这个令人生厌的档案名后面隐藏着什么？这些居民在信中称毕加索为"亲爱的大师""亲爱的同志""亲爱的毕加索大师"，其中不少堪称佳作。翻阅这些信件，我的眼前浮现出经历重建过程的整个法国，市长们和博物

馆馆长们连声赞叹，毫不掩饰对付诸行动的渴望，对重新开始的渴望，但也流露出沮丧和痛苦——同时展现出一个完全不对称的文化景观，一穷二白，有时甚至是满目疮痍，似乎只有毕加索才能补救。就好像从法兰西艺术院和法国国家博物馆理事会长达40年的藩篱中挣脱出来，在处于解放光辉时期的法国共产党的巨大影响下，凭借其宣传、组织和地方机构的力量，毕加索重获新生。

由于在全国各地都有了新的领地，节节胜利的共产党城市一个接一个地热忱欢迎"最伟大的在世艺术家"这位新宠儿。1944年8月31日，当盟军仍在法国境内鏖战厮杀时，戴高乐将军与两名共产党人弗朗索瓦·比卢和夏尔·蒂永组成了第一届临时政府。1945年11月13日，他召见了来自共产党的五位部长——莫里斯·多列士、安布鲁瓦兹·克罗瓦扎、弗朗索瓦·比卢、马塞尔·保罗和夏尔·蒂永。在随后的几年里，他们成了社会进程真正的积极推动者，实现了前所未有的政治管理逆转。"劳动部长，我打算忠实于我的工人阶级基础，准备利用我的工会经验为国家服务……我们会满足人们的物资需要。我们会终结明天的焦虑！……没有人民精心的支持，便不会出台有效的政策。没有你们，一切都无从谈起。变革不仅仅需要法律，而且需要你们在街头、城市和工作场所的参与，需要你们动起手来！"就在被任命为法国总工会金属联合会秘书的当天晚上，安布鲁瓦兹·克罗瓦扎这位工人的儿子说出了这样一番话。正是在这样的氛围中，在莫里斯·多列士提出的"法国共产主义的幸福"（无论好坏）中，在这个由外省手工业者和教堂建筑工组成的政党中，诞生了20世纪40年代意气风发的毕加索。

516

一切都始于1944年10月21日从圣艾蒂安寄来的一封信，署名是该市第一副市长克劳迪乌斯·布阿尔。通过他在《梅特隆词典》——那本充满传奇色彩的工人阶级人物词典——中的条目甚至照片，我觉得他具有共产主义活动家的典型特征：他曾是一名教师、抵抗运动成员，是卢瓦尔河畔一名车床工人的儿子。他从1922年起就是一名活动家，还曾担任过援助西班牙人民委员会的秘书。布阿尔在信中回顾了圣艾蒂安及其整个煤田（包括里昂山区、福雷平原、上卢瓦尔河和皮拉山脉）的工人阶级传统，在一封言辞庄重且文采斐然的信中，他请求毕加索捐赠一件艺术品。他还向毕加索介绍了该市"市立艺术与工业博物馆"的馆长于贝尔·吉耶，特别强调吉耶"曾经做过卢浮宫项目专员"。档案中没有更准确的细节，但毕加索似乎立即就做出了回应。因为几天以后，这位欣喜若狂的馆长给他寄来了一封热情洋溢的信，信中写道："11月13日，星期一上午10点左右，我会来敲你家的门，领取你提供给我们的作品。"我们可以想见这样的画面：馆长乘火车或汽车来到大奥古斯汀街，按响门铃，亲手接过《静物：水罐、杯子和橙子》，这是一幅33×41厘米后期立体主义的画布作品，十分漂亮，创作于1944年7月23日。当天，市长亨利·穆勒医生亲自感谢艺术家送上的这份"珍贵的礼物"，表达了"他对辛勤劳作的人民的慷慨同情"。市长声称，这幅静物画将"在这座伟大的法国工业城市中占据一席之地"，并将有助于"促进圣艾蒂安工人的艺术教育"。于是，在一个仍然动荡不安的时期，通过共产主义活动家和前抵抗运动成员的渠道，毕加索的作品和名字开始进入法国各地和各省地方博物馆，虽然这整整晚了40年。

从E14档案中涌现出的文字让我惊叹，声音让我感动，名字让我眷恋。与某些巴黎官员呆板的信件相比，这些关系是多么自然、多么热情、多么真实！我发现了滨海布洛涅博物馆馆长儒勒·保布兰，他参与了"为现代艺术而战"的活动，并向艺术家发出了名副其实的"求救信号"，因为在他看来，毕加索"对困境并非麻木不仁"。保布兰描述了自己博物馆"坍塌的外墙"，恳请毕加索帮它"从废墟上崛起"

（1947年7月24日）。后来，保布兰的继任者罗贝尔·德拉尼奥又以特别敏锐的眼光描述了当地的情况。我们听到了被首都遗弃的外省的荒凉之音，听到了"正直善良之士"对"附庸风雅之人"的怨恨——在一场涉及文化争夺的阶级冲突中，毕加索被视为天然的盟友："亲爱的先生……劳动群众渴望看到的不是你的复制品，而是你的原作……这些群众与那些按市价购买你作品的附庸风雅之人毫不相干——他们大都是渔民和乌特罗钢铁厂的工人——面对他们不断表达的愿望，我再也按捺不住了。这些善良的人们既没有能力也没有机会去巴黎看你的展览，他们请求我在你众多的活动计划中举办一次展览——哪怕是一次小型展览……这位最伟大的在世艺术家……请求举办为期一个月的作品精选展（绘画、陶瓷、素描、版画）。交通费由市政府承担。"（1958年4月2日）

雅克·勒布朗是贡比涅维夫内尔博物馆的馆长，他讲述了自己在面临行政阻碍的情况下收集藏品时遇到的困难："我既不能……依靠国家……也不能依靠那些有能力的人的帮助，因为对他们来说，当代绘画在大多数时候就是耻辱的代名词。另一方面，贡比涅有一群公众……如果有机会，他们会……我也想尝试一下，但市政当局和贡比涅赞助人的'审美品位'给我设置了重重障碍，让我疲于应付，因此我向你发出了呼吁，同时也提醒了马蒂斯、布拉克、杜菲和皮尼翁。……7月27日，我开放了战后经过重新布置的第一间展厅。亲爱的大师，这就是事情的真相，也是我向你提出这个的确不同寻常的请求的唯一借口。请允许我在此对你的工作表示欢迎。"（1947年7月8日）事实上，毕加索在空白处用红色铅笔给勒布朗画了一根大大的竖线，以示声援！

有些人，比如卡斯特尔市的加斯东·普兰，不乏说服毕加索的理由：毕加索是否愿意借一幅作品给该市戈雅博物馆用于举办"向戈雅致敬"的主题活动（该市恰好是伟大的让·饶勒斯的出生地）？他是否支持举办一场声援马西内尔矿难[2]（1956年11月5日、1956年9月10日、1956年9月19日）遇难者的开幕典礼呢？还有一些更加期待的人——如相继担任占领时期的自由射手和法国游击队负责人、塞纳省议员、部长、欧贝维利耶市长的夏尔·蒂永——似乎也在等待着自己的机会。在彩虹集团支持举办的一次画展上，蒂永要求"毕加索把自己的作品委托他来呈现给欧贝维利耶市的居民们，让他们有机会在熟悉的环境中欣赏现代艺术资源"（1949年5月19日）。尼斯图书馆馆长马格德琳·费里（她很自豪自己认识佩勒克、萨巴特斯、印工吉利和穆洛，甚至认识卡恩韦勒）凭借创意、活力和信念，（在回顾毕加索与杜米埃之间关系的同时）动员毕加索落实了一项富有远见的项目——在法国开设一家独一无二的前沿收藏馆，因此与尼斯市建立了非常良好的关系，我对此颇为欣赏："亲爱的毕加索先生，你让我实现了我的梦想：在尼斯图书馆开设了版画收藏室！"（1959年6月8日）

我们还要引用安纳西青年视察员马塞尔·维尼的一段话："亲爱的同志，当你在法国思想之家展示的迷人世界里度过了两个多小时后，我冒昧给你写信。我党联邦局的同志们……"（1948年10月17日）；以及阿莱斯（塞文山脉的一个煤矿小城）博物馆馆长路易·阿凯的一段话："我们正在筹建一个现代艺术展厅……我荣幸地邀请你捐赠一件作品，为我们的新展厅增添光彩。阿莱斯这座勤劳的城市，将对你感激不尽"（1949年5月27日）；还有马尔迈松"工作与文化"组织秘书利吉尔夫人的来信，寻问"在哪里可以找到艺术品"（1953年5月25日）；或是塞兹河畔巴尼奥勒的"保管人"雅克琳娜·阿尔贝·安德烈（在她的朋友、共产主义记者乔治·贝松的建议下）告诉毕加索，他们将"或许……有幸拥有一件艺术家的作品"。她接着说道（1957年8月20日）："我对此感到非常高兴，并提前向你表示感谢。"最后，是一封来自"共产主义市政府"滨海拉塞讷副市长兼庆典常设委员会主席让·帕萨利亚的信。信中介绍了"市政厅的落成典礼，其中包括一间规模宏伟、适合举办画展的32米长、12米宽的庆典大厅"，同时也向毕加索征集作品（1959年3月23日）。

1955年，当毕加索决定永久定居法国南部时，人们会永远铭记他的慷慨捐赠：安放在瓦洛里市广场上的青铜雕塑《抱着羔羊的男人》、76件陶瓷作品以及中世纪教堂里的壁画《战争与和平》。后来，在布克港市市政府秘书长G.鲍里奥斯在瓦洛里市市长（"我们的朋友兼同志"）的建议下，希望"大师"能够出席8月25日至27日举办的画展，通过"出借几件作品和参观画展……"来体现对活动的参与。鲍里奥斯明确说道："请确认是否参加，将有专车陪送。"从事绘画和版画创作的安德烈·雅克曼是埃皮纳尔孚日省博物馆的馆长（瓦洛里市市长保尔·德里贡的私人朋友），他对鲍里奥斯提到在毕加索80岁生日时，他曾在台上赠送给毕加索一本当代流行图像小册子，里面讲述了该地区的苦难，这让毕加索非常感动。而他自己也向毕加索要到了一件艺术品（"我决定在4月11日星期四亲自去取毕加索大师愿意捐赠给孚日省博物馆的作品。"）（1962年5月18日）他用一份精美的礼物作为谢礼，结束了他们的故事："随信附上一张捐赠者卡，这是一张严格意义上的个人卡，捐赠者有权终身免费参观。"（1964年1月6日）但这位艺术家对蒙特卡洛国家美术馆馆长夏尔·莫里的要求会有什么反应呢？这位馆长希望"举办一场非常出色的展览，展出毕加索从早期至今的所有作品"，"当然是在他的协助下，而且首先要预约"（1950年10月3日）。最后，丹尼·米约向图卢兹屠宰场博物馆捐赠了几套戏剧服装、一幅画和一块舞台幕布

（1965年）。

　　来自普罗旺斯-艾克斯、比奥特、拉罗谢尔、圣但尼、圣让卡普费拉、塞夫尔、斯特拉斯堡、万塞讷等地的代表也与毕加索进行了接触。所有这些毫不起眼的博物馆都在接连收入毕加索的作品。所有人，无论是市长还是副市长，无论是博物馆的男馆长还是女馆长，他们用"草根工人"的真正兴趣来抵制"有钱的高雅人士"的精神麻木与道德败坏；他们以公众的尊严为己任，巧妙地利用毕加索作品的多样性（挂毯、服装、版画、素描、油画、雕塑、陶瓷、海报、窗帘或戏剧布景），渴望让自己的博物馆在20世纪转变方向；他们敲响了警钟，并与眼观六路的毕加索建立了联系，而毕加索也给予他们援手，使得许多法国博物馆里收藏了毕加索的杰作系列，同时还对法兰西艺术院和全国博物馆理事会的僵化体制嗤之以鼻。毕加索这名外国人突然变得平易近人，并从1944年起成为地方分权的最高推动者和法国审美品位现代化的加速器。虽然党内僵化的美学路线很快就扼杀了毕加索，但共产党人毕加索却成为了法国各城镇的宠儿，他的前卫艺术也登上了各个市立博物馆的展品墙。

第五章 毕加索英雄形象的飞速构建：1944—1973 年 | 515

MAIRIE DE CANNES
(Alpes-Maritimes)

République Française

CANNES, le 12 Juillet 1947

Référence à rappeler:

Cher Patron –

J'ai été tellement heureux
de vous revoir hier que
je suis suy de n'avoir
pu vous témoigner ma
joie avec assez de
justesse –

Je veux simplement
vous dire que dès lundi
je vais travailler à vous
organiser votre "Chez vous"
de telle sorte que vous

罗穆阿尔德·多尔·德拉苏歇尔写给巴勃罗·毕加索的信

1947 年 7 月 12 日，巴黎毕加索博物馆

第四节

塞雷、格勒诺布尔、里昂和昂蒂布的看法？面向具有传教士精神的博物馆馆长们的先知艺术家

> 我要去巴黎……要钱！！！我变成了一个乞丐……放荡不羁、卑鄙无耻,不过,我会为你修建庙堂。[1]
>
> ——罗穆阿尔德·多尔·德拉苏歇尔

然而,E14号档案中关于"省级机构"的内容只看了一部分,便发现当时的毕加索如此受工人阶级城市和劳动群众的欢迎。还有许多博物馆馆长们热情洋溢的来信,其中有些人提出了进一步的要求——他们如同传教狂热分子般满怀对先知近乎迷信的态度。那些在"二战"前就与毕加索有着特殊关系的城市开始为他庆祝。在马赛,马格德琳·费里为康提尼博物馆购买了一批精美的藏品。格勒诺布尔市也重新燃起了对画家的兴趣:早在1932年,安德里-法西就别出心裁地将"法国唯一的立体主义作品系列汇集在一起……受到了众多外国游客的交口称赞"——毕加索还为此捐赠了一幅作品——《正在看书的女人》。安德里-法西曾在1943年因展出"堕落艺术作品"而被捕,随后被关押在贡比涅的鲁瓦亚略集中营。法国解放后,他经过大奥古斯汀街,在那

里留下了自己的名片，并在名片上手写了一段话："我和德国佬一起被关押了一年，我想见你。布列塔尼酒店，卡塞特街10号。"

1949年，里昂市通过美术馆馆长勒内·朱利安（皮埃尔·勒布的朋友）向毕加索借了两件重要作品，用于举办"当代绘画的重要流派：从印象派到今天"的主题展览。三年后，朱利安来到巴黎，向毕加索提出了当时最雄心勃勃的一项计划，该计划意在超越巴黎的博物馆。"先生，我的朋友让-雅克·勒朗告诉我，他向你提过在里昂美术馆举办你的大型作品展的想法，他说你对此表示热烈欢迎。"他在信中写道，"我很高兴你对我们的欢迎，所以我马上就想请你对这一项目给予赞助。没有你的赞助，我们显然不可能实现我们所期望的规模。我们希望通过这次展览，让大家了解你从创作初期到现在的各个阶段的作品，了解你在绘画、素描、雕刻、雕塑、陶瓷等众多领域的作品。"（1952年10月4日）

1953年6月30日至9月15日，里昂-沙博尼耶尔艺术节在里昂博物馆举办了毕加索1900年至1953年作品回顾展，这是法国首次举办毕加索作品回顾展，终于弥补了当年巴尔办展时留下的遗憾。和往常一样，毕加索依然慷慨解囊，这也为他赢得了一封情真意切的感谢信："亲爱的先生，我从意大利长途旅行回来后，便看到了你的来信。在旅行期间，我有幸参观了你在米兰王宫举办的展览。我想马上告诉你，你对我们艺术馆的慷慨援助让我们真的非常感动：我们不仅可以继续欣赏《加泰罗尼亚餐柜》，而且还可以十分荣幸地说，这都有赖于创作这一切的人的乐善好施……我还可以再次告诉大家，我们非常高兴能够在今年夏天展出这样一位艺术家的这组杰作。和伟大的皮耶罗·德拉·弗朗切斯卡一样，这位艺术家无疑会被誉为'他那个时代的绘画大师'。我们的工作不断赢得公众的热烈反响，参观者超过36 000人：我认为我们对这一数字感到很满意。"（1953年10月18日。）

还有塞雷市，就在这个地方，毕加索在立体主义的鼎盛时期住了几个夏天；就在这个地方，他在"洗涤船"时期结交的美国朋友弗兰克·伯蒂·哈维兰（也许是这一时期最后的幸存者）于1957年2月被任命为"博物馆馆长代表"。"希望夏天举办毕加索作品展时，你可以全然放开。"哈维兰写道。塞雷市是毕加索改造地理、划定边界、重塑空间的地方，因此他对这个地方怀有深厚的感情，可以用亲切的、家人般的纽带来形容。展览结束后不久，哈维兰带着怀旧的心情回忆起这段共同的往事："我跟你提过你在1909年写的一封信，那是一段幸福的时光，也是我最珍贵的财富。我足足花了两个月时间才让塞雷摄影师完成了这幅作品：我想知道从里波尔开车到普伊塞尔德需要几个小时。我已经去过普奇塞达和马达姆堡，但我是从戈索尔回来的路上去法国的。如果你能够像你所说的那样，一直待到九月底，那我很可能就会去看你，然后我们一起回巴黎。我们在这里没有受到最近事件的影响。请尽快回复我，这样我就可以知道开车要花多长时间了……奥尔塔德埃布罗，1909年8月15日/亲爱的马诺洛，也许我会在一些画作中徘徊，并真切地展示自我，我很高兴你在工作，费尔南德向你致以问候。"（1959年2月26日。）最后，他把世纪与圈子的话题放在一起说道："亲爱的朋友巴勃罗，15世纪的牧羊人日历将五月定为旅行月。我本想照着它做……卡恩韦勒在巴黎举办的'宫娥'[①]画展中，人人称赞的委拉斯开兹的作品依然活力四射。"（1959年6月1日。）

但是，除了"二战"前曾经给予毕加索赞许的那些城市以外，法国所有地区以及西班牙纳瓦拉地区大大小小几十个城市突然都十分待

[①] 《宫娥》是西班牙黄金时代画家委拉斯开兹在1656年创作的一幅画作，现收藏于马德里的普拉多博物馆。此作品带有复杂且难解的构图，引起了关于实景与虚景的难题；并建构了观察者与画中人物间的不稳定关系。由于这些复杂性，《宫娥》是西方绘画中经历最多分析与研究的作品之一。

见毕加索，都想展示他的作品，称颂他的天赋。从小型美术馆到大型博物馆，各地的策展人都在使出浑身解数以博得画家的青睐。值得一提的是，普瓦捷博物馆馆长马克·桑多兹想要《三角帽》的研究图，想以此激发博物馆观众对当代艺术的关注（1949年11月18日）；塞特博物馆馆长加布里埃尔·库代尔克在保尔·瓦里里展厅的落成仪式上，在这座展厅"已经有一幅拉库里耶尔印制的毕加索的版画《龙虾》"的情况下，还要求毕加索提供一幅保尔·瓦雷里石版画稿（1949年5月26日）。还有吉尔贝特·马丁-梅里，她是蒙布里松阿拉尔博物馆的"馆长"［原文如此］①，曾向这位"亲爱的大师"请求"外借一两件作品"（1947年7月17日）；奥尔良美术馆馆长路易·西蒙则成了画家的经纪人，他宣布（1947年7月18日）"一位美国建筑师愿意以85 000法郎的价格收购他的一幅作品"。让-莫里斯·鲁凯特是法国阿尔勒勒杜博物馆的馆长，他感谢毕加索"让阿尔勒市度过了令人难忘的三天"（1957年10月3日）以及在"1957年夏天提供的110幅画作"（1962年2月15日）。尼姆斗牛博物馆馆长阿斯特吕克邀请毕加索担任第一届国际斗牛画展和比赛的评委（1957年5月13日）。

值得一提的人还有：卡恩韦勒的朋友、奥尔良美术馆馆长S.弗莱斯，他对毕加索表达了感激之情（"展览大获成功，感谢你将当代艺术引入了这座似乎只关注老旧形式的城市。"1962年11月27日）；以及梅斯博物馆馆长热拉尔·科洛，他宣布要举办"一场展现1905年至1914年法国绘画发展的大型展览"，并承认（有充分的理由！）"1914年之前的绘画作品在借展方面困难重重"："我们无法从国外引

---

① 法语中的职业名词大都区分阴阳性，此处原文中的"conservateur"（男馆长）一词为阳性，而吉尔贝特·马丁-梅里应用"conservatrice"（女馆长），故作者注明"原文如此"。下文中的玛丽-露西·科尔尼洛亦是同样情况。

进绘画作品，只有一位来自图尔宽的收藏家答应借给我一幅你的作品。不过最重要的是，你必须得到体现。"最后，他十分巧妙地说道："除了油画以外，你是否还同意出借一幅那个时期的拼贴画？"（1958年3月29日）。贝桑松博物馆的"馆长"［原文如此］玛丽-露西·科尔尼洛在策划"1925年：艺术与思想运动"展览时，也发觉"找不到一幅毕加索1925年的作品"，于是便请毕加索施以援手（1963年4月22日）。奥尔日河畔瑞维西市前参议员兼市长泽维尔·皮杜·德拉马蒂埃尔询问毕加索是否同意"当地的一所学校以他的名字命名"（1962年8月13日）。这份向毕加索求援的名单还可以洋洋洒洒地写下去，但永远也写不完！名单上还可以列上许多其他法国城市的博物馆负责人的名字：蒙彼利埃法布尔博物馆馆长让·克拉帕雷德，康布雷博物馆前馆长、建筑师欧内斯特·加亚尔，利布尔讷博物馆馆长马丁·里夏尔，吕内维尔博物馆馆长皮埃尔·沙内尔，拉瓦勒博物馆绘画学校校长R.·勒费布尔，为克莱蒙费朗艺术博物馆、民族志博物馆和历史博物馆工作的克里斯蒂安娜·马兰黛，以及其他无法一一列举的人物，其数量之多，足以让人看了晕头转向。

显然，艺术家毕加索为自己能在这片土地上扎根，为自己得以拓展的广泛人脉而倍感兴奋。也恰好在此时，毕加索遇到了一位刚从毛特豪森集中营释放出来的24岁共产主义青年知识分子。后来，这位年轻人成了毕加索最亲密的一位朋友，或许也是毕加索人生的最佳注解者。他写给毕加索的第一封信就与众不同，坦率、真诚，没有丝毫的奉承或谄媚，关系既尊重又直接："弗雷讷，1946年5月10日。亲爱的同志，显然我没能参加你画展的开幕式，显然我写的寥寥数语不是为了道歉，而是为了告诉你我有多么遗憾。就个人关系而言，我们并不熟悉，但我一直都对你很了解。我们的时代让我有机会去热爱你所做的事情，甚至去热爱我不赞成的事情。我认为这不是一个悖论，而是问题的根源。只有骗子才会否认这种我们凭借自身条件难以化解的矛盾,即个人审美品位与正确的文艺任务之间的矛盾。这就是我理解你,并一直把你当作一个人、一名同志、一位出色创作者去热爱的原因所在。致以诚挚的敬意。皮埃尔·戴克斯。"[2]

颇具讽刺意味的是,在战争结束前半年,在国家重建尚未正式开始之前,在戴高乐将军前往莫斯科与斯大林就莫里斯·多列士返法事宜进行谈判之前,在多列士逐渐在他阔别长达五年之久的法国重新站稳脚跟之前,在戴高乐主义者和共产党人设法在"两大政治势力"之间达成脆弱的平衡,从而使毕加索在这个饱经磨难的国家重新崛起之前,开始扮演他此前在法国从未扮演过的角色:法国各地市立博物馆的恩人、善人和顾问。促使他扮演这个角色的不是他自己的作品,而是他所在的政治派别,这样的情况他生平第一次遇到。法国各省的决策者们注意到《人道报》《晚报》《法国文学》等报刊杂志上最近有关毕加索的报道,纷纷热情地向他发出各种信息,抛出各种项目,发出各种邀约,提出各种请求——这勾勒出一个至今仍鲜为人知的毕加索的形象,他宛如一个从柜子里出来的木偶,在一个缺乏活力的国家疯狂传播自己的作品——他摇身一变,突然成了天赐的恩人,成为饱受摧残的法国在战后冲锋陷阵的第一位消防员。

不过,毕加索最牢固、最美好的一段关系可能要属他与一位教授拉丁语和希腊语的年轻教师的关系。这位年轻教师名叫罗穆阿尔德·多尔·德拉苏歇尔,曾在雅典学院学过碑刻学,后成为格里马尔迪城堡博物馆馆长,他称毕加索"老板"或"亲爱的老板"。这个人有担当(法国共产党党员,因其在抵抗运动[3]中的表现而被授予"国际义人奖"[①])、有教养,风趣幽默,与众不同,他凭借智慧、耐心和热

---

① 这是以色列为表彰"为拯救犹太人而不顾生命危险的各民族正义之士"而颁发的荣誉。

情，成功创建了世界上第一座毕加索博物馆（毕加索向该馆捐赠了66件作品）。馆长开始向毕加索提供他的第一个大空间，这是他此前一直梦寐以求的东西。1946年夏天，毕加索成为"城堡"的"常驻艺术家"。艺术家与馆长成了朋友。最终，德拉苏歇尔用自己的毅力、创造力和政治远见克服了重重困难，在昂蒂布和巴黎之间，在南方市政府和国家博物馆联盟之间，在地方预算投票和巴黎当局同意之间——例如，获得了增加"第二位保安"的预算——打破了重重行政壁垒，这真是一件罕见的创举！

他们很高兴能一起在这个封闭、坚固和盲目的行政体系中进行一次大胆的突破，把不可能变为可能，并借助博物馆的影响，把这个沉睡的小渔港变成一个重要的文化胜地。请看一看下面这封内容精彩的信，它表明一切都已经在计划之中："亲爱的老板，我快精疲力竭了，不过我想，只要不出任何差错，我就能继续坚持下去。在一番惊天动地的战斗之后，一切都在按计划进行……到时候你可能什么都认不出来了。这是你应得的，而这只是五年计划的开始……复活节我要去巴黎干活，向萨勒要挂毯，向历史古迹要钱！！！我自己都觉得恶心。我变成了一个乞丐，像《儒勒修道士》①中的修道士一样放荡不羁、卑鄙无耻。不过，我会为你修建庙堂，然后再去香榭丽舍大街，在那儿可以歇歇脚。"（1949年3月27日，昂蒂布。）[4]

---

① 法国作家兼艺术评论家奥克塔夫·米尔博（1848—1917年）的一部代表作。

第五章 毕加索英雄形象的飞速构建：1944—1973 年 | 523

正从大奥古斯汀街的工作室搬出来的《朝鲜大屠杀》和《玛丽-德雷莎》前往装饰艺术博物馆用于布置"毕加索"展览

作者不详，1955 年，巴黎，照片，巴黎装饰艺术博物馆

第五节

巴黎的看法？（终于）得到国家认可的"天才"：1947—1955年

现代艺术博物馆开馆了，却没有巴勃罗·毕加索的作品，这简直难以想象。

他是当代最大胆的形式创造者之一……在全世界引起了最多的争议和关注。[1]

——让·卡苏

当毕加索与克劳迪乌斯·布阿尔、儒勒·保布兰、加斯东·普兰分别在圣艾蒂安、滨海布洛涅、卡斯特尔等地展开合作时，当法国到处都是青年与文化之家时，首都巴黎也在发生变化。让·卡苏（法国国立现代艺术博物馆馆长）和乔治·萨勒（法国国家博物馆管理处主任）这两位开明人士齐心协力，而且他们两人德高望重，完全不把法兰西艺术院的意见放在眼里，因此在两年不到的时间里，毕加索得以对法国国家博物馆过去40年来对他的侮辱进行了部分回击。卡苏和萨勒对当时墨守成规的大环境十分熟悉，于是没过多久，他们便放出了一声惊雷：他们决定打开法国收藏的闸门，在两年光景里让其优先得到当下艺术的滋养，把崭新的现代艺术博物馆[2]改造成生动鲜活的博物馆，成为"构建历史"的博物馆。"国立现代艺术博物馆的创建是现代艺术向政府当局复仇的故事。"让·卡苏后来解释道，"卢森堡博物馆①简直就是劣质绘画的聚集地。的确，国家从未像这一时期这样对劣质绘画如此感兴趣。"法国解放时，他又说道："马蒂斯、布拉克等人在代表官方的卢森堡博物馆几乎没有立足之地，国家对他们不屑一顾。我对他们说：我正在创建一座博物馆，一座即将属于你们的博物馆。"[3]

1945年11月3日，在博物馆艺术委员会（1937年曾拒绝安德烈·德扎鲁瓦收藏的毕加索作品进入巴黎国立网球场现代美术馆）这样的官方机构面前，萨勒采取了行动。他直言不讳地批评了"上一代人的错误"，提出要直接从马蒂斯、博纳尔、布拉克、毕加索和鲁奥那里购买他们的部分作品。他随即获得了600万法郎的贷款。（几天后翻了一番！）"我亲爱而伟大的朋友，说这两句话是恳求你不要忘记我……你知道我下了多大决心要打赢这场仗，要为法国博物馆收集到前所未有的东西！——为未来的现代艺术博物馆收藏毕加索的画作。因此，请不要忘记我，亲爱的毕加索，首先，我万分感谢你……请你相信我，永远爱戴你的崇拜者和朋友，让·卡苏。"[4]博物馆馆长利用西班牙人的共情心理，再次向艺术家毕加索提出了请求。鉴于卡苏决定无视任何国家因素，要将毕加索从"外国流派"的桎梏中解脱出来，让他融入现代艺术，这样的心理策略无疑更具讽刺意味。

毕加索的朋友马蒂斯（7幅画作）、博纳尔（3幅作品）、布拉克（4幅画作）等人按照惯例，以九折的价格向法国政府出售他们的作品，而与此同时，毕加索却独自决定，从他过去20年的作品中挑选出10幅代表作，作为真正捐赠的礼物——这是命运的一次华丽转身。

---

① 此处指位于巴黎的卢森堡博物馆。

在法国第一座国家现代艺术博物馆的落成典礼上（比纽约现代艺术博物馆晚了近20年），毕加索挑选了各种风格的重要代表作，决定把自己打造成丰富多彩、变化多端、捉摸不定的形象。这些代表作包括：《女帽饰店》（1926年1月），这是一幅黑、白、灰三色相间的巨幅油画，其形状网络犹如一座"组织迷宫"[5]；《人物》（1927年左右），同前一幅一样，也是超现实主义时期的作品；《缪斯》（1935年1月21日）、《正在看书的女人》（1935年1月9日）以及1937年和1938年创作的几幅朵拉·玛尔的肖像画，它们都是过渡时期的作品，其中以表现战争年代的气势恢宏的《蓝衣女子》（1944年4月15日）和《晨歌》（1942年5月4日）最为突出。《晨歌》所表现的姬妾题材发生了重大转变，虽然这一题材也见于安格尔、提香和马奈的作品之中，但作者借助纳粹德国占领法国时期的桎梏岁月所滋生的不和谐的和弦，对这一题材进行了重新演绎。此外，毕加索还增加了几幅不同时期的静物画（1936年、1945年、1946年）以及大量研究草图。

　　时隔多年，毕加索的作品终于进入了法国公共收藏领域的独立体系中，结合其历史背景，我们该如何评价毕加索的这一选择呢？毕加索的选择堪称巧妙、大胆而又肆无忌惮，塑造了他变化无穷的形象。皮埃尔·勒布讲述了发生在20世纪30年代的一段往事。透过这段往事，我们可以看到在面对文化官僚的因循守旧时，一个人所流露出的怒火中烧、沮丧失望和斩钉截铁。"政府最终决定以几十万法郎的价格买下他的一幅画，"他写道，"毕加索安排了一次会面……但没过多久，他便怒气冲冲地对我说：'他们来了4个人，当我看到他们穿着灰裤子和假领子，神情既羞涩又冷淡，我仿佛又看到了我的青春岁月，我如此艰难的青春岁月。我想，这些人过去用几百法郎就能为我做的事，比今天用几十万法郎能做的事还多。我开始向他们展示一些画作，我最好的画作，但我感觉他们想要的是蓝色时期的作品。我们大致约了下次会面的时间，但我不会去了。"⁶于是，毕加索在过去几十年间所积累的困惑不解，在1947年的举手投足间完全爆发出来，绽放出胜利的烟花——以前人人视若无睹，如今成了捐赠者；以前人人不屑一顾，如今成了赞助人；以前离经叛道，如今成了大恩人；以前受人排挤，如今成了人人依靠的大老爷。

1947年5月5日，毕加索的作品在卢浮宫的"七壁炉厅"里展示给策展委员会观看，委员会批准该项捐赠。5月8日，国家博物馆艺术委员会又上演了同样的场景，该委员会也几乎全票通过了捐赠提议，只有一人投了反对票，此人"希望在会议纪要中提到'他投票反对接受这笔捐赠'"⁷。当然，我很想知道这个如此强烈反对毕加索的人到底是谁。在外交档案馆馆长塞巴斯蒂安·肖富尔的协助下⁸，我们终于找到了这个人——让·萨文，一位各方面都很出色的法国高级公务员，出生于旺代，比毕加索小两岁，拥有法律和政治学学位。他曾经担任过法国驻外使馆随员（葡萄牙、土耳其、瑞士和美国），之后成为审计法院的高级顾问。尽管在其上司眼里，他只是资质平庸、毫无活力的公务员，但是为了保护国家收藏品，保护法兰西艺术院所主张的"优雅的法兰西品位"，他为此展现出的破坏力至今仍让人瞠目结舌。根据一份报告（1905年11月15日）所述，萨文先生来自"一个臭名昭著的反动教士家庭，家境殷实，很是体面。⁹他和家人的观点一模一样，碰到选区内的共和党人便对他们嘘声不断。"德塞夫勒省省长在寄给外交部办公厅主任的信中如此写道。顺便说一下，当时毕加索正准备彻底改革绘画。

1920年至1955年间，在一个由"出身良好"的高级公务员——"穿着灰裤子和假领子"¹⁰——借由强大的同族通婚相互提携而进行权利统治的国家里，让·萨文积累了各种勋章、头衔和荣誉职务："荣誉军团骑士勋章（1928年8月12日）、葡萄牙基督骑士勋章、柬埔寨皇家骑士勋章、民用建筑委员会成员、法国国民教育部多个委员会成员、1942 年担任国家博物馆理事会成员、历史古迹高级委员会成员、行政委员会成员、艺术委员会成员、国家博物馆收购委员会成员、理事会市场委员会主席，他甚至在 1950 年还担任了电影监管委员会主席一职[11]，尽管他'对电影一窍不通'！"同时，他也是一位收藏家，偏爱 17、18 世纪的风景画以及法国、荷兰有关宗教和神话题材的作品——让-路易·德马纳的《牧羊人牵牛饮水图》[12]；米歇尔·多里尼的《圣家庭的休息》；扬·范·诺特的《为米尔蒂罗戴孤挺花》和《巴克斯和阿里阿德涅》。

也许有人会问，为什么要纠缠于这样一位人物呢？对我来说，正是因为对这样一位与法国政府针锋相对的艺术家的调查，反而能对社会中某些典型人物进行深入的透视——其中的发现有时会妙不可言，有时又令人震惊。"在某些方面，我们的同事继承了法国旧制度时期的大法官的传统。"总检察长勒萨热在 1955 年让·萨文的退休仪式上发表致辞，"诚然，在毕加索的职业生涯中，他身边的大多数人都是外国人。但他交往的某些人是法国社会学的建构者，我对此感到十分惊叹。一边是安德烈·勒韦尔、罗杰·杜蒂耶尔、马克斯·佩勒克、艾蒂安·德·博蒙、罗穆阿尔德·多尔·德拉苏歇尔等人，另一边是卡米耶·莫克莱尔、埃米尔·舍瓦利耶、莫里斯·德·弗拉芒克和让·萨文等人。1947 年，毕加索受到了法国官方的一位杰出代表的正面攻击，此事表明这些'退缩的意识形态'一意孤行、食古不化，这些意识形态源自'某些资产阶级软弱而狡猾的思想……他们想主张自己的特权。'"[13]

面对毕加索的举动，乔治·萨勒心怀感激，于是他决定打破一切常规。他对毕加索说："你将是第一位在卢浮宫看到自己作品的在世画家。"他以其特有的优雅风度，邀请毕加索和弗朗索瓦丝·

吉洛（毕加索那时与她共同生活）挑一个周二来博物馆。周二是博物馆的闭馆日，他可以请保安来运画。他问毕加索："你希望你的画挂在哪些画的边上？"毕加索选择了苏巴朗（《展示圣博纳文图尔的遗体》）、德拉克罗瓦（《萨达那帕拉之死》《希阿岛的屠杀》《阿尔及尔的妇女》）、库尔贝（《画室》《奥南的葬礼》）、保罗·乌切洛（《圣罗马诺之战》）[14]。1947 年 6 月 9 日，法国国家现代艺术博物馆开馆。《晨歌》庄严地悬挂在东京宫的大阶梯上！"今天，"法国国家博物馆管理处主任在一片可以载入史册的掌声中宣布，"国家与天才之间的分裂已经结束。"圆满接踵而至，在这一慷慨大方的举动之后，很快又有了其他捐赠（罗森伯格、艾吕雅、拉罗什）。

几个月以后，即 1948 年 11 月 20 日，巴黎警察局长收到了法国内政部的一封来信："亲爱的朋友，能否请你接待一下著名画家毕加索先生（或其代表）？他正在申请特权居留证，因为他的普通居民证即将于本月 28 日到期。我刚见过帕涅先生，他考虑到当事人是一名重要人物，同意向他签发上述居留证，而无需再办理其他手续。"[15] 因此，"著名画家毕加索"成了法国的特权人士，他与这个法国结成了某种社会契约——是他的天赋使然？这无关紧要！1955 年，装饰艺术博物馆为他举办了一场规模盛大的展览。

巴黎，1954 年 5 月 10 日。亲爱的先生，乔治·佩蒂画廊举办过你的作品回顾展，但距今时间久远，因此展出的作品也不完整，之后巴黎就再也没有举办过全面展示你作品的展览了。罗马、米兰、圣保罗以及明天的慕尼黑已经给我们树立了榜样。如果你能同意并支持装饰艺术博物馆计划于 1955 年举办的展览，我将不胜感激。这一展览可能会比慕尼黑展更早举办，会是巴黎当季的重要展事。我们希望你能同意我们的朋友雅尔多先生亲自主持这次展览。装饰艺术联合会会长弗朗索瓦·卡诺。[16]

卡诺的父亲担任过共和国的总统，卡诺本人和他父亲一样，都是物理学家和政治家。这位83岁高龄的老人曾在1910年至1960年间担任法国装饰艺术联合会会长。位于卢浮宫内的装饰艺术博物馆是一家私人机构，在1905年万国博览会之后成立，由"关注日常物品质量"的收藏家、实业家和手工艺人共同创建。装饰艺术博物馆首席策展人弗朗索瓦·马泰倾向生活艺术和前卫艺术，这对法国博物馆一向采取的谨慎政策构成了挑战。

为庆祝毕加索75岁生日和移居巴黎50周年，巴黎特地举办了"毕加索绘画作品展：1900—1955年"。在展会如云的巴黎，这场展览堪称首屈一指，成就辉煌。据《信息报》报道，10月1日"该展览创下了毕加索这位当代画家先驱的一项纪录"，吸引的参观者多达十万余名，这在法国历史上还是第一次。"昨天下午三点半左右，装饰艺术博物馆的旋转门发出了参观者通过时的咔嚓声，这是自毕加索画展开幕以来的第十万次咔嚓声……刚刚引发这一事件的高个子年轻人，是一位名叫雅克·波谢的工业设计师，他的身边立刻围满了人。"首席策展人弗朗索瓦·马泰巧妙地聘请了莫里斯·雅尔多担任展会工作人员，雅尔多曾在路易丝·莱里斯画廊工作过，利用卡恩韦勒的关系拓展了许多渠道，并获得了几笔重要贷款。他们行事大胆，敢于冒险，潇洒自如：他们成功地从阿尔弗雷德·巴尔手中夺回了《格尔尼卡》[17]（干得真漂亮，因为这是这幅画第一次也是最后一次在法国博物馆展出），并为这次回顾展提供了强劲有力的现代化手段——组织一场耗资200万法郎的宣传活动（这得益于美国公关公司詹姆斯·琼斯公司的参与），提供在当时的法国尚属全新的教育服务（"13 岁以下儿童画室"），但最重要的是，由 30 岁的平面设计师马辛所操刀的宣传图极具视觉冲击力：马辛把毕加索的名字印成黑色大写字母，而博物馆的名称则偏在一边，且尺寸远小于毕加索名字的大小（小写字母，几乎位于右下角边缘）。与名字相连的是三个目光直视观众的毕加索全身剪影像[18]，分别用三原色（黄色、品红色、青色）进行过"照相制版处理"。毕加索名字的后面突然出现的这三座人物塑像，让人觉得毕加索既平易近人又出神入化。装饰艺术博物馆把巴黎这座城市带入了 20 世纪！

在马桑馆保存完好的档案中，在散发着木蜡气味的大桌子上，还摆着一张令人惊讶的照片。照片中的舍尼运输公司于 1955 年 6 月 4 日"从博物馆接了馆长"，然后"在上午 10 点 30 分……开着一车厢软垫、毯子以及一队工人，去取 42 幅画和一大卷画布"，并展现了"询问萨巴特斯先生"这一细节。1955 年 5 月 23 日，有人看到《停尸房》被人用手很随意地拎着出来，然后离开了大奥古斯汀街。画展开幕式上人头攒动，毕加索在巴黎的所有社会关系均云集于此，他的作品也打动了所有观众。1955 年 5 月 16 日，巴黎地区家庭补助金中心的家庭教育督学玛丽-路易丝·雷蒙尼尔写信给策展人："在'高贵的亚麻'、彩色玻璃、土耳其艺术、印象派等展览之后……我想做个登记，这样我就可以告诉我的 150 名女教员，你集中展示的美丽事物让我们大饱眼福，她们若能常来看看的话，一定会很高兴的。"[19] 对于记者埃莱娜·帕梅林来说，她在 1955 年 12 月 18 日的信中向"亲爱的毕加索"坦言，她"终于看到了《格尔尼卡》"："我从未想到它竟然有这么大，我也从未想过我的理解竟然也能达到如此程度，因为我此前从未见过《格尔尼卡》……人真的太多了！……我甚至看到莫里亚克在《小丑》前默默站着，沉思良久。"[20]

这次展览成为法国认可毕加索的一个重要标志，也是见证公众对毕加索认可度的纪念碑。与此同时，这次展览也是巴黎和外省、巴黎国家博物馆和其他博物馆的竞技场，是策展人和收藏家之间名副其实的角斗场。尤为重要的是，这次展览也是法美关系的重要节点（法国是毕加索作品的创作地，美国则是其作品的欣赏地和收藏地）——这两个国家在这一年里都处于动荡不安之中，都在努力摆脱自己的梦魇：在美国，年轻的罗莎·帕克斯在马丁·路德·金的支持下，拒绝在公共汽车上让座，发起了争取民权的斗争；在阿尔及利亚，1955 年 8 月发生的菲利普维尔大屠杀事件导致 7 500 人丧生，这是该国发生动乱的第二年，对国家发展造成了严重破坏。这次展览也是一场隆重的庆典：开幕式上，各代收藏家齐聚一堂，除了爱丽丝·B. 托克拉斯——她出借了 10 件作品，她身材娇小，弯腰驼背，戴着一顶巨大的黑帽，上面插着一朵黑色的花。陪她一起来的还有《纽约客》的记者珍妮特·弗兰纳——还有诺阿耶夫妇，以及同样出借作品的道格拉斯·库珀。库珀写了一封措辞优雅的信，他对没有收到开幕式邀请函表示惊讶，并询问是否可以由一位名叫约翰·理查森的朋友陪同前来，因为后者要为《伯灵顿杂志》报道此次活动。

　　"我们收到了大量索取展览海报的请求……"波尔多市政府因此陷入一片慌乱，这股热潮很快袭遍整个法国。"这是我在《共和贝瑞报》上发表的文章《毕加索的神话》，能给我一本画册作为交换吗？"莱昂纳尔·米肖问道，他被称为圣米歇尔，在布尔日担任"大学教授和艺术评论家"。至于詹姆斯·琼斯公司的负责人，他在完成 10 月份的工作之后，寄来了一份有关 5 月 16 日至 25 日所做工作的报告，建议展览可以放在旅游旺季，并应筹措资金继续加大广告宣传力度。1955 年 7 月 27 日，他们甚至提议利用查理·卓别林的名气，让路易松·波贝①和环法自行车赛为展览提供支持……但美国某些博物馆馆长的责难让工作人员和策展人倍感苦涩。"我不无惊讶地注意到,我们的《格特鲁德·斯泰因画像》的画框被移走了。"纽约大都会博物馆馆长泰奥多尔·卢梭②在给雅克·杰林③的信中写道,"我写信给你是希望你能下令……你会理解我的担忧的。"[21]

措辞最严厉的批评来自阿尔弗雷德·巴尔,他强调了美国和法国在博物馆文化方面的差异,还回顾了他之前的不幸遭遇:"私下对你说,关于将《三个音乐家》推荐给巴黎的博物馆的事,我承认我非常犹豫。因为我对法国博物馆对待借给他们的作品的方式没有多少信心。(两年前,我们与现代艺术博物馆之间就发生过不愉快,不仅涉及他们责任心的完全缺失和预防措施的缺乏,还涉及作品在受损后的处理方式。)我在巴黎举办展览方面具有十分深厚的经验,所以我知道我的疑虑是有道理的。尽管如此,我还是同意出借《三个音乐家》,但该作品的保险金额应为 8 万美元……我向你保证,我的这些话都不是针对你个人的,因为我对你的警惕性和对毕加索作品的鉴赏力充满信心,但我希望你能够利用你的影响力,确保法国工作人员谨慎对待这些作品。"[22]之后,他又把矛头指向了弗朗索瓦·马泰:"如果我坚持要你给《三个音乐家》重新装个画框,那我就太没风度了。"[23]最后,在展览结束三个月后,巴尔再次向策展人表达了自己的愤怒——在这股怒火中,法美对抗无疑带有冷战的紧张关系和历史专家的怨恨。"我对装饰艺术博物馆处理我们作品的做法火冒三丈,但请不要以为这会玷污我们的友谊。你无须对艺术品的处理方式负责。但遗憾

---

① 路易松·波贝(1925—1983 年),法国职业公路自行车运动员,1953 年到 1955 年连续三年赢得环法自行车赛总冠军。
② 泰奥多尔·卢梭(1912—1973 年),美国艺术品鉴赏人,曾任大都会艺术博物馆副馆长、馆长以及欧洲艺术策展人。他与 19 世纪法国巴比松派的著名风景画家泰奥多尔·卢梭同名,但两者毫无关系。
③ 雅克·杰林(1902—2000 年),法国企业家、慈善家、收藏家。

的是,装饰艺术博物馆在这件事上的草率马虎只是一长串事件中的又一个例子而已。这次事件使得美国博物馆和收藏家越来越不愿意将他们的作品借给法国展览。致以我最温暖的回忆。阿尔弗雷德·巴尔。"[24]

巴勃罗·毕加索、保尔·艾吕雅、艾梅·塞泽尔、皮埃尔·戴克斯、克莱尔·尼古拉,韦科尔在世界知识分子保卫和平大会上

作者不详,1948年8月,弗罗茨瓦夫,胶银盐印相法照片,巴黎毕加索博物馆

第六节

在"伟大的斯大林"和"毕加索同志"之间？莫里斯·多列士的鼎力支持

"你想让我怎么画斯大林的肖像？"他恼怒地问道，"首先，我从未见过他，我也不记得他长什么样，我只记得他的制服上有很多大钮扣，戴着帽子，留着大胡子。"[1]

——弗朗索瓦丝·吉洛引述巴勃罗·毕加索的话

《斯大林画像》可能并不讨人喜欢。我把我的感受画了出来，因为我从未见过斯大林本人。我在相似度上做了文章。似乎这并不受欢迎。太遗憾了。[2]

——巴勃罗·毕加索

当然，我们可以数一数鸽子的数量（从1949年起成为和平运动的通用标志起，它就被印了数十万份），或是数一数他从加入法国共产党那一刻起，究竟画了多少张短短数秒内勾勒出的骨干分子[3]的铅笔速写像。我们还可以点一点他创作的海报、请愿书，甚至是恪守社会主义领域内的现实主义传统的政治画作（《停尸房》，1945年2月至夏天；《纪念为法国牺牲的西班牙人》，1945年至1947年；《欧洲的亵渎》，1946 年；《朝鲜大屠杀》[4]，1951 年 1 月 12 日）。我们还可以列举他以更独立的审美方式创作的与战争或与冷战有关的作品（1948 年为勒韦迪的诗作《亡者之歌》绘制插图）；瓦洛里斯教堂里的《战争与和平》，1952 年至 1954 年；《阿尔及尔的妇女》，取材于德拉克洛瓦的作品；《强掳萨宾妇女》，取材于普桑的作品，1962 年 10 月 25 日至 1963 年 2 月 7 日）。我们还可以提到他的半色调作品，这些作品对领袖崇拜进行了讽刺和抨击（《斯大林，祝您健康》，1949 年 11 月；《斯大林画像》，1953 年 3 月 12 日；《伊卡洛斯的坠落》，1958 年，为联合国教科文组织大楼创作）。在毕加索后期创作的一些作品中，我们还可以解读出政治内容，比如他在 1957 年 8 月至 12 月间据委拉斯开兹的《宫娥》创作的系列作品——毕加索是否在抨击佛朗哥掌控胡安·卡洛斯教育的决定，并以此将自己与波旁-哈布斯堡王朝相提并论？[5] 同样令人遗憾的是，这位前卫艺术家曾一度被服从莫斯科命令的政党的审美路线束缚，并最终于 1953 年彻底脱离了法国共产党。我们依然记得，毕加索不得不在难以置信中吞下的一颗颗苦果。比如，1948 年 8 月，在弗罗茨瓦夫举行的世界知识分子保卫和平大会上（他勉强同意前去参会），当他听到法捷耶夫称萨特是"拿着笔的鬣狗"时——这些话是如此刺耳，如此出人意料——毕加索愤怒地扯下了耳机。不管怎样，我们可以深入探究这样一场意识形态的争论，以考量其在多大程度上涉及共产主义的绝对信仰。

　　我仔细审视了毕加索在法国最后三分之一的人生轨迹（1944—1973 年），详细考虑了不稳定的行政体系对他决定加入共产主义阵线的影响，追溯了他的社会交往，重访了他当时占据的地理空间，收集了他创作的作品。在完成这些任务之后，我确信毕加索对共产主义的忠诚远远超出了严格意义上的意识形态范畴——这是十分个人化的一项计划，旨在将法国共产党转化为具有多重功能的个人发展工具。从

1944 年起，他借助法国共产党，通过一系列胆略过人的抉择，在法国国内为自己建立了一片具有象征意义的乌托邦领地。这片领地，不再涉及政治活动家与制度之间、画家与政党之间的关系问题，而是与其他事情有关，正如毕加索一贯经历的那样。就像他在西班牙或在法国的遭遇一样，他拒不接受当权派的淫威、法律以及僵化的学院派（这些可能对其他人有效，但对他无效），同时自上而下地确立自己的规则和选择，无论采取何种手段。1968 年的西班牙还在佛朗哥的统治下，他便断然拒绝《格尔尼卡》进入西班牙，这就是明证。马德里方面为了索要这件作品，直接出面做了许多工作。正如律师罗兰·迪马所解释的那样，《格尔尼卡》无论其政治色彩如何，它终究是西班牙人民委托创作的，因此在法律上属于西班牙人民。不过，毕加索还是克服了律师的保留意见。在毕加索坚定决心的感染下，迪马找到了修改法律的办法，让《格尔尼卡》如毕加索所愿，留在纽约现代艺术博物馆，直到佛朗哥去世！[6]

但事实还不止于此：在我看来，毕加索与法国共产党人的秘密联系，源于他与一位非凡人物——莫里斯·多列士的相互认可与默契。多列士比毕加索小 20 岁，他是一股别样的自然力量，一位与众不同的政治家和伟大的战略家，用双手创造了属于他自己的神话。这位来自努瓦耶勒戈多的年轻矿工在 25 岁时就成了法国共产党政治局委员，其崛起速度之快让人惊叹不已——他的综合能力，他的胆识和政治嗅觉，他的勤奋博学，他的"求知若渴"，他每天坚持读书和学习的习惯，他的演说天赋、人格魅力，以及一些人所说的"他深受百姓喜爱的行为（他喜欢在宴会结束时引吭高歌）——怎么会不赢得毕加索的钦佩呢？多列士也承认毕加索在艺术上具有压倒性的合法性——事实上，多列士在患脑栓塞后决定去莫斯科求医时，对效仿毕加索滑稽可笑的自由散漫行为发起抵制[7]，不正好与多列士黯然失色的五年相吻合吗？不过，对于这则宛如水中月、镜中花的故事，我们不妨回溯一下它的丰富内涵。对于这位年轻的伊夫里议员和法国共产党总书记（他在人民阵线时期出版了自传《人民的儿子》）来说，20 世纪 30 年代末最伟大的话题无疑是西班牙战争。1936 年 8 月 25 日，他在蒙鲁日的布法罗体育场发表演讲，呼吁"为西班牙出动飞机"！随后又在议会批评社会党政府的消极被动："法国的态度仍然让其他国家的民主人士无法理解……所谓不干涉的后果，就是伊伦、巴达霍斯、马德里、格尔尼卡、马拉加、毕尔巴鄂，最后是阿尔梅里亚……所谓不干涉的后果，并不是远在天边、事不关己的欧洲战争，而是变得愈发迫近、愈发可怕的威胁。"[8]

1937 年春，秃鹰军团对格尔尼卡的轰炸——预示着法西斯主义在欧洲的推进——是一条不归路。多列士和毕加索也因此不约而同地行动起来，尽管他们当时还不认识对方。所以，西班牙战争就是他们的战争。在法国前线，他们扮演着完全对称的角色，他们是使者，是高手，是战友：多列士是国民议会和民众集会上的雄辩家，毕加索则是在工作室里激情迸发并超越自我的艺术家（受马德里政府委托创作的作品于 7 月 13 日至 10 月 31 日在巴黎国际艺术与技术博览会上展出）。在 1937 年 7 月 12 日西班牙馆的开馆仪式上，加布里埃尔·佩里和保尔·瓦扬-古久里代表法国共产党出席，并"饶有兴趣地观看了毕加索的巨幅画作《格尔尼卡》"，同时又对政府加以严厉斥责。"为什么我们必须对部长和副国务卿在博览会西班牙馆的开馆仪式上可耻的缺席行为感到遗憾呢？……议长先生，昨天出于礼节要求，请你的一位同事出席西班牙馆的开馆仪式"[9]，佩里在《人道报》上抨击道。但是，多列士也是应莫斯科方面的要求，在法国动员了三万多名战士组成国际旅，并将其派往西班牙——此时支持革命的不是法国政府，而是法国共产党，此举无疑会在艺术家的记忆中留下深刻的

546 烙印。

对于多列士和毕加索，还要考虑到这两人都没有参加过两次世界大战这一因素。尤其是在第二次世界大战期间，多列士在 1939 年 11 月因"临阵脱逃"而被定罪，之后于 1940 年 2 月 17 日被剥夺了国籍——这与毕加索申请入籍形成了奇特的呼应关系。在毕加索和多列士身上，我们仍然可以看到多重身份的影子——后者从巴黎到莫斯科，又从莫斯科回到巴黎。从 1944 年 11 月起，对于多列士这位法国国民议会的最佳民权卫士，斯大林和戴高乐就其特赦与返法问题展开了谈判，多列士的奥德赛之旅已然成为历史。[10]毕加索与多列士之间的故事、友谊以及彼此的情感经历了几个阶段。在西班牙内战期间，正如我们所见，他们还不认识对方，但他们在政治上致力于反法西斯，并建立了相得益彰的事业。第二次世界大战期间，他们一个申请入籍被拒，另一个则被剥夺国籍，但他们却能泰然处之。战后，多列士得到戴高乐的特赦，回到法国担任公职——人员事务部部长，负责大规模的公务员制度改革，而毕加索则在工人阶级城市浪潮的推动下，开始征服法兰西大地。于是，毕加索为这位总书记、议员和部长画了第一幅速写图（1945 年），而多列士也出席了毕加索展览的开幕式（1949 年举办的陶瓷、陶器和雕塑展），并于第二年夏天参观了瓦洛里斯的工作室——这次参观没有逃过警察的眼睛。

"主题：法国共产党总书记莫里斯·多列士和珍妮特·维米尔施女士到访瓦洛里斯。信息来源：受控。1950 年 8 月 30 日。法国共产党总书记莫里斯·多列士和共产党议员珍妮特·维米尔施女士在瓦洛里斯（滨海阿尔卑斯省）与画家巴勃罗·毕加索见面。这两位议员参观了正在瓦洛里斯举办的陶器展，他们没有进行其他任何公开活动"[11]，这就是当时情报部门的记录。1949 年莫里斯·多列士和保尔·艾吕雅精心策划了"斯大林，我们最敬爱的人"，庆祝斯大林 70

寿辰，把狂热崇拜推向了顶峰。在这一庆祝仪式中，除了一幅手举酒杯的简笔画——《斯大林，祝您健康》之外，再也找不到毕加索的任何踪迹。"所有渴望和平的人都赞美斯大林的名字，他是英勇和善良的代名词，是引领人们走向欢乐和幸福的社会主义者。亲爱的斯大林同志，加来海峡的矿工们发誓决不允许他们的苏联兄弟受到攻击，这是对人民解放领袖的光荣和长寿的誓言，因为我们对斯大林的热爱表达了我们不可动摇的信心。我们亲爱的、伟大的斯大林万岁！共产主义万岁！"第一书记在互助之家发出宣告，人群顿时沸腾起来。

多列士在莫斯科逗留了一段时间（1950年10月10日至1953年3月28日），之后在法国因心脏病去世，这让他对《格尔尼卡》创作者曾经许下的有利承诺化为了泡影，毕加索也迎来了艰难的日子。尤其是年轻的画家福热隆当时在法国总工会的敦促下，参与了法国北部矿山的报道工作。继《市场上的巴黎女人们》（1947年）之后，福热隆又创作了40幅《矿区》系列油画（1951年），这是一部"工人牺牲和宣传"的作品，遵循了莫斯科的既定路线，也是当时法国共产党大力推广的路线。在一篇题为《恪尽职守的画家》的文章中（文章标题已然是一份完整的纲领），法国共产党领导人奥古斯特·勒克尔（他与比卢、杜克洛、法戎、马蒂一起代理行使多列士的职权）声称，"毕加索正是以和平卫士的身份……画了鸽子"，而"福热隆是以共产主义战士的身份画《矿区》的，这幅画在一定程度上反映了矿工们的生活、苦难和阶级斗争"[12]。这已经说明了一切！就在这篇文章发表的第二天，毕加索（显然是勒克尔怂恿他这么做的）创作了他最循规蹈矩、也最不像毕加索的作品《朝鲜大屠杀》。（这幅画也受到了法国共产党的批评，阿拉贡指责他画的是"屠杀无辜者"，埃莱娜·帕梅林认为，"这幅画没有达到预期效果。"[13]）

1953年3月5日，约瑟夫·斯大林逝世。应阿拉贡（以及他担任主编的文化周刊《法国文学》）的要求，正在瓦洛里斯的毕加索匆匆忙忙（但他完全知情）完成了《斯大林画像》。这幅作品是参照一张人民领袖的照片画的，照片中的斯大林显得非常年轻，穿着一件衬衫——这幅肖像画可以说隐喻丰富。这幅画在法国共产党内引发了一场大地震，阿拉贡和戴克斯（代表作家），勒克尔和比卢（代表党），以及所有画家——塔斯利茨基、福热隆、莱热、博基耶等，他们每个人都对毕加索大加挞伐，表达内心的"忧伤"与悲痛，指责毕加索极端"亵渎""面目可憎""诋毁抹黑""惨不忍睹""下流之作""目中无人"[14]——这些责难在今天看来是相当可笑的。正如社会学家让尼娜·韦尔德斯-勒鲁所言，这是因为在个人崇拜时期，肖像画显得至关重要，因为"其目的不在于'画得像'，而在于展示主体的特质"。肖像画因此成为"理想化的焦点，即使不是史诗般的焦点，至少也是斗争的焦点"。毕加索画的是"一个普通人"的肖像，"没有反映出斯大林的道德、思想和精神个性"，正如一名活动家所写，"斯大林不朽容颜的最高特征——善良和高贵在这幅画像中完全不存在"[15]，毕加索因此犯下了大逆不道之罪。

然而，迫使法国共产党做出真正转变的，是多列士本人决定对此事做的了结：身在莫斯科的他坚定表达了对毕加索的支持，同时为其开脱了所有罪责——开创了"无法撼动的毕加索"时代——而被勒克尔勒令公开道歉的阿拉贡仍然是党内唯一被正式定罪的替罪羊（根据爱尔莎·特奥莱的解释，"他当时差点自杀"）。第一书记回到巴黎后，很快就与勒克尔了结了此事。1947 年，多列士本人在斯特拉斯堡大会上为冷战时期的路线揭开了序幕：从现在起，无论付出什么代价，他都要放过毕加索，因为毕加索在世界上的象征意义对党来说至关重要。[16]安奈特·维奥尔卡根据这位党的领导人的档案材料，透过他在每封信和每份文件上所做的红色批注和标记，表明这位领导人对这一重大事件极为关注（无论从其所产生的信息数量还是其重要性来看）。这位历史学家说，这一事件在"多列士的档案中就像在共产党和画家群体的关系史中一样，是一座分水岭"[17]。

因此，多列士冷静而准确地处理了这一棘手问题，凭借其魅力非凡的外交手段，既缅怀了伟大的斯大林，又维护了毕加索同志的自尊。首先对艺术家毕加索表示声援的是画家爱德华·皮尼翁，他是多列士的"老乡"[18]，他怒斥福热隆："我们道路上的所有艺术家都被他赶走了。"而他的同志安德烈·韦尔代和让·奥里科斯特也对福热隆的"出言不逊"和"自以为是"感到不满，"他作为画家的无能是众所周知的"。面对如此多的声明内容，莫里斯·多列士都划上了红线，这足以表明他的决心：他选择了毕加索这位离经叛道的天才和率性而为的精灵，来对抗福热隆追随者的平庸无奇。事实上，1953年4月23日，毕加索是第一批受邀前来迎接多列士回国的人员之一，《人道报》上刊登的照片可以做证。这是多大的讽刺啊！三年来，福热隆的社会主义现实主义路线刚刚被神圣化，因为他采用了日丹诺夫的严格路线，这对把他封为党的御用画家的勒克尔来说，又是一记多么响亮的耳光啊！

3月27日，被派去从事教育工作的青年知识分子、共产党员安妮·贝斯（后改名为克里格尔）向她在塞纳河联合会的上司抱怨了对毕加索的攻击，抱怨了很长时间（尽管她认为毕加索的画作"糟糕透顶"）：她坚持认为，这种"毫不妥协的坚定原则"怎么能与党所追求的"统一战线"的广泛形象相协调呢？然后，她想象毕加索在构思这幅画时内心的反复斟酌，继续说道："苏联人民和法国人民都在流泪，因为他们最爱戴的人去世了。而我，毕加索，我会努力减轻他们的巨大痛苦……我要为他们再现斯大林……年轻时的光辉形象。"总之，这位后来成为我们所熟知的伟大的女历史学家，她在与法国共产党划清界限后得出了一个巧妙的结论：在这段历史中，"毕加索的天才盖住了斯大林的天才"——正如安奈特·维奥尔卡所分析的那样，这一结论揭示了这位女历史学家"对一种听不见的真相的直觉"，一种"她自己还无法衡量其范围"的真相。[19]

从1953年起，多列士和毕加索之间的友谊越来越深厚。因健康原因，这位政治家越来越频繁地在法国南方逗留，毕加索也于1955年搬到了那里。无论是毕加索博物馆的档案、警方档案，还是位于伊夫里的多列士-维米尔施基金会的档案，其中都隐藏着一些无与伦比的宝藏。"亲爱的朋友毕加索，你给我寄了本精彩画册《战争与和平》，这令我十分感动。我由衷地感谢你。在离开穆然之前，珍妮特和我因为误会而失去了亲自拥抱你的喜悦，我们对此都感到非常遗憾，我们的儿子们也同样感到遗憾。他们本想去参观你的画室，如果有可能的话，还想去参观布置着你精美画作的小教堂。计划明年冬天去！再次感谢你，祝好。莫里斯·多列士。"[20]皮埃尔·多列士对此也有话说，这位法国国家领导人的小儿子在回忆往事时，依然兴致勃勃："毕加索是我们家的熟人，是我们家的至交。我父亲随时都会去看看他，他们彼此尊重，相互敬重，就像兄弟俩一样谈笑风生，他们之间无所不谈。毕加索和孩子们相处得非常融洽。'快骑上去！'他指着著名的山羊雕塑对我说，'它就是用来骑的！'于是我和帕洛玛玩得不亦乐乎。有一天在海滩上，毕加索在我母亲的膝盖上画了一张脸。当她弯曲膝盖时，这张脸露出了笑容。还有一天，在森林里散步时，毕加索捡起两块木头，立刻用它们做了一件雕塑：这就是天才！"[21]每逢新年，多列士都会给毕加索寄去"深情厚谊"般的贺卡。后来，毕加索还收到过一封祝贺他获奖的电报，但他并没有为此前往莫斯科："真心诚意的祝贺，祝贺你获得当之无愧的崇高荣誉，祝贺你为和平事业所做的不懈努力。祝愿你天才的创造力使象征世界和平运动的鸽子越飞越高。莫里斯·多列士。"[22]

在 1963 年到 1964 年间，他们通过文件往来频繁。"身为朋友的巴勃罗"为莫里斯画的两幅非常有趣的小画（一位画家摆出猴子的造型）[23]，或是莱里斯署名的他的最新作品画册，上面的题词再次点燃了他们之间的交流热情："我很高兴地想知道你是否一切都好……你把你的想法告诉我。祝好，希望很快见到你，毕加索。"[24] 多列士感谢毕加索为《人道报》社长所作的画像。"亲爱的巴勃罗，我从玛塞勒·赫尔佐格那里得知你为马塞尔·加香创作了画像，这正是我一直所期待的，我由衷感谢你。这肯定是一幅美妙绝伦的插图，配得上我们已故先驱的遗作。在此致以诚挚的问候。祝杰奎琳一切顺利。莫里斯。注：我打不通你的电话，电话总是占线。所以我给你写了这封简短的信。"[25] 1964 年夏天，莫里斯·多列士和珍妮特·维米尔施乘坐拉脱维亚游轮途经黑海前往苏联度假，莫里斯在游轮上写下了上述一段话，这也成为他的人生遗言。7 月 9 日，在离开索伦托后，多列士重读了巴尔扎克的作品，巴尔扎克埋头写作的形象，让他不禁想起了他的榜样、他的朋友毕加索。他在日记中写道："毕加索从未像现在这样精力充沛，他已经 82 岁了。"[26] 两天后，莫里斯·多列士在保加利亚瓦尔纳港溘然而逝。

由于与多列士的关系，由于每年向法国共产党寄去大笔钱款，毕加索作为法国共产党特殊党员的身份以及他隐秘的安乐窝得到了保护。强行摊派给其他骨干分子的任务，从未摊派到他的头上，他也从未受到过任何制裁或限制。对毕加索来说，共产党始终是他所追求的，从他入党的那一刻起，共产党就让他如愿以偿地实现了三重功能——跳板、护照和盾牌。顺便说一句，这正好解决了从 1900 年到 1944 年影响他在法国地位的三大不确定因素。加入法国共产党可以增加他在公众面前的曝光度，突破学院派对他的阻碍，改善警察对"外国人"持续监视的状况,也(几乎)改善了针对左翼人士的暴力状况——因为毕加索立刻获得了认可,受到了保护,行动自由。对毕加索来说,成为一名共产党员便意味着选择了"工具使用者和教堂建造者"的政党,也意味着选择了南方,选择了南方的手工业者和村庄,选择了当地的快乐,即使他还是遭到了警察的跟踪,就像1956年那样。"画家巴勃罗·毕加索的某些作品展极大提升了昂蒂布格里马尔迪博物馆的声誉,在博物馆馆长的倡议下,毕加索被授予该市荣誉市民称号。这一决定得到了昂蒂布市议会和法国内政部的批准。"1956年4月28日,情报员记录道,"市政当局担心,向艺术家致敬会对共产党积极分子产生影响,并被该党用于宣传目的。此外,莫里斯·多列士在勒卡内①露面,及其与毕加索先生的私交,促使市政当局推迟了仪式,因为法国共产党总书记已表示有意参加。"27

崇拜斯大林仍然是横亘在多列士和毕加索之间最难以启齿的问题,但他们会如此处理:前者闭上眼睛,后者露出微笑!"致斯大林同志,杰出的社会主义建设者,全世界工人敬爱的领袖,各国人民的导师、大师和朋友,在一个幸福至极的日子里,他接见了我,让我感到莫大的荣幸,也见证了我绝对的忠诚和孝心。"多列士在1937年献给苏共中央第一书记的《人民的儿子》中写道。今天,距离《斯大林画像》在法国共产党引发大地震已经过去了近70年时光,我们怎能不重温一下当时最盛行的个人崇拜的奢靡症状呢?毕加索同志满不在乎,他以完全不屑一顾的态度与伟大的斯大林对抗,而且这一次他又赢了。戴克斯有幸见证了这一切,他的回忆让我们今天能够以幽默的心态来回顾当时这场重大危机。他说:"你稍微想象一下,如果我画的是真正的斯大林,就像他现在的样子,有皱纹,有眼袋,有疣

---

① 勒卡内,法国东南部城市,位于滨海阿尔卑斯省。

子……完全是一幅克拉纳赫风格的画像！你就会听到他们在鬼叫。'他毁了斯大林的容貌。他让斯大林变老了。'……我心想,'为何不把斯大林画成赤身裸体的英雄呢？'……是的,但斯大林裸体的话,那他的男子气概该如何表现呢？如果你用的是雕塑家们的经典"小弟弟"……太小了……[28]

除了对多列士的明显好感以外,毕加索还请朋友和熟人（这里指的是记者埃莱娜·帕梅林）担任他的使者和代理人,正如他在所有其他领域做的那样。帕梅林是《人道报》文化部主任（她后来成了一名出色的记者）,也是画家爱德华·皮尼翁的妻子。他们都声称自己是善于吹毛求疵的共产党员,他们激烈反抗,在他们自己的"朋友圈"里,不遗余力地抨击个人崇拜或赫鲁晓夫报告中列出的罪行:"有多少次,我们和毕加索一起,'像一家人'一样模仿某些话语和死气沉沉的会议！……我们模仿我们的领导人参加他们的群众大会和宗教会议上的讲话。在画家、诗人、作家和学者之间,彼此见面时会这样问候:'你读了今天早上《人道报》的社论了吗？'"[29]毕加索搬到南方后,是帕梅林每天带来巴黎共产主义新闻。这些源自自称为"帕梅林公报"的信件（这是巴黎毕加索国家博物馆档案中最丰富的书信集之一,在数量上名列第六!),揭示了知识分子批评家与党的路线之间复杂而紧张的关系。帕梅林一点都不教条僵化,相反,她言语幽默,思维天马行空,让画家喜不自胜。"对我来说,成为一名共产党员还是比较容易的,直到现在也是如此。"1956年6月26日,她对毕加索坦言道,"斯大林在世时,我们是自由的,因为我们那时都是率性而为。但斯大林的残余思想禁锢了我们,我们的勇气必须变得圆滑世故,变得深思熟虑,变得工于算计……在两条阵线上皆是如此:无论是与自己人斗争,还是与他人斗争。"[30]

匈牙利"十月事件"时,局势进一步恶化,在与帕梅林的一次次交流中，毕加索诉说着自己的疑虑。"那里的情况太可怕了。"她写道，"他们在那里杀人并吊起来。复仇很可怕，被绞死的人中有共产党人，多瑙河里也有共产党人……不要因为我这本冗长的日记而生气。世界上没有其他人能让我或我们说出自己的想法。"[31] 随着往来的通信，特别是布达佩斯惨剧的发生，毕加索对政治问题的真实看法变得愈发缜密和复杂。"真相是多方面的。"帕梅林继续写道，"事实上，苏联向匈牙利人民开火，也许挽救了革命。但在匈牙利，这是一场蹩脚的、强加于人的革命。"[32] 在这个权力交织的迷宫中，帕梅林描述了巴黎共产主义知识分子之间的紧张关系，同时向毕加索揭示了他的名字在党内的象征意义。"至于我们，我们都在反对派'这条船'上。"她写道，"我喜爱这个词，昨天我还把它想象成美杜莎之筏……毕加索来势汹汹的身影笼罩着整个会议：我们显然是在你的羽翼之下。代表们怕得要命，他们担心有些斯大林主义者会变得一发不可收拾。"[33] "公报"信件里有一些尖酸刻薄却又趣味横生的嘲讽，是写给他"亲爱且受人敬重的大师"的。看过之后，我们便可以小心翼翼地走出这片迷人的通信世界。1956 年 10 月，诗人艾梅·塞泽尔公开向莫里斯·多列士递交了一封措辞华丽的辞职信，这封信肯定会载入史册。当时，帕梅林预言："塞泽尔会遭人唾弃，别人最后会骂他是肮脏鬼，你会看到的。他是做错了，但他们也错了，我们也错了，那究竟谁是对的，我的大师？"[34] 在发表谴责干涉匈牙利的"十人信"时，她开心地以一记漂亮的回旋让这对对为官方服务的作家夫妇走下了神坛，也让我们得以铭记住最后这段话："阿拉贡和爱尔莎永远恍恍惚惚……他们想把我派到你身边，让你了解最新情况。但我说过，根据你打来的几通电话，你似乎对政治局势非常了解！"[35] 对毕加索而言，他锦囊里的妙计可不止一个。

尾声

地中海王国：1955—1973 年

在他位于瓦洛里斯的工坊里，他陶醉于伟大的雅典"侨民"们，杜里斯、欧弗洛尼奥斯、阿玛西斯、尼科斯特奈斯，他们都是导师、造型设计师和花瓶装饰师、陶艺作坊主。人类市场上便出现了他们制造的珍贵而又不那么稀有的作品，这些作品所代表的技术和制造秘密至今仍令世人惊叹不已。[1]

——罗穆阿尔德·多尔·德拉苏歇尔

巴勃罗·毕加索在瓦洛里斯的马杜拉陶艺坊绘制花瓶

安德烈·维莱,1953年夏天,照片,巴黎毕加索博物馆

第一节

警方接力赛：从鲁基耶警长到约翰·埃德加·胡佛

1944年12月19日，在莫里斯·多列士和戴高乐将军政府中的其他部长的协助下，毕加索正在成为显要的综合性人物，而在美国，对他的监视——某种程度上就像接力赛一样——却开始了。约翰·埃德加·胡佛于1924年亲自创建了美国联邦调查局，并担任该局局长长达近半个世纪之久。胡佛在阅读了毕加索刚入党时发表在《新大众》[1]上的文章《我为什么成为共产主义者》之后，在美国发起了针对这位艺术家的调查。虽然胡佛无所不能，在其统治的头几十年里"将美国总统玩弄于股掌之中"，同时致力于打击美国的有组织犯罪，但在第二次世界大战之后，他转变了自己的目标：积极投身反共斗争[2]，追捕"极端分子、知识分子和外国寻衅滋事者"[3]——以及可疑的美国公民——其中包括被定性为"颠覆性共产主义者"的艺术家毕加索，可以说，毕加索（几乎）直接进入了胡佛的视线。早在1945年1月16日，胡佛就在给美国驻巴黎大使馆的一份备忘录中警告过他的手下人员："如果你们收到有关毕加索的情报，请向联邦调查局汇报，因为毕加索有可能想前往美国。"[4]第100-337396号档案（长达187页）被贴上了"安全事项C"和"颠覆"这两张醒目的标签，完完全全将这位艺术家视为"美国国家安全的威胁"。

1947年的巴黎,法国内政部长嘴里的这位"著名画家毕加索"获得了特权居留证,享受到贵宾才有的一切待遇。与此同时,在那几年间,美国人不仅动员了联邦调查局(境内安全)的官员,还动员了中央情报局(境外安全)的官员来对付他。然而,两位派驻巴黎的外交官——1945年派出的的娜塔莉·格兰特和1951年派出的威廉·A.克劳福德在面对毕加索一案时却束手无策,无法针对这位艺术家提出合理的指控,历史学家萨拉·威尔逊称他们"完全无法胜任这项任务",并认为他们是"文化白痴"[5]。那他们给华盛顿寄去了什么呢?他们寄去的是按日期排列的北美报纸的剪报汇编,还有匈牙利、委内瑞拉、巴西、古巴等国报纸的摘要。

与美国联邦调查局撰写的可怜报告形成鲜明对比的是,美国中央情报局在法国本土采取的是政治干预行动。这些行动始于1947年,首先是对法国共产主义阵线的文化战略进行精确分析,然后才开始行动。早在1950年9月,这些官员就发起了"和平与自由"运动,意图打击共产主义言论的核心,并以向世界各地发送海报的形式发起了反宣传行动。其中一张海报瞄准的对象正是《和平鸽》——这是毕加索为1949年的世界和平大会所创作的,在随后的二十多年间被印制了数百万张。1951年,出现了一幅名为《会开炮的鸽子》的海报,红色背景,鸽子上镶满了铆钉,嘴里叼着橄榄枝,但其轮廓让人联想到坦克,这份海报在巴黎的大街小巷里张贴了三十多万份。——这是对这位艺术家唯一在共产主义世界获得共识的美学作品的嘲弄![6]

要理解美国对毕加索的这种突然歇斯底里的态度,那就必须考虑到美国根深蒂固的保守心态的特殊性——一股特定人群对艺术家群体的一贯诋毁,其根源可以追溯至19世纪缺乏修养的粗俗传统。[7]冷战期间参议员麦卡锡发起的"猎巫行动"所营造的谵妄氛围强化了这一趋势，而且在当时更是变本加厉。对于这些美国保守派来说，毕加索是他们价值体系中最重要的两个缺陷的结合体：首先，他是一位艺术家（更确切地说，是一位前卫艺术家，他们含糊地称其为"现代派"）；其次，他是一名"赤色分子"，因为他曾公开宣布加入法国共产党。萨拉·威尔逊对此评论道，对他们而言，"毕加索的力量——联邦调查局的相关行动在很大程度上是多余的——恰恰在于他的'法国共产党党员的身份'及其与公共舆论的潜在威胁相结合，因为'他一直拒绝做出脱党的姿态'"[8]。

1949年8月16日，来自密歇根州的共和党众议员乔治·唐德罗在众议院发表演讲。他直言不讳地指出，如果"立体主义的目的是通过概念的混乱来毁灭世界"，"达达主义也是通过嘲弄来毁灭世界"，那么"抽象主义［原文如此］则是通过创造头脑风暴来毁灭世界"[9]。三年后，唐德罗仍在国会上辩称，现代艺术实际上不过是"莫斯科在他的国家传播共产主义的阴谋"。难怪在联邦调查局指控毕加索的档案中，记录唐德罗狂言乱语的文件上盖着"机密"字样的印章。在这份文件中，这位密歇根州的代表对"所谓的现代艺术"炮轰了一番，他认为毕加索就是这种艺术的形象代言人，因为毕加索的艺术中"包含了涉及堕落、颓废和毁灭的所有主义"[10]。对于把"共产主义"与"现代主义"范式简单粗暴地混为一谈的做法，我们只能莞尔一笑。然而，恰如我们在前面章节中所看到的，正是因为自己倡导的美学自由（他的"现代主义"，如果愿意这样称呼的话），毕加索曾两次与共产党人发生冲突：1948年，在弗罗茨瓦夫举行的世界知识分子保卫和平大会上，日丹诺夫提醒他要正视自己的责任；1952年，在《斯大林画像》刊登时，勒克尔就把他教训了一顿。两人都指责毕加索僭越了社会主义现实主义的严格底线，对领袖崇拜缺乏应有的严肃态度！

美国政府监控毕加索行为的档案多年来不断积累（直到他1973

年去世为止），同时随着这位大师越来越响的名气而不断演变。例如，在 1948 年 5 月，在电影界歇斯底里地抵制"共产主义渗透"的背景下，他的名字出现了，当时查理·卓别林（胡佛最喜欢的好莱坞目标之一）正在与他联络，寻求他的帮助。卓别林与伊戈尔·斯特拉文斯基、阿隆·科普兰和伦纳德·伯恩斯坦一起积极行动，为汉斯·艾斯勒（共产党员，布莱希特的朋友）的事业奔走呼号。艾斯勒是一名作曲家，被誉为"音乐界的卡尔·马克思"。他刚刚上了黑名单，受到恶毒的非美活动委员会[11]的审讯，并被强制遣返回欧洲。"你能否主持一个由法国艺术家组成的委员会，并在巴黎的美国大使馆前举行示威游行，抗议把汉斯·艾斯勒驱逐到法国的恶行？别忘了把你的传单寄一份给我，我可以在这里使用。祝好！"[12]这段话出自卓别林给毕加索发的一份简短的电报，这份电报在中央情报局的档案中占有举足轻重的地位。

1952 年，毕加索和一个由 12 人组成的欧洲代表团申请签证前往美国，以便参加世界和平大会，此事甚至上升为高层外交问题。美国国务院拒发签证，因为毕加索和他的同志们属于他所描述的"世界上最强大的共产主义组织"，其成员都是"臭名昭著的共产党员或有可能被引渡的一路货色"。然而，1950 年 2 月 23 日，美国驻巴黎大使戴维·K. 布鲁斯给迪安·艾奇逊（美国联邦政府国务卿）发了一封加密外交电报，大使在这封电报中评估了这种拒签对公众舆论的有害后果，而这正是因为毕加索所具有的象征意义："鉴于毕加索的国际声誉，对他拒签肯定会引起不利的评论，特别是在知识界和激进派圈子里。这也会让人觉得我们害怕共产党的'和平'宣传。不过，如果维持这一拒绝态度，我们认为外交部发言人和美国之音[13]应该强调，拟议的访问是一种厚颜无耻的宣传噱头，纯粹是出于政治原因，与申请人的专业活动毫无关系。无论如何，我们敦促尽快做出决定，因为时间拖得越久，共产党就越容易发挥其阻挠价值，而这正是他们的根本目的。"[14]毕加索最终没有获得美国签证。毕加索从未到过这个国家，而这个国家为他积累的藏品最为可观，举办的展览最有意义，对他作品的分析也最为有力。

这些针对毕加索的种种荒谬至极的阴谋表明，这位艺术家已然成为冷战时期两个大国之间关系的晴雨表。阿尔弗雷德·巴尔本人也对1957年在纽约现代艺术博物馆举办新展览的计划会带来何种后果感到顾虑重重。"我们不想邀请毕加索前来美国，免得使他陷入尴尬的境地。"他在一份内部记录中这样写道。当然，这份备忘录是夹在联邦调查局一份标有"文化活动"和"机密"字样的备忘录中的，"结果却发现我们的政府会反对他来。"[15]面对强大的共和党收藏家对毕加索与共产党有瓜葛的质疑，巴尔常常显得束手无策，他甚至声称这位艺术家是由于政治上幼稚而犯了错！[16]

在阻碍美国官员的各种障碍中，我们还要提一下人名的问题。正如我们所记得的那样，这曾是毕加索早年在法国采取过的策略。根据联邦调查局档案中一份日期为1958年2月13日的意见书，他以"巴勃罗·毕加索、巴勃罗·皮卡索、帕博·毕加索、巴勃罗·鲁伊斯·毕加索、一个毕加索"等身份示人。从事这项研究的一位没有透露姓名的工作人员指出："我们还没有完全穷尽我们研究对象所有可能用过的名字和别名。"[17]如果说毕加索的名字呼应了美学风格的多元性、地点的多元性、流派的多元性——总之，呼应了他的运动、作品、社会地位和住所的多元性（我们还记得1932年法国警方发现他的豪华洋房时的困惑）——那么，美国官僚在他名字上遭遇的挫折则更像一种别样的魔咒，仿佛是我们历经磨难的天才在不知不觉中为对付法国和美国警方的联手力量而施展的——如果有必要的话，再次强调一遍，他属于另一片天地，一片萨特所说的"圣人相通"的永恒天地。那情况是否真的如此？

第二节

陶艺小镇的陶器学徒

对毕加索来说，他远离这些重大事件，他在巴黎深居简出，自己人生的重大转变也就此开始。从 1946 年到 1955 年，虽然他仍住在巴黎，但主要是在普罗旺斯方圆几十公里范围内的不同地方——儒昂湾、昂蒂布和瓦洛里斯——才能看到他。到了 1948 年，他决定在瓦洛里斯定居。自 20 世纪 70 年代以来，他在美国备受赞誉，因其政治信仰而受到共产主义世界的认可。伴随着法国经历"辉煌三十年"，无论在工人阶级城市还是在国家博物馆，他都备受敬仰。但他还是选择远离巴黎，到法国南部与工匠们一起工作。于是，他显得自由自在，经常赤膊上阵，穿着短裤和拖鞋，在世界各地的摄影师的镜头前谈笑风生，身边还有自己的伴侣弗朗索瓦丝·吉洛以及他们的两个孩子克劳德和帕洛玛。弗朗索瓦丝·吉洛曾向我解释说："他除了是一位天才画家外，还拥有非凡的语言天赋。即使他讲的法语很蹩脚，也能吸引对方……比如他总把'樱桃'说成'燕桃'，我听了会忍不住笑起来。他还没有丢掉脑子里的西班牙语词汇。"[1]有一点很清楚：从 1955 年起，也就是从 75 岁那年起，毕加索明确把法国南部选作他的福地——他与年轻的手工艺人一道（通常来自瓦洛里斯），不断进行专业实验。

促成毕加索做出这一选择的因素很多，需要单独写一本书才能一一道来。首先，1946年，罗穆阿尔德·多尔·德拉苏歇尔在格里马尔迪城堡里为毕加索提供了一间量身定做的工作室，这座城堡坐落于昂蒂布——这座要塞可以追溯到古代，当时名叫昂蒂波利斯——濒临地中海，地形险要，固若金汤。毕加索在这里的墙壁上留下了不可磨灭的印记。1966年，随着大量作品的持续收藏，法国第一座毕加索博物馆在这里建立。然而，正是在七公里之外的地方，在莫鲁什山和勒福尔纳区之间，在一家废弃的香水作坊的围墙内，在一座工匠小镇的中心，毕加索选择在这样的地方尽情展露自己的锋芒——展现了我们今天所熟知的受到媒体追捧的那位热情奔放、不可或缺的艺术大师的形象。正是在瓦洛里斯，毕加索新的职业担当得以实现，自1904年以来阻碍他作为外国人在巴黎发展的一些冲突得以解决。也正是在瓦洛里斯，这位艺术家编织了他生命中最后二十年的大部分人生脉络。

毕加索对一切都明察秋毫，他怎么会没有一眼看出这个陶艺小镇其实是一个乌托邦式的微观世界呢？在这个微观世界里，他可以确定自己的新身份，吹响新征程的号角。1866年，严肃正统的《农业杂志》对这座"鲜为人知的滨海阿尔卑斯省村庄"青睐有加。在一篇极尽赞美之词的文章里，作者称瓦洛里斯"可以作为法国所有乡镇的榜样"。这篇文章还称，这个拥有三千居民的小镇已经"将土地……给了在该地区定居的外国人"。"市政精神的正确引导，"文章接着写道，"使这个荒凉偏僻、人迹罕至的小镇成为活动和实践智慧的家园"，它有"模范政府"，有"免费夜校"，有橘子园和"42家陶器作坊（雇佣1 500人）"。在这个地方，"工农业兴旺发达……教育开始发展……善意处处显现，生命生生不息，财富不断增加，思想蓬勃复兴，各种观念相互交流、相互启迪，思维更加开阔，进步显而易见——它正在拥有最伟大和最显著的东西，即道德和智慧的提升。"[2]

将近八十年之后，当毕加索发现瓦洛里斯时，这里小桥众多，桥下流水潺潺，小镇仍然经历着起起伏伏。瓦洛里斯的生活节奏与手工业息息相关——大量浓密的黑烟昭示着不间断的生产；鸣笛声每隔一段时间就会响起，召唤工人们回到自己的工作岗位；山坡上点缀着用柴泥和砖块垒成的石墙，绵延不断，保护着椭圆形柴窑周围的生产、干燥、装饰和展示区域；最后，市政合作社位于这片天地的中心，保证了制陶工匠和农民在直接经济中销售产品，没有丝毫中间环节。

乔治·拉米耶后来在回忆1946年7月26日那天艺术大师现身的情景时写道："他悄悄挨个敲门，讨口水喝，问问有没有地方住，他的出现宛如中世纪光彩照人的菠萝蜜树，浑身上下散发着这种树的热情、热忱、意图以及它们的辉煌。"[3] 当时的毕加索正在昂蒂布的城堡里工作，他来到瓦洛里斯，被带到苏珊娜·拉米耶自1938年起经营的马杜拉陶艺坊[4]。在随后的几个月中，艺术家开始仔细思考这种介质的可能性（他此前曾略作探索[5]），他马不停蹄地参观了卢浮宫专门展示希腊陶器的展厅，分析了《希腊艺术》（泽沃斯撰写，1936年出版）等大量著作，画满了一本又一本素描本——他画了许多山羊、秃鹫和猫头鹰——如此多的动物造型，正是他1947年所制陶器的设计来源。在苏珊娜·拉米耶这位导师的指导下，毕加索学会了"粘土烧制和珐琅彩绘"的"十一种传统方法"。起初，他是一位聪明的入门者，后来却颠覆了他刚刚学到的一切，以至于苏珊娜·拉米耶曾坦言："像毕加索这样工作的工匠在我们这里是没有容身之地的！"

第三节

创作力惊人的实验者

在与马杜拉陶艺坊的合作中,毕加索创作的作品越来越多:从1947年7月至1948年10月间,他创作了两千多件作品,一鸣惊人。随后几年又创作了四千多件作品。他把自己投射到每个世纪(从新石器时代开始),沉浸在过去的作品中,有意识地重温过去的作品,并在脑海中畅想自己在整个地中海地区的陶瓷和陶器作坊中流连忘返:无论是在希腊、埃及、阿普利亚、伊特鲁里亚、美索不达米亚、土耳其,还是在阿拉伯-安达卢西亚世界(马拉加、巴伦西亚附近的帕特纳、格拉纳达附近的埃尔维拉或科尔多瓦北部的阿尔扎哈拉古城)。所以,他要与所有同行一较高下,在地中海这片身份多元、波澜壮阔的海域里,这些同行是最有才华、作品最多的陶艺工匠。和创作《格尔尼卡》时一样,毕加索恢复以前的习惯,即在让人眼花缭乱的资料中汲取自己的灵感,同时巧妙地将它们融为一体[1],同时以完全颠覆传统的方式来处理陶器这一介质,从而在悠久的陶艺史中占据一席之地。

他制作的《站着的公牛》让人惊叹连连,其灵感来自伊朗马尔利克墓地(公元前1400—1100年)出土的十分精美的"公牛形状的花瓶"。至于《花瓶:站着的女人》,它看起来就像是基克拉泽斯文明二期早期（公元前 2700—2400 年）制作的"女性雕像"（早期斯佩多斯风格）的孪生姐妹。当他追溯得更加久远，追溯至美索不达米亚时期（公元前 7000 年）的哈拉夫陶器作坊时，他以这些生育女神作为创作主题，她们交叉着前臂，用每只手掌支撑并展示着因乳汁而肿胀的沉重乳房，那么这件《白色塔纳格拉女性陶塑》又怎么不惹人喜爱呢？我们还注意到，他的塔纳格拉雕像和这件手臂藏在条纹裙下的非常漂亮的《花瓶：女人》，其灵感来自于迈锡尼时期（公元前 1200 年）的黑条纹祭祀雕像和伊奥尼亚米利都及其黑海沿岸殖民地遗址（公元前 640—630 年）中的女神科瑞[1]。而他优雅的意大利陶罐[2]则装饰着简单勾勒而成却又极具动感的黑色人物（1950 年 8 月他称之为"希腊风"），其设计参照了在雅典陶工区（公元前 750 年）发现的具有晚期几何风格的著名的迪比隆双耳瓶。

罗贝尔·皮科[3]是另一位才华横溢的瓦洛里斯陶艺大师，毕加索和他共同署名制作了一件《伊特鲁里亚陶器（巴勃罗和弗朗索瓦丝）》（1950 年），用"搅拌的粘土熟料烧制，涂有釉彩"，仿佛他们真的在公元前 7 世纪的塔尔奎尼亚或丘西的作坊中工作过！有时，他又回到了超现实主义时期，比如这件《饰有女子头像的陶片》；有时，他又回到了抽象主义时期，如这件《球体上的静物》，哑光白色陶土表面装饰着一瓶酒。他心无旁骛地在抽象的世界中独自遨游。此外，还有《鱼和柠檬片静物盘》，他与贝尔纳·帕利西[2]展开对话，创作出巴洛克风格的餐盘，上面用"泥浆浇注的装饰式样"丰富了日常餐具的造型；他的《动物陶器》，主要受到一只长着扁平喙的塞浦路斯-腓

---

[1]　"科瑞"是希腊神话中冥界的王后珀耳塞福涅的别名，她是主神宙斯和农业之神德墨忒耳的女儿，冥界之神哈迪斯的妻子。
[2]　贝尔纳·帕利西（1610—1689 年），法国胡格诺派陶艺家，水利工程师和工匠。他的作品以"乡村餐具"而闻名，这些餐具通常是装饰精美的椭圆形大盘子，上面是饰有浮雕效果的小动物以及花草植物，这些动物通常是根据动物标本模铸而成的。

尼基鸟（公元前750年）的影响；还有他设计的"西班牙餐盘"，其灵感来源于安达卢西亚的伊斯帕诺-摩尔人陶瓷，他在这些餐盘上绘制了各种图案，于是便有了《西班牙餐盘：正面饰猫头鹰，反面饰三头公牛》。

"毕加索在邻近的作坊，甚至垃圾堆里寻找传统器物：方锅、圆锅、有洞的平底锅、碎片等。"今天，有位专家略带不安地评论道，"这是他非常喜爱的一个悖论，他将传统陶艺中最流行的形式与对伟大的古希腊陶艺的缅怀融为一体。"[4]在马杜拉陶艺坊，毕加索并没有"转身"：他经常使用苏珊娜·拉米耶提到的式样——运用他自己独特的技法（铜绿，五彩拉毛粉饰法，上釉和不上釉区域的结合）。有时，他会设计新的款式，把陶艺大师儒勒·阿加尔手中的陶塑作品的某些部分重新捏成其他形状，或是将随处收集到的元素组合在一起，使传统陶瓷脱离其原有功能——平底锅变成了面具，水壶变成了五彩缤纷的昆虫，砖头、砖块变成了陶艺雕塑，"落水管"或"瞪羚"也化身为他创作缪斯女神的材质。于是，就有了三件《饰有女人头像的砖块》。

第四节

从学徒工成为领导者，直至陶艺小镇的"灵魂人物"

1955年3月的一天，苏珊娜·拉米耶在给毕加索的信中写道："亲爱的、伟大的朋友，你可能知道国际陶瓷学院……正在戛纳组织大会并举办展览，约有二十个国家的代表参会。几个月来，总策划人……一直来找我们，期盼得到你回到瓦洛里斯的消息，并希望我们在那里布展。他和其他人一样，知道目前在我们这个行业里，几乎所有的研究都受到了你的影响。他希望你愿意出借几件作品。"[1]经过八年的实践，毕加索已然成为陶艺领域的领导者。他接受了苏珊娜的建议，参加了展览，并出席了曼努埃尔·冈萨雷斯·马蒂[2]的会议。曼努埃尔是世界上最早的陶艺收藏家之一。为了表达敬意，他向毕加索赠送了自己编写的《西班牙黎凡特地区陶器》一书。这套百科全书式的著作共有三卷，包括两千页文字和三千幅插图，毕加索在这之后详细研读了此书。当时，他也向曼努埃尔回赠了几件自己的作品，并希望收藏家把它们带回西班牙。

回到巴伦西亚后，在坐落着国家陶瓷和装饰艺术博物馆的多萨瓜斯侯爵宫里，冈萨雷斯·马蒂向毕加索汇报了他的工作所引发的诸多反应："在我与记者、赞助人、艺术家和评论家的访谈中，在我刚刚进行的所有（关于你的作品）的谈话中，我的对话者们都肯定了你的创新之处，以及你的陶艺作品里所蕴含的极其特殊而神秘的技术，所有的专家都对此赞叹不已。而我呢，我谈到了你对我的热情接待，谈到了你在谈话中多次回忆起西班牙和巴伦西亚，也谈到了你慷慨赠予的四件特别的作品。从上周日起，这四件作品已经在毁誉参半中向公众展出了。"[3] 两年后，毕加索以阿拉伯安达卢西亚传统的"索卡拉特"[4]瓷砖为基础，制作了一系列装饰陶瓦，比如这件创作于1957年3月6日的作品，名为《舞者与音乐家图案的六边形托盘》，散发出活力与狂热的味道。但也许正是在他制作鱼盘的过程中，发现自己的作品与12世纪的鱼盘如此相似（见于冈萨雷斯·马蒂的著作），他才变得这般如痴如醉。虽然要面对佛朗哥政权，但就在这家位于马拉加以北五百公里的巴伦西亚博物馆里，毕加索还是以另一种方式正经地回到了西班牙。马拉加在历史上就是一座陶瓷古都。能够在地中海的历史长河里占据一席之地，毕加索肯定不会不高兴的。他曾在尼斯广播电台的节目里这样回忆瓦洛里斯的历史："自远古以来，这片大地就一直在制作陶器。"他接着补充道，"我有几位朋友，他们也是真正的劳动者。我和他们一起试着复兴可能已经陷入衰败的某种东西。"[5]

准确来讲，由于与当地工匠的接触，毕加索在他生命的最后二十年里拓展了自己的创作领域。他总是充满活力，勇于尝试，敢于颠覆常规。继创作陶器之后，他与印工伊达尔戈·阿内拉合作亚麻油毡版画，与安德烈·维莱合作摄影，与设计师托拜厄斯·杰利内克合作金属雕塑，与铁锁匠约瑟夫-马吕斯·提奥拉合作金属板材造型，与保罗·哈萨埃茨、弗雷德里克·罗西夫、亨利-乔治·克鲁佐合作拍摄电影，与莱昂内尔·普雷伯合作切割钢板。转眼之间，他便成了这个陶艺小镇真正的"灵魂人物"，而"毕加索高炉"也逐渐成为小镇的标签。毕加索先是住在戛纳，接着迁居沃韦纳格，然后与妻子杰奎

572　琳·罗克在穆然定居。由于让·拉米耶、莱昂内尔·普雷伯、安德烈·维莱、乔治·塔巴罗等人频繁的牵线搭桥，毕加索得以借助他新认识的朋友与当地工匠以及积极分子保持联系。

当时，他对所谓古典雕刻工艺和"应急工艺"都感兴趣。古典雕刻工艺包括蚀刻、錾刻、平版印刷等，它们可以用"凸版印刷"工艺印出他刚刚雕完或画好的图案。例如，在陶艺制作中，艺术家化身为"旁观者"，亲眼目睹作品的成型过程：陶器只有通过烧制才能固定形状和色彩，才能露出自己的庐山真面目。这也使得陶艺设计师只能在亲自动手和插不上手之间来来回回，仿佛在练杂技一般。另一种"外观艺术"也是如此，如亚麻油毡版画。"它是绘画，但它的创作原理又像雕刻。"毕加索曾向正在参观马杜拉陶艺工坊的皮埃尔·戴克斯解释说，"烧制的过程，就是印制的过程，但你对此却无能为力……只有拓印到纸上后，你才会知道一块雕版是否算'刻好了'。不是因为发生各种意外，比如飞溅的清漆，纸上的某样东西没有浸透印墨，刻刀多刻了一点，或是因为一滴酸性溶液……也不是因为你的图案被转印了……，而是因为当印出来的东西呈现在你面前时，你便不再是之前手拿刻刀的那个人了。你已经脱胎换骨。"[6]

在即将迈入耄耋之年时，毕加索开辟了一个新世界。他的创作力如此旺盛，他把每一种技术都发挥得淋漓尽致，把每一个伙伴都累到筋疲力尽。他把陶艺与亚麻油毡版画融合为版画陶艺，他穿梭于铁艺雕塑和纤维混凝土之间，他打破了类型之间的所有限制，他激励年轻的手工艺人去探索、创新和自我超越。对于拓印、釉底、铜绿、清漆、釉料、切割、釉雕、拼贴、挤压、蚀刻版画、黏土印纹、珐琅上釉、金属氧化物，他都要亲自实验一番。有一天，他和陶艺大师罗贝尔·皮科一起发现了一种"高纯度的硫化铅，它能让陶器呈现出类似稻草的淡黄色。如果你加入氧化铁，你就会得到漂亮的红色。加入氧化锰会呈现暖棕色,而加入氧化铜则会呈现深绿色。"[7] 又有一天,他与印工伊达尔戈·阿内拉合作,创作出令人赏心悦目的《年轻女孩的肖像:依据小克拉纳赫的画作创作》。[8] 这件作品使用亚麻油毡版画工艺,毕加索在制作过程中坚持使用"五版叠加"技术,堪称创举。"没有你,我什么都做不了;没有我,你也什么都做不了"[9],他向年轻的印工解释道,言语间流露出颇为罕见的崇敬之情。

所有这些实验吸引了毕加索的一位新朋友、艺术品交易商海因茨·伯格鲁恩。1949 年,他通过特里斯坦·查拉认识了毕加索。伯格鲁恩身上有股卡恩韦勒的气质,他是来自柏林的犹太知识分子,1936 年移居美国。1948 年,这位艺术界的新人在巴黎开设了自己的第一家画廊。"我刚过 30 岁。我来自其他地方……我既没名气,又没学历。我想在巴黎生活……就在那里,我决定进入艺术品交易行业。"[10] 他学识渊博,激情四射,对一切都充满好奇,但也很有主见,他的身上流露出浓郁的文学品位。在这位流浪者身上还能看到巴尔的影子。1944 年,他穿着美国军装,心怀立体主义必将随着现代性的出现而大放异彩的坚定信念,来到了已经得到解放的巴黎。他的儿子奥利维耶写道:"对于毕加索的一切,他全都感兴趣,无论是绘画、拼贴画、石版画、雕刻,还是雕塑和陶艺。"[11] 作为一名收藏家,伯格鲁恩开始学会慧眼识珠,从保尔·艾吕雅、朵拉·玛尔、安德烈·勒费弗尔、爱丽丝·托克拉斯以及罗森伯格兄弟等人手里收购了一些现成作品。"就在这些(毕加索)早期作品进入市场的时候,他正好接手了。"[12]

作为艺术品交易商,伯格鲁恩推出了玫瑰时期的铜质小雕像,就像他同时代的安布鲁瓦兹·沃拉尔所做的那样,然后又推出了立体主义时期的铜质小雕像,还出版了由毕加索配图的布封作品《自然史》(1942 年),书中有毕加索专门绘制的 42 幅插图[13],并且送给了朵拉·玛尔。凡此种种,让伯格鲁恩朝克里斯蒂安·泽沃斯和道格拉斯·库珀走得更近了一步。不过，正是通过出版 1906 年加泰罗尼亚语影印版笔记（这是毕加索送给朵拉·玛尔的，艺术品交易商之后从朵拉·玛尔手里购得）和《昼夜》摄影集[14]（内含 700 张照片，是毕加索与年轻摄影师安德烈·维莱的合作成果），伯格鲁恩终于完成了把毕加索的所有作品聚为一体的惊人壮举，从而在几个关键时期之间建起了桥梁，从最早在戈索尔从事的前立体主义实验到瓦洛里斯的最新研究，时光跨越了半个多世纪之久。

这个重要阶段还有最后一段小插曲：毕加索和苏珊娜·拉米耶还携手致力于陶艺的普及化。他选中了 633 款陶器并进行限量销售[15]，这样走在瓦洛里斯人行道上的每个人，都可以以低廉的价格购得他的一件作品，"用牛皮纸裹着，然后塞进麻袋里"。[16] 1961 年，毕加索送了一个盘子给曾经教过他技术的女人，盘子背面刻有他这位艺术家的题词："献给苏珊娜·拉米耶。她忠实的臣民，毕加索，她的学生。"[17]在一位法国南方女性的指引下，毕加索做出了抉择：从此以后，便是南方对阵北方，外省对阵巴黎，手工艺人对阵美术学院，推广量版对阵迷信孤品。

第五节

从"肤色障碍"到低等世界

在只有自己才有钥匙的勒福尔纳工作室里，毕加索试图独自解决的问题究竟是什么呢？如果不是他一直感兴趣的"次要"艺术和"高尚"艺术之间的紧张关系，那又是什么呢？在1900年的世界博览会上，两个来自不同文化背景的人，一个是来自巴塞罗那的毕加索，另一个是来自波士顿的杜波依斯，看到了这个伟大帝国开始衰落的迹象，这个帝国"恃才傲物"，尤其以其绘画和雕塑流派为傲。"旧社会的一大特征就是以回忆往事为乐……不沉浸在自满的乐观情绪中，也不声称展出一件内涵丰富、美轮美奂的作品的时机不成熟，但难道我们就不能为取得的巨大成就喝彩吗？不能为再次克服重重困难，有力地证明我们天才的活力和法国画派在19世纪的卓越地位而欢欣鼓舞吗？"小皇宫美术馆的图录中这样写道。至于当时的策展人所说的"次要艺术"，即"铁器、武器、陶瓷、挂毯、织物和刺绣、皮革"等，他们在图录中选择展示的所有展品都是法国物品，例如这把"罗德兹博物馆的长拴锁（14世纪）"，这只"由贝尔纳·帕利西制作的杯子，上面刻有亨利二世和凯瑟琳·德·美第奇的数字，古斯塔夫·德·罗斯柴尔德男爵收藏"，这条"昂热大教堂的启应挂毯（残片，16世纪）"，这块"桑斯大教堂的圣鸽和圣狼的裹尸布（残片，9世纪）"，以及这只"蒙塔日博物馆的圣物盒（13世纪）"。

面对另一位"疲惫的知识分子"艾梅·塞泽尔，毕加索和杜波依斯一样，竭力想承认他们的多重身份。"亲爱的巴勃罗·毕加索，我从我们共同的朋友皮埃尔·勒布那里得知，你同意为马提尼克岛树立纪念废除黑人奴隶制的纪念碑，这让我感到非常高兴，"1947年，这位来自安的列斯群岛的议员给他写下这番话，"我的同胞听到这一消息，必将满怀自豪和感激之情。"他解释说："面对向黑人施暴的美国人，面对他们的自由女神像，如果我们能将体现纯粹自由的自由丰碑矗立在黑人的土地上，那会是多么了不起啊！没有人比《格尔尼卡》的作者更有资格颂扬这种生命对压迫的反击。马提尼克计划为这项工程投入500万至600万欧元。令人遗憾的是，由于七月要举办四次庆祝活动，所以时间有点紧迫。不过不要因此放弃。除了你自己设定的限制以外，再也没有其他任何限制。请接受我诚挚的谢意和敬意。艾梅·塞泽尔。"[1]

一年后，他们合作出版了诗集《迷失的身体》：塞泽尔的10首诗配上毕加索的32幅版画。画家用瑰丽的想象描绘出杂交、女性/花朵、男性/植物、性器官/根茎，与塞泽尔的诗歌相得益彰，充满火山爆发、繁花绽放以及植被茂密中所蕴含的大地力量。毕加索以年轻的雅克·塞泽尔的样貌为原型，在书名页上绘制了一幅头戴桂冠的黑人诗人的肖像画，从而将欧洲最高的黑人艺术奖授予了希腊歌咏比赛的优胜者。[2]1956年9月，第一届黑人作家和艺术家代表大会在索邦大学举行，毕加索主动提出在海报上签名，并再次使用了雅克·塞泽尔头戴桂冠的画像。"艺术家和诗人总会回到同一个故乡，无论他们的肤色如何。向黑人世界的文化人士大会致以最真诚的问候。"他在献词中这样写道，笔迹十分优美。艾梅·塞泽尔与其他安的列斯群岛人[3]、阿利乌内·迪奥普等非洲人[4]以及非裔美国人[5]一起参加了这次会议，会议对黑人文化进行了总结,并回顾了"西方文化在殖民化和种族主义中的责任"。但保罗·罗伯逊和杜波依斯都没有来巴黎参会。杜波依斯在一封信中写道:"我没有出席你们的会议,因为美国政府拒绝给我护照。"这封信在第一天的开幕式上被宣读。"出国旅行的美国黑人,要么对黑人漠不关心,要么说国务院规定说的话。"[6]

毕加索逝世后,时任塞内加尔总统的利奥波德·塞达尔·桑戈尔在位于达喀尔的动态博物馆举办了非洲大陆首届毕加索作品展,在致敬毕加索的名单上又铭刻上来自非洲和安的列斯群岛的名字。我们看到毕加索在法国南部生根发芽的同时,也会发现这位崭新的毕加索其实是 21 世纪人类学形式的先驱,和他一起庆祝自己"归属圈子"[7]的是一群时至今日被称为"低等"[8]世界的人们——换挡变速,推开围墙,寻觅地中海空间的历史深度及其多重身份的最初融合,在横向的集体工作中探索往昔伟大工匠的榜样力量,提升"次要艺术"或平凡艺术的地位,使其成为"高尚"学科的养料(如绘画和雕塑,它们自文艺复兴以来就被西方视为神圣领域),必要时展示受人歧视的人所具有的**能动性**[9],——在"星星之火,可以燎原"的希望中,与艾梅·塞泽尔等人一起颂扬与时俱进的情感共鸣。如果是这样的话,情况又该如何呢?

"毕加索寻找开放的世界,并积极参与创造这些世界,这一主题非常关键。"我的历史学家朋友杰里米·阿德尔曼两年前读了这部作品的第一部大纲后给我写道,"这的确是吸引他来到巴黎的原因,19 世纪的巴黎吸引着所有流亡者,无论是阿根廷人还是普鲁士人。来自底层的人民,而且通常是犹太人,正是这些人为他提供了空间,向他开放了画廊或沙龙,使他得以构建自己的圈子。在封闭的法国官方世界中,毕加索是隐形的。但在他自己的圈子里,在昏暗无光、充斥着三教九流的世界里,他却愈发变得显眼。在我看来,这是需要强调的关键点。因为很多人都会想当然地觉得外国人没有发明创造的能力，他们只会安于现状。而你却把毕加索变成了真正的社会活动家和战略家。"[10]事实上，尽管毕加索出生于19世纪，经历了20世纪的所有重大冲突，但他却以一种令人耳目一新的方式塑造了自己的文化和社会身份。当移民问题重新成为现代欧洲身份认同的主题时，毕加索却早早地融入了一个非常漫长的全球秩序。他经常诉诸神话，并在他的王国里扮演着地中海部落酋长的角色，这就好像毕加索打破了国家之间的传统边界，用人类学家阿尔君·阿帕杜莱的话来说，预示着"当代世界的世界主义文化形式"。

第六节

一位将1907—1908年的刺骨寒冬牢记在心的荣誉市民

有时，毕加索的新朋友也会偶然得知他以前的生活。共产党日报《尼斯爱国者》主编乔治·塔巴罗就曾透露，每年狂欢节期间，毕加索都会送他一幅整版的画作和其他慷慨相赠的礼物。"在'加利福尼亚'前厅的餐具柜上，总是摆着一瓶满满的葡萄酒，有瓶塞，却没有标签，这不禁引起了我的好奇心。"这位记者写道，"自从毕加索搬来戛纳，我就看到了它。每次我在它面前走过时，我总在想它里面究竟装的是什么，是不是巴勃罗把它忘在那里了……直到1958年，我才……斗胆向他询问，他装在那只著名瓶子里的'神灵'到底是什么。'瓶子里装的不是神灵，'毕加索一脸严肃地回答道，'装的是弗雷德神父！'"他还说，"1907到1908年的冬天格外寒冷，塞纳河里甚至还出现了冰凌"。在他的回忆里，"那个冬天对毕加索而言尤为艰难，因为在《亚威农少女》之后，他的新研究并没有真正得到艺术品买家们的理解和支持……他的作品变得无人问津，工作室开不起暖气，他也买不起画布和颜料，他吃的饭菜像街头艺人一样寒酸"。在塔巴罗的回忆里，毕加索登门拜访利奥·斯泰因时是心灰意冷的。斯泰因可能会同意"预付一幅画的钱，直到有一天他或他的妹妹会买下这幅画"。"你为什么继续画没人要的恐怖画?"斯泰因开口问道。他随手扔给艺术家一枚 20 法郎的硬币,"就像施舍一样"。毕加索解释说:"我不是来乞讨的。我当时心想,我是不是应该把硬币连同扶手椅和床头柜一起朝他脸上扔过去。但我没有颜料了,没有画布了,没有暖气了,没有面包了。所以我拿了 20 法郎就走了,那是 50 年前的事了,但我从未忘记……还是那年冬天,有一天早晨,炉子里依然没有生火,有人敲我的门,是弗雷德神父……他担心再也见不到我了,问了邻居后便过来了。在他的驴子上,我看到了一大袋煤,还有好几个篮子,里面装的东西足够我吃好几天。我还发现了一枚 20 法郎的硬币和一瓶苦艾酒,货真价实的苦艾酒……我当时真想放声大哭……我从不让任何人打开它。你看,它一直跟着我。对我来说,在过去的 50 年时光里,弗雷德神父一直陪在我身边。"[1]

毕加索把这个"弗雷德酒瓶"当作护身符,从一个工作室带到另一个工作室,从一个住所带到另一个住所,这个瓶子给我们留下了什么呢?它难道不正是印证着那些难以磨灭的创伤吗?除了见证成功和财富以外,这个瓶子还是促进毕加索人生轨迹和全部事业发展的无声动力。在瓦洛里斯周围,在普罗旺斯的这片腹地,400 年来,"外国人"在这里发挥了积极作用——据当地人说,中世纪黑死病过后,小镇管理者便请文蒂米利亚的许多家庭迁居此地,让这里的田园与村舍重现生机——毕加索成了一位共产主义政府的核心人物,这显然是报复,报复巴黎的歧视,报复艺术院,报复国家博物馆联盟,报复优雅的审美品位,报复警察局,报复巴黎的附庸风雅和条条框框!毋庸置疑,正是在瓦洛里斯,才勾画出未来岁月的蓝图,才诞生了我们心目中毕加索的形象;正是在瓦洛里斯,毕加索才得以淋漓尽致地挥洒生命,释放了一个又一个烟花,释放了 1914 年和 1940 年两次大挫折之后所有被压抑的冲动,他和布拉克共同经历了立体主义实验,他在这段岁月中与布拉克产生了豪情满怀般的共鸣，毕加索也因此确立了自己的终极地位，终于成为家喻户晓的天才艺术家。

1949 年，毕加索向瓦洛里斯这个手工艺小镇赠送了一件青铜雕塑作品《抱着羔羊的男人》，这是他在法国展出的第一件公共雕塑作品。这件雕塑被安置在空旷的广场中央，雕塑下方是白色的基座。一年后，就在此地，小镇为毕加索举办了荣誉市民典礼。1952 年，他应邀为中世纪的莱兰修士小教堂设计装饰工程。为此，他创作了一幅名为《战争与和平》的壁画，由 18 块硬纤维板拼成，安装在弯曲的木制龙骨框架上（1959 年正式落成）。"多亏了你，多亏了你的才华，一个奄奄一息的行业出现了前所未有的繁荣。"该镇的共产党员市长保尔·德里贡给毕加索写信说，"你的名气让瓦洛里斯闻名于世。每年都有成千上万的游客来到我们的小镇。从事工业、手工业、商业的人越来越多。在你来之前，我们有 300 多名失业者。如今，每个工匠都有了工作。多亏了你，他们才能养家糊口。瓦洛里斯的一切都要归功于你。"[2]

第七节

立足、影响、颠覆；戛纳、沃韦纳格、穆然

在瓦洛里斯之后，毕加索迅速购置了三处令人惊叹的宅邸，用于展示他留在巴黎的珍宝：1955 年在戛纳购置的"加里福尼亚"别墅，1958 年在沃韦纳格购置的古堡及其庄园（沃韦纳格以西 150 公里处，普罗旺斯-艾克斯附近），1961 年在穆然（戛纳附近）购置的"圣母院"别墅。除了这三处新购的宅邸之外，毕加索还拥有其他几处先前购置的房产（包括他首次购置的产业——诺曼底的布瓦吉鲁城堡，以及在巴黎拉博蒂街和大奥古斯汀街租住的公寓）。于是，除了在普罗旺斯中心地带的沃韦纳格度过的三年以外，毕加索就长住在蔚蓝海岸，他对这里这么熟悉，而且他已经住了这么长时间。这些位于法国南方的宅邸，毕加索有时同时住，有时换着住，不过他从未离开过这些宅邸一步，直到 1973 年 4 月 8 日去世。他拥有规模可观的不动产，里面存放的不光有他的个人文件和纪念品，而且还有他收藏的无数财富（数千幅他的同行朋友的作品，当然也有他自己的作品，是"毕加索创作的诸多毕加索作品"），换句话说，里面存放着一位没有扔东西习惯的艺术家，在其漫漫一生中留下的所有痕迹。

"毕加索有收藏……他有一些非常漂亮的东西，他有很多塞尚的

作品，有一些雷诺阿和德加的作品，两幅勒南的作品，东西很多。"卡恩韦勒回忆道，"自从他搬到沃韦纳格以来，这是他第一次在墙上挂东西。"当被问到"毕加索为何要买下（沃韦纳格）这座大房子时"，这位曾经的画商回答道："嗯，总是出于同样的原因，为了填满它……房子很大，但他最终也能放满……也许不是所有的画作。他曾说过要在墙上作画，但不是直接画在墙面上，而是通过装裱的画布。我要画一些皮耶罗·德拉·弗朗切斯卡的作品。"[1]跟随着卡恩韦勒的脚步，我们见证了毕加索在生命最后20年里拓展领地的决心。作家埃莱娜·帕梅林和画家爱德华·皮尼翁的儿子尼古拉·皮尼翁认为，毕加索最后的住所"奢华、宽敞，到处都有很多房间。每个房间里都摆放着作品，摆在地板上，显得极为生动，摆得到处都是，占满了整个空间"[2]。沃韦纳格庄园及其占地11公顷的土地（1958—1961年）的宏大背景就是最好的例证。一见钟情，一往情深，"放浪无拘"——就像众所周知的历史一样——源于"拥有圣维克多山"的愿望，源于追寻中世纪普罗旺斯历史的愿望，当时普罗旺斯在11世纪和12世纪由巴塞罗那家族统治；源于追寻它曾经主人的足迹的愿望，克斯大主教（1257年），勒内国王（1473年），沃韦纳格侯爵、作家吕克·德·克拉皮耶（1730年）；源于吟唱《圣杯》[3]的愿望，源于在市场上聆听普罗旺斯语（与加泰罗尼亚语如此接近）的愿望，抑或源于在阿尔勒观看斗牛表演的愿望。

从1954年起，毕加索与两年前在瓦洛里斯相识的杰奎琳·罗克同居。杰奎琳成了毕加索最新的缪斯女神，并于1961年成为毕加索的妻子。有了这两个坚实的后盾（南方和杰奎琳·罗克），毕加索开始着迷于裸体摄影，并与吕西安·克莱格一起学习斗牛。"毕加索让我父亲走上了创作之路。"安妮·克莱格对我说道，"当时我父亲19岁。他总是帮助年轻人。"[4]他还与克洛美林克兄弟一起学习版画。与此同时，他继续以稳健的节奏作画，或是独自创作，或是在与前人对话中进行创作。他仍然以**自己的方式**（深情、粗暴、残忍），对德拉克洛瓦、委拉斯开兹、马奈、戈雅、伦勃朗等人的杰作进行再创作，他蔑视一切传统，无视时代的约束，他为自己在教皇宫的最后两次画展（1970 年的画展和 1973 年的逝世纪念展）绘制了表现露骨、风格强烈的情色作品。

然而，能理解他的这一计划的人少之又少。有人称之为"淫秽涂鸦"，有人称之为"劣质画稿"，还有人称之为"老年性偏执"。现在经营路易丝·莱里斯画廊的昆汀·劳伦斯则持截然不同的观点："在我的记忆中，这是一处非同寻常的收藏。事实上，我记得更多的是一种氛围，一个巨大的地方。墙上挂着五花八门的画作，宛如一件名副其实的装饰艺术品，在这幢面积夸张的建筑里构成了一个密集的整体，给人一种绝对自由的感觉。于是，毕加索便处在一个兴奋激昂的时空里，他步履轻快，动作迅速，沉浸其中欲罢不能，宛如一位饕餮之徒。他背对着墙壁，创作出好几幅闪光之作，无与伦比、精彩绝伦的画作，这是至臻至美之作，是完美收官之作，是功成名就之作。这便是一位艺术家直面死亡的反应。"[5] 在众多作品中，《画家与孩子》和《年轻的画家》这两幅杰作一脉相承。就在一瞬间，它们便让人们觉得人生大限已经迫在眉睫，似乎没有任何东西能够驯服或打破人生宿命。

与那些随着年龄增长而不断缩小自己领域的人不同，晚年的毕加索还在涉足崭新的领域。他开始了一项全面的计划，将空间、时代和陆地衔接在一起。他创作了一部大型歌剧，他自己同时担任这部歌剧的作曲家、编剧和指挥家。歌剧中充满着他喜爱的角色：斗牛士、火枪手、动物、女人。他颠覆了所有传统，刻意创造了自己的时间单位和地点单位。克里斯蒂娜·皮奥是毕加索逝世后负责整理毕加索遗物的四位专家之一,她说:"当我第一次走进圣母院别墅时,就被放在电梯前中央画架上的油画《纪念为法国牺牲的西班牙人》震撼,我感觉自己来到了西班牙的土地上。哦,不,我感觉更像是来到了一处中介空间,一处会在大使馆或领事馆里遇到的那种空间。"[6]

与此同时,"毕加索的仪式感"已然到来,无论在他的圈子之内,还是圈子之外,一系列庆祝活动正在如火如荼地进行。1956年10月25日,他在马杜拉陶艺坊与瓦洛里斯的陶艺家们一起庆祝了自己的75岁生日;1961年10月25日,他在瓦洛里斯庆祝了自己的80岁生日;1966年和1971年,当他相继迈过85岁和90岁的门槛时,庆祝活动依然继续。在阿尔勒、尼姆和瓦洛里斯举办的斗牛活动期间,他与斗牛士路易斯·米格尔·多明金一起举办了派对,还与马尼塔斯·德·普拉塔共同组织了音乐晚会。1971年10月,卢浮宫大画廊展出了他从法国公共藏品中精选出的8件作品,巴黎市政府授予他荣誉市民称号。此外,他还在奥斯陆、斯德哥尔摩和芝加哥展出公共雕塑,在伦敦、多伦多、蒙特利尔和东京举办大型回顾展,以及为祝贺他获得列宁和平奖而举办的庆祝活动。

与此同时,世界各地的"毕加索之窗"的数量不断增加。1963年3月9日,仰仗萨巴特斯的个人收藏,尤其是仰仗他与当地朋友耐心细致的政治谈判,毕加索博物馆得以在巴塞罗那的阿吉拉尔宫(建于13世纪)开馆。五年后,萨巴特斯去世,毕加索再次向博物馆捐赠了他仿照委拉斯开兹作品创作的《宫娥》系列[7](58幅作品),之后又捐赠了大量他年轻时的习作,让人得以一窥佛朗哥时期的空间。1971年,毕加索向阿尔勒的勒杜博物馆捐赠了57幅素描画,这些画形式变化多端,集中体现了三大主题:小丑、画家和他的模特,还有高大威猛的"火枪手",一半是骑士,一半是斗牛士,这幅终极的自我画像令人着迷。此外,1971年冬天,在一个阳光灿烂的日子里,威廉·鲁宾（时任纽约现代艺术博物馆绘画与雕塑部主任）来到穆然，亲自拜访了毕加索。鲁宾提出用自己博物馆藏品中的一件塞尚的小画作换取《吉他》（1912—1913 年），这是一件用纸板、纸张、绳子、铁丝、金属片等制作的实验性雕塑，是毕加索立体主义时期的作品。毕加索当即决定将这件作品赠送给鲁宾，从而巧妙地确立了自己在纽约现代艺术博物馆中的地位，并在他一无所知的纽约市的地理空间中占有一席之地。

尾声　地中海王国：1955—1973 年　| 579

前排：杰奎琳·罗克、巴勃罗·毕加索和让·科克托
他们身后是毕加索的孩子：帕洛玛、玛雅和克劳德

爱德华·奎因，1955 年，摄影，瓦洛里斯

第八节

往事依依

尽管毕加索很想融入南方陶艺家的世界，但过去的忧虑有时还是会不期而至。比如在 1958 年底，玛丽·库托利和时任教科文组织执行委员会成员的亨利·劳吉尔就给他发来了这样一条意外的信息："亲爱的巴勃罗，我们到了！用电话联系你，完全联系不到……但我们想告诉你戴高乐将军的办公厅主任蓬皮杜先生为你提出的一些有趣的建议。"几个月后，劳吉尔再次提议："亲爱的巴勃罗！……戴高乐将军的得力助手仍然想给你法国国籍。因此，如果你同意，并对此感到高兴和荣幸的话，那么在这方面似乎不会有任何困难……法国也不反对你同时保留西班牙国籍。但问题在于：不幸的是，西班牙政府很可能（但我们并不确定）会剥夺任何接受外国国籍的公民的西班牙国籍，不管这个国籍是哪国国籍。目前，我们正在向法国最高行政法院的律师和联合国教科文组织的西班牙代表了解情况。一旦我们得到确切信息，我就立即转告你。"[1]但劳吉尔没有收到毕加索的回复。毕加索对法国国籍已经没了兴趣：他决定以外国人的身份生活。

在与法国政府的又一次纠缠中，他自己的孩子让他再次经历了有关名字问题的磨难，牵扯其中的有像法国最高行政法院这样享有盛誉的机构，有像塞纳省的共和国检察官这样的杰出人士，甚至还惊动了

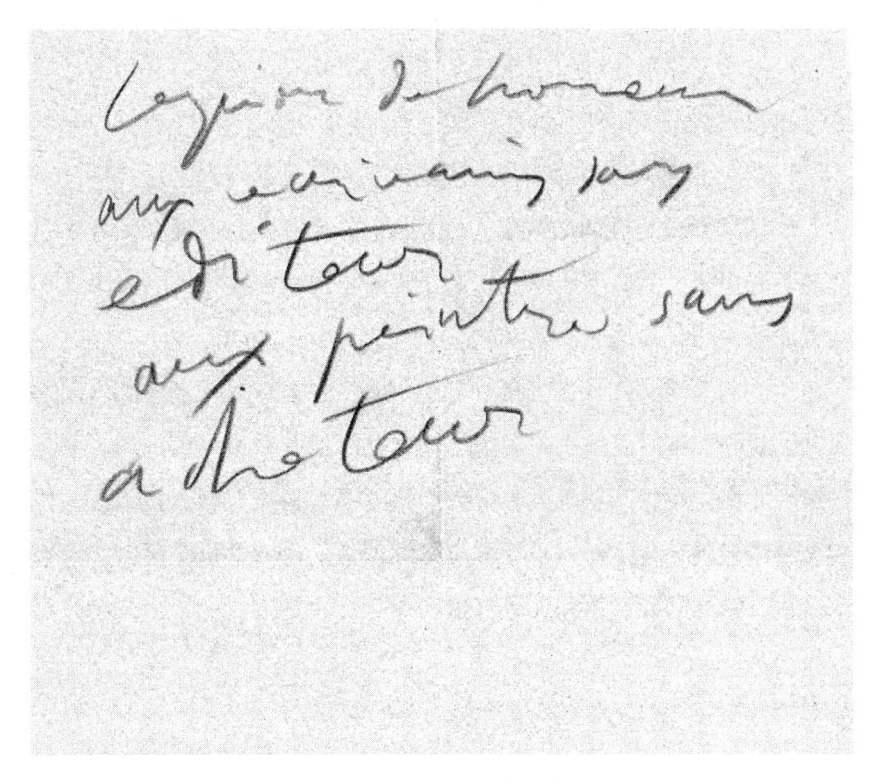

巴勃罗·毕加索关于荣誉军团勋章的声明

1967 年，粉色纸张，蓝色铅笔，巴黎毕加索博物馆

588 司法部长，司法部长也因此颁布了官方法令。

"亲爱的巴勃罗！……这是一份关于鲁伊斯-毕加索名字的小文件，克劳德和帕洛玛很快就可以署这个名字了。"亨利·劳吉尔在1961年1月1日写道，"当然，你肯定觉得事情进展得不够快，我们也这么觉得。不同办公室之间的文件传递总是很慢。不过，部长的决定已经做出，我不知道现在还有什么可以阻止它的发生，我们对此感到很高兴。这份小文件包含：

1. 供你参考的法国最高行政法院持反对意见的咨询决定（一）。

2. 司法部长给我的亲笔信（二），他在信中决定不理会国务委员会的不利建议。我认为埃德蒙·米什莱部长也表现得很好，我为此非常感谢他；几天前他还来我家吃过午饭。

3. 一封署名科布伦茨的信（三），此人是埃德蒙·米什莱内阁的代办；我们在稍后的一次午餐中与他见过。他正在通过内阁的官方渠道跟踪此案。我想不用等太久，我们就可以邀请克劳德·鲁伊斯·毕加索和帕洛玛·鲁伊斯·毕加索与愿意见他们的人共进午餐了。再次致以最诚挚的问候，亨利·劳吉尔。"

一、法国最高行政法院的反对意见

改名：吉洛改名为鲁伊斯-毕加索

司法部收到西蒙·吉洛女士代表吉洛的未成年子女，向其提出的将子女姓氏改为鲁伊斯-毕加索的请求。申请人指出，未成年子女……目前由其母亲抚养，在其母亲与画家以夫妻身份生活的十年间，他们一直使用毕加索的姓氏。他们仍然经常探望生父。现在有两种截然不同的意向：

第一种意向是同意申请，因为它考虑到了名字的说明性及其非常明确的长久性。由于血缘关系没有争议，允许毕加索的子女，即使是非婚生子女，从其父亲的显赫姓氏中受益似乎也是公平的。

这是巴黎总检察长的意见。590

第二种意向的观点则截然相反（断然拒绝申请），以法国最高行政法院和塞纳省检察官的意见为代表。这位检察官的观点分为以下两部分：

1. 对法国来说，剥夺法国籍儿童的法语姓氏，再给他们取一个外国姓氏，这是自相矛盾的。（这个观点意义不大，因为日耳曼法与1950年的法律一样，不是关于姓氏法语化的法律。）

2. 第二个也是更重要的观点如下：接受这一要求等于规避《民法典》第335条所规定的禁令，使非婚生子女至少看起来像亲生子女。

除了上述两种意向以外，还出现了一种更为细致的解决方案：

给孩子们取名为鲁伊斯－毕加索而不是吉洛，这当然很难违背法律规定改变孩子们的公民身份。人们可能会想，如果这些孩子是合法出生的，难道他们就不会取名叫鲁伊斯吗？另一方面，拥有这样一个姓氏会带来心理优势，剥夺孩子们的这个心理优势也是一种苛刻的做法。只要在吉洛的姓氏上加上毕加索（确实是个显赫的姓氏），就可以使这一优势继续存在，而且不会违反我们私法上的规定。可以向申请人提出这一解决方案。如果她按照这种思路提交一份新的申请，司法部则可以把所需时间缩至最短。但需要指出的是，相关方不能免于法律所要求的公示规定。

劳吉尔的信中附有一张法国司法部长埃德蒙·米什莱寄给他的一张小卡片："我亲爱的教授朋友，这是司法部的纪要。经过考虑，鉴于吉洛-毕加索［原文如此］的方案需要六个月的时间，我打算同意所要求的方案：鲁伊斯-毕加索。因此，除非大师另有建议，我打算这几天就签署这项法令。当出现这种特殊情况时，你必须知道从纷繁复杂、一板一眼的法律条文中跳脱出来！能给年迈的大师这样一个机会，我真是太高兴了。埃德蒙·米什莱。"[2]劳吉尔还指出，弗朗索瓦丝·吉洛必须支付45 000法郎，才能给"想让其看起来像婚生子女的非婚生子女"取一个外国姓氏（无论这个姓氏多么显赫），以更换漂亮的"法国父姓"。

在布拉克的葬礼上，马尔罗曾让毕加索在"1910年的朋友中""销声匿迹"。1966年，他慷慨地策划了"向巴勃罗·毕加索致敬"的大型展览（在大皇宫、小皇宫和法国国家图书馆举办，展出了800多件作品），但毕加索本人并没有出席。马尔罗还建议授予毕加索荣誉军团骑士称号，但遭到了毕加索的拒绝。他只是从笔记本上撕下粉红色的纸，草草写下了几个字，而且还有拼写错误。

不过，马尔罗最重要的举动还是他于1968年12月31日颁布的《捐赠法》。其目的何在？鼓励使用艺术品缴纳遗产税，以便不惜一切代价将"极其重要"的收藏品留在法国。继允许毕加索的名字传给子女的法令之后，这项法律使毕加索的作品成为了法国国家遗产。在毕加索逝世不到三年的时间里，法国政府承认了这位天才艺术家的卓越才华，这也是对他几十年来流亡国外的补偿。回想到法国官方组织排挤毕加索的那些参与者——虽然鲁基耶警长和尊贵的让·萨文已经销声匿迹——我们不禁要问，1940年4月签署拒绝入籍法国通知书的副总督察埃米尔·舍瓦利耶对此作何感想。

法律规定，"任何继承人、受赠人或受遗赠人"都"可以通过移交艺术品、书籍、收藏品或具有极高艺术或历史价值的文件来缴纳遗产税"。1973年4月8日，毕加索去世，他的遗产估价超过10亿法郎，包括 1 880 幅绘画，1 335 件雕塑，7 089 幅独立绘制的素描，约 200 本包含近 5 000 幅素描的笔记本，880 件陶瓷和版画样张，以及保存在（或者说堆积在）毕加索各处宅邸中可以绵延 40 米的档案资料。法国国家遗产保护部国际委员会主席莫里斯·艾卡尔迪与毕加索家族协商后，历时五年制定了法国国家收藏清单。法国主管文化的国务秘书米歇尔·居伊提议将位于巴黎玛莱区的私人宅邸萨雷公馆作为藏品的收藏地，该宅邸于 1968 年被列入法国历史遗迹名录。萨雷公馆归巴黎市政府所有，位于巴黎托里尼街 5 号。馆长多米尼克·博佐在罗兰·彭罗斯、皮埃尔·戴克斯、莫里斯·贝塞和让·莱马里等人的帮助下，开始对毕加索的作品进行挑选、清点和归类，这些作品后来成为巴黎毕加索国家博物馆的藏品。1985 年 9 月 28 日，公众终于看到了这些作品中的一部分（包括 203 幅绘画、158 件雕塑、16 幅拼贴画、29 幅浮雕画、88 件陶艺作品、3 000 幅素描，画家个人收藏的艺术品以及数千件插图作品、手稿和个人档案[3]）。将这些奢华的藏品安置在巴黎市中心，不正是外国人蓬勃复兴的最好标志吗？

"向巴勃罗·毕加索致敬"的展览在巴黎大皇宫举办,《亚威农少女》正在布展
马克·里布,1966年,巴黎,照片,巴黎毕加索博物馆

第九节

身为"侨民"的泰斗

在1961年写给亨利·劳吉尔的信中,埃德蒙·米什莱(戴高乐将军的司法部长)称毕加索为"泰斗"。这句话听起来像是炽热的情感,也许是独享的温情,米什莱是不是借此更加强调了法国与毕加索之间新时代的神圣性?这样的神圣性是一种官方的认可,一个即成事实,从某种程度而言,是法兰西第五共和国对艺术家的承认与拥抱,是对他的卓越才华给予应有的尊重。1966年,马尔罗翘首以盼的"向巴勃罗·毕加索致敬"大型展览的图录终于千呼万唤始出来,图录开篇便是展会干事让·莱马里开宗明义的一句话:"毕加索主宰了他的世纪,就像米开朗基罗主宰了他的世纪一样。"[1] 1968年12月,《捐赠法》让本书洋洋洒洒描绘的黑暗四十年得以烟消云散。1973年4月8日,在艺术家毕加索逝世之时,人们对他不吝溢美之词。在最后的高光一刻,法国政府将毕加索的作品融入了自己的历史长河。

弗朗索瓦·哈托格写道,我们与当下的关系"远非千篇一律"。这种关系"根据我们在社会中的不同地位而大相径庭。一方面是一个流通、加速的时代,流动性倍受重视,可以创造价值",另一方面,"则是**不稳定性**[2],是完全减速的当下,没有过去——除了植根于一种复杂的模式(对于移民、流亡者和流离失所者来说更是如此)——也没有未来，（因为）计划的时代并不向他们敞开"[3]。毕加索恰好遇见了这样不稳定的时代，在这样的时代里，法国警察和官方组织认为他是"受到监视的无政府主义者"（1901 年）、"外国人"、"西班牙人"（1932 年）、"从国家角度来看是个非常可疑的人"（1940 年），从而将不稳定的因素施加在他身上。从 20 世纪 60 年代起，随着法国政府对毕加索采取新的态度，毕加索也经历了截然不同的体验，即"身价倍增"的体验。当这些各不相同的体验与他个人联系在一起时，如何才能洞察一切呢？在某些关键时刻，甚至在极为罕见的关键时刻，当害怕遭到驱逐的恐惧心理或是因面对政府机构而导致的脆弱情感再次涌现时，如何才能与不稳定的形势携手共存？身处战争的敌对环境中（1914 年成为仇德心理的附带受害者；1940 年是维希政权统治下的西班牙革命者和"堕落"艺术家），抑或身处两次世界大战之间普通大众的仇外心理起伏不定的年代，如何才能做到游刃有余呢？

16 岁那年，毕加索开始参观普拉多博物馆。有一次，他向自己口中的"画坛翘楚"委拉斯开兹发起了挑战，他不费吹灰之力便临摹了一张委拉斯开兹于 1653 年所作的《菲利普四世画像》。菲利普四世[4]夸张的长脸，下垂的眼球，肥厚松弛的嘴唇，硕大的下巴，以及细密上翘的小胡子，当时这位还很年轻的艺术家信手拈来，画得如鱼得水：他将这位西班牙黄金时代的君主描绘成一个瘫软、苍白、阴险的形象，高高在上，蜷缩在自己的宫廷华袍里。毕加索这版的画风直击人心，远超委拉斯开兹作品里批判讽刺的效果。多年来，毕加索在这个"圣人共融"的特权世界里，继续与往昔时代的大师们——塞尚、埃尔·格列柯、巴尔扎克、贡戈拉、伦勃朗、塞万提斯等古今中外的艺术家与作家，其中以灿烂辉煌的《格尔尼卡》为最甚——直面交流。很多年以后，当毕加索在戛纳"加州别墅"的巨大工作室里埋头工作的头十年间（1954—1963 年），他开启了一段被玛丽-洛尔·贝尔纳达克形容为"艺术史上前所未有的绘画食人主义"的时期，仿佛艺术家在"挑战过去的紧迫感"的驱使下，感到"必须履行一项责任"，感到"有一种遗产有待继承和升华"[5]。

　　毕加索精明强干，技法精湛，他天性欢快，作品层出不穷，他参照其他大师绘制了《阿尔及尔的妇女》[6]《宫娥》[7]《牧神午宴》[8]等同题异构之作，他将其视之为英雄系列，是与德拉克洛瓦、委拉斯开兹、马奈等他真正崇拜的偶像的单独对话。但我们也应该记住，他在对待自己诗作（或更广义来说是他的作品）日期的问题上一丝不苟，在每一页的顶部或底部都贴上如下内容，似乎表明这是他不懈努力的又一个里程碑："1930年10月29日（三）"[9]，"1935年12月7日（一）"[10]，"1936年4月24日"[11]，"58.9.9"[12]。布拉塞认为，"在他作为人类创造者的历史中，赋予他的言行举止以历史价值的一种方式"，以便"在他人之前将他自己的言行举止载入他辉煌无比的人生史册"[13]。也许还应该强调他对保存物品的痴迷，强调他对遗失物品的恐惧，强调他积攒的生活用品，从最琐碎的到最珍贵的（马戏团门票、明信片、用过的地址簿、素描本、信件、艺术品），所有这一切都收录在"毕加索档案：我们保存什么，我们就是什么！"[14]主题展览的图录之中。在此，在法国以外的地方，在朋友的帮助下，毕加索成功构建了许多跨国人脉网，每逢紧要关头，他都能远离那些鄙视他或忽视他的作品的地域限制，从而在自由开放的地区凸显自己的存在。毕加索与母亲之间的书信往来，让他既感亲近又感疏远，这该如何评价呢？而在金钱交易的掩护下，他总是对古旧过时的家庭礼仪避之不及，这又该如何评价呢？

　　昂蒂布格里马尔迪城堡博物馆馆长罗穆阿尔德·多尔·德拉苏歇尔说得没错。他形容毕加索是瓦洛里斯的陶艺家，"举手投足间"颇像那些身为作坊领导的"伟大的雅典侨民"①，不禁让人联想到古希腊最好的陶艺家，如杜里斯、欧弗洛尼奥斯、阿玛西斯和尼科斯特奈斯。杜里斯才华横溢，是无与伦比的绘画大师；欧弗洛尼奥斯技艺娴熟，是一位天生的工匠，勇于创新，善于接受挑战；阿玛西斯机智灵巧，是一位引人注目的细密画家，以其对刻线的完美了解而显得出类拔萃；尼可斯泰尼才干过人，其构思新颖、制作精良，是一位出色的陶器画工。事实上，凭借自身精彩绝妙的工作效率和涉猎广泛的艺术创作，毕加索将上述四位陶艺家融为一体。[15]

但多尔·德拉苏歇尔说得更直截了当。作为一名完美的古希腊研究者，他把毕加索形容为古典时代的"异乡人"，称赞毕加索是一名"侨民"，这是古希腊人使用的中性称谓，没有丝毫贬低之意（将其与"公民"和"外邦人"区分开来），他是一名"迁居者"，从外面来到一个新地方定居，以自己的方式与另一个群体一起生活，并且永远如此。1940年春天，毕加索诚惶诚恐地提出入籍申请，其结果我们已经知晓。在此之后，面对所有高层人士向他提出的成为法国人的好意，他都不屑一顾。至于他的多元文化，无论在公开场合，还是在私下场合，他始终超越"法国"和"外国"之间的简单划分，继续以自己的方式将它们融合在一起——就像杜波依斯一样，拒绝成为一个**被隔离**和**被同化**的对象。他始终选择一条别样的道路，可以说是第三条道路，这一点可以从他美丽的《三面盘》[16]中看出。我从中看到了这些选择的完美寓意。右边是一个典型的侧脸，大概是**公民**的形象。左边有更明显的轮廓，大概是**外国人**。中间则是一副欢乐的面容，宛如一个长着犄角的俏皮恶魔，这可能就是"侨民"的形象。三张面孔融为

---

① 即在雅典生活和工作的外来者，他们不属于雅典公民，但可以参与城邦的经济和社会生活。用这个词形容毕加索，强调他虽然是"异乡人"，但在艺术文化上对当地产生了深远影响，是雅典式的"外来艺术大师"。——编注

一体，构成了一个完美无缺的圆圈，代表毕加索作为一名真正的"大师"，尤其是作为一名"侨民"，一直在漫长岁月里，在五彩天地间不断地穿梭与流转。

598

《三面盘》

巴勃罗·毕加索,1956 年,无釉白陶,马涅利博物馆,陶艺博物馆,瓦洛里斯

注　释

楔子　邂逅"S"级档案

1. Pierre DAIX et Armand ISRAËL, *Pablo Picasso. Dossiers de la préfecture de police (1901 - 1940)*, Lausanne, Acatos, 2003.
2. 《我,毕加索》,巴黎,创作于 1901 年 5 月或 6 月,私人收藏。参见 Laurent LE BON *et al.*, *Picasso. Bleu et rose*, catalogue d'exposition, Paris/Vanves, Musée d'Orsay/Musée national Picasso-Paris/Hazan, 2018, p.351。
3. *Autoportrait*, Paris, hiver 1901, Musée national Picasso-Paris.

第一章　巴黎迷宫：1900—1906 年

1. Alfred SCHÜTZ, *L'Étranger*, Paris, éditions Allia, 2003, p.35, 38; titre original: *The Stranger*, Berlin, Kluwer Akademic Publishers, 1966, 1975.

第一节　蒙马特高地上的加泰罗尼亚人

1. Louis CHEVALIER, *Montmartre du plaisir et du crime*, Paris, Robert Laffont, 1980, p.301.
2. 奥斯曼男爵改造巴黎城后,"新移民和巴黎的普通百姓被迫迁往城市外围"。正是由于移民被迫集中在特定的区域,所以警方重点关注某些街区,并在这些脏乱差的地方实施"外貌检查"。Clifford ROSENBERG, *Policing Paris: The Origins of Modern Immigration Control Between the Wars*, Ithaca, Cornell University Press, 2006, p.28; 也可参阅 Jean BASTIÉ, «La croissance de la banlieue parisienne», dans Alain Faure (dir.), *Les Premiers Banlieusards. Aux origines des banlieues parisiennes (1860 - 1940)*, Paris, Créaphis, 1991, p.213 - 223。

3. Francis Carco, dans Louis CHEVALIER, *Montmartre du plaisir et du crime*, op. cit., p.22.
4. Roland DORGELÈS, *Le Château des brouillards*, Paris, Albin Michel, 1932, p.33.
5. Santiago RUSIÑOL, *Desde el Molino*, Vilafranca del Penedes, Edicions i Propostes Culturals Andana, 2017, p.451 – 452.
6. Marilyn MCCULLY et Malén GUAL (dir.), *Picasso i Reventós: correspondència entre amics*, Paris, Musée national Picasso-Paris/Barcelone, Museu Picasso Barcelona, 2015, p.28, lettre du 25 octobre 1900.
7. Alain FAURE et Claire LÉVY-VROELANT, *Une chambre en ville. Hôtels meublés et garnis à Paris (1860 – 1990)*, Paris, Créaphis, 2007, p.69, 102.
8. Marilyn MCCULLY et Malén GUAL (dir.), *Picasso y los Reventós*, op. cit., p.28.
9. *Ibid.*, p.27.
10. *Ibid.*, p.31, lettre du 11 novembre 1900.
11. *Ibid.*

第二节 自动人行道和"法兰西精神"

1. *Le Temps*, 18 août 1900.
2. *Ibid.*
3. Robert E. PARK, Ernest W. BURGESS et al., *The City: Suggestions for Investigation of Human Behavior in the Urban Environment*, Chicago/Londres, University of Chicago Press, 1967.
4. André HALLAYS, *En flânant à travers l'Exposition de 1900*, Paris, Perrin, 1901, p.6, 9.
5. *Ibid.*, p.15.
6. 他曾在美国、古巴、德国和比利时生活过。
7. Miquel UTRILLO, *La Vanguardia*, n° 14, 15 décembre 1900.
8. Miquel UTRILLO, *Pel i Ploma*, n° 11, 1er novembre 1900.
9. *Ibid.*
10. Émile BERR, «Le dernier banquet», *Le Figaro*, 16 novembre 1900.
11. Vincent DUBOIS, « Le ministère des Arts (1881 – 1882), ou l'institutionnalisation manquée d'une politique artistique républicaine », *Sociétés & Représentations*, vol° 11, n° 1, 2001, p.232.
12. *Ibid.*, p.236.

13. Émile MOLINIER, Roger MARX et Frantz MARCOU, *L'Art français des origines à la fin du XIXe siècle*, Paris, Librairie centrale des beaux-arts/ Émile Lévy éditeur, 1900.

第三节 "驾驶员贝克的车费尚未支付"

1. Archives de la Préfecture de police de Paris (PPP), commissariat de quartier du XVIIIe arrondissement, CB 69 24.
2. 会不会是帕拉莱斯？
3. Archives de la Préfecture de police de Paris (PPP), commissariat de quartier du XVIIIe arrondissement, CB 70 40.
4. Jaime SABARTÉS, *Picasso. Portraits et souvenirs*, Paris, L'École des lettres, 1996, dans Pierre DAIX, *Le Nouveau Dictionnaire Picasso*, Paris, Robert Laffont, coll. «Bouquins», 2012, p.551. Daix cite la première édition de Jaime SABARTÉS, *Picasso. Portraits et souvenirs*, Paris, Louis Carré et Maximilien Vox, 1946.
5. Archives de la Préfecture de police de Paris (PPP), commissariat de quartier du XVIIIe arrondissement, CB 69 24.
6. 参见第一节《蒙马特高地上的加泰罗尼亚人》中的注释10。
7. 毕加索写给华金·巴斯的信，引自 Pierre DAIX, *Le Nouveau Dictionnaire Picasso, op. cit.*, p.95。
8. Circulaire du 25 juin 1907, dans Claire LÉVY-VROELANT, «Un siècle de surveillance des garnis à Versailles: 1830-1930», dans Marie-Claude BLANC-CHALÉARD, Caroline DOUKI et Nicole DYONET (dir.), *Police et migrants*, Rennes, Presses universitaires de Rennes, 2001, p.40.
9. Jean-Marc BERLIÈRE, «La généalogie d'une double tradition policière», dans Pierre BIRNBAUM (dir.), *La France de l'affaire Dreyfus*, Paris, Gallimard, coll. «Bibliothèque des Histoires», 1994, p.198, 217.
10. Ralph SCHOR, *Histoire de l'immigration en France de la fin du XIXe siècle à nos jours*, Paris, Armand Colin, 1996, p.10 et 11.这位历史学家还说："明确的移民计划很常见。移民之间非常帮忙，同一家庭、同一村庄、同一地区的成员得以团结在一起。新移民往往是被他们已经在法国定居的父母或同胞喊到法国的，这些父母或同胞已经为这些新移民找好了工作和住宿。有时，移民计划的推动是在长辈们的期待中……许多年轻人结伴踏上了移民之旅。"
11. Marilyn MCCULLY, *Picasso: The Early Years 1892-1906*, Washington, D.C., National Gallery of Art/New Haven, Yale University Press, p.222, note 3.

第四节　菲诺、富勒尔、博尼布斯和吉罗弗莱，警长鲁基耶的线人

1. Archives de la Préfecture de police de Paris, dossiers de naturalisation d'étrangers célèbres, IC 5, dans Pierre DAIX et Armand ISRAËL, *Pablo Picasso. Dossiers de la préfecture de police (1901 – 1940)*, *op. cit.*, p.47.
2. Archives nationales (AN), F/7/12723.
3. Archives nationales (AN), F/7/12723.
4. Jaime SABARTES, *Picasso. Portraits et Souvenirs*, *op. cit.*, p.106
5. Archives de la Préfecture de police de Paris (PPP), affaires liées à l'anarchisme, menées anarchistes (1899 – 1901), BA 1498.
6. Jaime SABARTÉS, *Picasso. op. cit.*, p.106.
7. Archives de la Préfecture de police de Paris (PPP), affaires liées à l'anarchisme, menées anarchistes (1899 – 1901), BA 1498.
8. Jaime SABARTÉS, *Picasso, op. cit.*, p.107.
9. 参见国际无政府主义研究中心的玛丽安娜·恩克尔对维维安·布惠著作的评述，Vivien BOUHEY, *Les Anarchistes contre la République. Contribution à l'histoire des réseaux sous la Troisième République (1880 – 1914)*, Rennes, Presses universitaires de Rennes, 2008。
10. Gustave COQUIOT, «La vie artistique», *Le Journal*, 17 juin 1901.
11. 1898年莫里斯·巴雷斯在法国南锡发表的演讲。
12. Archives de la Préfecture de police de Paris (PPP), dossiers de naturalisation d'étrangers célébres, IC 5, dans Pierre DAIX et Armand ISRAËL, *op. cit.*, p.44.
13. *Ibid.*, p.47.
14. Gérard NOIRIEL, «Français et étrangers», dans Pierre NORA (dir.), *Les Lieux de mémoire*, Paris, Gallimard, 1992, tome III, p.275 – 292.
15. Louis CHEVALIER, *Montmartre du plaisir et du crime, op. cit.*, p.210.
16. 关于戴维·雷纳尔的情况，参见Pierre BIRNBAUM, *Les Fous de la République. Histoire politique des Juifs d'État, de Gambetta à Vichy*, Paris, Fayard, 1992。
17. Archives nationales de France (AN), F/7/12723, *Journal officiel*, Chambre des députés, séance du samedi 27 janvier 1894.
18. Jean-Paul SARTRE, «Qu'est-ce que la littérature?», *Les Temps modernes*, 1947, repris dans Jean-Paul SARTRE, *Situations, II. Littérature et engagement*, Paris, Gallimard, 1948, p.158 – 159.

第五节　无政府主义者的"神秘氛围"

1. Archives nationales (AN), F/7/12723.

2. Archives nationales (AN), F/7/12512.
3. Archives nationales (AN), F/7/12723.
4. «Du calme!», *L'Intransigeant*, 27 juin 1894.
5. Archives nationales (AN), F/7/12723.
6. *La Justice*, 23 mai 1894.
7. «Du calme!», art. cit.
8. Jean-Marie DOMENACH, *Barrès par lui-même*, Paris, Seuil, 1969, p.133.
9. Gérard NOIRIEL, *Le Creuset français. Histoire de l'immigration (XIXe – XXe siècle)*, Paris, Seuil, 2006, p.IX.
10. Patrick WEIL, *La France et ses étrangers*, Paris, Calmann-Lévy, 1991, p.24.
11. Caroline DOUKI, «Identification des migrants et protection nationale», dans Marie-Claude BLANC-CHALÉARD, Caroline DOUKI et Nicole DYONET (dir.), *Police et migrants, op. cit.*, p.107–113.
12. *Ibid.*, p.91–104.
13. *Ibid.*
14. *Ibid.*, p.107–113.
15. Gérard NOIRIEL, *Le Massacre des Italiens. Aigues-Mortes, 17 août 1893*, Paris, Fayard, 2010.
16. Ralph SCHOR, *Histoire de l'immigration en France de la fin du XIXe siècle à nos jours*, Paris, *op. cit.*, p.13.
17. Vincent DUCLERT, «1896 – 1906: histoire d'un événement», dans Vincent DUCLERT et Perrine SIMON-NAHUM (dir.), *Les Événements fondateurs. L'affaire Dreyfus*, Paris, Armand Colin, 2006, p.33.
18. Archives nationales (AN), F/7/12504; voir aussi Marie-Josèphe DHAVERNAS, «La surveillance des anarchistes individualistes (1894 – 1914)», dans Philippe VIGIER (dir.), *Maintien de l'ordre et polices en France et en Europe au XIXe siècle*, Paris, Créaphis, 1987, p.348.
19. Archives nationales (AN), F/7/12723.
20. *La Plume*, repris dans Guillaume APOLLINAIRE, *Les Peintres artistes. Méditations esthétiques*, Paris, Eugène Figuière & Cie, 1913.
21. 参见玛丽安娜·阿马尔（历史学家，法国国家移民历史博物馆常设展厅翻修工作联合策划人兼研究负责人）撰写的文章。Marianne AMAR, dans «Les populations qui ont fait la France», *Les Collections de L'Histoire*, n° 88, juillet-septembre 2020.

第六节 《坐在桌旁的盲人》

1. Hélène SECKEL, Emmanuelle CHEVRIÈRE et Hélène HENRY (dir.), *Max Jacob et Picasso*, Paris, RMN, 1994, p.23, lettre du 6 août 1903.
2. *Ibid.*, p.12-13, *Étude de Chiromancie*, 1902, Museu Picasso Barcelona.
3. "我认识毕加索。他跟我说,我是名诗人。这是继上帝存在之后,我生命中得到的最重要的启示。"1931年他在一封寄给友人的信中写道。参见对马克斯·雅各布友协主席帕特里夏·苏斯特拉克的采访。
4. 这些笔记可以追溯到1935年,当时马克斯·雅各布决定举办系列讲座,并编写一本关于毕加索和阿波利奈尔的书。
5. 对于理查森和麦卡利来说,确切日期是1902年7月(参见 *Vie de Picasso*, tome I, Paris, Éditions du Chêne, p.9)。
6. Saint AUGUSTIN, *Les Confessions*, livre dixième, chapitre XL, Paris, Flammarion, 1999, p.248.
7. Hélène SECKEL, Emmanuelle CHEVRIÈRE ET Hélène HENRY (dir.), *Max Jacob et Picasso, op. cit.*, p.18, lettre de Picasso à Max Jacob du 1er mai 1903.
8. Alexis NOUSS, *La Condition de l'exilé. Penser les migrations contemporaines*, Paris, Maison des sciences de l'homme, 2015.
9. Hélène SECKEL, Emmanuelle CHEVRIÈRE ET Hélène HENRY (dir.), *Max Jacob et Picasso, op. cit.*, lettre du 29 août 1903.
10. *Ibid.*, lettre de mars 1903.
11. *Ibid.*, lettre du 1er mai 1903.
12. *Ibid.*, p.23, lettre du 6 août 1903.
13. *Ibid.*
14. *Ibid.*
15. *Ibid.*, lettre du 28 septembre 1903.
16. *Ibid.*, lettre de l'été 1903.
17. *Ibid.*, p.27, lettre du 19 mars 1903.
18. Nels ANDERSON, *The Hobo: The Sociology of the Homeless Man*, Chicago, University of Chicago Press, 1923.
19. Alain FAURE et Claire LÉVY-VROELANT, *Une chambre en ville, op. cit.*, p.313.
20. Archives du Musée national Picasso-Paris (MnPP), Don Succession Picasso, 1992, Archives personnelles Pablo Picasso, 515AP/C/66/, 1er janvier 1903.
21. Hélène SECKEL, Emmanuelle CHEVRIÈRE et Hélène HENRY (dir.), *Max Jacob et Picasso, op. cit.*, p.20, lettre datant probablement de l'été

1903.
22. *Ibid.*, p.27, lettre du 31 mars 1904.
23. *Ibid.*, lettre du 3 avril 1904.
24. *Ibid.*
25. *Ibid.*, p.XXII, lettre du 23 décembre 1936.
26. Josep PALAU I FABRE, *Picasso vivant*, Barcelone, Polígrafa, 1980, p.226.
27. *Ibid.*, p.375.
28. Hélène SECKEL, Emmanuelle CHEVRIÈRE et Hélène HENRY (dir.), *Max Jacob et Picasso, op. cit.*, p.295-297.
29. Selon la belle formule d'Hélène Klein, *ibid.*, p.XXV.
30. *Ibid.*, p.23, lettre du 6 août 1903.

第七节　徘徊在旅馆、洗涤船和陋室之间

1. Archives de la Préfecture de police de Paris (PPP), dossiers de naturalisation d'étrangers célèbres, IC 5, rapport du 24 mai 1905, dans Pierre DAIX et Armand ISRAËL, *op. cit.*
2. Fernande OLIVIER, *Picasso et ses amis*, Paris, Pygmalion, 2001, p.26.
3. Archives de Paris (ADP), calepin des propriétés bâties, ADP, D1P4 4298.
4. *Ibid.*
5. Fernande OLIVIER, *Souvenirs intimes. Écrits pour Picasso*, Paris, Calmann-Lévy, 1988, p.114.
6. Claire LÉVY-VROELANT, «Le logement des migrants en France du milieu du XIXe siècle à nos jours», *Historiens et géographes*, n° 385, janvier 2004, p.147-165.
7. *Ibid.*, partie «Inventaire des types de logement des migrants», p.155.
8. Ministère français de la Culture, Archives des Monuments historiques, PA00086734.
9. Archives de la Préfecture de police de Paris (PPP), dossiers de naturalisation d'étrangers célèbres, IC 5, rapport du 24 mai 1905, dans Pierre DAIX et Armand ISRAËL, *op. cit.*, p.51.
10. Abdelmalek SAYAD, *L'Immigration ou les Paradoxes de l'altérité*, tome I, *L'Illusion du provisoire*, Paris, Raisons d'agir, 2006, p.95.
11. 《卖艺人家》现由美国华盛顿国家美术馆收藏。
12. "毕加索总是对拉维尼昂街念念不忘。我记得在大奥古斯汀街时，他一边指着天花板，一边对我说：'瞧，这就是拉维尼昂街，和拉维尼

昂街一模一样。'他在这里基本上重现了拉维尼昂街的种种细节，重现了它的混乱不堪以及随之而来的一切。"
13. *Ibid.*，p.51.
14. *Le Monde*，31 août 2005.

第八节 "玛利亚的来信"，宝贝儿子的慈祥母亲
1. Archives du Musée national Picasso-Paris（MnPP），Don Succession Picasso, 1992, Archives personnelles Pablo Picasso, 515AP/C/dossier réservé/11 août 1904.
2. 皮埃罗·欧仁的准确职务是"藏品材料和技术管理专员"。
3. Archives du Musée national Picasso-Paris（MnPP），Don Succession Picasso, 1992, Archives personnelles Pablo Picasso, 515AP/C/dossier réservé/11 août 1904.
4. Archives du Musée national Picasso-Paris（MnPP），Don Succession Picasso, 1992, Archives personnelles Pablo Picasso, 515AP/C/dossier réservé/1er mars 1905.
5. 这里的玛利亚指的是生活在马拉加的毕加索的表妹。
6. Archives du Musée national Picasso-Paris（MnPP），Don Succession Picasso, 1992, Archives personnelles Pablo Picasso, 515AP/C/dossier réservé/27 janvier 1906.
7. Archives du Musée national Picasso-Paris（MnPP），Don Succession Picasso, 1992, Archives personnelles Pablo Picasso, 515AP/C/dossier réservé/29 septembre 1906.
8. Archives du Musée national Picasso-Paris（MnPP），Don Succession Picasso, 1992, Archives personnelles Pablo Picasso, 515AP/C/dossier réservé/18 mars 1907.
9. Cécile DAUPHIN et Danièle POUBLAN, «L'éloignement rapproche. Rhétorique de l'espace et du temps dans une correspondance familiale au XIXe siècle», dans Jean-François CHAUVARD et Christine LEBEAU (dir.), *Éloignement géographique et cohésion familiale*, Strasbourg, Presses universitaires de Strasbourg, 2006, p.153–178.

第九节 蒙马特的酒吧和美丽城的流氓
1. Archives du Musée national Picasso-Paris（MnPP），Don Succession Picasso, 1992, Archives personnelles Pablo Picasso, 515AP/C/dossier réservé/12 mai 1910.
2. *Journal officiel*, Débats, 13 juin 1911, p.662.

3. Henry FOUQUIER, «Les Apaches», *Le Matin*, 2 octobre 1907.
4. Dominique KALIFA, *L'Encre et le Sang*, Paris, Fayard, 1995, p.116.
5. Archives du Musée national Picasso-Paris (MnPP), Don Succession Picasso, 1992, Archives personnelles Pablo Picasso, 515AP/C/dossier réservé/s.d.
6. 需要指出的是，从1900年开始，在20世纪的头20年间，警察对移民的控制不断加强。尽管从官僚层面来看，这种控制主要是为了实施"没有法律依据的行政举措"。参见Clifford ROSENBERG, *Policing Paris, op. cit.*, p.26。这种"偏差"可以比作福柯所说的从主权权力向"政府性"和纪律制度的过渡。参见Michel FOUCAULT, *Sécurité, territoire, population. Cours au Collège de France [1977 – 1978]*, Paris, Seuil, 2004; Michel FOUCAULT, *Naissance de la biopolitique. Cours au Collège de France*, Paris, Seuil, 2004。
7. Archives du Musée national Picasso-Paris (MnPP), Don Succession Picasso, 1992, Archives personnelles Pablo Picasso, 515AP/A/.
8. Ardengo SOFFICI, *Ricordi di vita artistica e letteraria*, Florence, Vallechi, 1942, p.365 – 366.
9. Roland DORGELÈS, *Le Château des brouillards, op. cit.*, p.13.
10. *Le Matin*, 28 juillet 1900, p.4.
11. Jean-Marc BERLIÈRE, «Les brigades du Tigre», dans Marc-Olivier BARUCH et Vincent DUCLERT (dir.), *Serviteurs de l'État. Une histoire politique de l'administration française (1875 – 1945)*, Paris, La Découverte, 2000, p.316.

第十节 "任何随母姓的人，都是注定要失败的……"

1. Archives du Musée national Picasso-Paris (MnPP), Don Succession Picasso, 1992, Archives personnelles Pablo Picasso, 515AP/C/dossier réservé/20 [??] 1912.
2. Archives nationales (AN), Surveillance des anarchistes antimilitaristes, F/7/12722.
3. Archives du Musée national Picasso-Paris (MnPP), Don Succession Picasso, 1992, Archives personnelles Pablo Picasso, 515AP/C/dossier réservé/8 février 1909.
4. Archives du Musée national Picasso-Paris (MnPP), Don Succession Picasso, 1992, Archives personnelles Pablo Picasso, 515AP/C/dossier réservé/1er janvier 1908.
5. Archives du Musée national Picasso-Paris (MnPP), Don Succession

Picasso, 1992, Archives personnelles Pablo Picasso, 515AP/C/dossier réservé/s.d.
6. Archives du Musée national Picasso-Paris（MnPP）, Don Succession Picasso, 1992, Archives personnelles Pablo Picasso, 515AP/C/dossier réservé/10 décembre 1908.
7. Archives du Musée national Picasso-Paris（MnPP）, Don Succession Picasso, 1992, Archives personnelles Pablo Picasso, 515AP/C/dossier réservé/2 juillet 1909.
8. Archives du Musée national Picasso-Paris（MnPP）, Don Succession Picasso, 1992, Archives personnelles Pablo Picasso, 515AP/C/dossier réservé/18 mars 1907.
9. Archives du Musée national Picasso-Paris（MnPP）, Don Succession Picasso, 1992, Archives personnelles Pablo Picasso, 515AP/C/dossier réservé/10 décembre 1908.
10. Archives du Musée national Picasso-Paris（MnPP）, Don Succession Picasso, 1992, Archives personnelles Pablo Picasso, 515AP/C/dossier réservé/27 avril 1912.
11. Archives du Musée national Picasso-Paris（MnPP）, Don Succession Picasso, 1992, Archives personnelles Pablo Picasso, 515AP/C/dossier réservé/20 [？？] 1912.
12. Archives du Musée national Picasso-Paris（MnPP）, Don Succession Picasso, 1992, Archives personnelles Pablo Picasso, 515AP/C/dossier réservé/27 avril 1912.
13. Gabriel MARTINEZ-GROS, *Ibn Khaldûn et les sept vies de l'islam*, Arles, Actes Sud, p.264.
14. 在一群加泰罗尼亚前辈中，对毕加索影响最大的当属诺内尔。"他是我的好友……一位真正的艺术家，一位伟大的艺术家……他英年早逝，真是一场灾难。"毕加索这样评价他。1896年，诺内尔前往博伊山谷（加泰罗尼亚比利牛斯山脉的一个地形险要的偏远地区）工作，并带回了描绘克汀病病人的作品，作品中的人物形象令人恐惧。这对毕加索后来创作的圣拉扎尔医院的妓女作品产生了影响。参见 Juan José LAHUERTA, «On Futility of Comparisons. Notes on Picasso, Bohemian Barbarism and Mediaeval Art», dans Juan José LAHUERTA et Émilia PHILIPPOT（dir.）, *Romanesque Picasso*, Barcelone/Paris, Museu Nacional d'Art de Catalunya/Tenov Books, Musćc national Picasso-Paris, 2016, p.34－95。
15. Arnold VAN GENNEP, *Les Rites de passage. Étude systématique des rites*

de la porte et du seuil et de l'hospitalité, Paris, Émile Nourry, 1909, p.726; Didier FASSIN et Sarah MAZOUZ, «Qu'est-ce que devenir français? La naturalisation comme rite d'institution républicain», *Revue française de sociologie*, vol.48, n° 4, 2007, p.723 - 750.
16. 阿扬·阿帕杜赖在自己的著作中进一步阐释了这一概念：*Modernity at Large: Cultural Dimensions of Globalization*, Minneapolis, University of Minnesota Press, 1996.

第十一节 和街头艺人在一起，和"在世最伟大的诗人"在一起

1. Guillaume APOLLINAIRE, *Le Poète assassiné*, Paris, Gallimard, 1947.
2. Gustave FLAUBERT, *Correspondance*, Paris, Gallimard, coll. «Bibliothèque de la Pléiade», tome V, 2007, p.653 - 654, lettre du 12 juin 1867.
3. 毕加索告诉帕劳·伊·法布尔，1904 年底在香榭丽舍大道上的一群流动杂耍艺人"触动他决定把这些人物画进他的作品里"。(Josep PALAU I FABRE, *Picasso vivant, op. cit.*, p.398, dans Peter READ, *Picasso et Apollinaire. Les métamorphoses de la mémoire [1905 - 1973]*, Paris, Jean-Michel Place, 1995, p.45.)
4. 这是美国华盛顿国家美术馆收藏的一幅草图，以《马戏团一家和一只猴子》为名展出，并不是格特鲁德·斯泰因收藏的那幅画。
5. 请注意这里的法文文献中提到毕加索对意大利即兴喜剧等艺术流派的引用，以及他借鉴多种来源的倾向。
6. Laurence MADELINE (dir.), *Les Archives de Picasso. «On est ce que l'on garde!»*, Paris, RMN, 2003, p.188 - 189.
7. 需要指出的是，塞鲁里耶画廊也曾展出过家具（当时被认为是小众展品）。
8. John RICHARDSON, *A Life of Picasso*, tome I, 1881 - 1906, New York, Random House, 1999, p.328.
9. Selon la formule de Michel Décaudin dans sa préface à Guillaume APOLLINAIRE, *Le Poète assassiné*, Paris, Gallimard, coll. «Poésie», 1947, p.8.
10. Max JACOB, *Les Lettres françaises*, 22 - 28 octobre 1964.
11. Guillaume APOLLINAIRE, *Œuvres complètes*, Paris, Gallimard, 1984, tome IV, p.895, lettre à Raimondi du 29 février 1918.
12. Pour ce chapitre, voir les travaux de Maurice RAYNAL, *Picasso*, Paris, G. Crès, 1922, et de Peter READ, *Picasso et Apollinaire, op. cit.*
13. 讽刺画是一种"突出画中人物缺点的肖像画，但还没有达到漫画那种程度"。

14. 根据波德莱尔在此之前 60 年提出的对漫画的描述。参见 Charles BAUDELAIRE, «De l'essence du rire et généralement du comique dans les arts plastiques» [1855], repris dans Charles BAUDELAIRE, *Curiosités esthétiques*, éd. par H. Lemaître, Paris, Garnier, 1986, p.241 – 263。
15. Guillaume APOLLINAIRE, «L'esprit nouveau et les poètes» (1917), dans *Œuvres en prose complètes*, Paris, Gallimard, 1991, tome II, p.944 – 945.
16. Guillaume APOLLINAIRE, «Art et curiosité, les commencements du cubisme», *Le Temps*, 16 septembre 1912, repris dans *id., Œuvres en prose complètes, op. cit.*, tome II, p.1515.
17. Guillaume APOLLINAIRE, *La Plume*, 15 mai 1905, repris dans *Chroniques d'art, op. cit.*, p.35 et 38.
18. Guillaume APOLLINAIRE, *Le Poète assassiné*, chapitre X, Paris, Gallimard, coll. «Poésie», 1947, p.62 – 68.
19. Peter READ, *Picasso et Apollinaire, op. cit.*, p.44.
20. Connu aujourd'hui sous le titre *Family of Saltimbanques*.
21. Guillaume APOLLINAIRE, «Saltimbanques», dans *Alcools*, Paris, Gallimard, coll. «Poésie», 1920, p.68.
22. 对于辨认画中人物，请参见 Peter READ, *Picasso et Apollinaire, op. cit.*, et Elmer Arthur CARMEAN Jr., *Picasso: The Saltimbanques*, Washington, D.C., National Gallery of Art, 1980。
23. Hélène SECKEL, Emmanuelle CHEVRIÈRE et Hélène HENRY (dir.), *Max Jacob et Picasso, op. cit.*, p.23, lettre du 6 août 1903.
24. 这些人物就像油画名所示的那样，都是"卖艺人家"吗？在此之前，这幅画一直被称作《街头艺人》，但当它被卖给美国收藏家切斯特·戴尔后，由于他的妻子莫德略通法语，于是把它改名为《卖艺人家》（法语名为 *Famille des saltimbanques* [原文如此]）。尽管更改过的法语名里有语法错误，但《卖艺人家》这个名字却一直沿用至今。
25. Voir aussi Yve-Alain BOIS, «Picasso the Trickster», *Cahiers du Mnam*, n° 106, hiver 2008 – 2009; Theodore REFF, «Harlequins, Saltimbanques, Clowns and Fools», *Art Forum*, 10 octobre 1971, p.30 – 43.
26. «I like most what I do not understand at first.»
27. Michel FOUCAULT, *Le Corps utopique*, suivi de *Les Hétérotopies*, Paris, Nouvelles éditions Lignes, 2009, p.23.
28. *Ibid.*, p.25.
29. *Ibid.*, p.30.
30. 通过这种风景中的群体构图，毕加索首次直面透视法。这是埃米莉亚·菲利普特向我提供的线索，很有意义。

31. Rainer Maria RILKE, « Die fünfte Elegie », dans *Duineser Elegien*, Leipzig, Insel Verlag, 1923, p.20, lignes 1 – 3.

第十二节　一则有关面纱和扇子的故事

1. Archives du Musée national Picasso-Paris (MnPP), Don Succession Picasso, 1992, Archives personnelles Pablo Picasso, 515AP/C/dossier réservé/1er novembre 1905.
2. Pierre DAIX, *Picasso*, Paris, Fayard, coll. «Pluriel», 2014, p.92 – 93.
3. 毕加索致信利奥·斯泰因（1906 年 4 月）："我亲爱的斯泰因，下周一我们会去你家看高更的画，然后再共进午餐。"（参见 Gertrude STEIN et Pablo PICASSO, *Correspondance*, éd. par L. Madeline, Paris, Gallimard, 2005, p.31。）
4. Pierre DAIX, *Picasso et Matisse revisités*, Lausanne, Ides et Calendes, 2002, p.30.
5. Irene GORDON, «A World Beyond the World: The Discovery of Leo Stein», dans Margaret POTTER *et al.*, *Four Americans in Paris*, New York, MoMA, 1970, p.27, lettre de Leo Stein à Mabel Foote Weeks du 29 novembre 1905.
6. *Ibid.*
7. Gertrude STEIN et Pablo PICASSO, *Correspondance*, éd. cit., p.37, lettre du 11 août 1906.
8. *Ibid.*, p.41, lettre du 4 février 1907.
9. *Ibid.*, p.25.
10. *Ibid.*, p.31, lettre de Picasso à Leo Stein de 1905 ou 1906 (?).
11. Archives du Musée national Picasso-Paris (MnPP), Don Succession Picasso, 1992, Archives personnelles Pablo Picasso, 515AP/C/164/mars 1906.
12. Gertrude STEIN, *Autobiography of Alice B. Toklas*, New York, Harcourt, 1933, p.60, dans Gertrude STEIN et Pablo PICASSO, *Correspondance*, éd. cit., p.31.
13. Pierre DAIX, *Picasso et Matisse revisités, op. cit.*, p.30 – 39.

第十三节　"海拔几百万米"……戈索尔村!

1. Fernand BRAUDEL, «Ordre social et politique, économie monétaire», dans *La Méditerranée et le monde méditerranéen à l'époque de Philippe II*, Paris, Armand Colin, 1982, tome I, p.30.
2. 人类学家维克多·特纳在《戏剧、领域和隐喻：人类社会中的象征性行动》（Victor TURNER dans *Dramas, Fields and Metaphors: Symbolic Action in Human Society*, Ithaca/Londres, Cornell University Press, 1974, p.201‐202）中如此定义"共同体"（Communitas）："我把这种社会关系定义为'共同体'——我是从保罗·古德曼（Paul Goodman）那里借用了该词的表述，但没有借用该词的含义——并将其与社区概念区分开来，后者指的是地理区域……。共同体是平等个体之间的社会关系体系，不具有结构属性……，可以称之为反结构……共同体倾向于普遍主义和开放性……就其起源和基本趋势而言，共同体具有普遍性特征……它仍然是开放的、普遍的，既是培养潜在虔诚者的摇篮，也可以将个人直接从日常必需品和义务中解放出来。"彼得·萨林斯（Peter Sahlins）描述了17世纪和18世纪阿列日（与法国加泰罗尼亚接壤的一个地区）的某些村庄是如何通过狂欢节和游街来"演绎"社区意识的。这些活动以一种"颠覆性语言"的形式出现，其目的是"颠覆既定的政治秩序，以抵制官方当局的干涉"（Peter SAHLINS, *Forest Rites: The War of the Demoiselles in Nineteenth-Century France*, Cambridge, Harvard University Press, 1994, p.92）。

3. Jèssica JAQUES PI, *Picasso en Gósol, 1906: Un verano para la modernidad, Barcelone*, Machado Libros, La balsa de la Medusa, 2006, p.17.

4. 杰西卡·雅克·皮把毕加索的作品划分成三个美学阶段（她将其分为自然主义、古典主义、原始主义），并展示了戈索尔体验的独特性，阐释了对断裂时期的观点：从文艺复兴时期到19世纪末各种印象派的传统时期与他自己所主动开创的现代性之间的断裂。她介绍的内容既有系统研究，又有地方调研，后来还发表过一篇文章，通过强有力的论据，论证塞尚的系统影响无处不在。

5. Pablo PICASSO, *Carnet catalan* (été 1906), Paris, Berggruen, 1976 (500 exemplaires), notations de Douglas Cooper, commenté par Josep Palau I Fabre; voir aussi Jèssica JAQUES PI, *Picasso en Gósol, 1906, op. cit.*

6. *Ibid.*, p.33.

7. *Ibid.*

8. *Ibid.*, p.32.

9. 这种认识论方法类似于萨特在1939年对自己的描述："我的每一种'理论'都是一种征服和占有行为。在我看来，只要到最后把它们首尾相连，我就能独自征服整个世界。"（Jean-Paul SARTRE, *Carnets de la drôle de guerre*, Paris, Gallimard, 1982, p.282‐283）。在此，我们不妨将艺术领域的毕加索机制与哲学领域的萨特机制这两个宏大机制做个比较（这一点将贯穿本书始终）。

10. Jèssica JAQUES PI, *Picasso en Gósol, 1906, op. cit.*, p.124, *Carnet catalan*, 2 R°.
11. Pablo PICASSO, *Carnet catalan, op. cit.*, p.20.
12. *Ibid.*, p.15.
13. 根据皮埃尔·戴克斯的说法，自 1901 年毕加索的画展之后，安布鲁瓦兹·沃拉尔就"忽视"了毕加索，但斯坦因家族对毕加索新作品的兴趣显然让他猛然醒悟，于是他"冲到洗涤船工作室，以 2 000 金法郎的价格抢到了 27 幅画"（Pierre DAIX, *Picasso, op. cit.*, p.97）。
14. Teresa CAMPS et Susanna PORTELL (dir.), *Les Cartes de l'Escultor Enric Casanovas*, Barcelone, Publicacions i Editions de la Universitat de Barcelona, 2015, p.150, lettre du 27 juin 1906.
15. *Ibid.*, p.151－153.这份文献推测这封信的日期为 1906 年 8 月 13 日，但我们认为这封信的日期应为 1906 年 7 月 17 日，因为在 1906 年 8 月 11 日星期天，毕加索告诉利奥·斯泰因："我们已经在这里待了三个星期了"（Gertrude STEIN et Pablo PICASSO, *Correspondance*, éd. cit., p.37）。
16. Pablo PICASSO et Guillaume APOLLINAIRE, *Correspondance*, éd. par P.Caizergues et H. Seckel, Paris, Gallimard, coll. «Art et artistes»/RMN, 1992, p.52－53.
17. Fernande OLIVIER, *Picasso et ses amis, op. cit.*, 2001, p.116.
18. Fernand BRAUDEL, *La Méditerranée et le monde méditerranéen au temps de Philippe II, op. cit.*, tome I, p.30.
19. Pablo PICASSO et Guillaume APOLLINAIRE, éd. cit., p.39－41.
20. Gertrude STEIN et Pablo PICASSO, *Correspondance*, éd. par Laurence MADELINE, Paris, Gallimard, 2005, p.34.

第十四节 "一位男高音，唱出的音高比乐谱上的还要高：我！"

1. *Carnet catalan, op. cit.*, p.27.
2. Peter SAHLINS, *Frontières et identités nationales. La France et l'Espagne dans les Pyrénées depuis le XVIIe siècle*, Paris, Belin, 1996, p.6; titre original: *Unnaturally French: Foreign Citizens in the Old Regime and After*, Berkeley, University of California Press, 1989.
3. *Ibid.*, p.28.
4. *Ibid.*
5. Laurence BERTRAND DORLÉAC, «Le *Verre* de Picasso», dans

Emmanuel GUIGON *et al.* (dir.), *La Cuisine de Picasso*, Barcelone, La Fabrica, 2018.通过分析《苦艾酒杯》(1914 年),劳伦斯・贝特朗・多雷亚克证实毕加索与城市边缘人群(1904—1914 年)确实存在文化共鸣。

6. Jean-Marc BERLIÈRE, «Les brigades du Tigre», art. cit., p.313‑323.
7. Laurence FONTAINE, *Histoire du colportage en Europe (XVe ‑ XIXe siècle)*, Paris, Albin Michel, 1993, p.19.
8. 根据 2018 年 9 月 4 日杰西卡・雅克・皮与作者在巴黎的访谈。
9. Francisco COMIN, «Contrebande et fraude fiscale en Espagne», dans Gérard BÉAUR, Hubert BONIN et Claire LEMERCIER (dir.), *Fraude, contrefaçon et contrebande de l'Antiquité à nos jours*, Paris, Droz, 2006, p.145‑163.
10. Emmanuel GRÉGOIRE, «Les chemins de la contrebande: études sur des réseaux commerciaux en pays hausa», *Cahiers d'études africaines*, n° 24, 1991, p.509‑532.
11. "波"(Pau)是"巴勃罗"(Pablo)的加泰罗尼亚语翻译。
12. Teresa CAMPS et Susanna PORTELL (dir.), *Les Cartes de l'Escultor Enric Casanovas, op. cit.*, p.151‑152,1906 年 6 月 27 日至 8 月 13 日期间寄给恩里克・卡萨诺瓦斯的明信片。衷心感谢杰西卡・雅克・皮让我获得本文献。
13. "……以行政、法理、档案为标志,具有难以厘清的沉重影响,也就是说,是拥有办公室、职业、计算表、秩序的有序社会,是拥有会计记录的社会,其中的社会契约就是一种妥协"(Roger CAILLOIS, *Les Jeux et les Hommes. Le masque et le vertige*, Paris, Gallimard, 1958, p.131)。
14. "……在这样的社会里,盛行的是面具与占有、拟像与眩晕、哑剧与狂喜,而强度则是维系集体生活的关键"(同上)。
15. "……主持对契约的遵守,精确、平衡、细致、保守,严格而机械地保证着规范、法律和规律性,其行为通过公正执法……与'竞争意识'所必须的忠诚形式和传统形式联系在一起"(同上)。
16. Peter SAHLINS, *Boundaries: The Making of France and Spain in the Pyrenees*, Berkeley, University of California Press, 1989, p.288.
17. David A. BELL, *The Cult of the Nation in France: Inventing Nationalism 1680‑1800*, Cambridge, Harvard University Press, 2001.
18. Georges Dumézil, dans Roger CAILLOIS, *Les Jeux et les Hommes, op. cit.*, p.155.
19. Fernand BRAUDEL, *La Méditerranée et le monde méditerranéen au temps*

de Philippe II, op. cit., tome II, p.35.
20. Gertrude STEIN et Pablo PICASSO, *Correspondance*, éd. cit., p. 34, lettre du «début de l'été 1906», comme le signale l'éditeur.
21. Teresa CAMPS et Susanna PORTELL (dir.), *Les Cartes de l'Escultor Enric Casanovas, op. cit.*, p.150, lettre du 27 juin 1906.
22. Telle est la thèse de Jèssica JAQUES PI, «When Pablo Picasso *was Pau de Gósol* or the Birth of Cézanne's Grandson», à paraître dans *Ojo, le journal*, www.picasso.fr, en juin 2021.
23. Jèssica JAQUES PI, *Picasso en Gósol, 1906, op. cit.*, p.68-69.
24. *Ibid.*, p.105.
25. Fernand BRAUDEL, *La Méditerranée et le monde méditerranéen à l'époque de Philippe II, op. cit.*, tome II, p.153-154.
26. Gerard BIDEGAIN (auteur, metteur en scène), *L'Afinador*, avec Laia Vidal, soprano, Jordi Vmos, baryton, Alicia Daufi, piano, 2018.衷心感谢拉伊娅·维达尔对本文献提供的帮助。

第十五节　60名国家元首造访"洗涤船"工作室

1. 指当时在街上游荡的妓女。
2. David LEVERING LEWIS, *W.E.B. Du Bois: Biography of a Race*, New York, Henry Holt & Company, 1993, p.247.
3. 后来，即使他们参加了仅吸引到当地观众的亚特兰大（1895年）和纳什维尔（1897年）的展览，其影响力也远低于巴黎的世界博览会。参见 Eugene PROVENZO Jr., *W. E. B. Du Bois's Exhibit of American Negroes: African Americans at the Beginning of the Twentieth Century*, Plymouth, Rowman and Littlefield, 2013; Jeremy I. ADELMAN et Kate REED, *Earth Hunger: Global Integration and the Need for Strangers*, Princeton, Princeton University Press, 2021。
4. David LEVERING LEWIS, *W.E.B. Du Bois, op. cit.*, p.248.
5. Sarah FRIOUX-SALGAS, «Paris 1900. Une autre Amérique à l'Exposition universelle», dans Daniel SOUTIF (dir.), *The Color Line. Les artistes africains-américains et la ségrégation (1865-2016)*, catalogue d'exposition, Paris, Flammarion/Musée du Quai-Branly, 2016.
6. David LEVERING LEWIS, *W.E.B. Du Bois, op. cit.*, p.250.
7. 该书取得了巨大成功，到2003年出版一百周年之际，已经发行了190多版。
8. W.E.B. DU BOIS, *The Souls of Black Folk*, Chicago, A. C. McClurg & Company, 1903; Boston, Bedford Books, 1998; traduction française: *Les*

Âmes du peuple noir, Paris, Éditions Rue d'Ulm, 2004.
9. Ibid., p.7.
10. Pap NDIAYE, *La Condition noire. Essai sur une minorité française*, Paris, Gallimard, coll. «Folio Actuel», 2009, p.378–379.
11. 事实上，毕加索很早就可以申请成为法国公民，但他却没有这么做。

第二章 引领前卫艺术！：1906—1923 年

战略家的横空出世：1906—1914 年

第一节 "真是极具雕塑感的作品！"……文森克·克拉玛日

1. «Vincenc Kramář, Notes on Picasso's exhibition at the Thannhauser Gallery, 1913», Transcription Leonard A. Lauder Research Center for Modern Art, The Metropolitan Museum of Art, New York, 2019. Copyright © The Metropolitan Museum of Art. https://www.metmuseum.org/art/libraries-and-research-centers/leonard-lauder-research-center/research/digital-archives/kramar-project.
2. Ibid.
3. Claude LÉVI-STRAUSS, «New York post- et préfiguratif», dans *Le Regard éloigné*, Paris, Plon, 1983, p.350.
4. François HARTOG, *Régimes d'historicité. Présentisme et expériences du temps*, Seuil, coll. «Points», 2012, p.22.
5. Arthur I. MILLER, *Einstein, Picasso: Space, Time and the Beauty That Causes Havoc*, New York, Basic Books, 2001.
6. André MALRAUX, *La Tête d'obsidienne*, dans *Œuvres completes*, tome III, Paris, Gallimard, 2010, p.697.
7. «A Collector's Story, Leonard A. Lauder and Emily Braun in Conversation», dans Emily BRAUN et Rebecca RABINOW *Cubism. The Leonard A. Lauder Collection*, New Haven, The Metropolitan Museum/Londres, Yale University Press, 2015, p.2–19.
8. Wilhelm Heinrich RIEHL, «Das landschaftliche Auge» [1850], dans *Culturstudien aus drei Jahrhunderten*, Stuttgart, J. G. Cotta, 1859, p.74.
9. Heinrich WÖLFFLIN, *Kleine Schriften*, éd. par J. Gantner, Bâle, Schwabe Verlag, 1946, p.164.
10. Heinrich WÖLFFLIN, *Autobiografie, Tagebücher und Briefe: 1864 – 1945*, éd. par J. Gantner, Bâle, Schwabe Verlag, 1984.
11. Michel ESPAGNE et Bénédicte SAVOY (dir.), *Dictionnaire des*

      historiens d'art allemands, Paris, CNRS Éditions, 2010, p.369.
12. Vincenc Kramář, *Le Cubisme*, Paris, École nationale supérieure des Beaux-Arts, 2002, p.XXIV.
13. Jana CLAVERIE, Hélène KLEIN, Vojtěch LAHODA et Olga UHROVÁ (dir.), *Vincenc Kramář. Un théoricien et collectionneur du cubisme à Prague*, catalogue d'exposition, Paris, RMN, 2002, p.202, notes de voyage et lettre du 24 septembre 1910.
14. *Ibid.*, p.203, lettre du 8 octobre 1910.
15. *Ibid.*, p.208, liasse de notes de voyage.
16. *Ibid.*, p.207, lettre du 1er mai 1911.
17. «Ami Zuloaga, Pourrie-zvous montrer vos Greco à monsieur Kramář qui habite à Vienne, et que je veux vous présenter? Il a pratiquement fait le voyage à Paris pour les voir [...]. Merci, Maître, votre ami Picasso, 27 mai 1911» (*ibid.*, p.208).
18. *Ibid.*, p.211, lettre du 28 novembre 1911.
19. 此处指的是《自画像》,1906 年,纸上炭笔画。
20. *Ibid.*, p.211, notes de voyage, 1906 - 1908.
21. *Ibid.*, p.212, lettres du 2 décembre 1911 et du 30 novembre 1911.
22. *Ibid.*, p.217, lettre du 27 avril 1912.
23. *Ibid.*, p.218.
24. *Ibid.*, p. 217, feuillet du 30 avril 1912 avec en tête «Place Étoile Goudeau».
25. *Ibid.*, p.220.
26. *Ibid.*
27. *Ibid.*, p.225, lettre du 5 décembre 1912.
28. 菲利普·达让在他的鸿篇巨著《毕加索》中,恰如其分地回顾了坦豪瑟在其展览图录中撰写的序言。"人们通常认为,毕加索的作品开创了表现主义、立体主义和未来主义运动。事实上,毕加索与其中任何一个运动都毫无关联,他只是提供了最初的艺术动力,而且他也不想和这些运动有任何进一步的联系"(*Picasso*, Paris, Hazan, 2008, p.189)。

第二节 维农街的神秘人物……丹尼尔-亨利·卡恩韦勒

1. Daniel-Henry KAHNWEILER et Francis CRÉMIEUX, *Mes galeries et mes peintres, op. cit.*, p.46.
2. *Ibid.*
3. *Ibid.*, p.48.

4. *Ibid.*, p.46.
5. *Ibid.*
6. *Ibid.*, p.49.
7. BRASSAÏ, *Conversations avec Picasso* [1964], Paris, Gallimard, 1997, p.81.
8. Daniel-Henry KAHNWEILER et Francis CRÉMIEUX, *Mes galeries et mes peintres*, op. cit., p.49 – 50.
9. 当时他在业内的绰号。
10. 这位从业多年的商人曾在 1901 年 6 月为毕加索举办过首次展览，之后还定期购买过他工作室的藏品，但他并没有追随毕加索在前卫艺术领域的发展步伐。
11. *Ibid.*, p.51.
12. Béatrice JOYEUX-PRUNEL, «La construction internationale de l'aura de Picasso avant 1914. Expositions différenciées et processus mimétiques», allocution au colloque «Revoir Picasso», Musée national Picasso-Paris, 25 – 28 mars 2015.
13. 这一术语来自画廊老板利奥·卡斯泰利，其网络组织与卡恩韦勒相似。但实际上，卡恩韦勒与世界各地的合作者之间的联系并不透明。仔细阅读这些信件，我们似乎可以发现"定金—销售"这样一个寄售系统。依靠这一系统，卡恩韦勒选择要展出和销售的作品，并为其设定一个最低价格，外国画廊在此基础上加收"佣金"。如果作品没有售出，卡恩韦勒保留作品的全部所有权，并可随时取回。除了他的常客和朋友（他们收藏毕加索的作品，提升了这位艺术家在国际上的知名度）以外，从 1910 年起，卡恩韦勒还制定了通过画廊老板借出作品或出售作品的销售策略。用他自己的话说，这些画廊老板被称为他的"代表"或"联络员"（杜塞尔多夫、柏林、法兰克福、科隆和维也纳的阿尔弗雷德·弗莱施泰姆，慕尼黑的海因里希·坦豪瑟，纽约华盛顿广场画廊的布伦纳）。
14. Pierre ASSOULINE, *L'homme de l'art. D.H. Kahnweiler* (1884 – 1979), Paris, Gallimard, coll. «Folio», 1988, p.88.
15. Daniel-Henry KAHNWEILER et Francis CRÉMIEUX, *Mes galeries et mes peintres*, op. cit., p.27 – 28.
16. *Ibid.*, p.24 – 25.
17. Karl Benz, brevet automobile (1886); Bosch, fondé en 1886; Gottlieb Daimler, inventeur du moteur à essence pour automobile (1887): Daimler Motoren Gesellschaft, Wilhelm Maybach, «le roi des designers 1890».
18. Enzo TRAVERSO, *Les Juifs et l'Allemagne. De la «symbiose judéo-*

allemande » à la mémoire d'Auschwitz, Paris, La Découverte, 1992, p.32.

19. Werner SPIES, « Vendre des tableaux-donner à lire », dans Isabelle MONOD-FONTAINE et Claude LAUGIER (dir.), *Daniel-Henry Kahnweiler, op. cit.*, p.18, lettre de Daniel-Henry Kahnweiler à Michel Leiris du 19 mars 1932.
20. Walter BENJAMIN et Gershom SCHOLEM, *Walter Benjamin, Gershom Scholem. Théologie et utopie. Correspondance* (1933 – 1940), éd. par S. Mosès, Paris, Éditions de l'Éclat, 2010, p. 294, lettre de Gershom Scholem à Walter Benjamin du 30 juin 1939.
21. Daniel-Henry KAHNWEILER et Francis CRÉMIEUX, *Mes galeries et mes peintres, op. cit.*, p.28.
22. George L. MOSSE, *Confronting History: A Memoir*, Madison, The University of Wisconsin Press, 2000, p.17.
23. 在罗肯豪森、曼海姆、斯图加特、努斯洛赫、安斯巴赫和菲尔特等城市或村镇之间。
24. Daniel-Henry KAHNWEILER et Francis CRÉMIEUX, *Mes galeries et mes peintres, op. cit.*, p.26 – 27.
25. *Ibid.*, p.33.
26. Michel ESPAGNE et Bénédicte SAVOY (dir.), *Dictionnaire des historiens d'art allemands, op. cit.*, p.X.
27. Christophe CHARLE, « Introduction », dans Christophe CHARLE et Daniel ROCHE (dir.), *Capitales culturelles, capitales symboliques. Paris et les expériences européennes (XVIIIe – XXe siècles)*, Paris, Publications de la Sorbonne, 2002, p.18.
28. "出生是犹太人，心里是汉堡人，精神上是佛罗伦萨人。"关于这一点，可参考：Michel ESPAGNE et Bénédicte SAVOY, *Dictionnaire des historiens d'art allemands, op. cit.*, p.352 – 356。
29. Daniel-Henry KAHNWEILER et Francis CRÉMIEUX, *Mes galeries et mes peintres, op. cit.*, p.31.
30. 卡恩韦勒对自己的教育经历总是轻描淡写，这恰好与伊夫-阿兰·布瓦所作的更为详尽的溢美之词相呼应："重要的是，（卡恩韦勒）有一套理论，而他的法国同事们却没有……事实上，在1958年克莱门特·格林伯格撰写的有关拼贴画的著述出版之前，卡恩韦勒将费德勒或爱因斯坦的形式主义与西美尔或里格尔的历史概念相结合，是唯一一个理解立体主义演变的批评家。"（Yve-Alain BOIS, « La leçon de Kahnweiler », dans *La Peinture comme modèle*, Dijon, Mamco/Genève, Les Presses du réel, 2017, p.142 – 143.）

31. Daniel-Henry KAHNWEILER et Francis CRÉMIEUX, *Mes galeries et mes peintres, op. cit.*, p.41－42.
32. *Ibid.*

第三节　回到"洗涤船"工作室

1. Fernande OLIVIER, *Picasso et ses amis, op. cit.*, 2001, p.195.
2. Vivien BOUHEY, *Les Anarchistes contre la République, op. cit.*, p.350.
3. Jean-Marc BERLIÈRE, «Les brigades du Tigre», art. cit., p.311－323; voir aussi *id.*, «Ordre et sécurité. Les nouveaux corps de police de la Troisième République», *Vingtième siècle. Revue d'histoire*, n° 39, 1993, p.23－37, ainsi que Philippe VIGIER (dir.), *Maintien de l'ordre et polices en France et en Europe au XIXe siècle, op. cit.*, et plus spécifiquement Marie-Josèphe DHAVERNAS, «La surveillance des anarchistes individualistes (1894－1914)», art. cit., p.347－360.
4. Jean-Marc BERLIÈRE, «Les brigades du Tigre», art. cit., p.315.
5. Archives du Musée national Picasso-Paris (MnPP), Don Succession Picasso, 1992, Archives personnelles Pablo Picasso, 515AP/C/dossier réservé/26 mars 1907.
6. Archives du Musée national Picasso-Paris (MnPP), Don Succession Picasso, 1992, Archives personnelles Pablo Picasso, 515AP/C/dossier réservé/10 décembre 1908.
7. Jacqueline STALLANO, «Une relation encombrante. Géry Pieret», dans Michel DÉCAUDIN (dir.), *Amis européens d'Apollinaire*, Paris, Presses de la Sorbonne Nouvelle, 1995, p.14－15, s.d., lettre de Paris, mercredi.
8. *Ibid.*, p.17, lettre du 4 avril 1907.
9. Fernande OLIVIER, *Souvenirs intimes, op. cit.*, p.248.
10. *Ibid.*
11. Fernande OLIVIER, *Picasso et ses amis, op. cit.*, p.194.
12. *Le Petit Journal*, 9 septembre 1911, p.2.
13. Fernande OLIVIER, *Picasso et ses amis, op. cit.*, p.196.
14. Archives de la Préfecture de police de Paris (PPP), dossiers de naturalisation d'étrangers célèbres, IC 5.
15. Archives du Musée national Picasso-Paris (MnPP), Don Succession Picasso, 1992, Archives personnelles Pablo Picasso, 515AP/C/dossier réservé/10 juillet 1909.
16. Gertrude STEIN et Pablo PICASSO, *Correspondance*, éd. cit., p.70.
17. Archives du Musée national Picasso-Paris (MnPP), Don Succession

Picasso, 1992, Archives personnelles Pablo Picasso, 515AP/C/dossier réservé/1909.
18. Fernande OLIVIER, «L'atelier du boulevard de Clichy», *Mercure de France*, 15 juillet 1931, p.355.

第四节　一对革命性的艺术大师……毕加索和布拉克，布拉克和毕加索

1. Roland PENROSE, *Picasso*, Paris, Flammarion, 1996, p.273.
2. Brigitte LÉAL (dir.), *Dictionnaire du cubisme*, Paris, Robert Laffont, 2018, p.102.
3. Daniel-Henry KAHNWEILER et Francis CRÉMIEUX, *Mes galeries et mes peintres, op. cit.*, p.59.
4. Archives du Musée national Picasso-Paris (MnPP), Don Succession Picasso, 1992, Archives personnelles Pablo Picasso, 515AP/C/17; et Pierre DAIX, *Le Nouveau Dictionnaire Picasso, op. cit.*, p.121.
5. Gertrude STEIN, *Autobiography of Alice B. Toklas, op. cit.*, p.29.
6. *Donation Louise et Michel Leiris. Collection Kahnweiler-Leiris*, Paris, Éditions du Centre Pompidou, 1984, p.168, lettre de Picasso à Daniel-Henry Kahnweiler, 12 juin 1912.
7. André SALMON, «Histoire anecdotique du cubisme», dans *La Jeune Peinture française*, Paris, La Société des Trente, 1912, p.56.
8. "简而言之，这就是19世纪末20世纪初……原始主义研究中出现的内容：拒绝的强度，从不可接受的现实中解脱出来的愿望。"（Philippe DAGEN, *Primitivismes, une invention moderne*, Paris, Gallimard, 2019, p.445.）
9. Fernande OLIVIER, *Picasso et ses amis, op. cit.*, p.120.
10. *La Terrasse à l'hôtel Mistral* (1907), *Arbres à l'Estaque* (été 1908), parmi d'autres.
11. 1996年，鲁宾曾经坦言："毕加索创作了大量深受塞尚影响的画作。在1908年到1909年间，很难区分究竟是布拉克还是毕加索在多大程度上促成了这一变化。这件事最不寻常的地方在于，像非洲主义这样的元素，即毕加索带给立体主义的那种部落艺术似乎完全不可能与塞尚混为一谈。然而，在1908年各种绘画的大熔炉中，两者却不知不觉地整合在了一起，这在立体主义的早期历史上是非同寻常的。"（Pierre DAIX, *Braque avec Picasso*, Paris, RMN, 2013, p.18.）
12. 丹尼尔-亨利·卡恩韦勒的原话，参见 Brigitte LÉAL (dir.), *Dictionnaire du cubisme, op. cit.*, p.103。
13. 对于伊夫-阿兰·布瓦而言，打破千篇一律的形式是避免"用抽象去

唬人"的一种策略（Yve-Alain BOIS, «La leçon de Kahnweiler», dans *La Peinture comme modèle, op. cit.,* p.135 – 182; Yve-Alain BOIS, «Picasso et l'abstraction», dans actes du colloque «Revoir Picasso», Paris, Musée national Picasso-Paris, 27 mars 2015, p.1 – 6）。

14. Brigitte LÉAL (dir.), *Dictionnaire du cubisme, op. cit.,* p.103.
15. Roland PENROSE, *Picasso, op. cit.,* p.273.
16. Jean-Claude LEBENSZTEJN, «Périodes», dans Pierre DAIX (dir.), *Picasso cubiste,* Paris, Flammarion/RMN, 2007, p.43.
17. William RUBIN, *Picasso and Braque: Pioneering Cubism, op. cit.*
18. Guillaume APOLLINAIRE, «Je dis tout», 19 octobre 1907, dans Pierre DAIX, *Le Nouveau Dictionnaire Picasso, op. cit.,* p.123.
19. Étienne-Alain HUBERT, «Braque, Apollinaire, Reverdy», dans Brigitte LÉAL (dir.), *Georges Braque (1882 – 1963),* Paris, RMN/Éditions du Centre Pompidou, 2013, p.96 – 105.
20. 在一封未注明日期的信中（可能写于1936年），卡苏给毕加索写道："我要去苏黎世了，但周一我会去你位于大奥古斯汀街的家，这样我们就可以聊聊天，你也可以向我敞开心扉。请记住，由于乔治·于斯曼的功劳，目前在法兰西艺术院，现代绘画的氛围已经面貌一新，你不仅有了仰慕者，还有了朋友。这一切的发展都与你完全合拍。"(Archives du Musée national Picasso-Paris (MnPP), Don Succession Picasso, 1992, Archives personnelles Pablo Picasso, 515AP/C/22 [??] 1936.)
21. Jean PAULHAN, *Braque. Le patron,* Paris, Gallimard, 1952, p.126 – 127.
22. André MALRAUX, «Funérailles de Georges Braque», dans *Œuvres complètes,* tome III, *Oraisons funèbres,* Paris, Gallimard, coll. «Bibliothèque de la Pléiade», 1996, p.935.
23. 此处指布拉克的遗孀奥克塔维-拉普雷，人称"玛塞勒"，她曾在巴黎蒙马特区做过模特。毕加索在1908年将她介绍给布拉克，随后两人结为夫妻。
24. André MALRAUX, «Funérailles de Georges Braque», dans *Œuvres complètes, op. cit.,* p.935.
25. Pierre DAIX (dir.), *Picasso cubiste, op. cit.,* p.26 – 27.
26. Brigitte LÉAL (dir.), *Georges Braque (1882 – 1963), op. cit.,* p.13.
27. Lara MARLOWE, «Braque is Back: French Cubist Finally Escapes Picasso», *Irish Times,* 11 novembre 2013.
28. Brigitte LÉAL, «Introduction», dans Brigitte LÉAL, Christian BRIEND et

Ariane COULONDRE (dir.), *Le Cubisme*, catalogue d'exposition, Paris, Musée national d'art moderne/Éditions du Centre Pompidou, 2018, p.14.
29. Françoise GILOT et Carlton LAKE, *Vivre avec Picasso*, Paris, Calmann-Lévy, 1964, p.68 - 69.
30. Daniel-Henry KAHNWEILER et Francis CRÉMIEUX, *Mes galeries et mes peintres, op. cit.*

第五节　"就像植物学家观察未知国度的植物一样"……利奥·斯泰因
1. Leo STEIN, *Appreciation: Painting, Poetry and Prose*, Lincoln, University of Nebraska Press, 1996.
2. Leo STEIN, *Journey into the Self: Being the Letters, Papers and Journals of Leo Stein*, éd. par E. Fuller, New York, Crown Publishers, 1950, p.203.
3. Leo STEIN, *Appreciation, op. cit.*, p.143.
4. *Ibid.*, p.157.
5. Margaret POTTER et al., *Four Americans in Paris, op. cit.*, p.21, lettre à Mabel Weeks, 2 décembre 1900.
6. Leo STEIN, *Appreciation, op. cit.*, p.188.
7. Gertrude STEIN et Pablo PICASSO, *Correspondance*, éd. cit., p.63.
8. *Ibid.*, p.54.
9. *Ibid.*, p.62.
10. *Ibid.*, p.64 - 65.
11. Brigitte LÉAL, «Les carnets des *Demoiselles d'Avignon*», dans Brigitte LÉAL (dir.), *Carnets. Catalogue de dessins*, Paris, RMN, 1996, tome I, p.110.
12. 1907年购得这本笔记本，随即便被拆解（参见 Brigitte LÉAL, «Carnets», dans Hélène SECKEL (dir.), *Les Demoiselles d'Avignon*, Paris, Musée national Picasso-Paris/RMN, 1988, tome III, vol. 1, p.103）。
13. André MALRAUX, *La Tête d'obsidienne, op. cit.*, p.697.
14. Gertrude STEIN et Pablo PICASSO, *Correspondance*, éd. cit., p.62, lettre du 13 septembre 1908.
15. *Ibid.*, p.69, lettre du 26 mai 1909.
16. *Ibid.*, p.77, lettre du 5 ou 12 août 1909.
17. *Ibid.*, p.79, lettre de la mi-août 1909.
18. *Ibid.*, p.81 - 82, lettre du 13 septembre 1909.
19. *Ibid.*, p.90.

20. Leo STEIN, *Appreciation, op. cit.*, p.187.
21. *Ibid.*, p.157.
22. Annie COHEN-SOLAL, *«Un jour, ils auront des peintres». L'avènement des peintres américains (Paris 1867 – New York 1948)*, Paris, Gallimard, 2000, p.313 – 331.
23. 其中有阿瑟·B. 查理、约翰·马林、马克斯·韦伯、马森·哈特利、阿尔弗雷德·毛雷尔、亚伯拉罕·沃科维茨、安德鲁·达斯博格、摩根·拉塞尔、阿瑟李、斯坦顿·麦克唐纳-赖特和帕特里克·亨利·布鲁斯。
24. Rebecca RABINOW, «Les Stein à la découverte de l'art moderne. Les premières années à Paris, 1903 – 1907», dans Cécile DEBRAY, Janet BISHOP, Gary TINTEROW et Rebecca RABINOW (dir.), *Matisse, Cézanne, Picasso. L'aventure des Stein*, catalogue d'exposition, Paris, RMN/Grand Palais, 2011, p.62.
25. Paula MODERSOHN-BECKER, *Briefe und Aufzeichnungen*, éd. par B. Jahn, nouvelle édition, Leipzig/Weimar, G. Kiepenheuer, 1982, lettre de Paula Modersohn-Becker à son mari, le peintre Otto Modersohn, du 27 février 1906.
26. Emily D. BILSKI et Emily BRAUN, «Introduction», dans Emily D. BILSKI et Emily BRAUN (dir.), *Jewish Women and Their Salons: The Power of Conversation*, catalogue d'exposition, New York, Yale University Press, 2005.
27. Max WEBER, *The Matisse Class*, Washington/New York, Archives of American Art (AAA), Smithsonian Institution, Max Weber Papers.
28. Mabel DODGE LUHAN, *Intimate Memories*, tome I, *European Experiences*, New York, Harcourt, Brace, 1935, p.321 – 322.
29. Guillaume APOLLINAIRE, *Chroniques d'art, op. cit.*, p.42.
30. Leo STEIN, *Appreciation, op. cit.*, p.170.
31. Andrew Dasburg Papers, Archives of American Art (AAA), Smithsonian Institution, Washington/New York, interview d'Andrew Dasburg.
32. Marsden Hartley Papers, Archives of American Art (AAA), Smithsonian Institution, Washington/New York, lettre du 22 septembre 1912.
33. Hélène SECKEL (dir.), *Les Demoiselles d'Avignon, op. cit.*, p.560, lettre du 28 décembre 1908.

第六节 "就像巴赫的赋格一样完美"……阿尔弗雷德·斯蒂格利茨

1. Sarah GREENOUGH et Charles BOCK, *Modern Art and America: Alfred*

Stieglitz and His New York Galleries, Washington, National Gallery of Art, 2000, p.118, lettre d'Alfred Stieglitz à Arthur Jerome Eddy du 10 novembre 1913.

2. Annie COHEN-SOLAL, «*Un jour, ils auront des peintres*», *op. cit.*, «Le va-et-vient transatlantique des photographes» (II, 12), p.341.

3. 画意摄影发展于1888年到1914年，当时人们对摄影技术的掌握越来越娴熟。这一摄影艺术流派的重要成员主要是以俱乐部形式聚焦在一起的业余爱好者。他们希望摄影可以像绘画一样作为一门艺术学科得到认可，所以试图在取景、构图以及对底片和冲印相片的修饰方面使摄影接近绘画。德国的海因里希·库恩、法国的康斯坦·普约和罗贝尔·德马奇提出了画意摄影的相关理论。

4. 当时，艺术界及其市场由奥地利艺术家协会（Künstlerhaus）所控制。作为对该协会的反击，由奥地利象征主义画家古斯塔夫·克林姆特（1862—1918年）领导一群年轻艺术家于1897年成立了维也纳分离派，向当地引入欧洲新潮流，特别是引入新艺术运动。

5. Alfred STIEGLITZ, *Camera Work: The Complete Illustrations (1903 – 1917)*, Cologne/New York, Taschen, 1997, p.63–64.

6. Nathan LYONS, *Photographers on Photography: A Critical Anthology*, Englewood Cliffs, Prentice Hall, 1966, p.120.

7. Sarah GREENOUGH et Charles BOCK, *Modern Art and America, op. cit.*, p.117.

8. Richard WHELAN, *Alfred Stieglitz: A Biography*, New York, Little, Brown and Company, 1995, p.255; Sarah GREENOUGH et Charles BOCK, *Modern Art and America, op. cit.*, p.118.

9. Michel ESPAGNE et Bénédicte SAVOY (dir.), *Dictionnaire des historiens d'art allemands, op. cit.*, p.81–89, 363–372.

10. *Ibid.*, p.118.

11. Philippe DAGEN, *Primitivismes, une invention moderne*, Paris, Gallimard, 2019, p.176.

12. Gelett BURGESS, «The Wild Men of Paris», *The Architectural Record*, n° 27, janvier-juin 1910, p.407–408.

13. 最终完成了9幅。参见 Brigitte LÉAL, *s. v.* «Hamilton Easter Field», dans Brigitte LÉAL (dir.), *Dictionnaire du cubisme, op. cit.*, p.290。

14. Marius DE ZAYAS, «The New Art in Paris», *Camera Work*, n° 34–35, avril-juillet 1911.

15. Sarah GREENOUGH et Charles BOCK, *Modern Art and America, op. cit.*, p.118, lettre du 28 octobre 1910.

16. *Ibid.*
17. *Ibid.*
18. *Ibid.*, lettre d'Edward Steichen à Alfred Stieglitz, janvier ou février 1911.
19. Marius DE ZAYAS, «Picasso» (1911), dans Alfred STIEGLITZ, *Camera Work, op. cit.*, p.677 – 679.
20. J. Edgar CHAMBERLIN, *Evening Mail*, 1911, dans Sarah GREENOUGH et Charles BOCK, *Modern Art and America, op. cit.*, p.122.
21. *Ibid.*, p.123, lettre d'Alfred Stieglitz à Marius de Zayas, 4 avril 1911.
22. *Ibid.*, lettre de Marius de Zayas à Alfred Stieglitz.
23. *Ibid.*, p.499, lettre d'Alfred Stieglitz à Edward Alden Jewell, décembre 1939.
24. *Ibid.*, p.124, lettre d'Alfred Stieglitz à Sadakichi Hartmann, 22 décembre 1911.
25. *Ibid.*, lettre d'Alfred Stieglitz à Heinrich Kuhn, 14 octobre 1912.
26. «The fire escape» (*ibid.*).
27. *Ibid.*, lettre d'Alfred Stieglitz à Arthur Jerome Eddy, 10 novembre 1913.
28. Archives du Musée d'Orsay (AMO), fonds Paul Burty Haviland, lettre du 6 août 1911.
29. 关于"军械库艺博会"的组织条件，参见 Annie COHEN-SOLAL, *Un jour, ils auront des peintres, op. cit.*, chapitre «Un vent glacial venu de l'est» (III, 2), p.364 – 377。

第七节　促膝而谈，艺术互映……格特鲁德·斯泰因

1. Gertrude STEIN, *Autobiographie de tout le monde*, Paris, Seuil, 1978.
2. Leo STEIN, *Journey into the Self*, éd. cit., p.148, lettre du 20 octobre 1930.
3. *Ibid.*, p.134, lettre à Mabel Weeks de décembre 1933.
4. Archives du Musée national Picasso-Paris (MnPP), Don Succession Picasso, 1992, Archives personnelles Pablo Picasso, 515AP/C/164/1er août 1910.
5. Archives du Musée national Picasso-Paris (MnPP), Don Succession Picasso, 1992, Archives personnelles Pablo Picasso, 515AP/C/164/18 juillet 1909.
6. Archives du Musée national Picasso-Paris (MnPP), Don Succession Picasso, 1992, Archives personnelles Pablo Picasso, 515AP/C/164/1er août 1911.
7. Gertrude STEIN et Pablo PICASSO, *Correspondance*, éd. cit., p.18.

8. Gertrude STEIN, *Autobiography of Alice B. Toklas, op. cit.*, p.79.
9. *Ibid.*, p.53.
10. *Ibid.*
11. *Ibid.*, p.85.
12. Gertrude STEIN, *Everybody's Autobiography*, Cambridge, Exact Change, 1993, p.21.
13. Ulrich GINEIGER, «Ein Weltroman wurzlet in Franken», *Main Post*, 17-18 Januar 1987 et Rudolf Ganz, *The German Jewish Mass Emigration, 1720-1880*. American Jewish Archives, Clifton Ave, Cincinnati, Ohio, 45220, https://www.alemanniajudaica.de/images/Images%20430/Weickersgrueben%20Weltroman.pdf.
14. Gertrude STEIN, *The Making of Americans: Being a History of a Family's Progress*, Normal, Illinois, Dalkey Archives Press, 1996, p.46-47.
15. Gertrude STEIN, *Autobiography of Alice B. Toklas, op. cit.*, p.100.
16. 西班牙人和美国人"不像绝大多数欧洲人那样与大地亲密无间。他们的唯物主义不是基于存在或占有的唯物主义,而是基于行动或抽象的唯物主义。所以,立体主义是西班牙的"(*ibid.*, p.99-100)。
17. Claudine GRAMMONT, «Matisse comme religion. Les "Mike Stein" et Matisse, 1908-1918», dans Cécile DEBRAY, Janet BISHOP, Gary TINTEROW et Rebecca RABINOW (dir.), *Matisse, Cézanne, Picasso, op. cit.*, p.216.
18. Laurence MADELINE, «Le peintre et ses mécènes», dans Gertrude STEIN et Pablo PICASSO, *Correspondance*, éd. cit., p.26.
19. Gertrude STEIN, «Picasso», *Camera Work*, n° 34-35, 1912, repris dans Alfred STIEGLITZ, *Camera Work, op. cit.*, p.665-666.
20. *Ibid.*, p.109.
21. *Ibid.*, p.112.
22. Gertrude STEIN, *Everybody's Autobiography, op. cit.*, p.21.
23. Georges BRAQUE, Eugene JOLAS, Maria JOLAS, Henri MATISSE, André SALMON et Tristan TZARA, «Testimony Against Gertrude Stein», *Transition*, 23 février 1935, p.13-14.

第八节 "只有巴黎才是我们的故乡"……鲁夫、乌德、赫塞尔,甚至还有杜蒂耶尔

1. Franz Hessel, *Romance parisienne. Les papiers d'un disparu*, Paris, Maren Sell, 1990.
2. Claudine GRAMMONT, «Matisse comme religion...», art. cit., p.219.

3. *Ibid.*, p.219, 223.
4. *Ibid.*, p.223.
5. Gertrude STEIN, *Autobiography of Alice B. Toklas, op. cit.*, p.64.
6. Emily BRAUN, «Les soirées du samedi chez les Stein», dans Cécile DEBRAY, Janet BISHOP, Gary TINTEROW et Rebecca RABINOW (dir.), *Matisse, Cézanne, Picasso, op. cit.*, p.128.
7. Claudine GRAMMONT, «Matisse comme religion…», art. cit., p.223.
8. Franz HESSEL, *Romance parisienne, op. cit.*, p.24 - 25, 30.
9. Wilhelm UHDE, *De Bismarck à Picasso*, Paris, Éditions du Linteau, 2002.
10. *Ibid.*, p.1452.
11. Julius MEIER-GRAEFE, *Spanische Reise*, Berlin, Rowohlt Verlag, 1910. Voir Michel ESPAGNE et Bénédicte SAVOY, *Dictionnaire des historiens d'art allemands, op. cit.*, p.146 - 147.
12. *Ibid.*, p.141.
13. Edward FRY, *Le Cubisme*, Bruxelles, La Connaissance, 1968, p.51.
14. Jeffrey WEISS, *The Popular Culture of Modern Art: Picasso, Duchamp, and Avant-gardism*, Londres/New Haven, Yale University Press, 1994, p.52 - 53.
15. Alphonse ROUX, «Propos d'Art—Le Salon d'Automne», *La Renaissance contemporaine*, 10 novembre 1911, p.1302.
16. Michel ESPAGNE, *Le Paradigme de l'étranger. Les chaires de littérature étrangère au XIXe siècle*, Paris, Cerf, 1993, p.8.
17. Yve-Alain BOIS, «La leçon de Kahnweiler», *La Peinture comme modèle, op. cit.*, p.142 - 143.
18. Michel ESPAGNE, *Le Paradigme de l'étranger, op. cit.*, p.14.
19. Jeanine WARNOD, «Dutilleul, un amateur de génie», *Le Figaro*, 25 octobre 1979.
20. Daniel-Henry KAHNWEILER, dans Jean GRENIER, «Un collectionneur pionnier», *L'Œil*, n° 15, 1956, p.40 - 44.
21. 该书用2120页的篇幅为读者介绍了大多数"大家族"的"根系、主干、分支和支脉",并介绍了"他们的祖先、后代和他们之间的同盟关系",展示了"他们之间存在的不可胜数的亲缘关系,以及多年来彼此交织的丰富联系"。
22. Corinne BARBANT, «Pour l'amour de la peinture moderne, portrait de Roger Dutilleul en lecteur», dans Jeanne-Bathilde LACOURT, Corinne BARBANT et Pauline CRETEUR (dir.), *Picasso, Léger, Masson.*

Daniel-Henry Kahnweiler et ses peintres, Villeneuve d'Ascq, LaM, 2013, p.103.
23. *Ibid.*, p.104.
24. 这一说法出自历史学家劳伦斯·贝特朗·多雷亚克之口，载于《巴黎画派，后续》(*L'École de Paris 1904－1929: la part de l'Autre*, catalogue d'exposition, Paris, Musée d'Art moderne de la Ville de Paris, pages 148－157.)这篇文章由评论家安德烈·瓦尔诺撰写，分三个阶段详细分析了"巴黎学院"这一名称背后的原因：1925年1月4日，他在《喜剧报》上撰文，其目的是"捍卫法国的鲜活艺术，反对学院派和官方艺术"；1月27日，他再次在《喜剧报》上发表文章，论述外国艺术家如何"与法国艺术家并肩作战"的问题，"即使很难明确外国人从我们这里借鉴了什么，我们又从他们那里借鉴了什么"，"同时重申法国艺术的至高无上和法国作为世界中心的地位"；最后，同年10月，在《年轻绘画的摇篮：蒙马特、蒙帕纳斯》一书中，瓦尔诺根据城市地形为这一群体画了一幅肖像。别人使用"巴黎学院"这一表述是随着20世纪30年代的排外危机的演变而演变的。这位历史学家坦言："在内心深处，安德烈·瓦尔诺为巴黎学院看似慷慨和善意的正名，已经被如何区分良莠，如何区分好外国人和坏外国人，如何区分法国人和'他国人'的意愿所破坏殆尽。"
25. André Warnod, *Les Berceaux de la jeune peinture. Montmartre. Montparnasse*, Paris, Albin Michel, 1925.
26. Archives of American Art, Smithsonian Institute, Washington/New York, Walter Pach Papers.
27. Gino SEVERINI, *Tutta la vita di un pittore*, Milan, Garzanti, 1946, p.53－54.
28. Marina BURNEL, «Picasso et Bergson, du savoir au savoir-faire», *Ojo, le journal*, n° 38, novembre 2020. https://www.picasso.fr/ojo-les-archives-novembre-2015-ojo-31.
29. Giovanni PAPINI, «Enrico Bergson» (1911), repris dans Giovanni PAPINI, *24 cervelli*, Milan, Facchi Editore, 1919, p.285－295.
30. 塞韦里尼家族档案，未出版过的笔记，没有注明日期（但可能写于1906年）。更详细的分析参见 Gino SEVERINI, «L'action de Picasso sur l'art», *Nova et Vetera*, 1931, p.125－130, et dans *id.*, *Ragionamenti sulle Arti figurative*, Milan, s.n., chapitre XIX, 1942。
31. Isabelle MONOD-FONTAINE et Claude LAUGIER (dir.), *Daniel-Henry Kahnweiler, op. cit.*, p.27.

第九节　一对革命性的艺术大师……毕加索和布拉克，布拉克和毕加索

1. «Conversations avec Picasso, 1959, *25 rue La Boétie, 5 février 1933*», dans Marie-Laure BERNADAC et Androula MICHAËL, *Propos sur l'art*, Paris, Gallimard, p.90.

2. 与他之后描述为"绘画"时期、"精心绘画"时期、追求"魅力"时期等时期不同。参见«Entretiens avec Picasso au sujet des *Femmes d'Alger, 1955*», *Aujourd'hui*, n° 4, septembre 1955, cité ibid., p.73。

3. Isabelle MONOD-FONTAINE, citée dans Brigitte LÉAL（dir.）, *Georges Braque（1882－1963）, op. cit.*, p.76.

4. 威廉·鲁宾撰写出版了《毕加索与布拉克：立体主义的先驱》（*Picasso et Braque: Pioneering Cubism, op. cit.*），作者在《毕加索与布拉克：介绍》一节中提到过这些信件，尤其是《现存书信》（«The Surviving Correspondence», *ibid.*, p.47－51）。但是，回到原始档案则会对这两位艺术家之间互动的独特性有截然不同的认识。

5. Archives du Musée national Picasso-Paris（MnPP）, Don Succession Picasso, 1992, Archives personnelles Pablo Picasso, 515AP/C/17/s.d.

6. Archives du Musée national Picasso-Paris（MnPP）, Don Succession Picasso, 1992, Archives personnelles Pablo Picasso, 515AP/C/17.

7. Roland PENROSE, *Picasso, op. cit.*, p.205.

8. 在该品牌的网站上，我们可以了解到"1888 年，一位荷兰化学家……发明了一种以亚麻籽油为原料的快干涂料。十年后，该品牌被一家法国公司收购，艺术家欧仁-瓦瓦瑟在一幅描绘三位忘情油漆工的海报上签了名，这幅海报很快就被载入了广告成功案例的传奇史册。该产品大受欢迎，从 1907 年开始迅速占领市场，产品名字最终被收录进了字典。字典甚至还收录了从'里波林'这一名词衍生出的动词，用于指代涂抹釉彩的动作"。

9. 此处法语单词"charlatan"（江湖骗子）源自意大利语"ciarlatano"，是用来形容意大利翁布里亚地区切雷托-迪斯波莱托村的村民的。中世纪时，这些村民通过耍小聪明，甚至是使用下三滥的手段实现了经济繁荣，所以"江湖骗子"的含义由此而来。

10. Daniel-Henry KAHNWEILER et Francis CRÉMIEUX, *Mes galeries et mes peintres, op. cit.*, p.60.

11. Jean-Paul SARTRE, *Les Mots*, Paris, Gallimard, coll. «Folio», 1964, p.98－104.

12. Jennifer WILD, *The Parisian Avant-garde and the Age of Cinema: 1900－1923*, Oakland, University of California Press, 2015, chapitre «Seeing Through Cinema. Projection in the Age of Cubism», p.22－28.

13. 在西班牙语中，"Ojo"是"眼睛"的意思，有"小心"之意。西班牙人记东西的时候经常画些符号，类似毕加索所做的笔记。有时，他们在画画的时候还会写上"ojo con los ojos"（用眼睛来注意）的字样。这一动作虽然微不足道，却表达了写信人对收信人的亲近与喜爱，甚至有心有灵犀之感。如今，祖母们依然会给她们的孙辈留下类似的信息。
14. *Donation Louise et Michel Leiris, op. cit.*, p.166.
15. *Ibid.*, p.165.
16. *Ibid.*, p.169.
17. 参见阿里亚娜·库隆德尔的文章，载 Brigitte LÉAL, Christian BRIEND et Ariane COULONDRE (dir.), *Le Cubisme, op. cit.*, p.78 – 79。
18. 引自朱迪思·考辛斯的文献年表，参见 William RUBIN, *Picasso et Braque: Pioneering Cubism, op. cit.*, p.379。
19. *Donation Louise et Michel Leiris, op. cit.*, p.26.
20. Pierre DAIX, *s.v.* «Papiers collés», *Le Nouveau Dictionnaire Picasso, op. cit.*, p.660.
21. Pierre DAIX, *s.v.* «Braque», *Le Nouveau Dictionnaire Picasso, op. cit.*, p.130.
22. William RUBIN, *Picasso and Braque: Pioneering Cubism, op. cit.*, p.407.
23. 我们还记得1900年世界博览会上美术支持者们所表现出的蔑视。
24. Émilie BOUVARD, « Les chefs-d'œuvre de Picasso », dans Émilie BOUVARD et Coline ZELLAL (dir.), *Picasso. Chefs-d'œuvre!*, Paris, Musée national Picasso-Paris/Gallimard, 2018, p.12 – 13.
25. Pierre DAIX, *Le Nouveau Dictionnaire Picasso, op. cit.*, p.130.
26. Daniel-Henry KAHNWEILER et Francis CRÉMIEUX, *Mes galeries et mes peintres, op. cit.*, p.60.
27. Bernard ZARCA, *L'Artisanat français. Du métier traditionnel au groupe social*, Paris, Economica, 1986, p.124.
28. http://extranet.intercariforef.org/previous/peintre-decorateurtrice-en-batiment/artemisia-formation/formation-14_AF_0000002318_SE_0000430372.html.
29. Wilhelm UHDE, *De Bismarck à Picasso, op. cit.*, p.227.
30. Hélène Seckel dans Pierre DAIX, *Le Nouveau Dictionnaire Picasso, op. cit.*, p.124.
31. André MALRAUX, *La Tête d'obsidienne, op. cit.*, p.18 – 19.

第十节 维农街 28 号：一处绝对颠覆性的空间

1. Daniel-Henry KAHNWEILER et Francis CRÉMIEUX, *Mes galeries et mes peintres, op. cit.*, p.31.
2. Daniel-Henry KAHNWEILER, *Les Années héroïques du cubisme*, Paris, Éditions Braun & Cie, 1950 (livre non paginé).
3. Pierre ASSOULINE, *Daniel-Henry Kahnweiler. L'homme de l'art*, Paris, Gallimard, coll. «Folio», 1988, p.184.
4. 感谢伊莎贝尔·莫诺-方丹对合同的分析。
5. Werner SPIES, «Vendre des tableaux—donner à lire», art. cit., p.21–24.
6. Daniel-Henry KAHNWEILER et Francis CRÉMIEUX, *Mes galeries et mes peintres, op. cit.*, p.31.
7. Werner SPIES, «Vendre des tableaux—donner à lire», art. cit., p.24.
8. Daniel-Henry KAHNWEILER, «L'État et les arts plastiques» [1916], repris dans Werner SPIES, «Vendre des tableaux—donner à lire», art. cit., p.17–44.
9. 比如康拉德·费德勒、海因里希·沃尔夫林、阿洛伊斯·里格尔、威廉·沃林格。
10. 卡尔·爱因斯坦抵达巴黎的确切日期不详。根据莉莉安娜·梅弗尔的说法，最有可能的时间是 1905 年。"如果我们采信手上为数不多的资料，即卡恩韦勒在其著作《胡安·格里斯：他的生活，他的作品，他的文字》(1946 年法国伽利玛出版社出版) 中的记载，以及爱因斯坦本人在《克莱恩自传》(*Kleine Autobiographie*) 中不太可靠的记载，那么我们可以推定爱因斯坦第一次访问巴黎是在 1905 年。卡恩韦勒在上述书中的注释中写道："卡尔-爱因斯坦参加过西班牙战争，之后便回到了法国。我们经常见面：我们已经是三十五年的朋友了。"(Liliane MEFFRE, *Carl Einstein [1885–1940]. Itinéraire d'une pensée moderne*, Paris, Presses de l'université Paris-Sorbonne, 2002, p.37–38.)
11. Carl EINSTEIN, *Georges Braque*, Paris, Éditions des Chroniques du Jour, 1934, p.15.
12. 根据伊莎贝尔·卡利诺夫斯基和玛利亚·斯塔夫里纳基的说法，卡尔·爱因斯坦在在《20 世纪艺术》(1926 年) 一书中 "推崇毕加索和他的变形艺术，……在被动的、流动的幻觉原则和主动的、建设性的构造原则之间不断斗争"。他欣喜地看到，从 "世俗化的现代社会" 中消失的 "古老的'悲剧'意识" 以造型艺术的形式再现于毕加索的绘画中 (Isabelle KALINOWSKI et Maria STAVRINAKI, *Carl Einstein et les primitivismes*, Paris, Musée du Quai-Branly, 2011)。
13. Carl EINSTEIN, *L'Art du XXe siècle, op. cit.*, texte publié en allemand en

1926, cité et traduit par Liliane Meffre (*Carl Einstein, op. cit.*), d'après la réédition remaniée de 1931, Berlin, Propylaen, p.70.
14. Carl EINSTEIN, «Picasso», *Documents*, n° 3, 1930, p.156, note 93.
15. Carl EINSTEIN et Daniel-Henry KAHNWEILER, *Correspondance (1921－1939)*, Marseille, André Dimanche Éditeur, 1993, p.48.
16. 尽管海因里希·沃尔夫林没让马克斯·拉斐尔的论文通过。
17. Dieter HORNIG, «Max Raphael: théorie de la création et production visuelle», *Revue germanique internationale*, n° 2, 1994, p.165－178.
18. Dans François ROTH, *La Guerre de 1870*, Paris, Fayard, coll. «Pluriel», 2019, p.617.
19. *Journal officiel*, 5 décembre 1912.
20. Béatrice JOYEUX-PRUNEL, «L'art de la mesure. Le Salon d'automne (1903－1914), l'avant-garde, ses étrangers et la nation française», *Histoire & Mesure*, vol.22, n° 1, 2007, http://journals.openedition.org/histoiremesure/2333.
21. «Le Salon d'automne est un scandale», *Le Matin*, 5 octobre 1912, et *Le Mercure de France*, 16 octobre 1912.
22. Louis VAUXELLES, «M. Frantz Jourdain et le "salon d'Automne"», *Gil Blas*, 9 octobre 1912.
23. Pierre MORTIER, dans *Gil Blas*, 1912.
24. Louis VAUXELLES, «M. Frantz Jourdain et le "salon d'Automne"», art. cit.
25. *Gil Blas*, 21 octobre 1912.

第十一节　骗子还是天才？毕加索面面观

1. «Lettre sur l'art. Retour sur les nouveaux chemins de la peinture» (en russe), dans *Rietch* («Le Discours»), 20 décembre 1912.
2. *L'Occident*, mai 1912: «La main passe», dans Anne BALDASSARI, «Le rose et le noir, Chtchoukine, les Stein, Matisse, Picasso», dans *Icônes de l'art moderne. La collection Chtchoukine*, catalogue d'exposition, Paris, Gallimard/Fondation Louis Vuitton, 2016, p.91.
3. 当时有人向收藏家马塞尔·内姆斯借走了四幅毕加索的作品。
4. 评论家罗杰·弗莱从克洛维斯·萨戈那里借来了毕加索的两幅作品。
5. «La construction internationale de l'aura de Picasso avant 1914...», art. cit.
6. 其中还包括莫罗佐夫、马蒙托夫、里亚布申斯基和索尔达腾科夫。
7. Kasimir MALÉVITCH, «Le nouvel art et l'art représentateur» (1928), dans *Kasimir Malévitch. Écrits*, vol.1, Paris, Allia, 2015, p.438－467.

8. 从 1913 年起,《立体主义》（格列兹和梅金杰撰写的一部通俗作品，1912 年在法国出版）的两个连续译本的出版也促进了这一新运动的普及，现在它已成为新原始主义者、立体未来主义者、未来主义者、至上主义者和建构主义者之间热烈讨论的核心话题。
9. Anne BALDASSARI, «Le rose et le noir, Chtchoukine, les Stein, Matisse, Picasso», dans *Icônes de l'art moderne, op. cit.*, p.93.
10. Leo STEINBERG, «La résistance à Cézanne: les *Trois femmes* de Picasso», dans Pierre DAIX (dir.), *Picasso cubiste, op. cit.*, p.71–103.
11. Yakov TUGENDHOLD, «Frantsuskoe sobranie S.I. Shchukina», *Apollon*, 1914, n° 1–3, p.3, dans Leo STEINBERG, «La résistance à Cézanne: les *Trois femmes* de Picasso», art. cit.
12. 对这幅画有两种截然不同的解读：威廉·鲁宾认为，1908 年 11 月，毕加索在参观了维农街画廊举办的布拉克画展之后，提出了自己从"塞尚体系"那里得到的启示。对于利奥·斯坦伯格而言，他则认为这幅画证明了"年轻的毕加索……正准备远离塞尚"。
13. Yve-Alain BOIS, «Préface», dans Vincenc Kramář, *Le Cubisme, op. cit.*, p.XX.

第十二节　古腾堡 21-39：互换名片

1. André LEVEL, *Souvenirs d'un collectionneur*, Paris, A. C. Mazo, 1959, p.5.
2. *Ibid.*, p.10.
3. *Ibid.*, p.18.
4. Michael C. FITZGERALD, *Making Modernism*, New York, Farrar, Straus & Giroux, 1995, p.15–46; Jori FINKEL, *The Art Newspaper*, 31 juillet 2014; Vérane TASSEAU, «Les ventes de séquestre de la galerie Kahnweiler», *Ojo, le journal*, «La vente aux enchères exceptionnelle de La Peau de l'Ours», *La Peau de l'Ours, André Level et Pablo Picasso*, 11 juillet 2010: septembre 2016.
5. 转售费是图形作品和造型作品的原创作者在艺术市场专业人士转售作品时获得的报酬。转售费于 1920 年在法国创立。2007 年，一项纳入法国法律的欧盟指令将其拓展到在线销售领域。
6. André LEVEL, *Souvenirs d'un collectionneur, op. cit.*, p.17.
7. *Ibid.*, p.23.
8. *Ibid.*
9. Anne BALDASSARI, *Icônes de l'art moderne, op. cit.*
10. André WARNOD, «La vente de la Peau de l'Ours», *Comœdia*, 3 mars

1914; André SALMON, *Souvenirs sans fin*, Paris, Gallimard, 2004, p.658 – 659.
11. «La vente aux enchères exceptionnelle de la Peau de l'Ours», *La Peau de l'Ours, André Level et Pablo Picasso, Ojo, le journal*, n° 11, juillet 2010: https://www.picasso.fr/details/ojo-les-archives-juillet-2010-ojo-11-a-lire-la-peau-de-lours-andre-level-et-pablo-picasso-la-vente-aux-encheres-exceptionnelle-de-la-peau-de-lours.
12. Raymonde MOULIN, *Le Marché de la peinture en France*, Paris, Éditions de Minuit, 1967, p.34 – 36.
13. 在保守派日报《巴黎午报》上。参见 Pierre CABANNE, *Le Siècle de Picasso*, tome II, *L'Époque des métamorphoses (1912 – 1937)*, Paris, Gallimard, coll. «Folio essais», 1992, p.435。
14. *Ibid.*, p.440.

第十三节　"一个精彩的系列，有着前所未有的自由和快乐……"

1. Jana CLAVERIE, Hélène KLEIN, Vojtěch LAHODA et Olga UHROVÁ (dir.), *Vincenc Kramář, op. cit.*, p.150.
2. Isabelle KALINOWSKI, «Introduction: une esthétique inédite», dans Carl EINSTEIN, *Vivantes figures*, Paris, Éditions Rue d'Ulm/Musée du Quai-Branly, 2019, p.17.
3. *Donation Louise et Michel Leiris, op. cit.*, p.170, lettre du 5 mai 1913.
4. Archives du Musée national Picasso-Paris (MnPP), Don Succession Picasso, 1992, Archives personnelles Pablo Picasso, 515AP/C/dossier réservé/15 mai 1918.
5. Archives du Musée national Picasso-Paris (MnPP), Don Succession Picasso, 1992, Archives personnelles Pablo Picasso, 515AP/C/dossier réservé/21 mai 1918.
6. Archives du Musée national Picasso-Paris (MnPP), Don Succession Picasso, 1992, Archives personnelles Pablo Picasso, 515AP/C/dossier réservé/2 novembre 1918.
7. Cécile DAUPHIN et Danièle POUBLAN, «L'éloignement rapproche», art. cit., p.172.
8. Kankonde BUKASA PETER, «Transnational Family Ties, Remittance Motives and Social Death Among Congolese Migrants: A Socio-Anthropological Analysis», *Journal of Comparative Family Studies*, vol.41, n° 2, 2010, p.225 – 243.
9. 西语非洲是一家创办于1900年的马德里银行。

10. Archives du Musée national Picasso-Paris（MnPP）, Don Succession Picasso, 1992, Archives personnelles Pablo Picasso, 515 AP/C/dossier réservé/4 septembre 1918.
11. Jana CLAVERIE, Hélène KLEIN, Vojtěch LAHODA et Olga UHROVÁ（dir.）, *Vincenc Kramář, op. cit.*, p.230.
12. *Ibid.*, p.228, lettre du 16 février 1913.
13. *Ibid.*, p.228.
14. *Ibid.*, p.231.
15. Michael C. FITZGERALD, *Making Modernism, op. cit.*, p.44.
16. *Ibid.*, p.278, lettre de Quentin Laurens à Michael C. FITZGERALD, 27 avril 1991.
17. Jana CLAVERIE, Hélène KLEIN, Vojtěch LAHODA et Olga UHROVÁ（dir.）, *Vincenc Kramář, op. cit.*, p.231.
18. Pierre DAIX, *Le Nouveau Dictionnaire Picasso, op. cit.*, p.623.
19. Jana CLAVERIE, Hélène KLEIN, Vojtěch LAHODA et Olga UHROVÁ（dir.）, *Vincenc Kramář, op. cit.*, p.232.
20. *Ibid.*, p.231, articles parus dans *Les Soirées de Paris* ou *Le Mercure de France*.
21. *Ibid.*, p.232.
22. *Ibid.*, p.23, lettre du 15 novembre 1913.
23. *Ibid.*, p.236, lettre du 16 mars 1914.
24. *Ibid.*
25. *Ibid.*, lettre du 14 avril 1914.
26. *Ibid.*
27. Guillaume APOLLINAIRE, *Paris-Journal*, 26 mai 1914.
28. «L'avant-gardisme et la critique», *Les Écrits français*, n° 5, 5 avril 1914, dans Ariane COULONDRE, «Roger Allard», dans Brigitte LÉAL（dir.）, *Dictionnaire du cubisme, op. cit.*, p.10-11.
29. Laurence BERTRAND DORLÉAC, «Le *Verre* de Picasso», art. cit.
30. Werner SPIES, *Les Sculptures de Picasso*, Lausanne, La Guilde du Livre/Clairefontaine, 1971, p.48.
31. Anne BALDASSARI, *Icônes de l'art moderne, op. cit.*, lettre du 18 juin 1914.
32. 同上。根据安妮·巴尔达萨里的说法，莫斯科普希金博物馆的档案中保存着一套来自卡恩韦勒画廊的照片（已经编号并贴在文件夹里），特别是翻拍的毕加索作品的照片。舒金只获得了编号为379号的《水果盘和柠檬》，即现在的《水果盘、葡萄和切好的梨》（1914年），现保存于俄罗斯圣彼得堡的艾尔米塔什博物馆。
33. Jana CLAVERIE, Hélène KLEIN, Vojtěch LAHODA et Olga UHROVÁ (dir.), *Vincenc Kramář, op. cit.*, p.238.
34. *Ibid.*, p.150.
35. Stefan ZWEIG, *Le Monde d'hier. Souvenirs d'un Européen*, Paris, Le Livre de poche, 1966, p.260.
36. *Donation Louise et Michel Leiris, op. cit.*, p.28.
37. Isabelle MONOD-FONTAINE et Claude LAUGIER (dir.), *Daniel-Henry Kahnweiler, op. cit.*, p.123.
38. Jana CLAVERIE, Hélène KLEIN, Vojtěch LAHODA et Olga UHROVÁ (dir.), *Vincenc Kramář, op. cit.*, p.237.
39. Archives du Musée national Picasso-Paris (MnPP), Don Succession Picasso, 1992, Archives personnelles Pablo Picasso, 515AP/C/dossier réservé/3 août 1914.
40. Daniel-Henry KAHNWEILER et Francis CRÉMIEUX, *Mes galeries et mes peintres, op. cit.*, p.68.

遭受打击的国际毕加索：1914—1923 年

1. Isabelle MONOD-FONTAINE,《Pablo Picasso》, dans *Donation Louise et Michel Leiris, op. cit.*, p. 171.

第十四节　妇女、退休人员和外籍人士

1. Gertrude STEIN et Pablo PICASSO, *Correspondance*, éd. cit., p.164.
2. *Ibid.*
3. *Ibid.*, p.165–167.
4. *Ibid.*, p.168–170.
5. *Ibid.*, p.171.
6. *Ibid.*, p.172.
7. Christian DOMINICÉ, *La Notion du caractère ennemi des biens privés dans la guerre sur terre*, Genève, Droz, 1961, p.112, circulaire du 13 octobre 1914.
8. Isabelle MONOD-FONTAINE et Claude LAUGIER (dir.), *Daniel-Henry Kahnweiler, op. cit.*, p.123, lettre du 6 septembre 1919.
9. Daniel-Henry KAHNWEILER et Francis CRÉMIEUX, *Mes galeries et mes peintres, op. cit.*, p.68.
10. Isabelle MONOD-FONTAINE et Claude LAUGIER (dir.), *Daniel-Henry*

Kahnweiler, *op. cit.*, p.123, lettre du 6 septembre 1919.
11. Gertrude STEIN et Pablo PICASSO, *Correspondance*, éd. cit., p.182 – 183.
12. 史学界对于第一次全球化的时间存在不同看法，参见 Harold JAMES, *The End of Globalization*, Cambridge, Harvard University Press, 2002, 以及 Jeremy I. ADELMAN et Kate REED, *Earth Hunger, op. cit.*。桑贾伊·苏伯曼亚姆等一些历史学家认为 16 世纪的大发现时间是第一次全球化，而其他专家则认为 19 世纪之前的这一时期是"早期全球化"（克里斯·贝利），甚至是"原初全球化"时期（托尼·霍普金斯）。在他们看来，第一次全球化需要比 16 世纪拥有更大的自主权，无论是市场力量还是资源自由流动——这两个概念对 19 世纪的经贸往来起着决定性的作用。
13. Daniel-Henry KAHNWEILER et Francis CRÉMIEUX, *Mes galeries et mes peintres, op. cit.*, p.102.
14. Norman ANGELL, *La Grande Illusion*, Paris, Nelson éditeurs, 1911, p.25 – 26; Suzanne BERGER, *Notre première mondialisation. Leçons d'un échec oublié*, Paris, Seuil, coll. «La République des idées», 2003, p.80 – 85.
15. Milorad M. DRACHKOVITCH, *Les Socialismes français et allemand et le problème de la guerre (1870 – 1914)*, Genève, Droz, 1953, p.106, discours du 13 janvier 1911.
16. Georg SIMMEL, «The Stranger», dans Kurt WOLFF (dir.), *The Sociology of Georg Simmel*, New York, Free Press, 1950, p.402 – 408.
17. *Ibid.*
18. Archives du Musée national Picasso-Paris (MnPP), Don Succession Picasso, 1992, Archives personnelles Pablo Picasso, 515AP/C/86/1er décembre 1914.
19. Guillaume APOLLINAIRE et André LEVEL, *Lettres*, éd. par B. Level, Paris, Lettres modernes, 1976, p.7.
20. *Ibid.*
21. Archives du Musée national Picasso-Paris (MnPP), Don Succession Picasso, 1992, Archives personnelles Pablo Picasso, 515AP/C/86/21 mars 1916.
22. *Donation Louise et Michel Leiris, op. cit.*, p.28, lettre à Kahnweiler du 15 juillet 1919.
23. *Ibid.*, p.29, lettre à Kahnweiler du 17 septembre 1919.
24. Archives du Musée national Picasso-Paris (MnPP), Don Succession

Picasso, 1992, Archives personnelles Pablo Picasso, 515AP/C/dossier réservé/22 décembre 1914.
25. Archives du Musée national Picasso-Paris (MnPP), Don Succession Picasso, 1992, Archives personnelles Pablo Picasso, 515AP/C/dossier réservé/1er septembre 1914.
26. Archives du Musée national Picasso-Paris (MnPP), Don Succession Picasso, 1992, Archives personnelles Pablo Picasso, 515AP/C/dossier réservé/1er janvier 1915.
27. Gertrude STEIN et Pablo PICASSO, *Correspondance*, éd. cit., p.185.
28. Guillaume APOLLINAIRE et André LEVEL, *Lettres*, éd. cit., p.100, lettre du 7 février 1915.
29. Archives musée de Céret, lettre du 12 juillet 1915, reprise dans *Pablo Picasso. Dessins et papiers collés. Céret (1911－1913)*, Céret, musée d'art moderne de Céret, 1997, p.366.
30. *Ibid.*, p.369.
31. Gertrude STEIN et Pablo PICASSO, *Correspondance*, éd. cit., p.188－189.
32. *Ibid.*, p.191－192, lettre du 8 janvier 1916.
33. Archives du Musée national Picasso-Paris (MnPP), Don Succession Picasso, 1992, Archives personnelles Pablo Picasso, 515AP/C/86/11 décembre 1914.
34. Archives du Musée national Picasso-Paris (MnPP), Don Succession Picasso, 1992, Archives personnelles Pablo Picasso, 515AP/C/86/30 mai 1915.
35. Archives du Musée national Picasso-Paris (MnPP), Don Succession Picasso, 1992, Archives personnelles Pablo Picasso, 515AP/C/86/s.d. (1915).
36. Archives du Musée national Picasso-Paris (MnPP), Don Succession Picasso, 1992, Archives personnelles Pablo Picasso, 515AP/C/86/30 mai 1915.
37. Tony TOLLET, *De l'influence de la corporation judéo-allemande des marchands de tableaux de Paris sur l'art français*, Lyon, Imprimerie de A. Rey, 1915.
38. Cité dans Norman ANGELL, *La Grande Illusion, op. cit.*, p.3.

第十五节　迈向崭新的跨国逻辑

1. Christian DEROUET, «Le cubisme "bleu horizon". Correspondance de

Juan Gris et Léonce Rosenberg: 1915 – 1917», *Revue de l'art*, 1996, p.40 – 64.
2. Archives nationales (AN), AJ/28/CCSG/1.
3. Kenneth E. SILVER, *Vers le retour à l'ordre. L'avant-garde parisienne et la Première Guerre mondiale*, Paris, Flammarion, 1991, p.36 – 38.
4. *Le Mot*, n° 7, 23 janvier 1915, non paginé.
5. Jean COCTEAU, *Œuvres poétiques complètes*, Paris, Gallimard, coll. «Bibliothèque de la Pléiade», 1999, p.21.
6. Dans Erik SATIE, *Correspondance presque complète*, éd. par O. Volta, Paris, Fayard/Imec, 2000, p.254.
7. Jean COCTEAU, *Le Rappel à l'ordre*, Paris, Stock, 1926, p.286.
8. Jean COCTEAU, *La Corrida du premier mai*, Paris, Grasset, 1957, p.178.
9. Jean COCTEAU, *Lettres à sa mère*, tome I (1898 – 1918), Paris, Gallimard, 1989, p.295 *sq*.
10. Cécile GODEFROY, «1915 – 1925: Picasso, dall'*Arlequin a Les Trois Danseuses*», dans Olivier BERGGRUEN et Anunciata VON LIECHTENSTEIN (dir.), *Picasso. Tra Cubismo e Classicismo, 1915 – 1925*, Rome, Scuderie del Quirinale, 2017; Valentina MONCADA, «Picasso a via Margutta: l'atelier negli Studi Patrizi», dans Olivier BERGGRUEN et Anunciata VON LIECHTENSTEIN (dir.), *Picasso. Tra Cubismo e Classicismo, op. cit*.
11. Pablo PICASSO et Guillaume APOLLINAIRE, *Correspondance*, éd. cit., p.85.
12. Maurice BARRÈS, *La Terre et les Morts. Sur quelles réalités fonder la conscience française*, Paris, La Patrie française, 1899, p.27.
13. 衷心感谢玛丽安娜·阿马尔提供的信息。她解释说："然而，要想彻底打破4月2日的法令是不可能的。1917年开始使用身份证，当时的情况相当混乱，军区和后方各行其是……。事实上，该法令应被视为一个中期进程开始时的创始事件。" Marianne AMAR, *1917. La création, avant celle des Français, de la carte d'identité des étrangers*, Parcours permanent, Musée national de l'histoire de l'immigration (MNHI).

第十六节　战时艺术品商人的大动作：在爱国主义、背信弃义和检举揭发之间

1. Archives du Musée national Picasso-Paris (MnPP), Don Succession

Picasso, 1992, Archives personnelles Pablo Picasso, 515AP/C/140/6 mars 1916.
2. Selon les termes de Picasso à Brassaï (voir Pierre DAIX, *s. v.* «Clovis Sagot», dans *Le Nouveau Dictionnaire Picasso, op. cit.*).
3. Archives du Musée national Picasso-Paris (MnPP), Don Succession Picasso, 1992, Archives personnelles Pablo Picasso, 515AP/C/140/30 octobre 1914.
4. Archives du Musée national Picasso-Paris (MnPP), Don Succession Picasso, 1992, Archives personnelles Pablo Picasso, 515AP/C/140/24 décembre 1914.
5. Archives du Musée national Picasso-Paris (MnPP), Don Succession Picasso, 1992, Archives personnelles Pablo Picasso, 515AP/C/140/2 mars 1916.
6. Archives du Musée national Picasso-Paris (MnPP), Don Succession Picasso, 1992, Archives personnelles Pablo Picasso, 515AP/C/140/6 mars 1916.
7. Archives du Musée national Picasso-Paris (MnPP), Don Succession Picasso, 1992, Archives personnelles Pablo Picasso, 515AP/C/141/24 mars 1916.
8. Archives du Musée national Picasso-Paris (MnPP), Don Succession Picasso, 1992, Archives personnelles Pablo Picasso, 515AP/C/141/30 mai 1919.
9. Archives du Musée national Picasso-Paris (MnPP), Don Succession Picasso, 1992, Archives personnelles Pablo Picasso, 515AP/C/140/23 juillet 1920.
10. Vérane TASSEAU, «Les ventes de séquestre de la galerie Kahnweiler», art. cit.
11. Archives du Musée national Picasso-Paris (MnPP), Don Succession Picasso, 1992, Archives personnelles Pablo Picasso, 515AP/C/140, lettre s.d. (1920).
12. Centre Pompidou/MNAM-CCI/Bibliothèque Kandinsky, fonds Correspondance autour des ventes des collections de Daniel-Henry Kahnweiler et de Wilhelm Uhde, LROS 22.
13. Archives du Musée national Picasso-Paris (MnPP), Don Succession Picasso, 1992, Archives personnelles Pablo Picasso, 515AP/C/140/29 septembre 1923.

第十七节　歇斯底里恐德症的间接受害者

1. Archives nationales（AN），AJ/28/CCSG/1.
2. Exposition «De Picasso à Séraphine, Wilhelm Uhde et les primitifs modernes», Villeneuve-d'Ascq, LaM, 2017.
3. Jean-Jacques BECKER, «Les conséquences des traités de paix», *Revue historique des armées*, n° 254, 2009, http://journals.openedition.org/rha/6303.
4. 里尔现当代艺术和非主流艺术博物馆里的罗杰·杜蒂耶尔藏品。我要感谢弗朗西斯·贝尔蒂埃和玛丽-阿梅莉·塞诺为这份材料提供的宝贵帮助。如果将罗杰·杜蒂耶尔图录中的每件作品加起来，我们可以算出以下结果：第一次拍卖：毕加索的26幅绘画和88件雕塑；第二次拍卖：37幅绘画和12幅拼贴画；第三次拍卖：33幅绘画，素描或水彩画；第四次拍卖：50幅绘画、350件蚀刻版画和55件雕刻版画。此外还有1921年5月30日的乌德藏品拍卖会（13幅油画和3幅素描），以及卡恩韦勒收藏的39幅非库存作品。这些作品在1914年8月之前仍由埃米尔·德勒唐拍摄。参见Christian DEROUET, «Picasso et le spectre des ventes des biens allemands ayant fait l'objet d'une mesure de séquestre de guerre（1914－1923）», dans Annette BECKER (dir.), *Picasso et la guerre*, Paris, Gallimard/Musée de l'Armée/Musée national Picasso-Paris, 2019, p.68。据让娜·洛朗所述，"仅卡恩韦勒一人遭到扣押的作品就超过了1 500件。仅就绘画作品而言，就有124幅布拉克作品，111幅德兰作品，56幅格里斯作品，43幅莱热作品，132幅毕加索作品，22幅梵·邓肯作品和315幅弗拉芒克作品。此外，还有画廊所雇画家们画的水彩画、水粉画、素描、版画和绘本"（Jeanne LAURENT, *Arts et pouvoirs en France de 1793 à 1981. Histoire d'une démission artistique*, Saint-Étienne, CIEREC, 1982, p.118）。
5. Marius BOISSON, «La vente Kahnweiller» (sic), *Comœdia*, 18 novembre 1921.
6. 像诗人安德烈·布勒东和保尔·艾吕雅都是出色的鉴赏家。
7. Daniel-Henry KAHNWEILER et Francis CRÉMIEUX, *Mes galeries et mes peintres, op. cit.*, p.93－95.
8. Vérane TASSEAU, «Les ventes de séquestre du marchand Daniel-Henry Kahnweiler（1921－1923）», *Archives juives*, vol. 50, n° 1, 2017, p.26－40.
9. *Ibid.*
10. *Ibid.*, p. 33, citant «Le carnet d'un curieux. Notes diverses», *La Renaissance de l'art français et des industries de luxe*, vol. 4, n° 9,

septembre 1921, p.486.
11. 第 72 号拍品实际估价为 500 法郎，但最终以 800 法郎成交（由莱昂斯·罗森伯格代表安德烈·勒费弗尔购得）。
12. *Comœdia*, 18 novembre 1921, Archives Roger Dutilleul.
13. Vérane TASSEAU, «Les ventes de séquestre du marchand Daniel-Henry Kahnweiler (1921－1923)», art. cit., p.34.
14. Robert DESNOS, *Paris-Journal*, 13 mai 1923, dans Christian DEROUET, «Picasso et le spectre des ventes des biens allemands ayant fait l'objet d'une mesure de séquestre de guerre (1914－1923)», art. cit.
15. Archives du Musée national Picasso-Paris (MnPP), Don Succession Picasso, 1992, Archives personnelles Pablo Picasso, 515AP/C/86/15 octobre 1919.
16. Archives du Musée national Picasso-Paris (MnPP), Don Succession Picasso, 1992, Archives personnelles Pablo Picasso, 515AP/C/86/29 décembre 1917.
17. Archives du Musée national Picasso-Paris (MnPP), Don Succession Picasso, 1992, Archives personnelles Pablo Picasso, 515AP/C/86/s. d. (1918).
18. Archives du Musée national Picasso-Paris (MnPP), Don Succession Picasso, 1992, Archives personnelles Pablo Picasso, 515AP/C/86/15 octobre 1919.
19. Archives du Musée national Picasso-Paris (MnPP), Don Succession Picasso, 1992, Archives personnelles Pablo Picasso, 515AP/C/86/4 novembre 1919.
20. Archives du Musée national Picasso-Paris (MnPP), Don Succession Picasso, 1992, Archives personnelles Pablo Picasso, 515AP/C/86/25 novembre 1919.
21. Archives du Musée national Picasso-Paris (MnPP), Don Succession Picasso, 1992, Archives personnelles Pablo Picasso, 515AP/C/86/23 juin 1920.
22. Archives du Musée national Picasso-Paris (MnPP), Don Succession Picasso, 1992, Archives personnelles Pablo Picasso, 515AP/C/86/7 avril 1921.
23. Daniel-Henry KAHNWEILER et Francis CRÉMIEUX, *Mes galeries et mes peintres, op. cit.*, p.92－93.
24. Philippe DAGEN, *Le Silence des peintres. Les artistes face à la Grande Guerre*, Paris, Fayard, 1996, p. 326. Plus tard, aux États-Unis et en

Grande-Bretagne, ce fut au tour de Kenneth E. SILVER, *Esprit de Corps: The Art of the Parisian Avant-garde*, Londres, Thames and Hudson, 1989; Kenneth E. SILVER, *Vers le retour à l'ordre, op. cit.*; Kenneth E. SILVER, *Picasso: The Great War, Experimentation and Change*, New York, Scala, 2016, et de Christophe Green cité ci-dessous (note 25).

25. «Cubism and War: The Crystal in the Flame», exposition de Christopher Green au Musée Picasso de Barcelone, 2016; «Picasso et la guerre», Musée de l'Armée, 2019.
26. Comme le passionnant Wolfgang SCHIVELBUSCH, *The Culture of Defeat: On National Trauma, Mourning and Recovery*, New York, Metropolitan Books/Henry Holt and Company, 2003.
27. Archives des domaines, biens et intérêts privés.
28. Anne DUCRET, «Justice; Direction des affaires civiles et du sceau (1918－1958). Répertoire (19970343/1－19970343/7)», Pierrefitte-sur-Seine, 1997.
29. Jeanne LAURENT, *Arts et pouvoirs en France de 1793 à 1981, op. cit.*
30. Paul LÉON, *Du Palais-Royal au Palais-Bourbon*, Paris, Albin Michel, 1947, p.124.
31. *Ibid.*, p.175.
32. Christophe CHARLE, *Les Élites de la République*, Paris, Fayard, 1987, p.418.
33. 正如他在同一时期对香波城堡所做的那样。参见 Jeanne LAURENT, *Arts et pouvoirs en France de 1793 à 1981, op. cit.*, p.119。
34. 毕加索在与行政当局打交道时，为何选择勒韦尔而不是奥利维耶·塞恩泽尔（最早收藏毕加索作品的人）？这很有意思。在皮埃尔·戴克斯看来，塞恩泽尔在立体主义时期就不再购买毕加索的作品，但在1911年《蒙娜丽莎》失窃案发生时仍在保护毕加索。Pierre Daix, *Le Nouveau Dictionnaire Picasso, op. cit.*, page 801.
35. Daniel-Henry KAHNWEILER et Francis CRÉMIEUX, *Mes galeries et mes peintres, op. cit.*, p.92－96, en particulier p.93.
36. 这笔钱（德语称之为"Wiedergutmachung"）由德国政府支付给德国公民，作为对他们在战争中所失去财产的补偿。卡恩韦勒收到了2万德国马克，跟他被查封而受的损失相比，这点钱可谓微乎其微。但他决定用这笔钱偿还他欠毕加索的债务（我们再说一遍，这笔钱来自他的现金以及舒金和莱昂斯·罗森伯格偿还给他的欠款）。参见 Douglas COOPER et Gary TINTEROW, *The Essential Cubism: Braque, Picasso & Their Friends. 1907－1920*, Londres, The Tate Gallery, 1983, p.27。

37. Jeanne LAURENT, *Arts et pouvoirs en France de 1793 à 1981, op. cit.*, p.84 – 88, 120 – 121.
38. 卡耶博特遗产事件指的是法兰西艺术院领导层拒绝接受画家古斯塔夫·卡耶博特遗赠的 29 幅印象派绘画作品的事件（尽管法国国家博物馆咨询委员会已投票通过接受全部遗赠）。

第十八节 "敲响时间"：巴黎圣母院、大钟埃马纽埃尔和国际毕加索

1. Francesca TRIVELLATO, *Corail contre diamants*, Paris, Seuil, 2016.
2. Suzanne BERGER, *Notre première mondialisation, op. cit.*, p.86 – 87.
3. Jana CLAVERIE, Hélène KLEIN, Vojtěch LAHODA et Olga UHROVÁ (dir.), *Vincenc Kramář, op. cit.*, p.329, lettre du 6 juillet 1920.

第三章 面对无所不能的警察，毕加索的方方面面：1919—1939 年

序幕 如同破碎的马赛克

1. Jean-Paul SARTRE, *L'Idiot de la famille*, tome I, Paris, Gallimard, coll. «Tel», 1971, p.8.
2. Émilie BOUVARD, Marilyn MCCULLY et Michael RAEBURN, *Tableaux magiques*, catalogue d'exposition, Paris, Musée national Picasso-Paris/Skira, 2019.
3. Carl EINSTEIN, «Picasso», *Documents*, n° 3, 1930, p.155 – 157, dans Émilie BOUVARD, Marilyn MCCULLY et Michael RAEBURN, *Tableaux magiques, op. cit.*, p.170.
4. Carl EINSTEIN, *L'Art du XXe siècle, op. cit.*, p.149.
5. André WARNOD, *Les Berceaux de la jeune peintre. op. cit.*, p.92 – 93.
6. Maurice SACHS, *Au temps du Bœuf sur le toit. Journal d'un jeune bourgeois à l'époque de la prospérité*, Paris, Grasset, 1939, p.11.
7. Eugen WEBER, *La France des années 30. Tourments et perplexités*, Paris, Fayard, 1994, p.21.
8. Christophe CHARLE, «Préface», dans Alice BRAVARD, *Le Grand Monde parisien. 1900 – 1939. La persistance du modèle aristocratique*, Rennes, Presses de l'Université de Rennes, 2013, p.9.

第一节 风格多变的布景设计师（从俄罗斯芭蕾舞团到法国贵族舞会）

1. Serge DE DIAGHILEV, *L'Art, la musique et la danse. Lettres, écrits, entretiens*, Paris, Vrin, 2013, p.406.
2. *Ibid.*, p.307.

3. *Ibid.*, p.12.
4. *Ibid.*, p.291.
5. Marina TSVETAÏEVA, dans Jean-Claude MARCADÉ, «Serge Diaghilev et l'avant-garde russe», dans John E. BOWLT et al., «*Étonne-moi!*» *Serge Diaghilev et les Ballets russes*, Paris, Skira, 2009, p.89.
6. *Ibid.*, p.163.
7. Laurence MADELINE (dir.), *Les Archives de Picasso, op. cit.*, p.166.
8. *Ibid.*, p.163.
9. Archives du Musée national Picasso-Paris (MnPP), Don Succession Picasso, 1992, Archives personnelles Pablo Picasso, 515AP/C/96/21 janvier 1917, lettre citée dans Laurence MADELINE (dir.), *Les Archives de Picasso, op. cit.*, p.163.
10. Serge DE DIAGHILEV, *L'Art, la musique et la danse, op. cit.*, p.412.
11. Eugenia ERRÁZURIZ et al., *Lettres d'Eugenia Errázuriz à Pablo Picasso*, éd. par A. Canseco Jerez, Metz, Centre d'études de la traduction, 2001.
12. *Ibid.*, p.22-23, lettre du 27 février 1917, n° 4.
13. Jacques LEENHARDT, «Simmel et la théorie du mécénat. Le mécénat peut-il avoir une place dans la théorie de la sociologie?», dans Eugenia ERRÁZURIZ et al., *Lettres d'Eugenia Errázuriz à Pablo Picasso*, éd. cit., p.194.
14. *Ibid.*, p.38-39, lettre du 25 novembre 1917, n° 12.
15. Archives du Musée national Picasso-Paris (MnPP), Don Succession Picasso, 1992, Archives personnelles Pablo Picasso, 515AP/C/10/2 mars 1923.
16. 由于这一阶层有参军入伍的传统，所以他们缴纳的"血汗税"是全国平均值的两倍。参见 Alice BRAVARD, *Le Grand Monde parisien, op. cit.*, p.187-188.
17. *Ibid.*, p.261。
18. Georges AURIC, *Quand j'étais là*, Paris, Grasset, 1979, p.207, dans Myriam CHIMÈNES, *Mécènes et musiciens. Du salon au concert à Paris sous la IIIe République*, Paris, Fayard, 2004, p.157.
19. Arno MAYER, *La Persistance de l'Ancien Régime*, Paris, Flammarion, 1982, p.11.
20. *Ibid.*, p.108.
21. Myriam CHIMÈNES, *Mécènes et musiciens, op. cit.*, p.158.
22. Bernard FAŸ, *Les Précieux*, Paris, Perrin, 1966, p.41-42, dans

Myriam CHIMÈNES, *Mécènes et musiciens, op. cit.*, p.156.
23. Archives du Musée national Picasso-Paris (MnPP), Don Succession Picasso, 1992, Archives personnelles Pablo Picasso, 515AP/C/10/s.d.
24. Raymonde MOULIN, *Le Marché de la peinture en France, op. cit.*, p.36.
25. Myriam CHIMÈNES, *Mécènes et musiciens, op. cit.*, p.15.
26. Marc FUMAROLI, introduction à Jean MESNARD et Roland MOUSNIER (dir.), *L'Âge d'or du mécénat (1598 - 1661)*, Paris, CNRS Éditions, 1985, p.9.
27. Archives du Musée national Picasso-Paris (MnPP), Don Succession Picasso, 1992, Archives personnelles Pablo Picasso, 515AP/C/10/15 [??] 1923.
28. Archives de l'Institut des mémoires de l'édition contemporaine (IMEC), 197BMT/1 - 13.
29. Caroline POTTER, *A Parisian Composer and his World: Erik Satie, Music, Art, Literature*, Suffolk, Boydell & Brewer, 2013.
30. Archives de l'Institut des mémoires de l'édition contemporaine (IMEC), 197BMT/1 - 13.
31. Archives de l'Institut des mémoires de l'édition contemporaine (IMEC), 197BMT/1 - 13, 5 février 1934.
32. Archives du Musée national Picasso-Paris (MnPP), Don Succession Picasso, 1992, Archives personnelles Pablo Picasso, 515AP/C/10/21 février 1924.
33. Paul COLLAER, «La Saison de Paris», *Arts et lettres d'aujourd'hui*, vol. 2, n° 23, 15 juin 1924.
34. Archives de l'Institut des mémoires de l'édition contemporaine (IMEC), collection Rondel, bibliothèque de l'Arsenal, sans titre, s.d.
35. Cité dans Pierre DAIX, *Le Nouveau Dictionnaire Picasso, op. cit.*, p.581.
36. Archives du Musée national Picasso-Paris (MnPP), Don Succession Picasso, 1992, Archives personnelles Pablo Picasso, 515AP/C/10/14 juin 1920.

第二节　艺术家魔术师（在超现实主义的国际领域里）

1. Archives de la bibliothèque littéraire Jacques-Doucet, Paris, lettre d'André Breton à Jacques Doucet du 2 décembre 1924, dans Hélène SECKEL, «Chronologie», dans Hélène SECKEL (dir.), *Les Demoiselles d'Avignon, op. cit.*, p.548 - 550.
2. André BRETON, *Le Surréalisme et la Peinture*, Paris, Gallimard, 1965,

p.7.
3. Archives du Musée national Picasso-Paris (MnPP), Don Succession Picasso, 1992, Archives personnelles Pablo Picasso, 515AP/C/18/s.d.
4. Affirmation du *Manifeste dada* qui, assumant la contradiction, se dit «contre les manifestes».
5. Alexander PARTENS, *Dada Almanach*, 1920, dans Marc DACHY, *Archives dada. Chronique*, Paris, Hazan, 2005, p.160.
6. Pierre DAIX, *La Vie quotidienne des surréalistes (1917－1932)*, Paris, Hachette, 1993, p.51.
7. Sylvie RAMOND, «L'extrême des artistes. *Femme assise sur la plage, La Baignade et La Grande Baigneuse au livre* de Picasso», dans Émilie BOUVARD et Coline ZELLAL (dir.), *Picasso. Chefs-d'œuvre!*, op. cit., p.117, 119, 135.
8. 卡尔·爱因斯坦的这句话曾在展板中被提到，不过我们可以在《巴勃罗·毕加索》一文中找到这句美言背后的所有论据。该文阐释的内容正是这一超现实主义时期："我们可以说，万事万物都具有一种占卜性质的心理起源。毕加索用一种结构性的构造来弥补主观性，将自己的发现转化为范式。他将无意识的必然性与对精准形式的追求进行比照，用画作表现两极之间的张力。可以说，这是一种内在的辩证法，一种复调的心理结构。"详见 Carl EINSTEIN, *L'Art du XXe siècle, op. cit.*, p.154－155。
9. Michel LEIRIS, *Journal (1922－1924)*, Paris, Gallimard, 1992, p.41, 1er avril 1924.
10. 选自1952年3月至6月期间与安德烈·帕里诺电台的访谈，参见 Pierre DAIX, *La Vie quotidienne des surréalistes, op. cit.*, p.15.
11. Archives du Musée national Picasso-Paris (MnPP), Don Succession Picasso, 1992, Archives personnelles Pablo Picasso, 515AP/C/6/11 février 1919.
12. Archives du Musée national Picasso-Paris (MnPP), Don Succession Picasso, 1992, Archives personnelles Pablo Picasso, 515AP/C/6/30 août 1919.
13. 由安德烈·萨尔蒙发起组织。
14. Louis ARAGON, «Du décor», dans *Le Film*, 16 septembre 1918, dans Pierre DAIX, *La Vie quotidienne des surréalistes, op. cit.*, p.62.
15. *Ibid.*, p.223.
16. André BRETON et Paul ÉLUARD, *Correspondance (1919－1938)*, éd. par É.-A. Hubert, Paris, Gallimard, 2019.

17. Louis ARAGON, *Projet d'histoire littéraire contemporaine* [1923], Paris, Mercure de France/Gallimard, coll. «Digraphe», 1994; voir aussi François BUOT, *Tristan Tzara. L'homme qui inventa la révolution dada*, Paris, Grasset, 2002.
18. Marc DACHY, *Archives dada, op. cit.*, p.534–535.
19. Archives de l'Institut des mémoires de l'édition contemporaine (IMEC), 197BMT/1–13.
20. *Paris-Journal*, 20 juin 1924, voir Werner SPIES (dir.), *La Révolution surréaliste*, catalogue d'exposition, Paris, Éditions du Centre Pompidou, 2002.
21. Ioana VLASIU, «Bucharest», dans Timothy O. BENSON (dir.), *Central European Avant-gardes: Exchange and Transformation 1910–1930*, Cambridge, MIT Press, 2002, p.248–254.
22. 这多亏了亚历山德鲁·博格丹-皮特西蒂的支持，他是一位同情无政府主义的当代艺术收藏家。
23. *Ibid.*
24. Paul ÉLUARD, *Lettres à Gala (1924–1948)*, Paris, Gallimard, 1984, p.134, février 1931.
25. *Ibid.*, p.219, 17 août 1933.
26. *Ibid.*, p.246, 15 août 1934.
27. *Ibid.*, p.248, 20 août 1934.
28. *Ibid.*, p.262, 31 mars 1936.
29. Archives du Musée national Picasso-Paris (MnPP), Don Succession Picasso, 1992, Archives personnelles Pablo Picasso, 515AP/C/18/18 septembre 1923.
30. Archives du Musée national Picasso-Paris (MnPP), Don Succession Picasso, 1992, Archives personnelles Pablo Picasso, 515AP/C/18/29 octobre 1923.
31. Michel LEIRIS, «Réponse au questionnaire de René Bertelé», repris dans Michel LEIRIS, *La Règle du jeu*, Paris, Gallimard, coll. «Bibliothèque de la Pléiade», 2003, p.1269–1270.
32. Michel LEIRIS, «Un génie sans piédestal», dans *Le Dernier Picasso (1953–1973)*, Paris, Éditions du Centre Pompidou, 1988, p.14–15.
33. Michel LEIRIS, «Toiles récentes de Picasso», *Documents*, vol.2, n° 2, 1930, p.57–71.
34. Victoria COMBALIA, *Picasso-Miró, Miradas cruzadas*, Madrid, Electa, 1998, p.118, lettre du 15 novembre 1924.

35. *Ibid.*, p.118, lettre du 10 février 1925.
36. *Ibid.*, p.115, lettre de juillet 1921.
37. Archives du Musée national Picasso-Paris (MnPP), Don Succession Picasso, 1992, Archives personnelles Pablo Picasso, 515AP/C/101/24 janvier 1934.
38. Salvador DALÍ, *Lettres à Picasso (1927 – 1970)*, éd. par L. Madeline, Paris, Gallimard, 2005, p.143.
39. *Ibid.*, p.144.
40. *Ibid.*, p.151.
41. Salvador DALÍ, *La Vie secrète de Salvador Dalí*, Paris, La Table Ronde, 1969, p.227.
42. Eugenio CARMONA, «Le jeune Dalí, la Residencia de Estudiantes et les stratégies de la différence», dans Jean-Hubert MARTIN (dir.), *Dalí*, catalogue d'exposition, Paris, Éditions du Centre Pompidou, 2012.
43. *Ibid.*, p.350 – 351. «Picasso et moi», manuscrit inédit (vers 1957), Fondació Gala-Salvador Dalí, Figueres, RI 225.
44. *Ibid.*, p.352 – 353.
45. Annie COHEN-SOLAL, *«Un jour, ils auront des peintres»*, op. cit., p.467 – 482.
46. 对于杜塞与布勒东的关系，详见 Yves PEYRÉ, « L'absolu d'une rencontre», *Cahiers de la bibliothèque littéraire Jacques-Doucet*, n° 1, 1997, p.92 – 96。
47. Archives de la bibliothèque littéraire Jacques-Doucet, Paris, lettre du 3 décembre 1921, dans Hélène SECKEL, «Éléments pour une chronologie de l'histoire des *Demoiselles d'Avignon*», dans Hélène SECKEL (dir.), *Les Demoiselles d'Avignon, op. cit.*, vol.2, p.583.
48. *Ibid.*, p.585, lettre du 6 novembre 1923.
49. 巴黎雅克·杜塞文学图书馆档案，安德烈·布勒东 1961 年写给让·弗朗索瓦·雷维尔的信。他这样讲起回忆中的这段往事："比如《亚威农少女》。我记得那一天，他从毕加索那里买下了这幅画。奇怪的是，毕加索似乎被杜塞怔住了。"埃莱娜·赛柯尔补充道："布勒东引用了杜塞的话，并为雷维尔评论道：'我过世后，我的所有收藏都会进入卢浮宫，是唯一一位靠着自己的威望就能让卢浮宫接受前卫绘画的收藏家。" (Hélène SECKEL, «Éléments pour une chronologie de l'histoire des *Demoiselles d'Avignon*», art. cit., p.590 – 591.)
50. Archives de la bibliothèque littéraire Jacques-Doucet, Paris, lettre du 9 mars 1924, dans Hélène SECKEL, «Éléments pour une chronologie de

l'histoire des *Demoiselles d'Avignon*», art. cit., p.587.
51. *Ibid.*, p.590, lettre du 2 décembre 1924.
52. Annie COHEN-SOLAL, «*Un jour, ils auront des peintres*», *op. cit.*, «*Les Demoiselles* s'en vont en Amérique», p.467 – 482.
53. Archives du Musée national Picasso-Paris（MnPP）, Don Succession Picasso, 1992, Archives personnelles Pablo Picasso, 515AP/C/18/11 août 1940.
54. Françoise GILOT et Carlton LAKE, *Vivre avec Picasso*, Paris, 10/18, 1964, p.140 – 142.
55. 毕加索本人在这一阶段并未接近共产党，因为正如克利福德·罗森伯格所指出的那样，20世纪20年代的法国共产党人正忙着撇清与社会党的关系，忙着确立自己的身份，所以他们依赖于经验更丰富的积极分子的专业知识（Clifford ROSENBERG, *Policing Paris, op. cit.*, p.64 – 65）。
56. 欧洲，1930年7月。
57. 1925年7月2日，在纪念诗人圣波尔·鲁的宴会上，米歇尔·莱里斯和他的几位超现实主义青年朋友大声疾呼，抨击"爱国"的声音："打倒法国！阿卜杜勒·克里姆万岁！"他旋即遭到了人群的猛烈围攻，直到警察过来才解了围。阿拉贡解释说："我们差点被打死（真的是这样）。莱里斯实实在在被人揍了一顿。这真是奇妙、可怕而又美好的经历。"部分媒体大加挞伐了这些"有抱负的阿帕奇人，这些忍受着蒙帕纳斯脏乱生活的外国佬，那里充斥着不受欢迎的人、间谍和疯疯癫癫的画家……这些涂成红色的年轻资产阶级公然妄图破坏所有的法国秩序，大声宣扬他们喜欢叛国。他们玷污了逝者……"（Témoignage de Philippe SOLLERS, «La guerre du goût. Quand les surréalistes criaient "À bas la France"», *Le Nouvel Observateur*, 30 mai 2013.）
58. Archives du Musée national Picasso-Paris（MnPP）, Don Succession Picasso, 1992, Archives personnelles Pablo Picasso, 515AP/C/18/s.d.
59. Maxime ALEXANDRE, *Mémoires d'un surréaliste*, Paris, La Jeune Parque, 1968, p.109.
60. «L'inculpation d'Aragon», *L'Humanité*, 9 février 1932, voir Thibault BOIXIÈRE, «"Front rouge": quand Aragon était accusé de propagande anarchiste», *The Conversation*, 19 février 2018, https://theconversation.com/front-rouge-quand-aragon-etait-accuse-de-propagande-anarchiste-90833.
61. Paul ÉLUARD, *Lettres à Gala, op. cit.*, p.154, 30 janvier 1932.

62. *Ibid.*, p.156, 2 février 1932.
63. *Ibid.*, p.158, 6 février 1932.
64. Maurice DE VLAMINCK, *Paris-Journal*, 1924 (*Le Petit Journal des grandes expositions*, p.7).
65. Marianne AMAR, *1917. La création, avant celle des Français, de la carte d'identité des étrangers, op. cit.*

第三节 雕塑家、弥诺陶洛斯、知名艺术家（关于布瓦吉鲁庄园）

1. 引自 Pierre DAIX, *Pablo Picasso*, Paris, Tallandier, 2007, p. 335. L'œuvre à laquelle fait allusion Kahnweiler est sans doute *La Jeune Fille au miroir*。
2. 其中一些肖像画现在价值已经超过1亿美元。
3. Diana WIDMAIER-PICASSO, «The Marie-Thérèse Years: A Frenzied Dialogue for the Sleeping Muse or the Rebirth of Picasso's Plastic Laboratory», dans John RICHARDSON (dir.), *Picasso and Marie-Thérèse: L'Amour Fou*, catalogue d'exposition, New York, Gagosian Gallery, 2011, p.61.
4. 皮埃尔·戴克斯等人称之为"崭新的图形实验室"。
5. BRASSAÏ, *Conversations avec Picasso, op. cit.*, p.30.
6. Entretien avec Bernard Ruiz-Picasso, dans Sylvain AMIC (dir.), *Boisgeloup. L'atelier normand de Picasso*, catalogue d'exposition, Paris/Rouen, Artlys/Musée de Rouen, 2017, p.20.
7. Roland PENROSE, «Boisgeloup: Sculpture, et le Minotaure (1930 – 1936)», dans Roland PENROSE, *Picasso, op. cit.*, p.316.
8. Entretien avec Bernard Ruiz-Picasso, dans Sylvain AMIC (dir.), *Boisgeloup, op. cit.*
9. Sur *Invité culture*, RFI, 28 mai 2013.
10. Tobia BEZZOLA (dir.), *Picasso. Sa première exposition muséale de 1932*, Munich, Prestel, 2010, p.77.
11. 1929年，毕加索的作品卖到了60 000法郎，而同样尺寸的马蒂斯作品却和1921年一样停留在6 000法郎的价格上（Michael C. FITZGERALD, *Making Modernism, op. cit.*, p.156）。
12. 1930年，切斯特·戴尔从他的画商瓦伦丁·杜登辛那里得知，"20世纪最美的一幅油画"正在市场上出售，是毕加索创作的一幅巨幅油画。戴尔看都没看就决定买下它，他让秘书带着一张2万美元的支票前往纽约港，抢在所有其他有意收购的买家之前把它纳入囊中。关于这一话题，参见 Kimberly A. JONES, «Cultivating the Chester Dale

Collection», dans Kimberly A. JONES et Maygene F. DANIELS, *The Chester Dale Collection*, Washington, D. C., National Gallery of Art, 2012, p.14；也参见 National Gallery of Art, Washington, D. C., Curatorial Records, Chester Dale Collection, *Family of Saltimbanques*, et Archives of American Art (AAA), Smithsonian Institution, Washington/New York, microfilm #3969。

13. Michael C. FITZGERALD, *Making Modernism, op. cit.*
14. Tobia BEZZOLA (dir.), *Picasso. Sa première exposition muséale de 1932, op. cit.*, p.80.
15. Archives nationales (AN), 19940472/325.
16. Archives de la Préfecture de police de Paris (PPP), dossiers de naturalisation d'étrangers célèbres, IC 5; Pierre DAIX et Armand ISRAËL, *Pablo Picasso. Dossiers de la préfecture de police (1901 – 1940), op. cit.*, p.77 – 82.
17. 这句话很快在著名日报《巴黎晚报》（1930 年 3 月 26 日）上刊登了出来。
18. 克莱尔·扎尔克在《1931 年：殖民地展览会期间的外国人》主题展期间所做的访谈。她当时担任法国国家移民历史博物馆策划。
19. Eugen WEBER, *La France des années 30, op. cit.*, p.125.
20. Claire ZALC, « La République est assimilatrice », dans Marion FONTAINE, Frédéric MONIER et Christophe PROCHASSON (dir.), *Une contre-histoire de la IIIe République*, Paris, La Découverte, 2013, p.164 – 167.
21. *Ibid.*
22. Archives départementales de l'Aude, Carcassonne, 12 J, fonds Albert Sarraut, 36, «Discours de M. Albert Sarraut, Ministre de l'Intérieur», dans Clifford ROSENBERG, *Policing Paris, op. cit.*, p.80 – 81.
23. Eugen WEBER, *La France des années 30, op. cit.*, p.123 – 125.
24. Camille MAUCLAIR, «Les métèques contre l'art français», *Nouvelle Revue critique*, 1930, p.10, 111, 141, 146; Camille MAUCLAIR, *La Crise de l'art moderne*, Paris, CEA, 1944, dans Eugen WEBER, *La France des années 30, op. cit.*, p.124.
25. *Ibid.*, p.124.
26. 例如，1927 年 8 月 10 日关于法国国籍的法律空前宽松，只要求在法国领土上居住三年（而不是之前的十年）即可申请入籍，允许 100 万外国人成为法国人。参见 Claire ZALC, «Quand la France "assimilait" les étrangers», *L'Histoire*, 3 – 9 août 2017, p.79 – 81。

27. Clifford ROSENBERG, *Policing Paris, op. cit.*, p.51.
28. Clovis BIENVENU, *Le 36, quai des Orfèvres. À la croisée de l'histoire et du fait divers*, Paris, PUF, 2012.
29. Clifford ROSENBERG, *Policing Paris, op. cit.*, p.58.
30. 我们怎么能不提一下这些资金的来源呢？这些资金主要来自对外国人更新身份证件、居留证和罚款所征收的税款。仅在1938年一年间，巴黎当局就收取了1 482万法郎的身份证税和401万法郎的罚款。Archives de la Préfecture de police de Paris (PPP), Cons. mun., rap. et doc., n° 39, 1939, cité par Clifford ROSENBERG, *Policing Paris, op. cit.*, p.62-63.
31. *Ibid.*, p.42.
32. Archives du Musée national Picasso-Paris (MnPP), Don Succession Picasso, 1992, Archives personnelles Pablo Picasso, 515AP/C/86/3 septembre 1924.
33. Archives du Musée national Picasso-Paris (MnPP), Don Succession Picasso, 1992, Archives personnelles Pablo Picasso, 515AP/C/86/17 septembre 1924.
34. Archives du Musée national Picasso-Paris (MnPP), Don Succession Picasso, 1992, Archives personnelles Pablo Picasso, 515AP/C/86/22 septembre 1924.
35. Claire LÉVY-VROELANT, «Le logement des migrants en France du milieu du XIXe siècle à nos jours», art. cit., p.51.
36. Archives du Musée national Picasso-Paris (MnPP), Don Succession Picasso, 1992, Archives personnelles Pablo Picasso, 515AP/C/120/20 août 1927.
37. Archives du Musée national Picasso-Paris (MnPP), Don Succession Picasso, 1992, Archives personnelles Pablo Picasso, 515AP/C/120/9 septembre 1927.
38. Archives du Musée national Picasso-Paris (MnPP), Don Succession Picasso, 1992, Archives personnelles Pablo Picasso, 515AP/C/120/20 avril 1927.
39. Yve-Alain BOIS, «Picasso, the Trickster», art. cit.
40. Coline ZELLAL, dans Émilie BOUVARD et Géraldine MERCIER (dir.), *Guernica*, Paris, Musée national Picasso-Paris/Gallimard, 2018, p.42.
41. Marie-Laure BERNADAC, *Picasso et le taureau*, catalogue de l'exposition «Picasso Toros y Toreros», Paris, Musée national Picasso-Paris, 1993, p.13.

42. Alain MOUSSEIGNE, *Rideau de scène pour le Théatre du Peuple dit «Rideau de scène pour le Quatorze-Juillet» de Romain Rolland*, Milan, Skira, 1998, p.30.
43. *Ibid.*, p.31.
44. Jean CLAIR, *Picasso sous le soleil de Mithra*, Paris, RMN, 2001, p.66.
45. Alain MOUSSEIGNE, *Rideau de scène, op. cit.*, p.23.
46. Émilie BOUVARD et Géraldine MERCIER (dir.), *Guernica, op. cit.*, p.42.
47. *Ibid.*, p.34.
48. Alain MOUSSEIGNE, *Rideau de scène, op. cit.*, p.36.
49. Timothy J. CLARK, «Le meurtre», dans Émilie BOUVARD et Géraldine MERCIER (dir.), *Guernica, op. cit.*, p.52.
50. Alain MOUSSEIGNE, *Rideau de scène, op. cit.*, p.20.
51. *Ibid.*, p.32.
52. *Ibid.*, p.33.
53. *Ibid.*, p.34.
54. *Ibid.*, p.35.
55. *Meurtre* (7 et 10 juillet 1934, Boisgeloup), *Minotaure blessé, cavalier et personnages, buste de faune* (8 mai 1936), *Minotaure blessé, cheval et personnages* (10 mai 1936) se succèdent; Timothy J. CLARK, «Le meurtre», dans Émilie BOUVARD et Géraldine MERCIER (dir.), *Guernica*, op. cit., p.36 – 37; et Alain MOUSSEIGNE, *Rideau de scène, op. cit.*, p.36, puis p.18.
56. Daniel-Kenny KAHNWEILER, dans Pierre CABANNE, *Le Siècle de Picasso*, tome II, *L'Époque des métamorphoses (1912 – 1937)*, Paris, Denoël, 1975, p.687.
57. BRASSAÏ, *Conversations avec Picasso, op. cit.*, p.13, dans Pierre DAIX, *Le Nouveau Dictionnaire Picasso, op. cit.*, p.134.
58. Pierre DAIX, *Pablo Picasso, op. cit.*, p.353.

第四节 画家与政治诗人（与西班牙共和党人并肩作战）

1. 费利克斯·皮塔·罗德里格斯与巴勃罗·毕加索的访谈，来源不明，时间约为1937年5月或6月，引自 Margaret PALMER et Garnett MCCOY, «Letters from Spain, 1936 – 1939», *Archives of American Art Journal*, vol.26, n° 2/3, 1986, p.16。
2. 朵拉·玛尔和弗朗斯·莫里斯（1990）的访谈，引自 Emma LEWIS, «Dora Maar et Picasso, la chambre noire et l'atelier», dans Damarice AMAO, Amanda MADDOX et Karolina ZIEBINSKA-LEWANDOWSKA

(dir.), *Dora Maar*, catalogue d'exposition, Paris, Éditions du Centre Pompidou, 2019, p.145。

3. Daniel-Henry KAHNWEILER et Francis CRÉMIEUX, *Mes galeries et mes peintres, op. cit.*, p.143 – 144.
4. Felipe COSSÍO DEL POMAR, *Con los buscadores del camino*, Madrid, Ulises, 1932, dans Michael FITZGERALD, «Après 1932: des rétrospectives de Paris et de Zurich à *Guernica*», dans Tobia BEZZOLA (dir.), *Picasso. Sa première exposition muséale de 1932, op. cit.*, p.135.
5. 这一优美表述来自伊丽莎白·考林，指的是 1935 年 1 月至 1936 年 3 月这段时间，引自«Portraying Maya», art. cit., p.135。
6. Paul ÉLUARD, *Lettres à Gala, op. cit.*, p.469, lettre à George Reavey du 4 avril 1936.
7. Emmanuel GUIGON et Margarida CORTADELLA (dir.), *Sabartés por Picasso por Sabartés*, Barcelone, Museu Picasso Barcelona, 2019, p.172.
8. *Ibid.*, p.173. 2019 年 3 月，我在巴塞罗那待了两天。在这十分美好的两天里，"萨巴特斯与毕加索：共同的人生经历"展览策划（巴塞罗那毕加索博物馆）玛加丽达·科塔德拉以及杰西卡·雅克·皮、埃格尔·佩雷斯·卡萨诺瓦向我讲述了这则故事。
9. Pierre DAIX, *Le Nouveau Dictionnaire Picasso, op. cit.*, p.529 – 534.
10. 拿破仑在西班牙战争期间，托尔托萨总督罗伯特男爵将军于 18 到 19 世纪建造的私人宅邸。特别感谢伊丽莎白·布绍和让-菲利普·布绍提供这一信息。
11. Damarice AMAO, Amanda MADDOX et Karolina ZIEBINSKA-LEWANDOWSKA (dir.), *Dora Maar, op. cit.*, photographie de mode, vers 1935, p.21.
12. *Ibid.*, p.137, *Leonor Fini*, 1936.
13. En mars 1936, à Boisgeloup et à Paris.
14. BRASSAÏ, *Conversations avec Picasso, op. cit.*, 1907, p.93 – 95.
15. 特别是 1934 年 2 月 6 日，作为对法西斯示威游行的反应，与安德烈·布勒东和沙旺斯共同制作传单"斗争倡议书"。参见 Patrice ALLAIN et Laurence PERRIGAULT, «Dora Maar aux multiples visages», dans Damarice AMAO, Amanda MADDOX et Karolina ZIEBINSKA-LEWANDOWSKA (dir.), *Dora Maar, op. cit.*, p.51。
16. Anne BALDASSARI, *Picasso/Dora Maar. Il faisait tellement noir*, Paris, Flammarion/RMN, 2006, p.54 – 55, 84 – 85.
17. 根据我们查阅到的皮埃尔·戴克斯的内容，参见 *Le Nouveau Dictionnaire Picasso* (*op. cit.*, p.530)。

18. 1932年，巴塞罗那的加泰罗尼亚政府宫①收购了普兰迪拉的藏品，其中有20幅毕加索的画作——这是毕加索的作品首次进入西班牙的博物馆，他为此感到十分高兴。1933年4月，他与朋友们一起庆祝西班牙共和国成立两周年。1933年和1934年的夏天，他回到西班牙看望家人。
19. José BERGAMÍN, «Tout et rien de la peinture», *Cahiers d'art*, n° 1 - 3, 1937, dans Amanda HEROLD-MARME, *L'Identité artistique à l'épreuve. Les artistes espagnols à Paris et l'engagement à partir de la guerre civile (1936 - 1956)*, thèse doctorale, Institut d'études politiques, 2017, p.147.
20. Michael FITZGERALD, «Après 1932: des rétrospectives de Paris et de Zurich à *Guernica*», art. cit., p.148.
21. 同时秘密向共和党人运送武器。非常感谢莫里斯·瓦伊斯审核这段描述错综复杂的政治岁月的文字，并提出相关建议。
22. Geneviève DREYFUS-ARMAND, «Les camps d'internement d'exilés espagnols. Entretien avec Geneviève Dreyfus-Armand par Valentin Rodrigez et Annabelle Ténèze», dans Émilie BOUVARD et Géraldine MERCIER (dir.), *Guernica, op. cit.*, p.236 - 237.
23. Pierre GIRARD, «Le goût du ministre», dans *Le Front populaire et l'art moderne. Hommage à Jean Zay*, Orléans, Musée des Beaux-Arts, 1995, p.67 - 72.
24. Archives du Musée national Picasso-Paris (MnPP), Don Succession Picasso, 1992, Archives personnelles Pablo Picasso, 515AP/C/22/s.d.
25. Archives du Musée national Picasso-Paris (MnPP), Don Succession Picasso, 1992, Archives personnelles Pablo Picasso, 515AP/C/22/22 août 1927.
26. Après le *Monument à Apollinaire* (1928), qui s'est soldé par un échec.
27. Alain MOUSSEIGNE, *Rideau de scène, op. cit.*, p.8. Le dessin se trouve au Musée national Picasso-Paris.
28. *Ibid.*, p.7 - 38.
29. Archives du Musée national Picasso-Paris (MnPP), Don Succession Picasso, 1992, Archives personnelles Pablo Picasso, 515AP/C/dossier réservé/30 juillet 1936.
30. Archives du Musée national Picasso-Paris (MnPP), Don Succession Picasso, 1992, Archives personnelles Pablo Picasso, 515AP/C/dossier

---

① 加泰罗尼亚政府宫是西班牙加泰罗尼亚自治区首府巴塞罗那的一座历史建筑，加泰罗尼亚政府设于此。这是欧洲少数兴建于中世纪、同时至今仍在使用的政府建筑之一。

réservé/25 juillet 1936.
31. Archives de la Préfecture police de Paris (PPP), B/a 1711, doss. 138.000 – L – 25, «Au sujet de l'activité politique des Italiens résidant en France», rapport ronéoté du 15 octobre 1924; et Archives de la Préfecture police de Paris (PPP), B/a 65p, doss. 51.343 – 10, lettre du 28 novembre 1933 du préfet de police au ministre de l'Intérieur (direction de la Sûreté générale, 2e bureau)。这些官方信函谴责外国人"插手政治,进行煽动活动,不遵守对我国对访客言行的规定",参见 Clifford ROSENBERG, *Policing Paris, op. cit.*, p.91。
32. Paul NIZAN, *L'Humanité*, 4 août 1936.
33. «Ponencia colectiva», *Hora de Espana*, n° 8, p.87 – 90.
34. www.laberintosvsjardines.blogspot.com, lettre du 26 septembre 1936.
35. Paul ÉLUARD, *Lettres à Gala, op. cit.*, p.270, lettre du 15 septembre 1936.
36. 勒诺当时的私人秘书是安东尼奥·德尔托罗,引自 Amanda HEROLD-MARME, *L'Identité artistique à l'épreuve, op. cit.*, p. 122. Le document—non daté, conservé à l'Archivo Historico Nacional, a lui-même été cité dans Miguel CABAÑAS BRAVO, «Picasso y su ayuda a los artistas españoles de los campos de concentracion franceses», *Congreso international La Guerra Civil Española, 1936 – 1939*, Madrid, Sociedad estatal de conmemoraciones culturales, 2006, p.2。
37. *El Mono azul*, 24 septembre 1936, n° 5, p.7, dans Amanda HEROLD-MARME, *L'Identité artistique à l'épreuve, op. cit.*, p.122.
38. www.laberintosvsjardines.blogspot.com.
39. www.laberintosvsjardines.blogspot.com, lettre du 24 septembre 1936.
40. https://guernica-admin.museoreinasofia.es/en/document/antonio-rodriguez-moreys-manuel-azanas-and-jesus-hernandez-tomass-letter-pablo-picasso.
41. Paul ÉLUARD, *Lettres à Gala, op. cit.*, p.271.
42. Laurence BERTRAND DORLÉAC, «Le monument aux Espagnols morts pour la France», dans Émilie BOUVARD et Géraldine MERCIER (dir.), *Guernica, op. cit.*, p.245.
43. Amanda HEROLD-MARME, *L'Identité artistique à l'épreuve, op. cit.*, p.121.
44. Du 25 janvier au 25 février.
45. Pablo PICASSO, *Écrits*, éd. par M.-L. Bernadac et C. Piot, Paris, RMN/Gallimard, 1989.

46. Émilie BOUVARD, «Guernica in situ», dans Émilie BOUVARD et Géraldine MERCIER (dir.), Guernica, op. cit., p.14.
47. Diana WIDMAIER-PICASSO (dir.), Picasso and Maya, op. cit., p.80, photos du 25 février 1937.
48. Conservées aux archives du Musée national Picasso-Paris, MP1178–1191.
49. Anne WAGNER, «Mater Dolorosa: les femmes de Guernica», dans Émilie BOUVARD et Géraldine MERCIER (dir.), Guernica, op. cit., p.116.
50. Emilia PHILIPPOT, «Les premières études pour le pavillon espagnol», dans Émilie BOUVARD et Géraldine MERCIER (dir.), Guernica, op. cit., p.122–129.
51. "Gernika" 是当地人用巴斯克语对小镇的称呼, 而西班牙人则用西班牙语称其为 "Guernica"。
52. Mathieu CORMAN, «Visions de Guernica en flammes», Ce soir, 1er mai 1937, dans Émilie BOUVARD et Géraldine MERCIER (dir.), Guernica, op. cit., p.13.
53. Émilie BOUVARD et Géraldine MERCIER (dir.), Guernica, op. cit., p.167.
54. 根据埃米莉·布瓦尔的措辞, 是从他的 "内心记忆图谱" 开始的。参见 Émilie BOUVARD et Géraldine MERCIER (dir.), Guernica, op. cit., p.13。
55. Émilie BOUVARD, «Guernica de A à Z, dictionnaire non exhaustif des sources iconographiques du Vatican à la guerre d'Espagne», dans Émilie BOUVARD et Géraldine MERCIER (dir.), Guernica, op. cit., p.23–31.
56. Ibid., p.69.
57. Violette ANDRÈS, «Les métamorphoses de Guernica dans l'objectif de Dora Maar», dans Émilie BOUVARD et Géraldine MERCIER (dir.), Guernica, op. cit., p.148.
58. Ibid., p.151.
59. Ibid., état IV, p.153, état VI, p.154.
60. Mary Ann CAWS, Les Vies de Dora Maar. Bataille, Picasso et les surréalistes, Londres, Thames and Hudson, 2000, p.40, 41.
61. Christian ZERVOS, «Conversations avec Picasso», Cahiers d'art, 1935, dans Violette ANDRÈS, «Les métamorphoses de Guernica dans l'objectif de Dora Maar», art. cit.
62. 根据2020年2月11日维奥莱特·安德烈斯与作者在巴黎的访谈。
63. Michel LEIRIS, «Faire-part», Cahiers d'art, n° 4–5, dans Émilie

BOUVARD et Géraldine MERCIER (dir.), *Guernica, op. cit.*, p.168 – 169.
64. Androula MICHAËL, «"Mais quel silence ferait plus de bruit que la mort." Les textes poétiques de Pablo Picasso contemporains de *Guernica*», dans Émilie BOUVARD et Géraldine MERCIER *Guernica, op. cit.*, p.100.
65. Jean CASSOU, «Le témoignage de Picasso», *Cahiers d'art*, n° 4 – 5, 1937, p.112 – 113.
66. Carl EINSTEIN et Daniel-Henry KAHNWEILER, *Correspondance (1921 – 1939), op. cit.*, p.95.
67. Archives du Musée national Picasso-Paris (MnPP), Don Succession Picasso, 1992, Archives personnelles Pablo Picasso, 515AP/C/43/24 juillet 1939.
68. Géraldine MERCIER, « Picasso au cœur du réseau d'aide aux républicains», dans Émilie BOUVARD et Géraldine MERCIER (dir.), *Guernica, op. cit.*
69. Archives du Musée national Picasso-Paris (MnPP), Don Succession Picasso, 1992, Archives personnelles Pablo Picasso, 515AP/C/81/13 février 1939.

尾声　关于阿尔弗雷德·巴尔的图表

1. Félix GUATTARI et Gilles DELEUZE, *Rhizome*, Paris, Éditions de Minuit, 1976, p.60 – 62.
2. «The Art of Picasso», *The New York Times*, 9 novembre 1930.
3. 除了美国，英国对毕加索的作品也很感兴趣，这要归功于历史学家罗兰·彭罗斯。1936年6月，恰逢伦敦新伯灵顿画廊举办国际超现实主义展览之际，罗兰·彭罗斯举办了"超现实主义"展览。
4. Michael C. FITZGERALD, *Making Modernism, op. cit.*, p.121.
5. 收藏家约翰·奎恩绕过罗森伯格直接与毕加索做生意。因此，他与毕加索都各自多得了50%的利润（*ibid.*, p.125）。
6. *21 rue La Boétie. Picasso, Matisse, Braque, Léger*, catalogue d'exposition, Paris, Hazan/musée Maillol, 2017, d'après le livre d'Anne Sinclair.
7. Michael C. FITZGERALD, *Making Modernism, op. cit.*, p.125.
8. Archives du Musée national Picasso-Paris (MnPP), Don Succession Picasso, 1992, Archives personnelles Pablo Picasso, 515AP/E/16/17 août 1937.

9. Archives du Musée national Picasso-Paris (MnPP), Don Succession Picasso, 1992, Archives personnelles Pablo Picasso, 515AP/E/16/1er mars 1939.
10. 1931 年 1 月 5 日到 2 月 5 日，瓦伦丁画廊展示了"毕加索的抽象艺术"。
11. 2018 年 5 月 24 日金伯利·琼斯与作者在华盛顿的访谈，以及 Kimberly A. JONES et Maygene F. DANIELS, *The Chester Dale Collection, op. cit.*, p.14。参见 National Gallery of Art, Washington, D.C., Curatorial Record, Chester Dale Collection, *Family of Saltimbanques*; et National Gallery of Art, Washington, D. C., Gallery Archives, Chester Dale Papers, RG 28C (en particulier: Chester and Maud Dale Life and Travels 28C2 et Maud Dale Files 28C3, 4 - 2)。
12. Archives du Musée national Picasso-Paris (MnPP), Don Succession Picasso, 1992, Archives personnelles Pablo Picasso, 515AP/E/16/30 juin 1931.
13. Alfred H. BARR Jr., *Painting in Paris from American Collections*, New York, MoMA, 1930, p.13 - 14, 35 - 37.
14. *Ibid.*, p.37.
15. Tobia BEZZOLA (dir.), *Picasso. Sa première exposition muséale de 1932, op. cit.*, p.83, 87.
16. 该展览的展期为 1936 年 3 月 2 日至 4 月 19 日。
17. Amanda HEROLD-MARME, *L'Identité artistique à l'épreuve, op. cit.*, p.118.
18. 该展览的展期为 1936 年 12 月 9 日至 1937 年 1 月 17 日。
19. Hélène SECKEL, «Éléments pour une chronologie de l'histoire des *Demoiselles d'Avignon*», art. cit., p.614.
20. *Ibid.*, p.618.
21. Annie COHEN-SOLAL, «*Un jour, ils auront des peintres*», *op. cit.*, «*Les Demoiselles* s'en vont en Amérique», p.482.
22. Archives du Musée national Picasso-Paris (MnPP), Don Succession Picasso, 1992, Archives personnelles Pablo Picasso, 515AP/E/16/12 septembre 1939.
23. Dominique PAULVÉ, *Marie Cuttoli. Myrbor et l'invention de la tapisserie moderne*, Paris, Éditions Norma, 2010, p.90 - 93.
24. Erving GOFFMAN, *The Presentation of Self in Everyday Life*, New York, Anchor Books, 1959; traduction française: *La Mise en scène de la vie quotidienne*, tome II, *Les Relations en public*, Paris, Éditions de Minuit,

1973, p.62.
25. René GIMPEL, *Journal d'un collectionneur marchand de tableaux*, Paris, Calmann-Lévy, 1963, p.384.
26. Edward Ross (*Social Control*) est cité dans Erving GOFFMAN, *La Mise en scène de la vie quotidienne, op. cit.*, p.21.
27. 安德烈·德扎鲁瓦是加泰罗尼亚艺术（10—15世纪）研究专家。1921年到1925年，他在莱昂斯·贝内迪特的领导下在卢森堡博物馆——在世艺术家博物馆（1818—1937年）工作，后来在1925—1926年间独立工作。1926年12月，他在巴黎国立网球场现代美术馆担任外国流派展馆馆长一职，该展馆建于1912年（隶属于卢森堡博物馆）。
28. Archives du Musée national Picasso-Paris（MnPP）, Don Succession Picasso, 1992, Archives personnelles Pablo Picasso, 515AP/E/14/22 juillet 1937.
29. "独立艺术大师展"虽然只有短短几周，但它首次在法国展现了欧洲现代艺术的整体面貌。具有讽刺意味的是，就在该展览开幕的两周前，糟糕透顶的"堕落艺术展"也在慕尼黑登场。"堕落艺术展"以反面教材的形式展示了纳粹所唾弃的、违背常识的欧洲现代艺术。虽然巴黎举办的展览只展出了177件展品，观展人数也只有区区5 000人，但它作为展示现代性的首次尝试而载入了史册，仅次于阿尔弗雷德·H. 巴尔纽约现代艺术博物馆举办的"立体主义与抽象艺术展"。参见 Laurence BERTRAND DORLÉAC, *L'Art de la défaite（1940－1944）*, Paris, Seuil, 2010, p.213－214。
30. Androula MICHAËL, *Picasso poète*, Paris, École nationale supérieure des beaux-arts, 2008, p.25. Pour le détail de ces transactions, voir Jean-Hubert MARTIN, «Picasso et les institutions françaises» (dans *Picasso, l'étranger*, catalogue d'exposition, Paris, MNHI/MnPP/Fayard, 2021).
31. Philippe DAGEN, *Picasso*, Paris, Hazan, 2008, p.191.
32. Archives du Musée national Picasso-Paris（MnPP）, Don Succession Picasso, 1992, Archives personnelles Pablo Picasso, 515AP/E/14/30 octobre 1923.
33. Archives du Musée national Picasso-Paris（MnPP）, Don Succession Picasso, 1992, Archives personnelles Pablo Picasso, 515AP/C/86/20 novembre 1938.
34. Neil HARRIS, *The Artist in American Society*, Chicago, University of Chicago Press, 1982.
35. «*Connoisseur-scholars*», 参见 Paul SACHS, *Tales of an Epoch*, mémoire

inédit, 1956, Fogg Museum Archives, Harvard University, p.43. 衷心感谢贾斯汀·瓦伊斯帮助搜寻该文献。
36. *Ibid.*, p.150–173.

第四章 濒临绝境的五年：1939—1944 年

献词

1. Jaime SABARTÉS, *Picasso. Portraits et souvenirs, op. cit.*, p.233.
2. Annie COHEN-SOLAL（avec la collaboration d'Henriette Nizan）, *Paul Nizan, communiste impossible*, Paris, Grasset, 1980, p.248–250.
3. Jaime SABARTÉS, *Picasso. Portraits et souvenirs, op. cit.*, p.224–236.
4. Anne GRYNBERG, «1939–1940: l'internement en temps de guerre, les politiques de la France et de la Grande-Bretagne», *Vingtième siècle*, n° 54, 1997, p.24–33.

第一节 东躲西藏

1. Jaime SABARTÉS, *Picasso. Portraits et souvenirs, op. cit.*, p.275.
2. Laurence BERTRAND DORLÉAC, *L'Art de la défaite, op. cit.*; Annette BECKER（dir.）, *Picasso et la guerre, op. cit.*; Jonathan PETROPOULOS, *Artists under Hitler: Collaboration and Survival in Nazi Germany*, New Haven, Yale University Press, 2014。此外，还有传记、当事人回忆录和展览（«Picasso ct la guerre», Musée de l'Armée, Paris, 2018; «Au cœur des ténèbres», Musée de Grenoble, décembre 2019），仅举最近的几例。
3. Archives du Musée national Picasso-Paris（MnPP）, Don Succession Picasso, 1992, Archives personnelles Pablo Picasso, 515AP/C/120/5 mars 1940.
4. Direction générale de la sécurité nationale.
5. 这次查阅档案结束后，我的这位朋友深感震惊，后来她建议我看看此书：Didier DAENINCKX, *Itinéraire d'un salaud ordinaire*, Paris, Gallimard, coll. «Folio», 2006。
6. 克莱尔·扎尔克写道："对于在司法部任职的法官，其素质要求非常具体。跟法院和法庭审讯的问题相比，入籍问题截然不同……因此需要专门的代理人。接纳外国人加入法国社会是一项极其重要的任务，尤其是两次战争造成我国人口严重短缺，其重要性就更加无需赘言。"（Claire ZALC, *Dénaturalisés*, Paris, Seuil, 2016, p.68, note 63.）
7. Archives de la Préfecture de police de Paris（PPP）, dossiers de

naturalisation d'étrangers célèbres, IC 5.
8. 在 1939 年 10 月 24 日的一份通告中，萨罗要求各省省长向他"提供关于公务员态度的准确信息，以及任何涉及军事状况的个人（无论是否是公务员）的准确信息。即使其态度或行为不涉及法律，似乎也要解除其目前担任的职务或工作"。Marc-Olivier BARUCH, *Servir l'État français. L'administration en France de 1940 à 1944*, Paris, Fayard, coll. «Pour une histoire du XXᵉ siècle», 1997, p.43.
9. *Ibid.*
10. 卡兹贝克是他灰色猎犬的名字。
11. Jaime SABARTÉS, *Picasso. Portraits et souvenirs, op. cit.*, p.279–280.

第二节　幸存：1940 年 8 月 25 日至 1941 年 12 月

1. Daniel LINDENBERG, *Les Années souterraines (1937–1947)*, Paris, La Découverte, 1990, p.12, 24, 54.
2. 在一个被纳粹占领的国家里，这种仇外心理的加剧尤为突出。与此同时，像莫克莱尔这样的排外主义者也对现代艺术大加鞭挞，将其视为对法国"民族"愿景的威胁，因为现代艺术通过改变人们在面对物品、社会与非西方思想时的自我定位方式，进而谴责殖民体系背后的统治逻辑。关于这一话题，参见 Julia KELLY, «The Ethnographic Turn», dans David HOPKINS (dir.), *A Companion to Dada and Surrealism*, Chichester, West Sussex, Wiley Blackwell, 2016。
3. 劳伦斯·贝特朗·多雷亚克甚至写道，当时的毕加索"充当了一个有着身份的稻草人，它被人摇来摇去，以便让人们能够接受它自身的独特性，尽管这一独特性并非来自它的力量。"Laurence BERTRAND DORLÉAC, «Picasso espagnol en France», dans Marie-Claude BLANC-CHALÉARD et al. (dir.), *D'Italie et d'ailleurs. Mélanges en l'honneur de Pierre Milza*, Rennes, Presses universitaires de Rennes, 2014, p.227.
4. Claire ZALC, *Dénaturalisés, op. cit.*, p.11.
5. Robert O. PAXTON, Olivier CORPET et Claire PAULHAN, «Au fond de l'abîme», dans *Archives de la vie littéraire sous l'Occupation. À travers le désastre*, Paris, Tallandier/Imec, 2009, p.6–17.
6. 在战后的清算运动中，齐格勒承认发表过这番言论，但他声称自己对犹太人和对现代艺术的尖刻抨击都是宣传部强加给他的。参见 Jonathan PETROPOULOS, *The Faustian Bargain: The Art World in Nazi Germany*, Londres/New York, Oxford University Press, 2000, p.259。
7. 关于新体系的复杂性，参见皮埃尔·伯恩鲍姆、马丁·布罗萨特和约翰·查普托等人的研究成果。

8. Johann CHAPOUTOT, *Libres d'obéir. Le management, du nazisme à la RFA*, Paris, Gallimard, 2020. Voir aussi: https://www.franceculture.fr/histoire/johann-chapoutot-le-nazisme-une-multitude-de-centres-de-pouvoir-qui-sont-autant-de-petites.
9. Joseph GOEBBELS, *Journal (1939 – 1942)*, Paris, Tallandier, 2009, 18 novembre 1939, p.63.
10. *Ibid.*, 10 juillet 1940.
11. *Ibid.*, 1er novembre 1940, p.207.
12. Laurence BERTRAND DORLÉAC, *L'Art de la défaite, op. cit.*, p.21.
13. *Ibid.*
14. Joseph GOEBBELS, *Journal, op. cit.*, 31 août 1940, p.189.
15. Laurence BERTRAND DORLÉAC, *L'Art de la défaite, op. cit.*, p.25 – 26.
16. *Ibid.*, p.27.
17. Ernst JÜNGER, *Premier Journal parisien. Journal*, tome II, *1941 – 1943*, Paris, Christian Bourgois, 1980, p.20.
18. *Ibid.*, Paris, 29 avril 1941, p.20 – 21.
19. *Ibid.*, Vincennes, 11 mai 1941, p.24.
20. Sophie BERNARD (dir.), *Picasso. Au cœur des ténèbres (1939 – 1945)*, catalogue d'exposition, Paris, In Fine éditions, p.116 – 117, lettre du 26 juillet 1940.
21. *Ibid.*, p.119, lettre du 8 août 1940.
22. *Ibid.*, p.135.
23. *Ibid.*, p.170.
24. 莱克里卡于1939年3月抵达巴黎,这让巴黎的佛朗哥主义者感到非常高兴。由达拉第指派的与西班牙方面对接的法国官员正是贝当元帅。3月27日,莱克里卡和博内就法国希望尽快将西班牙难民遣返西班牙的问题进行了谈判(截止1939年6月中旬,在总共50万难民中,仍有26万难民滞留)。作为一名优秀的佛朗哥主义者,莱克里卡将欧洲冲突的责任归咎于犹太人和布尔什维克,称他们是"法国激进主义、雅各宾派和战争贩子的永久盟友,随时准备进行十字军东征,妄图效仿1793年那样在全球重建自由。"在各大使馆的招待会上,莱克里卡受邀发表演讲,他常常在言语间吐露内心的担忧,即雷诺和芒代尔能够"与美国犹太人一起,将冲突从一个大陆引向另一个大陆,并引发作恶多端的天命之子所钟爱的血流成河的场景"。讲到结束时,他会高喊"佛朗哥万岁!""枪毙布鲁姆!"等口号。
25. Archives du Musée national Picasso-Paris (MnPP), Don Succession

Picasso, 1992, Archives personnelles Pablo Picasso, 515AP/C/120/27 juin 1940.
26. *Ibid.*

第三节　玩火：1942 年 1 月至 1944 年 7 月

1. Joseph GOEBBELS, *Journal, op. cit.*, 2 avril 1942, p.529.
2. *Ibid.*, p.538.
3. *Ibid.*, 20 avril 1942, p.534.
4. *Ibid.*, p.538.
5. Martin BROSZAT, *L'État hitlérien*, Paris, Fayard, coll. «Pluriel», 2012.
6. Émilie BOUVARD (en collaboration avec Sandrine Nicollier), «Pablo Picasso "correspondant de guerre"», 1er septembre 1939 – 25 août 1944», dans Annette BECKER (dir.), *Picasso et la guerre, op. cit.*, p.150.
7. Robert O. PAXTON, Olivier CORPET et Claire PAULHAN, «Au fond de l'abîme», art. cit., p.11.
8. Claude ARNAUD, *Jean Cocteau*, Paris, Gallimard, 2003, p.562.
9. André LHOTE, *La Peinture libérée*, Paris, Grasset, 1956, p.11.
10. Maurice DE VLAMINCK, «Opinions libres… sur la peinture», *Comœdia*, 6 juin 1942, p.6.
11. Laurence BERTRAND DORLÉAC, *L'Art de la défaite, op. cit.*, p.187 – 189.
12. 有一天，格哈德·海勒、恩斯特·容格、汉斯·库恩三人在巴黎银塔餐厅共进晚餐，他们详细讨论了毕加索的"神奇影响"，此前他们刚刚去过毕加索工作室（*Ibid.*, p.196）。
13. Joseph GOEBBELS, *Journal, op. cit.*, 27 avril 1942, p.560.
14. 阿贝尔·博纳尔，在杜乐丽花园的橘园美术馆发表的演讲，1942 年 5 月 15 日。
15. 雅克·伯努瓦-梅尚，在"阿尔诺·布雷克尔展"开幕式上的讲话，杜乐丽花园的橘园美术馆，1942 年 5 月 15 日。
16. Jean COCTEAU, *Journal（1942 – 1945）*, éd. par J. Touzot, Paris, Gallimard, 1989, lundi 10 mai 1942, p.112.
17. *Ibid.*, p.127.
18. *Ibid.*, samedi 23 mai 1942, p.132.
19. *Le Journal*, 6 septembre 1941.
20. BRASSAÏ, *Conversations avec Picasso, op. cit.*, p.76 – 78.
21. Jean COCTEAU, *Journal（1942 – 1945）*, éd. cit., jeudi 2 juillet 1942, p.175.

22. *Ibid.*, p.173.
23. *Ibid.*, 9 janvier 1943, p.234.
24. Archives de Paris (ADP), comités de confiscation des profits illicites de la Seine (CCPI), 112W14.
25. Werner LANGE, *Les Artistes en France sous l'Occupation*, Saint-Pétersbourg, Éditions Dean, 2017.
26. *Ibid.*
27. Gerhard HELLER, *Un Allemand à Paris*, Paris, Seuil, 1981.
28. Bernard PIVOT, *Apostrophes*, Antenne 2, 13 mars 1981: https://madelen.ina.fr/programme/nouveaux-documents-sur-des-ecrivains-pourtant-bien-connus.
29. André-Louis DUBOIS, *À travers trois républiques*, Paris, Plon, 1972, p.145.
30. Archives du Musée national Picasso-Paris (MnPP), Don Succession Picasso, 1992, Archives personnelles Pablo Picasso, 515AP/C/120/22 août 1942.
31. Archives du Musée national Picasso-Paris (MnPP), Don Succession Picasso, 1992, Archives personnelles Pablo Picasso, 515AP/C/120/17 août 1943.
32. Archives du Musée national Picasso-Paris (MnPP), Don Succession Picasso, 1992, Archives personnelles Pablo Picasso, 515AP/C/120/1er février 1944.

第四节　创作

1. Jaime SABARTÉS, *Picasso. Portraits et souvenirs, op. cit.*, p.275.
2. Erving GOFFMAN, *Asiles*, Paris, Éditions de Minuit, 1968.
3. Sophie BERNARD (dir.), *Picasso. Au cœur des ténèbres, op. cit.*, p.155.
4. Walter BENJAMIN, *Sur le concept d'histoire*, Paris, Plon, 1990, thèse VI.
5. Pablo PICASSO, *Le Désir attrapé par la queue*, Paris, Gallimard, 1945, acte I, scène 1, p.13.
6. *Ibid.*, acte VI, p.66.
7. Jèssica JAQUES PI, «Repenser Picasso», *Proceedings of the European Society for Aesthetics*, n° 7, 2015, p.297–315; Jèssica JAQUES PI, «Ce qui mijote dans *Le Désir attrapé par la queue* ou la dramaturgie gastro-poïétique sous l'Occupation», dans Emmanuel GUIGON *et al.* (dir.), *La Cuisine de Picasso, op. cit.*, p.203–215.

8. Pierre DAIX, *Le Nouveau Dictionnaire Picasso, op. cit.*, p.473. Sur toute cette séquence, voir la mise au point d'Hélène Seckel dans Hélène SECKEL, Emmanuelle CHEVRIÈRE, Hélène HENRY (dir.), *Max Jacob et Picasso, op. cit.*
9. 乔治·普拉德（一个臭名昭著的奸细，他对毕加索的同情几乎让人信以为真）的证词也表明了这一点。这位前市议员兼通敌报纸《新时代》的秘书转发了科克托的请愿书。参见 Georges PRADE, «Picasso réhabilité», *Le Figaro*, 19 mars 1982, p.26。
10. Archives personnelles de Sylvia Lorant.

第五节　改变自我定位

1. Stéphane COURTOIS, *Le PCF dans la guerre*, Paris, Ramsay, 1980, p.233.
2. Charles DE GAULLE, *Discours et messages*, Paris, Plon, 1970, tome I, p.122.
3. *L'Humanité*, 21 novembre 1941.
4. Publiée en mars 1941.
5. Gabriel PÉRI, *Les lendemains qui chantent*, autobiographie, éd. par L. Aragon, Paris, Éditions sociales, 1947.
6. Paul ÉLUARD, «Gabriel Péri», dans *Au rendez-vous allemand*, Paris, Éditions de Minuit, 1945.
7. Louis ARAGON, «La Rose et le Réséda», mars 1943, repris dans *La Diane française*, Paris, Seghers, 1946; rééd., Paris, Seghers, coll. «Poésie d'abord», 2006.
8. 制定居留许可证、身份证，实施社会立法，规范驱赶和驱逐出境，确立公民权利和政治权利。
9. Stéphane COURTOIS, «Les partis politiques et la question de l'immigration: 1936–1948», dans Pierre MILZA et Denis PESCHANSKI (dir.), *Italiens et Espagnols en France (1938–1946)*, Paris, IHTP-CNRS, 1991, p.197–214.
10. *Ibid.*
11. Stéphane COURTOIS, Denis PESCHANSKI et Adam RAYSKI, *Le Sang de l'étranger. Les immigrés de la MOI dans la Résistance*, Paris, Fayard, 1989, p.57.
12. Emmanuel GUIGON, *Pablo Picasso-Paul Éluard, una amistad sublime*, catalogue d'exposition, Barcelone, Fundació Museu Picasso Barcelona, 2019, p.211.

13. BRASSAÏ, *Conversations avec Picasso, op. cit.*, p.168.
14. *Ibid.*, p.191.
15. *Ibid.*, p.216.
16. Simone TERRY, «Picasso n'est pas officier dans l'armée française», *Les Lettres françaises*, 24 mars 1945, dans Laurence BERTRAND DORLÉAC, *L'Art de la défaite, op. cit.*, p.194.

附言

1. 档案管理员伊夫·佩罗坦的介绍性说明，他在巴黎档案馆整理完成了塞纳省没收非法所得委员会的物品清单。

第六节　清算时刻（1）：警察队长舍瓦利耶的肃清审判

1. Archives de la Préfecture de police de Paris（APP），KB23.
2. Laurent JOLY, *L'Antisémitisme de bureau*, Paris, Grasset, 2011.
3. 4月18日，事态出现转机：法国海军元帅达尔朗遭到解职，拉瓦尔重新掌权。莱希上将被召回华盛顿磋商，但他的妻子不幸于4月21日去世。临行前，莱希上将接待了三次来访：赫里欧、拉瓦尔和达尔朗。莱希最后一次见到了元帅，元帅向他保证与美国维系友好关系，要承认这一点并非易事。但在1942年12月之前，华盛顿明显偏袒维希政权而非自由法国，而自由法国也向维希政府下达了同样的"按兵不动"的指示。对丹尼尔·莱希来说，海军元帅达尔朗似乎是美国应当优先依靠的法国政治家。
4. 马塞尔·戈谢（1894—1944年）和他的儿子雅克（1920—1944年）是社会主义者，也是早期的抵抗运动战士。他们很有可能被舍瓦利耶告发而被捕，并被驱逐出境。前者被送往德国大罗森集中营，后者在离开德国布痕瓦尔德集中营后被驱逐出境。1947年4月29日，他们曾经居住过的法国丰特奈苏布瓦市的市长决定以他们的名字命名卡斯特尔街的一段（从文森林荫大道到埃米尔-鲁街），以此向他们表示敬意。此外，他们的名字还被镌刻在第二次世界大战遇难者纪念碑——自由纪念碑上，该纪念碑位于纳伊大道和丰特奈加利尼大道的交汇处。最近，马塞尔·戈谢和雅克·戈谢故居前的人行道上也铺上了几块"纪念砖"。参见 https://archives.fontenay-sous-bois.fr/actualites/actualites-et-zoom-archives/archives-2020/roger-se-souvient-de-marcel。
5. 衷心感谢亨利·鲁索帮忙提供本资料。
6. Louis SADOSKY（brigadier-chef aux RG），*Berlin, 1942. Chronique d'une détention par la Gestapo*, éd. par Laurent Joly, Paris, CNRS Éditions, 2009, p.157-158.

第七节　清算时刻（2）：没收非法所得委员会

1. Archives de Paris, Impôt de solidarité nationale (ISN), 1600W488/9946 (dossier Picasso). Tous mes remerciements à Vincent Tuchais pour m'avoir indiqué ce dossier, et à Isabelle Mazières pour m'avoir aidée à le déchiffrer.
2. Emmanuelle POLLACK, *Le Marché de l'art sous l'Occupation*, Paris, Tallandier, 2019.
3. Conservateur chargé des archives de la Récupération artistique/ZFO Allemagne-Autriche 1945 – 1955, Ministère de l'Europe et des Affaires étrangères-Direction des Archives.
4. Archives diplomatiques (AD), Fonds de la commission de récupération artistique 209SUP/3 (dossier 45.35).
5. Archives de Paris, Comité de confiscation des profits illicites de la Seine (CCPI) 112 W 5 (dossier Étienne Ader-André Schoeller).
6. Archives de Paris, Comité de confiscation des profits illicites de la Seine (CCPI) 112 W 5 (dossier Étienne Ader-André Schoeller).
7. Archives de Paris, Comité de confiscation des profits illicites de la Seine (CCPI) 112 W 14, (dossier Fabiani), comparution du 7 février 1945.
8. Archives de Paris, Comité de confiscation des profits illicites de la Seine (CCP) 112 W 14, (dossier Fabiani), comparution du 18 avril 1945.
9. Archives diplomatiques (AD), Fonds de la commission de récupération artistique 209SUP/3 (dossier 4535) s.d.
10. Archives diplomatiques (AD), Fonds de la commission de récupération artistique 209SUP/3 (dossier 4535), lettre du 16 février 1945.
11. Archives du Musée national Picasso Paris (MnPP), Don Succession Picasso, 1992, Archives personnelles Pablo Picasso, lettre à Picasso du 6 mars 1916.
12. Centre Pompidou/MNAC-CCI/bibliothèque Kandinsky, fonds Correspondance autour des ventes des collections de Daniel-Henry Kahnweiler et de Wilhelm Uhde, LROS 22.
13. Dans «La Galerie Louise Leiris, 1941 à 1961» (Mémoire de Recherche de Master 1, Sorbonne Paris IV 2019), Mathilde Rivière présente une analyse très documentée et complète de la situation.
14. 玛蒂尔德·里维埃特别解释说，尽管犹太问题委员会任命了一位临时管理人员，尽管有一封检举信，尽管程序相当复杂且持续了整整六个月之久，但占领法国的纳粹当局最终还是在1942年2月19日批准出售藏品和开办路易丝·莱里斯画廊，临时管理人员也随之撤走。

15. 这段用铅笔书写的文字提到了"1912年11月14日在法国科西嘉岛巴斯蒂亚市因袭击和死亡威胁被判入狱一个月"这一令人啼笑皆非的经历，以及卡恩韦勒"与德国保持联系，他的兄弟在整个战争期间都在德国服役"这一事实。Archives nationales, Dossiers de naturalisation, 2045X23。

16. 实际上是在1941年10月14日，卡恩韦勒正在法国圣莱奥纳尔-德诺布拉避难，他从前来收走他身份证的警察那里得知了他被剥夺国籍的消息。

17. Archives nationales（AN），dossiers de naturalisation, cote: 2045X23. 关于路易丝·莱里斯及其画廊在德军占领法国期间的所有信息均来自玛蒂尔德·里维埃出色的研究成果。由衷地感谢她毫无保留地与我分享这些信息。目前她正在攻读硕士二年级学位，研究课题为"德军占领法国期间路易丝·莱里斯画廊及其合作者"。

18. 衷心感谢法国国家档案馆的克莱尔·扎尔克和塞利娜·德勒唐，感谢她们允许我查阅丹尼尔-亨利·卡恩韦勒令人震惊的127页入籍档案，其中很多内容反映了那个时代的法国国情。

19. Archives du Musée national Picasso-Paris（MnPP），Don Succession Picasso, 1992, Archives personnelles Pablo Picasso, 515AP/C/124/lettre du 14 mai 1942.

20. Archives de Paris（ADP），Impôt de solidarité nationale（ISN），1600W488/9946（dossier Picasso）.

第五章　毕加索英雄形象的飞速构建：1944—1973年

1. Bertolt BRECHT, *Vie de Galilée*, 1947, Scène 12.

美国无线电通讯股份有限公司电报

1. Archives du Musée national Picasso-Paris（MnPP），Don Succession Picasso, 1992, Archives personnelles Pablo Picasso, 515AP/E/16/15 décembre 1939.

"毕加索：四十年艺术生涯"巡展路线

1. En français: «Nombre de visiteurs». Archives du Musée national Picasso-Paris（MnPP），Don Succession Picasso, 1992, 515AP/E/16.

第一节　纽约的看法？阿道夫·希特勒的世敌

1. 毕加索在法国解放后在《旧金山纪事报》上接受彼得·D.惠特尼的首次采访，参见 Alfred H. BARR Jr., «"Picasso 1940–1944": A Digest

with Notes», *The Bulletin of the Museum of Modern Art*, vol.12, n° 3, janvier 1945, p.3.
2. Thomas C. LINN, «Picasso Exhibit Returns to City», *New York Times*, 13 juillet 1941.
3. Archives du Musée national Picasso-Paris (MnPP), Don Succession Picasso, 1992, Archives personnelles Pablo Picasso, 515AP/E/16.
4. Archives du Musée national Picasso-Paris (MnPP), Don Succession Picasso, 1992, Archives personnelles Pablo Picasso, 515AP/E/16/12 septembre 1939.
5. Alfred H. BARR Jr., *Picasso: Forty Years of His Art*, New York, MoMA, 1939.
6. 玛蒂卡·萨文对安德烈·马松的采访，参见 *André Masson in America, 1941–1945*, New York, Zabriskie Gallery, 1996, p.4.
7. Thomas CRAVEN, «The Degradation of Art in America», dans *Art-20th Century-Reactionary Criticisms*, New York, MoMA, 1948, repris dans Ester CAPDEVILA et al., *Be-bomb*, catalogue d'exposition, Barcelone, Museu d'Art Contemporani de Barcelona, 2007.
8. Archives du Musée national Picasso-Paris (MnPP), Don Succession Picasso, 1992, Archives personnelles Pablo Picasso, 515AP/E/16/31 octobre 1944.
9. Archives du Musée national Picasso-Paris (MnPP), Don Succession Picasso, 1992, Archives personnelles Pablo Picasso, 515AP/E/16/4 novembre 1944.
10. Alfred H. BARR Jr., «"Picasso 1940–1944": A Digest with Notes», art. cit.
11. Anne BALDASSARI, *Picasso/Dora Maar, op. cit.*, p.251, lettre du 28 mars 1945.
12. Archives du Musée national Picasso-Paris (MnPP), Don Succession Picasso, 1992, Archives personnelles Pablo Picasso, 515AP/E/16/9 juillet 1956.
13. 皮埃尔-保罗·蒙塔尼亚克对马塞尔·穆耶所说的话，1944年9月14日：https://www.traces-ecrites.com/document/le-salon-d%C2%92automne-en-pleine-epuration-organise-une-exposition-picasso/。
14. Archives du Musée national Picasso-Paris (MnPP), Don Succession Picasso, 1992, Archives personnelles Pablo Picasso, 515AP/E/16/7 décembre 1944.
15. Émilie BOUVARD, «Picasso, correspondant de guerre, 1er septembre

1939 – 25 août 1944», dans Annette BECKER (dir.), *Picasso et la guerre, op. cit.*, p.150 – 155.
16. Michel LEIRIS, *Écrits sur l'art*, Paris, Gallimard, 2011, p.318.
17. Martin SCHEIDER, «Picasso libre», dans Thomas KIRCHNER et Laurence BERTRAND DORLÉAC, *Les Arts à Paris après la Libération. Temps et temporalités*, Heidelberg, arthistoricum.net, 2018, p.106 – 127.

第二节 莫斯科的看法？永远抨击佛朗哥的批评家

1. Geneviève LAPORTE, *Si tard le soir le soleil brille*, Paris, Plon, 1973, p.15, dans Pierre DAIX, *Pablo Picasso, op. cit.*, p.587.
2. Fred KUPFERMAN, *Les Premiers Beaux Jours (1944 – 1946)*, Paris, Calmann-Lévy, 1985, p.126.
3. Jean COCTEAU, *Journal (1942 – 1945)*, éd. cit., p.565.
4. *Ibid.*, p.234.
5. Victoria BECK NEWMAN, «"The Triumph of Pan": Picasso and the Liberation», *Zeitschrift für Kunstgeschichte*, n° 62, 1999, p.106 – 122.
6. Roland PENROSE, *Picasso, op. cit.*, p.414.
7. *Ibid.*, p.415.
8. Martin SCHIEDER, «Photo Press Liberation. La libération de l'atelier parisien de Picasso en août 44», dans Sophie BERNARD (dir.), *Picasso. Au cœur des ténèbres, op. cit.*, p.52 – 59.
9. *L'Humanité*, 29 et 30 octobre 1944, entretien de Pol Gaillard.
10. 西尔万·布卢克在莫斯科共产国际档案里查阅到的斯特凡·库尔图瓦的证词。
11. Charles TILLON, *On chantait rouge*, Paris, Robert Laffont, 1977, p.228.
12. Annie KRIEGEL (avec Guillaume Bourgeois), *Les Communistes français dans leur premier demi-siècle (1920 – 1930)*, Paris, Seuil, 1985, p.140.
13. Daniel LINDENBERG, *Les Années souterraines (1937 – 1947), op. cit.*
14. Stéphane COURTOIS, «Les partis politiques et la question de l'immigration: 1936 – 1948», art. cit., p.197 – 214.
15. Édouard KOWALSKI, *Les Immigrés au service de la France*, Paris, CADI, 1945, dans Stéphane Courtois, «Les partis politiques et la question de l'immigration: 1936 – 1948», art. cit., p.197 – 214.
16. Marcel CACHIN, *Carnets*, tome IV, *1935 – 1947*, Paris, CNRS Éditions, 1997, p.907.
17. Fred KUPFERMAN, *Les Premiers Beaux Jours, op. cit.*, p.177.
18. Marcel MAUSS, «Essai sur le don. Forme et raison de l'échange dans les

sociétés archaïques», *L'Année sociologique*, n° 1, 1923 – 1924, p.30 – 186, repris dans *Sociologie et anthropologie*, Paris, PUF, 1968, p.145 – 279.
19. Maurice GODELIER, *L'Énigme du don*, Paris, Fayard, 1996, p.25.

第三节　圣艾蒂安、卡斯特尔、阿莱斯、欧贝维利耶的看法？工人阶级城市的救世主

1. Archives du Musée national Picasso-Paris（MnPP）, Don Succession Picasso, 1992, Archives personnelles Pablo Picasso, 515AP/E/14/7 novembre 1944.
2. 1956年8月8日，在比利时沙勒罗瓦市附近的马西内尔，卡济耶森林矿发生矿难。到了8月23日，据透露，矿难发生时有275人在井下作业，其中272人遇难，他们分别来自12个不同的国家。

第四节　塞雷、格勒诺布尔、里昂和昂蒂布的看法？面向具有传教士精神的博物馆馆长们的先知艺术家

1. Archives du Musée national Picasso-Paris（MnPP）, Don Succession Picasso, 1992, Archives personnelles Pablo Picasso, 515AP/C/38/mars 1948 ou 1949.
2. Archives du Musée national Picasso-Paris（MnPP）, Don Succession Picasso, 1992, Archives personnelles Pablo Picasso, 515AP/C/24/10 mai 1946.
3. 战争期间，他收留了一位来自巴黎的犹太少年，之后又收留了一位奥斯维辛集中营的幸存者艺术家米哈尔·斯马耶夫斯基（别名米歇尔·西玛）。1946年，正是这位艺术家将他介绍给了毕加索。
4. Archives du Musée national Picasso-Paris（MnPP）, Don Succession Picasso, 1992, Archives personnelles Pablo Picasso, 515AP/C/38/27 mars 1949.

第五节　巴黎的看法？（终于）得到国家认可的"天才"：1947—1955年

1. Jean CASSOU, «Don de Picasso au musée d'Art moderne», *Bulletin des musées de France*, n° 6, 1947, p.14.
2. 巴黎卢森堡博物馆藏品（在世艺术家作品）和巴黎国立网球场现代美术馆藏品（"外国流派"作品）。
3. Jacques MICHEL, «Jean Cassou et les cimaises de l'art vivant», *Le Monde*, 27 janvier 1986.
4. Archives du Musée national Picasso-Paris（MnPP）, Don Succession

Picasso, 1992, Archives personnelles Pablo Picasso, 515AP/C/22/8 janvier 1946.

5. Rosalind KRAUSS, *The Picasso Papers*, Londres, Thames and Hudson, 1998, p.227.
6. Pierre LOEB, *Voyages à travers la peinture*, Paris, Bordas, 1946, p.54, dans Raymonde MOULIN, *Le Marché de la peinture en France, op. cit.*, p.271–272.
7. Jeanne LAURENT, *Arts et pouvoirs en France de 1793 à 1981, op. cit.*, p.154.
8. 得到了文化财产研究员阿兰·普雷维的协助，https://www.ccomptes.fr/fr/biographies/savin-marie-jean-joseph.
9. 与他同名的祖先让·萨文是一名法国普瓦图地区的地主和职业军人，1793年参加了旺代起义，加入了"下普瓦图和雷茨地区天主教皇家军队"，1796年被枪决。
10. Pierre LOEB, *Voyages à travers la peinture, op. cit.*, p.54, dans Raymonde MOULIN, *Le Marché de la peinture en France, op. cit.*, p.271–272.
11. Archives diplomatiques (AD), 349Q0/1402。他是电影监管委员会成员，十分反共，也十分反动，尤其热衷于审查谢尔盖·爱森斯坦的杰作《战舰波将金号》（1925），因为这部作品"具有明显的倾向性，是苏联用于宣传的有力工具"。参见 Laurent GARREAU, *Archives secrètes du cinéma français (1945–1975)*, Paris, PUF, 2009, préface de Jacques Rigaud.
12. 在巴黎美术宫举办的"从普桑到柯罗的法国风景"展上展出（1925年5月至6月）。
13. Jean-Paul SARTRE, *Questions de méthode*, Paris, Gallimard, 1986, p.20.
14. Pierre DAIX, *Pablo Picasso, op. cit.*, p.444, citant Françoise Gilot.
15. Archives de la Préfecture de police de Paris (PPP), dossiers de naturalisation des étrangers célèbres, IC 5.
16. Archives du Musée des Arts décoratifs (MAD), IY1440 et D1/296.
17. 事实上，战后法国的策展人和博物馆馆长们错过了《亚威农少女》，他们也曾试图挽回二三十年代官员们所犯下的错误，但往往为时已晚……《亚威农少女》始终是问题核心所在，它是法国最需要的一幅画，也是美国人最不愿意放弃的一幅画（答应给了纽约，自然就不会给巴黎）。1955年2月4日，阿尔弗雷德·H. 巴尔致信卡恩韦勒："我会建议可以从我们的藏品中外借任何作品，但《亚威农少女》除外。" Archives du Museum of Modern Art (MoMA), Alfred H. Barr Jr. Papers, AHB, XI.B.18.
18. 素材源自威利·梅瓦尔德拍摄的照片。
19. Archives du Musée des Arts décoratifs (MAD), D 1/296.
20. Archives du Musée national Picasso-Paris (MnPP), Don Succession Picasso, 1992, Archives personnelles Pablo Picasso, 515AP/C/117/18 décembre 1955.
21. Archives du Musée des Arts décoratifs (MAD), Alfred H. Barr Jr., Papers, D 1/296.
22. Archives du Museum of Modern Art (MoMA), Alfred H. Barr Jr. Papers, AHB, XI.B.18.
23. Archives du Museum of Modern Art (MoMA), Alfred H. Barr Jr. Papers, AHB, XI.B.18, 28 juin 1955.
24. Archives du Museum of Modern Art (MoMA), Alfred H. Barr Jr. Papers, AHB, XI.B.18, 26 janvier 1956.

第六节 在"伟大的斯大林"和"毕加索同志"之间？莫里斯·多列士的鼎力支持

1. Françoise GILOT et Carlton LAKE, *Vivre avec Picasso, op. cit.*, p.283.
2. Entretien au journal *Le Monde*, 13 mars 1953.
3. 这些积极分子是：马塞尔·加香、莫里斯·多列士、玛德莱娜·里福、保罗·朗之万、亨利·马丁、马克斯·巴雷尔、尼科斯·贝劳扬尼斯、艾瑟尔·罗森伯格和朱利叶斯·罗森伯格、贾米拉·布巴夏、玛德莱娜·布朗。
4. 阿拉贡批评他画了一幅"屠杀无辜者"的画。
5. Lynda MORRIS et Christoph GRUNENBERG, *Picasso: Peace and Freedom*, Londres, Tate Publishing, 2010.
6. Roland DUMAS et Thierry SAVATIER, *Picasso. Ce volcan jamais éteint*, Paris, Bartillat, 2018.
7. 这正是莫里斯·瓦伊斯秉持的观点："从1951年起，毕加索与法国共产党的关系变得越来越紧张。由于党没了总书记莫里斯·多列士，因此必定动摇不安。1951年法国共产党组织了《矿藏之地》展览，安德烈·福热隆领导的工人阶级至上路线在这次展览上风光无限。"引自莫里斯·瓦伊斯所著的《毕加索和冷战》。参见 *Picasso et la guerre*, Paris, Gallimard, Musée de l'Armée/Musée national Picasso-Paris, p.220。
8. Maurice THOREZ, *Œuvres choisis en 3 volumes (1906–1947)*, tome I,

1924 - 1937, Paris, Éditions sociales, 1967.
9. 1937年7月13日《人道报》第3、8版。感谢伊夫里档案管理员米歇尔·罗慷慨无私的帮助。
10. 感谢莫里斯·瓦伊斯、雷切尔·马祖、苏里亚·萨德科娃提供有关戴高乐、多列士以及让-里夏尔·布洛克1944年左右在莫斯科的资料。
11. Archives nationales (AN), F/7/15482/B.
12. Auguste LECŒUR, «Le peintre à son créneau», *L'Humanité*, 8 décembre 1950.
13. Jeannine VERDÈS-LEROUX, *Au service du Parti*, Paris, Fayard/Éditions de Minuit, 1983, p.314.
14. 皮尼翁是党内唯一支持毕加索的艺术家。
15. *Ibid.*, p.304.
16. 让尼娜·韦尔德斯-勒鲁则指出了"相对于组织而言的独立性与自身积累资本之间的明显关系"(*ibid.*, p.356)。
17. Annette WIEVIORKA, *Maurice et Jeannette. Biographie du couple Thorez*, Paris, Fayard, 2010, chapitre «Les Thorez et les peintres», p.489 - 522.
18. En dialecte, «pays» signifie «originaire de la même région».
19. Annette WIEVIORKA, *Maurice et Jeannette, op. cit.*, p.429 - 522.
20. Archives du Musée national Picasso-Paris (MnPP), Don Succession Picasso, 1992, Archives personnelles Pablo Picasso, 515AP/C/168/13 mai 1954.
21. 2020年5月26日皮埃尔·多列士与作者的电话访谈。
22. Archives du Musée national Picasso-Paris (MnPP), Don Succession Picasso, 1992, Archives personnelles Pablo Picasso, 515AP/C/168/2 mai 1962.
23. Archives municipales d'Ivry (AMI), fonds Thorez-Vermeersch, document du 6 décembre 1963.
24. Archives municipales d'Ivry (AMI), document du 24 janvier 1964.
25. Archives du Musée national Picasso-Paris (MnPP), Don Succession Picasso, 1992, Archives personnelles Pablo Picasso, 515AP/C/168/6 mars 1964.
26. Annette WIEVIORKA, *Maurice et Jeannette, op. cit.*, p.437.
27. Archives nationales (AN), F/7/15482/B.
28. Pierre DAIX, *J'ai cru au matin*, Paris, Robert Laffont, 1976, p.323 - 327.
29. Hélène PARMELIN, *Libérez les communistes!*, Paris, Stock, 1979, p.255.

30. Archives du Musée national Picasso-Paris（MnPP）, Don Succession Picasso, 1992, Archives personnelles Pablo Picasso, 515AP/C/117/26 juin 1956.
31. Archives du Musée national Picasso-Paris（MnPP）, Don Succession Picasso, 1992, Archives personnelles Pablo Picasso, 515AP/C/117/25 octobre 1956.
32. Archives du Musée national Picasso-Paris（MnPP）, Don Succession Picasso, 1992, Archives personnelles Pablo Picasso, 515AP/C/117/ octobre 1956.
33. Archives du Musée national Picasso-Paris（MnPP）, Don Succession Picasso, 1992, Archives personnelles Pablo Picasso, 515AP/C/117/ octobre 1956.
34. Archives du Musée national Picasso-Paris（MnPP）, Don Succession Picasso, 1992, Archives personnelles Pablo Picasso, 515AP/C/117/5 octobre 1956.
35. Archives du Musée national Picasso-Paris（MnPP）, Don Succession Picasso, 1992, Archives personnelles Pablo Picasso, 515AP/C/117/ octobre 1956.

尾声　地中海王国：1955—1973 年

1. Romuald DOR DE LA SOUCHÈRE, «Picasso au musée d'Antibes», *Cahiers d'art*, n° 1, 1948, p.16.

第一节　警方接力赛：从鲁基耶警长到约翰·埃德加·胡佛

1. PICASSO, «Why I Became a Communist», *The New Masses*, 24 octobre 1944.
2. Claire A. CULLETON, *Joyce and the G-Men: J. Edgar Hoover's Manipulation of Modernism*, New York, Palgrave Macmillan, 2004.
3. «…alien radicals, intellectuals, and provocateurs».
4. Herbert MITGANG, «When Picasso Spooked the FBI», *New York Times*, 11 novembre 1990.
5. Sarah WILSON, «Loyalty and Blood: Picasso's FBI File», dans Jonathan HARRIS et Richard KOECK（dir.）, *Picasso and the Politics of Visual Representation: War and Peace in the Era of the Cold War and Since*, Liverpool, Tate Liverpool Critical Forum, 2013, p.133.
6. *Ibid.*
7. 这一传统除了批评一般艺术以外，更是对艺术家极尽诋毁，称他们是无用的公民。关于这一话题，请参见 Neil HARRIS, *The Artist in American Society, op. cit*。

8. Sarah WILSON, «Loyalty and Blood: Picasso's FBI File», art. cit., p.140.
9. Richard HOFSTADTER, *Anti-Intellectualism in American Life*, New York, A. A. Knopf, 1963, p.14–15.
10. 1949 年 8 月 17 日《芝加哥太阳报》，参见 Sarah WILSON, «Loyalty and Blood: Picasso's FBI File», art. cit., p.134。
11. "非美活动委员会"由众议院设立，旨在调查共产党人的"反美"活动。
12. *Ibid.*, p.135.
13. "美国之音"创建于 1942 年，是美国官方的国际宣传机构，用 47 种语言向国际听众广播美国联邦政府的政策。
14. Herbert MITGANG, «When Picasso Spooked the FBI», art. cit.
15. *Ibid.*, p.1, document du 11 août 1957.
16. Archives du Museum of Modern Art (MoMA), Alfred H. Barr Jr. Papers, AHB, XI.B3.
17. Sarah WILSON, «Loyalty and Blood: Picasso's FBI File», art. cit., p.133.

第二节　陶艺小镇的陶器学徒

1. 2017 年 2 月 26 日弗朗索瓦丝·吉洛与作者在纽约所做的访谈。
2. Marie Sincère ROMIEU (pseudonyme de Marie Dubreuil de Saint-Germain, devenue Mme Philarète Chasles, écrivain et agronome), «La commune et la mairie de Vallauris (Provence)», *Journal de l'agriculture, de la ferme et des maisons de campagne, de la zootechnie, de la viticulture, de l'horticulture, de l'économie rurale et des intérêts de la propriété*, n° 1, 1866 (journal fondé et dirigé par J. A. Barral avec le concours des agriculteurs de toutes les parties de la France et de l'étranger).
3. Georges RAMIÉ, «Ceci est notre témoignage», Imprimerie Arte, 24 octobre 1971, repris dans Anne DOPFFER (dir.), *Picasso. Les années Vallauris*, catalogue d'exposition, Paris, RMN/Flammarion, 2018, p.154–164.
4. 苏珊娜·拉米耶的作品之所以能够吸引毕加索，是因为她设计的造型大胆而精致。作为一名设计师，她很快就设计出与本地作品截然不同的造型。这些作品或是精美别致，如精美的瓶子或陀螺状花瓶；或是充满了奇思妙想：鼓起的咖啡壶，具有建构主义风格的茶壶，女式灯座，饰有突起纹饰的烛台。从中可以发现她深受基克拉泽斯、米诺斯、迈锡尼和塞浦路斯的影响。

5. 无论是陶艺还是雕刻，毕加索都不是在瓦洛里斯学到这些技法的。1894 年，年仅 13 岁的毕加索在拉科鲁尼亚给一个黑色陶瓷盘绘制装饰图案，盘子上画的是讽刺神职人员的场景（酒和女人）。有关这件作品的详情，请参阅 Eduard VALLÈS, «Quelques notes sur l'iconographie du populaire chez le jeune Picasso. Anticipations et transgression», dans *Picasso et les arts et traditions populaires. Un génie sans piédestal, MuCEM, Marseille, 26 avril-29 août 2016*, catalogue d'exposition, Paris, Gallimard, 2016。随后，从 1902 年到 1906 年，毕加索在巴黎跟着雕塑家帕科·杜里奥一起，通过陶土制坯学习烧制技术。正是有了这样的基础，所以当他在 1946 年陶艺展期间首次来到瓦洛里斯时，他与陶土立刻又产生了缘份。此外，为了给朋友马克斯·雅各布的作品绘制插图，毕加索在 20 年代便开始练习蚀刻（后来又开始学习錾刻），与印工穆洛共同创作了"沃拉尔系列版画"，其中囊括了 1930 年至 1937 年之间创作的一百多幅新古典主义风格的版画。

第三节　创作力惊人的实验者

1. 哈拉尔德·泰尔认为，这是各种风格"重组之后的蜕变"。参见 Harald THEIL, «Les vases plastiques de Picasso. Survivances et renouveau de la céramique méditerranéenne», dans Bruno GAUDICHON et Joséphine MATAMOROS (dir.), *Picasso céramiste et la Méditerranée*, Paris, Gallimard, 2013, p.71。
2. 这里名为"pignate"的陶罐是一种用于烹饪的陶器。1950 年，毕加索得到了一批废弃的此款陶罐，用古典装饰纹样对其进行了改造。
3. Sylvie VAUTIER, *Picasso/Picault, Picault/Picasso. Un moment magique entre amis. Vallauris (1948 – 1953)*, New York, Pointed Leaf Press, 2016.
4. Salvador HARO GONZÁLEZ, «Sources populaires de la céramique de Picasso», dans *Picasso et les arts et traditions populaires, op. cit.*, p.167.

第四节　从学徒工成为领导者，直至陶艺小镇的"灵魂人物"

1. Archives du Musée national Picasso-Paris (MnPP), Don Succession Picasso, 1992, Archives personnelles Pablo Picasso, 515AP/C/134/mars 1955.
2. 冈萨雷斯·马蒂比毕加索年长 4 岁，是个相当有趣的人物。他是一名大学者，早年在瓦伦西亚接受过法律和艺术方面的教育，后成为马尼塞斯陶瓷学校的校长。之后他将自己的陶瓷收藏捐献给西班牙政府。1947 年 2 月 6 日，西班牙成立了国家陶瓷博物馆来收藏这些藏品，他本人亦是这所博物馆的终身馆长。

3. Archives du Musée national Picasso-Paris（MnPP），Don Succession Picasso, 1992, Archives personnelles Pablo Picasso, dossier E 15, lettre du 18 novembre 1955.
4. 在安达卢西亚的文化中，"索卡拉特"被用来装饰天花板。
5. 法国尼斯广播电台的访谈。INA, PHD 99103942.
6. Pierre DAIX, « Les rencontres de Picasso avec la céramique », dans *Picasso. Céramiques*, catalogue d'exposition, Bâle, galerie Beyeler, 1989.
7. Sylvie VAUTIER, *Picasso/Picault, Picault/Picasso, op. cit.*, p.96.
8. Le 4 juillet 1958.
9. Anne-Françoise GAVANON, « Arnéra, Picasso et la linogravure », dans Anne DOPFFER (dir.), *Picasso. Les années Vallauris, op. cit.*, p.198 – 211.
10. Pierre DAIX, « Entretien avec Heinz Berggruen », dans Anne BALDASSARI (dir.), *Picasso-Berggruen. Une collection particulière*, Paris, Flammarion/RMN, 2006, p.15.
11. Olivier BERGGRUEN, « Heinz Berggruen, le regard d'un fils », dans Anne BALDASSARI (dir.), *Picasso-Berggruen, op. cit.*, p.201.
12. Pierre DAIX, « Entretien avec Heinz Berggruen », *art. cit.*, p.201.
13. 这些插图为影印版。
14. André VILLERS, Pablo PICASSO et Jacques PRÉVERT, *Diurnes*, Paris, Éditions Berggruen, 1962.
15. 马杜拉陶艺坊制作 25 到 500 件陶器。
16. Yves PELTIER, « L'édition de céramiques de Picasso par Madoura, un outil de démocratisation de l'art », dans Anne DOPFFER (dir.), *Picasso. Les années Vallauris, op. cit.*, p.164 – 174.
17. Salvador HARO GONZÁLEZ, « Picasso et la tradition céramique », dans Anne DOPFFER (dir.), *Picasso. Les années Vallauris, op. cit.*, p.148.

第五节 从"肤色障碍"到低等世界

1. Archives du Musée national Picasso-Paris（MnPP），Don Succession Picasso, 1992, Archives personnelles Pablo Picasso, 515AP/C/23/20 octobre 1947.

2. 早在 1946 年，萨特就以"黑色的俄耳甫斯"为题，为第一本安的列斯群岛、非洲和马达加斯加的诗集作序。
3. 爱德华·格里桑、勒内·德佩斯特、弗朗茨·法农。
4. 利奥波德·塞达尔·桑戈尔、阿马杜·昂帕泰·巴、谢赫·安塔·迪奥普。
5. 理查德·莱特、詹姆斯·鲍德温、约瑟菲娜·贝克。
6. Robert VITALIS, *White World Order, Black Power Politics: The Birth of American International Relations*, Ithaca, Cornell University Press, 2015, p.139 – 140.
7. Arjun APPADURAI, *Modernity at Large: Cultural Dimensions of Globalization*, Minneapolis, University of Minnesota Press, 1996; traduction française: *Après le colonialisme. Les conséquences culturelles de la globalisation*, Paris, Payot, 2001.
8. Dipesh CHAKRABARTY, *Provincializing Europe: Postcolonial Thought and Historical Difference*, Princeton, Princeton University Press, 2000; traduction française: *Provincialiser l'Europe. La pensée post-coloniale et la différence historique*, Paris, Éditions Amsterdam, 2009. Voir aussi Dipesh CHAKRABARTY, «A Small History of Subaltern Studies», dans *Habitations of Modernity: Essays in the Wake of Subaltern Studies*, Chicago, The University of Chicago Press, 2002.
9. 在美国，人文科学（社会学和人类学）研究人员提出了"能动性"这一术语，用以指代社会行动者的创造能力和创新能力。
10. Archives de l'auteur, lettre datée du 18 septembre 2018.

第六节 一位将1907—1908年的刺骨寒冬牢记在心的荣誉市民

1. André TABARAUD, *Mes années Picasso*, Paris, Plon, 2002, p.161 – 163.
2. Archives du Musée national Picasso-Paris (MnPP), Don Succession Picasso, 1992, Archives personnelles Pablo Picasso, 515AP/E/14/s.d.

第七节 立足、影响、颠覆；夏纳、沃韦纳格、穆然

1. Daniel-Henry KAHNWEILER et Francis CRÉMIEUX, *Mes galeries et mes peintres, op. cit.*, p.128.
2. 2020 年 11 月 9 日尼古拉·皮尼翁在巴黎与作者的访谈。
3. "圣杯"（*Coupo Santo*）是一只银杯的名字，传说阿维尼翁在 1867 年 7 月 30 日举办了一场宴会，加泰罗尼亚的作家和政客在这场宴会上把这只银杯赠送给普罗旺斯贵族，以感谢他们热情接纳了加泰罗尼亚诗

人维克多·巴拉格尔。巴拉格尔因反对西班牙伊莎贝拉二世政府而被流放到普罗旺斯。这首歌的歌词是 1904 年诺贝尔文学奖得主、法国诗人弗雷德里克·米斯特拉尔用普罗旺斯语写成的。在加泰罗尼亚人听来，普罗旺斯语很像加泰罗尼亚语，因为这两种语言很接近：*Prouvençau, veici la Coupo/Que nous vèn di Catalan;/A-de-rèng beguen en troupo/Lou vin pur de noste plant*。

4. 2020 年 11 月 9 日安妮·克莱格与作者的访谈。
5. 2020 年 10 月 23 日昆汀·劳伦斯与作者的访谈。
6. 2020 年 10 月 16 日和 18 日克里斯蒂娜·皮奥与作者的访谈。
7. Jèssica JAQUES PI, «*Las Meninas* de Picasso, 1957: calligrafies de la indisciplina», dans Antoni MARÍ (dir.), *La Modernitat Cauta: Resignació, Restauració, Resistència (1942 – 1962)*, Barcelone, Angle Editorial, 2014, p.213 – 231.

第八节　往事依依

1. Archives du Musée national Picasso-Paris (MnPP), Don Succession Picasso, 1992, Archives personnelles Pablo Picasso, 515AP/C/81/10 février 1959.
2. Archives du Musée national Picasso-Paris (MnPP), Don Succession Picasso, 1992, Archives personnelles Pablo Picasso, 515AP/C/81/10 janvier 1961.
3. 之后，巴黎毕加索国家博物馆又收到两次大规模捐赠，分别是 1990 年杰奎琳·毕加索和 1998 年朵拉·玛尔的继承人所捐。

第九节　身为"侨民"的泰斗

1. «Hommage à Pablo Picasso», ministère d'État, affaires culturelles, Paris, 1966, non paginé.
2. "……按照社会学家罗贝尔·卡斯特尔的定义": François HARTOG, *Régimes d'historicité*, Paris, Seuil, 2012, p. 17. 同时参见 Marcel DETIENNE et Jean-Pierre VERNANT, *Les Ruses de l'intelligence. La mètis des Grecs*, Paris, Flammarion, 2018, notamment «La course d'Antiloque» p.21 – 41。
3. François HARTOG, *Régimes d'historicité, op. cit.*
4. Diego Rodríguez DE SILVA Y VELÁZQUEZ, *Felipe IV anciano*, Madrid, Museo Nacional del Prado.
5. Marie-Laure BERNADAC, «Painting as a Model», dans Marie-Laure BERNADAC, Isabelle MONOD-FONTAINE et David SYLVESTER, *Late*

Picasso, Londres, Tate Gallery, 1988, p.55.
6. 从 1954 年到 1955 年，他创作了 15 幅油画。
7. 1957 年 8 月至 12 月画了 58 幅油画。
8. 1959 年 8 月到 1962 年 7 月，他创作了 27 幅油画、140 幅素描、3 幅亚麻油毡版画和大量纸模（*ibid.*, p.70）。
9. *Ibid.*, p.45.
10. Marie-Laure BERNADAC, Emmanuel GUIGON, Androula MICHAËL et Claustre RAFART I PLANAS, *Abecedario, Picasso poeta*, Barcelone/Paris, Museu Picasso Barcelona/Musée national Picasso-Paris, p.147.
11. *Ibid.*, p.119.
12. *Ibid.*, p.86.
13. BRASSAÏ, *Conversations avec Picasso, op. cit.*, p.354.
14. Laurence MADELINE (dir.), *Les Archives de Picasso, op. cit.*, p.62－63.
15. Jean CHARBONNEAUX, Roland MARTIN et François VILLARD, *Grèce archaïque*, Paris, Gallimard, 1968.
16. 毕加索，《三面盘》（制作了 250 件），1956 年制作，有彩色亚麻油毡、彩釉和纯银三种材质。

人名索引

（条目后的数字为原书页码，见本书页边码）

A

Abetz, Otto 阿贝茨，奥托 437，440，498
Acheson, Dean 艾奇逊，迪安 562
Adelman, Jeremy 阿德尔曼，杰里米 578
Ader, Étienne 阿德尔，艾蒂安 480
Agard, Jules 阿加尔，儒勒 570
Aicardi, Maurice 艾卡尔迪，莫里斯 593
Aksionov, Ivan 阿克谢诺夫，伊万 236
Alain（Émile-Auguste Chartier dit）阿兰（原名埃米尔-奥古斯特·沙尔捷） 427
Albert André, Jacqueline 阿尔贝·安德烈，雅克琳娜 520
Alibert, Raphaël 阿里贝尔，拉斐尔 436
Allard, Roger 阿拉尔，罗歇 255
Alphonse XIII 阿方索十三世 315，388
Amar, Marianne 阿马尔，玛丽安娜 352，604，629
Amasis 阿玛西斯 597
Anderson, Nels 安德森，奈尔斯 55
André, Eugène 安德烈，欧仁 48—49
Andrès, Violette 安德烈斯，维奥莱特 380，395
Andry-Farcy（Pierre-André Farcy dit）安德里-法西（原名皮埃尔-安德烈·法西） 484，523
Angell, Norman 安吉尔，诺曼 267
Anglada-Camarasa, Hermen 安格拉达-卡马拉萨，赫尔曼 90
Annenberg, Walter 安纳伯格，沃尔特 74

Annette（fiancée de Géry Pieret）安妮特（盖里·皮耶雷未婚妻） 153
Apollinaire, Guillaume（Wilhelm Apollinaris de Kostrowitzky）阿波利奈尔，纪尧姆（威廉·阿波利纳里斯·德·科斯特洛维茨基） 11，49，83—84，86—89，91，97，102—105，117，131，152—155，160，165，169，176，191，213，224，241，253，264，269，271，277，281，312，334—336，340—341，346，351，396
Appadurai, Arjun 阿帕杜莱，阿尔君 579
Aragon, Louis 阿拉贡，路易 334，336—340，348，350—351，383，421，448，462—463，482，504，510，548—549，555，636，653
Arcaix, Louis 阿凯，路易 519
Arcimboldo, Giuseppe 阿尔钦博托，朱塞佩 407
Arendt, Hannah 阿伦特，汉娜 146，471
Argoutinsky-Dolgoroukoff, Wladimir（prince）阿尔古廷斯基-多尔戈鲁科夫，弗拉基米尔（亲王） 403
Arnéra, Hidalgo 阿内拉，伊达尔戈 572—573
Arp, Hans 阿尔普，汉斯 337，339
Artaud, Antonin 阿尔托，安托南 334，341
Assouline, Pierre 阿苏利纳，皮埃尔 142
Astier de La Vigerie, Emmanuel d' 阿斯蒂耶·德拉维热里，埃马纽埃尔·德 512

679

Astruc, A. 阿斯特吕克, A. 526
Atget, Eugène 阿特热, 欧仁 301
Augustin d'Hippone 圣奥古斯丁（又名希波的奥古斯丁）53
Auric, Georges 奥里克, 乔治 321
Auricoste, Jean 奥里科斯特, 让 550
Austin, Chick 奥斯汀, 奇克 404
Azaña, Manuel 阿萨尼亚, 曼努埃尔 388—389, 391

B

Bach, Jean-Sébastien 巴赫, 约翰-塞巴斯蒂安 126, 179, 187
Baker, Joséphine 贝克, 约瑟菲娜 657
Balaguer, Víctor 巴拉格尔, 维克多 658
Baldassari, Anne 巴尔达萨里, 安妮 234, 627
Baldung, Hans（dit Baldung Grien）巴尔东, 汉斯（又名巴尔东·格里恩）395, 407
Baldwin, James 鲍德温, 詹姆斯 657
Ball, Hugo 巴尔, 胡戈 339
Balzac, Honoré de 巴尔扎克, 奥诺雷·德 241, 393, 552, 596
Barbusse, Henri 巴比塞, 亨利 348
Barel, Max 巴雷尔, 马克斯 653
Barnes, Albert 巴恩斯, 阿尔伯特 189, 404, 411
Barr Jr., Alfred H. 巴尔, 阿尔弗雷德·H. 164, 175, 403—410, 415—416, 491, 495—499, 502, 507, 524, 537, 540—541, 563, 574
Barr, Margaret 巴尔, 玛格丽特 406
Barrès, Maurice 巴雷斯, 莫里斯 45, 282
Baruch, Marc-Olivier 巴鲁克, 马克-奥利维耶 433
Bas, Joaquín 巴斯, 华金 32
Basler, Adolphe 巴斯勒, 阿道夫 293
Bataille, Georges 巴塔耶, 乔治 341, 379, 456

Baudelaire, Charles 波德莱尔, 夏尔 334
Bauquier, Georges 博基耶, 乔治 549
Bayly, Christopher A. 贝利, 克里斯托弗·A. 628
Bazin, Germain 巴赞, 热尔曼 481
Beaumont, Édith Bonnin de La Bonninière de（née Taisne de Raymonval）博蒙, 埃迪特·德（本名泰斯内·德·雷蒙瓦尔）320, 329
Beaumont, Étienne Bonnin de La Bonninière de 博蒙, 艾蒂安·德 313, 319—329, 332, 334, 535
Beaumont, Marc Antoine Bonnin de La Bonninière de 博蒙, 马克·安托万·德 321
Beauvoir, Simone de 波伏瓦, 西蒙娜·德 456
Becker, Michel 贝克, 米歇尔 28, 31—32
Bédé, Pierre 贝代, 皮埃尔 472, 476—477
Beethoven, Ludwig van 贝多芬, 路德维希·范 160
Beier, Ernest 贝尔, 欧内斯特 296
Bell, Clive 贝尔, 克莱夫 266
Belmondo, Paul 贝尔蒙多, 保罗 507
Beloyánnis, Níkos 贝劳扬尼斯, 尼科斯 653
Beltrame, Arnaud 贝尔特拉姆, 阿尔诺 300
Bénédite, Léonce 贝内迪特, 莱昂斯 643
Benjamin, Walter 本雅明, 瓦尔特 455
Benoist, Charles 伯努瓦, 夏尔 229
Benoist-Méchin, Jacques 伯努瓦-梅尚, 雅克 447
Benz, Karl 本茨, 卡尔 143, 615
Bérard, Léon 贝拉尔, 莱昂 229, 330
Berenson, Bernard 贝伦森, 伯纳德 171
Bergamín, José 贝尔加明, 何塞 382
Berger, Suzanne 伯杰, 苏珊娜 303
Bergerot, Louis 贝杰罗, 路易 54
Berggruen, Heinz 伯格鲁恩, 海因茨 574
Bergson, Henri 柏格森, 亨利 207, 228
Berlière, Jean-Marc 贝里埃, 让-马克 33

Bernadac, Marie-Laure 贝尔纳达克，玛丽-洛尔 596，622，639，641，658

Bernard, Émile 贝尔纳，埃米尔 79

Bernard, Tristan 贝尔纳，特里斯坦 450

Bernheim, Alexandre（galerie Bernheim-Jeune）伯恩海姆，亚历山大（伯恩海姆-热纳画廊）130，285，292

Bernheim, Joseph（dit Josse）伯恩海姆，约瑟夫（又称约瑟）204，359

Bernstein, Leonard 伯恩斯坦，伦纳德 562

Berthier, Francis 贝尔蒂埃，弗朗西斯 291，630

Bertillon, Alphonse 贝蒂荣，阿方斯 364

Bertrand Dorléac, Laurence 贝特朗·多雷亚克，劳伦斯 438—439，446

Besset, Maurice 贝塞，莫里斯 593

Besson, Georges 贝松，乔治 520

Bibesco（princesse）比贝斯科（公主）324

Bidegain, Gerard 比德甘，杰拉德 612

Bignou, Étienne 比格努，艾蒂安 359，411

Billoux, François 比卢，弗朗索瓦 516，548—549

Birnbaum, Martin 伯恩鲍姆，马丁 200

Blériot, Louis 布莱里奥，路易 214

Bliss, Lillie P. 布利斯，莉莉·P. 404

Bloch, Jean-Richard 布洛克，让-里夏尔 654

Blum, Léon 布鲁姆，莱昂 47，383，512

Bobet, Louison 波贝，路易松 539

Bode, Wilhelm von 博德，威廉·冯 182

Bodgan-Piteşti, Alexandru 博德甘-皮特什蒂，亚历山德鲁 635

Bois, Yve-Alain 布瓦，伊夫-阿兰 142，236

Boisson, Marius 布瓦松，马里乌斯 291—292

Bonaparte, Marie（princesse de Grèce）波拿巴，玛丽（希腊公主）320

Bonnard, Abel 博纳尔，阿贝尔 447

Bonnard, Pierre 博纳尔，皮埃尔 83，278，384，499，532

Bonnat, Léon 博纳，里欧 25

Bonnet, Georges 博内，乔治 646

Bonsoms, Antoni Jaumandreu 邦索姆斯，安东尼·乔曼德鲁 36，55

Borel, Albert 博雷尔，阿尔贝 302

Borel, Lucie-Amélie（née Rosenberg）博雷尔，露西-阿梅利（本名罗森伯格）302

Borges, Jorge Luis 博尔赫斯，豪尔赫·路易斯 301

Bornibus（indicateur de police）博尼布斯（警方线人）35—36，38，40—41，48，364，478

Borodine, Alexandre 鲍罗丁，亚历山大 316

Bosch, Jérôme 博斯，耶罗尼米斯 407

Bosch, Robert 博斯，罗伯特 143

Bouchaud, Élisabeth 布绍，伊丽莎白 640

Bouchaud, Jean-Philippe 布绍，让-菲利普 640

Boucher, Jean 布歇，让 204

Boudin, Marcel 布丹，马塞尔 463

Bouguereau, William 布格罗，威廉 25

Boupacha, Djamila 布巴夏，贾米拉 653

Bouvard, Émilie 布瓦尔，埃米莉 445

Bozo, Dominique 博佐，多米尼克 593

Brack, Mme 布拉克夫人 430

Brack, Pierre 布拉克，皮埃尔 430，433—434

Brâncuşi, Constantin 布朗库西，康斯坦丁 340，447

Braque, Georges 布拉克，乔治 95，127，132，159，161—169，197，203，207，209，211—220，223，225，230，237—238，250，253—255，257—259，261，263—264，266，269，277，287，292—293，295，304，313，315，322，396，405，411，457，484，518，532，581，592，617

Brasillach, Robert 布拉西拉赫，罗贝尔 440

Brassaï（Gyula Halász, dit）布拉塞（原名久洛·豪拉斯）355，358，373，379，

381, 385, 448, 463—464, 597
Braudel, Fernand 布罗代尔，费尔南 105, 110, 112
Braun, Emily 布劳恩，艾米丽 296
Braun, Madeleine 布朗，玛德莱娜 653
Brauner, Victor 布劳纳，维克多 497
Brecht, Bertolt 布莱希特，贝托尔特 301, 562
Breker, Arno 布雷克尔，阿尔诺 447—449, 455, 460, 504
Bremmer, Michael 布雷默，迈克尔 266
Breton, André 布勒东，安德烈 328, 332, 334—335, 337—341, 345—351, 381, 383, 392, 448, 463, 497
Breton, Jules-Louis 布勒东，朱尔-路易 229
Broglia, Martina 布罗利亚，玛蒂娜 44
Brossa, Jaume 布罗萨，豪梅 34
Bruce, David K. E. 布鲁斯，戴维·K. E. 562
Bruce, Patrick Henry 布鲁斯，帕特里克·亨利 618
Brummer（Joseph, Ernest et Imre）布鲁默（约瑟夫、欧内斯特和伊姆雷）292
Buard, Claudius 布阿尔，克劳迪乌斯 517, 531
Buffon, Georges-Louis Leclerc de 布封，乔治-路易·勒克莱尔·德 574
Buñuel, Luis 布纽埃尔，路易斯 344, 350
Burckhardt, Jacob 布克哈特，雅各 148
Burroughs, Bryson 巴勒斯，布莱森 186
Burty-Haviland, Frank 伯蒂-哈维兰，弗兰克 184, 215, 404, 525
Burty-Haviland, Joséphine（née Laporta）伯蒂-哈维兰，约瑟菲娜（本名拉波尔塔）271
Burty-Haviland, Paul 伯蒂-哈维兰，保罗 184, 187

C

Cabanel, Alexandre 卡巴内尔，亚历山大 274
Cachin, Marcel 加香，马塞尔 504, 510—511, 513, 552, 653
Cachin, Marie-Louise 加香，玛丽-路易丝 513
Caillebotte, Gustave 卡耶博特，古斯塔夫 632
Caillois, Roger 凯洛瓦，罗杰 110
Calas, Nicolas 卡拉斯，尼古拉斯 497
Calder, Alexander 考尔德，亚历山大 66, 447
Callery, Mary（ou Meric）卡勒里，玛丽（梅里克）404, 410, 414
Camus, Albert 加缪，阿尔贝 163, 456
Canals, Benedetta（née Bianco Coletta）卡纳尔斯，贝内德塔（本名比安科·科莱塔）93
Canals, Ricardo 卡纳尔斯，里卡多 66, 69, 93
Canova, Alice 卡诺瓦，爱丽丝 36
Carco, Francis 卡科，弗朗西斯 17, 212
Carles, Arthur B. 查理，阿瑟·B. 618
Carnot, François 卡诺，弗朗索瓦 537
Carnot, Sadi 卡诺，萨迪 43—45
Carré, Louis 卡雷，路易 482, 513
Cartier-Bresson, Henri 卡蒂埃-布列松，亨利 168
Casagemas, Carles 卡萨吉玛斯，卡洛斯 11, 17—25, 28, 30—31, 33, 55, 57, 74, 83
Casals, Pablo 卡萨尔斯，巴勃罗 171
Casanova, Danielle 卡萨诺瓦，达妮埃尔 509
Casanova, Laurent 卡萨诺瓦，洛朗 509
Casanovas, Enric 卡萨诺瓦斯，恩里克 103, 109, 111—112, 392
Casas, Ramon 卡萨斯，拉蒙 72, 79, 318
Casellas, Raimon 卡塞拉斯，雷蒙 19
Caserio, Antoine 卡塞里奥，安托万 44
Caserio, Sante Geronimo 卡塞里奥，圣杰罗

尼莫 43—44

Casimir-Perier, Jean 卡西米尔-佩里埃，让 41

Cassirer, Paul 卡西尔，保罗 141

Cassou, Jean 卡苏，让 165，167，228，382，384—386，392，398，407，415，462，531—532

Castellana, Clareta 卡斯特利亚纳，克拉雷塔 110

Castelli, Leo 卡斯特利，利奥 257，614

Catherine de Médicis 凯瑟琳·德·美第奇 576

Catton Rich, Daniel 卡顿·里奇，丹尼尔 404

Caulet, Émile (inspecteur spécial) 考莱，埃米尔（特派员）474—476

Céline (Louis-Ferdinand Destouches dit) 塞利纳（原名路易-费迪南·德图什）440

Cendrars, Blaise (Frédéric Sauser dit) 桑德拉尔，布莱斯（原名弗雷德里克·索瑟）340

Cervantès, Miguel de 塞万提斯，米格尔·德 41，596

Césaire, Aimé 塞泽尔，艾梅 555，577—578

Césaire, Jacques 塞泽尔，雅克 577

Cézanne, Paul 塞尚，保罗 41，95—97，111，133，139，159，162，169，171—173，176—177，200，204—205，207，236，252，405，583，586，596

Chagall, Marc 夏加尔，马克 363，411

Chanel, Pierre 沙内尔，皮埃尔 527

Chaplin, Charles 卓别林，查理 449，539，562

Chardin, Jean Siméon 夏尔丹，让·西梅翁 166

Chardonne, Jacques 沙尔多纳，雅克 447

Chauffour, Sébastien 肖富尔，塞巴斯蒂安 480，534

Cheval, Joseph Ferdinand 薛瓦勒，约瑟夫·费迪南 334

Chevalier, Émile (nom d'artiste Chevalier-Milo) 舍瓦利耶，埃米尔（艺名舍瓦利耶-米洛）469，471—479，481，535，592，648

Chiappe, Jean 夏普，让 31，365

Chimènes, Myriam 希梅纳，米里亚姆 320，324

Chrysler, Walter P. 克莱斯勒，沃尔特·P. 404

Chtchoukine, Sergueï Ivanovitch 舒金，谢尔盖·伊万诺维奇 128，172，206，223，233—236，251，254，256—257，261，316

Claflin, Philip W. 克拉夫林，菲利普·W. 498

Claparède, Jean 克拉帕雷德，让 527

Clapiers, Luc de (marquis de Vauvenargues) 克拉皮耶，吕克·德（沃韦纳格侯爵）584

Claudel, Paul 克洛岱尔，保罗 278，349，411

Clausewitz, Carl von 克劳塞维茨，卡尔·冯 286

Clavé, Antoni 克莱夫，安东尼 392

Clemenceau, Georges 克列孟梭，乔治 45，108，151，298

Clergeot (commissaire de police) 克莱尔热（警员）472

Clergue, Anne 克莱格，安妮 584

Clergue, Lucien 克莱格，吕西安 584

Clouzot, Henri-Georges 克鲁佐，亨利-乔治 572

Coblentz, Maurice 科布伦茨，莫里斯 590

Cocteau, Jean 科克托，让 241，277—281，304，310，315—316，318，447—450，460，464，504，507，510

Colle, Carmen 科勒，卡门 458

Colle, Pierre 科勒，皮埃尔 353，373，457，465

Collot, Gérard 科洛，热拉尔 526

Cooper, Douglas 库珀，道格拉斯 164，539，574

Cooper, Harry 库珀，哈里 90

Copland, Aaron 科普兰，阿隆 562

Coquiot, Gustave 科基奥，古斯塔夫 39，72，412

Corman, Mathieu 科尔曼，马蒂厄 394

Cornillot, Marie-Lucie 科尔尼洛，玛丽-露西 526

Corot, Jean-Baptiste Camille 柯洛，让-巴蒂斯特·卡米耶 25，166—167，280

Cortada, Alexandre 科尔塔达，亚历山大 18

Cortadella, Margarida 科塔德拉，玛加丽达 640

Cortot, Alfred 科尔托，阿尔弗雷德 163

Couderc, Gabriel 库代尔克，加布里埃尔 526

Courbet, Gustave 库尔贝，古斯塔夫 227，237，481，536

Courtenay, Jean 考特奈，让 448

Cranach l'Ancien, Lucas （老）克拉纳赫，卢卡斯 553

Cravan, Arthur 克拉万，阿瑟 334，339

Craven, Thomas 克雷文，托马斯 497

Crawford, William A. 克劳福德，威廉·A. 560

Crémieux, Francis 克莱米耶，弗朗西斯 138，142，259，265，291

Crevel, René 克雷维尔，勒内 338—339，350

Croizat, Ambroise 克罗瓦扎，安布鲁瓦兹 516

Crommelynck (Aldo et Piero) 克洛美林克（阿尔多和庇埃罗） 584

Cucurny i Guiu, Pau 库库尼·伊·吉尤，保罗 19

Cunard, Lady (née Maud Alice Burke) 库纳德夫人（本名莫德·爱丽丝·伯克） 323

Cuny, Alain 居尼，阿兰 464

Cuttoli, Marie 库托利，玛丽 373，411，428，430，433—434，477，588

Cuttoli, Paul 库托利，保罗 411，428，477

D

Dagen, Philippe 达让，菲利普 161，183，296，413，616，619，631

Daimler, Gottlieb 戴姆勒，戈特利布 143，615

Daix, Pierre 戴克斯，皮埃尔 10，97，167，169，219，254，379，381，527，549，553，573，593

Daladier, Édouard 达拉第，爱德华 366，384，399，646

Dale, Chester 戴尔，切斯特 90，303，358，404，480，609，637

Dale, Maud 戴尔，莫德 609

Dalí, Gala (née Elena Dmitrievna Diakonova) 达利，加拉（本名爱莲娜·伊万诺瓦·迪亚克诺瓦） 340，351，389，392

Dalí, Salvador 达利，萨尔瓦多 337，344—345，350—351，463，497

Danet, Henri 达内，亨利 268，272，294

Dante Alighieri 但丁·阿利吉耶里 41

Darlan, François 达尔朗，弗朗索瓦 648

Dasburg, Andrew 达斯博格，安德鲁 177，618

Daufi, Alicia 道菲，阿莉西亚 612

Daumier, Honoré 杜米埃，奥诺雷 519

Dauphin, Cécile 多芬，塞西尔 70

David, Jacques-Louis 大卫，雅克-路易 395

Davidson, Jo 戴维森，乔 236

Davies, Arthur B. 戴维斯，阿瑟·B. 236

Debussy, Claude 德彪西，克洛德 148

Degas, Edgar 德加，埃德加 19，21，25，79，83，90，139，176，284，583

Delacroix, Eugène 德拉克罗瓦，欧仁 41，227，395，536，544，584，597

Delagneau, Robert 德拉尼奥，罗贝尔 518

Delanoë, Bertrand 德拉诺埃，贝特朗 63

Delaunay, Robert 德劳内，罗贝尔 207，219

Delbos, Yvon 德尔博斯，伊冯 394，427

Delcourt, Maurice 德尔库尔，莫里斯 244

Delétang, Céline 德勒唐，塞利娜 483，650

Delétang, Émile 德勒唐，埃米尔 630

Delmas, Gladys 德尔马斯，格拉迪斯 498

Demachy, Robert 德马西，罗贝尔 619

Demarne, Jean-Louis 德马纳，让-路易 535

Déon, Michel 德昂，米歇尔 167

Depestre, René 德佩斯特，勒内 657

Derain, André 德兰，安德烈 94—95，109，131，138—139，160，165，225，254，258—259，263—265，277，287—288，292，318，457，484，507

Derigon, Paul 德里贡，保尔 520，582

Desnos, Robert 德斯诺斯，罗贝尔 293，338，340，462，464

Deson, Gustave（inspecteur spécial）德松，古斯塔夫（特派员）475—476

Detaille, Édouard 德塔耶，爱德华 25

Dézarrois, André 德扎鲁瓦，安德烈 413，532，643

Diaghilev, Serge de 达基列夫，谢尔盖 279—281，310，312—313，315—320，324，327—328，332，491

Diederichs, Eugen 迪德里克斯，尤金 444

Diop, Alioune 迪奥普，阿利乌内 577

Diop, Cheikh Anta 迪奥普，谢赫·安塔 657

Dodge, Mabel L. 道奇，梅布尔·L. 176，196

Dominguín, Luis Miguel 多明金，路易斯·米格尔 586

Donatello 多那太罗 189

Dondero, George 唐德罗，乔治 561

Dor de La Souchère, Romuald 多尔·德拉苏歇尔，罗穆阿尔德 528，535，565，597—598

Dorgelès, Roland 多热莱斯，罗兰 17，20，73

Dorigny, Michel 多里尼，米歇尔 535

Doriot, Jacques 多里奥，雅克 477

Douanier（Le）（Henri Rousseau dit）海关税员（原名亨利·卢梭）178，184，201，205，240

Doucet, Jacques 杜塞，雅克 340，345—347，353，407，412

Douris 杜里斯 597

Dove, Arthur 达夫，阿瑟 618

Dreyfus, Alfred 德雷福斯，阿尔弗雷德 47

Dreyfus-Armand, Geneviève 德雷福斯-阿尔芒，热纳维耶夫 384

Drieu La Rochelle, Pierre 德里厄·拉罗谢尔，皮埃尔 440

Droit, Michel 德鲁瓦，米歇尔 500

Dru, Francis 德鲁，弗朗西斯 475—476

Druet, Eugène 德鲁埃，欧仁 95，137

Du Bois, W. E. B. 杜波依斯，W. E. B. 117—118，146，576，578，598

Du Colombier, Pierre 杜·科隆比耶，皮埃尔 484

Dubois, André-Louis 杜布瓦，安德烈-路易 427，452

Dubuffet, Jean 杜布菲，让 341

Dubuisson, Henri（inspecteur spécial）杜比松，亨利（特派员）475—476

Duchamp（Gaston, Raymond et Marcel）杜尚（加斯顿，雷蒙和马塞尔）207，219

Duchamp, Marcel 杜尚，马塞尔 259，339—340

Duclos, Jacques 杜克洛，雅克 510，548

Dudensing, Valentine 杜登辛，瓦伦丁 303，637

Dufy, Raoul 杜菲，拉乌尔 411，518

Dujardin-Beaumetz, Étienne 杜雅尔丹-博梅兹，艾蒂安 298

Dumain（inspecteur de police）迪曼（督察）472

Dumas, Roland 迪马，罗兰 545

Dunoyer de Segonzac, André 迪努瓦耶·德·塞贡扎克，安德烈 507

Durand-Ruel, Paul 迪朗-吕埃尔，保罗 19, 95, 130, 142, 227, 285, 292
Dürer, Albrecht 丢勒，阿尔布雷希特 407
Durrio, Paco 杜里奥，帕科 30, 58, 656
Dutilleul, Bernard 杜蒂耶尔，贝尔纳 204
Dutilleul, Roger 杜蒂耶尔，罗杰 199, 204—205, 217, 227, 252, 291—292, 295, 322, 535, 630
Dutilleux, Henri 杜替耶，亨利 501
Duveen, Joseph 杜文，约瑟夫 257

E

Eastman, John 伊斯曼，约翰 404
Eddy, Arthur Jerome 埃迪，阿瑟·杰罗姆 187
Eesteren, Cornelis Van 埃斯特伦，科内利斯·范 339
Einstein, Carl 爱因斯坦，卡尔 149, 188, 211, 227—229, 235, 238, 248, 275, 310, 335, 399—400, 634
Eisenstein, Sergueï 爱森斯坦，谢尔盖 652
Eisler, Hanns 艾斯勒，汉斯 562
Ellmer, Max 埃尔默，马克斯 296
Éluard, Paul（Eugène Grindel dit）艾吕雅，保尔（原名欧仁·格林德尔）293, 310, 332, 334, 337—338, 340, 348, 350—351, 358, 378—379, 382—383, 389, 391, 448—450, 457, 460—461, 463, 506—507, 510—511, 536, 548, 574
Enckell, Marianne 恩克尔，玛丽安娜 38
Ernst, Max 恩斯特，马克斯 332, 337, 339—340, 379, 439, 497
Errázuriz, Eugenia 埃拉苏里斯，尤金尼娅 319, 324
Espagne, Michel 埃斯帕涅，米歇尔 204
Eugène, Pierrot 欧仁，皮埃罗 65, 240—241, 515, 606
Euphronios 欧弗洛尼奥斯 597

F

Fabiani, Martin 法比亚尼，马丁 450, 465, 479, 481—482, 485, 504
Fadeïev, Alexandre 法捷耶夫，亚历山大 544
Fajon, Étienne 法戎，艾蒂安 548
Falla, Manuel de 法雅，曼努埃尔·德 316
Fanon, Frantz 法农，弗朗茨 657
Faure, Alain 福尔，阿兰 19
Fauré, Gabriel 福雷，加布里埃尔 324
Faÿ, Bernard 法伊，贝尔纳 322
Fayet, Gustave 法耶，古斯塔夫 95
Fehr, Elisabeth 费尔，伊丽莎白 296
Feldmann, Otto 费尔德曼，奥托 141
Fénéon, Félix 费内翁，费利克斯 237
Fenosa, Apel.les 费诺萨，阿珀尔·勒 392, 464
Ferrer, Eleuterio Blasco 费雷尔，埃勒特里奥·布拉斯科 392
Ferry, Magdeleine 费里，马格德琳 519, 523
Feydeau, Georges 费多，乔治 357
Fichte, Johann Gottlieb 费希特，约翰·戈特利布 145
Fiedler, Konrad 费德勒，康拉德 624
Field, Hamilton Easter 菲尔德，汉密尔顿·伊斯特 184, 186, 325
Filla, Emil 菲拉，埃米尔 250, 254—255
Fini, Leonor 菲尼，莱昂诺尔 380
Finot（indicateur de police）菲诺（警方线人）35—38, 40—41, 48, 364, 478
FitzGerald, Michael C. 菲茨杰拉德，迈克尔·C. 625—626, 637, 639—640, 642
Flanner, Janet 弗兰纳，珍妮特 539
Flaubert, Gustave 福楼拜，古斯塔夫 81—82
Flechtheim, Alfred 弗莱施泰姆，阿尔弗雷德 74, 141, 266, 292, 614
Florès, Pedro 弗洛雷斯，佩德罗 392

Fontaine, Laurence 方丹，劳伦斯 108

Fontdevila, Josep 丰德维拉，何塞普 104，109，111

Fort, Paul 福尔，保尔 351，356

Foucault, Michel 福柯，米歇尔 91

Fougeron, André 福热隆，安德烈 507，548—550，653

Fouque, Mme Marcel（née Thibouville）福克，马塞尔夫人（本名蒂布维尔）60

Fouquier, Henry 富基耶，亨利 71

Foureur（indicateur de police）富勒尔（警方线人）35—38，40—41，48，364，478

Fraenkel, Théodore 弗兰克尔，泰奥多尔 338

Fraisse, S. 弗莱斯，S. 526

Fränckel（famille）弗兰克尔（家族）147

Franco, Francisco 佛朗哥，弗朗西斯科 382—383，388，441，504，544—545，572

Frédé（Frédéric Gérard dit）弗雷德（原名弗雷德里克·热哈赫）73—75，580—581

Freud, Sigmund 弗洛伊德，西格蒙德 334—335，337，449

Freundlich, Otto 弗洛因德利希，奥托 339

Friesz, Othon 弗里耶兹，奥通 507

Fry, Roger 弗莱，罗杰 266，625

Fry, Varian 弗莱，瓦里安 496

Fustel de Coulanges, Numa Denis 甫斯特尔·德·库朗日，努马·德尼 229

G

Gachons, Jacques des 加雄，雅克·德 208，226

Gaffé, René 加菲，勒内 340

Gaillard, Ernest 加亚尔，欧内斯特 527

Gallatin, Albert E. 加勒廷，阿尔伯特·E. 404—405

García Lorca, Federico 加西亚·洛尔卡，费德里戈 344，445

Gaucher, Jacques 戈谢，雅克 648

Gaucher, Marcel 戈谢，马塞尔 476，648

Gauguin, Paul 高更，保罗 41，79，95—96，109，111，130，139，160，172

Gaulle, Charles de 戴高乐，夏尔 166，460，475，506，509，512—513，516，527，547，559，588，595，654

Gelett Burgess, Frank 格莱特·伯吉斯，弗兰克 183

Gener i Babot, Pompeu（Peyo）格内·伊·巴博特，庞培（佩约）18，24，34

Georges（employé de la galerie Kahnweiler）乔治（卡恩韦勒画廊雇员）137，139，147

Gérardin, Auguste 热拉尔丹，奥古斯特 83

Géricault, Théodore 热里柯，泰奥多尔 395，481

Germain, André 热尔曼，安德烈 348

Gérôme, Jean-Léon 热罗姆，让-莱昂 237

Giacometti, Alberto 贾科梅蒂，阿尔伯托 309

Gide, André 纪德，安德烈 350

Gil-Albert, Juan 吉尔-阿尔伯特，胡安 389

Gili, Gustavo 吉利，古斯塔沃 519

Gilot, Françoise 吉洛，弗朗索瓦丝 168，348，464，535，565，590—591

Gimpel, René 然佩尔，勒内 412

Giordani, Antoine Joseph 乔达尼，安托万·约瑟夫 29

Giotto（Giotto di Bondone）乔托（乔托·迪·邦多内）269，284

Giraudoux, Jean 季洛杜，让 351

Giroflé（indicateur de police）吉罗弗莱（警方线人）35—36，38，40—41，48，364，478

Gleizes, Albert 格列兹，阿尔贝 207，219，278，625

Glissant, Édouard 格里桑，爱德华 657

Godelier, Maurice 戈德利埃，莫里斯 513

Goebbels, Joseph 戈培尔, 约瑟夫 437—438, 440, 445, 447

Goethe, Johann Wolfgang von 歌德, 约翰·沃尔夫冈·冯 148

Goffman, Erving 戈夫曼, 埃尔文 412, 453

Goldscheider, Joseph 戈德沙伊德, 约瑟夫 147

Goldschmidt, Adolph 戈尔德施密特, 阿道夫 149, 182

Goltz, Hans 戈尔茨, 汉斯 141

Góngora, Luis de 贡戈拉, 路易斯·德 596

Gontcharova, Natalia 冈察洛娃, 纳塔莉亚 206, 234, 317

González, Julio 冈萨雷斯, 胡里奥 49, 54—55, 356, 396, 441

González Martí, Manuel 冈萨雷斯·马蒂, 曼努埃尔 571—572

Goodyear, A. Conger 古德伊尔, A. 康格 404, 409

Göring, Hermann 戈林, 赫尔曼 437—438

Goudeket, Maurice 古德凯, 莫里斯 450

Gouel, Éva 古埃尔, 伊娃 135, 163, 197, 215, 219, 246, 248, 263—265, 271—272, 277

Goya, Francisco de 戈雅, 弗朗西斯科·德 41, 79, 345, 382, 395, 398, 415, 519, 584

Gozzoli, Benozzo 戈佐利, 贝诺佐 348

Grandidier (indicateur de police) 格兰迪迪耶（警方线人）37

Grant, Nathalie 格兰特, 娜塔莉 560

Graves, Robert 格雷夫斯, 罗伯特 311

Greco, le (Domenikos Theotokópoulos dit) 格列柯, 埃尔（原名多米尼克·提托克波洛斯）41, 79, 96, 111, 132, 172, 202, 395, 464, 596

Green, Christopher 格林, 克里斯托弗 631

Greffulhe (famille) 格雷夫尔（家族）324

Gris, Juan 格里斯, 胡安 164, 207, 215—216, 219, 225, 232, 254, 261, 264, 269, 287, 312, 322

Groth, John 格罗特, 约翰 498

Grünewald, Isaac 格吕内瓦尔德, 艾萨克 201, 292

Grünewald, Matthias 格吕内瓦尔德, 马蒂亚斯 74, 395

Guérin, Jacques 杰林, 雅克 540

Guesde, Jules 盖得, 茹尔 170

Guillaume, Paul 纪尧姆, 保罗 292

Guillén, Mercedes 吉兰, 梅塞德斯 392

Guillet, Hubert 吉耶, 于贝尔 517

Guitry, Sacha 吉特里, 萨沙 450

Gurlitt, Cornelius 古利特, 科尼利厄斯 480

Gutfreund, Otto 古特弗兰德, 奥托 255

Guy, Michel 居伊, 米歇尔 593

H

Haesaerts, Paul 哈萨埃茨, 保罗 572

Hahn, Reynaldo 哈恩, 雷纳尔多 324

Hallays, André 哈莱斯, 安德烈 24

Hampâté Bâ, Amadou 昂帕泰·巴, 阿马杜 657

Hartley, Marsden 哈特利, 马森 177, 618

Hartog, François 哈托格, 弗朗索瓦 127, 595

Hayter, Stanley William 海特, 斯坦利·威廉 399—400

Heine, Heinrich 海涅, 海因里希 145—146, 201

Heitschmidt (commandant) 海施密特（指挥官）481

Helft, Georges 赫尔夫特, 乔治 301, 303

Helft, Hélène 赫尔夫特, 海伦 302

Helft, Jacques 赫尔夫特, 雅克 301

Helft, Léon 赫尔夫特, 莱昂 301

Helft, Yvon 赫尔夫特, 伊冯 301

Heller, Gerhard 海勒, 格哈德 440, 450—451, 646

Hennion, Célestin 埃尼翁, 塞莱斯坦 151, 364

Henraux, Albert 昂罗，阿尔贝 480，483
Henry, Émile 亨利，埃米尔 45
Herder, Johann Gottfried 赫尔德，约翰·哥特弗雷德 182
Hermansen, Axel 赫曼森，阿克塞尔 296
Herminia（modèle de Picasso à Gósol）赫米妮娅（毕加索在戈索尔村的模特） 111
Hernández Tomás, Jesús 埃尔南德斯·托马斯，赫苏斯 389，391
Herriot, Édouard 赫里欧，爱德华 648
Hertzog, Marcelle 赫尔佐格，玛塞勒 552
Herzfeld（famille）赫兹菲尔德（家族） 147
Hessel, Franz 赫塞尔，弗朗茨 199，201
Hinton, Alfred Horsley 辛顿，阿尔弗雷德·霍斯利 180
Hitler, Adolf 希特勒，阿道夫 378，382—384，394，430，433，436，439，444—445，447，449，477，479，495，505
Hodencq（inspecteur principal）霍登克（总督察） 487
Hoenigswald, Ann 霍尼格斯瓦尔德，安 90
Höhn, Reinhard 霍恩，莱因哈特 437
Holbein, Hans 霍尔拜因，汉斯 97
Hölderlin, Friedrich 荷尔德林，弗里德里希 148
Hoover, J. Edgar 胡佛，J. 埃德加 559，562
Hopkins, Tony 霍普金斯，托尼 628
Huc, Arthur 于克，阿蒂尔 22
Hugnet, Georges 于涅，乔治 382
Hugo, Victor 雨果，维克多 166—167
Hugues, Clovis 于格，克洛维斯 41
Huguet, Manuel 于盖，曼努埃尔 31
Huisman, Georges 于斯曼，乔治 384—385
Humbert, Ferdinand 亨伯，费迪南 160

I

Ibárurri, Dolores 伊巴露丽，多洛雷斯 509
Inès（servante de Picasso）伊奈斯（毕加索的女仆） 463
Ingres, Jean Auguste Dominique 安格尔，让·奥古斯特·多米尼克 41，110，114，133—134，269，280，352，395，409，481，533
Iribe, Paul 伊里贝，保罗 278
Israël, Armand 伊斯拉埃尔，阿尔芒 10
Iturrino González, Francisco Nicolás 伊图里诺·冈萨雷斯，弗朗西斯科·尼古拉斯 19

J

Jacob, Max 雅各布，马克斯 52—58，72，84，87—88，90，97，117，148，169，212—213，217，220，223，254，266，269，281，289，329，341，396，448，455—457，484，604，656
Jacquemin, André 雅克曼，安德烈 520
James, William 詹姆斯，威廉 195，207
Janák, Pavel 亚纳克，帕维尔 251
Janco, Marcel 扬科，马塞尔 339
Janis, Sidney 詹尼斯，西德尼 404
Janitschek, Hubert 雅尼切克，休伯特 148
Jaques Pi, Jèssica 雅克·皮，杰西卡 100，456，611，640
Jardot, Maurice 雅尔多，莫里斯 536—537
Jarry, Alfred 雅里，阿尔弗雷德 334—335，346
Jaucourt（marquise de）若古（侯爵） 323
Jaurès, Jean 饶勒斯，让 47，170，267，275，519
Jdanov, Andreï 日丹诺夫，安德烈 550，561
Jeanne d'Arc 让娜·达尔克（圣女贞德） 440，509
Jelinek, Tobias 杰利内克，托拜厄斯 572
Joliot-Curie, Frédéric 约里奥-居里，弗雷德里克 511，513
Joly, Laurent 乔利，洛朗 470—471，477
Jones, Kimberly 琼斯，金伯利 90
Jongkind, Johan Barthold 戎金，约翰·巴托尔德 481
Josephthal（famille）约瑟夫塔尔（家族）

147

Jourdain, Francis 茹尔丹，弗朗西斯 511
Jourdain, Frantz 茹尔丹，弗朗茨 245
Julien（docteur）朱利安（医生） 72, 82
Jullian, René 朱利安，勒内 524
Jünger, Ernst 荣格，恩斯特 437, 440, 450—451, 646
Junyer i Vidal, Carles 朱尼尔·伊·维达尔，卡尔斯 56, 72
Junyer i Vidal, Sebastià 朱尼尔·伊·维达尔，塞巴斯蒂 56, 90
Justi, Carl 尤斯梯，卡尔 148

K

Kafka, Franz 卡夫卡，弗朗茨 449
Kahnweiler, Daniel-Henry 卡恩韦勒，丹尼尔-亨利 63, 127, 129—135, 137—143, 145—149, 160, 162, 168, 179, 188, 196, 201, 203—206, 209, 211, 213—215, 219, 222—228, 230, 233—236, 238, 244, 246, 248, 251—259, 261, 265—268, 272—273, 275, 277, 280, 283—284, 286, 289—292, 294—299, 303—304, 312—313, 315, 319, 321, 330, 334, 337, 341, 358, 372—373, 377, 379, 399, 422, 440, 483, 519, 525—526, 537, 574, 583, 614—615, 632
Kahnweiler, Lucie（née Godon）卡恩韦勒，露茜（本名戈东） 246, 483
Kalifa, Dominique 卡利法，多米尼克 71
Kann, Alphonse 坎恩，阿尔方斯 482
Karl VI 卡尔六世 194
Kars, Georges（Jiří Karpeles dit）卡尔斯，乔治（原名伊日·卡佩莱斯） 255
Kent, Rockwell 肯特，罗克韦尔 177
King, Martin Luther 金，马丁·路德 539
Kisling, Moïse 基斯林，莫伊斯 363, 439
Klee, Paul 克利，保罗 439
Klein, Hélène（voir aussi Hélène Seckel en bibliographie）克莱因，埃莱娜（另见参考书目里的埃莱娜·赛柯尔） 380
Klimt, Gustav 克里姆特，古斯塔夫 619
Knoll, Mireille 诺尔，米雷耶 300
Koehler（docteur）克勒（医生） 481
Koenig, Hertha 柯尼希，赫塔 92, 303, 404
Kramář, Vincenc 克拉玛日，文森克 125—127, 129—135, 148, 187—188, 211, 223, 227, 236—238, 248, 250—255, 257—258, 264, 275, 277, 304, 315, 405
Kriegel, Annie（née Besse）克里格尔，安妮（本名贝斯） 550
Kugler, Franz Theodor 库格勒，弗朗茨·西奥多 148
Kuhn, Hans 库恩，汉斯 646
Kühn, Heinrich 库恩，海因里希 187, 619
Kupferman, Fred 库普费曼，弗雷德 504

L

La Boétie, Étienne de 拉博蒂，艾蒂安·德 163
La Fresnaye, Roger de 拉弗雷奈，罗歇·德 207, 278, 439
La Roche, Raoul Albert 拉罗什，拉乌尔·阿尔贝 292, 536
La Rocque, François de（colonel）拉罗克，弗朗索瓦·德（上校） 435
Laborde, Léon de 拉博德，莱昂·德 26
Lacourière, Roger 拉库里耶尔，罗杰 396, 526
Lampué, Pierre 朗皮埃，皮埃尔 229—230
Landowska, Wanda 兰多芙丝卡，旺达 323
Lang, Fritz 朗，弗里茨 324
Lange, Werner 朗格，维尔纳 451, 482
Langeron, Roger 朗格伦，罗杰 365, 431
Langevin, Paul 朗之万，保罗 511, 513, 653
Lapré, Octavie dite Marcelle 拉普雷，奥克塔维（玛塞勒） 219, 617

Largo Caballero, Francisco 拉尔戈·卡瓦列罗, 弗朗西斯科 388

Larionov, Mikhaïl Fiodorovitch dit Michel 拉里奥诺夫, 米哈伊尔·费奥多罗维奇（又名米歇尔）206, 234, 317

Lascaux, Élie 拉斯科, 埃利 341

Lauder, Leonard A. 劳德, 伦纳德·A. 128, 164, 296

Laugier, Henri 劳吉尔, 亨利 400, 411, 427—428, 433—434, 477, 588, 590—591, 595

Laurencin, Marie 洛朗森, 玛丽 207

Laurens, Quentin 劳伦斯, 昆汀 585

Laurent, Jeanne 洛朗, 让娜 297, 299

Lautréamont, comte de (Isidore Ducasse dit) 洛特雷阿蒙伯爵（原名伊西多尔·迪卡斯）334, 346

Laval, Pierre 拉瓦尔, 皮埃尔 447, 648

Le Bon, Laurent 勒邦, 洛朗 357

Le Fauconnier, Henri 勒福康尼耶, 亨利 207, 219, 500

Leahy (amiral) 莱希（海军上将）473

Leahy, Daniel 莱希, 丹尼尔 648

Léal, Brigitte 莱亚尔, 布里吉特 167—168, 173

Leblanc, Jacques 勒布朗, 雅克 518

Lecœur, Auguste 勒克尔, 奥古斯特 548—550, 562

Lee, Arthur 李, 阿瑟 618

Lefèvre, André 勒费弗尔, 安德烈 574

Léger, Fernand 莱热, 费尔南 164, 207, 219, 225, 263, 277, 287, 295, 439, 484, 500, 549

Leiris, Louise (née Godon) 莱里斯, 路易丝（本名戈东）341, 455, 482, 509, 537, 585

Leiris, Michel 莱里斯, 米歇尔 145, 310, 335, 341—342, 358, 397, 455—456, 465, 501, 509, 552, 636

Lemonnier, Marie-Louise 雷蒙尼尔, 玛丽-路易丝 538

Léon, Paul 莱昂, 保罗 297, 299, 321, 330

Léonard de Vinci 列奥纳多·达·芬奇 240

Lépine, Louis 莱皮纳, 路易 33

Lequerica, José Félix de 莱克里卡, 若泽·费利克斯·德 441, 646

Leroy-Beaulieu, Paul 勒鲁瓦-博利约, 保罗 171

Lerrant, Jean-Jacques 勒朗, 让-雅克 524

Lesage (procureur général) 勒萨热（总检察长）535

Leullier, Robert 勒利尔, 罗贝尔 365

Level, André 勒韦尔, 安德烈 56, 225, 240—245, 252, 268, 272—273, 277, 280, 284, 294—295, 298, 304, 353, 358, 366—367, 369, 373, 382, 414, 438, 535

Levy, Harriet 利维, 哈里特 200

Lévy-Vroelant, Claire 莱维-弗罗兰, 克莱尔 19, 55, 63

Leymarie, Jean 莱马里, 让 593, 595

Lindenberg, Daniel 林登伯格, 丹尼尔 436

Lipschitz, Jacques (Chaim Jacob dit) 利普希茨, 雅克（原名哈伊姆·雅各布）363

Liskenne, Anne 利斯肯纳, 安妮 479

Lisle (anarchiste de Montmartre) 利勒（蒙马特无政府主义者）38

Lissitzky, Eliazar 利西茨基, 埃尔 339

Litarje, Guy 利塔列, 居伊 475—477

Livian, Marcel 利维安, 马塞尔 462

Llopis, Rafael 洛皮斯, 拉斐尔 72

Lobo, Baltasar 罗伯, 巴尔塔萨 392

Loeb, Pierre 勒布, 皮埃尔 373, 524, 533, 577

Loévi, Georges 洛埃维, 乔治 301

Loévi, Madeleine 洛埃维, 玛德莱娜 301

Loévi, Marguerite 洛埃维, 玛格丽特 301

Loévi, Marianne 洛埃维, 玛丽安娜 301

Lohse（docteur）洛斯（医生） 481
Lorant, Sylvia 洛朗，西尔维娅 457
Loring, Fernando 洛林，费尔南多 72
Loubet, Émile 卢贝，埃米尔 23，25，94，238
Lugné-Poe（Aurélien François Marie Lugné dit）吕涅-坡（原名奥雷利安·弗朗索瓦·玛丽·吕涅） 148
Luna, Antonio Rodríguez 卢纳，安东尼奥·罗德里格斯 392

M

Maar, Dora 玛尔，朵拉 240，309，379—382，393，395—397，400，448，454，487，533，574
Macdonald-Wright, Stanton 麦克唐纳-赖特，斯坦顿 235—236，618
Madeline, Laurence 马德琳，劳伦斯 344
Magny（inspecteur de police）马尼（督察） 477
Maillol, Aristide 马约尔，阿里斯蒂德 447，507
Malévitch, Kasimir 马列维奇，卡济米尔 234
Malraux, André 马尔罗，安德烈 166，173，221，350，592，595
Mamontov, Savva 马蒙托夫，萨瓦 625
Mañach, Pere 马纳赫，佩雷 19，22，29—30，34，36，39，44，51，55，61，66，69，222，432
Mandel, Georges 芒代尔，乔治 646
Mané-Katz, Emmanuel 马内-卡茨，埃玛纽埃尔 439
Manet, Édouard 马奈，爱德华 21，25，83，89，95，139，176，233，395，533，584，597
Manguin, Henri 芒更，亨利 176，500
Manitas de Plata（Ricardo Baliardo）马尼塔斯·德·普拉塔（里卡多·巴利亚多） 586

Mantegna, Andrea 曼特尼亚，安德烈亚 171
Manuel（Manolo）Martínez i Hugué 曼努埃尔（马诺洛）·马丁内斯·胡盖 19，57，83，103，135，184，212—213，215—216，525
Maragall, Joan 马拉加尔，琼 102
Marais, Jean 马莱，让 464
Marandet, Christiane 马兰黛，克里斯蒂安娜 527
Marcou, Frantz 马尔库，弗朗茨 26
Margot（serveuse au Lapin Agile）玛戈（狡兔酒吧的女招待） 74
Marie d'Édimbourg（reine de Roumanie）爱丁堡的玛丽（罗马尼亚女王陛下） 322
Marin, John 马林，约翰 236，618
Marquina, Eduard 马尔基纳，爱德华 18，24
Martí, González 马丁，冈萨雷斯 656
Martin, Henri 马丁，亨利 653
Martini, Morelli 马尔蒂尼，莫雷利 36
Martin-Méry, Gilberte 马丁-梅里，吉尔贝特 526
Marty, André 马蒂，安德烈 548
Marval, Jacqueline 马瓦尔，雅克利娜 439
Marx, Jean 马克思，让 298
Marx, Karl 马克思，卡尔 562
Marx, Roger 马克思，罗杰 26
Massard, Émile 马萨尔，埃米尔 365
Massenet, Jules 马斯内，儒勒 316
Massin, Robert 马辛，罗贝尔 538
Massine, Léonide 马辛，莱昂尼德 281，318，323，325，327—328
Masson, André 马松，安德烈 341，439，497
Mathey, François 马泰，弗朗索瓦 537，540
Matisse, Henri 马蒂斯，亨利 94—97，109，126，128，130，152，161—162，170，172，176，180，184，186，196，200，223，230，232—233，236，264，284，346，358—359，411，446，450，482，

484，499，518，532

Matisse, Marguerite 马蒂斯，玛格丽特 29，97

Matta, Roberto 马塔，罗伯托 497

Mauclair, Camille 莫克莱尔，卡米耶 329，362，435，507，535，645

Mauco, Georges 莫科，乔治 435

Mauny, Jacques 莫尼，雅克 405

Maurer, Alfred H. 毛雷尔，阿尔弗雷德·H. 236，618

Mauriac, François 莫里亚克，弗朗索瓦 538

Maurras, Charles 莫拉斯，夏尔 436

Mauss, Marcel 莫斯，马塞尔 513

Maxy, Max Hermann (dit aussi H. M. Maxy) 马克西，马克斯·赫尔曼（H. M. 马克西）339

Maybach, Wilhelm 迈巴赫，威廉 143，615

Mayer, Arno 梅耶尔，阿尔诺 321

Mazuy, Rachel 马祖，雷切尔 654

McCarthy, Joseph 麦卡锡，约瑟夫 561

Meier-Graefe, Julius 梅耶尔-格雷夫，朱利叶斯 148，202—203，227，238

Meissonier, Ernest 梅索尼埃，埃内斯特 25

Meller, Simon 梅勒，西蒙 141

Mendelssohn, Moses 门德尔松，摩西 145

Mercier, Géraldine 梅西埃，热拉尔丁 400

Merleau-Ponty, Maurice 梅洛-庞蒂，莫里斯 109

Metzinger, Jean 梅金杰，让 207，219，625

Meyer, Adolf de 梅耶尔，阿道夫·德 324

Michaël, Androula 米夏埃尔，安德鲁拉 397，413

Michaud, Léonard (dit Saint-Michel) 米肖，莱昂纳尔（圣米歇尔）539

Michel (rapporteur au procès Chevalier) 米歇尔（舍瓦利耶案件报告员）472

Michel-Ange 米开朗基罗 395，595

Michelet, Edmond 米什莱，埃德蒙 590—591，595

Miethke, Hugo 米特克，雨果 141

Milhau, Denis 米约，丹尼 521

Miller, Lee 米勒，李 498

Millet, Jean-François 米勒，让-弗朗索瓦 25

Miravitlles, Jaume 米拉维莱斯，豪梅 392

Miró, Joan 米罗，胡安 337，341—344，351

Mistral, Frédéric 米斯特拉尔，弗雷德里克 658

Modersohn-Becker, Paula 莫德松-贝克尔，葆拉 176

Modigliani, Amedeo 莫迪利亚尼，阿梅代奥 205

Mohammad Ali Chah Qadjar (shah de Perse) 穆罕默德·阿里沙阿（波斯沙阿）323

Moholy-Nagy, László 莫霍利-纳吉，拉斯洛 339

Mola, Emilio 莫拉，埃米利奥 388

Moline, Lucien 莫利纳，吕西安 242

Molinier, Émile 莫利尼耶，埃米尔 26

Mollet, Jean 莫莱，让 83

Moncoyoux, Jean 蒙科尤，让 29，32

Mondrian, Piet 蒙德里安，皮特 497

Monet, Claude 莫奈，克劳德 19，25，228，298

Monnier, Adrienne 莫尼耶，阿德里安娜 339

Monod-Fontaine, Isabelle 莫诺-方丹，伊莎贝尔 142，261，293，624

Montagnac, Pierre-Paul 蒙塔尼亚克，皮埃尔-保罗 500

Montaigne, Michel Eyquem de 蒙田，米歇尔·德 163，319

Montesquiou, Robert de 孟德斯鸠，罗贝尔·德 324

Monturiol, Isidre Nonell 蒙图里奥尔，伊西德尔·诺内尔 19，29，72，79，90，607

Morain, Alfred 莫兰，阿尔弗雷德 365

Morand, Paul 莫朗，保罗 324

Moreau-Nélaton, Étienne 莫罗-内拉顿，艾蒂

安 130
Morel, Maurice 莫雷尔，莫里斯 457
Morelli, Giovanni 莫雷利，乔瓦尼 36, 148
Moreno Carbonero, José 莫雷诺·卡尔博内罗，何塞 32
Mori, Charles 莫里，夏尔 520
Morice, Charles 莫里斯，夏尔 61, 83
Morozov, Ivan 莫罗佐夫，伊万 206, 251, 625
Mos Riera, Alexandre 莫斯·里埃拉，亚历山大 18, 24
Mosse, George L. 摩瑟，格尔奥格·L. 146
Moulin, Raymonde 穆兰，雷蒙德 323
Mourlot, Fernand 穆洛，费尔南 519, 656
Mucchielli（habitant du BateauLavoir）穆基耶利（洗涤船居民）59
Muller, Henri（docteur）穆勒，亨利（医生）517
Mussolini, Benito 墨索里尼，贝尼托 383, 394, 430

N

Napoléon III 拿破仑三世 237
Naville, Pierre 纳维尔，皮埃尔 338
Ndiaye, Pap 恩迪亚耶，帕普 119
Nemes, Marcell 内姆斯，马塞尔 625
Neumann, Sigmund 诺伊曼，西格蒙德 147
Nicolaï（comtesse de）尼古拉（伯爵夫人）323
Nicolle（administrateur de l'enregistrement à Paris）尼科尔（巴黎登记管理员）272, 294
Nicosthénès 尼科斯特奈斯 597
Nietzsche, Friedrich 尼采，弗里德里希 148
Nizan, Paul 尼赞，保罗 348, 388, 421
Noailles, Anna de 诺阿耶，安娜·德 278
Noailles, Charles de 诺阿耶，夏尔·德 320, 323
Noailles, Marie-Laure de 诺阿耶，玛丽-劳尔·德 320, 323

Noiriel, Gérard 努瓦里尔，热拉尔 40
Novalis（Friedrich von Hardenberg dit）诺瓦利斯（原名弗里德里希·冯·哈登柏格）148
Nozière, Violette 诺泽尔，维奥莱特 334

O

Odette（Louise Lenoir dite）奥黛特（原名路易丝·勒诺瓦）19, 21—22, 31
Olivier, Fernande 奥利维耶，费尔南德 58—59, 100, 102—104, 106, 111, 154—157, 161, 163, 172, 215, 219—220, 241, 525
Opisso Vinyas, Ricard 奥皮索·维尼亚斯，里卡德 19
Ortiz, Miguel Angeles 奥尔蒂斯，米格尔·安吉利斯 392
Ottiker, Thécla 奥蒂克，泰克拉 296

P

Pach, Walter 帕克，沃尔特 207
Palau i Fabre, Josep 帕劳·伊·法布尔，何塞普 57, 65
Palissy, Bernard 帕利西，贝尔纳 569, 576
Pallarès, Manuel 帕拉莱斯，曼努埃尔 20, 31, 33, 69, 455
Paolo Uccello 保罗·乌切洛 536
Papin（Christine et Léa）帕潘（克里斯蒂娜和莉亚）334
Papini, Giovanni 帕皮尼，乔瓦尼 207
Parks, Rosa 帕克斯，罗莎 539
Parmelin, Hélène 帕梅林，埃莱娜 538, 548, 554—555, 584
Partens, Alexander 帕腾斯，亚历山大 334
Pascin, Jules（Julius Mordecai Pincas）帕辛，儒勒（朱丽叶斯·摩德查·品卡斯）363
Passaglia, Jean 帕萨利亚，让 520
Paublan, Jules 保布兰，儒勒 518, 531
Pauchet, Jacques 波谢，雅克 537

Paul, Marcel 保罗，马塞尔 516

Paulhan, Jean 包兰，让 165, 451

Paxton, Robert O. 帕克斯顿，罗伯特·O. 436, 446

Péguy, Charles 贝玑，夏尔 170, 238—239

Peinado, Joaquín 佩纳多，华金 392

Pellequer, Max 佩勒克，马克斯 369—371, 426, 441—442, 452, 487, 519, 535

Pellequer, Raoul 佩勒克，拉乌尔 369

Pellequer (Raoul et Max) 佩勒克（拉乌尔和马克斯） 268, 373

Peltier (commissaire de police) 佩尔蒂埃（警长） 472

Penrose, Roland 彭罗斯，罗兰 356, 506, 593

Péret, Benjamin 佩雷，本杰明 338, 348

Perez Casanovas, Àger 佩雷斯·卡萨诺瓦斯，埃格尔 640

Péri, Gabriel 佩里，加布里埃尔 394, 461—463, 505, 546

Pérotin, Yves 佩罗坦，伊夫 467, 648

Pétain, Philippe 贝当，菲利普 326, 427, 430, 436, 460, 472—475

Petit, Georges 佩蒂，乔治 62, 130, 358—359, 373, 377, 405—406, 480, 536

Philippe IV 菲利普四世 112, 596

Phillips, Duncan 菲利普斯，邓肯 404

Picabia, Francis 毕卡比亚，弗朗西斯 219, 322, 339—340, 439

Picasso, Bernard：voir Ruiz-Picasso, Bernard 毕加索，伯纳德：见鲁伊斯-毕加索，伯纳德

Picasso, Claude 毕加索，克劳德 565, 590

Picasso, Jacqueline (née Roque) 毕加索，杰奎琳（本名罗克） 552, 572, 584

Picasso, Olga (née Khokhlova) 毕加索，奥尔加（本名霍赫洛娃） 241, 281, 309—310, 318—319, 363, 378, 382, 432, 487

Picasso, Paloma 毕加索，帕洛玛 551, 565, 590

Picasso, Paulo 毕加索，保罗 358, 487

Picasso y López, doña María 毕加索-洛佩斯，多娜·玛利亚 65—70, 77—78, 93, 152, 156—157, 249, 259, 343, 386—387

Picault, Robert 皮科，罗贝尔 569, 573

Pichot, Germaine (Laure Florentin, née Gargallo) 皮乔特，热尔梅娜（洛尔·弗洛朗坦，本名加尔加洛） 19, 22, 31, 57, 74, 215—216

Pichot i Gironès, Ramon Antonio 皮乔特·伊·吉罗内斯，拉蒙·安东尼奥 19, 22, 24

Pidoux de La Maduère, Xavier 皮杜·德拉马蒂埃尔，泽维尔 526

Pieret, Géry 皮耶雷，盖里 152—154

Piero della Francesca 皮耶罗·德拉·弗朗切斯卡 395, 524, 584

Pignard (commissaire de police) 皮尼亚尔（警长） 472

Pignon, Édouard 皮尼翁，爱德华 518, 550, 554, 584, 654

Pignon, Nicolas 皮尼翁，尼古拉 584

Piot, Christine 皮奥，克里斯蒂娜 585

Píta Rodríguez, Félix 皮塔·罗德里格斯，费利克斯 639

Platon 柏拉图 456

Poe, Edgar 坡，埃德加 74

Poincaré, Raymond 庞加莱，雷蒙 298, 413

Polignac (famille) 波利尼亚克（家族） 324

Pompidou, Georges 蓬皮杜，乔治 588

Poublan, Danièle 普布朗，达尼埃尔 70

Poulain, Gaston 普兰，加斯东 519, 531

Poussin, Nicolas 普桑，尼古拉 22, 202, 395, 544

Prange, Francis Gerard 普兰奇，弗朗西斯·杰拉德 141

Prejber, Lionel 普雷伯，莱昂内尔 572

Prévert, Jacques 普雷维尔，雅克 465

Prévet, Alain 普雷维，阿兰 652
Princet, René X 普里内，勒内·X 205
Proust, Antonin 普鲁斯特，安托南 26
Proust, Marcel 普鲁斯特，马塞尔 322, 324
Pucheu, Pierre 皮舍，皮埃尔 477
Pudley, John 普德利，约翰 498
Purrmann, Hans 普尔曼，汉斯 202
Puvis de Chavannes, Pierre 皮维·德·夏凡纳，皮埃尔 41, 79, 130
Puyo, Constant 普约，康斯坦 619

Q

Queneau, Raymond 格诺，雷蒙 11, 456
Quinn, John 奎恩，约翰 404

R

Rabault-Mazières, Isabelle 拉博-马泽尔，伊莎贝尔 485
Rabelais, François 拉伯雷，弗朗索瓦 41
Racine, Jean 拉辛，让 348
Ramié, Georges 拉米耶，乔治 567
Ramié, Jean 拉米耶，让 572
Ramié, Suzanne 拉米耶，苏珊娜 567, 570—571, 575, 655
Raphaël 拉斐尔 280, 304, 395
Raphael, Max 拉斐尔，马克斯 149, 211, 228—229, 238, 275
Rault, Michèle 罗，米歇尔 654
Ravachol (François Claudius Koenigstein dit) 拉瓦乔尔（原名弗朗索瓦·克劳迪斯·柯尼希斯坦）45
Ravel, Maurice 拉威尔，莫里斯 278
Ray, Man (Emanuel Radnitsky dit) 雷，曼（原名伊曼纽尔·拉德尼茨基）324, 337, 339—340, 379—381
Raynal, David 雷纳尔，戴维 41
Raynal, Maurice 雷纳尔，莫里斯 484
Raynaud, Jean-Pierre 雷诺，让-皮埃尔 42
Rebatet, Lucien 勒巴泰，吕西安 440
Rebull, Joan 雷布尔，琼 392

Redon, Gaston 雷东，加斯顿 95
Rembrandt (Rembrandt Harmenszoon Van Rijn dit) 伦勃朗（原名伦勃朗·哈尔门松·范赖恩）149, 584, 596
Renan, Ernest 勒南，欧内斯特 280
Renau Berenguer, Josep 勒诺·贝伦格尔，何塞普 389—392, 422
Renoir, Auguste 雷诺阿，奥古斯特 79, 83, 139, 172, 176, 583
Réty, Alfred 雷提，阿尔弗雷德 441
Reventós, Jacint 雷文托斯，哈辛特 72, 103
Reventós (Jacint et Ramon) 雷文托斯（哈辛特和拉蒙）18, 57
Reverdy, Pierre 勒韦迪，皮埃尔 335, 351, 457, 464, 544
Reynaud, Paul 雷诺，保罗 646
Riabouchinski, Nikolaï 里亚布申斯基，尼古拉 625
Ribbentrop, Joachim von 里宾特洛甫，约阿希姆·冯 437
Ricard Garriga, Josep 里卡尔·加里加，何塞普 113
Richard, Martin 里夏尔，马丁 527
Richardson, John 理查森，约翰 539
Richter, Emil 里希特，埃米尔 141
Richter, Max 里希特，马克斯 26
Riegl, Aloïs 里格尔，阿洛伊斯 129, 624
Riehl, Wilhelm Heinrich 里尔，威廉·海因里希 129, 182
Riffaud, Madeleine 里福，玛德莱娜 653
Rilke, Rainer Maria 里尔克，莱纳·玛利亚 92, 241
Rimbaud, Arthur 兰波，阿蒂尔 163, 334, 346, 349
Rimski-Korsakov, Nikolaï 里姆斯基-科萨科夫，尼古拉 316
Rivera, Diego 里维拉，迭戈 383
Rivière, Georges-Henri 里维埃，乔治-亨利 484
Rivière, Mathilde 里维埃，玛蒂尔德 483,

649

Robert, Hubert 罗贝尔，于贝尔 204

Robeson, Paul 罗伯逊，保罗 578

Rocarol, Josep 罗卡罗尔，何塞普 49，55

Roché, Henri-Pierre 罗谢，亨利-皮埃尔 318

Rockefeller, John D. 洛克菲勒，约翰·D. 240，404

Rodin, Auguste 罗丹，奥古斯特 25，180，186，276，481

Rodríguez Morey, Antonio 罗德里格斯·莫雷，安东尼奥 391

Rodtchenko, Alexandre 罗钦可，亚历山大 234

Rolland, Romain 罗兰，罗曼 385

Romains, Jules 罗曼，朱尔 351

Romeu Borràs, Pere (Perico) 罗梅乌·博拉斯，佩雷（佩里科） 19

Rosenberg, Alfred 罗森伯格，阿尔弗雷德 439—440，479

Rosenberg, Edmond 罗森伯格，埃德蒙 302

Rosenberg, Ethel 罗森伯格，艾瑟尔 653

Rosenberg, Julius 罗森伯格，朱利叶斯 653

Rosenberg, Léonce 罗森伯格，莱昂斯 261，283—286，289，291—292，294，298，301—302，324，358，483，485，536

Rosenberg (Léonce et Paul) 罗森伯格（莱昂斯和保罗） 574

Rosenberg, Paul 罗森伯格，保罗 285，301，304—305，353，357，369，373，403，441

Rossif, Frédéric 罗西夫，弗雷德里克 572

Rothschild, Gustave de 罗斯柴尔德，古斯塔夫·德 576

Rouault, Georges 鲁奥，乔治 532

Roujon, Henry 若昂，亨利 632

Rouquette, Jean-Maurice 鲁凯特，让-莫里斯 526

Rouquier, André 鲁基耶，安德烈 35—36，39—40，48，60，115，478，559，592

Rousseau, Theodore 卢梭，泰奥多尔 540

Rousselot (inspecteur de police) 罗赛洛（稽查员） 371

Rousso, Henry 鲁索，亨利 649

Roy, Henri 罗伊，亨利 433

Rubens, Petrus Paulus 鲁本斯，彼得·保罗 202，395

Rubin, William 鲁宾，威廉 164—165，168—169，586，625

Rubinstein, Arthur 鲁宾斯坦，阿图尔 323

Ruiz, Francisco 鲁伊斯，弗朗西斯科 390

Ruiz de Gabaretta, Benito Jose 鲁伊斯·德·加巴雷塔，贝尼托·何塞 76

Ruiz de Gabaretta, Miguel 鲁伊斯·德·加巴雷塔，米格尔 76

Ruiz Fernandez, Riccardo 鲁伊斯·费尔南德斯，里卡多 76

Ruiz Garcia, Manuel 鲁伊斯·加西亚，曼努埃尔 76

Ruiz Gomez, Francisco 鲁伊斯·戈麦斯，弗朗西斯科 76

Ruiz Gomez, Hilario 鲁伊斯·戈麦斯，希拉里奥 76

Ruiz Ibarruri, Amaya 鲁伊斯·伊巴鲁里，阿马亚 76

Ruiz Isquierdo, Bartolome 鲁伊斯·伊斯基耶多，巴托洛梅 76

Ruiz Jimenes, Eduardo 鲁伊斯·希门尼斯，爱德华多 76

Ruiz Martinez, Innocent 鲁伊斯·马丁内斯，伊诺桑 76

Ruiz Picasso, Dolorès dite Lola 鲁伊斯·毕加索，多洛雷斯（罗拉） 67，69，93，156，158

Ruiz Serrano, Lucio 鲁伊斯·塞拉诺，卢西奥 76

Ruiz y Blasco, don José (père de Picasso) 鲁伊斯·布拉斯科，唐·何塞（毕加索父亲） 158，160

Ruiz y Blasco, Salvador 鲁伊斯·布拉斯科，萨尔瓦多 40，66，69

Ruiz y López, Juan 鲁伊斯-洛佩斯，胡安 76

Ruiz-Picasso, Bernard 鲁伊斯-毕加索，伯纳德 356

Rupf, Hermann 鲁夫，赫尔曼 139，199，286

Rusiñol i Prats, Santiago 鲁西诺尔·普拉茨，圣地亚哥 18—19，79，318

Russel, Morgan 拉塞尔，摩根 235，618

Russell, Bertrand 罗素，伯特兰 171

S

Sabartés, Jaume 萨巴特斯，海梅 30，37—38，69，72，373，379，382—383，385，423，434，463，498，519，538，586

Sachs, Maurice 萨克斯，莫里斯 311

Sachs, Paul J. 萨克斯，保罗·J. 415

Sade, Donatien Alphonse François de Sade（marquis de）萨德，唐纳蒂安·阿尔丰斯·弗朗索瓦·德·萨德（侯爵）334

Sadekova, Souria 萨德科娃，苏里亚 654

Sagot, Clovis 萨戈，克洛维斯 82，131—133，141—142，171，222—224，242，283，625

Sahlins, Peter 萨林斯，彼得 107

Sainsère, Olivier 圣塞尔，奥利维耶 298，484

Salacrou, Armand 萨拉克鲁，阿尔芒 341

Salles, Georges 萨勒，乔治 529，531—532，535

Salmon, André 萨尔蒙，安德烈 84，89，161，205，244，457

Salmon（docteur）萨尔蒙（博士）72

Sánchez Barbudo, Antonio 桑切斯·巴布多，安东尼奥 389

Sand, George 桑，乔治 81

Sandoz, Marc 桑多兹，马克 525

Sarraut, Albert 萨罗，阿尔贝 362，424，427，433

Sartre, Jean-Paul 萨特，让-保罗 41，163，215，451，456，544，564

Satie, Erik 萨蒂，埃里克 279—281，316—317，321，325，327—328，348

Satrin, Roger 萨特坦，罗歇 36

Savin, Jean 萨文，让 534—535，592，652

Sayad, Abdelmalek 萨亚德，阿卜杜勒马利克 62

Schames, Ludwig 沙姆斯，路德维希 141

Schauer, Charles 肖尔，查尔斯 296

Schlegel, Friedrich von 施勒格尔，弗里德里希·冯 148

Schlosser, Julius von 施洛塞尔，尤利乌斯·冯 148

Schmidtke, Heinz 施密特克，海因茨 437

Schoeller, André 舍勒，安德烈 476，479—481

Scholem, Gershom 朔勒姆，格尔肖姆 145

Scholz, Robert 肖尔茨，罗伯特 439

Schönberg, Arnold 勋伯格，阿诺德 324

Schuz, David 舒兹，大卫 29

Schwitters, Kurt 希维特斯，柯特 339

Seligman, Germain 塞利格曼，热尔曼 303

Seligmann, Jacques 塞利格曼，雅克 408

Sembat, Marcel 桑巴，马塞尔 229，298

Senghor, Léopold Sédar 桑戈尔，利奥波德·塞达尔 119，578，657

Sénot, Marie-Amélie 塞诺，玛丽-阿梅莉 630

Serrano Plaja, Arturo 塞拉诺·普拉亚，阿图罗 389

Sesto（duc de）塞斯托公爵 26

Seurat, Georges 修拉，乔治 83，96，346

Severini, Gino 塞韦里尼，吉诺 73，207，254

Signac, Paul 西涅克，保罗 139，363

Silver, Kenneth E. 西尔维亚，肯尼斯·E. 629，631

Simmel, Georg 齐美尔，格奥尔格 228，268

Simon, André 西蒙，安德烈 483—484

Simon, Louis 西蒙，路易 526

Singer, Winnaretta（princesse de Polignac）辛格，温纳雷塔（波利尼亚克公主）324

Sixte de Bourbon（princesse）西斯特·德·波旁（公主）320

Smajewski, Michal（dit Michel Sima）斯马耶夫斯基，米哈尔（米歇尔·西玛）652

Soffici, Ardengo 索菲奇，阿登戈 73, 207

Soldatenkov, Kozma 索尔达腾科夫，科兹马 625

Sonnabend, Ileana 索纳本德，伊莱安娜 91

Soto, Angel Fernández de 索托，安吉尔·费尔南德斯·德 69

Soulié, Eugène 苏利耶，欧仁 201, 222, 240—241

Soupault, Philippe 苏波，菲利普 334, 336, 338

Soutine, Chaïm 苏丁，柴姆 363, 448

Soutzo, Hélène（princesse）苏措，埃莱娜（公主）320, 324

Souza Dantas, Luiz Martins de 苏扎·丹塔斯，路易斯·马丁斯·德 441

Sperrle, Hugo 施佩勒，胡戈 394

Spies, Werner 施皮斯，维尔纳 142, 203, 225

Spiessbach（colonel）斯派斯巴赫（上校）481

Spire, Alexis 斯皮尔，亚历克西斯 470

Springer, Anton 施普林格，安东 148

Staël, Nicolas de 斯塔埃尔，尼古拉·德 500

Staline, Joseph 斯大林，约瑟夫 527, 543—544, 547, 549—550, 553—554

Steichen, Edward 施泰兴，爱德华 179—180, 184

Stein（famille）斯泰因（家族）95, 117, 133, 170, 174, 176—177, 179, 182, 193—196, 199—201, 206, 223, 233, 235—236, 250—251, 295, 303, 313

Stein, Amalia 斯泰因，阿玛利亚 177

Stein, Bertha 斯泰因，贝尔塔 193

Stein, Daniel 斯泰因，丹尼尔 177, 193

Stein, Gertrude 斯泰因，格特鲁德 96—98, 103, 161, 172—174, 176—177, 187, 189—191, 193—197, 200, 206, 251, 255, 263—265, 271—272, 277, 279, 284, 320, 396, 410, 608

Stein, Hannah 斯泰因，汉娜 194

Stein, Leo 斯泰因，利奥 82, 95—97, 103, 105, 111, 133, 157, 161, 170—173, 175—177, 179, 182, 189—190, 193, 196, 200, 206, 234, 251, 275, 580, 618

Stein, Michael 斯泰因，迈克尔 177, 193, 195, 200

Stein, Michael（grand-père）斯泰因，迈克尔（祖父）194

Stein, Sarah 斯泰因，萨拉 177, 195, 200

Stein, Schmeie 斯泰因，施梅伊 194

Stein, Simon 斯泰因，西蒙 193

Steinberg, Leo 斯坦伯格，利奥 235, 625

Stieglitz, Alfred 斯蒂格利茨，阿尔弗雷德 141, 179—180, 182—188, 196, 227, 233, 236, 238, 266, 275, 403

Stieglitz, Edward Ephraïm 斯蒂格利茨，爱德华·埃夫莱姆 179

Stockhausen, Karlheinz 斯托克豪森，卡尔海因茨 126

Stravinsky, Igor 斯特拉文斯基，伊戈尔 278, 281, 310, 316, 322, 326—327, 562

Stülpnagel, Heinrich von 施蒂尔普纳格尔，海因里希·冯 445

Suarès, André 苏亚雷斯，安德烈 346

Sudour, Jeanne 苏杜尔，让娜 65

Sue, Eugène 苏，欧仁 29

Sustrac, Patricia 苏斯特拉克，帕特里夏 604

T

Tabaraud, Georges 塔巴罗，乔治 572，580

Tanguy, Yves 唐吉，伊夫 230，338

Tanner, Gottfried 坦纳，戈特弗里德 141

Taslitzky, Boris 塔斯利茨基，鲍里斯 549

Tasseau, Vérane 塔索，维拉娜 266，292，296

Tchaïkovski, Piotr Ilitch 柴可夫斯基，彼得·伊里奇 316

Tériade（Efstratios Eleftheriades dit）泰里亚德（原名埃夫斯特拉蒂奥斯·埃莱夫特里亚迪斯）356，358，371，373

Terrus, Étienne 特鲁斯，艾蒂安 212，215—216

Thannhauser, Heinrich 坦豪瑟，海因里希 125，129，135，141，244—245，250，405，614

Thannhauser, Justin K. 坦豪瑟，贾斯汀·K. 141，251，266，303

Théry, José 特里，何塞 154

Thorez, Maurice 多列士，莫里斯 506，509，513，516，527，543，545—555，559，653—654

Thorez, Pierre 多列士，皮埃尔 551

Tillon, Charles 蒂永，夏尔 460—461，506，509，516，519

Tintoret（Iacopo Robusti dit Le）丁托列托（原名雅各布·罗布斯蒂）202

Tiola, Joseph-Marius 提奥拉，约瑟夫-马吕斯 572

Titien（Tiziano Vecellio dit）提香（原名蒂齐亚诺·韦切利奥）202，284，533

Tixier（contrôleur des impôts）提克西尔（监督员）371

Toesca, Maurice 托伊斯卡，莫里斯 427

Toklas, Alice B. 托克拉斯，爱丽丝·B. 175，177，539，574

Tollet, Tony 托莱，托尼 273—274

Tolstoï, Léon 托尔斯泰，列夫 316

Toulouse-Lautrec, Henri de 图卢兹-劳特累克，亨利·德 20—21，41，79，83，96，176

Trachsel, Albert 特拉谢尔，阿尔贝 83

Triolet, Elsa 特奥莱，爱尔莎 549，555

Trotski, Léon 托洛茨基，列夫 352

Tsvetaïeva, Marina 茨维塔耶娃，玛丽娜 317

Tuchais, Vincent 蒂谢，樊尚 480

Tugendhold, Yakov 图根霍尔德，雅科夫 234—235

Tzara, Tristan（Samuel Rosenstock dit）查拉，特里斯坦（原名塞缪尔·罗森斯托克）334，337—339，348，574

U

Uhde, Wilhelm 乌德，威廉 140，161，188，199，201，203，220，223—224，227，255，264，277，286，289，299，313

Utrillo Morlius, Miquel 乌特里洛·莫略斯，米格尔 18，22，24—26，78，318

V

Vaillant, Auguste 瓦扬，奥古斯特 45

Vaillant, Jacques Émile 瓦扬，雅克·埃米尔 29

Vaillant-Couturier, Paul 瓦扬-古久里，保尔 461，546

Vaïsse, Justin 瓦伊斯，贾斯汀 644

Vaïsse, Maurice 瓦伊斯，莫里斯 640，654

Valadon, Suzanne 瓦拉东，苏珊 439

Valéry, Paul 瓦雷里，保尔 127

Valland, Rose 瓦兰，罗斯 439

Vallat, Xavier 瓦拉，格扎维埃 435

Vallotton, Félix 瓦洛东，费利克斯 176

Van Doesburg, Theo（Christian Emil Marie Küpper dit）范杜斯堡，特奥（原名克里斯蒂安·埃米尔·马里·屈佩尔）339

Van Dongen, Kees 梵·邓肯，基斯 95，132，139，230

Van Gogh, Vincent 梵高，文森特 41，79，96，139，230，240，491
Van Noordt, Jan 范·诺特，扬 535
Vasseur, Paul 瓦瑟尔，保罗 60
Vauxcelles, Louis 沃克塞尔，路易 162，203，213，230
Velázquez, Diego 委拉斯开兹，迭戈 41，78—79，94—95，111，345，395，525，584，586，596—597
Ventosa, Vidal 文托萨，维达尔 100
Verdès-Leroux, Jeannine 韦尔德斯-勒鲁，让尼娜 549
Verdet, André 韦尔代，安德烈 550
Verlaine, Paul 魏尔伦，保罗 52，163
Vermeer, Johannes 维米尔，约翰内斯 344
Vermeersch, Jeannette（épouse Thorez à partir de 1947）维米尔施，珍妮特（1947 年与多列士结婚）547，552
Vernet, Horace 韦尔内，奥拉斯 204
Verrocchio, Andrea del 韦罗基奥，安德烈·德尔 286
Vidal, Laia 维达尔，莱亚 612
Vigny, Alfred de 维尼，阿尔弗雷德·德 52
Vigny, Marcel 维尼，马塞尔 519
Vilató, Juan 维拉托，胡安 67，69，249，392，508
Villers, André 维莱，安德烈 572，574
Virgile 维吉尔 348
Vlaminck, Maurice de 弗拉芒克，莫里斯·德 94—95，132—133，138—139，225，287，352，435，446，481，484，507，535
Vogel, Herman Wilhelm 沃格尔，赫尔曼·威廉 180
Vollard, Ambroise 沃拉尔，安布鲁瓦兹 30，36，39，41，52，55，62，77，95—96，98，103，130—131，133，139—142，171，220，222—224，233，243，285，359，364，370，373，393，422，450，479，574，610

W

Waldeck-Rousseau, Pierre 瓦尔德克-卢梭，皮埃尔 171
Walkowitz, Abraham 沃克维兹，亚伯拉罕 618
Walter, Marie-Thérèse 沃尔特，玛丽-德雷莎 310，355—357，359，371—372，378，382，393，487，505
Warburg, Aby 瓦尔堡，阿比 145，148—149
Warnod, André 瓦尔诺，安德烈 206，311
Watteau, Antoine 华托，安托万 83
Weber, Eugen 韦伯，欧根 312，362
Weber, Max 韦伯，马克斯 176，178，184，236，618
Weil, Patrick 威尔，帕特里克 430，470
Weill, Berthe 韦尔，贝尔特 22，55，72，98，130，142，222，241，303
Whistler, James Abbott McNeill 惠斯勒，詹姆斯·阿博特·麦克尼尔 25，182
Whitney, Peter D. 惠特尼，彼得·D. 498
Wickhoff, Franz 维克霍夫，弗朗茨 129
Widmaier Picasso, Maya 维德迈尔·毕加索，玛雅 378，393，487，505
Wieviorka, Annette 维奥尔卡，安奈特 550—551
Wildenstein, Georges 维尔登施泰因，乔治 303
Willette（docteur）维莱特（医生）31
Wilson, Sarah 威尔逊，萨拉 560—561
Wölfflin, Heinrich 沃尔夫林，海因里希 129，182，228，624
Worringer, Wilhelm 沃林格，威廉 624
Wright（Orville et Wilbur）莱特（奥维尔和威尔伯）214
Wright, Richard 莱特，理查德 657

Z

Zalc, Claire 扎尔克，克莱尔 362，483，650

Zapp, Jean 扎普，让 272, 286, 292, 294
Zay, Jean 扎伊，让 165, 384
Zayas, Marius de 扎亚斯，马里乌斯·德 184—186
Zborowski, Léopold 兹博罗夫斯基，利奥波德 292
Zervos, Christian 泽沃斯，克里斯蒂安 65, 356, 358, 373, 383, 393, 396, 440, 482, 499, 567, 574
Ziegler, Adolf 齐格勒，阿道夫 437
Ziegler, Heinz 齐格勒，海因茨 645
Zola, Émile 左拉，埃米尔 148
Zuloaga, Ignacio 祖洛阿加，伊格纳西奥 132
Zurbarán, Francisco de 苏巴朗，弗朗西斯科·德 41, 455, 536
Zweig, Stefan 茨威格，斯蒂芬 258

引用作品索引

（条目后的数字为原书页码，见本书边码）

毕加索作品

A

Accordéoniste（*L'*）（1911, huile sur toile, Guggenheim Museum, New York, NY）: 163

《手风琴师》（1911年，布面油画，古根海姆美术馆，纽约市，纽约州）: 163

Acrobat（*The*）（*L'Acrobate*, 1930, huile sur toile, Musée national Picasso-Paris, Paris）: 410

《杂技演员》（1930年，布面油画，巴黎毕加索博物馆，巴黎）: 410

Acrobate à la boule（1905, huile sur toile, Musée d'État des Beaux-Arts Pouchkine, Moscou）: 82, 134, 171, 252

《站在球上的杂技演员》（1905年，布面油画，普希金造型艺术博物馆，莫斯科）: 82, 134, 171, 252

Acrobate et jeune Arlequin（1905, gouache sur carton, Fondation Barnes, Philadelphie, PA）: 82

《杂技演员和年轻的小丑》（1905年，纸本水粉，巴恩斯基金会艺术博物馆，费城，宾夕法尼亚州）: 82

Acteur（*L'*）（1904, huile sur toile, Museum of Modern Art, New York, NY）: 82

《演员》（1904年，布面油画，现代艺术博物馆，纽约市，纽约州）: 82

Adolescents（*Les*）（1906, huile sur toile, Musée de l'Orangerie, Paris）: 111, 359

《少年》（1906年，布面油画，橘园美术馆，巴黎）: 111, 359

Aficionado（*L'*）（1912, huile sur toile, Kunstmuseum, Bâle）: 217

《斗牛士》（1912年，布面油画，巴塞尔美术馆，巴塞尔）: 217

Amants（*Les*）（1904, gravure, Musée national Picasso-Paris, Paris）: 131

《情人》（1904年，版画，巴黎毕加索博物馆，巴黎）: 131

Anguilles de mer（*Les*）（1940, huile sur toile, Musée national Centre d'Art Reina Sofía, Madrid）: 454

《海鳗》（1940年，布面油画，索菲娅王后国家艺术中心博物馆，马德里）: 454

Arlequin（1915, huile sur toile, Museum of Modern Art, New York, NY）: 359

《小丑》（1915年，布面油画，现代艺术博物馆，纽约市，纽约州）: 359

Arlequin（exposé au Musée des Arts décoratifs en 1955, œuvre qui n'a pu être identifiée）: 538

《小丑》（1955年在装饰艺术博物馆展出，未被鉴定）: 538

Arlequin assis（*Seated Harlequin*, 1901, huile sur toile, The Metropolitan Museum of Art, New York, NY）：126

《坐着的小丑》（1901 年，布面油画，大都会艺术博物馆，纽约市，纽约州）：126

Arlequin assis（*sur fond rouge*）（1905, aquarelle et encre sur carton, Musée Berggruen, Berlin）：82

《坐着的小丑（红色背景）》（1905 年，纸本水彩与油墨，贝格鲁恩博物馆，柏林）：82

Arlequin saluant（1905－1906, plume, encre et crayon graphite sur papier, pages de carnet, Musée national Picasso-Paris, Paris）：82

《向人致意的小丑》（1905—1906 年，纸本钢笔、油墨和石墨铅笔，绘画本，巴黎毕加索博物馆，巴黎）：82

As de trèfle, verre et élément de guitare（1914, collage, papier kraft, papier glacé, huile, crayon graphite, Musée national Picasso-Paris, Paris）：250

《梅花 A、玻璃杯和吉他元素》（1914 年，拼贴、牛皮纸、光面纸、油彩和石墨铅笔，巴黎毕加索博物馆，巴黎）：250

Atelier de la modiste（1926, huile sur toile, Musée national d'art moderne, Centre Pompidou, Paris）：533

《女帽饰店》（1926 年，布面油画，国立现代艺术博物馆，蓬皮杜中心，巴黎）：533

Athlète（*L'*）（1905, huile sur toile, collection privée）：82

《运动员》（1905 年，布面油画，私人收藏）：82

Attente（*Margot*）（*L'*）（1901, huile sur toile, Museu Picasso Barcelona, Barcelone）：38

《等待（马戈特）》（1901 年，布面油画，巴塞罗那毕加索博物馆，巴塞罗那）：38

Aubade（*L'*）（1942, huile sur toile, Musée national d'art moderne, Centre Pompidou, Paris）：455, 500, 533, 536

《晨歌》（1942 年，布面油画，国立现代艺术博物馆，蓬皮杜中心，巴黎）：455, 500, 533, 536

Autoportrait（1901, huile sur toile, Musée national Picasso-Paris, Paris）：12, 79

《蓝色自画像》（1901 年，布面油画，巴黎毕加索博物馆，巴黎）：12, 79

Autoportrait（1906, fusain sur papier, collection privée）：109

《自画像》（1906 年，纸面炭笔画，私人收藏）：109

Autoportrait（1907, huile sur toile, Galerie nationale de Prague）：128

《自画像》（1907 年，布面油画，布拉格国立美术馆）：128

B

Bacchanales d'après Poussin（*Le Triomphe de Pan*）（1944, huile sur toile, localisation inconnue）：505

《仿普桑创作的酒神的信徒》（又名《潘神的凯旋》）（1944 年，布面油画，收藏地不详）：505

Baiser（*Le*）（1929, huile sur toile, Musée national Picasso-Paris, Paris）：359

《亲吻》（1929 年，布面油画，巴黎毕加索博物馆，巴黎）：359

Bal de la mer（1928, huile sur toile, Chrysler Museum of Art, Norfolk, VA）：329

《海洋舞会》（1928 年，布面油画，克莱斯勒艺术博物馆，诺福克市，弗吉尼亚州）：329

Bock (*Le*) (*Portrait de Jaime Sabartés*, 1901 – 1902, huile sur toile, Musée d'État des Beaux-Arts Pouchkine, Moscou): 234

《勒博克》（又名《海梅·萨巴特斯画像》，1901—1902 年，布面油画，普希金造型艺术博物馆，莫斯科）: 234

Bouteille: femme debout (1948, céramique, Musée national Picasso-Paris, Paris): 568

《花瓶：站着的女人》（1948 年，陶塑，巴黎毕加索博物馆，巴黎）: 568

Bouteille d'anis del Mono (*La*) (1909, huile sur toile, Museum of Modern Art, New York, NY): 163

《利口酒瓶静物画》（1909 年，布面油画，现代艺术博物馆，纽约市，纽约州）: 163

Bouteille de Bass et carte de visite (1914, crayon graphite et papiers collés sur papier, Musée national d'art moderne, Centre Pompidou, Paris): 243, 246

《低音瓶和名片》（1914 年，石墨铅笔画和拼贴画，国立现代艺术博物馆，蓬皮杜中心，巴黎）: 243, 246

Bouteille de marc de Bourgogne, verre et journal (1913, huile sur toile, Succession Pablo Picasso, Bridgestone Museum, Tokyo): 250

《勃艮第大理石瓶、玻璃杯和报纸》（1913 年，布面油画，巴勃罗·毕加索系列作品，普利司通美术馆，东京）: 250

Bouteille de vieux marc, verre et journal (1913, papiers collés et épinglés, journal, fusain sur papier, Musée national d'art moderne, Centre Pompidou, Paris): 218

《老马克酒瓶、玻璃杯和报纸》（1913 年，拼贴、报纸和纸面炭笔画，国立现代艺术博物馆，蓬皮杜中心，巴黎）: 218

Bouteille de vieux marc, verre, guitare et journal (1913, collage, Tate Modern, Londres): 250

《老马克酒瓶、玻璃杯、吉他和报纸》（1913 年，拼贴画，泰特现代艺术馆，伦敦）: 250

Bouteille et verre (hiver 1911 – 1912, huile sur papier, Musée Guggenheim, Bilbao): 250

《瓶子和玻璃杯》（1911 年冬—1912 年，布面油画，古根海姆美术馆，毕尔巴鄂）: 250

Boxeur (*Le*) (1902, dessin, collection privée): 134

《拳击手》（1902 年，素描，私人收藏）: 134

Buffalo Bill (1911, huile sur toile, collection privée): 266, 293

《水牛比尔》（1911 年，布面油画，私人收藏）: 266, 293

Buffet catalan (*Le*) (1943, huile sur toile, diptyque, Musée des Beaux-Arts de Lyon, Staatsgalerie, Stuttgart): 524

《加泰罗尼亚餐柜》（1943 年，布面油画，双联画，里昂美术馆，斯图加特国立美术馆）: 524

Buste de femme (*portrait de Dora Maar*) (1941, plâtre, Musée Ludwig, Cologne): 454

《女子半身像》（朵拉·玛尔画像）（1941 年，石膏像，路德维希博物馆，科隆）: 454

Buste de femme au chapeau rayé (1939, huile sur toile, Musée national Picasso-Paris, Paris): 454, 500

《戴条纹帽女人的半身像》（1939 年，布面油画，巴黎毕加索博物馆，巴黎）: 454, 500

Buveuse d'absinthe（*La*）（1901，huile sur toile, Musée de l'Ermitage, Saint-Pétersbourg）：38，234

《喝苦艾酒的女人》（1901年，布面油画，艾尔米塔什博物馆，圣彼得堡）：38，234

C

Café à Royan（1940, huile sur toile, Musée national Picasso-Paris, Paris）：454

《鲁瓦扬的咖啡馆》（1940年，布面油画，巴黎毕加索博物馆，巴黎）：454

Casagemas dans son cercueil（1901, huile sur carton, collection privée）：31

《棺材中的卡萨吉玛斯》（1901年，纸面油画，私人收藏）：31

Casagemas mort（1901, huile sur carton, Fundación Almine y Bernard Ruiz-Picasso para el Arte）：31

《卡萨吉玛斯死了》（1901年，纸面油画，阿尔敏与贝尔纳·鲁伊斯-毕加索艺术基金会①）：31

Chant des morts（*Le*）（texte de Pierre Reverdy, lithographies de Pablo Picasso, 1948, Tériade, Paris）：544

《亡者之歌》（皮埃尔·勒韦迪的诗作，巴勃罗·毕加索的石版画，1948年，泰里亚德，巴黎）：544

Chapeau（*de Paul Cézanne*）（*Le*）（1908–1909, huile sur toile, collection privée）：169

《（保罗·塞尚的）帽子》（1908—1909年，布面油画，私人收藏）：169

Charnier（*Le*）（1945, huile et fusain sur toile, Museum of Modern Art, New York, NY）：538，543

《停尸房》（1945年，布面油画和炭笔画，现代艺术博物馆，纽约市，纽约州）：538，543

Chat saisissant un oiseau（1939, huile sur toile, Musée national Picasso-Paris, Paris）：454，500

《猫捉鸟》（1939年，布面油画，巴黎毕加索博物馆，巴黎）：454，500

Cheval et mère avec un enfant mort（étude pour *Guernica*, 1937, crayon graphite sur papier, Musée national Centre d'Art Reina Sofía, Madrid）：394

《马和死去孩子的母亲》（为创作《格尔尼卡》的研究草图，1937年，纸本石墨铅笔画，索菲娅王后国家艺术中心博物馆，马德里）：394

Chute d'Icare（*La*）（1958, huile sur panneaux de bois, UNESCO, Paris）：544

《伊卡洛斯的坠落》（1958年，木板油画，联合国教科文组织，巴黎）：544

Coiffure（*La*）（1906, huile sur toile, The Metropolitan Museum of Art, New York, NY）：79，111

《理发》（1906年，布面油画，大都会艺术博物馆，纽约市，纽约州）：79，111

Compotier et verre（1912, huile et sable sur toile, collection privée）：257

《水果盘和玻璃杯》（1912年，布面油画和沙画，私人收藏）：257

Corps perdu（poèmes d'Aimé Césaire,

---

① 贝尔纳·鲁伊斯-毕加索（1959— ），商人和艺术收藏家。他是毕加索长子保罗的儿子。贝尔纳目前主要负责策划以毕加索为主题的国际展览。他与艺术品经销商和画廊老板阿尔敏·雷赫结婚，并于2002年共同创立了阿尔敏与贝尔纳·鲁伊斯-毕加索艺术基金会，致力于推广当代艺术。

gravures de Pablo Picasso）：577

《迷失的身体》（艾梅·塞泽尔的诗作，巴勃罗·毕加索的版画）：577

Corrida: la mort de la femme torero（1933, huile et crayon sur bois, Musée national Picasso-Paris, Paris）：372

《斗牛：女斗牛士之死》（1933年，木板油画和铅笔画，巴黎毕加索博物馆，巴黎）：372

Côtelette（La）（1912, huile sur toile, Galerie nationale de Prague）：134

《排骨》（1912年，布面油画，布拉格国立美术馆）：134

Coupeur de têtes（Le）（1901, encre de Chine, Musée national Picasso-Paris, Paris）：79

《砍头人》（1901年，水墨画，巴黎毕加索博物馆，巴黎）：79

Couple（Le）（1904, aquarelle et encre sur papier, Musée Anglandon, Avignon）：79

《情侣》（1904，纸面水彩和油墨画，安哥拉东博物馆，阿维尼翁）：79

Course（La）（Deux femmes courant sur la plage, 1922, huile sur toile, Musée national Picasso-Paris, Paris）：491, 497

《奔跑》（《海滩上的两个女人》，1922年，布面油画，巴黎毕加索博物馆，巴黎）：491, 497

Crucifixion（1930, huile sur toile, Musée national Picasso-Paris, Paris）：310, 357, 410, 497

《耶稣受难像》（1930年，布面油画，巴黎毕加索博物馆，巴黎）：310, 357, 410, 497

Cuadro Flamenco（1924, ballets de Serge de Diaghilev, décors et costumes de Pablo Picasso）：316

《弗拉门戈舞曲》（1924年，谢尔盖·达基列夫的芭蕾舞团出演，毕加索为其设计布景和服装）：316

D

Danse（La）（The Three Dancers, 1925, huile sur toile, Tate Modern, Londres）：309－310, 497

《舞》（又名《三个舞者》，1925年，布面油画，泰特现代艺术馆，伦敦）：309—310, 497

Déjeuners（Les）. Le Déjeuner sur l'herbe, d'après Manet（1960－1962, huile sur toile, série de vingt-six tableaux, Musée d'Orsay, Paris, Musée national Picasso-Paris, Paris）：596

仿马奈创作的《牧神午宴》（1960—1962年，布面油画，26幅画作组成的作品系列，奥赛博物馆，巴黎，巴黎毕加索博物馆，巴黎）：596

Demoiselles d'Avignon（Les）（1906－1907, huile sur toile, Museum of Modern Art, New York, NY）：94, 128, 140, 152, 161, 173－174, 183, 185, 191, 193, 203, 207, 222, 234, 266, 303, 337, 345－347, 353, 407－409, 411－412, 495, 580

《亚威农少女》（1906—1907年，布面油画，现代艺术博物馆，纽约市，纽约州）：94, 128, 140, 152, 161, 173—174, 183, 185, 191, 193, 203, 207, 222, 234, 266, 303, 337, 345—347, 353, 407—409, 411—412, 495, 580

Dépouille du Minotaure en costume d'Arlequin（La）（1936, rideau de scène, détrempe sur toile, Musée des Augustins de Toulouse, dépôt aux Abattoirs）：386

《穿着小丑服装的弥诺陶洛斯遗体》（1936年，舞台幕布，布面胶画，图卢兹奥古

斯汀博物馆，收藏于图卢兹屠宰场博物馆）：386

Derniers moments（1899, huile sur toile, œuvre recouverte par *La Vie*, Cleveland Museum of Art, Cleveland, OH）：21

《最后的时光》（1899 年，布面油画，画作后被《生命》覆盖，克利夫兰艺术博物馆，俄亥俄州克利夫兰）：21

Deux adolescents（*Two Youths*, 1906, huile sur toile, National Gallery of Art, Washington, D. C.）：111

《两名少年》（1906 年，布面油画，国家美术馆，华盛顿哥伦比亚特区）：111

Deux femmes（1908, huile sur toile, collection privée）：133

《两个女人》（1908 年，布面油画，私人收藏）：133

Deux femmes courant sur la plage：voir *La Course*

《海滩上的两个女人》：参见《奔跑》

Deux saltimbanques（*Arlequin et sa compagne*）（*Les*）（1901, huile sur toile, Musée d'État des Beaux-Arts Pouchkine, Moscou）：79

《两个街头卖艺人（小丑和他的女伴）》（1901 年，布面油画，普希金造型艺术博物馆，莫斯科）：79

Deux saltimbanques avec un chien（1905, gouache, Museum of Modern Art, New York, NY）：82

《两名杂技演员和一只狗》（1905 年，水粉画，现代艺术博物馆，纽约市，纽约州）：82

Diurnes（1962, texte de Jacques Prévert, découpages et photographies de Pablo Picasso et André Villers）：574

《昼夜》（1962 年，雅克·普雷维尔撰文，巴勃罗·毕加索与安德烈·维莱合作的剪纸与摄影作品）：574

Dora à la mantille（1936, épreuve gélatino-argentique, Musée national Picasso-Paris, Paris）：381

《披着头巾的朵拉》（1936 年，明胶银盐印相法照片，巴黎毕加索博物馆，巴黎）：381

Dora et le Minotaure（1936, fusain et encre de Chine sur papier, Musée national Picasso-Paris, Paris）：381

《朵拉和弥诺陶洛斯》（1936 年，纸面炭笔和水墨画，巴黎毕加索博物馆，巴黎）：381

Dora Maar et figure antique（composition）（1936, encre de Chine, collection privée）：381

《朵拉·玛尔和古代人物（构图）》（1936 年，水墨画，私人收藏）：381

E

Écuyère（1906, lithographie, collection privée）：82

《女马术演员》（1906 年，石版画，私人收藏）：82

En quittant l'Exposition Universelle（1900, fusain sur papier, collection privée）：22

《离开世界博览会》（1900 年，纸面炭笔画，私人收藏）：22

Enfant aux colombes（*L'*）（1901, huile sur toile, collection privée）：500

《手捧鸽子的孩子》（1901 年，布面油画，私人收藏）：500

Enlèvement des Sabines（*L'*）（1962, huile sur toile, Musée national d'art moderne, Centre Pompidou, Paris）：544

《强掳萨宾妇女》（1962 年，布面油画，国立现代艺术博物馆，蓬皮杜中心，巴

黎）：544

Étude de composition（étude pour *Guernica*, 1937, crayon graphite et gouache sur papier, Musée national Centre d'Art Reina Sofía, Madrid）：394

《构图研究》（为创作《格尔尼卡》的研究草图，1937年，纸面石墨铅笔画和水粉画，索菲娅王后国家艺术中心博物馆，马德里）：394

Étude de composition（VI）, *croquis pour Guernica*（étude pour *Guernica*, 1937, huile et crayon graphite sur contreplaqué, Musée national Centre d'Art Reina Sofía, Madrid）：394–395

《构图研究（六），格尔尼卡素描》（为创作《格尔尼卡》的研究草图，1937年，胶合板油画和石墨铅笔画，索菲娅王后国家艺术中心博物馆，马德里）：394—395

Étude de la tête de taureau（étude pour *Guernica*, 1937, crayon graphite et gouache sur papier, Musée national Centre d'Art Reina Sofía, Madrid）：394

《牛头研究》（为创作《格尔尼卡》的研究草图，1937年，纸面石墨铅笔画和水粉画，索菲娅王后国家艺术中心博物馆，马德里）：394

Étude de mains（étude pour *Guernica*, 1937, crayon graphite et gouache sur papier, Musée national Centre d'Art Reina Sofía, Madrid）：394

《手的研究》（为创作《格尔尼卡》的研究草图，1937年，纸面石墨铅笔画和水粉画，索菲娅王后国家艺术中心博物馆，马德里）：394

Étude de tête en pleurs（étude pour *Guernica*, 1937, crayon graphite, gouache et pastel sur papier tissé, Musée national Centre d'Art Reina Sofía, Madrid）：394

《哭泣的头的研究》（为创作《格尔尼卡》的研究草图，1937年，纸面石墨铅笔画、水粉画和粉彩画，索菲娅王后国家艺术中心博物馆，马德里）：394

Étude pour Guernica（cheval）（étude pour *Guernica*, 1937, huile sur toile, Musée national Centre d'Art Reina Sofía, Madrid）：394

《格尔尼卡研究（马）》（为创作《格尔尼卡》的研究草图，1937年，布面油画，索菲娅王后国家艺术中心博物馆，马德里）：394

Étudiant à la pipe（*Student with a Pipe*, 1913–1914, huile, gouache, papiers collés, gesso, sable et fusain sur toile, Museum of Modern Art, New York, NY）：254

《有烟斗的学生》（1913—1914年，布面油彩、水粉、拼贴、石膏粉、沙子和炭笔画，现代艺术博物馆，纽约市，纽约州）：254

Étudiant au journal（*Student with a Newspaper*, 1913–1914, huile et sable sur toile, The Leonard A. Lauder Collection, The Metropolitan Museum of Art, New York, NY）：256

《读报的学生》（1913—1914年，布面油画和沙画，《伦纳德·A. 劳德收藏集》，大都会艺术博物馆，纽约市，纽约州）：256

Évocation（1901, huile sur toile, Musée national d'art moderne, Centre Pompidou, Paris）：31, 79

《招魂》（1901年，布面油画，国立现代艺术博物馆，蓬皮杜中心，巴黎）：31, 79

F

Famille de saltimbanques au macaque（*La*

（1905, pointe sèche, Musée national Picasso-Paris, Paris）: 82

《杂技演员一家和猴子》（1905 年，干刻版画，巴黎毕加索博物馆，巴黎）: 82

Famille de saltimbanques avec un singe（1905, huile sur toile, Musée des Beaux-Arts de Göteborg）: 82, 96, 98, 171

《杂技演员一家和猴子》（1905 年，布面油画，哥特堡美术馆）: 82, 96, 98, 171

Femme à l'artichaut（1941, huile sur toile, Musée Ludwig, Cologne）: 454, 500

《拿着朝鲜蓟的女人》（1941 年，布面油画，路德维希博物馆，科隆）: 454, 500

Femme à l'éventail（1905, huile sur toile, National Gallery of Art, Washington, D. C.）: 90, 114–115, 171

《拿扇子的女人》（1905 年，布面油画，国家美术馆，华盛顿哥伦比亚特区）: 90, 114—115, 171

Femme à l'éventail（1908, huile sur toile, Musée de l'Ermitage, Saint-Pétersbourg）: 95, 128, 133, 223, 234

《拿扇子的女人》（1908 年，布面油画，艾尔米塔什博物馆，圣彼得堡）: 95, 128, 133, 223, 234

Femme à la corneille（La）（Woman with a Crow, 1904, gouache, Toledo Museum of Art, Toledo, OH）: 74

《女人与乌鸦》（1904 年，水粉画，托莱多艺术博物馆，俄亥俄州托莱多）: 74

Femme à la guitare（1911–1914, huile sur toile, Kunstmuseum, Bâle）: 254, 256–257

《弹吉他的女人》（1911—1914 年，布面油画，巴塞尔美术馆，巴塞尔）: 254, 256—257

Femme à la mandoline（1909, huile sur toile, Musée de l'Ermitage, Saint-Pétersbourg）: 132, 134, 266

《弹曼陀林的女人》（1909 年，布面油画，艾尔米塔什博物馆，圣彼得堡）: 132, 134, 266

Femme assise（1927, huile sur toile, Museum of Modern Art, New York, NY）: 406

《坐着的女人》（1927 年，布面油画，现代艺术博物馆，纽约市，纽约州）: 406

Femme au chapeau bleu（1939, huile sur toile, Musée national Picasso-Paris, Paris）: 454

《戴蓝色帽子的女人》（1939 年，布面油画，巴黎毕加索博物馆，巴黎）: 454

Femme au chapeau dans un fauteuil（1941, huile sur toile, Kunstmuseum, Bâle）: 454

《坐在扶手椅上戴着帽子的女人》（1941 年，布面油画，巴塞尔美术馆，巴塞尔）: 454

Femme en bleu（1944, huile sur toile, Musée national d'art moderne, Centre Pompidou, Paris）: 533

《蓝衣女子》（1944 年，布面油画，国立现代艺术博物馆，蓬皮杜中心，巴黎）: 533

Femme en chemise dans un fauteuil（1913, huile sur toile, The Leonard A. Lauder Collection, The Metropolitan Museum of Art, New York, NY）: 128, 254, 256–257

《坐在扶手椅里穿着衬衫的女人》（1913 年，布面油画，《伦纳德·A. 劳德收藏集》，大都会艺术博物馆，纽约市，纽约州）: 128, 254, 256—257

Femme lisant（1935, huile sur toile, Musée national Picasso-Paris）: 533

《正在看书的女人》（1935 年，布面油画，

巴黎毕加索博物馆）：533

Femme lisant（*La Liseuse*，1920，huile sur toile, Musée de Grenoble）：353，412，523

《正在看书的女人》（1920 年，布面油画，格勒诺布尔美术馆）：353，412，523

Femme nue（1910, huile sur toile, Philadelphia Museum of Art, Philadelphie, PA）：132

《裸女》（1910 年，布面油画，费城艺术博物馆，宾夕法尼亚州费城）：132

Femme nue assise（1909, huile sur toile, collection privée）：132

《坐着的裸女》（1909 年，布面油画，私人收藏）：132

Femme nue debout（*Nude with Joined Hands*, 1906, huile sur toile, Museum of Modern Art, New York, NY）：111

《站着的裸女》（又名《双手交叉的裸女》，1906 年，布面油画，现代艺术博物馆，纽约市，纽约州）：111

Femme torero. Dernier baiser（1934, eau-forte, collection privée）：372

《女斗牛士：最后之吻》（1934 年，蚀刻版画，私人收藏）：372

Femme torero V（1934, eau-forte, collection privée）：372

《女斗牛士之五》（1934 年，蚀刻版画，私人收藏）：372

Femmes d'Alger d'après Delacroix（1955, huile sur toile, série de quinze tableaux, Musée national Picasso-Paris, Paris, et collection privée）：544，596

仿德拉克罗瓦创作的《阿尔及尔的妇女》（1955 年，布面油画，15 幅画作组成的作品系列，巴黎毕加索博物馆，巴黎，私人收藏）：544，596

Fernande au foulard（1906, aquarelle, gouache et crayon graphite, collection privée）：111

《戴头巾的费尔南德》（1906 年，水彩、水粉和石墨铅笔画，私人收藏）：111

Figure（1927, huile sur toile, Musée national d'art moderne, Centre Pompidou, Paris）：491，533

《人物》（1927 年，布面油画，国立现代艺术博物馆，蓬皮杜中心，巴黎）：491，533

Figure de femme inspirée par la guerre d'Espagne（1937, huile sur toile, collection privée）：393

《受西班牙内战启发的女性形象》（1937 年，布面油画，私人收藏）：393

Figure in a Red Chair（*Femme assise dans un fauteuil rouge*, 1932, huile sur toile, Musée national Picasso-Paris, Paris）：410

《坐在红色座椅上的女人》（1932 年，布面油画，巴黎毕加索博物馆，巴黎）：410

Figure Throwing a Stone（*Femme lançant une pierre*, 1931, huile sur toile, Musée national Picasso-Paris, Paris）：410

《扔石头的女人》（1931 年，布面油画，巴黎毕加索博物馆，巴黎）：410

Fillette au panier de fleurs（1905, huile sur toile, collection privée）：98，171，240，359

《拿着花篮的小女孩》（1905 年，布面油画，私人收藏）：98，171，240，359

Fou（*Le*）（1905, bronze, Musée national Picasso-Paris, Paris）：133

《疯子》（1905 年，青铜作品，巴黎毕加索博物馆，巴黎）：133

Fou tenant un enfant（1905, encre et crayon de couleur sur papier, collection privée）：89

《怀抱孩子的疯子》（1905 年，纸面水墨和彩铅画，私人收藏）：89

Fragment de brique décoré d'un visage de femme（1962, trois céramiques, Musée national Picasso-Paris, Paris）：570

《饰有女人头像的砖块》1962 年，三件陶艺作品，巴黎毕加索博物馆，巴黎）：570

G

Garçon à la pipe（1905, huile sur toile, collection privée）：126

《拿着烟斗的男孩》（1905 年，布面油画，私人收藏）：126

Garçon nu（1906, huile sur toile, Museum of Modern Art, New York, NY）：111

《裸体男孩》（1906 年，布面油画，现代艺术博物馆，纽约市，纽约州）：111

Gertrude Stein（1905 - 1906, huile sur toile, The Metropolitan Museum of Art, New York, NY）：97 - 98, 127, 133, 151, 160, 172, 191, 196, 540

《格特鲁德·斯泰因画像》（1905—1906 年，布面油画，大都会艺术博物馆，纽约市，纽约州）：97—98, 127, 133, 151, 160, 172, 191, 196, 540

Grande Corrida avec femme torero（La）（1934, dessin, collection privée）：372

《盛大的斗牛节和女斗牛士》（1934 年，素描，私人收藏）：372

Guernica（1937, huile sur toile, Musée national Centre d'Art Reina Sofía, Madrid）：310, 357, 380, 383, 386, 396 - 398, 400, 407, 410, 412, 415, 422 - 423, 445 - 446, 457, 463, 465, 493, 495 - 498, 500, 505, 513, 537 - 538, 545 - 546, 548, 568, 577, 596

《格尔尼卡》（1937 年，布面油画，索菲娅王后国家艺术中心博物馆，马德里）：310, 357, 380, 383, 386, 396—398, 400, 407, 410, 412, 415, 422—423, 445—446, 457, 463, 465, 493, 495—498, 500, 505, 513, 537—538, 545—546, 548, 568, 577, 596

Guerre et la Paix（La）（1952, huile sur bois, chapelle de Vallauris）：520, 544, 582

《战争与和平》（1952 年，木板油画，瓦洛里斯教堂）：520, 544, 582

Guitare（1912 - 1913, papiers collés, Museum of Modern Art, New York, NY）：586

《吉他》（1912—1913 年，拼贴画，现代艺术博物馆，纽约市，纽约州）：586

Guitare et verre «Avec affiche Lacerba»（1914, collage, The Salomon R. Guggenheim Foundation, Peggy Guggenheim collection, Venise）：256 - 257, 293

《吉他和玻璃杯（带有"拉塞尔巴"招贴画）》（1914 年，拼贴画，所罗门·R. 古根海姆基金会，佩姬·古根海姆美术馆，威尼斯）：256—257, 293

Guitare sur une table（1912, sable et fusain, œuvre non localisée）：218

《桌上的吉他》（1912 年，沙画和炭笔画，收藏地不详）：218

Guitariste au fauteuil（1911 - 1912, estampe, eau-forte, pointe sèche sur cuivre biseauté, Musée national Picasso-Paris, Paris）：250

《扶手椅上的吉他手》（1911—1912 年，版画、蚀刻版画和干刻版画，巴黎毕加索博物馆，巴黎）：250

H

Harem（Le）（1906, huile sur toile, Cleveland Museum of Art, Cleveland, OH）：111

《后宫》（1906 年，布面油画，克利夫兰艺术博物馆，俄亥俄州克利夫兰）：111

Histoire naturelle (texte de Georges-Louis Leclerc Buffon, eaux-fortes de Pablo Picasso, 1942, Martin Fabiani, Paris): 450, 574

《自然史》(乔治-路易·勒克莱尔·德·布封著作,巴勃罗·毕加索的蚀刻版画, 1942年,画商马丁·法比亚尼,巴黎): 450, 574

Homme à la clarinette (1911–1912, huile sur toile, Musée National Thyssen-Bornemisza, Madrid): 132, 163

《吹单簧管的男人》(1911—1912年,布面油画,提森-博内米萨博物馆,马德里): 132, 163

Homme à la guitare (1911, huile sur toile, Musée national Picasso-Paris, Paris): 163, 223, 250, 266

《弹吉他的男人》(1911年,布面油画,巴黎毕加索博物馆,巴黎): 163, 223, 250, 266

Homme à la mandoline (1911–1912, huile sur toile, Musée national Picasso-Paris, Paris): 163, 223

《弹曼陀林的男人》(1911—1912年,布面油画,巴黎毕加索博物馆,巴黎): 163, 223

Homme à la pipe (1911, huile sur toile, Kimbell Art Foundation, Fort Worth, TX): 163, 223

《叼着烟斗的男人》(1911年,布面油画,金贝尔艺术博物馆,德克萨斯州沃斯堡): 163, 223

Homme assis au verre (1914, huile sur toile, collection privée): 254

《端坐在玻璃杯前的男人》(1914年,布面油画,私人收藏): 254

Homme au mouton (*L'*) (1943, sculpture, place Paul Isnard, Vallauris): 455, 460, 510, 520, 581

《抱着羔羊的男人》(1943年,雕塑,保罗·伊斯纳广场,瓦洛里斯): 455, 460, 510, 520, 581

Homme aux cartes (1913–1914, huile sur toile, Museum of Modern Art, New York, NY): 250

《玩纸牌的人》(1913—1914年,布面油画,现代艺术博物馆,纽约市,纽约州): 250

J

Jeune fille et chèvre (1906, huile sur toile, collection privée, Fondation Barnes, Philadelphie, PA): 111

《女孩与山羊》(1906年,布面油画,私人收藏,巴恩斯基金会艺术博物馆,宾夕法尼亚州费城): 111

Jeune garçon à la langouste (1941, huile sur toile, Musée national Picasso-Paris, Paris): 454, 500

《拿着龙虾的男孩》(1941年,布面油画,巴黎毕加索博物馆,巴黎): 454, 500

Jeune garçon au cheval (1905–1906, huile sur toile, Museum of Modern Art, New York, NY): 134, 359

《牵马的男孩》(1905—1906年,布面油画,现代艺术博物馆,纽约市,纽约州): 134, 359

Jeune Peintre (*Le*) (1972, huile sur toile, Musée national Picasso-Paris): 585

《年轻的画家》(1972年,布面油画,巴黎毕加索博物馆): 585

Jongleur et nature morte (1905, gouache, National Gallery of Art, Washington, D.C.): 82

《静物杂耍者》(1905年,水粉画,国家美术馆,华盛顿哥伦比亚特区): 82

Joueur de vielle et jeune Arlequin（1905，huile sur toile, Kunsthaus, Zurich）：82

《手摇琴演员和年轻的小丑》（1905 年，布面油画，苏黎世美术馆，苏黎世）：82

L

Langouste（*La*）（1936, estampe, aquatinte au sucre et pointe sèche au cuivre, Musée national Picasso-Paris, Paris）：526

《龙虾》（1936 年，版画、蚀刻版画和干刻版画，巴黎毕加索博物馆，巴黎）：526

Lapin Agile（*Au*）（1905, huile sur toile, The Metropolitan Museum of Art, New York, NY）：32, 74

《在狡兔酒吧》（1905 年，布面油画，大都会艺术博物馆，纽约市，纽约州）：32, 74

Lastre décorée d'une tête de femme（1952, céramique, Musée national Picasso-Paris, Paris）：569

《饰有女子头像的陶片》（1952 年，陶艺作品，巴黎毕加索博物馆，巴黎）：569

Lecture de la lettre（*La*）（1921, huile sur toile, Musée national Picasso-Paris, Paris）：169, 313

《读信》（1921 年，布面油画，巴黎毕加索博物馆，巴黎）：169, 313

M

Ma jolie（*Femme à la guitare*）（1911–1912, huile sur toile, Museum of Modern Art, New York, NY）：163, 255, 266

《我的美人（弹吉他的女人）》（1911—1912 年，布面油画，现代艺术博物馆，纽约市，纽约州）：163, 255, 266

Maisons sur la colline（1909, huile sur toile, Musée Berggruen, Berlin）：162, 174

《山上的房子》（1909 年，布面油画，贝格鲁恩博物馆，柏林）：162, 174

Mandoliniste（*La*）（1911, huile sur toile, Galerie nationale de Prague）：134

《弹曼陀林的女人》（1911 年，布面油画，布拉格国立美术馆）：134

Marie-Thérèse en femme torero, femme torero II（1934, dessin, collection privée）：372

《玛丽-德雷莎扮演女斗牛士，女斗牛士之二》（1934 年，素描，私人收藏）：372

Massacre en Corée（1951, huile sur contreplaqué, Musée national Picasso-Paris, Paris）：543, 548

《朝鲜大屠杀》（1951 年，胶合板油画，巴黎毕加索博物馆，巴黎）：543, 548

Meneur de cheval nu（1906, huile sur toile, Museum of Modern Art, New York, NY）：110, 134, 171

《牵马的男孩》（1906 年，布面油画，现代艺术博物馆，纽约市，纽约州）：110, 134, 171

Ménines（*Les*）（1957, série de cinquante-huit tableaux, Museu Picasso Barcelona, Barcelone）：544, 586, 596

《宫娥》（1957 年，58 幅画作组成的作品系列，巴塞罗那毕加索博物馆，巴塞罗那）：544, 586, 596

Mercure（1924, musique d'Erik Satie, chorégraphie de Léonide Massine, décors et costumes de Pablo Picasso）：318, 327–328, 330, 338, 342, 348

《墨丘利》（1924 年，埃里克·萨蒂编曲，莱昂尼德·马辛编舞，巴勃罗·毕加索为其设计布景和服装）：318, 327—328, 330, 338, 342, 348

Mère（*La*）［*portant son enfant*］（1901, huile sur carton contrecollé sur toile, Saint Louis Art Museum）：38

《（抱着孩子的）母亲》（1901 年，油画纸①油画，圣路易斯艺术博物馆）：38

Mère et enfant（1906, huile sur toile, Musée national Picasso-Paris, Paris）：359

《母亲与孩子》（1906 年，布面油画，巴黎毕加索博物馆，巴黎）：359

Mère et enfant mort（étude pour Guernica, 1937, crayon graphite, gouache, collage et pastel, Musée national Centre d'Art Reina Sofía, Madrid）：394

《母亲和死去的孩子》（为创作《格尔尼卡》的研究草图，1937 年，石墨铅笔、水粉、拼贴和粉彩画，索菲娅王后国家艺术中心博物馆，马德里）：394

Mère et son enfant mort devant une échelle（étude pour Guernica, 1937, dessin, Musée national Centre d'Art Reina Sofía, Madrid）：394

《梯子前的母亲和死去的孩子》（为创作《格尔尼卡》的研究草图，1937 年，素描，索菲娅王后国家艺术中心博物馆，马德里）：394

Minotaure amoureux d'une femme-centaure（1933, gravure, Museum of Modern Art, New York, NY）：372

《弥诺陶洛斯爱上女半人马》（1933 年，版画，现代艺术博物馆，纽约市，纽约州）：372

Minotaure aveugle devant la mer conduit par une fillette（1934, eau-forte, Musée national Picasso-Paris, Paris）：372

《失明弥诺陶洛斯被小女孩领到海边》（1934 年，蚀刻版画，巴黎毕加索博物馆，巴黎）：372

Minotaure aveugle guidé par Marie-Thérèse au pigeon dans la nuit étoilée（1934, aquatinte, Musée national Picasso-Paris, Paris）：372

《玛丽-德雷莎和鸽子在星空下引导失明弥诺陶洛斯》（1934 年，水印版画，巴黎毕加索博物馆，巴黎）：372

Minotaure aveugle guidé par une fillette aux fleurs（1934, burin, Musée national Picasso-Paris, Paris）：57

《一位女花童引导的失明弥诺陶洛斯》（1934 年，版画，巴黎毕加索博物馆，巴黎）：57

Minotaure blessé VII（1933, eau-forte, Musée national Picasso-Paris, Paris）：372

《受伤的弥诺陶洛斯（七）》（1933 年，蚀刻版画，巴黎毕加索博物馆，巴黎）：372

Minotaure caressant du mufle la main d'une dormeuse（1933, pointe sèche, Musée national Picasso-Paris, Paris）：372

《弥诺陶洛斯爱抚沉睡女子》（1933 年，干刻版画，巴黎毕加索博物馆，巴黎）：372

Minotaure mourant sous le regard de Marie-Thérèse（Minotaure mourant, 1933, eau-forte, Musée des Beaux-Arts du Canada, Ottawa）：372

《弥诺陶洛斯在玛丽-德雷莎的注视下奄奄一息》（又名《奄奄一息的弥诺陶洛斯》，1933 年，蚀刻版画，加拿大国立美术馆，渥太华）：372

Minotaure violant une femme（1933, encre de Chine, Musée national Picasso-Paris, Paris）：372

《弥诺陶洛斯强奸女子》（1933 年，水墨画，巴黎毕加索博物馆，巴黎）：372

---

① 油画纸是在厚纸板表面粘一层麻布制作而成。

Minotauromachie（*La*）（1935，eau-forte，Musée national d'art moderne，Centre Pompidou，Paris）：372，407，497

《弥诺陶洛斯之战》（1935年，蚀刻版画，国立现代艺术博物馆，蓬皮杜中心，巴黎）：372，407，497

Mirror（*The*）（*Le Miroir*，1932，huile sur toile，Museum of Modern Art，New York，NY）：410

《镜子》（1932年，布面油画，现代艺术博物馆，纽约市，纽约州）：410

Monument à Apollinaire（sculpture，1927，Musée national d'art moderne，Centre Pompidou，Paris）：313

《阿波利奈尔纪念碑》（铁艺雕塑，1927年，国立现代艺术博物馆，蓬皮杜中心，巴黎）：313

Monument aux Espagnols morts pour la France（1945 – 1947，huile sur toile，Musée national Centre d'Art Reina Sofía，Madrid）：513，543，585

《纪念为法国牺牲的西班牙人》（1945—1947年，布面油画，索菲娅王后国家艺术中心博物馆，马德里）：513，543，585

Mort de Casagemas（*La*）（1901，huile sur bois，Musée national Picasso-Paris，Paris）：31

《卡萨吉玛斯之死》（1901年，木板油画，巴黎毕加索博物馆，巴黎）：31

Moulin de la Galette（*Le*）（1900，huile sur toile，Guggenheim Museum，New York，NY）：21 – 22，79

《煎饼磨坊》（1900年，布面油画，古根海姆美术馆，纽约市，纽约州）：21—22，79

Moulin-Rouge（*Au*）（1901，huile sur toile，collection privée）：38

《红磨坊》（1901年，布面油画，私人收藏）：38

Muse（*La*）（1935，huile sur toile，Musée national d'art moderne，Centre Pompidou，Paris）：533

《缪斯》（1935年，布面油画，国立现代艺术博物馆，蓬皮杜中心，巴黎）：533

N

Nageuse（1922，huile sur toile，Musée national Picasso-Paris，Paris）：491

《游泳者》（1922年，布面油画，巴黎毕加索博物馆，巴黎）：491

Naine（*La*）（1901，huile sur carton，Museu Picasso Barcelona，Barcelone）：38，79

《侏儒舞者》（1901年，纸面油画，巴塞罗那毕加索博物馆，巴塞罗那）：38，79

Nature morte «Au Bon Marché»（1913，collage，collection privée）：250

静物画《在乐蓬马歇百货公司》（1913年，拼贴画，私人收藏）：250

Nature morte à la bouteille de rhum（1911，huile sur toile，Museum of Modern Art，New York，NY）：163，292

《朗姆酒瓶静物画》（1911年，布面油画，现代艺术博物馆，纽约市，纽约州）：163，292

Nature morte à la chaise cannée（1912，huile et toile cirée collée sur toile encadrée de corde，Musée national Picasso-Paris，Paris）：128，134，211，218，220

《藤椅上的静物》（1912年，漆布贴在绘有图案的画布上，用绳子裱框，巴黎毕加索博物馆，巴黎）：128，134，211，218，220

Nature morte à la tête de mort，poireaux et pot devant une fenêtre（1945，huile sur toile，collection privée）：454

《有骷髅、韭菜和水罐的静物画》（1945年，布面油画，私人收藏）：454

Nature morte au crâne de taureau（1942, huile sur toile, Kunstsammlung Nordrhein-Westfalen, Düsseldorf）：454

《公牛头骨静物画》（1942年，布面油画，北莱茵-威斯特法伦艺术品珍藏馆，杜塞尔多夫）：454

Nature morte au crâne et au pichet（1943, huile sur toile, Musée d'art moderne de Céret, Céret）：454, 500

《头骨和水罐静物画》（1943年，布面油画，塞雷现代艺术博物馆，塞雷）：454, 500

Nature morte au porrón（1906, huile sur toile, Musée de l'Ermitage, Saint-Pétersbourg）：234

《波隆酒壶静物画》（1906年，布面油画，艾尔米塔什博物馆，圣彼得堡）：234

Nature morte aux poissons et tranche de citron（1953, assiette en céramique, collection privée）：569

《鱼和柠檬片静物盘》（1953年，陶瓷盘，私人收藏）：569

Nature morte avec bouquet de fleurs（1908, huile sur toile, collection privée）：126

《静物与鲜花》（1908年，布面油画，私人收藏）：126

Nature morte avec pichet et pain（1921, huile sur toile, collection privée）：413

《水壶和面包的静物画》（1921年，布面油画，私人收藏）：413

Nature morte（cafetière）（1944, huile sur toile, SFMOMA, San Francisco, CA）：454

《静物（咖啡机）》（1944年，布面油画，旧金山现代艺术博物馆，旧金山，加利福尼亚州）：454

Nature morte espagnole Sol y Sombra（1912, huile sur toile, Lille Métropole Musée d'art moderne, d'art contemporain et d'art brut, Villeneuve-d'Ascq）：217, 220, 252

《西班牙静物：阳光与阴影》（1912年，布面油画，里尔大都会现当代艺术和原生艺术博物馆，阿斯克新城）：217, 220, 252

Nature morte pot, verre et orange（1944, huile sur toile, Musée d'art moderne et contemporain de Saint-Étienne）：517

《静物：水罐、杯子和橙子》（1944年，布面油画，圣艾蒂安大都会现当代艺术博物馆）：517

Nature morte sur un piano（1911–1912, huile sur toile, Musée Berggruen, Berlin）：163

《钢琴上的静物》（1911—1912年，布面油画，贝格鲁恩博物馆，柏林）：163

Nature morte sur une sphère（1948, céramique, collection privée）：569

《球体上的静物》（1948年，陶艺作品，私人收藏）：569

«Notre Avenir est dans l'Air»（The Scallop Shell: «Notre Avenir est dans l'Air», 1912, émail et huile sur toile, The Leonard A. Lauder Collection, The Metropolitan Museum of Art, New York, NY）：214, 219–220

《我们的未来在空中》（《扇贝壳》："我们的未来在空中"，1912年，珐琅和布面油画，《伦纳德·A. 劳德收藏集》，大都会艺术博物馆，纽约市，纽约州）：214, 219—220

Nu à la draperie（1907, huile sur toile, Musée de l'Ermitage, Saint-Pétersbourg）：128

《浴女》（1907年，布面油画，艾尔米塔什博物馆，圣彼得堡）：128

Nu à la serviette（1907, huile sur toile, collection privée）：172

《拿着毛巾的裸女》（1907 年，布面油画，私人收藏）：172

Nu couché（Fernande）（1906, huile sur toile, Cleveland Museum of Art, Cleveland, OH）：111

《侧躺着的女人（费尔南德）》（1906 年，布面油画，克利夫兰艺术博物馆，俄亥俄州克利夫兰）：111

Nu debout（Standing Female Nude, 1910, fusain, The Metropolitan Museum of Art, New York, NY）：186 - 188

《站着的裸女》（1910 年，炭笔画，大都会艺术博物馆，纽约市，纽约州）：186—188

P

Painting（Running Minotaur）（Minotaure courant, 1928, huile sur toile, Musée national Picasso-Paris, Paris）：410

《绘画（奔跑的弥诺陶洛斯）》（1928 年，布面油画，巴黎毕加索博物馆，巴黎）：410

Parade（1917, argument de Jean Cocteau, musique d'Erik Satie, chorégraphie de Léonide Massine, décors et costumes de Pablo Picasso, gouaches au Musée national Picasso-Paris, Paris）：279 - 281, 310, 316 - 317, 319, 323

《游行》（1917 年，让·科克托和埃里克·萨蒂负责舞台布置工作，莱昂尼德·马辛编舞，巴勃罗·毕加索为其设计布景和服装，水粉画，巴黎毕加索博物馆，巴黎）：279—281, 310, 316—317, 319, 323

Paul en Pierrot（1925, huile sur toile, Musée national Picasso-Paris, Paris）：309

《扮演皮耶罗的保罗》（1925 年，布面油画，巴黎毕加索博物馆，巴黎）：309

Pavillon et arbres（La Rue-des-Bois, 1908, huile sur toile, Musée d'État des Beaux-Arts Pouchkine, Moscou）：162

《房屋与树木（树林街）》（1908 年，布面油画，普希金造型艺术博物馆，莫斯科）：162

Paysage（1907, gouache et crayon sur papier, Musée national Picasso-Paris, Paris）：126

《风景》（1907 年，纸面水粉和铅笔画，巴黎毕加索博物馆，巴黎）：126

Paysanne au châle（Peasant Woman with a Shawl, 1906, fusain, Art Institute of Chicago, Chicago, IL）：185 - 186

《披着披肩的农妇》（1906 年，炭笔画，芝加哥艺术博物馆，芝加哥，伊利诺伊州）：185—186

Paysans（1906, gouache sur papier, Musée de l'Orangerie, Paris）：111

《农民》（1906 年，纸面水粉画，橘园美术馆，巴黎）：111

Peintre et l'enfant（Le）（1969, huile sur toile, Musée national Picasso-Paris）：585

《画家与孩子》（1969 年，布面油画，巴黎毕加索博物馆）：585

Peintre et son modèle（Le）（1914, huile sur toile, Musée national Picasso-Paris, Paris）：270

《画家与模特》（1914 年，布面油画，巴黎毕加索博物馆，巴黎）：270

Peintre et son modèle（Le）（1963, huile sur toile, Musée national d'art moderne, Centre Pompidou, Paris）：128

《画家与模特》（1963 年，布面油画，国立现代艺术博物馆，蓬皮杜中心，巴黎）：128

Pernod et cartes（Le Verre d'Absinthe, 1912,

huile sur toile, Galerie nationale de Prague）：134

《苦艾酒杯和扑克牌》（《苦艾酒杯》，1912 年，布面油画，布拉格国立美术馆）：134

Personnage（1913, plume et encre noire sur traits au crayon graphite, Musée national Picasso-Paris, Paris）：250

《人物》（1913 年，钢笔、墨水和石墨画，巴黎毕加索博物馆，巴黎）：250

Pierreuses au bar（1902, huile sur toile, Hiroshima Museum of Art, Hiroshima）：134，171

《坐在酒吧里的两位女子》（1902 年，布面油画，广岛美术馆，广岛）：134，171

Plant de tomates（1944, huile sur toile, collection privée）：505

《西红柿》（1944 年，布面油画，私人收藏）：505

Plat aux trois visages（1956, céramique, Musée Magnelli, Musée de la céramique, Vallauris）：598

《三面盘》（1956 年，陶艺作品，马涅利博物馆，陶艺博物馆，瓦洛里斯）：598

Plat de fruits（1908, huile sur toile, Museum of Modern Art, New York, NY）：162

《水果盘》（1908 年，布面油画，现代艺术博物馆，纽约市，纽约州）：162

Plat espagnol: face décorée d'une chouette, revers décoré de trois taureaux en médaillon（1957, céramique, Musée national Picasso-Paris, Paris）：569

《西班牙餐盘：正面饰猫头鹰，反面饰三头公牛》（1957 年，陶艺作品，巴黎毕加索博物馆，巴黎）：569

Poète（*Le*）（1911‑1912, huile sur toile, Kunstmuseum, Bâle）：132，134‑135，217‑218

《诗人》（1911—1912 年，布面油画，巴塞尔美术馆，巴塞尔）：132，134—135，217—218

Pointe de la Cité（*La*）（1911, Norton Simon Foundation, Los Angeles, CA）：293

《城市之角》（1911 年，诺顿·西蒙基金会，加州洛杉矶）：293

Poissons et bouteilles（1908‑1909, huile sur toile, Lille Métropole Musée d'art moderne, d'art contemporain et d'art brut, Villeneuve-d'Ascq）：205

《鱼与瓶的静物画》（1908—1909 年，布面油画，里尔大都会现当代艺术和原生艺术博物馆，阿斯克新城）：205

Port de Cadaqués（*Le*）（1910, huile sur toile, Galerie nationale de Prague）：132

《卡达克斯港》（1910 年，布面油画，布拉格国立美术馆）：132

Portrait de Benedetta Canals（*Portrait de Madame Canals*, 1905, huile sur toile, Museu Picasso Barcelona, Barcelone）：79，94

《贝内德塔·卡纳尔斯画像》（《卡纳尔斯女士画像》，1905 年，布面油画，巴塞罗那毕加索博物馆，巴塞罗那）：79，94

Portrait de Clovis Sagot（1909, huile sur toile, Kunsthalle, Hambourg）：133

《克洛维斯·萨戈肖像画》（1909 年，布面油画，汉堡美术馆，汉堡）：133

Portrait de Diaghilev（*Portrait-charge de Serge de Diaghilev*, 1917, gouache sur papier, Musée national Picasso-Paris, Paris）：491

《达基列夫肖像画》（又名《谢尔盖·达基列夫漫画像》，1917 年，纸面水粉画，巴黎毕加索博物馆，巴黎）：491

Portrait de Dora Maar de trois-quarts (1936 - 1937, cliché-verre, Musée national Picasso-Paris, Paris): 381

《朵拉·玛尔四分之三头像》(1936—1937年，玻璃底片技术，巴黎毕加索博物馆，巴黎): 381

Portrait de Gustave Coquiot (1901, huile sur toile, Musée national d'art moderne, Centre Pompidou, Paris): 353, 412

《古斯塔夫·科基奥肖像》(1901年，布面油画，国立现代艺术博物馆，蓬皮杜中心，巴黎): 353, 412

Portrait de jeune fille (1914, huile sur toile, Musée national d'art moderne, Centre Pompidou, Paris): 254

《少女肖像》(1914年，布面油画，国立现代艺术博物馆，蓬皮杜中心，巴黎): 254

Portrait de Jeune Fille d'après Cranach le Jeune. II (avec Hidalgo Arnéra, 1958, linogravure, collection privée): 573

《年轻女孩的肖像：依据小克拉纳赫的画作创作》(与伊达尔戈·阿内拉合作，1958年，亚麻油毡版画，私人收藏): 573

Portrait de Josep Fontdevila (1906, huile sur toile, The Metropolitan Museum of Art, New York, NY): 111

《何塞普·丰德维拉的头像》(1906年，布面油画，大都会艺术博物馆，纽约市，纽约州): 111

Portrait de Kahnweiler (1910, huile sur toile, Art Institute of Chicago, Chicago, IL): 292

《卡恩韦勒肖像画》(1910年，布面油画，芝加哥艺术博物馆，芝加哥，伊利诺伊州): 292

Portrait de Pere Mañach (1901, huile sur toile, National Gallery of Art, Washington, D. C.): 90

《佩德罗·马纳赫自画像》(1901年，布面油画，国家美术馆，华盛顿哥伦比亚特区): 90

Portrait de Staline (1953, dessin publié en Une des *Lettres Françaises*, perdu aujourd'hui): 544, 549, 553, 562

《斯大林画像》(1953年，该画在《法国文学》头版刊登，现已遗失): 544, 549, 553, 562

Portrait of a Lady (*Portrait de Dora Maar*, 1937, huile sur toile, Musée national Picasso-Paris, Paris): 410

《女子肖像》(朵拉·玛尔画像，1937年，布面油画，巴黎毕加索博物馆，巴黎): 410

Pulcinella (1920, ballet de Serge de Diaghilev, musique d'Igor Stravinsky, décors et costumes de Pablo Picasso, dessin *Étude pour le décor pour le ballet Pulcinella* à la Bibliothèque-Musée de l'Opéra, Paris): 279, 316, 319

《普尔齐纳拉》(1920年，谢尔盖·达基列夫的芭蕾舞团出演，伊戈尔·斯特拉文斯基编曲，巴勃罗·毕加索为其设计布景和服装，芭蕾舞剧《普尔齐纳拉》素描研究图，歌剧院图书馆-博物馆，巴黎): 279, 316, 319

R

Reclining Woman (*Femme allongée*, 1931, huile sur toile, Museo Nacional de Bellas Artes, Buenos Aires): 410

《躺着的女人》(1931年，布面油画，国立贝拉斯艺术博物馆，布宜诺斯艾利斯): 410

Réservoir (*Le*) (*Horta de Ebro*, 1909, huile sur toile, Museum of Modern Art, New

York, NY）：174

《水库》（奥尔塔德埃布罗，1909 年，布面油画，现代艺术博物馆，纽约市，纽约州）：174

S

Saltimbanques（*Les*）（1905, huile sur toile, National Gallery of Art, Washington, D. C.）：62, 81, 89, 91 - 92, 103, 116, 241, 244 - 245, 303, 358, 404, 411, 495

《卖艺人家》（1905 年，布面油画，国家美术馆，华盛顿哥伦比亚特区）：62, 81, 89, 91—92, 103, 116, 241, 244—245, 303, 358, 404, 411, 495

Scène bachique au minotaure（1933, dessin, Musée des Beaux-Arts du Canada, Ottawa）：372

《有弥诺陶洛斯的酒神节》（1933 年，素描，加拿大国立美术馆，渥太华）：372

Seated Nude（exposé au MoMA en 1939, œuvre qui n'a pu être identifiée）：410

《坐着的裸女》（1939 年，展于纽约现代艺术博物馆，未被鉴定）：410

Six chevaux et cavaliers（1906, estampe, pointe sèche sur cuivre biseauté, Musée national Picasso-Paris, Paris）：82

《六位骑士和马》（1906 年，版画，干刻铜版画，巴黎毕加索博物馆，巴黎）：82

Soles（*Les*）（1940, huile sur toile, National Galleries of Scotland, Édimbourg）：454

《鳎鱼》（1940 年，布面油画，苏格兰国立美术馆，爱丁堡）：454

Songe et mensonge de Franco（1937, dessin, Musée national Picasso-Paris, Paris）：383, 392

《佛朗哥的梦想与谎言》（1937 年，素描，巴黎毕加索博物馆，巴黎）：383, 392

Souvenir du Havre（1912, huile sur toile, collection privée）：212, 266

《勒阿弗尔的回忆》（1912 年，布面油画，私人收藏）：212, 266

Square du Vert-Galant（*Le*）（1943, huile sur toile, Museu Picasso Barcelona, Barcelone）：454

《瓦尔嘉朗广场》（1943 年，布面油画，巴塞罗那毕加索博物馆，巴塞罗那）：454

Staline, à ta santé（1949, encre de Chine, Musée national Picasso-Paris, Paris）：544, 547

《斯大林，祝您健康》（1949 年，水墨画，巴黎毕加索博物馆，巴黎）：544, 547

Statue retrouvée（*La*）（1923, composition d'Erik Satie, chorégraphie de Léonide Massine, décors et costumes de Pablo Picasso）：325, 330

《找到的雕像》（1923 年，埃里克·萨蒂编曲，莱昂尼德·马辛编舞，巴勃罗·毕加索担任舞美设计和服装设计）：325, 330

Still Life on a Table（Grande Nature morte au guéridon, 1931, Musée national Picasso-Paris, Paris）：410

《台桌上的静物》（1931 年，巴黎毕加索博物馆，巴黎）：410

Suite Vollard（1930 - 1937, cuivres gravés, collections privées）：371

"沃拉尔系列版画"（1930—1937 年，铜版画，私人收藏）：371

T

Table de bar avec guitare（1913, collage, collection privée）：250

《带吉他的吧台》（1913 年，拼贴画，私人收藏）：250

Table de l'architecte（*La*）（1912, huile sur

toile, Museum of Modern Art, New York, NY）：196

《建筑师的桌子》（1912 年，布面油画，现代艺术博物馆，纽约市，纽约州）：196

Tanagra blanche（1948, collection privée）：568

《白色塔纳格拉女性陶塑》（1948 年，私人收藏）：568

Taureau debout（1945, sculpture, Musée Picasso, Antibes）：568

《站着的公牛》（1945 年，陶塑，毕加索博物馆，昂蒂布）：568

Tête（1913, papier collé, fusain huilé et craie blanche）：292

《头像》（1913 年，拼贴、油性炭笔和白色粉笔画）：292

Tête d'enfant（1903, dessin, Museu Picasso Barcelona, Barcelone）：452

《儿童头像》（1903 年，素描，巴塞罗那毕加索博物馆，巴塞罗那）：452

Tête d'homme（1912, huile sur toile, Musée national d'art moderne, Centre Pompidou, Paris）：250

《男子头像》（1912 年，布面油画，国立现代艺术博物馆，蓬皮杜中心，巴黎）：250

Tête de femme（I）, dessin préparatoire pour Guernica（étude pour Guernica, 1937, dessin, Musée national Centre d'Art Reina Sofía, Madrid）：394

《女人头像（一）》（为创作《格尔尼卡》的研究草图，1937 年，素描，索菲娅王后国家艺术中心博物馆，马德里）：394

Tête de femme（Fernande）（1909, bronze, Musée national Picasso-Paris, Paris）：128, 131

《女子头像（费尔南德）》（1909 年，青铜作品，巴黎毕加索博物馆，巴黎）：128, 131

Tête de femme（Woman's Head, 1908, huile sur toile, Museum of Modern Art, New York, NY：126, 135, 187, 292

《女人头像》（1908 年，布面油画，现代艺术博物馆，纽约市，纽约州）：126, 135, 187, 292

Tête de jeune fille（1913, huile sur toile, Musée national d'art moderne, Centre Pompidou, Paris）：250, 293

《年轻姑娘头像》（1913 年，布面油画，国立现代艺术博物馆，蓬皮杜中心，巴黎）：250, 293

Tête de mouton écorchée（1939, huile sur toile, Musée des Beaux-Arts de Lyon）：454, 500

《剥皮羊头》（1939 年，布面油画，里昂美术馆）：454, 500

Tête de soldat et jambe de cheval（étude pour Guernica, 1937, crayon graphite et gouache sur papier, Musée national Centre d'Art Reina Sofía, Madrid）：394

《士兵的头和马腿》（为创作《格尔尼卡》的研究草图，1937 年，纸面石墨铅笔和水粉画，索菲娅王后国家艺术中心博物馆，马德里）：394

Tête en pleurs（étude pour Guernica, 1937, dessin, Musée national Centre d'Art Reina Sofía, Madrid）：394

《哭泣的头》（为创作《格尔尼卡》的研究草图，1937 年，素描，索菲娅王后国家艺术中心博物馆，马德里）：394

Toilette（La）（1906, huile sur toile, Collection Albright-Knox Art Gallery, Buffalo, NY）：111, 404

《梳妆打扮》（1906 年，布面油画，奥尔布

赖特-诺克斯美术馆，水牛城，纽约州）：111，404

Tomette hexagonale décorée d'un danseur et d'un musicien（1957，céramique，Musée national Picasso-Paris，Paris）：572

《舞者与音乐家图案的六边形托盘》（1957年，陶艺作品，巴黎毕加索博物馆，巴黎）：572

Torse de femme（1908，huile sur toile，SFMOMA，San Francisco，CA）：132

《女人半身像》（1908年，布面油画，旧金山现代艺术博物馆，旧金山，加利福尼亚州）：132

Torse de femme（de trois-quarts）（1906，huile sur toile，collection privée）：111

《四分之三视角的女子半身像》（1906年，布面油画，私人收藏）：111

Trois femmes（1908，huile sur toile，Musée de l'Ermitage，Saint-Pétersbourg）：128，172，235

《三个女人》（1908年，布面油画，艾尔米塔什博物馆，圣彼得堡）：128，172，235

Trois musiciens（Three Musicians，1921，huile sur toile，Philadelphia Museum of Art，Philadelphie，PA）：540

《三个音乐家》（1921年，布面油画，费城艺术博物馆，宾夕法尼亚州费城）：540

Tub（Le）（La Chambre bleue，1901，peinture，huile sur carton，collection privée，The Phillips Collection，Washington，D. C.）：201

《浴盆》（又名《蓝色房间》，1901年，纸面油画，私人收藏，菲利普美术馆，华盛顿哥伦比亚特区）：201

Tube，verre et bouteille de rhum（1914，collage，Museum of Modern Art，New York，NY）：257

《烟斗、玻璃杯和一瓶朗姆酒》（1914年，拼贴画，现代艺术博物馆，纽约市，纽约州）：257

Two Women on the Beach（Le Sauvetage，huile sur toile，Fondation Jean et Suzanne Planque，Lausanne）：410

《海滩上的两个女人》（又名《营救》，布面油画，让·普朗克和苏珊娜·普朗克基金会，洛桑）：410

V

Vase: femme（1949，céramique，Musée national Picasso-Paris，Paris）：569

《花瓶：女人》（1949年，陶艺作品，巴黎毕加索博物馆，巴黎）：569

Vase étrusque（Pablo et Françoise）（avec Robert Picault，1950，céramique，Fundación Almine y Bernard Ruiz-Picasso para el Arte）：569

《伊特鲁里亚陶器（巴勃罗和弗朗索瓦丝）》（与罗贝尔·皮科合作，1950年，陶艺作品，阿尔敏与贝尔纳·鲁伊斯-毕加索艺术基金会）：569

Vase zoomorphe（1954，céramique，Musée Magnelli，Musée de la Céramique，Vallauris）：569

《动物陶器》（1954年，陶艺作品，马涅利博物馆，陶艺博物馆，瓦洛里斯）：569

Verre（Le）（1914，huile sur toile，Musée national Picasso-Paris，Paris）：257

《玻璃杯》（1914年，布面油画，巴黎毕加索博物馆，巴黎）：257

Verre d'absinthe（Le）（1914，bronze et cuiller d'absinthe，partie du haut couverte de sable et partie du bas peinte en blanc，Musée national d'art moderne，Centre Pompidou，Paris）：255，257，266

《苦艾酒杯》（1914 年，青铜作品，苦艾酒匙，上部覆沙，下部涂白，国立现代艺术博物馆，蓬皮杜中心，巴黎）：255，257，266

Verre, pipe, as de trèfle et dé (1914, sculpture, éléments de bois et de métal peints sur bois peint à l'huile, Musée national Picasso-Paris, Paris)：256

《玻璃杯、烟斗、梅花 A 和骰子》（1914 年，浮雕画，油画木板上的彩绘木质和金属元素，巴黎毕加索博物馆，巴黎）：256

Vie (La) (1903, huile sur toile, Cleveland Museum of Art, Cleveland, OH)：32

《生命》（1903 年，布面油画，克利夫兰艺术博物馆，克利夫兰，俄亥俄州）：32

Violon au café (1913, huile sur toile, Musée Sammlung Rosengart, Lucerne)：250

《咖啡馆里的小提琴》（1913 年，布面油画，罗森加特收藏馆，卢塞恩）：250

Violon et guitare (1912–1913, huile sur toile, Musée national d'art moderne, Centre Pompidou, Paris)：250

《吉他和小提琴》（1912—1913 年，布面油画，国立现代艺术博物馆，蓬皮杜中心，巴黎）：250

Violon, verre et bouteille (1912–1913, dessin, Musée national d'art moderne, Centre Pompidou, Paris)：250

《小提琴、玻璃杯和瓶子》（1912—1913 年，素描，国立现代艺术博物馆，蓬皮杜中心，巴黎）：250

Y

Yo, Picasso (1901, huile sur toile, collection privée)：12, 110

《我，毕加索》（1901 年，布面油画，私人收藏）：12, 110

其他艺术家作品

A

Agnus Dei (Francisco de Zurbarán)：455

《羔羊颂》（弗朗西斯科·德·苏巴朗）：455

Amaryllis couronnant Mirtillo (Jan Van Noordt)：535

《为米尔蒂罗戴孤挺花》（扬·范·诺特）：535

Atelier du peintre (L') (Gustave Courbet)：536

《画室》（古斯塔夫·库尔贝）：536

Autoportrait avec «L'Humanité» (Salvador Dalí)：344

《带有〈人道报〉的自画像》（萨尔瓦多·达利）：344

Autoportrait cubiste (Salvador Dalí)：344

《立体派自画像》（萨尔瓦多·达利）：344

B

Bacchus et Ariane (Jan Van Noordt)：535

《巴克斯和阿里阿德涅》（扬·范·诺特）：535

Baigneuses (Derain)：152

《浴女》（德兰）：152

Bain turc (Le) (Jean Auguste Dominique Ingres)：110

《土耳其浴女》（让·奥古斯特·多米尼克·安格尔）：110

Bataille de San Romano (La) (Paolo Uccello)：536

《圣罗马诺之战》（保罗·乌切洛）：536

Berger conduisant des vaches à l'abreuvoir (Jean-Louis Demarne)：535

《牧羊人牵牛饮水图》（让-路易·德马纳）：

535

Bethsabée（Rembrandt）：149
《沐浴的拔示巴》（伦勃朗）：149

Bonheur de vivre（*Le*）（Henri Matisse）：95
《生活的欢乐》（亨利·马蒂斯）：95

C

Cirque（*Le*）（Georges Seurat）：346
《马戏团》（乔治·修拉）：346

City Across the River（*The*）（Alfred Stieglitz）：188
《河对岸的城市》（阿尔弗雷德·斯蒂格利茨）：188

City of Ambition（*The*）（Alfred Stieglitz）：188
《雄心之城》（阿尔弗雷德·斯蒂格利茨）：188

Clarinette et bouteille de rhum sur une cheminée（Georges Braque）：163
《壁炉上的单簧管和朗姆酒瓶》（乔治·布拉克）：163

Composition aux trois personnages. «Académie néo-cubiste»（Salvador Dalí）：344
《三个人物的构图：新立体派学院》（萨尔瓦多·达利）：344

Compotier et verre（Georges Braque）：211
《水果盘与玻璃杯》（乔治·布拉克）：211

Compotier sur une table（Georges Braque）：218
《桌上的高脚盘》（乔治·布拉克）：218

Contessa Spini（Il Piccio）：190
《斯皮尼伯爵夫人画像》（"小个子"乔瓦尼·卡诺瓦利）：190

D

Dame à l'éventail（*La*）（Diego Velázquez）：94
《拿扇子的女人》（迭戈·委拉斯开兹）：94

Deux nus（Paul Gauguin）：160
《两个裸体》（保罗·高更）：160

Dona dels Pans（statue de Josep Ricard Garriga à partir d'une peinture de Pablo Picasso）：113
《头顶面包的女人》（何塞普·里卡尔·加里加根据毕加索的画作创作的同名雕塑）：113

F

Femme à la mandoline（Georges Braque）：162
《弹曼陀林的女人》（乔治·布拉克）：162

Femme au chapeau（Henri Matisse）：94，96，98
《戴帽子的女人》（亨利·马蒂斯）：94，96，98

Femme lisant（Georges Braque）：217
《正在看书的女人》（乔治·布拉克）：217

Femmes d'Alger（Eugène Delacroix）：536
《阿尔及尔的妇女》（欧仁·德拉克罗瓦）：536

G

Grand nu（Georges Braque）：161
《大裸女》（乔治·布拉克）：161

Guéridon（Georges Braque）：250
《独脚小圆桌》（乔治·布拉克）：250

Guitare（*Le Petit Éclaireur*）（Georges Braque）：250
《吉他》（乔治·布拉克）：250

H

Hand of Man（*The*）（Alfred Stieglitz）：188
《人类之手》（阿尔弗雷德·斯蒂格利茨）：

188

J

Jetée à l'Estaque (La) (André Derain): 138
《埃斯塔克码头》（安德烈·德兰）: 138

Jeune Fille de Figueres (Salvador Dalí): 344
《菲格拉斯女孩》（萨尔瓦多·达利）: 344

Joconde (La) (Léonard de Vinci): 154
《蒙娜丽莎》（列奥纳多·达·芬奇）: 154

L

Lower Manhattan (Alfred Stieglitz): 188
《曼哈顿下城》（阿尔弗雷德·斯蒂格利茨）: 188

M

Madame Cézanne (Paul Cézanne): 96, 98
《塞尚夫人画像》（保罗·塞尚）: 96, 98

Maison à l'Estaque (Georges Braque): 162
《埃斯塔克的房子》（乔治·布拉克）: 162

Massacres de Scio (Eugène Delacroix): 536
《希阿岛的屠杀》（欧仁·德拉克罗瓦）: 536

Mort de Sardanapale (La) (Eugène Delacroix): 536
《萨达那帕拉之死》（欧仁·德拉克罗瓦）: 536

N

Nu bleu (souvenir de Biskra) (Henri Matisse): 152
《蓝色裸女（比斯克拉的记忆）》（亨利·马蒂斯）: 152

Nymphéas (Les) (Claude Monet): 298
《睡莲》（克劳德·莫奈）: 298

O

Oiseaux (Les) (Georges Braque): 166
《鸟》（乔治·布拉克）: 166

P

Parisiennes au marché (Les) (André Fougeron): 548
《市场上的巴黎女人们》（安德烈·福热隆）: 548

Pays des mines (Le) (suite) (André Fougeron): 548
《矿区》（系列油画）（安德烈·福热隆）: 548

Pierrot jouant de la guitare (Salvador Dalí): 344
《弹吉他的皮耶罗》（萨尔瓦多·达利）: 344

Plat de fruits (Georges Braque): 162
《水果盘》（乔治·布拉克）: 162

Portrait d'Olga Merson (Henri Matisse): 232
《奥尔加·默森肖像画》（亨利·马蒂斯）: 232

Portrait de Monsieur Bertin (Jean Auguste Dominique Ingres): 191
《贝尔坦先生肖像画》（让·奥古斯特·多米尼克·安格尔）: 191

Portrait de Picasso (Juan Gris): 232
《毕加索肖像画》（胡安·格里斯）: 232

Portrait de Picasso (Dora Maar): 381
《毕加索肖像》（朵拉·玛尔）: 381

Portugais (Le) (ou L'Émigrant) (Georges Braque): 163
《葡萄牙人》（亦称《移民》）（乔治·布拉克）: 163

R

Repos de la Sainte Famille (Le) (Michel Dorigny): 535
《圣家庭的休息》（米歇尔·多里尼）: 535

Roche-Guyon（*La*）（Georges Braque）：162
《拉罗什吉永城堡》（乔治·布拉克）：162

S

Steerage（*The*）（Alfred Stieglitz）：188
《舵手》（阿尔弗雷德·斯蒂格利茨）：188

T

Terminal（*The*）（Alfred Stieglitz）：188
《终点站》（阿尔弗雷德·斯蒂格利茨）：188

U

Un Enterrement à Ornans（Gustave Courbet）：536
《奥南的葬礼》（古斯塔夫·库尔贝）：536

Usines du Rio Tinto à l'Estaque（*Les*）（Georges Braque）：162
《埃斯塔克的力拓工厂》（乔治·布拉克）：162

V

Viaduc à l'Estaque（Georges Braque）：162
《埃斯塔克的高架桥》（乔治·布拉克）：162

Vieux Musicien（*Le*）（Édouard Manet）：89
《老音乐家》（爱德华·马奈）：89

Violon: «Mozart Kubelick»（Georges Braque）：212
《小提琴：莫扎特与库贝里克》（乔治·布拉克）：212

Violon et pipe（Georges Braque）：218
《小提琴与烟斗》（乔治·布拉克）：218

参考书目选编

阿尔弗雷德·巴尔曾经写道:"对于毕加索这样一位才华横溢、风格多变的天才,任何作品回顾展都不可能做到全面详尽,即使像展示了三百多件作品的这本图录也无法做到。那些希望通过本书回顾毕加索全部作品的人,将不得不接受不可避免的遗漏和冗余。"在80年前编撰的"毕加索:四十年艺术生源"展览图录中,这位时任纽约现代艺术博物馆馆长写下了上述几句肺腑之言。这段发言放在2021年显得更为贴切,因为毕加索的创作一直到他去世那天才戛然而止。而且,在过去的80年里,有关他作品的二手文献也在成倍增长。

因此,这份并不详尽的书目可能看着像东拼西凑,甚至像生拉硬扯。其中当然有著名艺术史学家的书目、文章和分析。此外,还有历史学家、社会学家、人类学家、民族学家、地理学家、城市规划者、语言学家和哲学家的成果。这项研究正是在所有这些学科的交叉点上进行的,它从跨国史的角度出发,除了对档案收藏进行更传统的搜索外,还不断改变研究重点。本项目旨在从毕加索作为社会活动家的视角出发,从了解他在20世纪法国的处境入手,重新挖掘他艺术生涯中的关键时刻。当年,这位年轻的艺术家是如何在社会生活的夹缝中找到一片可以安身立命的广阔天地,又是如何安排自己各个阶段的创作之路的?在法国这个高度集权、制度陈旧、矛盾重重的地方，他是如何建立起自己的人际关系网的？他当时所遇到的困难与今天许多移民的担忧如出一辙。不过，毕加索将各种状况转化为自身优势，他的这一方式可以成为一个值得思考和效仿的典范。

著作

ABÉLÈS, Marc. (2008). *Anthropologie de la globalisation.* Paris : Éditions Payot et Rivages.

ABOUT, Ilsen. (2007). « Identifier les étrangers. Genèse d'une politique bureaucratique de l'immigration dans la France de l'Entre-deux-guerres », dans Gérard NOIRIEL (dir.). *L'Identification. Genèse d'un travail d'État.* Paris : Belin.

ADELMAN, Jeremy I., REED, Kate. (2021). *Earth Hunger : Global Integration and the Need for Strangers.* Princeton (NJ) : Princeton University Press.

AGAMBEN, Giorgio. (1997). *Homo sacer. Le pouvoir souverain et la vie nue* (trad. de l'italien par M. RAIOLA). Paris : Seuil, coll. « L'Ordre philosophique ».

ALEXANDRE, Maxime. (1968). *Mémoires d'un surréaliste.* Paris : La Jeune Parque.

ANDERSON, Nels. (1993). *Le Hobo : Sociologie du sans-abri* (trad. de l'anglais par A. BRIGANT). Paris : Nathan.

ANGELL, Norman. (1911). *La Grande Illusion.* Paris : Nelson Éditeurs.

APOLLINAIRE, Guillaume. (1913). *Les Peintres cubistes. Méditations esthétiques.* Paris : Eugène Figuière & Cie.

—. (1912). « Art et curiosité, les commencements du cubisme ». (1917). « L'esprit nouveau et les poètes », dans APOLLINAIRE, Guillaume. (1991). *Œuvres en prose complètes* (tome II) (DECAUDIN, Michel éd.). Paris : Gallimard.

—. (1920). *Alcools.* Paris : Gallimard, coll. « Poésie ».

—. (1947). *Le Poète assassiné* (DECAUDIN, Michel éd.). Paris : Gallimard, coll. « Poésie ».

—. (1960). *Chroniques d'art (1902-1918).* (BREUNIG, L.C. éd.). Paris : Gallimard.

—. (1976). *Guillaume Apollinaire, André Level.* (LEVEL, Brigitte éd.). Paris : Lettres modernes.

—. (1984). *Œuvres complètes* (tome IV). Paris : Gallimard.

—. (1991). *Œuvres en prose complètes* (tome II) (DECAUDIN, Michel éd.). Paris : Gallimard, coll. « Bibliothèque de la Pléiade ».

APPADURAI, Arjun. (2001). *Après le colonialisme. Les conséquences culturelles de la globalisation* (trad. de l'anglais par F. BOUILLOT). Paris : Payot.

ARAGON, Louis. (1943). « La Rose et le Réséda », dans ARAGON, Louis. (1946). *La Diane française.* Paris : Seghers ; rééd. (2006). Paris : Seghers, coll. « Poésie d'abord ».

—. (1994). *Projet d'histoire littéraire contemporaine* (DACHY, Marc éd.). Paris : Gallimard.
ARNAUD, Claude. (2003). *Jean Cocteau.* Paris : Gallimard.
ASSOULINE, Pierre. (1989). *L'Homme de l'art. D.-H. Kahnweiler (1884-1979).* Paris : Gallimard, coll. « Folio ».
AUGUSTIN D'HIPPONE. (1999). *Les Confessions* (Livre dixième, chapitre XL). (TRABUCCO, Joseph éd.) Paris : Flammarion.
AURIC, Georges. (1979). *Quand j'étais là.* Paris : Grasset.
AZEMA, Jean-Pierre, PROST, Antoine, RIOUX, Jean-Pierre (dir.). (1987). *Les Communistes français de Munich à Chateaubriand (1938-1941).* Paris : Presses de la Fondation nationale des sciences politiques.
BALDASSARI, Anne. (2006). *Picasso/Dora Maar. Il faisait tellement noir.* Paris : Flammarion.
BARR, Alfred H. Jr. (1986). *Defining Modern Art. Selected Writings of Alfred H. Barr. Jr.* (SANDLER, Irving, NEWMAN, Amy éd.). New York (NY) : Harry N. Abrams, Inc.
BARRAL, Jean-Augustin. (1866). *Journal de l'agriculture, de la ferme et des maisons de campagne, de la zootechnie, de la viticulture, de l'horticulture, de l'économie rurale et des intérêts de la propriété* (tome I). Paris : Ch. Delagrave & Cie.
BARRÈS, Maurice. (1899). *La Terre et les Morts. Sur quelles réalités fonder la conscience française.* Paris : La Patrie française.
BARREYRE, Jean-Yves. (2000). *Les Loubards. Une approche anthropologique.* Paris : L'Harmattan.
BARUCH, Marc-Olivier. (1997). *Servir l'État français. L'administration en France de 1940 à 1944.* Paris : Fayard.
BAUDELAIRE, Charles. (1986). « De l'essence du rire et généralement du comique dans les arts plastiques », dans BAUDELAIRE, Charles. *Curiosités esthétiques* (1855) (LEMAÎTRE, Henri éd.). Paris : Garnier.
BAYLY, Christopher A. (2006). *La naissance du monde moderne (1780-1914)* (trad. de l'anglais par M. CORDILLOT). Paris : éd., de l'Atelier.
BEAUD, Olivier. (1994). *La puissance de l'État.* Paris : PUF.
BEAUJEU-GARNIER, Jacqueline. (1993). *Nouvelle histoire de Paris. Paris : hasard ou prédestination ?* Paris : Association pour la publication d'une histoire de Paris.
BECKER, Howard S. (1985). *Outsiders. Études de sociologie de la déviance* (trad. de l'anglais par J.-P. BRIAND, J.-M. CHAPOULIE). Paris : Métailié.
—. (1988). *Les Mondes de l'art* (trad. de l'anglais par J. BOUNIORT). Paris : Flammarion.
BELL, David A. (2001). *The Cult of the Nation in France : Inventing Nationalism, 1680-1800.* Cambridge (MA) : Harvard University Press.
BENJAMIN, Walter. (2013). *Sur le concept d'histoire* (trad. de l'allemand par O. MANNONI). Paris : Payot & Rivages, coll. « Petite bibliothèque Payot ».
BENOIS, Alexandre. (1912, 20 décembre). « Lettre sur l'art. Retour sur les nouveaux chemins de la peinture » (en russe). *Rietch* (« Le discours »).

Berger, John. (1993). *The Success and Failure of Picasso*. New York (NY) : Random House, Vintage International.
Berger, Suzanne. (2003). *Notre première mondialisation. Leçons d'un échec oublié* (trad. de l'anglais par R. Robert). Paris : Seuil.
Berggruen, Heinz. (2002). *Qui était Juan Népomucène Ruiz ? Souvenirs en bribes* (trad. de l'allemand par J. Torrent). Paris : Christian Bourgois.
Bertrand Dorléac, Laurence. (2010). *L'Art de la défaite (1940-1944)*. Paris : Seuil.
—. (2014). « *Picasso Espagnol en France* », dans Blanc-Chaleard, Marie-Claude *et al.* (dir.). *D'Italie et d'ailleurs. Mélanges en l'honneur de Pierre Milza.* p. 225-233. Rennes : Presses universitaires de Rennes.
Bienvenu, Clovis. (2012). *Le 36, quai des Orfèvres. À la croisée de l'histoire et du fait divers.* Paris : PUF.
Bilski, Emily, Braun, Emily, Botstein, Leon (dir.). (2005). *Jewish Women and Their Salons.* New York (NY) : The Jewish Museum/New Haven (CT)/Yale University Press.
Birnbaum, Pierre. (1992). *Les Fous de la République. Histoire politique des Juifs d'État de Gambetta à Vichy.* Paris : Fayard.
Blanc-Chaléard, Marie-Claude *et al.* (2014). *D'Italie et d'ailleurs. Mélanges en l'honneur de Pierre Milza.* Rennes : Presses universitaires de Rennes.
Blunt, Anthony. (1969). *Picasso's Guernica.* Londres : Oxford University Press.
Bois, Yve-Alain. (1999). *Matisse et Picasso.* Paris : Flammarion.
—. (2002). « Préface », dans Kramar, Vincenc. *Le Cubisme.* Paris : École nationale supérieure des Beaux-Arts.
—. (2008). *Picasso Harlequin (1917-1937).* Milan : Skira.
—. (2017). *La Peinture comme modèle.* Genève : Mamco/Dijon : Les Presses du réel.
Bouhey, Vivien. *Les Anarchistes contre la République. Contribution à l'histoire des réseaux sous la Troisième République (1880-1914).* Rennes : Presses universitaires de Rennes.
Bourdieu, Pierre. (1979). *La Distinction. Critique sociale du jugement.* Paris : Éditions de Minuit.
—. (1982). *Ce que parler veut dire : l'économie des échanges linguistiques.* Paris : Fayard.
—, Darbel, Alain. (1969). *L'Amour de l'art. Les musées d'art européens et leur public.* Paris : Éditions de Minuit.
Boym, Svetlana. (2001). *The Future of Nostalgia.* New York (NY) : Basic Books.
Brassaï. (1997). *Conversations avec Picasso.* Paris : Gallimard.
Braudel, Fernand. (1982). *La Méditerranée et le monde méditerranéen à l'époque de Philippe II.* Paris : Armand Colin.
Breton, André. (1965). *Le Surréalisme et la Peinture.* Paris : Gallimard.
—, et Éluard, Paul. (2019). *Correspondance (1919-1938)* (Hubert, Étienne-Alain éd.). Paris : Gallimard.

Broszat, Martin. (2012). *L'État hitlérien. L'origine et l'évolution des structures du IIIe Reich* (trad. de l'allemand par P. Moreau). Paris : Fayard, coll. « Pluriel ».
Buot, François. (2002). *Tristan Tzara. L'homme qui inventa la Révolution Dada*. Paris : Grasset.
Burin, Philippe. (1995). *La France à l'heure allemande (1940-1944)*. Paris : Seuil.
Cabanne, Pierre. (1992). *Le Siècle de Picasso*. Tome II. *L'Époque des métamorphoses (1912-1937)*. Paris : Gallimard, coll. « Folio essais ».
Cachin, Marcel. (1997). *Carnets (1906-1947)*, tome IV, 1935-1947 (Peschanski, Denis éd.). Paris : CNRS Éditions.
Caillois, Roger. (1958). *Les Jeux et les Hommes. Le masque et le vertige*. Paris : Gallimard.
Camps, Teresa, Portell, Susanna (dir.). (2015). *Les Cartes de l'Escultor Enric Casanovas*. Barcelone : Edicions de la Universitat de Barcelona.
Canseco-Jerez, Alejandro (éd.). (2001). *Lettres d'Eugenia Errazuriz à Pablo Picasso* (trad. de l'espagnol par Y. Trobat). Metz : Centre d'études de la traduction, université de Metz.
Caws, Mary Ann. (2000). *Les Vies de Dora Maar. Bataille, Picasso et les surréalistes* (trad. de l'anglais par C.-M. Diebold). Londres : Thames and Hudson.
Chakrabarty, Dipesh. *Provincialiser l'Europe. La pensée post-coloniale et la différence historique* (trad. de l'anglais par O. Ruchet). (2009). Paris : Éditions Amsterdam.
—. (2002). « A Small History of Subaltern Studies », dans Chakrabarty, Dipesh. *Habitations of Modernity. Essays in the Wake of Subaltern Studies*. Chicago (IL) : University of Chicago Press.
Chapoutot, Johann. (2020). *Libres d'obéir. Le management, du nazisme à la RFA*. Paris : Gallimard, coll. « NRF essais ».
Charbonneaux, Jean, Martin, Roland, Villard, François. (1968). *Grèce archaïque*. Paris : Gallimard, coll. « L'Univers des Formes ».
Charle, Christophe. (1987). *Les Élites de la République*. Paris : Fayard.
—. (2013). Préface, dans Bravard, Alice. *Le Grand Monde parisien. 1900-1939. La persistance du modèle aristocratique*. Rennes : Presses universitaires de Rennes.
—, Roche, Daniel. (2002). *Capitales culturelles, capitales symboliques. Paris et les expériences européennes (XVIIIe-XIXe siècle)*. Paris : Publications de la Sorbonne.
Chevalier, Louis. (1980). *Montmartre du plaisir et du crime*. Paris : Robert Laffont.
—. (1985). *Les Parisiens*. Paris : Hachette.
Chimènes, Myriam. (2004). *Mécènes et musiciens. Du salon au concert à Paris sous la IIIe République*. Paris : Fayard.
Clair, Jean. (2005). *Une leçon d'abîme. Neuf approches de Picasso*. Paris : Gallimard.

—— (dir.). (2001). *Picasso sous le soleil de Mithra*. Martigny : Fondation Pierre Gianadda.

——. (2008). *Autoportrait au visage absent*. Paris : Gallimard.

COCTEAU, Jean. (1926). *Le Rappel à l'ordre*. Paris : Stock.

——. (1957). *La Corrida du premier mai*. Paris : Grasset.

——. (1989). *Lettres à sa mère (1898-1918)* (tome I, CAIZERGUES, Pierre éd.). Paris : Gallimard.

——. (1989). *Journal (1942-1945)* (TOUZOT, Jean éd.). Paris : Gallimard.

——. (1999). *Œuvres poétiques complètes* (DECAUDIN, Michel éd.). Paris : Gallimard, coll. « Bibliothèque de la Pléiade ».

COEURE, Sophie. (2007). *La mémoire spoliée. Les archives des Français, butin de guerre nazi puis soviétique*. Paris : Éditions Payot & Rivages.

——, FONCKET Bertrand et SERVANT Hélène (dir.). (2019). *Les « fonds de Moscou ». Traitement et exploitation des archives rapatriées de Russie et des saisies de la Seconde Guerre mondiale*. Rennes : Presses universitaires de Rennes.

COHEN-SOLAL, Annie, NIZAN, Henriette. (1980). *Paul Nizan. Communiste impossible*. Paris : Grasset.

——. (2000). *« Un jour, ils auront des peintres ». L'avènement des artistes américains (Paris 1867-New York 1948)*. Paris : Gallimard.

——. (2019). *Sartre (1905-1980)*. Paris : Gallimard, coll. « Folio ».

COMBALÍA, Victoria. (1998). *Picasso-Miró, Miradas cruzadas*. Madrid : Electa.

COOPER, Harry, BRAUN, Emily, FLORMAN, Lisa. (2017). *The Cubism Seminars*. Washington, D.C. : National Gallery of Art (CASVA)/ New Haven (CT) : Yale University Press.

COSSÍO DEL POMAR, Felipe. (1932). *Con los buscadores del camino*. Madrid : Ulises.

COURTOIS, Stéphane. (1980). *Le PCF dans la guerre*. Paris : Ramsay.

——, PESCHANSKI, Denis, RAYSKI, Adam. (1989). *Le Sang de l'étranger. Les immigrés de la MOI dans la Résistance*. Paris : Fayard.

CULLETON, Claire A. (2004). *Joyce and the G-Men : J. Edgar Hoover's Manipulation of Modernism*. New York (NY) : Palgrave Macmillan.

DACHY, Marc. (2005). *Archives dada*. Paris : Hazan.

DAENINCKX, Didier. (2007). *Itinéraire d'un salaud ordinaire*. Paris : Gallimard, coll. « Folio ».

DAGEN, Philippe. (1996). *Le Silence des peintres. Les artistes face à la Grande Guerre*. Paris : Fayard.

——. (2010). *Le peintre, le poète, le sauvage. Les voies du primitivisme dans l'art français*. Paris : Flammarion.

——. (2011). *Picasso*. Paris : Hazan.

——. (2019). *Primitivismes. Une invention moderne*. Paris : Gallimard.

——. (2021). *Primitivismes 2. Une guerre moderne*. Paris : Gallimard.

DAIX, Pierre. (1976). *J'ai cru au matin*. Paris : Robert Laffont.

——. (1993). *La Vie quotidienne des surréalistes (1917-1932)*. Paris : Hachette.

—. (2002). *Picasso et Matisse revisités*. Lausanne : Ides et Calendes.
—. (2012). *Le Nouveau Dictionnaire Picasso*. Paris : Robert Laffont.
—. (2014). *Picasso*. Paris : Fayard, coll. « Pluriel ».
—, Israël, Armand. (2003). *Pablo Picasso. Dossiers de la préfecture de police (1901-1940)*. Lausanne : Éditions des catalogues raisonnés/Acatos.
Dalí, Salvador. (1969). *La Vie secrète de Salvador Dalí* (trad. de l'espagnol par M. Déon). Paris : La Table Ronde, coll. « Les Vies perpendiculaires ».
—. (2005). *Lettres à Picasso (1927-1970)* (trad. de l'espagnol par L. Madeline). Paris : Gallimard, coll. « Le Cabinet des lettrés ».
Deleuze, Gilles, Guattari, Félix. (1975). *Kafka. Pour une littérature mineure*. Paris : Éditions de Minuit.
Derrida, Jacques. (1996). *Le Monolinguisme de l'autre*. Paris : Éditions Galilée.
Detienne, Marcel, Vernant, Jean-Pierre. (1974, 2018). *Les Ruses de l'intelligence. La* métis *des Grecs*. Paris : Flammarion, coll. « Champs Essais ».
Diaghilev, Serge de. (2013). *L'Art, la musique et la danse. Lettres, écrits, entretiens* (trad. du russe par F. Burgun, M. Cheptiski) (Nectoux, J.-M. éd.). Paris : Vrin.
Domenach, Jean-Marie. (1969). *Barrès par lui-même*. Paris : Seuil.
Dominicé, Christian. (1961). *La Notion du caractère ennemi des biens privés dans la guerre sur terre*. Genève : Droz/Paris : Minard.
Dor de La Souchère, Romuald. (1948). « Picasso au musée d'Antibes ». *Cahiers d'Art*, n° 1.
Dorgelès, Roland. (1932). *Le Château des brouillards*. Paris : Albin Michel.
Dornel, Laurent. (2004). *La France hostile. Socio-histoire de la xénophobie (1870-1914)*. Paris : Fayard.
Drachkovitch, Milorad M. (1953). *Les Socialismes français et allemand et le problème de la guerre (1870-1914)*. Genève : Droz.
Du Bois, W.E.B. (2004). *Les Âmes du peuple noir* (trad. de l'anglais par M. Bessone). Paris : Éditions Rue d'Ulm.
Dubois, André-Louis. (1972). *À travers trois Républiques*. Paris : Plon.
Dubois, Vincent. (2008). *La Vie au guichet. Relation administrative et traitement de la misère*. Paris : Economica, coll. « Études politiques ».
Dumas, Roland, Savatier, Thierry. (2018). *Picasso. Ce volcan jamais éteint*. Paris : Bartillat.
Duncan, David Douglas. (2012). *Picasso à l'œuvre. Dans l'objectif de David Douglas Duncan*. Paris : Gallimard.
Dupuis-Labbé, Dominique. (2007). *Les Demoiselles d'Avignon. La révolution Picasso*, Paris : Bartillat.
Einstein, Carl. (1930). « Picasso ». *Documents*, n° 3.
—. (1934). *Georges Braque* (trad. de l'allemand par E. Zipruth). Paris : Éditions des Chroniques du Jour.
—. (2011). *L'Art du* XXe *siècle* (trad. de l'allemand par L. Meffre, M. Staiber). Paris : Jacqueline Chambon/Arles : Actes Sud.

—, Kahnweiler, Daniel-Henry. (1993). *Correspondance (1921-1939)*. (Meffre, Liliane éd.). Marseille : André Dimanche.
Éluard, Paul. (1942). *Poésie et vérité*. Paris : Éditions de la main à la plume.
—. (1945). *Au rendez-vous allemand*. Paris : Éditions de Minuit.
—. (1984). *Lettres à Gala (1924-1948)* (Dreyfus, Pierre éd.). Paris : Gallimard.
Enckell, Marianne. (2014). *Le Refus de parvenir*. Montpellier : Indigène éditions.
Espagne, Michel. (1993). *Le Paradigme de l'étranger. Les chaires de littérature étrangère au XIXe siècle*. Paris : Cerf.
—, Savoy, Bénédicte (dir.). (2010). *Dictionnaire des historiens d'art allemands*. Paris : CNRS.
Fanon, Frantz. (1991). *Les Damnés de la Terre* (Chaliand, Gérard éd.). Paris : Gallimard, coll. « Folio Actuel ».
Faure, Alain, Lévy-Vroelant, Claire. (2007). *Une chambre en ville. Hôtels meublés et garnis à Paris (1860-1990)*. Grane : Créaphis.
Faÿ, Bernard. (1966). *Les Précieux*. Paris : Librairie académique Perrin.
FitzGerald, Michael C. (1995). *Making Modernism : Picasso and the Creation of the Market for Twentieth-Century Art*. New York (NY) : Farrar, Straus & Giroux.
—. (2006). *Picasso and American Art*. New York (NY) : Whitney Museum of American Art/ New Haven (CT) : Yale University Press.
Flaubert, Gustave. (2007). *Correspondance* (tome V) (Bruneau, Jean et Leclerc, Yvan éd.). Paris : Gallimard, coll. « Bibliothèque de la Pléiade ».
Fontaine, Laurence. (1993). *Histoire du colportage en Europe : XVe-XIXe siècle*. Paris : Albin Michel.
Foucault, Michel. (2004). *Naissance de la biopolitique. Cours au Collège de France (1978-1979)* (Senellart, Michel éd.). Paris : Seuil.
—. (2004). *Sécurité, territoire, population. Cours au Collège de France (1977-1978)*. Paris : Seuil.
—. (2009). *Le Corps utopique. Les hétérotopies*. Paris : Nouvelles Éditions Lignes.
Frasca, Camille, Bouvard, Émilie, Godefroy, Cécile. (2021). *Picasso-Méditerranée*. Paris : In Fine Éditions d'art.
Fry, W. Edward. (1968). *Le Cubisme* (trad. de l'anglais par É. Bille-De Mot). Bruxelles : La Connaissance.
Garreau, Laurent, Rigaud, Jacques. (2009). *Archives secrètes du cinéma français (1945-1975)*. Paris : PUF.
Gaulle, Charles de. (1970). *Discours et messages* (tome I). Paris : Plon.
Gilot, Françoise, Lake, Carlton. (1964). *Vivre avec Picasso*. Paris : Calmann-Lévy.
Gimpel, René. (1963). *Journal d'un collectionneur marchand de tableaux*. Paris : Calmann-Lévy.
Godelier, Maurice. (1996). *L'Énigme du don*. Paris : Fayard.

Goebbels, Joseph. (2007). *Journal (1933-1939)* (trad. de l'allemand par O. Mannoni) Paris : Tallandier.
—. (2009). *Journal (1939-1942).* (trad. de l'allemand par O. Mannoni) Paris : Tallandier.
Goffman, Erving. (1959). *The Presentation of Self in Everyday Life.* New York (NY) : Anchor Books.
—. (1968). *Asiles. Études sur la condition sociale des malades mentaux et autres reclus* (trad. de l'anglais par L. et C. Lainé). Paris : Éditions de Minuit.
—. (1973). *La Mise en scène de la vie quotidienne.* Tome II. *Les Relations en public* (trad. de l'anglais par A. Kihm). Paris : Éditions de Minuit.
—. (1988). *Les Moments et leurs hommes* (Winkin, Yves éd.). Paris : Seuil-Minuit.
Grataloup, Christian. (2014). *Géohistoire de la mondialisation. Le temps long du monde.* Paris : Armand Colin.
Greenberg, Clement. (1973). *Art et culture* (trad. de l'anglais par A. Hindry). Paris : Macula.
Green, Nancy L. (1985). *Les Travailleurs immigrés juifs de Paris à la Belle Époque* (trad. de l'anglais par M. Courtois-Fourcy). Paris : Fayard, coll. « L'Espace du politique ».
—. (2002). *Repenser les migrations.* Paris : PUF.
—, Weil, François (dir.). 2006. *Citoyenneté et émigration : les politiques du départ.* Paris : Éditions de l'École des hautes études en sciences sociales.
Guattari, Félix, Deleuze, Gilles. (1976). *Rhizome.* Paris : Éditions de Minuit.
Guégan, Stéphane. (2014). *Picasso. Ma vie en vingt tableaux, ou presque...* Paris : Beaux Arts éditions.
Guichard, Charlotte. (2019). *La griffe du peintre.* Paris : Seuil.
Guichard, Éric, Noiriel, Gérard (dir.). (1997). *Construction des nationalités et immigration dans la France contemporaine.* Paris : Presses de l'École normale supérieure.
Halévy, Daniel. (1932). *Pays parisiens.* Paris : Grasset.
Hall, Edward T. (1979). *Au-delà de la culture* (trad. de l'anglais par M.-H. Hatchuel). Paris : Seuil.
Hallays, André. (1901). *En flânant à travers l'Exposition de 1900.* Paris : Perrin.
Harris, Neil. (1982). *The Artist in American Society.* Chicago (IL) : University of Chicago Press.
Hartog, François. (2012). *Régimes d'historicité. Présentisme et expériences du temps.* Paris : Seuil, coll. « Points Histoire ».
Hartwig, Julia. (1972). « Apollinaire » (trad. du polonais par J.-M. Erhel). *Le Mercure de France.*
Heinich, Nathalie. (2005). *L'Élite artiste. Excellence et singularité en régime démocratique.* Paris : Gallimard.
Heller, Gerhard. (1981). *Un Allemand à Paris. 1940-1944* (avec le concours de J. Grand). Paris : Seuil.

HEROLD-MARME, Amanda. (2017). *L'Identité artistique à l'épreuve. Les artistes espagnols à Paris et l'engagement à partir de la guerre civile (1936-1956)* [thèse doctorale]. Paris : Institut d'études politiques.
HESSEL, Franz. (1990). *Romance parisienne. Les papiers d'un disparu* (trad. de l'allemand par L. MARCOU). Paris : Maren Sell.
HOFSTADTER, Richard. (1963). *Anti-Intellectualism in American Life.* New York (NY) : A. A. Knopf.
HOPKINS, Antony Gerald (dir.). (2003). *Globalization in World History.* New York (NY) : W.W. Norton & Company.
HUGHES, Robert. (1992). *Barcelone. La ville des merveilles* (trad. de l'anglais par D. LABLANCHE). Paris : Albin Michel.
JAMES, Harold. (2002). *The End of Globalization.* Cambridge (MA) : Harvard University Press.
JAQUES PI, Jèssica. (2006). *Picasso en Gósol, 1906 : un verano para la modernidad.* Barcelone : Antonio Machado.
JOLY, Laurent. (2011). *L'Antisémitisme de bureau.* Paris : Grasset.
JOSEPH, Isaac. (1984). *Le Passant considérable.* Paris : Librairie des Méridiens.
JOUTARD, Philippe. (2018). *La Révocation de l'édit de Nantes ou les Faiblesses d'un État.* Paris : Gallimard, coll. « Folio histoire ».
JÜNGER, Ernst. (1980). *Premier journal parisien. Journal II. 1941-1943* (trad. de l'allemand par M. BETZ). Paris : Christian Bourgois.
KAHNWEILER, Daniel-Henry. (1920). *Der Weg zum Kubismus.* Munich : Heinz Moos.
—. (1950). *Les Années héroïques du cubisme.* Paris : Braun & Cie, coll. « Collection des Maîtres ».
—, CRÉMIEUX, Francis. (1961). *Mes galeries et mes peintres. Entretiens.* Paris : Gallimard.
KALIFA, Dominique. (1995). *L'Encre et le Sang. Récits de crimes et société à la Belle Époque.* Paris : Fayard.
KASPI, André, MARÈS, Antoine (dir.). (1989). *Le Paris des étrangers.* Paris : Imprimerie nationale.
KELLY, Julia. (2016). « The Ethnographic Turn », dans HOPKINS, David (dir.). *A Companion to Dada and Surrealism.* Chichester, West Sussex : Wiley Blackwell.
KRAMÁŘ, Vincenc. (2002). *Le Cubisme* (trad. du tchèque par E. ABRAMS). Paris : École nationale supérieure des Beaux-Arts.
KRAUSS, Rosalind E. (2013) *Les papiers de Picasso* (trad. de l'anglais par J.-L. HOUDEMIBNE et S. YERSIN LEGRAND). Paris : Macula.
KRIEGEL, Annie. (1968). *Les Communistes français. Essai d'ethnographie politique.* Paris : Seuil.
—, (1991). *Ce que j'ai cru comprendre.* Paris : Robert Laffont.
—, BOURGEOIS, Guillaume. (1985). *Les Communistes français dans leur premier demi-siècle (1920-1930).* Paris : Seuil.
KRISTEVA, Julia. (1988). *Étrangers à nous-mêmes.* Paris : Fayard.

Kronenberger, Stéphane. (2014). *Des temps de paix aux temps de guerre : les parcours des travailleurs étrangers de l'Est et du Sud-Est de la France (1871-1918)* [thèse doctorale]. Université de Nice Sophia-Antipolis.
Kupferman, Fred. (1985). *Les Premiers Beaux Jours (1944-1946)*. Paris : Calmann-Lévy.
Lange, Werner. (2017). *Les Artistes en France sous l'Occupation*. Saint-Pétersbourg : Éditions Dean.
Laporte, Geneviève. (1973). *Si tard le soir le soleil brille*. Paris : Plon.
Laurent, Jeanne. (1982). *Arts et pouvoirs en France de 1793 à 1981. Histoire d'une démission artistique*. Saint-Étienne : Centre interdisciplinaire d'études et de recherches sur l'expression contemporaine (CIEREC).
Léal, Brigitte. (2018). *Dictionnaire du cubisme*. Paris : Robert Laffont/Éditions du Centre Pompidou.
Le Cour Grandmaison, Olivier. (2009). *La République impériale. Politique et racisme d'État*. Paris : Fayard.
Leiris, Michel. (1992). *Journal (1922-1924)* (Jamin, Jean, éd.). Paris : Gallimard.
—. (2003). « Réponse au questionnaire de René Bertelé », dans Leiris, Michel. *La Règle du jeu*. Paris : Gallimard, coll. « Bibliothèque de la Pléiade ».
—. (2011). *Écrits sur l'art* (Vilard, Pierre, éd.). Paris : CNRS Éditions.
Léon, Paul. (1947). *Du Palais-Royal au Palais-Bourbon*. Paris : Albin Michel.
Lequin, Yves (dir.). (1992). *Histoire des étrangers et de l'immigration en France*. Paris : Bibliothèque historique Larousse.
—. (1988). *La Mosaïque France. Histoire des étrangers et de l'immigration*. Paris : Larousse.
Level, André. (1959). *Souvenirs d'un collectionneur*. Paris : A. C. Mazo.
Lévi-Strauss, Claude. (1983). « New York, post- et préfiguratif », dans *Le Regard éloigné* Paris : Plon.
Lhote, André. (1956). *La Peinture libérée*. Paris : Grasset.
Lindenberg, Daniel. (1990). *Les Années souterraines (1937-1947)*. Paris : La Découverte.
Loeb, Pierre. (1946). *Voyages à travers la peinture*. Paris : Bordas.
Luhan, Mabel Dodge. (1935). *Intimate Memories*. Tome II. *European Experiences*. New York (NY) : Harcourt.
Lyons, Nathan. (1966). *Photographers on Photography : A Critical Anthology*. Englewood Cliffs (NJ) : Prentice Hall.
Malévitch, Kasimir. (1928). « Le nouvel art et l'art représentateur », dans Malévitch, Kasimir. (2015). *Kasimir Malévitch. Écrits*, vol. 1 (trad. du russe et de l'ukrainien par J.-C. Marcadé). Paris : Allia.
Malraux, André. (1974). *La Tête d'obsidienne*. Paris : Gallimard.
—. (1996). *Œuvres complètes* (tome III) (Guyard, Marius-François éd.). Paris : Gallimard, coll. « Bibliothèque de la Pléiade ».
Marí Muñoz, Antoni *et al.* (2014). *La Modernitat Cauta (1942-1963). Resistència, Resignació, Restauració*. Barcelone : Angle Editorial.

MARTINEZ-GROS, Gabriel. (2006). *Ibn Khaldûn et les sept vies de l'Islam*. Arles : Actes Sud.
MASSON, André, SAWIN, Martica. (1996). *André Masson in America, 1941-1945*. New York (NY) : Zabriskie Gallery.
MASURE, François. (2014). *Devenir français ? Approche anthropologique de la naturalisation*. Toulouse : Presses universitaires du Mirail.
MAUCLAIR, Camille. (1944). *La Crise de l'art moderne*. Paris : CEA.
MAUSS, Marcel. (1923-1924). « Essai sur le don. Forme et raison de l'échange dans les sociétés archaïques », dans MAUSS, Marcel. (1968). *Sociologie et anthropologie*. Paris : PUF.
MAYER, Arno. (1982). *La Persistance de l'Ancien Régime* (trad. de l'anglais par J. MANDELBAUM). Paris : Flammarion.
MAZOUZ, Sarah. (2017). *La République et ses autres. Politiques de l'altérité dans la France*. Lyon : ENS éditions.
MEFFRE, Liliane. (2002). *Carl Einstein (1885-1940). Itinéraire d'une pensée moderne*. Paris : Presses de l'université Paris-Sorbonne.
MEIER-GRAEFE, Julius. (1910). *Spanische Reise*. Berlin : Rowohlt.
MERLEAU-PONTY, Maurice. (1960). *Signes*. Paris : Gallimard.
MICHAËL, Androula. (2008). *Picasso poète*. Paris : École nationale supérieure des Beaux-Arts.
MILLER, Arthur I. (2001). *Einstein, Picasso : Space, Time and the Beauty That Causes Havoc*. New York (NY) : Basic Books.
MODERSOHN-BECKER, Paula. (1982). *Briefe und Aufzeichnungen*. (JAHN, Beate éd.) Leipzig/Weimar : G. Kiepenheuer.
MOLINIER, Émile, MARX, Roger, MARCOU, Frantz. (1902). *L'Art français des origines à la fin du XIXe siècle*. Paris : Émile Lévy/Librairie centrale des beaux-arts.
MONNIER, Gérard, VOVELLE, José (1994). *Un art sans frontières. L'internationale des arts en Europe, 1900-1950*. Paris : Publications de la Sorbonne.
MONOD-FONTAINE, Isabelle, LAUGIER, Claude (dir.). (1984). *Daniel-Henry Kahnweiler. Marchand, éditeur, écrivain*. Paris : Éditions du Centre Pompidou.
MOREL, Jean-Pierre, ASHOLT, Wolfgang, GOLDSCHMIDT, Georges-Arthur (dir.). (2006). *Dans le dehors du monde. Exils d'écrivains et d'artistes au XXe siècle. Actes du colloque de Cerisy*. Paris : Presses de la Sorbonne Nouvelle.
MORRIS, Lynda, GRUNENBERG, Christoph. (2010). *Picasso : Peace and Freedom*. Londres : Tate Publishing.
MOSSE, George L. (2000). *Confronting History : A Memoir*. Madison (WI) : University of Wisconsin Press.
MOULIN, Raymonde. (1967). *Le Marché de la peinture en France*. Paris : Éditions de Minuit.
—. (2003). *Le Marché de l'art. Mondialisation et nouvelles technologies*. Paris : Flammarion.

—, Passeron, Jean-Claude, Pasquier, Dominique, Porto-Vazquez, Fernando. (1985). *Les Artistes : essai de morphologie sociale*. Paris : La Documentation française.

Mousseigne, Alain. (1998). *Rideau de scène pour le Théâtre du Peuple dit « Rideau de scène pour le Quatorze-Juillet » de Romain Rolland*. Milan : Skira.

Ndiaye, Pap. (2009). *La Condition noire. Essai sur une minorité française*. Paris : Gallimard, coll. « Folio actuel ».

Noiriel, Gérard. (1992). « Français et étrangers », dans Nora, Pierre (dir.). *Les Lieux de mémoire* (tome III, vol. 3). Paris : Gallimard.

—. (2006). *Réfugiés et sans-papiers. La République face au droit d'asile*. Paris : Hachette.

—. (2006). *Le Creuset français. Histoire de l'immigration (XIXe-XXe siècle)*. Paris : Seuil, coll. « Points ».

Nouss, Alexis. (2015). *La Condition de l'exilé. Penser les migrations contemporaines*. Paris : Maison des sciences de l'homme.

Olivier, Fernande. (1988). *Souvenirs intimes. Écrits pour Picasso*. Paris : Calmann-Lévy.

—. (2001). *Picasso et ses amis*. Paris : Pygmalion-Gérard Watelet.

Palau i Fabre, Josep. (1981). *Picasso vivant (1881-1907)* (trad. de l'espagnol par J. Guyot, R. Marrast). Barcelone/Paris : Polígrafa/Albin Michel.

Papini, Giovanni. (1911). « Enrico Bergson », dans Papini, Giovanni. (1919). *24 Cervelli*. Milan : Facchi Editore.

Paquot, Thierry (dir.). (2001). *Le Quotidien urbain. Essais sur les temps des villes*. Paris : La Découverte.

Park, Robert E., Burgess, Ernest W. (dir.). (1967). *The City : Suggestions for Investigation of Human Behavior in the Urban Environment*. Chicago/Londres : University of Chicago Press.

Parmelin, Hélène. (1979). *Libérez les communistes !* Paris : Stock.

—. (1994). *Voyage en Picasso*. Paris : Christian Bourgois.

—. (2003). *Picasso dit*, suivi de *Picasso sur la place*. Paris : Les Belles Lettres.

Partens, Alexander. (1920). *Dada Almanach*.

Paulhan, Jean. (1946). *Braque. Le patron*. Paris : Gallimard.

Paulvé, Dominique. (2010). *Marie Cuttoli. Myrbor et l'invention de la tapisserie moderne*. Paris : Éditions Norma.

Paxton, Robert O. (1973). *La France de Vichy (1940-1944)* (trad. de l'anglais par C. Bertrand). Paris : Seuil, coll. « Points Histoire ».

—, Corpet, Olivier, Paulhan, Claire. (2009). *Archives de la vie littéraire sous l'Occupation. À travers le désastre*. Paris : Tallandier/IMEC.

Penrose, Roland. (1982). *Picasso* (trad. de l'anglais par J. Chavy, P. Peyrelevade). Paris : Flammarion, coll. « Champs ».

Péri, Gabriel, Aragon, Louis. (1947). *Les lendemains qui chantent*. Paris : Éditions sociales.

Petropoulos, Jonathan. (2000). *The Faustian Bargain : The Art World in Nazi Germany*. Londres/New York/Athènes : Oxford University Press.

—. (2014). *Artists under Hitler : Collaboration and Survival in Nazi Germany*. New Haven (CT) : Yale University Press.

Piazza, Pierre. (2004). *Histoire de la Carte nationale d'identité*. Paris : Odile Jacob.

Picasso, Pablo. (1945). *Le Désir attrapé par la queue*. Paris : Gallimard.

—. (1976). *Carnet catalan (été 1906)*. Paris : Berggruen.

—. (1989). *Écrits* Bernadac, Marie-Laure, Piot, Christine, (éd.) (trad. de l'espagnol par A. Bensoussan). Paris : Gallimard/RMN.

—. (2008). *Propos sur l'art*. (Bernadac, Marie-Laure et Michaël, Androula éd.). Paris : Gallimard.

—, et Apollinaire, Guillaume. (1992). *Correspondance* (Caizergues, Pierre et Seckel, Hélène éd.). Paris : Gallimard/RMN.

—, et Cocteau, Jean. (2018). *Correspondance 1915-1963* (Caizergues, Pierre et Kontaxopoulos, Ioannis, éd.). Paris : Gallimard/Musée national Picasso-Paris.

Polack, Emmanuelle. (2019). *Le Marché de l'art sous l'Occupation*. Paris : Tallandier.

Ponty, Janine. (2003). *L'Immigration dans les textes : France, 1789-2002*. Paris : Belin.

Potter, Caroline. (2013). *A Parisian Composer and His World : Erik Satie, Music, Art, Literature*. Suffolk : Boydell & Brewer.

Provenzo Jr., Eugene F. (2013). *W.E.B. Du Bois's Exhibit of American Negroes : African Americans at the Beginning of the Twentieth Century*. Plymouth : Rowman and Littlefield.

Raphael, Freddy. (1992). *Les Juifs et l'économique*. Toulouse : Presses universitaires Toulouse Le Mirail.

Raynal, Maurice. (1922). *Picasso*. Paris : Crès.

Read, Peter. (1995). *Picasso et Apollinaire. Les métamorphoses de la mémoire (1905-1973)*. Paris : Jean-Michel Place.

Rémond, René. (1972). *Le Gouvernement de Vichy, 1940-1942*. Paris : Colin.

Richardson, John, McCully, Marilyn. (1992). *Vie de Picasso*. Tome I. *1881-1906* (trad. de l'anglais par W. O. Desmond). Paris : Éditions du Chêne.

—. (1996). *A Life of Picasso*. Tome II. *1907-1917*. New York (NY) : A. A. Knopf.

—. (2007). *A Life of Picasso*. Tome III. *1917-1932*. New York (NY) : A. A. Knopf.

Riehl, Wilhelm Heinrich. (1850). « Das landschaftliche Auge », dans Riehl, Wilhelm Heinrich. (1859). *Culturstudien aus drei Jahrhunderten*. Stuttgart : Cotta.

Rilke, Rainer Maria. (1974). *Les élégies de Duino* (trad. de l'allemand par A. Guerne). Paris : Seuil.

Rosenberg, Clifford. (2006). *Policing Paris : The Origins of Modern Immigration Control Between the Wars*. Ithaca (NY) : Cornell University Press.

Ross, Edward Alsworth. (1959). *Social Control and the Foundations of Sociology : Pioneer Contributions to the Study of Society*. Boston (MA) : Beacon Press.

Roth, François. (2010). *La Guerre de 1870*. Paris : Fayard, coll. « Pluriel ».

Rusiñol i Prats, Santiago. (2017). *Desde el Molino* (trad. par E. Trenc). Vilafranca del Penedès : Edicions i Propostes Culturals Andana y Consori del Patrimoni de Sitges.

Sabartés, Jaime. (1996). *Picasso. Portraits et souvenirs* (trad. de l'espagnol par P.-M. Grand, A. Chastel). Paris : L'École des lettres.

Sachs, Maurice. (1939). *Au temps du Bœuf sur le toit. Journal d'un jeune bourgeois à l'époque de la prospérité*. Paris : Bernard Grasset.

Sachs, Paul. (1956). *Tales of an Epoch*. Cambridge : Harvard University/Fogg Museum Archives.

Sadosky, Louis. (2009). *Berlin, 1942. Chronique d'une détention par la Gestapo* (Joly, Laurent éd.). Paris : CNRS Éditions.

Sahlins, Peter. (1994). *Forest Rites. The War of the Demoiselles in Nineteenth-Century France*. Cambridge (MA) : Harvard University Press.

—. (1996). *Frontières et identités nationales. La France et l'Espagne dans les Pyrénées depuis le XVIIe siècle* (trad. par G. de Laforcade). Paris : Belin.

Salmon, André. (1912). *La Jeune Peinture française*. Paris : La Société des Trente.

Sartre, Jean-Paul. (1947). « Qu'est-ce que la littérature ? ». *Les Temps modernes*. Dans Sartre, Jean-Paul. (1948). *Situations II. Littérature et engagement*. Paris : Gallimard.

—. (1971). *L'Idiot de la famille* (tome I). Paris : Gallimard.

—. (1972). *Les Mots*. Paris : Gallimard, coll. « Folio ».

—. (1982). *Les Carnets de la drôle de guerre*. Paris : Gallimard.

—. (1986). *Questions de méthode*. Paris : Gallimard.

—. (1990). « Apologie pour le cinéma. Défense et illustration d'un Art international », dans Sartre, Jean-Paul. *Écrits de jeunesse*. Paris : Gallimard.

—. (2010). *Situations I*. Paris : Gallimard.

Satie, Erik. (2000). *Correspondance presque complète*. (Volta, Ornella éd.). Paris : Fayard/IMEC.

Sayad, Abdelmalek. (2006). *L'Immigration ou les Paradoxes de l'altérité*. Tome I. *L'Illusion du provisoire*. Paris : Éditions Raisons d'agir.

Schivelbusch, Wolfgang. (2003). *The Culture of Defeat : On National Trauma, Mourning and Recovery*. New York (NY) : Metropolitan Books, Henry Holt and Company.

Schor, Ralph (1985). *L'Opinion française et les étrangers en France 1919-1939*. Paris : Presses de La Sorbonne.

—. (1996). *Histoire de l'immigration en France de la fin du XIXe siècle à nos jours*. Paris : Armand Colin.

Schütz, Alfred. *L'Étranger* (trad. de l'anglais par B. Bégout). Paris : Allia.

Severini, Gino. (1931) : « L'action de Picasso sur l'art ». *Nova et Vetera*.

—. (1942). « L'action de Picasso sur l'art », dans *Ragionamenti sulle Arti figurative* (chapitre XIX). Milan, archives privées Severini.

—. (1946). *Tutta la vita di un pittore*. Milan : Garzanti.

SILVER, Kenneth E. (1991). *Vers le retour à l'ordre. L'avant-garde parisienne et la Première Guerre mondiale (1914-1925)* (trad. de l'anglais par D. COLLINS). Paris : Flammarion.

SIMMEL, Georg. (1908). « The Stranger », dans WOLFF, Kurt H. (dir.). (1950). *The Sociology of Georg Simmel*. New York (NY) : The Free Press.

SIMONIN, Anne. (2008). *Le Déshonneur dans la République. Une histoire de l'indignité, 1791-1958*. Paris : Grasset.

SOFFICI, Ardengo. (1942). *Ricordi di vita artistica e letteraria*. Florence : Vallecchi.

SOLLERS, Philippe. (1996). *PICASSO, le héros*. Paris : Cercle d'art.

SPIRE, Alexis. (2005). *Étrangers à la carte. L'administration de l'immigration en France, 1945-1975*. Paris : Grasset.

STAROBINSKI, Jean. (2013). *Portrait de l'artiste en saltimbanque*. Paris : Gallimard.

STEIN, Gertrude. (1912). « Picasso ». *Camera Work*, n° 34-35.

—. (1933). *Autobiography of Alice B. Toklas*. New York : Harcourt. (1934). *Autobiographie d'Alice Toklas* (trad. de l'anglais par B. FAŸ). Paris : Gallimard.

—. (1978). *Autobiographie de tout le monde* (trad. de l'anglais par M.-F. DE PALOMÉRA). Paris : Seuil.

—. (1996). *The Making of Americans : Being a History of a Family's Progress*. Normal, Illinois (IL) : Dalkey Archive Press.

— et PICASSO, Pablo. (2005). *Correspondance*. (MADELINE, Laurence éd.). Paris : Gallimard.

STEIN, Leo. (1996). *Appreciation : Painting, Poetry and Prose*. Londres/Lincoln (NE) : University of Nebraska Press.

—, (1950). *Journey into the Self : Being the Letters, Papers and Journals of Leo Stein*. (FULLER, Edmund éd.). New York (NY) : Crown.

STIEGLITZ, Alfred. (1997). *Camera Work : The Complete Illustrations 1903-1917*. Cologne/New York (NY) : Taschen.

SUBRAHMANYAM, Sanjay. (2012). *Vasco de Gama. Légende et tribulations du vice-roi des Indes* (trad. de l'anglais par M. DENNEHY). Paris : Alma.

SULEIMAN, Susan Rubin (éd.). (1998). *Exile and Creativity : Signposts, Travelers, Outsiders, Backward Glances*. Durham (NC) : Duke University Press.

TABARAUD, Georges. (2002). *Mes années Picasso*. Paris : Plon.

TASSEAU, Vérane. (2020). « Daniel-Henry Kahnweiler's International Partnership, 1907-1937 », dans FORCE, Christel H. *Pioneers of the Global Art Market : Paris-based Dealer Networks, 1850-1950*, p. 75-110. Londres/New York : Bloomsbury Visual Arts.

THOREZ, Maurice. (1967). *Œuvres choisies en trois volumes*. Tome I. *1924-1937*. Paris : Éditions sociales.

—. (2020). *Journal (1952-1964)*. Paris : Fayard.

Tillon, Charles. (1977). *On chantait rouge*. Paris : Robert Laffont.
Tollet, Tony. (1915). *De l'influence de la corporation judéo-allemande des marchands de tableaux de Paris sur l'art français*. Lyon : Imprimerie de A. Rey.
Traverso, Enzo. (1992). *Les Juifs et l'Allemagne. De la « symbiose judéo-allemande » à la mémoire d'Auschwitz*. Paris : La Découverte.
Trivellato, Francesca. (2016). *Corail contre diamants. Réseaux marchands, diaspora sépharade et commerce* (trad. de l'anglais par G. Calafat). Paris : Seuil.
Turner, Victor. (1974). *Dramas, Fields and Metaphors : Symbolic Action in Human Society*. Londres/Ithaca (NY) : Cornell University Press.
Uhde, Wilhelm. (2002). *De Bismarck à Picasso* (trad. de l'allemand par B. Fontaine). Paris : Éditions du Linteau.
Utley, Gertje R. (2000). *Picasso : The Communist Years*. New Haven (CT) : Yale University Press.
Vaïsse, Maurice. (2019). « Picasso et la guerre froide », dans *Picasso et la guerre*. Paris : Gallimard/Musée de l'Armée/Musée national Picasso-Paris.
Van Gennep, Arnold. (1909). *Les Rites de passage. Étude systématique des rites de la porte et du seuil et de l'hospitalité*. Paris : Émile Nourry.
Vautier, Sylvie. (2016). *Picasso/Picault, Picault/Picasso. Un moment magique à Vallauris (1948-1953)*. New York (NY) : Pointed Leaf Press.
Verdès-Leroux, Jeannine. (1983). *Au service du Parti*. Paris : Fayard/Éditions de Minuit.
Villers, André, Picasso, Pablo, Prévert, Jacques. (1962). *Diurnes*. Paris : Berggruen.
Villers, André. (1986). *Photobiographie*. Belfort : Musée de Belfort/Dôle : Musée de Dôle.
Vitalis, Robert. (2015). *White World Order, Black Power Politics : The Birth of American International Relations*. Ithaca (NY) : Cornell University Press.
Warnod, André (1925). *Les Berceaux de la jeune peinture. Montmartre. Montparnasse*. Paris : Albin Michel.
Warren, Rosanna. (2020). *Max Jacob. A Life in Art and Letters*. New York (NY) : W.W. Norton & Company.
Weber, Eugen. (1994). *La France des années 30. Tourments et perplexités* (trad. de l'anglais par P.-E. Dauzat). Paris : Fayard.
Weber, Max. (1951). *The Matisse Class*. Archives of American Art. Washington, D.C. : Smithsonian Institution/New York (NY) : Max Weber Papers.
Weil, Patrick. (1991). *La France et ses étrangers. L'aventure d'une politique de l'immigration de 1938 à nos jours*. Paris : Calmann-Lévy.
—. (2013). *The Sovereign Citizen, Denaturalization and the origins of the American Republic*. Philadelphie (PA) : University of Pennsylvania Press.
Weiss, Jeffrey. (1994). *The Popular Culture of Modern Art. Picasso, Duchamp and Avant-Gardism*. Londres/New Haven (CT) : Yale University Press.

WHELAN, Richard. (1995). *Alfred Stieglitz : A Biography*. New York (NY) : Little, Brown and Company.

WIEVIORKA, Annette. (2010). *Maurice et Jeannette. Biographie du couple Thorez*. Paris : Fayard.

WILD, Jennifer. (2015). *The Parisian Avant-Garde and the Age of Cinema : 1900-1923*. Berkeley (CA) : University of California Press.

WILSON, Sarah. (2013). *Picasso/Marx and Socialist Realism in France*. Liverpool : Liverpool University Press.

WÖLFFLIN, Heinrich, GANTNER, Joseph (éd.). (1946). *Kleine Schriften*. Bâle : Schwabe.

—. (1984). *Autobiographie, Tagebücher und Briefe : 1864-1945*. Bâle : Schwabe.

ZALC, Claire. (2010). *Melting Shops. Une histoire des commerçants étrangers en France*. Paris : Perrin.

—. (2016). *Dénaturalisés. Les retraits de la nationalité sous Vichy*. Paris : Seuil.

ZARCA, Bernard. (1986). *L'Artisanat français. Du métier traditionnel au groupe social*. Paris : Economica.

ZERVOS, Christian. (1935). « Conversations avec Picasso ». *Cahiers d'art*.

ZWEIG, Stefan. (1992). *Le Monde d'hier. Souvenirs d'un Européen* (trad. de l'allemand par S. NIÉMETZ). Paris : Belfond.

展览图录

AMAO, Damarice, MADDOX, Amanda, ZIEBINSKA-LEWANDOWSKA, Karolina (dir.). (2019). *Dora Maar*. Centre Pompidou, Paris, 5 juin-29 juillet 2019. Paris : Éditions du Centre Pompidou.

AMIC, Sylvain, PERDRISOT, Virginie. (2017). *Boisgeloup. L'atelier normand de Picasso*. Musée des Beaux-Arts de Rouen, 1er avril-11 septembre 2017. Paris : Artlys.

BALDASSARI, Anne. (2006). *Picasso-Berggruen. Une collection particulière*. Musée national Picasso-Paris, Paris, 20 septembre 2006-8 janvier 2007. Paris : Flammarion/RMN.

— (2016). *Icônes de l'art moderne. La collection Chtchoukine*. Fondation Louis Vuitton, Paris, 21 octobre 2016-20 février 2017. Paris : Fondation Louis Vuitton/Gallimard.

—, BERNADAC Marie-Laure *et al*. (2008). *Picasso et les maîtres*. Galeries nationales du Grand Palais, Paris, 8 octobre 2008-2 février 2009 ; Musée du Louvre, Paris, 9 octobre 2008-2 février 2009 ; Musée d'Orsay, Paris, 8 octobre 2008-1er février 2009 ; The National Gallery, Londres, 25 février-7 juin 2009. Paris : RMN-GP.

BARBANT, Corinne. (2013). « Pour l'amour de la peinture moderne. Portrait de Roger Dutilleul en lecteur », dans LACOURT, Jeanne-Bathilde, BARBANT, Corinne, CRETEUR, Pauline (dir.). (2013). *Picasso, Léger, Masson. Daniel-Henry Kahnweiler et ses peintres*. Musée d'Art moderne

Lille Métropole, Villeneuve-d'Ascq, 27 septembre 2013-12 janvier 2014. Villeneuve-d'Ascq : LaM.

Barr, Alfred H. Jr. (1930). *Painting in Paris from American Collections. January 19 to February 16, 1930.* New York (NY) : Museum of Modern Art.

Berggruen, Olivier, Liechtenstein, Anunciata von . (2017). *Picasso. Tra Cubismo e Classicismo, 1915-1925.* Scuderie del Quirinale, Rome, 22 septembre 2017-21 janvier 2018. Milan : Skira/Scuderie del Quirinale.

Bernadac, Marie-Laure (dir.). (1988). *Le Dernier Picasso (1953-1973).* Centre Pompidou, Paris, 17 février-16 mai 1988. Paris : Éditions du Centre Pompidou.

—. (1993). *Picasso : toros y toreros.* Paris : Musée national Picasso-Paris, 6 avril-28 juin 1993, Bayonne, Musée Bonnat, 9 juillet-13 septembre 1993, Barcelone, Museu Picasso Barcelona, 6 octobre 1993-9 janvier 1994.

—, Monod-Fontaine, Isabelle, Sylvester, David. (1988). *Late Picasso, 1953-1973.* Tate Gallery, Londres, 21 juin-18 septembre 1988. Londres : Tate Gallery.

—, Guigon, Emmanuel, Michaël, Androula, Rafart i Planas, Claustre. (2020). *Abecedario, Picasso poeta.* Museu Picasso, Barcelone, 7 novembre 2019-23 février 2020 ; Musée national Picasso-Paris, Paris, 21 juillet 2020-3 janvier 2021. Barcelone : Fundació Museu Picasso Barcelona/ Paris : Musée national Picasso-Paris.

Bernard, Sophie. (2019). *Au cœur des ténèbres (1939-1945).* Musée de Grenoble, 5 octobre 2019-5 janvier 2020. Grenoble : Musée de Grenoble/Paris : In Fine.

Bertrand Dorléac, Laurence. (2000). *L'École de Paris, 1904-1929, la part de l'Autre.* Musée d'Art moderne de la Ville de Paris, Paris, 30 novembre 2000-11 mars 2001. Paris : Paris Musées.

Bezzola, Tobia (dir.). (2010). *Picasso. Sa première exposition muséale de 1932.* Kunsthaus Zürich, 16 octobre 2010-31 janvier 2011. Munich : Prestel.

Bouvard, Émilie, Mercier, Géraldine. (2018). *Guernica.* Musée national Picasso-Paris, Paris, 27 mars-29 juillet 2018. Paris : musée national Picasso-Paris/Gallimard.

Bouvard, Émilie. (2018). « Les chefs-d'œuvre de Picasso », dans Bouvard, Émilie, Zellal, Coline (dir.). *Picasso. Chefs-d'œuvre !* Musée national Picasso-Paris, Paris, 4 septembre 2018-13 janvier 2019. Paris : Musée national Picasso-Paris/Gallimard.

—, McCully, Marilyn, Raeburn, Michael. (2019). *Picasso. Tableaux magiques.* Musée national Picasso-Paris, Paris, 1er octobre 2019-23 février 2020. Milan : Silvana Editoriale.

Braun, Emily. (2010). « Les soirées du samedi chez les Stein », dans Debray, Cécile, Bishop, Janet, Tinterow, Gary, Rabinow, Rebecca (dir.).

Matisse, Cézanne, Picasso. L'aventure des Stein. Grand Palais, Paris, 5 octobre 2011-22 janvier 2012. Paris : RMN-GP.
—, Rabinow, Rebecca (dir.). (2014). *The Leonard A. Lauder Collection*. The Metropolitan Museum of Art, New York, 20 octobre 2014-16 février 2015. New York (NY) : Yale University Press.
Claverie, Jana, Klein, Hélène, Lahoda, Vojtěch, Uhrová, Olga (dir.). (2002). *Vincenc Kramář. Un théoricien et collectionneur du cubisme à Prague*. Paris : RMN.
Cortadella, Margarida. (2018). « Picasso visto por Sabartés », dans Cortadella, Margarida, Guigon, Emmanuel et al. (2019). *Sabartés por Picasso por Sabartés*. Museu Picasso, Barcelone, 23 novembre 2018-24 février 2019. Barcelone : Fundació Museu Picasso de Barcelona.
Craven, Thomas. (1948). « The Degradation of Art in America », dans *Art-20th Century-Reactionary Criticisms*. New York (NY) : MoMA. Repris dans *Be-bomb. The Transatlantic War of Images and all that Jazz*. (2007). Museu d'Art Contemporani, Barcelone, 5 octobre 2007-7 janvier 2008. Barcelone : Museu d'Art Contemporani de Barcelona/Madrid : Museo Nacional Centro de Arte Reina Sofía.
Daix, Pierre. (2013). *Braque avec Picasso*. Grand Palais, Paris, 18 septembre 2013-6 janvier 2014. Paris : RMN-GP.
Derouet, Christian. (2019). « Picasso et le spectre des ventes des biens allemands ayant fait l'objet d'une mesure de séquestre de guerre (1914-1923) », dans *Picasso et la guerre*. Musée de l'Armée, Paris, 5 avril-28 juillet 2019. Paris : Gallimard/Musée de l'Armée.
Dopffer, Anne, Lindskog, Johanne. (2018). *Picasso. Les années Vallauris*. Musée national Picasso, Vallauris, 23 juin-22 octobre 2018. Paris : Flammarion/RMN.
Ely, Bruno. (2009). *Picasso, Cézanne*. Musée Granet, Aix-en-Provence, 25 mai-27 septembre 2009. Paris : RMN.
Frioux-Salgas, Sarah. (2016). « Paris 1900. Une autre Amérique à l'Exposition universelle », dans Soutif, Daniel (dir.). *The Color Line. Les artistes africains-américains et la ségrégation (1865-2016)*. Musée du Quai-Branly, Paris, 4 octobre 2016-15 janvier 2017. Paris : Flammarion.
Gaudichon, Bruno, Matamoros, Joséphine (dir.). (2013). *Picasso céramiste et la Méditerranée*. Centre d'art des Pénitents noirs, Aubagne, 27 avril-13 octobre 2013 ; Cité de la céramique, Sèvres, 20 novembre 2013-19 mai 2014. Paris : Gallimard.
—. (2016). *Picasso et les arts et traditions populaires, un génie sans piédestal*. MuCEM, Marseille, 27 avril-29 août 2016. Paris : Gallimard.
Gerverau, Laurent, Milza, Pierre et Temime, Emile (éd.). (1998). *Toute la France. Histoire de l'immigration en France au XXe siècle*. Paris : BDIC et Ligue de l'enseignement, Somogy.
Girard, Pierre. (1995). « Le goût du ministre », dans *Le Front populaire et l'art moderne. 1936-1939. Hommage à Jean Zay*. Musée des Beaux-Arts,

Orléans, 11 mars-31 mai 1995. Orléans : Musée des Beaux-Arts d'Orléans.

GORDON, Irene. (1970). « A World Beyond the World : The Discovery of Leo Stein », dans POTTER, Margaret *et al. Four Americans in Paris : The Collections of Gertrude Stein and Her Family.* MoMA, New York, 19 décembre 1970-1er mars 1971. New York (NY) : MoMA.

GRAMMONT, Claudine. (2010). « Matisse comme religion. Les "Mike Stein" et Matisse, 1908-1918 », dans DEBRAY, Cécile, BISHOP, Janet, TINTEROW, Gary, RABINOW, Rebecca (dir.). *Matisse, Cézanne, Picasso. L'aventure des Stein.* Grand Palais, Paris, 5 octobre 2011-22 janvier 2012. Paris : RMN-GP.

GREEN, Christopher (dir.). (2016). *Cubism and War : The Crystal in the Flame.* Museu Picasso, Barcelone, 21 octobre 2016-29 janvier 2017. Barcelone : Museu Picasso Barcelona.

GREENOUGH, Sarah *et al.* (2000). *Modern Art in America : Alfred Stieglitz and His New York Galleries.* National Gallery of Art, Washington, D.C., 28 janvier-22 avril 2001. Washington, D.C. : National Gallery of Art.

GUIGON, Emmanuel, MICHAËL, Androula, RAFART I PLANAS, Claustre (dir.). (2018). *La Cuisine de Picasso.* Museu Picasso, Barcelone, 24 mai-30 septembre 2018. Barcelone : La Fàbrica.

GUIGON, Emmanuel. (2019). *Pablo Picasso-Paul Éluard. Una amistad sublime.* Museu Picasso Barcelona, Barcelone, 8 novembre 2019-15 mars 2020. Barcelone : Fundació Museu Picasso Barcelona.

HOTTIN, Christian, ROULLIER, Clothilde (dir.). (2017). *Un art d'État ? Commandes publiques aux artistes plasticiens 1945-1965.* Rennes : Archives nationales et Presses universitaires de Rennes.

INGLADA, Rafael. (2013). « Picasso de Málaga », dans CORRALES, Manuel, GUAL, Malén, INGLADA, Rafael *et al. Picasso de Málaga.* Museo Picasso, Málaga, 23 février-9 juin 2013. Málaga : Fundación Museo Picasso Málaga.

JONES, Kimberly A. (2009). « Cultivating the Chester Dale Collection », dans JONES, Kimberly A. *et al. The Chester Dale Collection.* National Gallery of Art, Washington, 31 janvier 2010-2 janvier 2012. Washington, D.C. : National Gallery of Art.

LE BON, Laurent, BERNARDI, Claire, MOLINS, Stéphanie, PHILIPPOT, Emilia. (2018). *Picasso. Bleu et rose.* Musée d'Orsay, Paris, 18 septembre 2018-6 janvier 2019. Paris : Hazan.

LÉAL, Brigitte. (1988). « Carnets », dans SECKEL, Hélène (dir.). *Les Demoiselles d'Avignon* (tome III, vol. 1). Musée national Picasso-Paris, Paris, 26 janvier-18 avril 1988. Paris : RMN.

— *et al.* (1997). *Pablo Picasso. Dessins et papiers collés. Céret (1911-1913).* Musée d'Art moderne de Céret, 29 juin-14 septembre 1997. Céret : Musée d'Art moderne de Céret.

—. (2013). *Georges Braque (1882-1963).* Grand Palais, Paris, 16 septembre 2013-6 janvier 2014. Paris : RMN.

—, Briend, Christian, Coulondre, Ariane (dir.). (2018). *Le Cubisme.* Centre Pompidou, Paris, 17 octobre 2018-25 février 2019. Paris : Éditions du Centre Pompidou.

Lebensztejn, Jean-Claude. (2007). « Périodes », dans Baldassari, Anne, Mariani-Ducray, Francine, Silicani, Jean-Ludovic, Grenon, Thomas. (2007). *Picasso cubiste.* Musée national Picasso-Paris, Paris, 19 septembre 2007-7 janvier 2008. Paris : Flammarion/RMN.

Leymarie, Jean. (dir.). (1966). *Hommage à Pablo Picasso.* Petit-Palais, Paris, novembre 1966-février 1967. Paris : Ministère d'État, Affaires culturelles.

Madeline, Laurence. (2003). *« On est ce que l'on garde ! » Les archives de Picasso.* Musée national Picasso-Paris, Paris, 22 octobre 2003-19 janvier 2004. Paris : RMN-GP.

Marès, Antoine. (2000). « Pourquoi des étrangers à Paris ? » dans Bertrand Dorléac, Laurence. *L'École de Paris, 1904-1929, la part de l'Autre.* Musée d'Art moderne de la Ville de Paris, Paris, 30 novembre 2000-11 mars 2001. Paris : Paris Musées, p. 139-147.

Martin, Jean-Hubert (dir.). (2013). *Dalí.* Centre Pompidou, Paris, 21 novembre 2012-25 mars 2013. Paris : Éditions du Centre Pompidou.

—. (2021). « Picasso et les institutions françaises », dans *Picasso, l'étranger.* Musée national de l'Histoire de l'immigration, Paris, 12 octobre 2021-13 février 2022. Paris : Musée national de l'Histoire de l'immigration/Musée national Picasso-Paris/Fayard, à paraître.

McCully, Marilyn. (1997). *Picasso : The Early Years 1892-1906.* National Gallery of Art, Washington, D.C., 30 mars-27 juillet 1997. Washington, D.C. : National Gallery of Art/New Haven (CT) : Yale University Press.

—. (2011). *Picasso (1900-1907). Les années parisiennes.* Musée Van Gogh, Amsterdam, 18 février-29 mai 2011 ; Museu Picasso Barcelona, Barcelone, 30 juin-15 novembre 2011. Amsterdam : Musée Van Gogh.

—, Gual, Malén. (2015). *Picasso i Reventós : Una correspondència entre amics.* Museu Picasso Barcelona, 1er octobre 2015-10 janvier 2016. Barcelone : Fundació Museu Picasso Barcelona.

Potter, Margaret *et al.* (1970). *Four Americans in Paris : The Collections of Gertrude Stein and Her Family.* MoMA, New York, 19 décembre 1970-1er mars 1971. New York (NY) : MoMA.

Rabinow, Rebecca. (2010). « Les Stein à la découverte de l'art moderne. Les premières années à Paris, 1903-1907 », dans Debray, Cécile, Bishop, Janet, Tinterow, Gary, Rabinow, Rebecca (dir.). *Matisse, Cézanne, Picasso. L'aventure des Stein.* Grand Palais, Paris, 5 octobre 2011-22 janvier 2012. Paris : RMN-GP.

Ramond, Sylvie. (2018). « L'extrême des artistes. *Femme assise sur la plage, La Baignade* et *La Grande Baigneuse au livre* de Picasso », dans Bouvard, Émilie, Zellal, Coline (dir.). *Picasso. Chefs-d'œuvre !* Musée national Picasso-Paris, Paris, 4 septembre 2018-13 janvier 2019. Paris : Gallimard/Musée national Picasso-Paris.

Rubin, William. (1989). *Picasso and Braque : Pioneering Cubism*. MoMA, New York, 24 septembre 1989-16 janvier 1990. New York (NY) : MoMA.

Seckel, Hélène. (1988). « Éléments pour une chronologie de l'histoire des *Demoiselles d'Avignon* », dans *Les Demoiselles d'Avignon* (tome III, vol. 2). Musée national Picasso-Paris, Paris, 26 janvier-18 avril 1988. Paris : RMN.

— et al. (1994). *Max Jacob et Picasso*. Musée des Beaux-Arts, Quimper, 21 juin-4 septembre 1994 ; Musée national Picasso-Paris, Paris, 4 octobre-12 décembre 1994. Paris : RMN.

Silver, Kenneth E., Cowling, Elizabeth, Fraquelli, Simonetta et al. (2016). *Picasso : The Great War, Experimentation and Change*. Barnes Foundation, Philadelphie (PA), 21 février-9 mai 2016 ; Columbus Museum of Art, Columbus (OH), 10 juin-11 septembre 2016. Londres : Scala.

Sinclair, Anne. (2017). *21 rue La Boétie. Picasso, Matisse, Braque, Léger*. Musée Maillol, Paris, 2 mars-23 juillet 2017. Vanves : Hazan/Paris : Musée Maillol.

Spies, Werner (dir.). (2000). *Picasso sculpteur*. Centre Pompidou, Paris, 8 juin-25 septembre 2000. Paris : Éditions du Centre Pompidou.

—. (2002). *La Révolution surréaliste*. Centre Pompidou, Paris, 6 mars-24 juin 2002. Paris : Éditions du Centre Pompidou.

Steinberg, Leo. (2007). « La résistance à Cézanne : les *Trois femmes* de Picasso », dans Baldassari, Anne, Mariani-Ducray, Francine, Silicani, Jean-Ludovic, Grenon, Thomas. *Picasso cubiste*. Musée national Picasso-Paris, Paris, 19 septembre 2007-7 janvier 2008. Paris : Flammarion/RMN.

文章

Barr, Alfred H. Jr. (1945). « "Picasso 1940-1944", A Digest with Notes ». *The Museum of Modern Art Bulletin*, vol. 12, n° 3.

Bergamin, José. (1937). « Tout et rien de la peinture ». *Cahiers d'art*, n° 1-3.

Berlière, Jean-Marc. (1993). « Ordre et sécurité. Les nouveaux corps de police de la Troisième République ». *Vingtième siècle*, n° 39.

—. (1994). « La généalogie d'une double tradition policière », dans Birnbaum, Pierre (dir.). *La France de l'affaire Dreyfus*. Paris : Gallimard.

—. (2000). « Les brigades du Tigre : "La seule police qu'une démocratie puisse avouer" ? Retour sur un mythe », dans Baruch, Marc-Olivier, Duclert, Vincent (dir.). *Serviteurs de l'État. Une histoire politique de l'administration française (1875-1945)*. Paris : La Découverte.

Bois, Yve-Alain. (2008). « Picasso, the Trickster ». *Cahiers du Mnam*, n° 106.

—. (2015). « Picasso et l'abstraction » à l'occasion du colloque « Revoir Picasso » au Musée National Picasso-Paris.

Burnel, Mariana. (2015). « Picasso et Bergson, du savoir au savoir-faire ». *Ojo, le journal*, n° 31, novembre 2015, https://www.picasso.fr/ojo-les-archives-novembre-2015-ojo-31.

Cabañas Bravo, Miguel. (2006). « Picasso y su ayuda a los artistas españoles de los campos de concentracion franceses ». *La Guerra Civil Española, 1936-1939. Congreso internacional.* Madrid : Sociedad estatal de conmemoraciones culturales.

Cassou, Jean. (1937). « Le témoignage de Picasso ». *Cahiers d'art*, n° 4-5.

—. (1947). « Don de Picasso au musée d'Art moderne ». *Bulletin des musées de France*, n° 6.

Comin, Francisco. (2006). « Contrebande et fraude fiscale dans l'Espagne du XIXe siècle », dans Béaur, Gérard, Bonin, Hubert, Lemercier, Claire (dir.). *Fraude, contrefaçon et contrebande de l'Antiquité à nos jours.* Paris : Droz.

Courtois, Stéphane. (1991). « Les partis politiques et la question de l'immigration : 1936-1948 », dans Milza, Pierre, Peschanski, Denis (dir.). *Italiens et Espagnols en France (1938-1946).* Paris : IHTP-CNRS.

Cowling, Elizabeth. (2019). « Portraying Maya », dans Widmaier-Picasso, Diana (dir.). *Picasso and Maya.* Paris : Gagosian.

Dagen, Philippe. (2017). « Picasso, l'éternel Espagnol ? », *Picasso et l'identité*, colloque du Musée national Picasso-Paris, organisé à Barcelone, 27-29 avril 2017.

Daix, Pierre. (1981). « La clandestinité de Picasso ». *Art Press*, n° 50, « Picasso a 100 ans ».

—. (1989). « Les rencontres de Picasso avec la céramique », dans Daix, Pierre, Kahnweiler, Daniel-Henry. *Picasso. Céramiques.* Bâle : Galerie Beyeler.

Dauphin, Cécile, Poublan, Danièle. (2006). « L'éloignement rapproche. Rhétorique de l'espace et du temps dans une correspondance familiale au XIXe siècle », dans Chauvard, Jean-François, Lebeau, Christine (dir.). *Éloignement géographique et cohésion familiale (XVe-XXe siècle).* Strasbourg : Presses universitaires de Strasbourg.

Derouet, Christian. (1996). « Le cubisme "bleu horizon" : correspondance de Juan Gris et Léonce Rosenberg : 1915-1917 ». *Revue de l'art*, n° 113.

Dhavernas, Marie-Josèphe. (1987). « La surveillance des anarchistes individualistes (1894-1914) », dans Vigier, Philippe, Faure, Alain (dir.). *Maintien de l'ordre et polices en France et en Europe au XIXe siècle.* Grane : Créaphis.

Dodge, Mabel. (1913). « Speculations ». *Camera Work*, numéro spécial.

Douki, Caroline. (2001). « Identification des migrants et protection nationale », dans Blanc-Chaléard, Marie-Claude, Douki, Caroline, Dyonet, Nicole, Milliot, Vincent. *Police et migrants. France 1667-1939.* Rennes : Presses universitaires de Rennes.

Dubois, Vincent. (2001). « Le ministère des Arts (1881-1882), ou l'institutionnalisation manquée d'une politique artistique républicaine ». *Sociétés & Représentations (*2001/1), n° 11. Paris : Publications de la Sorbonne.

Duclert, Vincent. (2006). « 1896-1906 : histoire d'un événement », dans Duclert, Vincent, Simon-Nahum, Perrine (dir.). *Les Événements fondateurs. L'affaire Dreyfus*. Paris : Armand Colin.

Fassin, Didier, Mazouz, Sarah. (2007). « Qu'est-ce que devenir français ? La naturalisation comme rite d'institution républicain ». *Revue française de sociologie*, vol. 48, n° 4.

Fumaroli, Marc. (1985). « L'âge d'or du mécénat (1598-1661) », dans Mesnard, Jean, Mousnier, Roland (dir.). *Actes du colloque international CNRS 1983*. Paris : CNRS Éditions.

Glanz, Rudolf. (1970). « The German Jewish Mass Emigration : 1820-1880 ». *American Jewish Archives*, n° 22.

Grégoire, Emmanuel. (1991). « Les chemins de la contrebande : études sur des réseaux commerciaux en pays hausa ». *Cahiers d'études africaines*, n° 124.

Grenier, Jean. (1956). « Un collectionneur pionnier ». *L'Œil*, n° 15.

Grynberg, Anne. (1997). « 1939-1940 : l'internement en temps de guerre, les politiques de la France et de la Grande-Bretagne ». *Vingtième siècle*, n° 54.

Hornig, Dieter. (1994). « Max Raphael : théorie de la création et production visuelle ». *Revue germanique internationale*, n° 2.

Jaques Pi, Jèssica. (2015). « Repenser Picasso », dans Dorsch, Fabian, Ratiu, Dan-Eugen (dir.). *Proceedings of the European Society for Aesthetics*, n° 7.

—. (2018). « When Picasso was *Pau de Gósol* or the Birth of Cézanne's Grandson », à paraître dans *Ojo, le journal*, www.picasso.fr, en juin 2021.

Joyeux-Prunel, Béatrice. (2007). « L'art de la mesure. Le Salon d'automne (1903-1914) ». *Histoire & Mesure*, vol. 22, n° 1.

—. (2015). « La construction internationale de l'aura de Picasso avant 1914. Expositions différenciées et processus mimétiques », dans *Revoir Picasso*. (2015, 25-28 mars). Paris : musée national Picasso-Paris.

Kalinowski, Isabelle. (2019). « Introduction. Une esthétique inédite », dans Einstein, Carl, Kalinowski, Isabelle (dir.). *Vivantes figures*. Paris : Éditions Rue d'Ulm/Musée du Quai-Branly.

—, Stavrinaki, Maria (dir.). (2011). *Gradhiva*, n° 14, dossier spécial « Carl Einstein et les primitivismes ».

Kankonde Bukasa, Peter. (2010). « Transnational Family Ties, Remittance Motives and Social Death among Congolese Migrants : A Socio-Anthropological Analysis ». *Journal of Comparative Family Studies*, vol. 41, n° 2.

Léal, Brigitte. (1996). « Les carnets des *Demoiselles d'Avignon* », dans *Carnets, catalogue de dessins* (vol. 1). Paris : RMN.

Leiris, Michel. (1929). « Joan Miró ». *Documents*, n° 5.
—. (1930). « Toiles récentes de Picasso ». *Documents*, n° 2.
—. (1937). « Faire-part ». *Cahiers d'art*, n° 4-5.
Lévy-Vroelant, Claire. (2001). « Un siècle de surveillance des garnis à Versailles : 1830-1930 », dans Blanc-Chaléard, Marie-Claude, Douki, Caroline, Dyonet, Nicole, Milliot, Vincent (dir.). *Police et migrants. France (1667-1939)*. Rennes : Presses universitaires de Rennes.
—. (2004). « Le logement des migrants en France du milieu du XIXe siècle à nos jours ». *Historiens et géographes*, n° 385.
Marcadé, Jean-Claude. (2009). « Serge Diaghilev et l'avant-garde russe », dans Bowlt, John E., Tregulova, Zelfira, Rosticher-Giordano, Nathalie. *Étonne-moi ! Serge Diaghilev et les Ballets russes*. Milan : Skira.
Mauclair, Camille. (1930). « Les métèques contre l'art français ». *Nouvelle Revue critique*.
Morawska, Ewa. (2009). « Assimilation in the United States : Nineteenth Century », dans *Jewish Women : A Comprehensive Historical Encyclopedia*. Brookline (MA) : Jewish Women's Archive.
Newman, Victoria Beck. (1999). « "The Triumph of Pan" : Picasso and the Liberation ». *Zeitschrift für Kunstgeschichte*, vol. 62, n° 1.
Palmer, Margaret, McCoy, Garnett, « Letters from Spain, 1936-1939 », *Archives of American Art Journal*, vol. 26, n° 2/3, 1986, p. 16.
Park, Robert E. (1928). « Human migration and the marginal man » dans *American Journal of Sociology*, vol. 33, n° 6, mai 1928, p. 883-893. Chicago (IL) : The University of Chicago Press.
Peyré, Yves. (1997). « L'absolu d'une rencontre ». *Cahiers de la bibliothèque littéraire Jacques-Doucet*, n° 1.
Reff, Theodore. (1971). « Harlequins, Saltimbanques, Clowns and Fools ». *Art Forum*, vol. 10, n° 2.
Rosenberg, Clifford : « Une police de "simple observation ?" Le service actif des étrangers à Paris pendant l'entre-deux-guerres », *Genèse*, 2004.
Schieder, Martin. (2019). « Picasso libre », dans Kirchner, Thomas, Bertrand Dorléac, Laurence *et al. Les Arts à Paris après la Libération. Temps et temporalités*. Heidelberg : arthistoricum.net.
Silver, Kenneth E. (2014). « Picasso and Patriotism », dans Braun, Emily, Rabinow, Rebecca (dir.). *Cubism. The Leonard A. Lauder Collection*, The Metropolitan Museum of Art, New York/Yale University Press.
Stallano, Jacqueline. (1995). « Une relation encombrante : Géry Pieret », dans Décaudin, Michel (dir.). *Amis européens d'Apollinaire. Actes du seizième colloque de Stavelot, 1er-3 septembre 1993*. Paris : Presses de la Sorbonne Nouvelle.
Tasseau, Vérane. (2017). « Les ventes de séquestre du marchand Daniel-Henry Kahnweiler (1921-1923) ». *Archives juives*, vol. 50, n° 1.
Vlasiu, Ioana. (2002). « Bucharest », dans Benson, Timothy O. *Central European Avant-gardes : Exchange and Transformation (1910-1930)*. Cambridge : MIT Press.

Wilson, Sarah. (2013). « Loyalty and Blood : Picasso's FBI File », dans Harris, Jonathan, Koeck, Richard (dir.). *Picasso and the Politics of Visual Representation. War and Peace in the Era of the Cold War and Since.* Liverpool : Liverpool University Press.

Zalc, Claire. (2013). « La République est assimilatrice », dans Fontaine, Marion, Monier, Frédéric, Prochasson, Christophe (dir.). *Une contre-histoire de la IIIe République.* Paris : La Découverte.

—. (2020). « From Discretionary Power to Arbitrary Power : A Study of Denaturalizations under the Vichy Regime (1940-1944) ». *Journal of Modern History*, vol. 92, n° 4.

Zancarini-Fournel, Michelle. (1991). « Usages de la photographie et immigration : de l'identification à l'intégration. Le photographe des Ponts-Saint-Étienne 1917-1950 », *La Trace. Cahiers du CEDEI.*

Zayas, Marius de, (1911, février). « Pablo Picasso ». *The Forum*, vol. 45, n° 2. Repris dans *América : Revista Mensual Illustrada*, vol. 7. (1911, mai).

—. (1911, février). « The New Art in Paris ». *The Forum*, vol. 45, n° 2. Repris dans *Camera Work* (1911, avril-juillet), n° 34-35.

档案资料

Archives of American Art (AAA), Smithsonian Institution, Washington, D.C., et New York.

Archives de la bibliothèque Kandinsky/Centre Pompidou, MNAM/CCI, (fonds Correspondance autour des ventes des collections de Daniel-Henry Kahnweiler et de Wilhelm Uhde), Paris.

Archives de la bibliothèque littéraire Jacques-Doucet, Paris.

Arxiv del Centre de Coneixement i Recerca (Archives du Centre de connaissances et de recherche), Museu Picasso Barcelona.

Archives départementales de l'Aude, Carcassonne.

Archives départementales de la Seine-Saint-Denis, Bobigny.

Archives diplomatiques, La Courneuve.

Archives Henri Laugier, Institut Charles-de-Gaulle, Paris.

Archives Gertrude Stein, Beineke Library, Yale University, New Haven.

Archives de la Getty Foundation (fonds Douglas Cooper), Los Angeles.

Archives Gino Severini, Rome.

Archives de l'Institut Mémoires de l'édition contemporaine (IMEC), fonds Étienne de Beaumont, Caen.

Archives de l'Institut national de l'audiovisuel (INA).

Archives du ministère de la Justice, Fontainebleau.

Archives du musée d'art moderne de Céret (AMAMC), Céret.

Archives du musée national Picasso-Paris (MnPP), Paris.

Archives du musée d'Orsay (AMO), Paris.

Archives du musée des Arts décoratifs (MAD), Paris.

Archives du Museum of Modern Art (MoMA), New York.

Archives du musée d'État des Beaux-Arts Pouchkine, Moscou.
Archives de la Ville d'Ivry (fonds Thorez-Vermeersch), Ivry-sur-Seine.
Archives de la Légion d'honneur, Paris.
Archives du Leonard A. Lauder Research Center, Metropolitan Museum, New York.
Archives Lille Métropole musée d'art moderne, d'art contemporain et d'art brut (LaM) (fonds Roger Dutilleul), Villeneuve-d'Ascq.
Archives de la National Gallery of Art (NGA), Washington, D.C.
Archives nationales (AN), Pierrefitte-sur-Seine.
Archives nationales (AN), département du Moyen Âge et de l'Ancien Régime (Centre de topographie parisienne).
Archives de Paris (ADP), Paris.
Archives de la Préfecture de police de Paris (PPP), Le Pré-Saint-Gervais.
Archives personnelles de Sylvia Lorant sur Max Jacob.
Archives du Petit Palais (pour l'exposition « Hommage à Picasso », 1966).
Archives William Bullitt (Barnes Foundation).

图片版权

毕加索所有作品： ⓒ Succession Picasso 2021

文中插图

第 44 页：20,3×26,4 cm, Inv.: BF714/Image: ⓒ 2021 The Barnes Foundation Philadelphia.

第 59 页：9,2×14,2 cm, Succession Picasso, 1992. Inv.: 1MPD‐11/Photo: ⓒ RMN-Grand Palais（Musée national Picasso-Paris）/image RMN-GP.

第 81 页：14×11 cm, Nationalgalerie, Museum Berggruen de Berlin（SMB）/Photo: ⓒ BPK, Berlin, Dist. RMN-Grand Palais/Jens Ziehe.

第 128 页：Image positive obtenue par inversion des valeurs de la numérisation du négatif original, 12 × 9 cm, Succession Picasso, 1992. Inv.: APPH17382/Photo: ⓒ RMN-Grand Palais（Musée national Picasso-Paris）/image RMN-GP.

第 136 页：ⓒ Archives GLL.

第 142 页：17,9×13 cm, Succession Picasso, 1992. Inv.: APPH4295 ⓒ Droits réservés/Photo: ⓒ RMN-Grand Palais（Musée national Picasso-Paris）/Michèle Bellot.

第 174 页：48,3 × 31,4 cm, Inv.: 49.70.34, MET, Alfred Stieglitz Collection, 1949/Photo: ⓒ The Metropolitan Museum of Art, Dist. RMN-Grand Palais/image of the MMA.

第 186 页：Photographs from the Annette Rosenshine papers, BANC PIC 1964.049, The Bancroft Library, University of California, Berkeley.

第 191 页：Elise Stern Haas family photographs, BANC PIC 1992.078, The Bancroft Library, University of California, Berkeley.

第 203 页：7,9×4,5 cm, Succession Picasso, 1992. Inv.: APPH2816/Photo:

© RMN-Grand Palais（Musée national Picasso-Paris）/image RMN-GP.

第 224 页： 18×24 cm © La Collection Chtchoukine.

第 238 页： Détail, 8×5 cm, Succession Picasso, 1992. Inv.: 515AP/A/3/2/Photo: © RMN-Grand Palais（Musée national Picasso-Paris）/Adrien Didierjean.

第 240 页： 24×30,5 cm, Inv.: AM 1984－628/Photo: © Centre Pompidou, MNAM-CCI, Dist. RMN-Grand Palais/Georges Meguerditchian.

第 256 页： 9×6,1 cm, Succession Picasso, 1992. Inv.: APPH2821/Photo: © RMN-Grand Palais（Musée national Picasso-Paris）/Michèle Bellot.

第 309 页： Détail, 17×22 cm, Inv.: MP1998－142 © Droits réservés/Photo: © RMN-Grand Palais（Musée national Picasso-Paris）/Mathieu Rabeau.

第 327 页： Image positive obtenue par inversion des valeurs de la numérisation du négatif original, 18×13 cm, Inv.: AM1995－281（555）© Man Ray Trust 2015/ADAGP, Paris, 2021/© Droits réservés/Photo: © Centre Pompidou, MNAM-CCI, Dist. RMN-Grand Palais/image Centre Pompidou, MNAM-CCI.

第 329 页： 11,4×8,6 cm, Don Succession Picasso, 1992. Inv.: 515AP/C/18/1/15 © ADAGP, Paris, 2021/Photo: © RMN-Grand Palais（Musée national Picasso-Paris）/Thierry Le Mage.

第 350 页： 12,8×17,9 cm, Succession Picasso, 1992. Inv.: APPH6514/Photo: © RMN-Grand Palais（Musée national Picasso-Paris）/image RMN-GP.

第 357 页： 19,4×17,5 cm, Inv.: MP1036/Photo © RMN-Grand Palais（Musée national Picasso-Paris）/Mathieu Rabeau.

第 370 页： FJS_ TEX11_ 177_ 02 © Museu Picasso, Barcelona.

第 371 页： © Courtesy of The Penrose Collection, 2021.

第 396 页： © Archives de la Préfecture de police de Paris, FRAPP_ IC5_ 74664_ 169.

第 397 页： 19,7×26 cm, Inv.: MA143/The Museum of Modern Art Library, New York © 2021. Digital image, The Museum of Modern Art, New York/Scala, Florence.

第 411 页： 11,4×16,5 cm, Inv.: IN91.3/New York, Museum of Modern Art（MoMA）, photographe: Soichi Sunami D.R. © 2020. Digital image, The Museum of Modern Art, New York/Scala, Florence.

第 414 页： 10,5×14 cm, Succession Picasso, 1992. Inv.: 515AP/E/11/9/6（1）/Photo: © RMN-Grand Palais（Musée national Picasso-Paris）/image RMN-GP.

第 419 页： 8×13,8 cm, Inv.: MP1998 – 240 © Man Ray 2015 Trust/ADAGP, Paris, 2021/Photo: © RMN-Grand Palais (Musée national Picasso-Paris)/Franck Raux.

第 437 页： © Archives de la Préfecture de police de Paris, FRAPP_ IC5_ 74664_ 082.

第 453 页： Inv.: MP1986 – 29/© Estate Brassaï—RMN-Grand Palais/Photo © RMN-Grand Palais (Musée national Picasso-Paris)/Franck Raux.

第 478 页： © Archives de Paris, 3 avril 1947, 1 600 W 488.

第 487 页： Lee Miller [NC0002 – 1] © Lee Miller Archives, England 2021. All rights reserved.

第 496 页： © Robert Doisneau/Gamma-Rapho.

第 515 页： 21×13,5 cm, Inv.: 515AP/C/38/21/5/Romuald Dor de La Souchère © Droits réservés © RMN-Grand Palais (Musée national Picasso-Paris)/image RMN-GP.

第 523 页： Cote: D1/296.6.1 © MAD, Paris.

第 535 页： 11,6×18,2 cm, Succession Picasso, 1992. Inv.: APPH6106 © Droits réservés/Photo: © RMN-Grand Palais (Musée national Picasso-Paris)/image RMN-GP.

第 550 页： Inv.: MP1987 – 18 © ADAGP, Paris, 2021/Photo © RMN-Grand Palais (Musée national Picasso-Paris)/Michèle Bellot.

第 579 页： Photo Edward Quinn, Pic552085 © edwardquinn.com.

第 581 页： Détail, 27,5×21 cm, Succession Picasso, 1992. Inv.: 515AP/B/1/2/Photo © RMN-Grand Palais (Musée national Picasso-Paris)/image RMN-GP.

第 586 页： 17,9×24 cm, Inv.: MPPH2636 © Marc Riboud/Fonds Marc Riboud au MNAAG/Photo: © RMN-Grand Palais (Musée national Picasso-Paris)/image RMN-GP.

第 592 页： Inv.: 1993.3 © Musée Magnelli, musée de la céramique, Vallauris, photographie François Fernandez.

致　谢

2014年12月5日，巴黎。法国国家移民史博物馆在开馆七年后，（终于）迎来了共和国总统的揭幕仪式。当天上午，当在广播中被问及这个问题的政治利害关系时，历史学家本杰明·斯托拉（他当时是博物馆顾问委员会主席）回顾了移民对国家的影响，并直接提到了毕加索的名字，他的话说得掷地有声。"毕加索曾经申请加入法国籍，却遭到了无情的拒绝，这个有谁知道吗？"他责问道。正是在那一天，正是这一反常现象，让我萌生了一查究竟的想法。那天晚上，在弗朗索瓦·奥朗德总统的演讲结束后，在镀金门宫空荡荡的展厅里的一次意外邂逅，进一步激发起我的好奇心。我在那里碰到了洛朗·勒邦，他在六个月前被任命为巴黎毕加索博物馆馆长。我们匆匆聊了几句。不，洛朗·勒邦没有听到那天上午提到毕加索的那段话。不，他也不认识本杰明·斯托拉。但可以肯定的是，他愿意见见本杰明·斯托拉。几周后，2015年2月3日，这位艺术史学家见到了上文提到的历史学家。在镀金门宫举办"异乡人毕加索"主题展的想法由此产生。

我的研究就是从移民史和艺术史开始的，不过这两个领域往往壁垒森严，互不待见。在洛朗·勒邦的支持下，巴黎毕加索博物馆开放了大量档案，整个博物馆团队也热情参与，这让我受益匪浅。维奥莱特·安德烈斯、苏菲·安诺佩尔-卡布里尼亚克、埃米莉·布瓦尔、苏菲·戴恩斯-迪亚洛、皮埃罗·欧仁、卡米尔·弗拉斯卡、克莱尔·卡尼尔、斯蒂芬妮·莫兰、伊莎贝尔·鲁日-迪科、珍妮·苏杜尔、科利纳·泽拉尔：每个人都乐于分享、解释和传播毕加索捐赠的珍贵资料。几年来，我几乎每天都在研读这些资料。我要特别感谢埃米莉亚·菲利波对本书部分内容的校对。同时，该计划很快得到了毕加索博物馆管理部门的热情配合。在国家移民史博物馆，奥雷利安·莱蒙尼尔、塞巴斯蒂安·戈卡尔普、伊莎贝尔·勒纳尔、弗洛伦斯·特德斯科和首席历史学家玛丽安娜·阿马尔对展览的接待，无论是精神上还是实践上都给予了极大支持。在巴塞罗那毕加索博物馆，恩玛努埃尔·吉贡、马兰·高尔、克拉乌斯特莱·拉法特·伊·普拉纳斯、马尔加利达·科尔塔德亚、努莉亚·索勒·巴尔达勒（知识与研究中心档案馆）等人都被动员起来，他们为人慷慨热忱，着重解释了毕加索与加泰罗尼亚族裔的联系，回顾了博物馆创建时的情况，并发掘出毕加索与朋友海梅·萨巴特斯通信往来的精彩内容。

但是，如果没有伦纳德·劳德在一开始就给予的信任，那我就不可能深入了解毕加索的广阔天地。无论在 2017 年 1 月令人难忘的巴黎之行期间，还是随后在纽约的多次会面中，伦纳德·劳德倾听、理解并支持了这一当时尚处于起步阶段的计划，同时指明了几条意想不到的线索，其中包括艾尼奥阿·罗兹-格兰德斯和纳迪娅·埃尔南德斯-亨切。艾米莉·布劳恩随即接手了他的工作，她提出的尖锐问题，她拥有的敏锐洞察力和丰富的书目资料，这些都为调查的每个阶段提供了源源不断的动力。艾米莉还向我们介绍了伦纳德·A. 劳德现代艺术中心的优势资源，以及斯蒂芬妮·达历山德罗和她的整个团队。2020 年 7 月，我还利用前往特雷耶基金会研学的机会完成了本书的写作。在特雷耶那里，在那片神奇的僻静之地，在卡特琳·奥布瓦诺、纪尧姆·布尔热瓦、劳伦斯·迪博尔德、瓦莱丽·杜贝克、玛丽冯娜·德·圣皮尔让、阿热、索菲、艾尔莎等人的帮助下，我们得以利用一家极具特色的图书馆的资源，并得到了瓦莱丽的关怀，她待人体贴入微，甚至亲自参与了最新的研究工作。

历史学家、社会学家、人类学家、城市规划师、经济学家、律师和艺术史学家等诸位我的同人，他们在我涉足如此广阔的领域时，真心实意地为我提供了无数探索认识论方面的建议：杰里米·阿德尔曼是第一个提出要与杜波依斯进行对比的人，他强调了外国人和受人歧视的人所具有的能动性；弗朗西斯·贝尔蒂埃重新打开了他的曾叔父罗杰·杜蒂耶尔的档案，他就标题提出了一些建议，并检查了财务转换等事宜，这样的事情不一而足；迪佩什·查克拉巴蒂和罗乔纳·马宗达尔立刻以深厚的感情和宽广的胸怀，将毕加索纳入"庶民研究"和"电影研究"的对象；埃洛伊·菲凯分析了地中海的多元文化、游民法律以及蒙马特的加泰罗尼亚族裔文化，见解独到；保尔·格拉德沃尔以其特有的细腻和灵巧对一些直觉和假设提出了质疑；洛朗·乔利在短短几分钟内就找到了巴黎警察局的诸多警长和其他地下警员的多处踪迹，仿佛他和这些人是老朋友一样；让-雅克·诺伊尔耐心地向我们解释了法律、捐款和捐赠物；杰西卡·雅克·皮和佩普·蒙塞拉带我们见识了人间天堂戈索尔，让我们深深陶醉于比利牛斯山；安托万·德·塔雷在凌晨时分阅读、校对了上百篇文章；莫里斯·瓦伊斯对文章进行修改并提出建议，为我提供了他的书籍，向我介绍了他的朋友；克莱尔·扎克（在法国国家档案馆塞利娜·德莱唐的宝贵帮助下）不光以闪电般的速度找到了某些档案，而且还解释了如何处理微观史和全球史之间的热点变化，并运用她对入籍档案的知识对其进行解读、解读、再解读。他们性格开朗，善解人意，待人真诚，他们的回答超出了我的预期，并经常将我提供的最原始的数据概念化：若没有他们的支持，那我在毕加索错综复杂的天地里将寸步难行。此外，还有其他研究人员和其他专家，比如让-路易·安德拉尔（关于昂蒂布城堡和多尔·德拉苏歇尔）、芭芭拉·卡辛（关于希腊语言学）、琳内-科恩·索拉尔（关于法国行政机构的参考资料）、玛尔加-

科塔德拉（为了找寻萨巴特斯的资料在巴塞罗那度过充实紧张的一天）、斯特凡·库尔图瓦（关于法国共产党及其移民政策）、弗朗索瓦·哈托格（因为他让我相信，毕加索与希腊人的"墨提斯"[①]颇为相似）、菲利普·朱塔尔（因为他对一些反常现象的思考越来越激进，例如1870年至1914年之间的盲点）、布里吉特·莱亚尔（她对立体主义时期的研究非常深厚）、让-于贝尔·马丁（因为他对文化机构的分析犀利、透彻，令人眼前一亮）、伊莎贝尔·莫诺-方丹（她举办的展览十分出色，尤其是丹尼尔-亨利·卡恩韦勒的主题展）、亨利·鲁索（他关于记忆的精彩篇章以及他对贝代小组的解释等）、彼得·萨林斯（他在地理、历史、政治和人种学方面孜孜不倦地追求加泰罗尼亚人在北方和南方的身份认同）、维拉娜·塔索（她的道德立场，她在研究方面无可挑剔的精准性，还有面对涉及卡恩韦勒资产查封的棘手档案时，她所表现出的大方态度，令人颇感惊讶）、安奈特·维奥尔卡（她在莫里斯·多列士和毕加索方面的出色工作）、萨拉·威尔逊（围绕毕加索、法国共产党以及其他方面工作的温馨时刻），他们慷慨地提供自己的档案资料，奉献了自己的专业知识，并在初期阶段促进了调研工作的顺利进行。他们积极主动地参与其中，仿佛他们从事的就是自己的研究。

2018年初，在我的文学经纪人，阳光开朗的卡特琳·拉波特尔（与纽约的乔治·博查特和瓦莱丽·博查特合作）的促成下，这项专项调查转向了出版界。卡特琳以其耐心和洞察力，发现了拓展这项工作的潜在空间。一天上午，在蒙帕纳斯街五楼索菲·德·克洛塞的办公室里，这个项目瞬间就拨云见日：本书也因此应运而生。多年来，

[①] 墨提斯在古希腊神话中是一个大洋神女，俄刻阿诺斯和泰西斯的三千女儿之一。最初她是机智和计谋的女神，后来代表更广的智慧和沉思，是智慧女神和女战神雅典娜的母亲。

索菲在博物馆流连忘返，在薰衣草田闲庭信步，在泳池里留下矫健的身影，和姑娘们或是善意的打闹，或是开怀大笑，她凭借自身的智慧、优雅和魅力，为这本书扬起风帆，指明风向，引航把舵。迪亚娜·费耶尔适时加入了进来，她学识渊博，工作认真，待人友善，提出了数千条检查意见和问题，以确保团队的顺利运行，她甚至还向我介绍了穆苏效应和不同档次的巴黎巧克力商，尽管我们还在不断地改变路线。幸运的是，一个精干的团队助了她一臂之力：托马·冯德舍尔、蕾亚·苏盖-巴西耶日和埃娃·比顿在索引方面的精湛工作。在法雅出版社，卡蒂·芬内什、多米尼克·富斯科、安妮·舒利亚尔、波利娜·杜瓦尔等人的工作也让人惊喜不断。与此同时，在纽约，乔纳森·加拉西和伊莱恩·史密斯欣然同意在美国出书的想法。我不会忘记与乔恩和特诺赫、彼得和凯斯汀一起参观巴黎毕加索博物馆的美好时光，也不会忘记与乔恩和彼得·加拉西在纽约共进的美味午餐，更不会忘记在寥寥几分钟内俯瞰整座城市的奇妙感觉。我也不会忘记，当萨姆·泰勒被选为翻译时，法勒、施特劳斯和吉鲁出版社整个团队所表达的真心实意。我非常感激我的朋友、才华横溢的菲利普·阿佩罗伊格，我很早就想把他吸纳到这次冒险之旅中。他提出根据巴黎警察局的档案设计本书封面，这个想法本身就是一个项目。宛如应用在顶级豪宅中不断调校的色浆打样工艺，封面设计已经日臻完善，细节感十足。在菲利普周围，在神奇的拉法耶特街，精明能干的汤姆·蒙蒂埃和汤姆·维达里保证了与法雅出版社的联系渠道。

我还很高兴见到了毕加索博物馆前任团队中的几位优秀成员，我曾在撰写《终有一天，他们会拥有画家》的过程中与他们开展过合作：安妮·巴尔达萨里、玛丽-洛尔·贝尔纳达克、埃莱娜·克莱因和热拉尔·雷尼耶。他们每个人见到我时，都会回应我的新想法，或是点评我的新方法。在本书的实际撰写和某些章节的检查过程中，许多专家（历史学家、人类学家、城市社会学家、画廊老板和艺术史学家，他们每个人在自己的领域里都极具专业水准）都很客气地回答了有待解决的问题。在这些专家中，有玛丽安娜·阿马尔（移民法），桑德拉·贝纳德雷蒂，塞利娜·格拉齐亚尼和斯蒂芬妮·洛朗（瓦洛里斯陶艺博物馆），让-马克·贝利埃（警察史），帕斯卡尔·卡罗（塞纳-圣但尼省档案馆里的法国共产党档案），塞雷娜·卡塔内奥·阿多诺（巴黎高古轩画廊），西尔维·科隆（小皇宫档案），米里亚姆·希梅纳（艾蒂安·德·博蒙和20世纪20年代的贵族赞助人），西里尔·科恩（帮助寻找散落各地的画作），弗朗索瓦·克罗奎特（人权特使），安德烈-马克·德洛克-富尔科（谢尔盖·舒金），热纳维耶夫·德雷福斯-阿尔芒（西班牙难民），吉尔-莱昂·杜福尔（布里吉特、安德烈、莫里斯·勒韦尔），多萝西娅·埃尔坎（她对毕加索与纽约的关联部分提出的真知灼见），迪迪埃·法兰克福（提到安德烈·勒韦尔祖先洛林犹太人），夏洛特·赫尔曼（马塞尔·卡钦），克莱尔·莱维-弗罗兰（城市社会学和移民的低标准住房），西尔维娅·洛朗、罗珊娜·沃伦、瓦伦丁·韦斯（马克斯·雅各布），阿涅丝·马里安（法国国家视听研究院档案），奥德·马尔尚（伊娃·古埃尔与塞雷现代艺术博物馆的约瑟芬·伯蒂的往来信件），埃里卡·马泰利（米歇尔·莱里斯），克里斯蒂娜·马凯·德·瓦斯洛和格雷瓜尔·施纳布（让·约瑟夫·马凯·德·瓦斯洛），亨利·卢瓦雷特（20世纪20年代几位卢浮宫馆长），加布里埃尔·马蒂内·格罗（安达卢西亚文化），詹姆斯·马约尔（英国部分），雷切尔·马祖伊（莫里斯·多列士在莫斯科逗留时期），尚塔尔·莫雷尔和弗雷德里克·福加奇（亨利·劳吉尔收藏，戴高乐基金会），皮拉尔·奥尔特加（巴塞罗那的"继承米罗"档案馆，提供毕加索与米罗之间关系的信息），热罗姆·普里尔，夏尔菲卡和伯努瓦·尚特（他们顺着丹尼尔那条线接触到毕加索），伊莎贝尔·拉博-马泽尔（国家团结税），米歇尔·罗（伊夫里的多列士-维米尔施基金会的档案），彼得·里德（纪尧姆·阿波利奈尔），玛蒂尔德·里维埃（路易丝·莱里斯画廊），斯特凡妮·里瓦尔（关于1955年装饰艺术博物馆展览），苏里亚·萨迪克法（毕加索与舒金），玛丽-卡罗琳·萨格里奥-亚齐米尔斯基（移民语言），玛丽·阿梅莉·塞诺（法国里尔现当代艺术和室外艺术博物馆所收藏的罗杰·杜蒂耶尔的藏品），爱德华·瓦勒（关于帕拉雷斯），基姆和努里亚·维达尔（涉及戈索尔档案），弗雷德里克·沃尔姆斯（涉及柏格森），伊丽莎白·布尔戈斯和萨比娜·梅扎尔（关于玛利亚·毕加索-洛佩斯的通信），正是这些专家共同解读了这幅层峦叠嶂的画卷，这幅在美丽动人、磅礴大气的外表下有着诸多隐迹的画卷。正是在他们每个人的帮助下，我才得以发现、学习并加以深化。

多米尼克·布尔格瓦、安妮·克莱格、弗朗索瓦丝·吉洛、乔治·赫尔夫特、昆汀·劳伦斯、尼古拉·皮尼翁（埃莱娜·帕梅林的儿子）、克里斯蒂娜·皮奥、罗曼娜·塞韦里尼（以及亚历山德拉·弗兰奇纳·塞韦里尼和玛蒂娜·布鲁诺里·塞韦里尼）、皮埃尔·多列士等许多见证人讲述、分析、解释了我所不知道的片断，这些片断开辟了途径，阐明了分析，证实了假设。随着各种馆藏档案资料的逐步汇集，这项调查也在不断丰富。虽然这些档案的性质各不相同，而且分散在巴黎、巴黎周边地区、巴黎以外的法国省份以及西班牙、俄罗斯和美国等地，但有一点是显而易见的：这项调查实际上是由诸多档案管理员的热情推动的，他们赞同、倾听并检验了这一调查项目，然后又不约而同地提到了意想不到的、鲜为人知的藏品，或是提到了多位专业精湛的专家的名字。他们开辟了一条又一条线索，实践着精准到位的指导范式，从而大大增加了探索这个深邃世界的机会。这些专家有：安妮·利斯肯纳（当时在外交档案馆工作，现就职于法国荣誉勋位管理会）、塞巴斯蒂安·肖富尔（欧洲与外交事务部负责艺术品追讨档案的主管——外交档案馆馆长）、樊尚·图谢（巴黎档案馆收藏与分类负责人）、伊内斯·罗特蒙德-雷纳德（法国艺术史国家研究院"纳粹占领时期法国艺术市场参与者名录"项目负责人）、瓦伦丁·韦斯（法国国家档案馆，巴黎地形学中心）、塞利娜·德勒唐（法国国家档案馆，司法和内务部）。

在纽约现代艺术博物馆，米歇尔·埃利戈特（我和她的相识要归功于富有传奇色彩的档案保管员罗娜·罗布）一直忠于这份深情厚谊，她总是全力以赴支持我的工作，帮助我在纽约54号街灯光的映照下去挖掘阿尔弗雷德·巴尔无可挑剔的资料。在华盛顿特区的美国国家美术馆，哈里·库珀（资深策展人兼现代艺术部负责人）在参观著名的杂技演员系列的间隙，与安·霍尼格斯瓦尔德（保护部）、金伯利·琼斯（策展人）、米歇尔·威伦斯（资深档案管理员）、库尔特·G. F. 赫尔弗里奇（美术馆档案部负责戴尔资料）、安·哈尔彭和詹妮弗·海内尔（策展记录部）、安德里亚·吉布斯（图书馆影像收藏部）等人一起，十分出色地组织了各阶段的研究工作。在美国加州大学圣巴巴拉分校图书馆，艺术史系主任兼博物馆馆长布鲁斯·罗伯逊向我敞开了博物馆藏品的大门，特别是让我研究他那精美的1900年巴黎世博会原始目录。但是，要是没有巴黎高等师范学院图书馆这个非凡的研究利器，我怎么可能读到"不可胜数"的毕加索研究作品并对其进行统计呢？我几乎每天都来图书馆，受到了图书馆馆长马纽埃尔·索代以及达尼埃尔·阿布林、桑德琳·伊拉奇和索菲亚内·贝利利塔等人细致周到的照顾，我要向他们致以最诚挚的谢意。在哲学、历史和科学出版档案中心，多亏了马蒂亚斯·吉雷尔和娜塔莉·

凯鲁的热心帮助，我才得以查到乔治·康吉莱姆的一些难得一见的作品。此外，在巴黎高等师范学院，我要感谢跨学科人文研究院的伊莎贝尔·卡利诺夫斯基就卡尔·爱因斯坦提出的明智建议，还要感谢安娜贝尔·米勒维尔在行政事务上给予的坚定支持。在法国现当代历史研究院，我受到了所有同事的热忱接待，尤其是克莱尔·扎尔克、让-吕克·查佩以及负责行政事务的丹妮拉·卡西奥费拉。

我的许多朋友，如弗雷德里克·巴莱恩、杜劳伦斯、艾琳·比佐、马克·布隆多、伊丽莎白和让-菲利普·布绍、科莱特和爱德华·布雷赞、洛朗斯·卡尔梅尔、康妮·卡普兰、杰罗姆·沙兰、伊丽莎白·德·法尔西、维克多·哈尔伯施塔特和玛莎·特雷布科娃、莉丝·弗兰克、贾斯培·琼斯、弗兰舍·范德瓦尔斯、哈拉·瓦尔德，他们校对了某些段落，讨论了假设，寄来了书籍，并对项目的持续推进提出了一些策略。我还铭记着皮埃尔·卡罗、赫尔曼·达雷德、丹尼尔·林登伯格和雷蒙德·穆林这四位已故朋友的深情支持，可惜他们无法看到本书的问世。再次感谢所有提供援手的朋友，如安德烈娅·德拉普拉斯、戴安娜·默里·沃茨、露西娅·尼诺、维奥莱特·德·罗索，在他们求学的岁月里，在我研究的时光里，他们以专业、精准的态度支持这项工作达数周之久。感谢那些月复一月与我并肩作战的人，比如我要感谢马修·穆尼耶，感谢他在枯燥乏味的日子里不厌其烦解读西班牙语材料。感谢加布里埃尔·德拉特，感谢他对毕加索和手工业的思考，感谢他以真正艺术家的优雅为某些文字绘制插图。最后，我要感谢亚历克斯·普拉多斯-林德，感谢他提供的加泰罗尼亚族裔谱系以及他在后殖民问题上的渊博知识。

最后，对于艾尔莎·里戈、安妮·加尼昂·德·韦克和阿格·佩雷斯·卡萨诺瓦斯，对于这三位我最亲密的合作者，我该说些什么呢？阿格是一名年轻的研究员，她拥有西班牙哲学与英国哲学的教育背景，流露出年龄不相称的惊人成熟，她把这些都融进了自己得心应手的事业之中。她提出的建议总是一针见血，言辞犀利，内容丰富，比如她解读了雕塑作品《抱着羔羊的男人》在毕加索所有作品中的意义。安妮则巧妙地扮演了我不可或缺的"陪练"角色，她凭借其人类学家的经验和出色的前沿理念，反思了 20 世纪上半叶法国这样一个国家的移民文化、多元文化以及各种难以兼容并蓄的问题，试图理解毕加索为何会与诗人艾梅·塞泽尔等人有着如此紧密的联系。至于艾尔莎，她解密了无数档案资料，她跑到卡昂去找埃蒂安·德·博蒙，跑到蒙特勒伊去找罗穆阿尔德·多尔·德拉苏歇尔，跑到巴黎里沃利街去找装饰艺术博物馆的档案，她利用自己的博物馆专业知识，在编辑项目和策展项目之间始终保持经过深思熟虑、精准到位的必要接触，突出与作品的联系与共鸣。在移民博物馆召开的一次行政会议上，索菲·德·克洛塞幽默地打趣道："集体之中自有智慧。"这本书有时会让我联想到挂毯、彩色玻璃窗或马赛克，她们每个人做的工作就是编织挂毯、铺贴马赛克或是小心翼翼地镶嵌彩色玻璃。最后，对于一位如此令人讨厌的人，对于伴随着岁月流转，被人敬称为大师或魔鬼的这样一个人，我能够与之共度五年时光，我又该说些什么呢？728 我在心中对所有人都感激不尽。

译后记

说起毕加索，大家往往熟悉这位世界级天才在不同创作时期的鲜明风格，熟悉他画作中忧郁冷峻的蓝色、明亮暖人的粉色，熟悉他画作中夸张扭曲的立体画符，也熟悉他矮小敦实的黝黑外貌，他的诸多天价作品也是大家津津乐道的话题。但作为一位在法国生活了半个多世纪的西班牙人，毕加索这位异乡人究竟在法国的官僚体制社会中留下过怎样的痕迹？安妮·科恩-索拉尔用这部《名为毕加索的异乡人》回答了这个问题，也成就了一部非同寻常的名人传记。作者开辟了书写名人传记的崭新途径，她并不囿于名家大师本身的作品及其创作风格，而是放眼人物所处的时代背景和社会网络，借鉴民族志和人类学的研究方法，并将其与历史档案研究相结合，用无数细节展现出大历史洪流中社会思潮的剧烈震荡、人生际遇的跌宕起伏以及人物思想的动态演变。

《名为毕加索的异乡人》是安妮·科恩-索拉尔出版的第四部名人传记，此前她分别为法国哲学家让-保罗·萨特，美国抽象表现主义推动者、著名艺术品经销商利奥·卡斯泰利以及美国抽象表现主义画家马克·罗斯科等人著书立传。自2016年起，安妮·科恩-索拉尔将目光投向了毕加索。由于作者本人也拥有异域文化身份，她对同为异乡人的毕加索倾注了更多关切。她花费数年时间深入多家档案馆，打开尘封多年的卷宗，解读历经沧桑的手迹，再将一个个"信息孤岛"划成片、连成网，一点点勾勒出毕加索在法国社会的人生轨迹与社会身份。这部有着历史档案研究底色的毕加索传记，必定呈现出毕加索鲜为人知的社会面貌。2021年，安妮汇集多年毕加索档案调研成果，创作出版了《名为毕加索的异乡人》，并荣获当年法国费米娜文学奖（散文类），现已被翻译成多种语言在全球出版发行。2022年，她改编该书中的图文资料，联合法国毕加索博物馆在法国移民历史博物馆策划了"异乡人毕加索"主题展览，该展览荣获当年法国《历史》杂志颁发的最佳展览奖。

毕加索是引领现代艺术风尚的一代宗师，因其长年旅居法国，所以他已经被大众理所当然地视为法国人，他的作品业已融入法国文化遗产之中，成为法兰西民族的当代神话。然而，事实的真相并非总是如此。在巴黎警察总局的档案室里，保存着一份编号为74.664的外国人档案卷宗。隐藏在这个编号后面的是一位不到19岁就来到巴黎的西班牙青年——毕加索，亦是一位在法国生活了近70年的外国人。自毕加索"1900年10月第一次来到巴黎，此后他一生的档案都由巴黎警方保存：报告、审讯记录、居留证、护照照片、指纹、房租收据、居住证明、入籍申请、安全通行证、各种调查记录、亲朋好友的信息、道德证明、政治观点、历年住址以及各类往来信函"，里面"没有发现任何犯罪或违法行为"。但在"仇外心理或政治不信任"的时代大背景的加持下，仅仅因为他法语说得不好，因为他在法国以所谓"现代画家"的身份声名鹊起，因为他和他的同胞是"无政府主义者"，因为他"走向共产主义"，他便无端受到法国警方的主动监控，莫名其妙地"被怀疑企图危害国家安全"。也正因为这些原因，1940年，毕加索生平第一次（也是最后一次）向法国当局提出的入籍申请遭到了无情的拒绝。

而到了 1958 年，几近耄耋之年的毕加索，拒绝了戴高乐将军发出的入籍邀请，坦然接受自己的外国人身份以及与之相关的多重文化背景。

回望现代百年艺术史，鲜有像毕加索这样能够誉满天下，始终受到各国人民敬仰与称颂的艺术大师。承袭母姓的毕加索天资聪颖，早早便掌握了学院派的技法，但学院派的固步自封让他感到窒息。于是，他来到法国，在这片"神奇的六边形"大地上展开了自己人生的画卷，在艺术创作上不断突破传统，求新求变。纵观毕加索的所有作品，时而冷峻忧郁，时而温情脉脉，时而天真无邪，时而张牙舞爪。他终其一生都保持着旺盛的创作力，甚至在迈入耄耋之年时，仍能以学徒之姿开创陶艺创作的新天地。毕加索生活的时代，几乎贯穿了整个 20 世纪，这一时期的国际形势云谲波诡而又波澜壮阔。他经历了两次世界大战、西班牙内战和东西方冷战，尤其是在 20 世纪上半叶，他生活的欧洲是一个被民族主义撕裂的欧洲，他生活的法国也是一个仇外主义盛行的法国。面对瞬息万变的时局，面对暗流涌动的社会，面对无处不在的威胁，眼观六路的毕加索总能逢凶化吉、左右逢源，他在粉墨登场的各种政治力量之间平衡自如、游刃有余。可以说，毕加索不光是一名艺术天才，更是一位善于见微知著的政治战略家。但在法国社会中，他几乎穷尽一生追求的人生目标，并不是攫取政治资本，成为名利双收的"画坛大拿"。他始终肩负着成为先锋艺术领袖的使命。正是这份使命，让他每每遇到挫折，皆能笑颜以对，进而把挫折转化为汹涌澎湃的创作动力。正如安妮·科恩-索拉尔所言，毕加索不断战斗，不断进步，他遇到重重困境，却从不向人诉苦。他不断与过去的大师们对话，同时将自己的作品载入史册。从 1955

年起，他选择了南方而非北方，选择了手工艺而非美术，选择了地方而非首都，他本人因此成为法国现代化的载体。从国际化的视角来看，毕加索的艺术创作是20世纪全球化的鲜活范例，亦是法国实现现代化过程中的生动注脚。

透过《名为毕加索的异乡人》，我们不难看出，安妮·科恩-索拉尔的移民背景让她长于从文艺视角研究移民问题，以跨文化的视角追踪艺术、文学和社会之间的互动。她用她的文笔、讲座和展览聚焦世界文化大舞台上的无数个体，聚焦画家、文学家、收藏家、评论家等各色人群的光辉岁月。在她看来，正是这些极具魅力的生动人物推动了历史上巨大的文化变革。

时光荏苒，岁月匆匆。对我而言，2024年既是平凡的一年，因为这一年和往年一样，无非是在工作和家庭之间来回穿梭，忙忙碌碌；2024年又注定是不平凡的一年，因为这一年是中法建交60周年，亦是我赴法留学20周年。20年前的我，是在法国巴黎第十二大学攻读经济学硕士学位的一名年轻学生，是和两位法国朋友共同租住在同一屋檐下的一名中国室友，也是在巴黎第十六区法国制造商联合会实习的唯一一张亚洲面孔。总之，20年前的我身在巴黎，也是一名不折不扣的异乡人，虽时感孤独，但求知若渴，满怀热情，用好奇又兴奋的眼光张望着巴黎这座世界艺术之都。20年后的我，在忙里偷闲中完成了法国2021年费米娜文学奖作品，《名为毕加索的异乡人》的翻译工作。字斟句酌地翻译这部700多页的鸿篇巨著，让我可以真切感受到一个世纪前，一位来自西班牙、受到法国政府蔑视的异乡人，是如何挣脱种种束缚，在20世纪人类发展史上开创一番事业的。徜徉在毕加索这位异乡人的世界里，也给了我一个契机来回味自己20年前在法国"独在异乡为异客"的青春记忆。和毕加索一样，独在异乡的生活虽不乏苦涩和无奈，但感受到的更多的是来自许多朋友的真诚心意，巴黎这座"光明之城"也因此在我的人生旅程上洒下了诸多绚烂的光芒。2004年底，在我即将结束在法国制造商联合会的实习，回学校参加毕业论文答辩之际，时任联合会会长，曾任巴黎上诉法院院长的克里斯蒂娜·莱伊女士，为感谢我在联合会工作期间为中法知识产权交流所做出的贡献，代表联合会赠送了我一本精美的画册：《亚洲之巴黎》。这本画册是纪念当年中法建交40周年的重磅之作，以图文并茂的形式展现了一百多年来生活在巴黎的亚洲各国移民的面貌。打开画册的扉页，上面写满了联合会会长和各位法国同事的临别赠言。现在每每读来，法国人民对我这名异乡人的亲切关怀，仍旧跃然纸上。

　　翻译是历史的奇遇，亦是奇妙的缘分。感谢山东财经大学张兆龙女士的引荐，让我与《名为毕加索的异乡人》有了偶遇的机缘。感谢本书编辑、译林出版社陈秋实先生，他细致耐心的编辑工作，让我于肩负重任之中有如沐春风之感，也让我在中法建交60周年这样一个特殊的年份里，能用自己的译文为中法交流做一项实实在在的工作。感谢作者安妮·科恩-索拉尔女士对我的热情回复，她虽因事务繁忙，在意大利、法国、日本之间不停奔波，却总能第一时间解答我咨询的问题，让我得以完善整部译著。本书旁征博引，引用了大量一手档案资料，除了近600页的正文，还有100多页由人名索引、引用作品索引、注释、参考书目等组成的附录部分，校对任务十分繁重。所以我还要感谢我的几位学生——裴南兰、史明璐、吴宇征、姚嘉威，没有他们在校对工作上的帮助，我也难以按时完成这项艰巨的任务。他们自信有为，坚强大气。在他们身上，我看到了新一代法语学子奋发向上的精神风貌。最后，我要衷心感谢我的爱人、我的儿子以及我在苏州的所有亲朋好友，他们让我这名 18 岁离开父母辗转前往南京、巴黎求学的异乡人，在苏州这片人间天堂找到了家乡的感觉。正是他们陪伴我跨过岁月的长河，永远能够带给我克服困难的勇气、走出迷茫的胆量和追逐梦想的决心。

陆洵

2024 年 12 月 2 日于苏州古城